ZEIT FÜR GESCHICHTE
Geschichtliches Unterrichtswerk für die Sekundarstufe II in Baden-Württemberg

verfasst von Torsten Gass-Bolm, Elisabeth Gentner, Volker Habermaier, Birger Hass, Friedrich Huneke, Andrea Kimmi-Bühler, Herbert Kohl, Daniel Schumacher, Mario Seiler, Tim Sonnenwald
mit Beiträgen von Anton Egner, Herbert Kraume, Miriam Litten-Likus, Martin Vöhringer, Roland Wolf, Sandra Wolff

westermann GRUPPE

Druck A[1] / Jahr 2021
Alle Drucke der Serie A sind im Unterricht parallel verwendbar.

Redaktion: Kerstin Meyer
Umschlaggestaltung: LIO Designagentur, Braunschweig
Layout: Druckreif! Sandra Grünberg, Braunschweig
Druck und Bindung: Westermann Druck GmbH, Braunschweig

ISBN 978-3-14-**116786**-3

westermann

ZEIT FÜR GESCHICHTE

Baden-Württemberg 11

Torsten Gass-Bolm
Elisabeth Gentner
Volker Habermaier
Birger Hass
Friedrich Huneke
Andrea Kimmi-Bühler
Herbert Kohl
Daniel Schumacher
Mario Seiler
Tim Sonnenwald

Liebe Schülerin, lieber Schüler,

„Modernisierung" ist das Schlagwort, das die in diesem Band zusammengestellten Themen für die Jahrgangsstufe 11 verbindet. Dabei stehen im ersten Halbjahr tiefgreifende Umwälzungsprozesse des 19. Jahrhunderts und ihre vielfältigen Auswirkungen im Zentrum, etwa Beschleunigungserfahrungen, die von den einen als Chancen, von den anderen jedoch als Bedrohungen erlebt wurden. Um konkurrierende Gesellschaftsmodelle, die sich als modern verstanden und im Rückblick das 20. Jahrhundert als „Zeitalter der Extreme" (Eric Hobsbawm) erscheinen lassen, geht es im zweiten Halbjahr. Dabei richtet sich der vorliegende Band sowohl an diejenigen, die Geschichte als Basisfach – also zweistündig – belegen, wie auch an diejenigen, die es als – fünfstündiges – Leistungsfach gewählt haben: „Zeit für Geschichte" wird Sie inhaltlich und methodisch auf die Anforderungen des Abiturs vorbereiten. Hier finden Sie zunächst Hinweise zur Benutzung des Bandes:

Auszeichnungen von Materialien, Aufgaben und Begriffen

Im Unterricht werden einige Teilkapitel von allen behandelt werden:

- Sie sind im Inhaltsverzeichnis markiert, z. B.:
  Dynamisches England, verschlafenes Deutschland?
  Innerhalb der Gesamtkapitel sind diese Teilkapitel am durchgehenden orangefarbenen Kopfbalken zu erkennen.
- In manchen dieser Teilkapitel finden Sie Textquellen, deren Bearbeitung in erster Linie für das Leistungsfach vorschlagen wird:
  → Vertiefungsmaterial für das Leistungsfach
  Die zugehörigen Aufgaben stehen in ausgefüllten Kästchen: ■.

Darüber hinaus gibt es Teilkapitel, deren Inhalte über die für das Basisfach vorgesehenen Themen hinausgehen. Sie sind in der Kopfzeile der rechten Seite mit einer grauen Fläche gekennzeichnet:

Ebenso sind vom Bildungsplan vorgegebene Lernbegriffe differenziert ausgewiesen: **Basisbegriffe**, die alle sicher anwenden können sollen, werden durch die Art der Hervorhebung von **weiteren Fachbegriffen** unterschieden, die von den Leistungsfachschülerinnen und -schülern zusätzlich beherrscht werden sollen. Ein Register im Anhang hilft, Informationen zu zentralen Begriffen im Buch aufzufinden.

Hinweise zur Anwendung von Operatoren und Fachmethoden

Um mit Blick auf die Anforderungen des Abiturs eine sichere Anwendung von Operatoren und Fachmethoden zu fördern, bietet „Zeit für Geschichte" folgende Rubriken:

- Ein **Operatorenglossar** im Anhang erklärt die Anforderungen aller vom Bildungsplan vorgesehenen Operatoren, also der handlungsleitenden Verben in den Aufgaben. Vor allem aber zeigt es konkrete Schritte für deren Anwendung auf und bietet Formulierungshilfen.
- Im **Klausurentraining** werden zu bekannten Inhalten passende Klausuraufgaben gestellt und ein möglicher Bearbeitungsprozess modellhaft vorgeführt. Dabei werden aus der Ich-Perspektive sinnvolle Überlegungen und Handlungen vorgestellt, die als Vorbereitung des Schreibprozesses zu verstehen sind. Das gezeigte Vorgehen kann als Vorbild und Unterstützung bei der späteren selbstständigen Auseinandersetzung mit Aufgabenstellungen im Rahmen von Klausuren dienen. Musterlösungen zu jedem Klausurentraining finden Sie im Anhang dieses Bandes.
- Unter der Rubrik **Methode** werden Fachmethoden, die im Geschichtsunterricht der Sekundarstufe I bereits schrittweise eingeführt wurden – etwa zur Analyse von Materialien – zusammenfassend vorgestellt. Die Anleitungen sind inhaltlich eingebunden, aber übertragbar.

INHALT

182 Gesellschaftsmodelle des 20. Jahrhunderts

204 Die Weimarer Republik

264 Die Herrschaftspraxis des Stalinismus

302 Der Nationalsozialismus Machterwerb, Ideologie, Herrschaftspraxis

350 Der Zweite Weltkrieg

392 Anhang

Wird die Welt jetzt „modern"?

Eine Begriffsklärung

M 1 William Turner: „Die ‚Kämpfende Temeraire' wird zu ihrem letzten Liegeplatz geschleppt, um abgewrackt zu werden, 1838", 1839. Ölfarben auf Leinwand, 91 x 122 cm. National Gallery, London

Die HMS Temeraire (engl.: Furchtlosigkeit) war ein britisches Kriegsschiff. Während der Napoleonischen Kriege trug es maßgeblich zum Sieg der britischen Marine in der Schlacht von Trafalgar 1805 bei, der Großbritanniens Vorherrschaft zur See für die nächsten hundert Jahre sicherte. Nach der Schlacht erhielt das Schiff den Ehrennamen „The Fighting Temeraire". 1838 wurde es außer Dienst gestellt. Turner machte dies zum Motiv seines Gemäldes, das 1839 erstmals in der Königlichen Akademie der Künste, einer Vereinigung ausgewählter englischer Künstler, in London präsentiert wurde. Zeitgenössische Kritiker empfanden das Bild als sehr modern und lobten seine Botschaft und Darstellungsweise. Turner vermachte das Gemälde 1851 der National Gallery in London, deren Sammlung der Öffentlichkeit kostenlos zugänglich ist.

1. a) Beschreiben Sie M 1. Analysieren Sie, was für eine Stimmung der Maler erzeugt und wie er sie erreicht. Gehen Sie vor allem auf Farbgebung, Farbauftrag, Lichtführung und die gewählte Perspektive ein.
b) Erklären Sie, aus welchen Gründen zeitgenössische Kritiker das Gemälde wohl als „modern" empfanden. Beachten Sie die Zusatzinformationen.

Die Geburtsstunde der modernen Welt?

„Das Problem am Modernsein ist, dass man so schnell wieder aus der Mode ist." Dies sagte Ende des 19. Jahrhunderts der irische Schriftsteller Oscar Wilde. Obwohl polemisch gemeint, fing er damit den Zeitgeist ein. Doch was bedeutete es damals, „modern" zu sein? Das „lange 19. Jahrhundert" war eine Zeit der **Modernisierung**, d.h., es beschleunigten sich zuvor angestoßene Neuordnungsprozesse weltweit und veränderten gesellschaftliche Rollen, Wahrnehmungen und alltägliche Handlungsspielräume von Menschen in atemberaubendem Tempo. Persönlichkeiten wie die Philosophen Immanuel Kant und Adam Smith, der Dichter Johann Wolfgang von Goethe, die gelehrten Brüder Alexander und Wilhelm von Humboldt, der Physiker Alessandro Volta und die Frauenrechtlerin Harriet Mill erfanden und interpretierten die Welt auf wissenschaftlicher Basis neu oder erstellten neuartige künstlerische Werke. Mit ihren Ideen nahmen sie Einfluss auf das „lange 19. Jahrhundert". Aus politischen Revolutionen gingen Staaten mit Volksvertretungen hervor, die sich zudem auf unterschiedliche Weise industrialisierten: von den USA (1776) über Frankreich (1789) bis Japan (1868) und China (1911). Die Zeitgenossen verstanden sich erstmals als in einem „modernen Zeitalter" lebend. Das heißt, sie versuchten ihre Gesellschaften nicht mehr allein durch Anleihen in einer idealisierten Vergangenheit – wie der Antike in Europa oder der frühen Kaiserzeit in China – zu „renovieren". Stattdessen wollten sie etwas gänzlich Neues erschaffen. Denn „Modernsein", so beschrieb es 2004 der Historiker Christopher Bayly, „ist ein Streben, auf der Höhe der Zeit zu sein".

langes 19. Jahrhundert: der Zeitraum etwa von der Gründung der USA in den 1770er-Jahren bis etwa zum Beginn des Ersten Weltkriegs, der weitreichende politische Veränderungen auslöste

Die rapide Verwandlung der Welt schuf neue Freiheiten und Bedrohungen zugleich, die man umfassend zu ordnen und kontrollieren versuchte. Widersprüche durchzogen somit stets, was diese Epoche „modern" machte:

- Nationalstaatsbildung sowie Aus- und Aufbau von Imperien: Neue Staatsgebilde vereinten Menschen, denen gleiche Merkmale, wie Sprache oder Bräuche, zugeschrieben wurden. Sie erhoben als Nationen Anspruch auf eigene staatliche Souveränität, einige von ihnen traten jedoch bald selbst als Zwang ausübende Imperialmächte auf.
- Industrialisierung und Urbanisierung: Industrielle Produktion veränderte die agrarisch geprägte Welt, konzentrierte Menschen in Städten mit neuen Lebensweisen und steigerte die Produktivität. Sie brachte aber auch Elendsviertel und Umweltzerstörung hervor.
- zivilgesellschaftliche Emanzipation: Erstmals organisierten sich Menschen außerhalb der Führungseliten langfristig in eigenen Massenorganisationen. Diese halfen ihnen, Rechte einzufordern und eigene Werte zu verfechten. Ihre Ansichten konnten aber gegensätzlich sein und neue Konflikte schüren.
- Mobilitätssteigerung: Innovationen im Transport- und Wirtschaftswesen vernetzten Waren- und Informationsströme global und ermöglichten Massenmigration über ganze Kontinente. Dies schuf neue Chancen, für viele Menschen aber auch Unsicherheit.

Europa als Revolutionsbringer?

Die Anfänge der rapiden Veränderungen des „langen 19. Jahrhunderts" führte der Historiker Eric Hobsbawm in den 1960er-Jahren auf eine europäische „**Doppelrevolution**" zurück: **industriell** – also als Umwälzung der Wirtschaft – in England ab ca. 1760 und **politisch** – als Sturz der herrschenden Eliten durch das Volk – in Frankreich 1789. Doch global gesehen, so warf der Historiker Jürgen Osterhammel fünfzig Jahre später ein, erscheinen diese Umwälzungen eher als ein „Teil einer allgemeinen Krise und Kräfteverschiebung". Denn schon die Revolutionäre in Frankreich waren von der zuvor erfolgten Gründung der USA inspiriert worden. Zudem beriefen sich fortan von Europa bis Amerika Reformer und Aufständische auf dieselben Ideale wie Freiheit, Gleichheit, Selbstbestimmung und Bürgerrechte. Dies zeigte sich eindrucksvoll an der Revolution auf der von Frankreich kolonisierten Karibikinsel Saint Domingue, wo ehemalige Sklaven 1804 einen ersten eigenen Staat schufen: das heutige Haiti. Doch die Politisierung und Mobilisierung breiter Bevölkerungsschichten übertrug sich weder auf die islamische Welt noch auf Afrika oder Asien und führte dort zu keinem Systemsturz „von unten". Vielmehr verbanden sich die Auswirkungen der atlantischen Revolutionen mit lokalen Aufständen und Reformbewegungen außerhalb der Region und erzeugten dort eigene Modernisierungsprozesse.

Eine Moderne ohne Alternativen?

Die Umbrüche des „langen 19. Jahrhunderts" vergrößerten inner- wie außerhalb Europas die technologischen und wirtschaftlichen Ungleichheiten und verschoben die Machtzentren der Welt vollends von Ost nach West. Moderne „Vorreiter" wie Großbritannien exportierten mithilfe von Handel und Imperialismus auch ihre neuen Verwaltungs- und Wirtschaftsstrukturen, ihr Rechtssystem und ihre Menschenbilder in andere Regionen der Welt. Sie präsentierten diese ganz selbstverständlich als Teile einer globalen Norm „der Moderne" und rechtfertigten so auch die „Zivilisierung" oder Vernichtung angeblich „nicht-moderner" Gesellschaften. Diese „westliche Moderne" wurde von den Zeitgenossen weltweit heiß diskutiert: Einerseits sah man sie als etwas Fremdes, das es aber zu adaptieren galt. Europa und Nordamerika, so die Argumentation, waren „zivilisatorisch vorangeprescht", und der „Rest der Welt" müsse „aufholen". Andererseits waren manche Denker davon überzeugt, dass auch andere Wege in die Moderne führen würden und Fortschritt nicht zwangsläufig an die Übernahme einer bestimmten Kultur geknüpft sei. Um – so ihre Vorstellung – universell gültige Entwicklungsstufen zur Moderne zu durchlaufen, bedürfe es vor allem der Überwindung der eigenen alten Traditionen. Heute erkennt die Wissenschaft an, dass Modernisierung im 19. Jahrhundert in verschiedenen Staaten und Regionen eigenen Gesetzmäßigkeiten folgte und vielfältige, nicht-lineare, – also „multiple" – Modernen hervorbrachte, die mancherorts bis heute fortdauern. Europa und Nordamerika waren wichtige Ideengeber, doch „die eine" Moderne gab es nicht.

Revolution (von lat. „revolutio", „Umwälzung"): ein grundlegender Wandel, der sich meist in kurzer Zeit vollzieht. Der Begriff wird angewendet auf Umwälzungen in verschiedenen Bereichen, so in den gesellschaftlichen Machtstrukturen und Abhängigkeitsverhältnissen (politische R.), in den wirtschaftlichen Verhältnissen (industrielle R.), in der Wissenschaft oder gar in der Mode. Von R. zu unterscheiden sind Reformen (Wandlungsprozesse, die sich auf der Basis von Veränderungen geltender Gesetze vollziehen).

M2 Diese Postkarte aus dem Jahr 1905 zeigt den von der US-Armee gefangen genommenen Apachen-Anführer Goyathlay (auch „Geronimo" genannt), der für seinen langen Kampf zur Verteidigung indianischen Territoriums berühmt wurde. Nach seiner Kapitulation 1886 wurde er inhaftiert und der Öffentlichkeit als Touristenattraktion präsentiert, was ihm etwas Geld einbrachte. Das Foto entstand während einer Wild-West-Show. Geronimo sitzt in westlicher Kleidung am Steuer eines Autos, umgeben von seinen Stammesleuten in traditioneller Kleidung.

M3 Zwei Gesichter der Moderne?

Der indische Historiker Dipesh Chakrabarty schrieb Im Jahr 2000:

Es war das Europa der Frühen Neuzeit und der Aufklärung, das der Welt zwar viele der zentralen politischen Ideen der Moderne schenkte (Rechte, Staatsbürgerschaft und die Ideen des Liberalismus, Sozialismus und der Demokratie), aber diese Ideen gleichzeitig zur Rechtfertigung der Unterdrückung anderer benutzte. [...] Die europäischen Mächte, die sich im Zeitalter der Renaissance zu kolonialen und imperialen „Herren der Menschheit" aufwarfen und diese Stellung während der Aufklärung und bis ins neunzehnte Jahrhundert hinein konsolidierten, übermittelten ihren Opfern zugleich Begriffe und Denkkategorien, mit denen sich die europäische Herrschaft kritisieren und in Frage stellen ließ. [...] Die Idee einer gemeinsamen menschlichen Zivilisation auf diesem Planeten [...] war [der] Aspekt, durch den die europäischen Mächte zur Kritik an sich selbst einluden.

Dipesh Chakrabarty: Europa als Provinz. Perspektiven postkolonialer Geschichtsschreibung (übers. v. Robin Crackett), Frankfurt/M. 2010, S. IXff.

M4 Zeitgenössische Stimmen

a) Der anglo-irische Philosoph und Politiker Edmund Burke schrieb 1777 in einem Brief an den schottischen Historiker William Robertson Folgendes über seine Zeit:

Die große Landkarte der Menschheit liegt jetzt vor uns ausgebreitet; und es gibt kein Stadium und keine Schattierung der Barbarei, und keine Form der Kultiviertheit, die wir nicht im selben Moment vor Augen haben. Die so ganz anderen Umgangsformen in Europa und China; die Barbarei in Persien und Abessinien; die unberechenbaren Verhaltensweisen in der Tatarei und in Arabien; der wilde Zustand in Nordamerika und in Neuseeland.

Übers. zit. nach: Sebastian Conrad/Jürgen Osterhammel: „Einleitung", in: Akira Iriye/Jürgen Osterhammel (Hgg.): Geschichte der Welt: 1750–1870. Wege zur modernen Welt, München 2016, S. 62

b) Der afroamerikanische Soziologe, Publizist und Bürgerrechtler W. E. B. Du Bois äußerte sich 1898 zur globalen Vernetzung der Welt:

Auf unserm Frühstückstisch liegen jeden Morgen die Mühen Europas, Asiens, Afrikas und der Inseln der Meere; wir säen und nähen für unbekannte Millionen, und unzählige Menschen weben und pflanzen für uns; wir haben die Welt verkleinert und zugleich das Leben erweitert, indem wir Entfernungen zunichtemachten und die menschliche Stimme und die Sterne vergrößerten, Nation an Nation banden – sodass es heute nun erstmals in der Geschichte nur einen einzigen Standard menschlicher Kultur gibt, in New York ebenso wie in London, in Kapstadt ebenso wie in Paris, in Bombay ebenso wie in Berlin.

Übers. zit nach: ebd., S. 69

Aufklärung: Entwicklung des 18. Jahrhunderts in Europa, die sich auf rationales Denken fokussierte und so Strukturen, die dem Fortschritt im Weg standen, zu überwinden versuchte

Renaissance: Epoche des 15./16. Jahrhunderts in Europa, in der die kulturellen Leistungen der Antike wiederbelebt werden sollten und die zu einer neuen Sicht auf den Menschen führte

Abessinien: ehemaliger Staat in Ostafrika auf dem Gebiet der heutigen Staaten Äthiopien und Eritrea

Tatarei: damalige Bezeichnung für Großregion in Zentralasien

M 5 Dieser kolorierte Druck aus der zweiten Hälfte des 19. Jahrhunderts zeigt den reformorientierten Meiji-Kaiser Japans und sein Gefolge in der neuen Waffengießerei der Stadt Yokosuka, in der Bucht von Tokio. Dort lässt sich der Kaiser von europäischen Experten moderne Gießereimethoden zeigen.

c) Der japanische Reformer Fukuzawa Yukichi sprach sich im späten 19. Jahrhundert für eine Neuorientierung seines Landes an der westlichen Moderne aus:

Internationale Kommunikation ist heute so bequem geworden, dass, sobald der Wind der westlichen Zivilisation gen Osten bläst, jeder Grashalm und jeder Baum im Osten dem folgt, was der Wind aus dem Westen bringt. [...] Die Ausbreitung einer Zivilisation gleicht der der Masern. [...] Wir mögen die Ausbreitung dieser übertragbaren Krankheit hassen, aber gibt es einen effektiven Weg, sie zu verhindern? [...] Durch eine übertragbare Krankheit erleiden die Menschen nur Schaden. In einer Zivilisation können Schäden von Nutzen begleitet werden, aber der Nutzen übertrifft sie immer bei weitem und dessen Wucht kann nicht gestoppt werden. Da dies der Fall ist, ist es sinnlos, deren Ausbreitung zu verhindern. Ein weiser Mann begünstigt die Ausbreitung und ermöglicht es unserem Volk, sich deren Gepflogenheiten anzupassen. [...]
Wir waren nicht nur in der Lage Japans alte Konventionen abzulegen, sondern wir erschufen auch erfolgreich eine neue Achse in Richtung Fortschritt in Asien. Unsere Überzeugung könnte man in zwei Worten zusammenfassen: „Good-bye Asia (Datsu-A).“ [...]
Was müssen wir nun heute tun? Wir haben keine Zeit, auf die Erleuchtung unserer Nachbarn zu warten, damit wir gemeinsam an der Entwicklung Asien arbeiten können. Es ist besser für uns, die Reihen der asiatischen Nationen zu verlassen und sich auf die Seite der zivilisierten Nationen des Westens zu schlagen.

Fukuzawa Yukichi: On Leaving Asia, Jiji shinpō newspaper, March 16/1885 (Übers.: Daniel Schumacher)

2. a) Erstellen Sie auf der Grundlage des Darstellungstextes eine Mindmap zu den Begriffen „Modernisierung“ und „Moderne“.
b) Formulieren Sie je eine Definition der beiden Begriffe.

3. Erklären Sie mithilfe der Begriffe „Zivilisation“, „Distanz“ und „Individualrechte“, wie Menschen inner- und außerhalb Europas die moderne Welt in Bezug auf ihr eigenes Land wahrnahmen. Verwenden Sie hierzu die unter M 3 und M 4 zusammengestellten Texte sowie die Abbildungen M 2 und M 5.

4. Diskutieren Sie in Gruppen, welche Maßstäbe wir heute anlegen, um Länder/Regionen als „modern“ zu bezeichnen. Stellen Sie dabei Bezüge zu den Maßstäben her, die im 19. Jahrhundert angelegt wurden.

Meiji („erleuchtete Herrschaft“): das Regierungsmotto des von 1867 bis 1912 regierenden japanischen Kaisers

Die Industrialisierung Europas

Voraussetzungen und Verlauf

„Wenn große Teile der Welt um 1910 anders aussahen als um 1780, dann war die wichtigste Ursache dieser Verwandlung des Planeten die Industrie", schrieb der Historiker Jürgen Osterhammel 2009. Dass „anders aussehen" durchaus wörtlich zu nehmen ist, belegen die Bilder auf diesen Seiten. Sie zeigen das linke Rheinufer in Ludwigshafen – vor der Industrialisierung und seit ihrem Einsetzen. Dorthin siedelte 1865 die zunächst in Mannheim gegründete „Badische Anilin- und Sodafabrik" über, die heute als „BASF SE" zu den größten Chemiekonzernen weltweit gehört. Mit einer Produktpalette, die von Kunststoffen über Pflanzenschutzmittel bis hin zu Kraftstoffen reicht, betreibt sie neben dem Werk am Standort Ludwigshafen auch große Standorte in den USA, Malaysia und China.
Wie Großkonzerne in Zukunft aufgestellt sein werden, können wir nur ahnen. Wie aber die Entwicklung von Handwerks- und Manufakturbetrieben hin zu kleinen und großen Industrieunternehmen verlaufen ist und wie sie die Wahrnehmung der Welt veränderte, darum geht es im vorliegenden Kapitel.

Abbildungen:
- Robert Steiner: Ansicht der Badischen Anilin- und Soda-Fabrik in Ludwigshafen, 1881
- (unten links): Die Mannheimer Rheinschanze, aus der sich die Stadt Ludwigshafen entwickelte, in einer historisierenden Darstellung aus dem 20. Jh.
- (unten rechts): Luftaufnahme des BASF-Geländes in Ludwigshafen aus dem Jahr 2018
- (oben rechts): Digitalisierung und „Industrie 4.0" stellen Herausforderungen, die heutige Unternehmen annehmen müssen

Dynamisches England, verschlafenes Deutschland?

Politische und geografische Bedingungen der Industrialisierung

Dynamische Entwicklung in England ...

Ob Kleidung, Werkzeug oder Nahrungsmittel – bis ins 17. Jahrhundert hinein wurden fast alle Dinge des täglichen Bedarfs in Heimarbeit hergestellt. Doch ab Mitte des 18. Jahrhunderts übernahmen immer mehr Maschinen die Produktion. Fabriken entstanden, in denen Waren in hohen Stückzahlen hergestellt wurden. Die ersten modernen Industriezentren bildeten sich in England heraus. Ihren Anfang nahm die Entwicklung mit der Mechanisierung der Textilherstellung. Ihre Folgen waren so massiv, dass man von „**Industrialisierung**" oder sogar von „Industrieller Revolution" spricht. Doch warum entstand sie gerade hier?

Die frühe Industrialisierung Englands ist nicht monokausal zu erklären, sondern auf eine ganze Reihe von Faktoren zurückzuführen. Entscheidenden Anteil hatten zunächst Erfindungen einzelner Handwerker, die Herstellungstechniken vereinfachten oder gar revolutionierten, so beispielsweise Spinnmaschinen für Wolle (1764 und 1779), die Dampfmaschine (1769) und den mechanischen Webstuhl (um 1785) entwickelten. Begünstigt wurden solche Erfindungen durch die Gewerbefreiheit: Die Gründung eines Gewerbes mit dem Ziel, durch Produktion oder Handelstätigkeit Gewinne zu erwirtschaften, war in England bereits im 17. Jahrhundert möglich. Dies schuf Konkurrenzdruck unter den Handwerksbetrieben und ermutigte Einzelne dazu, mit neuen Produktionsverfahren zu experimentieren, um Kosten zu senken und gleichzeitig die produzierte Menge zu erhöhen. Ein Wettlauf um die effizientesten Herstellungsverfahren hatte eingesetzt und führte zu weiteren innovativen Entdeckungen sowie zur Beschleunigung des Modernisierungsprozesses. Für die Abnehmer der nun industriell gefertigten Waren sanken zugleich die Preise. Immer mehr Menschen konnten sich Produkte leisten, die vorher unerschwinglich waren. Ein Anstieg auch der Nachfrage war die Folge.

Darüber hinaus verfügte England über eine Reihe von Rohstoffen wie Kohle, Eisenerz und Holz im eigenen Land und konnte andere – wie Baumwolle oder den blauen Farbstoff Indigo – aus seinen Kolonien importieren. So war es möglich, komplexe industrielle Fertigungsketten relativ problemlos zu etablieren. Auch die Insellage war von Vorteil, denn sie ermöglichte den schnellen, küstennahen Warentransport von Fabrik zu Fabrik. Zudem ist jeder Ort in England weniger als 250 km von der Küste entfernt, sodass über Flüsse und Kanäle ein schneller Transport auch in die entstehenden Industriezentren des Hinterlandes möglich wurde. Handel und Industrie waren damit weitgehend unabhängig von den schlecht ausgebauten und für den Warentransport kaum geeigneten Überlandstraßen.

M 1 Eine Spinnerei in Manchester, um 1880. Sie wurde mit Dampfkraft betrieben. Die unmittelbare Nähe zum Kanal ermöglichte den effizienten Vertrieb der Ware. Grafik von Hedley Fitton

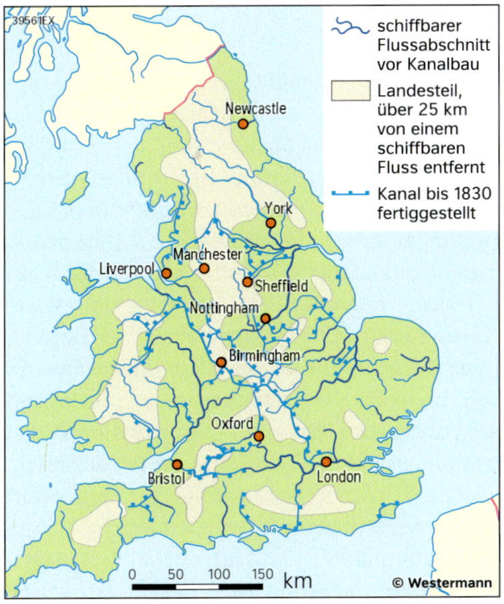

M2 Das englische Kanalsystem um 1830

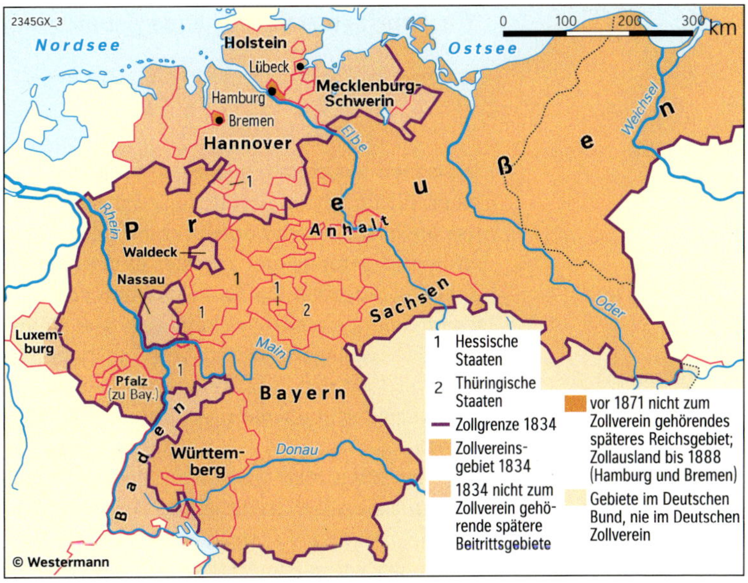

M3 Die deutschen Kleinstaaten und die Grenze des Zollvereins, 1834

Neuerungen in der Landwirtschaft, die Anbaumethoden, Düngung, Urbarmachung von Brachland effektiver machten, hatten bereits zu Beginn des 18. Jahrhunderts steigende Erträge und Bevölkerungswachstum ermöglicht (→ S. 18). Hierdurch wurden im Laufe der Zeit mehr und mehr Arbeitskräfte für die Industrieproduktion verfügbar. Auch die Binnennachfrage erfuhr eine zusätzliche Stimulation.

Hinzu kam, dass England sich zwar an Kriegen wie dem Siebenjährigen Krieg 1756–1763 oder dem Amerikanischen Unabhängigkeitskrieg 1775–1783 beteiligte, doch gab es keine Kriegsschauplätze in England selbst. So beeinträchtigten kriegsbedingte Zerstörungen die Industrialisierung Englands kaum.

... versus bremsende Faktoren in Deutschland

Ganz anders die Situation in Deutschland: Die schwache zentralstaatliche Organisation im Heiligen Römischen Reich Deutscher Nation bis 1806 und ab 1815 im Deutschen Bund begünstigte politische Zersplitterung. Eine Vielzahl von Staatsgrenzen und Zollschranken behinderte den Handel ebenso wie eine unüberschaubare Anzahl verschiedener Gewichts-, Hohl- und Längenmaße. Auch eine einheitliche Währung war nicht vorhanden, Geld musste beim Übertritt in einen anderen (Klein-)Staat häufig und zu hohen Kosten umgetauscht werden. Nicht einmal eine einheitliche Uhrzeit war verbindlich vereinbart. Erst nach und nach schlossen sich deutsche Staaten zu Freihandelsgebieten mit gemeinsamer Außenzollgrenze zusammen. Am 1. Januar 1834 ging aus ihnen der „Deutsche Zollverein“ hervor (→ M 3).

Zudem konnten deutsche Produzenten nicht auf günstig importierte Rohstoffe zugreifen, und auch der Warentransport war aufgrund der Binnenlage des Landes weitaus aufwendiger als in England. Seetransport war nur an den Küsten der Nord- und Ostsee möglich, und nur wenige große Flüsse waren schiffbar. Vor allem aber waren in den deutschen Ländern die Möglichkeiten, unternehmerisch tätig zu werden, begrenzt: Die Zunftordnungen schränkten überall den Zugang zu Handwerksberufen ein und verhinderten auf diese Weise Konkurrenzsituationen. Dadurch entfiel aber auch die Notwendigkeit, durch Erfindungen und bessere Produktionsabläufe günstiger oder in besserer Qualität zu produzieren. Lange wurden überkommene, unrentable Produktionsstrukturen konserviert. Weil die Einführung der Gewerbefreiheit in die Zuständigkeit der einzelnen Länder fiel, bildete sich in Deutschland ein für den Prozess der Industrialisierung notwendiger Innovationsdruck erst langsam heraus.

M4 Fabriken schaffen neue Arbeitsbedingungen

Der Historiker Sven Beckert erläutert die Auswirkungen des veränderten Produktionsprozesses auf die Arbeitsbedingungen:

Die neuen Maschinen steigerten nicht nur die menschliche Produktivität, sondern veränderten auch den Produktionsprozess selbst: Maschinen begannen, den Takt der menschlichen Arbeit vorzugeben. Da die Produktion von zentralen Energiequellen abhing und viel Raum benötigte, verlagerte sie sich von Haushalten in Fabriken. Mit den Maschinen sammelten sich auch Arbeiter in ungeahnter Zahl an zentralen Orten. [...]

[Die Funktion der Baumwollfabrik bestand aber] nicht einfach darin, Arbeitskräfte zu versammeln und zu kontrollieren, sondern vielmehr eine komplexe Anordnung von Maschinen zu beherbergen. In den 1780er-Jahren nahmen einige dieser Spinnereien beeindruckende Ausmaße an, mit rund 60 Metern Länge, 9 Metern Breite und vier bis sechs Stockwerken überragten sie die umgebende Landschaft. Auch wenn sie in ihrer Größe stark variierten, hatten sie etwas gemeinsam: ein Fließgewässer in der nächsten Umgebung. Um dessen Energie zu nutzen, wurde entweder ein Damm gebaut, oder es wurde einfach eine Zuleitung von einem stark abschüssigen Teil des Flusses abgezweigt und auf ein Wasserrad geführt. Die Garnproduktion in diesen Spinnereien umfasste drei grundlegende Schritte: das Reinigen [der Baumwolle von Zweigen, Blättern und Schmutz], das Kardieren [also Drehen dünner Faserstränge] und schließlich das Spinnen. [...] Um die Maschinen zu bedienen [...], heuerten die Fabrikbesitzer Hunderte von Arbeitern an. [...] Zum ersten Mal organisierten, überwachten und kontrollierten Kapitalbesitzer Produktionsprozesse abseits der Sklavenplantagen in den Amerikas. Diese neue Gruppe von Herstellern überwand die rein kommerziellen Beziehungen zwischen Händlern und Produzenten, wie sie in früheren Jahrhunderten bestanden hatten: Sie warben nun direkt mittellose Menschen an und machten sie zu Lohnempfängern in ihren Fabriken. Seit jeher war die Beziehung zwischen Kapitaleignern und Arbeitern in der weltweiten [Baumwollproduktion] eine kaufmännische gewesen, aber nun, durch einen revolutionären Schritt, arbeiteten Spinner und Weber für Lohn unter der Kontrolle von Industriellen.

Eine solche Herrschaft des Kapitals über die Arbeitskraft, eine solche Verflechtung von technischer Revolution und sozialer Erneuerung fand nirgendwo sonst statt.

Sven Beckert: King Cotton. Eine Geschichte des globalen Kapitalismus, München 2014, S. 78 f.

M5 Die „Spinning Mule“ genannte Spinnmaschine, entwickelt 1779 von Samuel Crompton, kombinierte vorangegangene Erfindungen. Sie bestand aus zwei parallel montierten Wagen. Auf einem waren Spulen mit Fasern aufgereiht, auf dem anderen Spindeln zum Aufnehmen der gesponnenen Fäden. Diese entstanden durch das Herausfahren des äußeren Wagens. In einer Mule konnten anfangs bis zu 200 Spindeln montiert werden; später bis zu 1300. Bis in die 1830er-Jahre wurden Mules mit Wasserkraft, später mit Dampfkraft betrieben.

M6 Zur Rückständigkeit Deutschlands

a) Der Verwaltungsbeamte Eusebio Lotz, der in verschiedenen mitteldeutschen Staaten tätig gewesen war, schrieb im Jahr 1813 über die Zünfte in Deutschland:

[Sie schaden vor allem dadurch], dass sie der Übung der Produktivkraft des menschlichen Geistes Fesseln anlegen, sie in widernatürliche Formen zwängen, und dem einzelnen Gewerbsmanne den Übergang von einem Gewerbe und die Benutzung seiner produktiven Kräfte in ihrem ganzen Umfang erschweren. [...] Die Furcht vor dem Verlust seiner Nahrung durch das Erscheinen eines geschickteren und betriebsamen Arbeiters ist immer das Hauptmotiv, das den einzelnen Gewerbsmann zum Fleiße und zum Raffinement auf die möglichste Vervollkommnung seiner Waren treibt. Aber dies Motiv kann sich nie äußern, oder wenigstens nicht in dem Umfange, wie es sich sonst geäußert haben würde, ist der Gewerbsmann sicher, dass niemand mit ihm in die Konkurrenz treten könne, als der, dem er selbst durch die Aufnahme in seine Zunft die Erlaubnis dazu erteilt hat. So lange Zünfte und Innungen und Monopole bestehen, ist der ungeschickteste Meister immer so ziemlich gegen die Gefahr gedeckt, in der er in dieser Beziehung schweben würde, bestünden keine Institute dieser Art. Die Gewissheit des Absatzes seiner Waren, die ihm sein Monopol verspricht, hält ihn ab, sich seinem Gewerbe teils mit der möglichsten Anstrengung zu widmen, teils darauf zu denken, wie er seine Fabrikate mit dem mindesten Kostenaufwande möglichst vervollkommnen möge.

Zit. nach: Kurt von Rohrscheidt: Vom Zunftzwange zur Gewerbefreiheit. Eine Studie nach Quellen, Berlin 1898, S. 192 f.

b) Über die Behinderung des Handels durch Zollschranken schrieb Friedrich List, der Begründer der deutschen Volkswirtschaftslehre, 1820:

Betrachtet man den inneren Zustand Deutschlands, so sehen wir die einzelnen Bundesstaaten sich gegenseitig nach denselben Grundsätzen behandeln, nach welchen ganze Nationen verfahren. Jedes einzelne Land ist beflissen, durch Auflagen auf die Produkte des Nachbarlandes seine Produktion zu heben und zugleich einen Teil seines Staatsbedürfnisses zu gewinnen. Wenn aber schon bei ganzen Nationen dieses Verfahren verwerflich ist, indem man sich gegenseitig zu Produktionsarten zwingt, welche der Natur des Landes, zu dessen Vorteil der Zwang stattfindet, nicht angemessen sind, und dagegen in eben denjenigen Produktionszweigen sich gegenseitig beschränkt, welcher seiner Natur entsprechen, so erscheint diese traurige Wirkung des Merkantilsystems hier umso greller, als die deutschen Länder durch ihre Lage und Bedürfnisse von der Natur auf das innigste aneinandergekettet sind. Die Engländer, die Franzosen, die Russen sind zur Not sich selbst genug. Sie erzeugen Holz, Salz, Eisen, Getreide, Getränke, usw. in dem weiten Umfang ihrer Reiche, ihre Landesgrenzen berühren die Meere vielfältig und ihre Flüsse sind vom Ursprung bis zu den Mündungen in ihrer Gewalt. Hier lähmt das Douanenwesen [Zollwesen] nicht alle Nerven der Industrie wie in Deutschland. [...] Hier muss ein ganzer Strich Landes seinen Bedarf an Eisen oder Salz von einem entfernten Ort beziehen, weil das benachbarte Salz- oder Eisenwerk einem anderen deutsche Staate angehört, also die Einfuhr mit hohen Zöllen belegt ist.

Friedrich List: Gesammelte Schriften, 2. Teil, Stuttgart/Tübingen 1850, S. 22

Monopol: marktbeherrschende Stellung

Staatsbedürfnis: hier im Sinne von Finanzbedarf; Steuereinnahmen, die ein Staat zur Erfüllung seiner Aufgaben benötigt

Merkantilsystem: staatlich gelenktes Wirtschaftssystem, das auf die Gewinnung hoher Einnahmen durch Exporte bei gleichzeitig niedrigen Ausgaben für Importe abzielt. Es erschwert den Handel zwischen Staaten. (Weiterführend zum Merkantilismus → S. 30)

1. Arbeiten Sie aus dem Darstellungstext die Faktoren heraus, die die Industrialisierung in England in der Mitte des 18. Jahrhunderts besonders begünstigt haben.

2. Vergleichen Sie die Voraussetzungen für den Industrialisierungsprozess in Deutschland mit denen in England mithilfe des Darstellungstextes, M2 und M3. Beziehen Sie dabei politische, wirtschaftliche und geografische Faktoren mit ein.

3. a) Beschreiben Sie die in M4 und M5 dargestellte neue Produktionsweise.
b) Erläutern Sie die Stellung des Menschen innerhalb dieser neuen Produktionsweise.

4. Analysieren Sie arbeitsteilig an M6 die Kritik der Zeitgenossen am Einfluss der Zünfte und Zollschranken auf die wirtschaftliche Entwicklung in Deutschland.

Eine Voraussetzung für die Industrialisierung?

Die „Agrarrevolution“

M 1 „Der Lincolnshire-Ochse“. Gemälde aus dem Jahr 1790 von dem englischen Maler George Stubbs

1. a) Gemälde wie M 1 wurden im 18. Jahrhundert sehr beliebt und schmückten zahlreiche Landsitze. Stellen Sie Vermutungen darüber an, was sie den Betrachtenden vermitteln sollten.
   b) Formulieren Sie Fragen an das Kapitel.

Eine Zeit des Wandels ...

Gegen Ende des 18. Jahrhunderts erregte der englische Pastor Thomas Malthus mit seiner Theorie über die Grenzen des Bevölkerungswachstums große Aufmerksamkeit. Grundsätzlich – so seine Annahme – wachse die Bevölkerung exponentiell und damit schneller als die Fähigkeit der Landwirtschaft, Nahrungsmittel bereitzustellen, da diese lediglich ein lineares Wachstum aufweise. Malthus lebte zu einer Zeit, in der seine Theorie auf vergangene Zustände zwar zutraf, aber keine Gültigkeit für die Zukunft mehr hatte. Denn bereits im 17. Jahrhundert, deutlicher spürbar ab Mitte des 18. Jahrhunderts, wurde die seit dem Mittelalter weitgehend auf die gleiche Art und Weise produzierende Landwirtschaft von tiefgreifenden Veränderungsprozessen erfasst, die zu einer deutlichen Steigerung der produzierten Nahrungsmittel führten. Keimzelle der Entwicklung war England, es folgten Schottland, Wales und Flandern. In Mitteleuropa, und damit auch in Deutschland, setzte sie erst mit einigen Jahrzehnten Abstand ein.

... mit Auswirkungen auf Ackerbau und Viehzucht

Die mittelalterliche und frühneuzeitliche landwirtschaftliche Produktionsweise war arbeitsintensiv und brachte nur geringe Erträge ein. Zudem lag ein Drittel aller Felder aufgrund der Dreifelderwirtschaft stets brach. Oftmals konnten Bauernfamilien nur so viel produzieren, wie sie zum Überleben benötigten – diesen Zustand bezeichnet man als Subsistenzwirtschaft. Schlechte Ernten oder eine spürbare Zunahme der Bevölkerung führten zu Hungersnöten und begünstigten – als Folge der Mangelernährung – Krankheiten und die Ausbreitung von Seuchen. Hohe Todesraten und ein Rückgang der Bevölkerung waren dann die Folge. Während der ersten Hälfte des 18. Jahrhunderts gelangten aus den Niederlanden neue Gras- und Pflanzensorten (u. a. Raps und Klee als Viehfutter, Rüben für den Verzehr durch Mensch und Tier) nach England. Sie wuchsen schneller, waren robuster und benötigten weniger Nährstoffe als die einheimischen Pflanzen. Dies ermöglichte die Vierfelderwirtschaft, bei der die Felder jedes Jahr für den Anbau genutzt werden können. Höhere und konstantere Erträge an Nahrungsmitteln waren die Folge.

Ähnlich weitreichende Veränderungsprozesse erfassten auch die Viehzucht. Konnten sich die Nutztiere bisher mehr oder weniger unkontrolliert auf gemeinsam genutzten Weiden vermehren, wurden nun, vor allem durch wissenschaftlich gebildete Adlige, Tiere gezielt zusammengebracht, um nützliche Eigenschaften zu züchten. Hierbei entstanden z. B. das „New Leicester Schaf“, das besonders viel Wolle produzierte, oder das robuste „Lincolnshire-Rind“, das sich hervorragend für die Fleischproduktion eignete. Beide Rassen verbreiteten sich schnell und ermöglichten eine effizientere Nutzung des vorhandenen Weidelandes.

Neue Technologien: Vorteile für den Adel?

Landwirtschaftliche Arbeits- und Produktionsweisen basierten seit dem Mittelalter vor allem auf dem intensiven Einsatz menschlicher Arbeitskraft. Mit der Erfindung der Saatmaschine stand zu Beginn des 18. Jahrhunderts in England erstmals ein pferdebetriebenes Arbeitsmittel zur Verfügung, mit dem die Aussaat schnell und mit deutlich weniger Saatgut als jemals zuvor erfolgen konnte. Auch die ebenfalls zunächst mit Pferdekraft betriebene Dreschmaschine brachte eine deutliche Arbeitserleichterung mit sich. Wofür bisher eine Vielzahl von Arbeitskräften mit Dreschflegeln benötigt wurde, waren nun einige wenige Menschen mit einem Pferd notwendig. Der spätere Einsatz der Dampfmaschine machte beide Erfindungen noch effizienter.

M2 Dreschmaschine. Kolorierter Druck, 1851. Im Dreschkasten wird eine schnell laufende Trommel angetrieben. Sie ist mit Leisten versehen und von einem Korb umgeben. Durch die Bewegung geraten die Ähren zwischen die Leisten und den Korb, die Körner werden herausgeschlagen.

Der Großteil der landwirtschaftlichen Flächen in England war im Besitz des Adels, daher kommt ihm besondere Bedeutung für den Wandel in der Landwirtschaft zu. Denn unter den Landbesitzern entwickelte sich Wettbewerbsdenken zu einer Triebkraft der Modernisierung. Jährliche Messen und gedruckte Journale mit den neuesten Anbaumethoden, Maschinen und Züchtungserfolgen waren Ausdruck dieses Strebens. Darüber hinaus war der Adel erfolgreich darin, die eigenen Ländereien zu erweitern. Landbesitz, auf dem bisher gegen Pachtzins Kleinbauern tätig waren, wurde bald nicht mehr verpachtet, und der Dorfgemeinschaft wurde die bisher gängige Nutzung von Gemeindeland als Weideland untersagt. Eingehegt durch Hecken und Steinwälle gingen diese Flächen als sogenannte „Enclosures“ (dt.: „Gehege“) in den Besitz des Adels über – auf Kosten der niederen Bevölkerung.

Demografie und sozialer Wandel

Die **Agrarrevolution** führte zwar nicht zu einer über das gesamte Land gleichmäßig zunehmenden Erzeugung von Agrarprodukten, ermöglichte aber eine tendenziell höhere und gleichmäßigere Produktion. Missernten wurden seltener, und Hungersnöte in einzelnen Regionen konnten durch den größeren Anteil der Erträge aus anderen Landesteilen, die nicht für den Eigenbedarf benötigt wurden, kompensiert werden. Anders als in den Jahrhunderten zuvor, sorgte die relative Nahrungsmittelsicherheit nun dafür, dass die Geburtenrate im 18. Jahrhundert in England beständig zunehmen konnte. Gleichzeitig führten neue medizinische Erkenntnisse und Fortschritte bei der Hygiene zu einer sinkenden Sterberate. Insgesamt kam es hierdurch zu einem Wachstum der Bevölkerung.

Da die Landwirtschaft allerdings immer weniger Menschen ein Auskommen bot, mussten andere Möglichkeiten des Broterwerbs erschlossen werden. Einige Bauern wurden zu abhängigen Landarbeitern der Großgrundbesitzer, andere wechselten in protoindustrielle Arbeitsbereiche: die Herstellung von Stoffen, Garnen, Werkzeugen, Nägeln oder Kochgeschirr, teilweise in Heimarbeit und noch ohne den Einsatz von Maschinen. Zahl und Qualität der hergestellten Produkte stiegen deutlich an und damit auch die Produktivität der Volkswirtschaft insgesamt. Das bedeutete allerdings nicht, dass für alle Menschen eine Verbesserung ihrer wirtschaftlichen Situation eintrat. Das Gegenteil war der Fall. Oft waren die gezahlten Gehälter in der Landwirtschaft und im Verlagswesen so gering, dass zwei Drittel für Nahrungsmittel ausgegeben werden mussten. Vor allem das Überangebot an Arbeitskräften machte die menschliche Arbeitskraft billig und führte nach und nach zur Verarmung der Landbevölkerung. Dieses Phänomen wird „Pauperismus“ genannt.

Protoindustrie (von griech. *protos*: Erster, Vorderster): Serienproduktion von Gütern in Heimarbeit oder Manufakturen ohne die Maschinen und Energieträger, die nach der Industrialisierung zur Verfügung standen

Verlagswesen: System, in welchem ein Unternehmer, der „Verleger“, Rohstoffe kauft und diese an Handwerker weitergibt. Diese verarbeiten sie zu festgelegten Konditionen in Heimarbeit weiter und liefern ihre Ware zurück an den Verleger. Der verkauft die Fertigware und kauft neue Rohstoffe ein.

M 3 Bevölkerungsentwicklung in England und Deutschland

	England		Deutschland*	
	in Mio.	Zuwachs in %	in Mio.	Zuwachs in %
um 1700	21,0		14,1	
um 1750	23,0	9,5	17,5	24,0
um 1800	25,0	8,7	22,0	25,0
um 1850	29,6	18,8	33,7**	53,0

* Mit „Deutschland" ist hier das Gebiet des Deutschen Reiches ab 1871 gemeint.
** Die Angabe bezieht sich auf das Jahr 1843.

Zusammengest. nach: E. J. Evans: The Forgoing of the Modern State, London u.a. 1983, S. 404 (England), und: Christian Pfister: Bevölkerungsgeschichte und historische Demographie 1500–1800, München 2007, S. 10, sowie Statistisches Bundesamt (Hg.): Bevölkerung gestern, heute und morgen, Mainz 1985, S. 13 (D)

M 4 Keine Agrarwende in Deutschland?

Der Staatswissenschaftler Johann Heinrich Gottlob von Justi (1717–1771) war in verschiedenen Ämtern zuerst in Wien, dann in Berlin tätig. Er analysierte die Bedingungen, unter denen in Deutschland Landwirtschaft betrieben wurde, und stellte in seiner Schrift „Über die Haupthindernisse für den landwirtschaftlichen Betrieb" dar, dass zunächst die Zerstückelung des Grundbesitzes in Deutschland hinderlich für eine Agrarwende sei. Er führte weiter aus:

[Die] Zerreißung des Gutes erschwert [...] die Bestellung und Ernte, macht sie unvollkommener und kostspieliger. Mit diesen Verhältnissen steht jedoch ein [...] weit verderblicheres Hindernis, nämlich die gemeinschaftliche Hut und Trift, in inniger Verbindung. Durch sie erhält der Landmann schlechte Weide, kann nicht nach besserer Überzeugung seine Felder bestellen, sondern muss bei der Einsaat die Schläge beachten [... Als weiteres] Hindernis wirkt der Umstand, dass die Bauern in vielen deutschen Ländern nicht einmal Besitzer ihres Gutes sind. [...] Wie soll unter solchen Verhältnissen die Landwirtschaft vorwärtskommen? Ein jeder weiß, dass nur das eigene Interesse die Triebfeder des Fleißes ist, und wenn das fehlt, so kann man nur verdrossene und schlechte Arbeit erwarten [...]
Würden also die Herren ihren Nutzen vor Augen haben, so müssten sie ihren Bauern die Nahrung zum Eigentum geben und den Grundzins erhöhen. Dadurch wäre den Bauern geholfen und die Gutsherrschaft hätte ihr Einkommen vermehrt.

Ganz dieselbe Bewandtnis hat es mit dem [...] Fronwesen, welches für Herren und Bauern in gleichem Grade nachteilig wirkt. Durch das Fronen wird der Bauer abgehalten, sein eigenen Gut gehörig zu bebauen und zu bestellen, zieht nun voll Unwillens auf das fremde, verrichtet die Arbeit verdrossen und schlecht, und die Herrschaft kommt dadurch immer zu Schaden [...] Wollte man zu diesen Hindernissen noch andere fügen, so könnte man viele anführen, denn die Bedrückung der Bauern ist groß. Da gibt es noch Jagddienste, Hoffuhren, Vorspannen, Kriegsfuhren, Missbrauch der Gerichtsbarkeit und dergleichen, die alle den Aufschwung der Landwirtschaft erschweren.

Zit. nach: Werner Conze (Hg.): Quellen zur Geschichte der deutschen Bauernbefreiung, Göttingen 1957, S. 43 ff.

gemeinschaftliche Hut (→ „hüten") und Trift (→ „treiben"): gemeinschaftliche Nutzung einer Weidefläche für die Viehhaltung

Schlag: Ackerfläche, die der gemeinschaftlichen Nutzung vorbehalten ist

Fronwesen: Gemeint sind hier spätfeudale Dienste, die Bauern ohne Bezahlung für ihren Grundherrn zu erledigen hatten.

Der langwierige Prozess, der dazu führte, dass sich die Bauern zu gleichberechtigten Staatsbürgern mit uneingeschränkten Freiheiten entwickelten, wird als **Bauernbefreiung** bezeichnet. Er setzte zu Beginn des 19. Jahrhunderts ein und war europaweit erst zu Beginn des 20. Jahrhunderts abgeschlossen. Zuletzt erhielten 1907 die Bauern in Russland das Recht auf Individualbesitz, nachdem sie seit 1861 nicht mehr selbst als Besitz eines Grundherrn galten.

Schritte zur Bauernbefreiung in Preußen:
- 1807: Oktoberedikt: Bürger dürfen Land erwerben. Dies war bisher nur dem Adel möglich. Die Abschaffung der Leibeigenschaft wird für 1810 angekündigt.
- 1811: Regulierungsedikt: Bauern werden Eigentümer des von ihnen bearbeiteten Landes. Sie müssen die adligen Großgrundbesitzer allerdings finanziell entschädigen.

Schritte zur Bauernbefreiung in Württemberg:
- 1818: Abschaffung der Leibeigenschaft und aller damit verbundenen Dienste. Bauern dürfen Land von Grundbesitzern erwerben.
- 1848: Abschaffung der letzten Grundlasten (z.B. des „Zehnten")

M5 Der Pauperismus

Der liberale Unterhausabgeordnete Wakefield beschrieb 1831 die Situation der Bauern in England:

Ein „englischer Bauer“ [Ackerbautagelöhner] und ein „englischer Pauper“ – die Worte sind synonym. Sein Vater war ein Pauper und seiner Mutter Milch war ohne nährende Kraft; von Kind auf hat er schlechte Nahrung und immer nur halb satt bekommen, und jetzt noch fühlt er die Qual unbefriedigten Hungers fast immer, wenn er nicht schläft. Er ist halbbekleidet, ohne mehr Feuerung, als gerade ausreicht, seine mageren Mahlzeiten zu kochen, und so kehren Kälte und Nässe stets mit dem Wetter bei ihm ein und verlassen ihn nur mit dem Wetter. Er ist verheiratet, aber er kennt nicht die Freuden des Gatten und Vaters. Sein Weib und seine Kleinen, hungrig, selten warm, oft krank und hilflos, stets sorgenvoll und hoffnungslos wie er. [...] Wenn er auch Lust hätte, so fehlt ihm doch der Mut, um, wie andre, energischere Leute seiner Klasse, ein Wilddieb oder Schmuggler im Großen zu werden; aber er stibitzt gelegentlich und lehrt seine Kinder lügen und stehlen. [...] Er ist durch und durch depraviert, zu sehr herabgedrückt, um die Kraft der Verzweiflung noch zu haben. Sein elendes Leben ist kurz, Rheumatismus und Asthma bringen ihn ins Armenhaus, wo er seinen letzten Atemzug ohne eine einzige angenehme Rückerinnerung tun und für einen anderen Unglücklichen Platz machen wird, der ebenso leben und sterben mag wie er.

Edward Gibbon Wakefield: Swing unmasked or the Causes of Rural Incendiarism, London 1831, S. 478 f. (Übers.: Tim Sonnenwald)

M6 Täuscht der Rückblick?

Der Historiker Willibald Steinmetz urteilte 2019 über die Auswirkungen der Agrarrevolution:

Aus heutiger Perspektive erscheinen [...] die Warnungen von Malthus als [nicht] zutreffende Vorwegnahmen der wirtschaftlichen Entwicklung, wie sie sich im Laufe des 19. Jahrhunderts in Großbritannien und – nachholend – auch in anderen europäischen Ländern vollzog. So unterschätzte Malthus unter anderem die tatsächlich erzielten Produktivitätsfortschritte in der Landwirtschaft. Mit Blick auf die erste Hälfte des 19. Jahrhunderts sollte man aber nicht vergessen, dass die Aufwärtsentwicklung keineswegs so geradlinig und gesichert schien, wie sie sich aus der Rückschau ausnimmt. Besonders für die überzähligen, aus ländlichen oder heimgewerblichen Arbeitsverhältnissen freigesetzten Klassen [...] ließen die theoretisch denkbaren Wohlstandsgewinne sehr lange auf sich warten. Zu lange für viele: In Großbritannien etwa zwei Generationen, im Falle Irlands bis ins späte 20. Jahrhundert. Die wirtschaftstheoretische Forschung zum Lebensstandard [... hat] insoweit Konsens erzielt, dass die Jahrzehnte vor 1850 für lohnabhängige Familien, verglichen mit dem späten 18. Jahrhundert und dem späten 19. Jahrhundert, einen Tiefpunkt bedeutete, gerade auch im Pionierland der Industrialisierung Großbritannien. [...]
Die demografische Entwicklung als Faktor im Wirtschaftsgeschehen überhaupt thematisiert zu haben, blieb das Vermächtnis von Malthus.

Willibald Steinmetz: Europa im 19. Jahrhundert (Neue Fischer Weltgeschichte Bd. 6), Frankfurt/M. 2019, S. 150

---

2. Erstellen Sie ein Schaubild zum Prozess der Agrarrevolution in England.

3. a) Vergleichen Sie die Bevölkerungsentwicklung in Deutschland und England (M3).
   b) Erläutern Sie die Entwicklung im Kontext der Agrarrevolution.

4. Arbeiten Sie aus M4 die Gründe für die fehlende Agrarwende im 18. Jahrhundert in Deutschland heraus.

5. a) Erläutern Sie den Begriff des Paupers mithilfe des Darstellungstextes, M5 und M6.
   b) Grenzen Sie diesen gegen den des Industriearbeiters (M4, S. 14) ab.

6. Die Agrarrevolution, eine Voraussetzung für die Industrialisierung? Beurteilen Sie diese in der Überschrift gestellte Frage.

depraviert: schlecht gestellt, verlottert

Klassen: seit dem 19. Jh. Bezeichnung für große Gruppen innerhalb einer Gesellschaft, deren Mitglieder sich in einer ähnlichen wirtschaftlichen und sozialen Situation befinden (→ S. 98 ff.)

Erst Ramsch, dann Markenqualität?

„Made in Germany“

M1 Fortschritt durch Spionage?

Die Journalisten Ralf Berhorst und Frank Otto verfassten eine Geschichte über zwei Besucher der 1779 von Matthew Boulton gegründeten Soho Manufactury nahe Birmingham. Hier ist sie gekürzt wiedergegeben:

Die bei Weitem interessantesten Räume sind die Werkstätten von Boultons Kompagnon, dem Erfinder James Watt. Dort steht die neuartige Dampfmaschine des Schotten, ein stampfendes und fauchendes Ungetüm: eine Apparatur, die die Welt verändern wird. Und die die Herren Bückling und Waitz ausspionieren wollen, die an diesem Tag vorfahren und ein Empfehlungsschreiben präsentieren. Sie stellen sich als Barone vor, vermeintlich ein adliges Brüderpaar aus Preußen. Wer wird schon Aristokraten verdächtigen? Als James Watt die beiden allein lässt, studieren sie jedes Detail der Maschine und machen sich eifrig Notizen. Bei seiner Rückkehr erkennt Watt, was sie vorhaben, und hat einen Wutanfall. Kurz darauf reisen die Besucher ab.

Zurück in Preußen, bestellt Bückling bei Hütten und Hammerwerken die benötigten schweren Guss- und Schmiedeteile wie er sie in England gesehen hat, darunter einen Dampfkessel, Rohre, Kolbenstangen, Befestigungsbolzen. In eigens eingerichteten Werkstätten werden die angelieferten Teile unter seiner Aufsicht bearbeitet und montiert, Kleinteile gegossen und geschmiedet. Doch der Probelauf scheitert: Die Ventile schließen und öffnen sich nicht schnell genug.

Im Februar 1786 segelt Bückling abermals über den Kanal. In London lässt ihn ein Arbeiter gegen Bestechungsgeld die Steuerung einer Dampfmaschine im Detail studieren. Und er wirbt einen britischen Maschinenwärter an, mit dessen Hilfe es gelingt, die Steuerung der nachgebauten Maschine zu reparieren. 63112 Taler hat die Entwicklung der preußischen Dampfmaschine bis dahin gekostet, nahezu das Achtfache des Geplanten. Und insgesamt haben die Preußen zwölf Jahre benötigt, um eine in England bereits eingeführte Technologie zu kopieren.

Von Tim Sonnenwald zusammengef. nach: Ralf Berhorst/Frank Otto: Spione für den Fortschritt, in: GEO Epoche 79: Deutschland um 1800, Hamburg 2016, S. 33 ff.

England setzt die Maßstäbe …

Viele deutsche Produkte genießen heute weltweit einen hervorragenden Ruf. Das war allerdings nicht immer so, ganz im Gegenteil. Bis in die 1890er-Jahre hinkte die deutsche Industrie den meisten anderen Staaten hinterher. Vor allem England hatte sich eine monopolähnliche Vormachtstellung gesichert und versuchte mit Ausfuhrbeschränkungen für Maschinen sowie einem Auswanderungsverbot für Maschinenbauer und Facharbeiter, wichtige Schlüsseltechnologien zu schützen.

… und Deutschland kann nur kopieren

Deutschen Firmen, die den technologischen Rückstand schnell aufholen wollten, blieb nichts anderes übrig, als zu versuchen, die englischen Technologien so gut wie möglich zu kopieren. Namhafte Politiker und aufstrebende Industrielle begaben sich massenhaft auf Studienreisen – ja, auch Spionagereisen – nach England, um sich Industriestädte anzuschauen, Fabriken und Maschinen zu besichtigen. Darüber hinaus wurden deutsche Studenten mit staatlichen Stipendien zum Studium nach England geschickt, um sich mit der fortschrittlichen Technik vertraut zu machen. Und trotz aller Verbote erwarben deutsche Industrielle auch englische Maschinen und lockten Facharbeiter an. Recht schnell gelang es deutschen Firmen so, bereits vorhandene Industrieprodukte zu kopieren. Deren Qualität konnte jedoch zunächst nicht erreicht werden. Auf der Weltausstellung 1876 in Philadelphia bezeichnete ein Preisrichter etwa in Deutschland produzierte Messer als „billig und schlecht“, denn im Gegensatz zu den Engländern verwendeten die Deutschen keinen Gussstahl, sondern günstigeres Gusseisen. Um die Ware dennoch hochwertig aussehen zu lassen, wurden Herstellernamen eingestanzt, die auf eine Herkunft aus Sheffield hindeuteten. Von dort kamen zu dieser Zeit die hochwertigsten Schneidewerkzeuge. Absatz fanden die deutschen Messer dennoch – nicht zuletzt wegen des äußerst günstigen Preises.

Um die eigene Industrie vor billiger Importware zu schützen, beschloss das englische Parlament 1887, dass das Herkunftsland auf eingeführten Fertigwaren erkennbar sein musste. Auf aus Deutschland stammenden Produkten wurde fortan „Made in Germany“ vermerkt. Allerdings dauerte es nur wenige Jahre, bis dieser vermeintliche Makel zu einem Vorteil wurde. Durch innovative Erfindungen konnte die Qualität deutscher Produkte bereits in den 1890er-Jahren deutlich gesteigert werden, sodass „Made in Germany“ plötzlich begehrt war.

M2 Deutschland wird Industriestaat

Der Historiker Rainer Liedtke über den Aufholprozess der deutschen Industrie, vor allem gegenüber England, ab Mitte des 19. Jahrhunderts:

Die 1850er- und 1860er-Jahre brachten den endgültigen Wandel Deutschlands – besser einiger deutscher Regionen – zum Industrieland. Wie immens die Fortschritte waren, zeigt sich beispielsweise daran, dass deutsche Teilnehmer auf der ersten, noch ganz auf die Industrie ausgerichteten Weltausstellung in London 1851 nur sehr vereinzelt vertreten waren. Auf der Weltausstellung 1867 in Paris dagegen wurden bereits über 2200 deutsche Produkte gezeigt. Unter den Ausstellern waren die sich rapide vergrößernden Industriekonglomerate, deren Ursprung häufig Eisenhüttenwerke gewesen waren. Friedrich Krupp (1787–1826) beispielsweise hatte bereits 1811 eine Gussstahlfabrik in Essen gegründet, die jedoch mehrere Jahrzehnte nur moderat expandierte und erst mit der Produktion nahtloser Radreifen für den Eisenbahnbau seit den frühen 1850er-Jahren unter seinem Sohn Alfred (1812–1887) einen gewaltigen Aufschwung nahm.

Deutsche Maschinenbauer, wie Henschel in Kassel, Maffei in München oder die Maschinenfabrik Esslingen, wandelten sich von Werkstätten zu Fabriken. Die meisten von ihnen produzierten vor allem Lokomotiven, diversifizierten ihre Fertigung aber auch. Sie profitierten dabei gegenüber der britischen Konkurrenz vom späteren Einstieg in den Markt. Während viele britische Firmen in den mittleren Dekaden des 19. Jahrhunderts vorrangig das bauten, was sie groß gemacht hatte, nämlich Dampfmaschinen, fingen deutsche Maschinenbauer an, ebenfalls feinmechanisch zu arbeiten. Sie konstruierten besonders fortschrittliche Werkzeugmaschinen, aber auch komplexere Geräte für Landwirtschaft und Textilindustrie. Hatten im frühen 19. Jahrhundert noch viele englische Mechaniker Starthilfe beim Aufbau leisten müssen, wurden nun mehr und mehr in Deutschland geschulte Kräfte in innovativen Bereichen eingesetzt.

Vor allem in industriell weiter fortgeschrittenen Gegenden entstanden sogenannte Gewerbeschulen. Diese Vorläufer der modernen Berufsschulen vermittelten jungen Männern technische Bildung und machten sie so zu Facharbeitern. Aus ihnen heraus entwickelten sich in der zweiten Hälfte des 19. Jahrhunderts die Ingenieure ausbildenden Technischen Hochschulen. Die Wirtschaft des Deutschen Reiches profitierte davon speziell, als seit den 1870er-Jahren die komplexen und stärker technisierten „neuen Industrien" wie Chemie und Elektro zahlreiche gut ausgebildete Führungskräfte benötigten. In dieser „**Take-Off-Phase**" konsolidierte sich ebenfalls das Banken- und Kreditwesen. Große Aktienbanken wurden gegründet und stellten das Kapital zur Verfügung, das die massive Industrialisierung benötigte. [...]
Schließlich profitierte Deutschland auch von seiner Lage im Herzen Europas, denn verkehrstechnisch ergab sich so relativ einfach Zugang zu Rohstoffimporten und zu Exportmärkten für Fertigprodukte.

Rainer Liedtke: Die Industrielle Revolution, Köln 2012, S. 62 f.

Take-Off-Phase (aus der „Fliegersprache": „Abheben"): Phase der Industrialisierung, in der ein Wachstumsprozess entstanden ist, der sich selbst trägt

M3 Das Gemälde von Eduard Biermann aus dem Jahr 1847 zeigt den Transport einer fertiggestellten Lokomotive auf dem Gelände der Firma Borsig in Berlin. Die Firma baute zunächst Lokomotiven und entwickelte sich später zu einem spezialisierten Maschinenbauunternehmen weiter.

1. Stellen Sie dar, wie es Deutschland gelang, den technologischen Rückstand zu anderen europäischen Staaten (vor allem England) bis zu den 1890er-Jahren aufzuholen.

2. „Letztendlich waren es tatsächlich weniger die neuen Maschinen, welche die Welt revolutionierten, so eindrucksvoll und wichtig sie waren. Die wirkliche Meisterleistung waren vielmehr die ökonomischen, sozialen und politischen [Rahmenbedingungen], in welchen diese neuen Maschinen eingesetzt wurden."
Überprüfen Sie diese Aussage des Historikers Sven Beckert*.

* Ders.: King Cotton, München 2014, S. 87, bearb..

Ähnliche Prozesse in England und Deutschland?

Die Phasen der Industrialisierung

M 1 Import von Rohbaumwolle im Vereinigten Königreich und Deutschland*

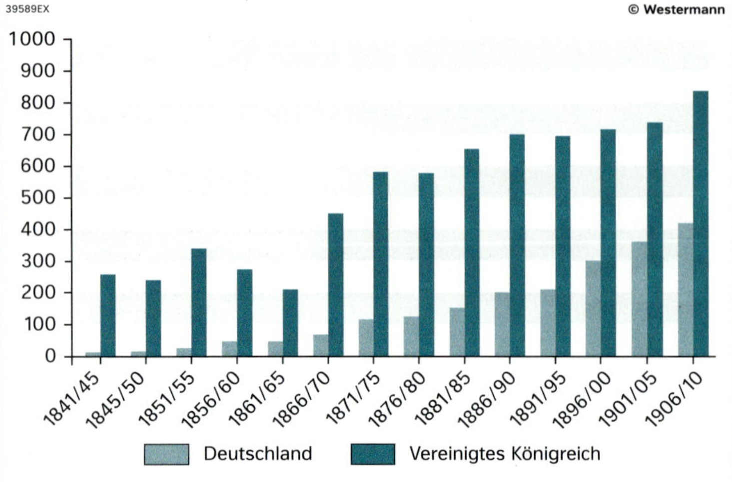

* Mit „Deutschland" ist jeweils das Gebiet des Deutsches Reiches seit 1871 gemeint.

M 2 Durchschnittlicher Jahresverbrauch an Baumwolle in 1000 t

	UK	D*
1750	8,1	-
1800	31,8	-
1820	54,8	-
1830	105,6	3,9
1840	191,6	11,1
1850	290,0	21,1

M 3 Roheisenproduktion im Vereinigten Königreich und Deutschland*, 1872–1912

Jahr	UK	D
1872	417	189
1876	841	340
1880	1316	690
1884	1802	1140
1888	3357	1793
1892	2967	2653
1896	4198	4697
1900	4980	6461
1904	5108	8564
1908	5381	10726
1912	6905	16355

M 1–M 3: Zusammengest. nach: Wilfried Feldenkirchen: Die wirtschaftliche Rivalität zwischen Deutschland und England im 19. Jahrhundert, in: Zeitschrift für Unternehmensgeschichte, 25. Jahrgang, H. 2, S. 88 – Brian R. Mitchell: International Historical Statistics. Europe 1750–1993, London [4]1998, S. 466 f. – Toni Pierenkemper: Umstrittene Revolution. Frankfurt/M. 1996, S. 95 f.

1. Formulieren Sie Thesen zur Bedeutung der Baumwoll- und Eisenindustrie in Deutschland und England für den Prozess der Industrialisierung anhand von M 1–M 3.

Industrialisierung in Phasen

Strukturell getragen wurde die **Frühindustrialisierung** im England der Jahre 1770 bis 1850 durch den Prozess der Automatisierung in der Textilfertigung. Dieser Wirtschaftsbereich wurde zum Taktgeber des beginnenden Industrialisierungsprozesses. Daher bezeichnet man ihn als **Schrittmacherindustrie**. Zahlreiche eigentümergeführte Fabriken entstanden. Seit den 1820er-Jahren setzten die Fabrikherren verstärkt Dampfmaschinen für die Energieerzeugung ein, sodass mithilfe einer Reihe nachgeordneter Maschinen wie dem vollautomatisierten Webstuhl oder der großen „Spinning Mule" in bis dahin nicht gekannter Geschwindigkeit und Qualität Fertigprodukte hergestellt werden konnten. Die Produktionskosten sanken dadurch um bis zu 95 % im Vergleich zur traditionellen Fertigung in Heimarbeit oder in Manufakturen. Der Export dieser Produkte auch nach Deutschland – und der damit verbundene Niedergang der deutschen Textilherstellung – stieß dort den Prozess der Industrialisierung an. Vor allem der preußische Staat sah sich durch den hohen Konkurrenzdruck veranlasst, tätig zu werden und forcierte 1807 die Bauernbefreiung sowie die Herstellung der Gewerbefreiheit.

In der Mitte des 19. Jahrhunderts erfuhr die Schwerindustrie mit der Produktion von Stahl als universellem Grundstoff vieler industrieller Produkte wie etwa der Eisenbahn einen Bedeutungsgewinn und stieg in der zweiten

Phase der Industrialisierung zu einem Industriezweig auf, der sich – im Vergleich zu anderen – durch hohe Effizienz und schnelles Wachstum auszeichnete. Zur Schrittmacherindustrie in Deutschland wurde der Eisenbahnbau. Mit dem Wechsel des führenden Industriezweigs ging auch eine geografische Verschiebung der Industrialisierung hin zu den Staaten Mitteleuropas und Nordamerikas einher. Die Modernisierungsprozesse erfolgten dabei nicht gleichmäßig, sondern zunächst nur in einigen wenigen Regionen, z. B. im Ruhrgebiet in Deutschland oder im Gebiet der Großen Seen in den USA. Eine Phase der wirtschaftlichen Prosperität infolge des Wiederaufbaus nach dem Bürgerkrieg in den USA und des hohen Kapitalzuflusses nach Deutschland in Form von Reparationen nach dem gewonnenen Krieg von 1870/71 gegen Frankreich wirkten hier zusätzlich als verstärkende Faktoren.

Die dritte Phase, die Phase der **Hochindustrialisierung,** setzte ab etwa 1890 ein. In den am weitesten industrialisierten Ländern war die Entwicklung zur Mechanisierung zu diesem Zeitpunkt abgeschlossen, und vorindustrielle Arbeitsweisen – wie etwa in Manufakturen – wurden endgültig aufgegeben. Neben die Stahlindustrie traten nun die chemische und die Elektroindustrie als entwicklungsbestimmende Wirtschaftsbereiche.

Der Wandel der Unternehmenskultur und seine Auswirkungen

Zur gleichen Zeit vollzog sich eine Professionalisierung in der Unternehmenskultur: Um 1900 wurde es üblich, die Unternehmensführung angestellten „Managern" zu übertragen. Unternehmensgründungen erfolgten oft nicht mehr nur auf der Basis eigenen Kapitals eines Gründers, sondern wurden über Börsen finanziert. In der Folge entstanden durch Fusionen und Übernahmen international tätige Großkonzerne sowie Kartelle. Und waren bisher vor allem Märkte außerhalb Europas und Nordamerikas als Lieferanten von Rohstoffen gefragt gewesen, fanden sich gegen Ende des 19. Jahrhunderts Handelsvertreter vieler großer Firmen nun auch in Afrika, Südamerika, China und Japan, um dort neue Absatzmärkte für die industriell gefertigten Güter zu erschließen.

M 4 Beschäftigungsanteile in Deutschland* nach volkswirtschaftlichen Sektoren

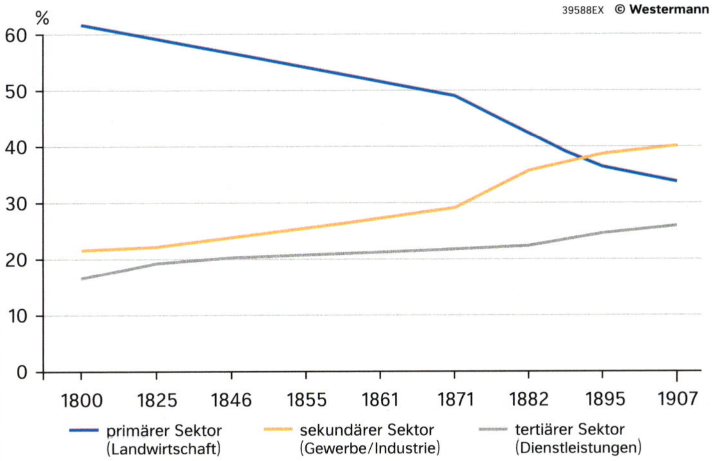

Erstellt nach: Pierenkemper: ebd.

Als **„Sektoren"** werden in den Wirtschaftswissenschaften unterschiedliche Produktionsbereiche bezeichnet: Der primäre Sektor umfasst dabei die Urproduktion (z. B. landwirtschaftliche Produkte), der sekundäre Sektor die industrielle Produktion (z. B. Fahrzeugproduktion), der tertiäre Sektor alle Dienstleistungen (z. B. Versicherungen).

2. Beschreiben Sie auf der Basis des Darstellungstextes wesentliche Strukturmerkmale der drei Phasen der Industrialisierung.

3. M 1, M 2 und M 3 geben Auskunft über die Baumwoll- und Eisenindustrie in Deutschland und England. Analysieren Sie die Materialien mithilfe des Methodentrainings auf den folgenden Seiten und identifizieren Sie dabei anhand der Produktionsentwicklung die Take-Off-Phasen in beiden Volkswirtschaften.

4. Analysieren Sie die Statistiken M 4 sowie M 1 und M 2 auf S. 24. Ziehen Sie hierfür die auf der methodenspezifischen Arbeitsschritte (→ S. 25) heran.

5. Erläutern Sie an M 4, in welchem Ausmaß die Industrialisierung die Beschäftigungsanteile zwischen den verschiedenen Sektoren verändert hat.

Kartell: Zusammenschluss von selbstständigen Unternehmen mit dem Ziel, durch Absprachen – z. B. zu Preisen oder Absatzgebieten – den Wettbewerb zu behindern. Dadurch schädigen Kartelle letztlich die Verbraucher.

Statistiken analysieren

Bei der Betrachtung historischer Prozesse können Statistiken ein hilfreiches Werkzeug sein. So liefern sie Informationen über
- wirtschaftliche Prozesse (z. B. Wirtschaftswachstum, Arbeitslosenquote, Lohnentwicklung),
- politische Entwicklungen (z. B. Wahlergebnisse, Mitgliederzahlen von Parteien, Sitzverteilungen in Parlamenten) und
- gesellschaftliche Trends (z. B. zur Entwicklung der Anzahl von Urlaubsreisen, Verbreitung von Mobiltelefonen).

Statistiken können dabei entweder in Diagramm- (z. B. Säulen- oder Kreisdiagramm) oder in Tabellenform vorliegen. Bei ihrer Auswertung muss auf einen kritischen Gesamtblick geachtet werden.

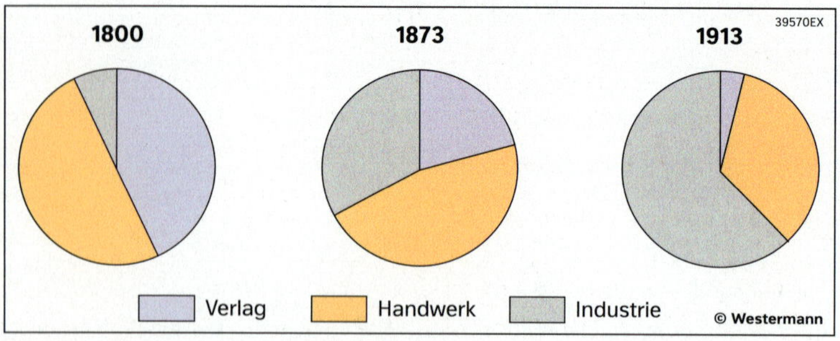

M 1 Beschäftigungsanteile im gewerblichen Sektor der deutschen Wirtschaft in Prozent (Kreisdiagramme)

M 2 Wert aller in Deutschland produzierten Waren und Dienstleistungen nach Wirtschaftsbereichen

Jahr	Landwirtschaft	Industrie und Handwerk	Dienstleistungen
1870	100	100	100
1880	112	138	198
1890	134	212	243
1900	172	326	315
1910	185	454	414

M 1 erstellt nach: Toni Pierenkemper: Umstrittene Revolution, Frankfurt/M. 1996, S. 95 f.
M 2 zusammengest. nach: Gerd Hohorst u. a. (Hgg.): Materialien zur Statistik des Kaiserreichs 1870–1914, München ²1978, S. 454 f.

Bei einer Indexstatistik werden keine absoluten Werte (wie z. B. 120 t produzierter Stahl im Jahr 1795) wiedergegeben, sondern prozentuale Werte. Dabei wird ein ausgewählter Wert mit dem Basisindex 100 belegt. Alle weiteren Indizes geben Abweichungen nach oben oder unten von diesem Wert wieder. (Liegt der Wert für das Jahr 1802 bei 120, so bedeutet dies, dass die Stahlproduktion um 20 Prozentpunkte zugenommen hat.) So lässt sich besser erkennen, wie sich Entwicklungen, die ursprünglich in verschiedenen Einheiten gemessen wurden, zueinander verhalten.

Probleme der Überlieferungsgeschichte

Die systematische Erhebung von Daten beginnt erst am Anfang des 19. Jahrhunderts. Daten aus früheren Jahrhunderten sind oft recht ungenaue Schätzungen oder spiegeln nur Entwicklungen in einem eng begrenzten Raum wider, z. B. die Entwicklung der Einnahmen und Ausgaben eines Klosters. Hinzu kommt, dass viele Maßzahlen (z. B. Gewicht, Währung) keinen Bezug zu den heute verwendeten Größen haben und ein direkter Vergleich verschiedener Daten deutlich erschwert wird. In vielen Fällen ist es deshalb lediglich möglich, Entwicklungstendenzen zu erkennen, nicht aber Unterschiede zu heute herauszuarbeiten. Häufig werden deshalb sogenannte Indexstatistiken verwendet, bei denen mit Vergleichsgrößen (sogenannten Indizes) gearbeitet wird.

Zu berücksichtigen ist ferner, dass die objektive Erfassung von Daten nicht in allen Ländern und zu allen Zeiten gewährleistet war. So sind die veröffentlichen Wirtschaftsdaten der Sowjetunion beispielsweise in den allermeisten Fällen nicht an den realen Entwicklungen orientiert, sondern an politischen Vorgaben. Und auch wenn keine gezielte Manipulation von Daten vorliegt, führen verschiedene Berechnungsmethoden zu unterschiedlichen Ergebnissen und machen Vergleiche unmöglich. Beispielsweise wird die Arbeitslosenquote heute mit einer anderen Formel berechnet als während der 1920er-Jahre – ein Vergleich der Daten der Weimarer Zeit mit heutigen Zahlen wäre also nur bedingt aussagekräftig.

Eine ausführliche Analyse einer Statistik geht im Idealfall auf die folgenden Aspekte ein:

1. Formale Beschreibung

- Um welchen Diagrammtyp (z. B. Säulendiagramm, Balkendiagramm etc.) oder welchen Statistiktyp (z.B. Indexstatistik, Datenreihe etc.) handelt es sich?
- Um welche Art von Zahlendarstellung handelt es sich (z.B. Prozentwerte, absolute Werte, Indexdaten)?
- Welche Behörde oder Institution (z.B. Statistisches Bundesamt) hat die Veröffentlichung vorgenommen?
- In welchem Jahr und in welcher Publikation (Zeitschrift, Zeitung oder Buch) wurde das Datenmaterial veröffentlicht?
- Für welche Adressaten und mit welcher Absicht wurden die Daten erstellt?

2. Untersuchung und Interpretation des Inhalts

- Welches Thema wird durch die dargestellten Daten behandelt (z.B. Arbeitslosigkeit, Wirtschaftswachstum, Wahlergebnisse)?
- Stellen die Daten einen zeitlichen Verlauf dar (z. B. die Produktion von Stahl in England von 1830 bis 1870) oder wird die Situation zu einem bestimmten Zeitpunkt (z. B. die Produktion von Stahl in England 1825 in den einzelnen Grafschaften) dargestellt?
- Sind die dargestellten Informationen vollständig oder gibt es Lücken, die mithilfe anderer Daten geschlossen werden müssen?
- Welche wesentlichen Erkenntnisse liefern die Daten (z. B. Zu-/Abnahme bestimmter Werte, deutliche Unterschiede zwischen verschiedenen Regionen oder Jahren, erkennbare Trends etc.)?

3. Erklären im historischen Kontext

- Auf welchen Zeitraum beziehen sich die dargestellten Daten?
- Ist die Statistik oder das Diagramm in der Epoche, auf die sich die Daten beziehen, entstanden, oder handelt es sich um eine nachträgliche Zusammenstellung der Daten?
- Welche wichtigen Ereignisse fanden in der Zeit, auf die sich die Daten beziehen, statt?

4. Formulieren eines Fazits

- Wie lauten die zentralen Aussagen, die mithilfe des Datenmaterials getroffen werden können?
- Entsprechen die Ergebnisse der Analyse den vorherigen Erwartungen oder sind zuvor gemachte Annahmen und Überzeugungen zu korrigieren?
- Werfen die analysierten Daten weitere Fragen auf?

M 3 Tücken von Statistiken in Karikatur (von Freimut Wössner) und Lebensweisheit (oft Winston Churchill zugeschrieben):
„Traue keiner Statistik, die du nicht selbst gefälscht hast!"

Statistiken analysieren

In einer Klausur sind zwei Statistiken zur Industrialisierung Europas als Material gegeben. Was zeichnet Statistiken aus? Zu einem festgelegten Inhaltsaspekt, etwa aus dem Bereich der Wirtschaft, stellen sie erhobene Daten übersichtlich dar, entweder in grafischer Form (als Säulen-, Kurven- oder Tortendiagramm) oder in Form von Tabellen. Ihre Angaben können sich auf Maßeinheiten (z. B. Preise, Gewicht, Zeit) beziehen. Sie können aber auch, ohne die Angabe konkreter Maßeinheiten, die prozentuale Veränderungen einer Größe (z. B. der Industrieproduktion) im zeitlichen Verlauf angeben. Eine solche Statistik nennt man dann Indexstatistik.
Die Klausuraufgabe lautet:

„Analysieren Sie die vorliegenden Statistiken zur Industrialisierung Europas seit 1860."

M 1 Index der industriellen Produktion europäischer Länder zwischen 1860 und 1913 insgesamt
(Vereinigtes Königreich im Jahr 1900 entspricht 100 %)

	1860	1880	1913
Verein. Königreich	45,0	73,3	127
Deutschland*	11,0	27,2	138,0
Frankreich	18,0	25,0	57,0
Österreich (ab 1867: Ö-Ungarn)	10,0	14,0	41,0
Russland	16,0	24,3	77,0
Europa gesamt	120	196,0	528,0

M 2 Index der industriellen Produktion europäischer Länder zwischen 1860 und 1913 pro Kopf
(Vereinigtes Königreich im Jahr 1900 entspricht 100 %)

	1860	1880	1913
Verein. Königreich	64	87	115
Deutschland*	15	25	85
Frankreich	20	28	59
Österreich (ab 1867: Ö-Ungarn)	11	15	32
Russland	8	10	20
Europa	17	23	45

* Die Zahlen für das Jahr 1860 beziehen sich auf die Produktion in allen deutschen Staaten auf dem Gebiet des späteren Deutschen Reiches.

M 1, M 2 zusammengest. nach: Wolfram Fischer: Wirtschaft und Gesellschaft Europas 1850–1914, in: Handbuch der europäischen Wirtschafts- und Sozialgeschichte, Bd. 5, Stuttgart 1985, S. 149

Vorüberlegungen

Der Operator „Analysiere" verlangt von mir eine umfassende Auseinandersetzung mit dem Material: die formale Beschreibung, die Klärung des historischen Hintergrunds, auf den sich die Daten beziehen, das Herausarbeiten und Untersuchen inhaltlicher Auffälligkeiten und ein abschließendes Fazit. Vor der Bearbeitung dieser Schritte verschaffe ich mir zunächst einen Überblick über die dargestellten Entwicklungen und kläre die Bedeutung der Angaben „Daten insgesamt" und „Daten pro Kopf". Das weitere Vorgehen ist im Folgenden beispielhaft gezeigt.

1. Formale Beschreibung

Zunächst kläre ich folgende Fragen:

Um welchen Statistiktyp handelt es sich?	*Indexstatistik*
Wann und wo wurde das Datenmaterial veröffentlicht?	*fachwissenschaftliche Monografie, 1980er-Jahre; Adressaten: ...*
Adressat	*...*
...	

Danach formuliere ich eine knappe Einleitung unter Berücksichtigung dieser Gesichtspunkte.

2. Untersuchung und Interpretation des Inhalts

Zunächst befasse ich mich mit den abgebildeten Daten und mache mir klar, dass die Zahlen die wirtschaftliche Entwicklung bedeutender europäischer Staaten im Verlauf zeigen. Die im betrachteten Zeitraum aufstrebenden USA werden hier also nicht berücksichtigt. Außerdem erkenne ich, dass die in den Indexstatistiken abgebildeten Daten Prozentwerte sind und dass diese nach unterschiedlich großen Intervallen erhoben wurden. Über die Jahre dazwischen (einmal 20 Jahre, einmal 33 Jahre) werden keine Informationen geliefert. Es handelt sich also um Momentaufnahmen.
Nun konzentriere ich mich auf Auffälligkeiten und Korrelationen. Ich markiere auffällige Daten (hier: Höchstwerte; weitere Auffälligkeiten) und mache mir dazu Notizen auf einem Zettel (→ oben).

Bevor ich mit dem Schreiben beginne, mache ich mir bewusst, dass ein strukturierter Textaufbau wichtig ist. Als Tempus verwende ich das Präsens.

M 1, Entwicklung insgesamt:
- *1860: absolute Industrieproduktion im UK mit 45 % mit Abstand die größte in Europa; zweitplatziert: Frankreich mit 18 %; knapp dahinter Russland (16%) und abgeschlagen Deutschland (11%) und Österreich-Ungarn (10%)*
- *1880: Vereinigtes Königreich nimmt noch die Spitzenposition ein; Zuwachs in 20 Jahren fast zwei Drittel; zweitplatziert aber jetzt Deutschland (von 11 auf 27,2); Zuwachs: mehr als das Doppelte; bei den meisten anderen: moderate Zuwächse*
- *1913: Entwicklung hält an; höchste industrielle Produktion nun Deutschland (Verfünffachung auf 138 %) vor UK (127 %); deutlicher Abstand zu allen anderen Staaten;*
- *Fazit: 1860: Vorsprung UK; ab 1880 dynamischer Aufschwung in D; Hochindustrialisierung*

M 2, Entwicklung pro Kopf:
- *zu allen drei Zeitpunkten mit Abstand die höchste Industrieproduktion pro Kopf: UK*
- *Deutschland kann Abstand bis 1913 reduzieren, bleibt aber 30 % hinter UK*
- *alle anderen Staaten: größere Abstände zur Spitzengruppe (1913: Frankreich 59 %, Österreich-Ungarn 32 %, Russland: 20 %).*

Fazit: Industrialisierung war im UK 1860 schon fortgeschritten; Deutschland konnte bis 1880 stark aufholen, 1913 UK sogar übertreffen; in Bezug auf Pro-Kopf-Produktion bleibt UK aber führend
⇒ Hinweis auf größte Effizienz der Industrieproduktion im UK
⇒ Hinweis auf weitaus geringere wirtschaftliche Bedeutung der anderen europäischen Staaten

3. Historischer Kontext

Ich stelle fest, dass die Statistiken den Zeitraum der zweiten Hälfte des 19. Jahrhunderts bis zum Vorabend des Ersten Weltkriegs abbilden, also die Zeit, in der die Industrialisierung Mitteleuropas Fahrt aufnahm und die Handelsströme anstiegen, begünstigt durch die Verkehrs- und Kommunikationsrevolution, aber auch durch die imperialistische Politik der Großmächte.

Um das vergangene Geschehen schriftlich darzustellen, verwende ich das Präteritum.

4. Abschließendes Fazit

Auf der Grundlage meiner Notizen gehe ich der Frage nach, ob ich Trends feststellen kann, und formuliere ein Fazit zur herausgearbeiteten Entwicklung. Dabei gehe ich sowohl auf die herausgehobene Stellung des UK und das Aufholen Deutschlands ein als auch auf die anderen europäischen Großmächte, die das Tempo der Industrialisierung nicht mithalten können.

Wirtschaft – am besten ohne staatliche Lenkung?

Wirtschaftsliberalismus und Kapitalismus

„Der Markt ist besser als der Staat."
Ludwig Erhard, deutscher Wirtschaftsminister (1949–1963)

„So viel Markt wie möglich, so viel Staat wie nötig …"
Karl Schiller, deutscher Wirtschaftsminister (1966–1972)

„Die Marktwirtschaft ist nicht gerecht. Wer gut Fußball spielen kann, wird reich, obwohl er sich nicht mehr anstrengt als andere."
(populäre Meinungsäußerung)

M 1 Aussagen zur Beziehung von Wirtschaft und Staat

1. Welcher dieser Aussagen können Sie zustimmen? Begründen Sie!

Wirtschaften unter staatlicher Lenkung?

Seit der Mitte des 17. Jahrhunderts waren die europäischen Staaten bestrebt, ihre Handelsbeziehungen deutlich zu intensivieren. Um vor allem durch den Export Gewinne zu erzielen und zugleich zu verhindern, dass durch den Warenimport inländisches Kapital ins Ausland fließt, entwickelte der französische Finanzpolitiker Jean-Baptiste Colbert (1619–1683) das Modell des Merkantilismus. Es sah vor, dass hochwertige Fertigwaren für den Export produziert und zugleich der inländische Markt vor dem Import ausländischer Waren geschützt werden sollte, um den Abfluss von Kapital zu verhindern. Eine positive Handelsbilanz und die Erwirtschaftung eines Überschusses waren die obersten Ziele. Angenommen wurde dabei, dass die Macht und Größe eines Staates sich in der Höhe seiner Handelseinnahmen zeige. Zentraler Akteur dieser Wirtschaftsordnung war der Staat: Er lenkte alle wirtschaftlichen Aktivitäten und betrieb wichtige Manufakturen. Durch Subventionen wurden alle anderen Unternehmen gesteuert, die sich nicht im Besitz des Staates befanden.

Manufaktur: In einer Manufaktur arbeiten verschiedene hochspezialisierte Handwerker und Lohnarbeiter arbeitsteilig an der Herstellung eines Fertigproduktes. Im Gegensatz zu Fabriken werden dabei keine Maschinen eingesetzt.

Kapitalismus: von Karl Marx geprägter Begriff für eine Wirtschaftsform, in der die Besitzer von Produktionsmitteln (Land, Maschinen, Rohstoffe, Geld) Arbeiter gegen Lohn beschäftigen und deren Arbeitsbedingungen bestimmen

Die Idee des Wirtschaftsliberalismus

Der britische Philosoph Adam Smith (1723–1790) lernte das System des Merkantilismus in Paris kennen. Obwohl die Wirtschaft in Großbritannien zu dieser Zeit deutlich liberaler als in Frankreich geführt wurde, gab es auch dort Einfuhrzölle und staatlich betriebene Manufakturen. Beides kritisierte Smith und stellte den Menschen mit seinem egoistischen Streben nach einem möglichst großen eigenen Vorteil in den Mittelpunkt seiner Betrachtungen. Für Smith war es offensichtlich, dass der Wohlstand aller gefördert werde, wenn jeder sich auf das konzentriert, was er am besten kann. Arbeitsteilung und Spezialisierung würden den Wohlstand weiter mehren – so seine Annahme. Die Vorstellung einer „unsichtbaren Hand", die alle wirtschaftlichen Aktivitäten so koordiniert, dass die Volkswirtschaft insgesamt am meisten profitiert, war geboren. Grundvoraussetzung für das Funktionieren dieses **Wirtschaftsliberalismus** war für Smith die größtmögliche persönliche und wirtschaftliche Freiheit eines jeden Menschen.

Smiths Überzeugungen verbreiteten sich in Großbritannien zu einer Zeit, in der die Wirtschaftsprozesse sich im Umbruch befanden, und fielen deshalb auf fruchtbaren Boden. Die Großgrundbesitzer hatten im Zuge der Agrarrevolution Kapital angehäuft, welches sie nun in neu entstehende Industriebetriebe investieren konnten. Das sich entwickelnde freie Unternehmertum fand in Adam Smith einen gewichtigen Fürsprecher und damit auch die beginnende kapitalistische Wirtschaftsordnung.

Die neue Rolle des Staates

War der Staat im Merkantilismus noch der bedeutendste wirtschaftliche Akteur, so spielt er in wirtschaftsliberalen Systemen kaum noch eine Rolle, er fungiert hier lediglich als eine Art „Nachtwächter": Im Wesentlichen beschränkt sich seine Aufgabe darauf, durch Gesetze einen Ordnungsrahmen für die Wirtschaftsprozesse bereitzustellen und für alle Menschen Rechtssicherheit zu schaffen. Dabei geht es vor allem um die Garantie und den Schutz von Eigentum, die Gewährleistung der unternehmerischen Freiheit und die Bereitstellung von öffentlicher Infrastruktur, die nicht kostendeckend vom Markt erbracht werden kann. Dies betrifft vor allem den Bau von Straßen und Kanälen, aber auch das Bildungswesen. Auch die Landesverteidigung zählt Adam Smith zu den legitimen Aufgaben des Staates.

Zentrales Steuerungsinstrument für die Verteilung der Produktionsfaktoren und die Bildung des Preises einer Ware ist in wirtschaftsliberalen Systemen der Markt. Dort treffen sich Anbieter und Nachfrager und handeln den Wert einer Ware aus. Veränderungen bei den angebotenen und nachgefragten Mengen wirken sich sofort auf den Preis einer Ware aus und steuern so die Produktion. Ist der Preis einer Ware hoch, so werden weitere Unternehmen mit der Produktion dieses Gutes beginnen und dadurch die angebotene Menge erhöhen. Der Preis beginnt wieder zu sinken. Ist der Preis dagegen niedrig, so werden Firmen ihre Produktion umstellen und ein anderes Produkt herstellen, mit dem ein höherer Gewinn zu erzielen ist. Die angebotene Menge dieser Ware sinkt, und der Preis beginnt wieder zu steigen. Produziert wird also langfristig immer das, was tatsächlich benötigt wird.

Hat der Markt immer recht?

Adam Smith geht bei seinen Überlegungen davon aus, dass Anbieter und Nachfrager am Markt mit gleichen Voraussetzungen agieren: Beide können einem Handel zustimmen oder diesen eben ablehnen, wenn er ihnen als nicht gewinnversprechend erscheint. Schon früh deckten Kritiker jedoch die Schwachpunkte der Theorie auf, indem sie danach fragten, was passiert, wenn

- es Marktteilnehmer gibt, die nichts anzubieten haben, z.B. ältere oder kranke Menschen, die ihre Arbeitskraft nicht gegen Lohnzahlungen eintauschen können.
- es Marktteilnehmer gibt, die durch ihre Größe, also als Monopolisten, oder durch Absprachen – also als Kartelle – Preise diktieren können, die dann nicht mehr das Ergebnis der freien Preisbildung sind und somit Konsumenten benachteiligen können.
- das unternehmerische Handeln und die Produktionsweise Kosten verursachen, die von der Allgemeinheit zu tragen sind, aber dem Unternehmer einen (finanziellen) Vorteil verschaffen.

Gerade dieser letzte Punkt zeigt sich deutlich in der Umweltproblematik. Bereits in der Frühphase der Industrialisierung zeigte sich, dass die neuen Fertigungsprozesse deutliche Auswirkungen auf die Umwelt und die Gesundheit der Menschen mit sich brachten. Die Verbrennung von Kohle führte zu einer hohen Gesundheitsbelastung durch Feinstaub und Stickoxide und begünstigte die Entwicklung von saurem Regen, die Verhüttung von Erzen verursachte die Vergiftung von Böden mit Schwermetallen, und der Tagebau zur Gewinnung von Kohle zerstörte ganze Landschaften. Grundsätzlich waren die Unternehmer zwar haftbar für die durch ihre Fabriken verursachten Schäden, doch häufig war es nicht möglich, einen eindeutigen Verursacher ausmachen und zur Verantwortung zu ziehen. Der Gewinn dieser Produktionsweise blieb deshalb bei den Unternehmen, die Kosten (nämlich die Umweltverschmutzung) waren von der Allgemeinheit zu tragen.

M 2 Cartoon aus dem „Punch“ vom 10. Juli 1858. Die Unterzeile lautet: „Your MONEY or your LIFE“.

M3 Die unsichtbare Hand

Der britische Philosoph Adam Smith schrieb 1776 in seinem Werk „Der Wohlstand der Nationen":

Der Mensch [...] braucht fortwährend die Hilfe seiner Mitmenschen, und vergeblich erwartet er diese von ihrem Wohlwollen allein. Er wird viel eher sein Ziel erreichen, wenn er ihr Selbstinteresse zu seinen Gunsten lenken und ihnen zeigen kann, dass sie auch ihren eigenen Vorteil verfolgen, wenn sie für ihn tun, was er von ihnen haben will. [...] Nicht von dem Wohlwollen des Fleischers, Brauers oder Bäckers erwarten wir das, was wir zum Essen brauchen, sondern von der Rücksichtnahme auf ihr eigenes Interesse. [...]

Der Einzelne [... hat ...] den eigenen Vorteil im Auge und nicht etwa den der Volkswirtschaft. Aber gerade das Streben nach seinem eigenen Vorteil ist es, das ihn ganz von selbst oder vielmehr notwendigerweise dazu führt, sein Kapital einzusetzen, wo es auch dem ganzen Lande den größten Nutzen bringt. Wenn er es vorzieht, die nationale Wirtschaft anstatt die ausländische zu unterstützen, denkt er eigentlich nur an die eigene Sicherheit, und wenn er dadurch die Erwerbstätigkeit so fördert, dass ihr Ertrag den höchsten Wert erzielen kann, strebt er lediglich nach eigenem Gewinn.

Und er wird in diesem wie auch in vielen anderen Fällen von einer unsichtbaren Hand geleitet, um einen Zweck zu fördern, den zu erfüllen er in keinster Weise beabsichtigt hat. [...] Der Einzelne vermag ganz offensichtlich aus seiner Kenntnis der örtlichen Verhältnisse weit besser zu beurteilen, als es irgendein Staatsmann oder Gesetzgeber für ihn tun kann, welcher Erwerbszweig im Lande für den Einsatz seines Kapitals geeignet ist und welcher einen Ertrag abwirft, der den höchsten Wertzuwachs verspricht. Ein Staatsmann, er es versuchen sollte, Privatleuten vorzuschreiben, auf welche Weise sie ihr Kapital investieren sollten, würde sich [...] eine Autorität anmaßen, die man nicht einmal einem Staatsrat oder Senat, geschweige denn einer einzelnen Person anvertrauen könnte.

Solange der Einzelne nicht die Gesetze verletzt, lässt man ihm völlig die Freiheit, damit er das eigene Interesse auf seine Weise verfolgen kann und seinen Erwerbsfleiß und sein Kapital im Wettbewerb mit jedem anderen oder einem anderen Stand entwickeln oder einsetzen kann.

Der Herrscher wird dadurch vollständig von seiner Pflicht entbunden, [...] nämlich von der Pflicht oder Aufgabe, den Erwerb privater Leute zu überwachen und ihn in Wirtschaftszweige zu lenken, die für das Land am nützlichsten sind.

Im System der natürlichen Freiheit hat der Souverän lediglich drei Aufgaben zu erfüllen [...]: Erstens die Pflicht, das Land gegen Gewalttätigkeiten und Angriffe anderer unabhängiger Staaten zu schützen, zweitens die Aufgabe, jedes Mitglied der Gesellschaft soweit wie möglich vor Ungerechtigkeiten oder Unterdrückung durch einen Mitbürger in Schutz zu nehmen oder ein zuverlässiges Justizsystem einzurichten, und drittens die Pflicht, bestimmte öffentliche Anstalten und Einrichtungen zu gründen und zu erhalten, die ein Einzelner oder eine kleine Gruppe aus eigenem Interesse nicht betreiben kann, weil der Gewinn ihre Kosten niemals decken könnte, obwohl er häufig höher sein mag als die Kosten für das gesamte Gemeinwesen.

Adam Smith: Der Wohlstand der Nationen (übers. v. Horst Claus Recktenwald), München 1978, S. 367 ff.

M4 „Freie Marktwirtschaft" – Karikatur von Gerhard Mester (undatiert)

2. Vergleichen Sie mithilfe des Darstellungstextes die Rolle des Staates im Merkantilismus mit der in einem wirtschaftsliberalen System.

M 5 Marktversagen gegenüber der Umwelt – damals und heute

a) Die Journalistin Claudia Bruch schildert den Streitfall um eine Zinkhütte in Essen-Borbeck Mitte des 19. Jahrhunderts. Gegen deren Errichtung auf einem Grundstück, das von einem Großgrundbesitzer an ein französisches Unternehmen verpachtet worden war, wurden Einwände erhoben:

Eine Gruppe kleiner Grundbesitzer meldete für den Fall späterer Schäden sofort Ersatzansprüche an. Gleichzeitig hatte der Großgrundbesitzer Graf Ottmar von der Recke gefordert, die Konzession selbst solle verweigert werden, denn die Schädlichkeit der den neuen Öfen entsteigenden Zinkdämpfe sei erwiesen. Er könne „nicht verpflichtet sein, diese Grundstücke, die Luft in und auf denselben, sowie die darauf wachsenden Gemüse, Gräser und Früchte durch Zinkoxid vergiften zu lassen und von vergifteten Kühen Milch oder Fleisch zu benutzen". Bei Gesundheitsgefährdung sei es nicht zulässig, „es erst auf den Erfolg ankommen zu lassen oder auf künftige Schadloshaltung zu verweisen".

Zinkhüttendirektor Leconte wies die Befürchtungen des Grafen als vollkommen haltlos zurück. Von der Recke verfolge nur ein „Privat-Interesse und Spekulation" Die Zinkdämpfe seien für Vegetation und Vieh unschädlich. Neid und Übelwollen hätten die Leute ohne Bildung und Erziehung dazu getrieben, ihr Vieh zugrunde zu richten und ihr Land nicht ausreichend zu bestellen, um Entschädigung zu kassieren. Mit dem Hinweis, den Probebetrieb auch vorübergehend einstellen zu können, um bessere Zeiten abzuwarten, „bat" der Zinkhüttendirektor, die Regierung möge den Antrag von der Reckes zurückweisen, „um eine für die Gegend wohltätige Industrie zu beschützen und das Glück zahlreicher Arbeiter, welche auf unserem Werk Brot finden". [...] Die Regierung lehnte schließlich den Widerspruch der Anwohner gegen die Konzession ab.

Claudia Bruch: Zink, Blei, Schwefel, in: Joachim Schaier (Hg.): Schwerindustrie (Ausstellungskatalog), Rheinisches Industriemuseum Oberhausen, Essen 1997, S. 35

b) Die Nachhaltigkeitsmanagerin Lea Jahneke betrachtete 2018 eine aktuelle Problematik:

Der Skandal sorgte für einen Aufschrei: Amazon vernichtet massenhaft Retouren, selbst neuwertige Produkte. Diese verschwenderische Praxis hängt damit zusammen, dass es sich für den Onlinehändler und seine Zulieferer wirtschaftlich nicht lohnt, Rücksendungen durch Mitarbeiter sortieren und aufbereiten zu lassen – dies wäre nämlich teurer als die Herstellung der Produkte selbst. [...] [Dabei werden versteckte Kosten unterschlagen für sogenannte externe Effekte, die häufig Umwelt oder Gesellschaft betreffen]. Je nach Produkt oder Prozess ist die Liste dieser Effekte lang bis schier endlos. Sie kann von Artensterben über Lärm bis zur Zerstörung von Korallenriffen reichen. [...] Hand in Hand gehen auch soziale Faktoren: Arbeiter auf Plantagen und in Textilfabriken weltweit sind häufig hohen Schadstoffbelastungen ausgesetzt, bei vergleichsweise geringer Entlohnung.

Für die involvierten Unternehmen entstehen durch die beschriebenen Auswirkungen jedoch keine bis wenig Kosten. Vor allem, weil Ökosysteme negative Nebeneffekte nicht in Rechnung stellen. Zumindest nicht direkt, und nicht monetär. Kosten für Auswirkungen wie den Klimawandel trägt stattdessen die Gesellschaft als Ganzes. [U]m negative Effekte [...] einpreisen zu können, müssen sie zunächst in Geld umgerechnet werden: Doch wie viel kostet beispielsweise eine Tonne Treibhausgas-Emissionen durch ein Kraftwerk? Oder ein Quadratkilometer zerstörtes Korallenriff? Das ist zum einen ein ethisches Problem – darf der Mensch Natur einen monetären Wert beimessen? Außerdem braucht man Übereinkünfte, was je nach Produkt als externer Effekt zählt. Und für welchen Zeitraum man externe Kosten veranschlagt – für 10, 100 oder im Falle von nuklearer Endlagerung besser für mehrere Millionen Jahre?

Zit. nach: enorm-magazin.de/umwelt/umweltschutz/klimaschutz/wenn-okosysteme-rechnungen-stellen (21.12.2020)

3. a) Erläutern Sie den Begriff und die Wirkungsweise der „unsichtbaren Hand" auf der Grundlage der Quelle M 3 und des Darstellungstextes.
   b) Beurteilen Sie das Konzept der „unsichtbaren Hand" unter Einbeziehung der Karikatur M 4.

4. Wirtschaftliches Wachstum oder Schutz der Umwelt – ein unüberwindbarer Zielkonflikt? Erörtern Sie diese Frage aus historischer Perspektive (M 5 a) und aus aktueller (M 5 b). Achten Sie besonders darauf, wer die Kosten der Verschmutzung zu tragen hat und wer (finanziell) profitiert.

„Industrielle Revolution“ oder „Industrialisierung“?

Die wirtschaftlichen und gesellschaftlichen Entwicklungen des 18. und 19. Jahrhunderts haben die Lebens- und Arbeitsbedingungen einer Vielzahl von Menschen nachhaltig beeinflusst/verändert. Dabei waren sie nicht auf einzelne Länder oder Kontinente beschränkt, sondern Teil eines weltumspannenden Phänomens. Umstritten bleibt dabei in der Rückschau unter Historikern, ob es sich eher um längerfristige, prozesshafte Entwicklungen handelt oder um revolutionäre Umwälzungen innerhalb einer begrenzten Zeitspanne. Dazu sind hier die Positionen zweier Historiker wiedergegeben.

1. Die Abbildungen in M 1 wurden in den 1870er-Jahren verbreitet. Sie symbolisieren Aspekte der Modernisierung. Listen Sie die Bereiche auf, auf die sie sich beziehen.

2. a) Arbeiten Sie aus M 2 a) und b) die Argumente für die Verwendung der Begriffe „Industrielle Revolution“ oder „Industrialisierung“ heraus.
b) Ergänzen Sie Ihre Liste mit Argumenten durch eigene Überlegungen.
Tipp: Blättern Sie dazu die Seiten dieses Kapitels noch einmal durch.
c) „Industrielle Revolution“ oder „Industrialisierung“? Fällen Sie ein begründetes Urteil.

M 1 Einzelbilder aus dem „Centennial Mirror“, einem Bilderbogen, der 1876 als Plakat anlässlich der Weltausstellung in Philadelphia in den USA veröffentlicht wurde.

M 2 Zwei Historiker äußern sich

a) Flurin Condrau, 2005:

[W]as war die Industrialisierung nun: Revolution oder langsamer Wandel? [...] In der Mitte des 19. Jahrhunderts war es für Friedrich List ganz selbstverständlich von einer „industriellen Revolution“ zu sprechen, und [später] bürgerte sich der Begriff als feststehende Epochenbezeichnung ein. Die Rede von der Industrialisierung als Revolution hielt sich bis in die 1970er-Jahre, als erste Kritik an dem Modell laut zu werden begann. Mit der komplexer werdenden Forschungslage zur Geschichte der Industrialisierung musste ein relativ kurzer und letztlich einfacher Begriff wie derjenige der Revolution problematisiert werden. Besonders unter dem Eindruck der Forschungen [des Wirtschaftshistorikers] Nicholas Crafts zu den Wachstumsraten der englischen Industrie kamen fundamentale Zweifel am revolutionären Charakter des wirtschaftlichen Wandels auf. Crafts argumentiert, dass der Prozess der Industrialisierung schon im 17. Jahrhundert eingesetzt habe und deswegen langsamer verlaufen sei als bisher angenommen. [...]
[N]ach wie vor [gibt es] zahlreiche Historiker, die das Revolutionäre der Industrialisierung nicht preisgeben möchten. Sie betonen, dass Strukturwandel natürlich Zeit braucht, aber dass keine vorhergehende und auch keine seither folgende Epoche einen derartig weitgehenden Strukturwandel bedeutet hat. Dabei lässt sich über Dauer, Veränderungsrate oder die Bedeutung des Revolutionsbegriffs trefflich streiten. Aber es möchte doch niemand ernstlich infrage stellen, dass sich Deutschland bzw. die verschiedenen Einzelstaaten auf dem Gebiet des späteren Deutschen Reiches zwischen 1800 und 1900 eklatant verändert hat. Die in-

dustrielle Welt des 20. Jahrhunderts wird von Strukturelementen charakterisiert, die es vor 1800 ganz einfach nicht gab. Man braucht nur auf die Eisenbahn [...] oder die Märkte für industrielle Güter in vielen Bereichen des täglichen Lebens hinzuweisen, um diesen fundamentalen Wandel zu betonen.

Ein zentrales Problem bei jeder Epocheneinteilung ist zweifellos die Distanz zwischen beurteilendem Historiker und der beurteilten Epoche. Das gilt besonders für die Industrialisierung, zumal aus heutiger Perspektive der Wandel nicht mehr so revolutionär erscheint angesichts mehrerer Generationen, die sich bereits im Alltag mit der Industrialisierung auseinandersetzen konnten. [...] Man muss sich [aber] immer wieder vergegenwärtigen, was die Eisenbahn, das Fabrikwesen und die Verlängerung der Lebenserwartung für die Zeitgenossen bedeuteten.

Flurin Condrau: Die Industrialisierung in Deutschland, Darmstadt 2005, S. 6 f.

b) Jürgen Osterhammel, 2009:

Wenn große Teile der Welt um 1900 anders aussahen als um 1780, dann war die wichtigste Ursache dieser physischen Verwandlung des Planeten die Industrie. Das 19. Jahrhundert war die Epoche der Ausbreitung der industriellen Produktionsweise sowie der damit verbundenen Gesellschaftsnormen über große Teile der Welt. Es war jedoch nicht die Zeit einer einförmigen und gleichmäßigen Industrialisierung. Wo die Industrie sich verwurzelte und wo dies misslang, spät begonnen oder gar nicht erst versucht wurde – das waren die jeweils lokalen Weichenstellungen, aus denen eine neue Geografie von Zentren und Peripherien, von dynamischen und stagnierenden Regionen entstand.

Was aber ist „Industrialisierung"? Dieser so einfach anmutende Begriff löst bis heute Debatten aus. Obwohl der Begriff der Industrialisierung schon seit 1837 im Gebrauch war und derjenige der „Industriellen Revolution", 1799 erstmals belegt, 1884 wissenschaftliche Würden erhielt, haben sich Historiker auf keinen einheitlichen Wortgebrauch einigen können. Die verzweigten Diskussionen über die Industrialisierung sind sehr unübersichtlich: Es gibt keine einzelne Frage, auf die sich die Debatte konzentrieren würde; vielmehr muss immer wieder neu geklärt werden, worüber man gerade diskutiert. Außerdem trägt es zur Unübersichtlichkeit bei, dass die beteiligten Historikerinnen und Historiker jeweils eigene wirtschaftstheoretische Konzepte an das Thema herantragen. So sehen etwa die einen Industrialisierung als einen Prozess messbaren wirtschaftlichen Wachstums, der vor allem von technologischen Neuerungen getrieben wurde, während andere den institutionellen Wandel für wichtiger halten, in diesem Wandel einen mitverursachenden Faktor erkennen und sogar den Begriff der „Industriellen Revolution" ersetzen wollen.

Einig sind sich die Industrialisierungsforscher in zwei Punkten: Zum einen lassen sich die industriewirtschaftlichen und -gesellschaftlichen Veränderungen in der Welt, die um 1900 auf allen Kontinenten zu erkennen waren, auf einen Innovationsschub zurückführen, der seinen Ursprung nach 1760 hatte. Dem können selbst diejenigen zustimmen, die diese Innovation für relativ undramatisch und daher den Begriff der „Industriellen Revolution" für übertrieben halten. Zum anderen bestreitet keiner, dass Industrialisierung, zumindest in ihren Anfängen, niemals ein nationales, sondern stets ein regionales Phänomen gewesen ist. [...] Nur wenige Länder auf der Welt waren um 1920 „Industriegesellschaften". Selbst in europäischen Ländern wie Italien, Spanien oder Russland strahlten die Inseln der industriellen Entwicklung keineswegs prägend auf die Gesamtgesellschaft aus.

Jürgen Osterhammel: Die Verwandlung der Welt. Eine Geschichte des 19. Jahrhunderts, München 2009, S. 909 f.

Wird die Welt ein Stückchen kleiner?

Neue Erfahrungen durch Eisenbahn, Telegrafie und Reisen

Als 1835 die erste deutsche Eisenbahnlinie eröffnet wurde, die die Nachbarstädte Fürth und Nürnberg verband, waren die Auswirkungen des 6 km langen Streckenabschnitts auf das Verkehrswesen noch sehr überschaubar. Doch der Startschuss für ein Verkehrsmittel, das schwere Massengüter wie Kohle und Stahl kostengünstig transportieren konnte, war gefallen. Ab 1850 begann der Siegeszug der Eisenbahn, bis 1870 wuchs der Personentransport um das 16-Fache und der Güterverkehr sogar um das 25-Fache. Auch Nachrichten, die früher wochenlang unterwegs waren, erreichten nun in Tagen ihren Bestimmungsort. Der Ausbau des Telegrafennetzes, häufig parallel zu den Eisenbahnschienen, beschleunigte diesen Prozess weiter und führte dazu, dass sich Nachrichten fast in Echtzeit verbreiten konnten.

Neben der Eisenbahn wurde die Binnenschifferei zu einem bedeutenden Transportmittel. Der Ausbau von Kanälen schritt in Rekordzeit voran. Sie wurden von Dampfschiffen befahren und ermöglichten so – vor allem im Ruhrgebiet –, dass Steinkohle schnell von den Zechen in die Eisenschmelzereien gelangen konnte. Auch das dazu notwendige Eisenerz aus Schweden wurde auf dem Wasser transportiert. Der 1899 fertiggestellte Dortmund-Ems-Kanal stellte eine Schiffsverbindung vom Nordseehafen Emden und dem Ruhrgebiet her. Und auf den Weltmeeren machten die dampfbetriebenen Schiffe nicht nur Handel mit entfernten Ländern, sondern auch Reisen in abgelegene Regionen der Erde möglich. Das „Fernweh“ des Bürgertums stieg an. Führte die Industrielle Revolution auch zur einer **Verkehrs- und** zu einer **Kommunikationsrevolution**?

M 1 Das globale Telegrafennetz. Illustration aus einem französischen Schulbuch aus der Reihe „Le Monde Physique“, 1883

Gruppenarbeit

Bilden Sie zunächst vier ungefähr gleich große Gruppen. Verteilen Sie danach die Themen „Eisenbahn", „Telegrafie", „Dampfschiff" und „Forschungsreise". Bearbeiten Sie anschließend die folgenden Aufgaben:

1. a) Analysieren Sie anhand der Darstellungstexte, in welcher Weise der von Ihnen bearbeitete Themenkomplex die Kommunikation bzw. das Verkehrswesen verändert hat.
b) Bereiten Sie auf dieser Grundlage eine Präsentation der Ergebnisse für die anderen Gruppen vor, z. B. mit einem Plakat; einer Mindmap oder einem digitalen Präsentationsprogramm.
2. Analysieren Sie in Ihrer Gruppe die zugehörigen Materialien. Ordnen Sie diese einem Teilbereich ihrer Präsentation zu und vertiefen Sie an dieser Stelle Ihren Vortrag.
3. Überprüfen Sie, ob der Begriff „Revolution" die Veränderungen in den Bereichen Verkehr und Kommunikation angemessen beschreibt.
4. „Durch die neuen Mittel der Kommunikation und des Verkehrs wird die Welt zwar kleiner, aber nicht unbedingt friedlicher." Beurteilen Sie diese These unter Rückgriff auf die Ausführungen in M 2.

M 2 Uniforme Ideen?

In seiner 2006 erschienenen Globalgeschichte über das „lange 19. Jahrhundert" ging der Historiker Christopher A. Bayly davon aus, dass sich in diesem Zeitraum die Gesellschaften weltweit im Inneren stärker differenzierten als je zuvor und Unterschiede in Macht und Reichtum damit deutlicher hervortraten. Zugleich seien sie nach außen hin jedoch „uniformer" geworden – etwa in Bezug auf Kleidung, Nahrung, Namensgebung, aber auch auf ihre Zeitsysteme, die synchronisiert wurden. Bayly schreibt weiter:

Die zunehmende Uniformität [...] spiegelt sich auch auf der Ebene der Ideen wider. Ideensysteme und die Diskurse, die ökonomische und politische Macht erzeugten, begannen in der ganzen Welt zu konvergieren. Das 19. Jahrhundert, das verschiedentlich das „Zeitalter der Industrie und des Imperiums" genannt wird, war auch das Zeitalter der Kommunikation. Es gab weltweit eine massive Zunahme des Buchdrucks. [...] Es war nicht immer Europa, das an vorderster Front stand. Im Jahr 1800 wurden in Kalkutta mehr Druckwerke als in St. Petersburg und Wien produziert. 1828 schätzte man die Zahl der weltweit publizierten Zeitungen auf 3168. [...] 1900 erreichte die Gesamtzahl von Zeitungen 31 026, von denen viele eine Auflage von Hunderttausenden erreichten. Die Gesamtzahl der Zeitungen von 1900 umfasste 600 indische, 195 afrikanische und 150 in Japan. Die [...] Progression bei der Ausweitung standardisierter Information über die ganze Welt kann man einschätzen, wenn man bedenkt, dass Menschen Zeitungen erbettelten oder stahlen. In einigen Gesellschaften lasen Männer Analphabeten Seiten vor. In anderen vervielfältigten sie Schreiber in Manuskriptform.
Nach der Inbetriebnahme des Europa-Asien-Kabels 1863 und der beiden Atlantik-Kabel 1866 wurde der elektrische Telegraf zu einem internationalen System. Die Eisenbahn, das Dampfschiff und später das Telefon revolutionierten die Geschwindigkeit der Kommunikation. Man kann nicht bestreiten, dass die Kommunikation in Asien und Afrika auch vor dem Druck und dem Telegrafen bereits hoch entwickelt war. Doch durch die Dichte der Nachrichten wurde eine beispiellose Verbreitung allgemeiner Ideen möglich. Der moderne Nationalismus selbst – ein Produkt der französischen Revolution und der darauffolgenden Kriege – war in der Generation nach 1850 „globalisiert". Irische, indische, ägyptische und chinesische Nationalisten verständigten sich entlang der Telegrafenlinien und trafen sich in Paris, Tokio, London, San Francisco und Shanghai. Wissenschaftliche und medizinische Ideen verbreiteten sich mit gleicher Geschwindigkeit um die Welt.

Christopher A. Bayly: Die Geburt der modernen Welt. Eine Globalgeschichte 1780–1914 (übers. v. Thomas Bertram u. Martin Klaus), Frankfurt/M. 2006, S. 35 f.

THEMA 1 Die Eisenbahn

Deutsche Schrittmacherindustrie und Symbol des Fortschritts

In Deutschland war es ein unübersehbares Zeichen der Modernisierung: das neue Verkehrsmittel Eisenbahn, das sich ab 1835 auf einem rasant anwachsenden Streckennetz durch das Land bewegte. Während in England vor allem die Textilindustrie als Schrittmacherindustrie wirkte, übernahmen in Deutschland der Eisenbahnbau und die damit zusammenhängende Eisen- und Stahlindustrie diese Funktion. Überall im Land waren in der zweiten Hälfte des 19. Jahrhunderts Arbeiter zu sehen, die Schienen verlegten, Brücken bauten oder Tunnel gruben – heute gelten sie als bedeutende Überreste des Zeitalters der Industrialisierung des Landes. Gingen neue Streckenabschnitte in Betrieb oder wurden Bahnhofsgebäude eingeweiht, so wurde dies mit großen Festen gefeiert, an denen immer auch Mitglieder des Hochadels und des gehobenen Bürgertums teilnahmen.

Zahlreiche prachtvolle Bahnhofsgebäude, errichtet im charakteristischen Stil der Gründerzeit, dienten auch als Zeichen des neuen Wohlstandes der Städte. Und vielerorts zeigt sich an ihrer heutigen Lage ihre Bedeutung während der zweiten Hälfte des 19. Jahrhunderts. Denn ursprünglich am Stadtrand errichtet, entwickelten sie sich schnell zu zentralen Orten: An Bahnhöfen hielt sich stets eine Vielzahl von Menschen auf, sei es, um zu verreisen, um zu arbeiten und Geschäfte zu machen oder um zu betteln. Hier lief der Reiseverkehr zusammen, hier wurden Waren umgeschlagen – und um sie herum entstanden ganz neue Stadtviertel.

Schrittmacherindustrie: prägender industrieller Bereich, der die Industrialisierung insgesamt voranbringt (→ S. 22)

Gründerzeit: hier: architekturgeschichtlicher Begriff für die Phase nach der deutschen Reichsgründung von 1870

Zuverlässiger Handel, schnelles Reisen

Reisen im vorindustriellen Zeitalter war häufig ein mühseliges Unterfangen und nur einem kleinen Teil der Bevölkerung möglich. Für einen Großteil der Menschen endete der eigene Erfahrungshorizont dort, wo Strecken nicht mehr zu Fuß zu bewältigen waren. Postkutschen machten Fernreisen zwar möglich, sie waren aber in ihrer Transportkapazität begrenzt, zudem teuer und die Straßen häufig in einem so schlechten Zustand, dass lange Reisezeiten in Kauf genommen werden mussten. Flüsse als Alternativen standen nur in begrenztem Umfang und in wenigen Regionen zur Verfügung. Durch die Eisenbahn verkürzten sich die Reisezeiten enorm. Brauchte die Postkutsche von Berlin nach Dresden rund 23 Stunden, sank die Reisezeit nun auf lediglich drei Stunden. Auch die Fahrpreise waren deutlich günstiger und für viele Menschen erschwinglich. Überregionale Mobilität und neue Erfahrungshorizonte wurde nun für große Bevölkerungskreise möglich. Auch der Handel profitierte deutlich von der Eisenbahn. War der Transport von Waren zuvor nur über Flüsse und an den Küsten in größerem Umfang möglich, ließen sich nun Märkte auch im Hinterland erschließen. Zudem war die Gefahr des Verlustes gering: Während ein gesunkenes Schiff einen Totalausfall bedeutete, kamen Eisenbahnunfälle mit nennenswertem Kapitalverlust kaum vor.

M 1 Die Halle der 1864 eröffneten Charing Cross Station in London mit Kassenschaltern und Zügen. Zeitgenössischer Farbdruck

M2 Die Folgen des modernen Reisens

Der deutsche Sozial- und Wirtschaftswissenschaftler Gustav von Schmoller schrieb 1890 über die Auswirkungen des modernen Verkehrsmittels Eisenbahn:

Um den wirtschaftlichen Unterschied von Früher und Jetzt in seiner ganzen Bedeutung vor Augen zu haben, muss man sich zunächst der früheren Verkehrsverhältnisse etwas erinnern. [...] Im Ganzen war noch zu Anfang des vorigen Jahrhunderts der Reiseverkehr nur für die höchsten Gesellschaften vorhanden; der Warenverkehr beschränkte sich auf einige Luxusartikel und spärlich verzehrte Kolonialwaren; der Zeitungs- und Briefverkehr war ein kaum gekannter Luxus. [...]

Der ganze Charakter des gewerblichen Lebens wird [durch die Eisenbahn] ein anderer, ein lebendigerer und intensiverer. Vorher konnte man nur wenige Luxuswaren auf weithin transportieren; nur für sie war ein massenhafter Großbetrieb, eine Fabrikation, die im abgelegenen Industrieort die Waren für ganze Gegenden und Länder anfertigte, möglich. Alles andere musste im Dorfe, im Städtchen selbst, musste da, wo man es brauchte, gemacht werden. Kleine lokale Geschäfte beherrschten überall die kleinen, lokalen Märkte; an sie ausschließlich war die ganze Umgegend gewiesen. Anderes konnte man nicht kommen lassen; man wünschte es auch nicht; hatten doch nicht viele gesehen, was man Besseres und Anderes in der Fremde verfertigt. Eigenartig blieb Geschmack und Sitte der Menschen. Hausrat und Geschirr, Möbel und Kleider wurden gefertigt, wie jeder sie bestellte.

All das wurde mit der Eisenbahn anders. Der Geschmack und die Mode der Hauptstädte machte jetzt rasch in immer weitere Kreise Propaganda. Nun lernte man kennen, was in den besser eingerichteten Geschäften der großen Stadt zu haben war. Der Dorfbewohner wollte nun in der Stadt, der Kleinstädter in der Provinzialhauptstadt, der Magdeburger und Breslauer in Berlin, der Berliner oder vielmehr die Berlinerin oftmals gar in Paris einkaufen.

Aber auch ohne dass man die Hauptstädte aufsuchte, änderten sich die Dinge. Die Waren der großen Industrie wurden systematisch vertrieben, kamen bald überall hin; sie konnten ja jetzt ganz anders versandt werden. Die Konkurrenz der großen und gut eingerichteten Geschäfte verdrängte die lokalen unvollkommenen kleinen Betriebe. [...]

Kaum minder groß als für die Industrie zeigten sich die Folgen für die Landwirtschaft. Auch in ihr verschoben sich wie in der Industrie überall die Standorte der Produktion. Wo man früher für den Weltmarkt nur Kartoffeln und Branntweinbrennerei erzeugt, kann man jetzt Weizen und Roggen bauen; wo man früher hauptsächlich Getreide produziert, muss man das aufgeben, weil es billiger aus dem Hinterländern kommt, und zum Handelsgewächsbau, zur Zuckerindustrie, zur Viehmast übergehen. Milch, Eier, Gemüse konnte man früher nur aus der Umgebung von fünf bis sechs Stunden beziehen. Paris bezieht z. B. jetzt seine Milch auf 600, 750 und mehr Kilometer. [...] Noch in den [18]40er-Jahren galt es als Axiom, dass jede größere Nation von den zu Hause produzierten Lebensmitteln leben müsste. Und jetzt existieren große Staaten, in welchen die Hälfte der Bevölkerung von Getreide, das in anderen Ländern [...] produziert ist, lebt.

Gustav von Schmoller: Zur Social- und Gewerbepolitik der Gegenwart. Reden und Aufsätze. Leipzig 1890, S. 14–36

Axiom: Grundsatz, der ohne weiteren Beweis als richtig und gültig akzeptiert wird

M3 Die Ausweitung des Streckennetzes im Raum des Deutschen Bundes

THEMA 2 Die Telegrafie

Bei der Telegrafie zwischen Ländern und Kontinenten wurde Strom entlang eines Leiters – des Telegrafenkabels – bewegt, sodass Zeitsignale entstanden. Um Texte telegrafieren zu können, gab man die Buchstaben des Alphabets nach einem zeitbasierten Codesystem ein: mit Morsezeichen. Jeder Buchstabe hat ein eigenes Signal, z. B. „S“: dreimal kurz. Das erste interkontinentale Telegrafenkabel von ausreichender Stabilität, das aufwendig zwischen Europa und Nordamerika verlegt worden war (**die Abbildung unten** zeigt einen Versuch), konnte 1866 in Betrieb genommen werden.

Die Vernetzung der Welt

Die Übermittlung von Nachrichten erfolgte bis um 1850 herum überwiegend durch Briefe, die mit Postkutschen, reitenden Eilboten und – über Kontinente hinweg – mit Segelschiffen transportiert wurden. Das Übermittlungstempo war entsprechend langsam. So brauchte die Nachricht von der Ermordung Abraham Lincolns am 15. April 1865 in Washington rund 13 Tage, bis sie in London bekannt wurde. Als knapp 16 Jahre später in St. Petersburg ein Attentat auf den russischen Zaren verübt wurde, erreicht diese Nachricht London bereits nach zwölf Stunden. Der Unterschied zwischen beiden Ereignissen: Die USA hatten 1865 noch keinen Anschluss an das weltweite Telegrafennetz, St. Petersburg im Jahr 1881 dagegen schon. Die Übermittlung von Nachrichten beschleunigte sich durch die Telegrafie enorm, und überregionale Nachrichten wurden zu einem festen Bestandteil der Tageszeitungen.

Der weltweite und flächendeckende Aufbau eines Telegrafennetzes hatte Mitte des 19. Jahrhunderts begonnen. Zunächst waren dabei nur die Metropolen in Europa und Nordamerika unter-, aber nicht miteinander verbunden. Ab den 1880er-Jahren aber standen alle Kontinente durch Unterseekabel über Tausende von Kilometern miteinander in Verbindung. Um 1900 verfügte nahezu jede mittelgroße Stadt in Europa und Nordamerika über ein Telegrafenamt und hatte damit Zugriff auf die weltweiten Nachrichtenströme. Am Vorabend des Ersten Weltkrieges war es sogar möglich, durch Funktelegrafie Nachrichten von Schiffen aus in das Netz einzuspeisen.

Auswirkungen der Beschleunigung

Für die private Kommunikation hatten die Telegrafenverbindungen wegen des hohen Preises eher geringe Bedeutung, hier blieb der Brief das bevorzugte Mittel der Nachrichtenübermittlung. In anderen Bereichen jedoch brachte die neue Technik weitreichende Veränderungen mit sich: Dadurch, dass Firmen Kenntnis über Warenpreise in anderen Gebieten und Ländern erlangten, konnten sie ihren Einkauf von Rohstoffen, ihre Produktion und den Verkauf ihrer Waren dem jeweils auf dem Markt verfügbaren Angebot anpassen. So wurden beispielsweise die großen Rinderherden des mittleren Westens der USA in die Städte transportiert, die die höchsten Preise versprachen. Auch Vor- und Zwischenprodukte wurden nun mit kürzerer Vorlaufzeit bestellt und die bis dahin übliche intensive Lagerhaltung deutlich reduziert. Insgesamt kam es zu einer stärkeren wirtschaftlichen Verflechtung. Das betraf auch die Aktienkurse: Preisniveaus und Kursentwicklungen glichen sich zwischen Nordamerika und Europa immer mehr an.

Auch auf die internationale Politik hatte die Telegrafie Einfluss: So beendete die Möglichkeit des fast unmittelbaren Nachrichtenaustauschs die relativ große Autonomie von Diplomaten in ausländischen Gesandtschaften, die bisher im Rahmen eines allgemeiner festgelegten Kurses selbstständig handelten. Nun erhielten sie unmittelbare Anweisungen von ihren Regierungen. So war der Verlauf von Kriegen oder Krisen – wie etwa die „Faschoda-Krise“ im Jahr 1898 zwischen Großbritannien und Frankreich um Kolonien in Afrika – nahezu in Echtzeit in den Hauptstädten London und Paris zu verfolgen. Entsprechend konnten die Regierungen Einfluss nehmen auf die vor Ort – im sudanesischen Faschoda (heute Kodok im Südsudan) – handelnden Akteure.

M 1 Die Verlegung des Transatlantik-Telegrafenkabels 1865/66, zeitgenössischer Farbdruck

M2 Nachrichten – plötzlich aktuell

Dank der Telegrafie konnte die breite Öffentlichkeit mithilfe von Zeitungen an plötzlich auf der anderen Seite der Welt auftretenden Ereignissen innerhalb weniger Stunden teilhaben. Doch wie arbeiteten Zeitungen in der Zeit davor und wie veränderten sie ihre Arbeitsweise? Dies beschreibt der Historiker Tom Standage:

Im frühen 19. Jahrhundert wurden Zeitungen nach ihrer regionalen Berichterstattung bewertet und nicht nach der Aktualität ihrer Nachrichten. [Ein Journalist] berichtete, ein Herausgeber habe den Antrag eines seiner Kollegen, aus einer nahegelegenen Stadt über eine bedeutende Rede zu berichten, mit den Worten zurückgewiesen: „Irgendjemand wird uns in zwei oder drei Tagen darüber schon irgendetwas berichten." Nachrichten anderer Zeitungen wurden frei nachgedruckt; Neuigkeiten bewegten sich sehr langsam, und es bestand selten die Gefahr, dass eine Zeitung der anderen eine „Topstory" stahl und zur gleichen Zeit publizierte. [...]

Üblicherweise waren ausländische Nachrichten bereits Wochen oder Monate alt, wenn sie veröffentlicht wurden. [...] Da Nachrichten sich nicht schneller verbreiteten, als die Schiffe fuhren, mit denen sie transportiert wurden, enthielt die Ausgabe der „Times" von 9. Januar 1845 Nachrichten aus Kapstadt, die acht Wochen alt waren. Die Verspätung aus New York betrug vier Wochen und für Nachrichten aus Berlin eine Woche. [...]

Es war auch den Zeitgenossen klar, dass die Einrichtung von Telegrafenleitungen alles verändern würde [...]. Aber mit der sofortigen Verfügbarkeit von Nachrichten aus entfernten Regionen stellte sich eine neue Frage: Wer sollte die Berichterstattung übernehmen? Reporter, so wie wir sie heute kennen, gab es nicht. [...] Die logische Lösung für die Zeitungen war, sich zusammenzuschließen, zu kooperieren und Netzwerke von Reportern zu gründen, die auf der ganzen Welt verteilt waren und die Neuigkeiten zurück in die Zentrale übermittelten, von wo sie dann an die einzelnen Zeitungen verteilt wurden. In den Vereinigten Staaten war [...] die erste sogenannte Nachrichtenagentur die New York Associated Press, ein Zusammenschluss von New Yorker Zeitungen, die eine enge Zusammenarbeit mit den Telegrafenfirmen herstellte und schnell das Geschäft mit Nachrichten dominierte [...]. Und die Leser konnten nicht genug bekommen von ausländischen Nachrichten. Anstatt die Berichterstattung auf das nähere Umfeld zu begrenzen, waren die Zeitungen nun das erste Mal in der Lage, die Illusion einer globalen Berichterstattung zu erschaffen, bei der alle wichtigen Ereignisse des Tages Eingang in die Berichterstattung finden. [...] Was wir heute als normal ansehen, nämlich Teil einer globalen Gesellschaft zu sein, war zu diesen Zeiten neu und außergewöhnlich. [...]

Nicht jeder wollte allerdings wissen, was in weit entfernten Gebieten vor sich ging. Der Vorrang, der internationalen Nachrichten über lokale Ereignisse gegeben wurde, führte dazu, dass das „Alpena Echo", eine kleine Zeitung in Michigan, ihren Telegrafendienst aus Protest abschaltete. Die Zeitung tat dies, da „uns niemand sagen konnte, warum uns die Agenturen vollständige Berichte über eine Flut in Shanghai, ein Massaker in Kalkutta [...], harten Frost in Sibirien, ein Bankett von Missionaren in Madagaskar, den Preis von Känguru-Leder in Borneo [...], aber keine Informationen über das Feuer in Muskegon" lieferten. Der Samen für ein neues Problem war gelegt: Informationsüberfluss.

Tom Standage: The Victorian Internet, New York 1998, S. 145–163 (Übers.: Tim Sonnenwald)

Auswahl der Beschriftungen in M3

- Télés *(Telekommunikation)*
- Tube aux Paquets *(Paketrohr)*
- Force Motrice *(Motorenenergie)*
- Tube Metrop(olitain) *(U-Bahn)*
- Compagnie Alimentaire *(Lebensmittelversorgung)*
- Eaux *(Frischwasser)*
- Egout *(Abwasser)*
- Lumière *(Beleuchtung)*
- Musique
- Theatre

M3 Eine andere Sicht auf die Auswirkungen der Telegrafie und weiterer neuer Technologien hielt der französische Zeichner Albert Robida 1895 in dieser Zukunftsvision fest (Beschriftungen → Randspalte).

THEMA 3 Die Dampfschifffahrt

M1 Plakat der 1861 gegründeten französischen Reederei „Compagnie Générale Transatlantique" (CGT), die Fracht- und Passagierdienste von Le Havre betrieb, u. a. nach Nord- und Mittelamerika

M2 Schnellste Reisezeiten von Europa nach Nordamerika:
Mit dem Segelschiff:
1801: 30 Tage
Mit dem Raddampfer:
1819: 25 Tage
1830: 18 Tage
1848: 14 Tage
1856: 9 Tage
Mit dem Schraubendampfer:
1860: 8 Tage
1862: 7 Tage
1887: 6 Tage
1913: 5 Tage

Schiffsverkehr nach Fahrplan

Der Transport von Menschen und Waren über Flüsse, Seen und Meere ist kein spezielles Merkmal der Epoche der Industrialisierung. Insofern wurden Dampfschiffe von den Zeitgenossen nicht – wie die Eisenbahn – als revolutionär neue Technologie wahrgenommen. Das neue Transportmittel beruhte auf der Modifikation eines bereits bestehenden Systems mit einer bereits bestehenden Infrastruktur: Häfen standen zur Verfügung und konnten auch weiterhin genutzt werden. Neu war jedoch, dass der Transport zu Wasser durch das Dampfschiff von natürlichen Antriebskräften wie Wind und Flussströmungen unabhängig wurde. Im Gegensatz zu den Segelschiffen vorheriger Epochen trug das Dampfschiff seinen Treibstoff – zunächst Kohle, später Öl – selbst mit sich und war dadurch in der Lage, seine Routen mit großer zeitlicher Präzision zu befahren. Erstmals in der Geschichte war es möglich, für die Schifffahrt zuverlässige Fahrpläne zu erstellen. Vor allem auf den küstennahen Routen entlang der englischen Küste und der Neuenglandstaaten, aber auch auf den großen Seen Nordamerikas ermöglichte dies die zuverlässige Anlieferung von Rohstoffen und den Abtransport von Fertigprodukten zu den Absatzmärkten.

Dampfschiffe als Verkehrsmittel

Schnell wurden Dampfmaschinen auch für den Personen- und Warenverkehr auf den Weltmeeren eingesetzt. Die ersten Dampfschiffe verkehrten ab den 1840er-Jahren zwischen Nordamerika und Europa. Ein regelmäßiger Liniendienst wurde ab den 1860er-Jahren eingerichtet. Die Fahrzeit verkürzte sich drastisch (→ M 2).

Je leichter es wurde, mit überseeischen Gebieten Handel zu treiben, umso stärker richtete sich der Fokus der europäischen Großmächte auf den Erwerb von Kolonien. Das Machtstreben der Europäer in der Zeit des <u>Hochimperialismus</u>, trug wiederum dazu bei, dass auch <u>Postschifflinien</u> um den ganzen Globus eingerichtet wurden. So steuerten deutsche Dampfschiffe um 1910 regelmäßig Lüderitz im damaligen Deutschsüdwestafrika, dem heutigen Namibia, Qingdao in China (damals: Tsingtau) und Apia auf Samoa im Südpazifik an. Gleichwohl kann nicht von einem weltumspannenden Liniennetz gesprochen werden. Die Postdampferlinien waren national ausgerichtet und ermöglichten kaum den Übergang zu den Linien einer fremden Nation, und einige Regionen der Erde wurden kaum von Postlinienschiffen bedient.

Auch für Migrationsbewegungen war die Dampfschifffahrt von großer Bedeutung: Mitte des 19. Jahrhunderts stellten Deutsche die zweitgrößte Einwandergruppe in die Vereinigten Staaten dar, um das Jahr 1900 sogar die größte: Wöchentlich verließen Auswandererschiffe mit ca. 6 000 Menschen an Bord die Häfen Bremerhaven, Hamburg und Rotterdam mit dem Ziel USA. Die Auswanderung einer so großen Zahl von Menschen wäre ohne die Dampfschiffe undenkbar gewesen. Ihre Größe und vergleichsweise kurze Reisezeit machten die Fahrkarten für die Auswanderer erst bezahlbar.

<u>Hochimperialismus:</u> der Zeitraum von etwa 1880 bis zum Beginn des Ersten Weltkriegs, in dem die europäischen Mächte verstärkt Kolonien erwarben und ihre Herrschaft über diese ausbauten

<u>Postschiff</u>: Schiff, das überseeische Gebiete mit Post und Dingen des täglichen Bedarfs versorgte sowie auch Passagiere beförderte

M3 Fortschritt für Völkerverständigung?

1822 wurde Friedrich List (1789–1846) aus Reutlingen als Liberaler zu Festungshaft verurteilt. Um der Haft zu entkommen, erklärte er sich bereit, nach Amerika auswandern. In Pennsylvania machte er sich bald als Wirtschaftsfachmann einen Namen. Als amerikanischer Konsul kehrte er 1832 nach Deutschland zurück, das nach wie vor aus einer Vielzahl von Fürstentümern und Königreichen bestand. 1838 schrieb er:

Sämtliche Städte an der Ost- und Nordsee, am Kanal, am biscayischen Meerbusen und an der atlantischen Küste stehen jetzt vermittelst der Dampfbootschifffahrt in weit wohlfeilerem und weit regelmäßigerem Verkehr als zuvor die englischen Seestädte unter sich. Die Folge hiervon ist, dass die Reisen von einem europäischen Lande in das andere aufgehört haben, Wagestücke und kostspielige Unternehmungen zu sein; dass der Briefwechsel und der Warenverkehr viel rascher vonstattengeht; [...] dass, mit einem Worte gesagt, die Völker sich gegenseitig kennenlernen. [...]

Täglich werden neue Erfindungen gemacht, wodurch die Kraft der Maschinen verstärkt, der Aufwand an Brennmaterial vermindert, die Sicherheit der Reisenden vermehrt und die Anwendbarkeit der Dampfboote auf weiten Seefahrten, wie auf seichteren Flüssen ermöglicht wird. Bereits sind Anstalten zu einer regelmäßigen Dampfschifffahrt zwischen England und Ostindien und zwischen England und Nordamerika getroffen. [...] Von Liverpool wird man in 10 bis 13 Tagen nach Neu-York gelangen. [...]

Nichts ist den Fortschritten des Menschen so ungünstig wie ein pflanzenmäßiges Kleben an der Scholle, auf welcher er sein Dasein empfangen hat. Weder sein Geist noch seine körperliche Arbeitsfähigkeit, die zur größeren Hälfte durch die Bildung des Geistes bedingt ist, kann sich entwickeln. Jahrhunderte und Jahrtausende lang [...] beharrt er bei denselben Handgriffen, Verfahrungsweisen und Werkzeugen, bei denselben Vorurteilen und beschränkten Ansichten. Durch die neuen Transportmittel wird der Mensch ein unendlich glücklicheres, vermögenderes, vollkommeneres Wesen. Er, dessen Tätigkeit und Kraft zuvor auf einen engen Kreis beschränkt war, vermag sie nun auf ganze Länder und Meere und auf entfernte Weltteile auszudehnen, und eine Masse von Wohltaten, die bis jetzt nur Wenigen zuteil geworden, werden durch sie dem ganzen Publikum in einem weit vollkommeneren Grade erreichbar. [...]

Um wie viel leichter werden diejenigen, die in ihrer Heimat kein zureichendes Auskommen finden und die hier dem gemeinen Wesen zur Last fallen, sich und ihre Familien in andere Gegenden, Länder und Weltteile versetzen, um dort eine neue und glücklichere Existenz zu gründen. Wie unendlich wird die Kultur der Völker gewinnen, wenn sie in Massen einander kennenlernen und ihre Ideen, Kenntnisse, Geschicklichkeiten, Erfahrungen und Verbesserungen sich wechselseitig mitteilen. Wie schnell werden bei den kultivierten Völkern Nationalvorurteile, Nationalhass und Nationalselbstsucht besseren Einsichten und Gefühlen Raum geben, wenn die Individuen verschiedener Nationen durch tausend Bande der Wissenschaft und Kunst, des Handels und der Industrie, der Freundschaft und Familienverwandtschaft miteinander verbunden sind. Wie wird es noch möglich sein, dass die kultivierten Nationen einander mit Krieg überziehen, wenn die große Mehrzahl der Gebildeten miteinander befreundet sind, und wenn es klar am Tage liegt, dass im glücklichsten Fall der Krieg den Individuen der siegenden Nation hundert Mal mehr Schaden als Nutzen verursacht.

Friedrich List: Das deutsche National-Transport-System, Altona/Leipzig 1838, S. 4 ff.

M4 Ein Schiff mit europäischen Auswanderern kurz vor seinem Ziel: Ellis Island in New York. Foto von Edwin Levick, um 1915

THEMA 4 Fremde Welten rücken näher

M 1 Die britischen Polarforscher (von links nach rechts) Oates, Bowers, Scott, Wilson und Evans am 17. Januar 1912 nach Erreichen des Südpols. Auf dem Rückweg gerieten sie in Schneestürme, konnten ihr Zwischenlager nicht mehr rechtzeitig erreichen und erfroren völlig entkräftet. Ihre Tagebücher und Fotos wurden Monate später gefunden.

Entdecker im Wettstreit

Das Foto M 1 zeigt die Gruppe britischer Entdecker um Robert F. Scott, die im Januar 1912 den Südpol erreichte – und feststellen musste, dass eine norwegische Expedition unter der Führung Roald Amundsons bereits vor ihr dagewesen war. Dabei hatten die Forscher in erster Linie für das Prestige der eigenen Nation den Wettlauf zum Südpol gewinnen wollen. Dieser Wettlauf zwischen Amundson und Scott war in den Jahren 1911 und 1912 ein Ereignis, über das in allen Zeitungen weltweit berichtet wurde und das die Weltöffentlichkeit gespannt verfolgte.

Dabei galt bereits seit 1850 der größte Teil der Erde als erforscht und weitgehend kartografiert. Wie die Küstenlinien der Kontinente verliefen, wusste man genau; weiße Flecken auf der Landkarte waren jedoch noch zu finden – außer in der Arktis und Antarktis vor allem in Afrika, Australien und Nordamerika. Der Wettlauf um die Erforschung der letzten unbekannten Regionen der Erde, der Mitte des 19. Jahrhunderts vor dem Hintergrund der verbesserten Reisemöglichkeiten durch die Dampfschifffahrt entbrannte, hatte jedoch nicht überall nur das Ziel, nationales Prestige zu mehren. Gerade in Afrika ging es vor allem um Besitz und Macht.

Hochimperialismus: der Zeitraum von etwa 1880 bis zum Beginn des Ersten Weltkriegs, in dem die europäischen Mächte verstärkt Kolonien erwarben und ihre Herrschaft über diese ausbauten

Besitzansprüche auf Afrika?

Nachdem die europäischen Großmächte ihre Interessensphären auf dem afrikanischen Kontinent entlang der Küsten abgesteckt hatten, erwachte im Zuge des Hochimperialismus das Interesse am Hinterland. Forschungsexpeditionen sollten Informationen zur weiteren Erschließung liefern und wurden von allen europäischen Nationen mit Kolonialbesitz in Afrika durchgeführt – im Auftrag des Deutschen Reiches u.a. von dem Historiker und Geografen Heinrich Barth, der in den 1850er-Jahren die Sahara durchquerte, sowie von Carl Peters, der in den 1880er-Jahren das östliche Afrika bereiste. Die bekanntesten dieser Expeditionen sind die Durchquerung des afrikanischen Kontinents von Ost nach West unter der Führung des Briten David Livingstone in den 1850er- und durch Henry Morton Stanley in den 1870er-Jahren südlich der Sahara. In erster Linie dienten die Reisen der Begründung von Besitzansprüchen. So erwarb Stanley entlang des Kongoflusses für den belgischen König Leopold II. Land von Einheimischen, das später den Kern der brutal ausgebeuteten königlichen Privatkolonie bildete, den „Kongo-Freistaat“.

Über all diese Reisen wurden im Anschluss ausführliche Berichte verfasst und in den Heimatländern der Expeditionsteilnehmer, die sich selbst als „Afrikareisende“ bezeichneten, veröffentlicht. Hierbei handelte es sich selten um wissenschaftliche Abhandlungen, sondern meist um belletristische Literatur für das Bürgertum, oft mit Stereotypen angereichert. Neben den Berichten der Forschungsreisenden wurden um die Jahrhundertwende in Europa auch Erlebnisberichte verbreitet, die Siedlerinnen und Siedler, Händler und Missionare aus den Kolonien schickten. Sie schilderten vor allem das häufig schwierige Alltagsleben dort sowie das Zusammenleben mit den Einheimischen. Durch all diese Schriften erreichte ein Hauch der Fremde, des Exotischen und der Ferne die Wohnzimmer des europäischen Bürgertums. Zugleich prägten sie maßgeblich Vorstellungen von fremden Kulturen – oft, indem sie Erzählungen von „Wilden“ entfalteten, die der Zivilisation bedürften.

1

2

3

4

5

Die ferne Welt im Wohnzimmer?

Auch Bilder der Ferne wurden den Menschen in den industrialisierten Staaten geboten. Die gegen Ende des 19. Jahrhunderts noch junge Werbebranche lieferte sie. Beim Kauf von Waren wie Kaffee, Kakao, Schokolade, Margarine, Konserven oder Waschmittel erhielt man auf dünnen Karton gedruckte, kleinformatige, bunte Beilagen. In Serien zu meist sechs Motiven wurden die „Reklamebildchen“ mit Schnelldruckpressen in hohen Auflagen produziert. Zielgruppen waren vor allem Kinder und Jugendliche, die sie in Alben sammelten.

Die Bilder gaben die damalige Sichtweise auf den kulturellen Kontakt mit der indigenen Bevölkerung wieder, oft auch erläutert durch „Informationstexte“ auf der Rückseite: Betont – und mit der „Wildheit“, „Exotik“ oder auch „Kindlichkeit“ der indigenen Bevölkerung kontrastiert – wurde dabei die angebliche kulturelle Überlegenheit der Europäer; deren koloniale Praktiken wurden zugleich verniedlicht. Wie weit beeinflussen solche Darstellungen wohl bis heute unsere Einstellungen gegenüber indigenen Kulturen?

M2 Reklamesammelbilder für „Liebig's Fleisch-Extract“, um 1900:

1 „Der Indianer“, aus der Serie „Schattenspiele“
2 „Bereitung des Pfeilgiftes bei den Negern“, aus der Serie „Giftpflanzen“
3 „In der Küche eines Negerfürsten“, aus der Serie „Die Kochkunst“
4 „Ein Schauri (Eine Beratung)“, aus der Serie „Bilder aus Ostafrika“
5 „Der Negerball“, aus der Serie „Bilder aus Panama“

Die Industrialisierung Europas

→ S. 12–15; 32–33

Dynamisches England, verschlafenes Deutschland?

Ab Mitte des 18. Jahrhunderts veränderten Automatisierung und Mechanisierung die Produktionsweise in England: Angewendet zunächst in der Herstellung von Stoffen, ermöglichten neue Fabrikationsweisen die Fertigung größerer Stückzahlen in guter Qualität zu geringeren Kosten. Begünstigt wurde die Entwicklung in England durch eine bereits zu diesem Zeitpunkt liberale Gesellschafts- und Wirtschaftsordnung, aber auch durch günstige geografische Bedingungen (Insellage mit guten Transportmöglichkeiten über die Küstengewässer) sowie politische Voraussetzungen (Verfügbarkeit von Rohstoffen der Kolonien).

In Deutschland setzte der Transformationsprozess erst ab ca. 1850 ein. Hier wirkten sich die politische Zersplitterung in Kleinstaaten (keine einheitliche Währung, Zollschranken), spätfeudale Strukturen (Zünfte, unfreie Bauern) und die geografische Lage in der Mitte Europas (schlechte Fernstraßen, wenige schiffbare Flüsse) hinderlich aus.

Historiker diskutieren, ob die grundlegenden Veränderungsprozesse die Menschen eher plötzlich erfassten und damit den Charakter einer (industriellen) Revolution haben oder ob es angemessener ist, von einem längerfristigen Prozess und damit einer **Industrialisierung** auszugehen.

→ S. 16–19

Die Agrarrevolution – Voraussetzung für die Industrialisierung?

Bereits einige Jahrzehnte bevor die Industrialisierung in England begann, zeigten sich deutliche Veränderungen in der Landwirtschaft, die eine Steigerung der Nahrungsmittelproduktion bewirkten. Zurückzuführen ist dies auf den Einsatz neuer Getreide- und Grassorten, auf die gezielte Zucht von Nutztieren mit bestimmten Eigenschaften, veränderte Anbaumethoden (Vierfelderwirtschaft), erste Mechanisierungen (z. B. die von Pferden angetriebene Dreschmaschine) und die Konzentration von Landbesitz in den Händen des Adels, die Investitionen begünstigte. Historiker sprechen in diesem Zusammenhang von **Agrarrevolution**.

Zusammen mit medizinischem Fortschritt und neuen hygienischen Bedingungen führte die bessere Ernährungslage zu einem Anstieg der Bevölkerungszahl. Da in der Landwirtschaft gleichzeitig jedoch weniger Menschen als Arbeitskräfte benötigt wurden, verarmten viele Menschen, und das Problem des Pauperismus entstand. Um der Armut zu entgehen, zogen in der Phase der **Frühindustrialisierung** viele Menschen in die Städte, wo sie hofften, eine Anstellung in einer Fabrik zu bekommen.

„Made in Germany": Vom Ramsch zur Markenqualität

Einen rasanten Schub erhielt die Industrialisierung in Deutschland durch die Reichsgründung 1870/71. Vor allem die vom Kriegsgegner Frankreich zu entrichtenden Reparationen führten zu einer Reihe von Investitionen in Industriebetriebe. Da deutsche Unternehmer zunächst nicht über das notwendige technische Wissen verfügten, verlegte man sich auf das Kopieren englischer Maschinen und Produkte. Innerhalb weniger Jahre konnte der Rückstand jedoch aufgeholt werden und die Schwerindustrie mit der Produktion von Eisenbahnschienen, Lokomotiven und Wagons entwickelte sich zur Schrittmacherindustrie. In der Phase der **Hochindustrialisierung** um die Jahrhundertwende waren es vor allem die Bereiche Chemie, Maschinenbau und Feinmechanik, in denen die deutsche Industrie die anderen Industriestaaten nicht nur eingeholt, sondern auch überholt hatte. Hauptsächliche Ursache hierfür war die besonders gute Ausbildung von Fachkräften in Gewerbeschulen und Technischen Hochschulen.

→ S. 20–23

Wirtschaft – am besten ohne staatliche Lenkung?

Die Industrialisierung änderte auch die Rolle des Staates im Wirtschaftsprozess grundlegend. Trat der Staat im 17. und 18. Jahrhundert im Rahmen der merkantilistischen Wirtschaftsordnung noch als aktiver Akteur auf (z. B. im Rahmen des Manufakturwesens), so zog er sich im Zeitalter der Industrialisierung mehr und mehr aus dem Wirtschaftsgeschehen zurück. Seine neue Rolle sollte die eines „Nachtwächters" sein, der für Schutz nach innen (z. B. vor Verbrechen) und außen (z. B. vor Krieg) sorgt. Erstmals formuliert wurde diese neue staatliche Rolle durch den Philosophen Adam Smith. Seine Theorie des **Wirtschaftsliberalismus** besagt, dass der Egoismus jedes Einzelnen durch eine „unsichtbare Hand" zum Wohlstand aller führt. Auf mögliches Marktversagen (z. B. schwache Marktteilnehmer, externe Effekte) ging er jedoch nicht ein.

→ S. 28–31

Wird die Welt ein Stückchen kleiner?

Der technische Fortschritt, den die Industrialisierung mit sich brachte, führte zu weitreichenden Veränderungen in den Bereichen Transport und Kommunikation. Manche Historiker sprechen deshalb von einer **Verkehrs- und Kommunikationsrevolution**.

Die Eisenbahn ermöglichte den schnellen und kostengünstigen Transport von Waren und Menschen auch über längere Strecken und Staatsgrenzen hinweg. Im internationalen, transatlantischen Personen- und Warenverkehr hatte das Dampfschiff ähnliche Auswirkungen. Angetrieben von der Kraft der Dampfmaschine, verkehrte es nach geregelten Fahrplänen. Auch die Erforschung entlegener Weltregionen wurde durch das Dampfschiff erleichtert. Neben Waren und Menschen waren es vor allem Nachrichten und Informationen, die sich durch den technischen Fortschritt – vor allem durch die Telegrafie – schneller als zuvor verbreiteten.

→ S. 34–43

Politische Modernisierung im 19. Jahrhundert

Am 27. Mai 1832 kamen bis zu 30 000 Menschen am Hambacher Schloss zusammen, um für Freiheitsrechte und eine deutsche Einheit zu demonstrieren. Es war eines der bedeutendsten Ereignisse der deutschen Demokratiegeschichte. Auf dem zeitgenössischen Druck (großes Bild) werden schwarz-rot-goldene Flaggen geschwenkt, das Symbol für deutsche Einheit und Freiheit. Für politische Modernisierung kämpften Menschen aber nicht nur in den deutschen Staaten. Dass sie eine europäische Dimension hatte, zeigte sich in Aufständen der 1830er-Jahre sowie in den Revolutionen der Jahre 1848/49.
In Deutschland wurde die lang ersehnte Einheit erst 1871 Wirklichkeit – König Wilhelm I. von Preußen wurde nach dem Deutsch-Französischen Krieg im Spiegelsaal von Versailles zum deutschen Kaiser ausgerufen. Die Akteure waren allerdings ganz andere als beim Hambacher Fest, Uniformen und Säbel prägen das Bild (rechts oben). Eine Einheit in Freiheit?

Abbildungen:

- Demonstrierende ziehen am 27. Mai 1832 zum Hambacher Schloss hinauf. Zeitgenössischer Druck, koloriert
- (unten links) Barrikadenkämpfe in Paris im Juni 1848. Gemälde von Horace Vernet
- (oben rechts) Die Ausrufung des deutschen Kaisers im Spiegelsaal von Versailles. Gemälde von Anton von Werner, 1885, im Auftrag der kaiserlichen Familie als Geburtstagsgeschenk für Reichskanzler Bismarck
- (unten rechts) Jubelnde Fans in der Wiesbadener Innenstadt feiern den WM-Sieg der deutschen Fußball-Nationalmannschaft 2014

Aufbruch oder Restauration?

Deutschland und Europa nach dem Wiener Kongress

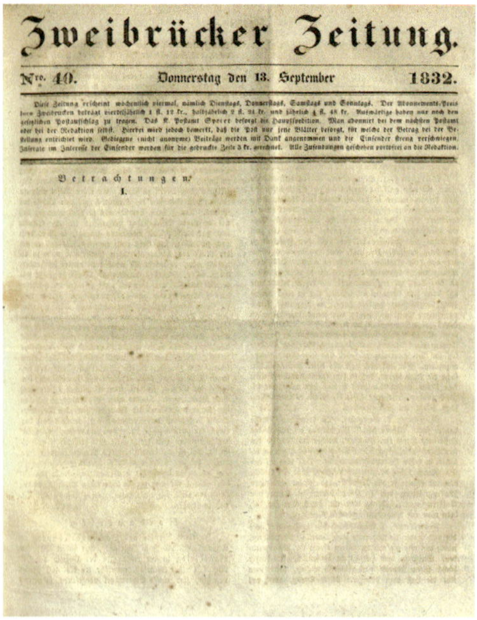

Zweibrücker Zeitung.

Nro. 40. Donnerstag den 13. September 1832.

Betrachtungen.
I.

M1 Ausschnitt aus dem Titelblatt der Zweibrücker Zeitung vom 13. September 1832. Unter dem Kopf war die Überschrift „Betrachtungen“ sowie „1.“ zu lesen.

1. Formulieren Sie Hypothesen, aus welchem Grund die Zeitung mit leerem Titelblatt erschienen sein könnte.

Die napoleonische Ära

Europa um 1800: Auf dem Höhepunkt seiner Macht beherrschte Napoleon große Teile des Kontinents und ordnete die politische Landkarte neu. Die bisherige Staatenordnung und die Herrschaft der alten Dynastien gerieten unter dem Druck der Ideen von Freiheit, Gleichheit und Brüderlichkeit ebenso wie durch die Erfolge der napoleonischen Truppen ins Wanken. Im Heiligen Römischen Reich Deutscher Nation legte Kaiser Franz II. 1806 die Krone nieder, das Reich wurde aufgelöst.

Weite Teile Deutschlands standen unter der Kontrolle Napoleons. Die französischen Besatzer führten in mehreren deutschen Staaten ihr Zivilrecht ein, den „Code Napoléon“, der Rechtsgleichheit und bürgerliche Freiheitsrechte brachte. In anderen deutschen Staaten wurden Reformen vollzogen, die von der französischen Revolution beeinflusst waren. So modernisierte Preußen nach der Niederlage gegen Napoleon in den „Preußischen Reformen“ Staat und Gesellschaft grundlegend, indem es z.B. die Befreiung der Bauern von der Leibeigenschaft und die Einführung der Gewerbefreiheit verfügte sowie Verwaltung und Bildungswesen reformierte.

Die Reaktionen in Deutschland waren zwiespältig. Einerseits wurden die Ideen der Revolution von vielen Bürgern begrüßt; sie ersehnten einen freiheitlichen Verfassungsstaat mit Grundrechten und Mitbestimmung. Andererseits war die französische Fremdherrschaft verhasst. Der Kampf gegen Napoleon in den sogenannten Befreiungskriegen – etwa in der „Völkerschlacht“ bei Leipzig 1813 – entfachte eine Welle nationaler Begeisterung. Die deutsche **Nationalbewegung** entstand gegen Frankreich. Frankreich war Vorbild und Feind zugleich.

Der Deutsche Bund entsteht

Nach der Niederlage Napoleons kamen 1814/1815 die Kaiser, Könige, Fürsten und ihre Diplomaten zum Wiener Kongress zusammen, um die Nachkriegsordnung Europas zu regeln. Auch das besiegte Frankreich saß mit am Verhandlungstisch. Der Wiener Kongress verfolgte zwei Ziele: Außenpolitisch sollte ein Mächtegleichgewicht einen erneuten Krieg verhindern. Innenpolitisch zielte er auf Restauration, also Wiederherstellung der monarchischen Herrschaft. Dabei ließen sich die Fürsten von dem Prinzip der Legitimität leiten: Da sie die Monarchie als einzig legitime Staatsform anerkannten, sollte auch künftig die alleinige Staatsgewalt in der Hand eines Monarchen der alten Dynastien liegen.

In Wien wurde der Deutsche Bund gegründet, ein Staatenbund von anfangs 37 souveränen Einzelstaaten und vier Freien Städten. Mitglieder waren neben dem österreichischen Kaiser und dem preußischen König etwa auch die Könige von Großbritannien (für Hannover) und Dänemark (für Holstein). Um das Mächtegleichgewicht in Europa zu stabilisieren, sollte der Deutsche Bund nach außen als Puffer gegen Hegemonialbestrebungen anderer Mächte wirken. Zugleich war er zu schwach und zersplittert, um selbst zur Bedrohung des europäischen Mächtegleichgewichts zu werden.

Staatenbund: Bündnis souveräner Einzelstaaten zu gemeinsamen politischen Zwecken

Konservatismus: im 18./19. Jh. eine politische Richtung, die Monarchie, Gottesgnadentum und Ständegesellschaft beibehalten wollte. Sie wandte sich gegen liberale und demokratische Bestrebungen und sah sich als Gegenbewegung zu Aufklärung und Revolutionen.

Hegemonialbestrebungen: Streben nach Vorherrschaft (Hegemonie)

M2 Der Deutsche Bund (1815–1866)

Gemeinsames Organ des Deutschen Bundes war die Bundesversammlung in Frankfurt, auch „Bundestag“ genannt. Sie war jedoch keine Volksvertretung, sondern ein ständiger Kongress von Diplomaten der Mitgliedstaaten. Ihre Beschlüsse waren für die einzelnen Mitgliedstaaten verbindlich, doch in jedem Staat blieb der Fürst weiterhin souverän. Dabei regierten sie teils absolutistisch, so in den beiden größten deutschen Staaten Preußen und Österreich, teils führten sie Verfassungen ein, so 1818 in Baden und 1819 in Württemberg. Dominierende Person des Deutschen Bundes wurde der konservative österreichische Staatskanzler Fürst von Metternich. Unter seinem Einfluss entwickelte sich der Deutsche Bund nach innen zu einem Bollwerk des Konservatismus gegen freiheitlich und national eingestellte Kritiker der Fürstenherrschaft.

Unterdrückung „von oben“

Die Hoffnungen auf einen freiheitlichen deutschen Nationalstaat wurden in Wien also enttäuscht. Der restaurative Charakter des Wiener Kongresses und die Gründung des Deutschen Bundes lösten bei den Bürgern große Unzufriedenheit aus. Einen Ausdruck fand sie beispielsweise 1817 im Wartburgfest: Etwa 500 Studenten demonstrierten auf der Wartburg im heutigen Thüringen für Einheit und Freiheit und verbrannten Symbole der Fürstenherrschaft. Aber auch der Code Napoléon, für sie das Symbol französischer Fremdherrschaft, und die Schrift „Die Germanomanie“ des jüdischen Autors Saul Ascher fielen den Flammen zum Opfer. Die deutsche Nationalbewegung zeigte früh zwei Seiten.

Als 1819 der Schriftsteller August von Kotzebue, der Position gegen die Kritiker der Fürstenherrschaft bezogen hatte, von einem Studenten ermordet wurde, nutzten Metternich und der Deutsche Bund die Situation: Sie verschärften die Maßnahmen zur Unterdrückung der politischen Opposition mit den „Karlsbader Beschlüssen“: durch das Verbot studentischer Burschenschaften, durch die Überwachung von Universitäten, durch die Einrichtung einer polizeilichen Untersuchungsbehörde, durch scharfe Pressezensur. Auf dieser Grundlage wurden in den folgenden Jahrzehnten viele Oppositionelle verhaftet oder mussten ins Ausland fliehen, Professoren erhielten Berufsverbote. Getrieben wurden die Konservativen von der Angst vor einer Revolution.

M3 Mitglieder einer Burschenschaft verbrennen beim Wartburgfest 1817 Bücher und Symbole der Adelsherrschaft. Damit nehmen sie Bezug auf Luthers Verbrennung der päpstlichen Bulle 1517. Ausschnitt aus einem anonymen Druck, um 1880, nachträglich koloriert

Unruhen um 1830

Unzufriedenheit gab es auch in anderen europäischen Staaten. In Frankreich kam es 1830 erneut zu einer Revolution, Griechenland löste sich im selben Jahr aus der osmanischen Herrschaft, ebenso das katholische Belgien von den protestantischen Vereinigten Niederlanden. Der polnische Aufstand von 1830/31 gegen die Herrschaft des russischen Zaren – er regierte Polen in Personalunion – wurde niedergeschlagen, löste aber in Deutschland eine „Polenbegeisterung“ aus. Auch in anderen europäischen und in mehreren deutschen Staaten kam es zu Unruhen.

Höhepunkt der Protestbewegung im Deutschen Bund war das Hambacher Fest 1832. Zu dieser Demonstration für deutsche Einheit und Freiheit kamen etwa 30000 Bürger aus ganz Deutschland aus allen gesellschaftlichen Schichten zusammen, auch Frauen waren aktiv. Eine polnische Delegation war anwesend, auch Vertreter anderer Nationen, Franzosen sendeten eine Grußbotschaft. Der Vergleich zum Wartburgfest zeigt die deutliche Ausweitung der Proteste.

Nationalismus und Liberalismus

Jedes Land hatte seine eigene Konfliktlage, aber die Oppositionsbewegungen teilten ihre nationale und liberale Ausrichtung:

- Der **politische Nationalismus** war eine Bewegung, die auf die Gründung von Nationalstaaten zielte. Völker, die sich in Sprache, Kultur und Geschichte als Einheit begriffen, forderten seit dem 19. Jahrhundert das Recht ein, einen eigenen Staat zu bilden. Damit ging eine revolutionär neue Denkweise von Herrschaft einher: Herrschaft sollte nicht mehr „von oben“, sondern „von unten“ ausgehen, nicht mehr vom Fürsten, sondern von der Nation, die als Gesamtheit der Bürger verstanden wurde. Die Volkssouveränität sollte das Gottesgnadentum als Herrschaftslegitimation ablösen. Staat und Nation waren in dieser Vorstellung identisch.

- Kernforderung des **politischen Liberalismus** war die Ausweitung und Sicherung der Rechte der Bürger. Verfassungen sollten Grundrechte und politische Mitbestimmung garantieren. Angesichts der Zensur hatte die Forderung nach Pressefreiheit für die Liberalen besondere Bedeutung. Radikale Demokraten forderten gar die Abschaffung der Monarchien. Diese Stimmen wurden häufiger, so etwa beim Hambacher Fest, blieben aber in der Minderheit.

„Einheit und Freiheit“, das war die Losung der Oppositionellen in Deutschland. Nationalismus und Liberalismus waren keine getrennten Bewegungen. Für die meisten Bürger war Freiheit nur in einem geeinten deutschen Nationalstaat denkbar und umgekehrt die Einheit nur in einem freiheitlichen Staat.

Pauperismus

Parallel zu den politischen Konflikten spitzten sich in den Jahren vor der Revolution von 1848/49 soziale und wirtschaftliche Krisen zu. Das starke Bevölkerungswachstum hatte zu einer Massenarmut – zu Pauperismus – geführt, gerade in den industriell noch wenig entwickelten Gebieten. Die vorindustrielle, agrarische Wirtschaft stellte nicht genügend Arbeitsmöglichkeiten bereit. Die oft in Heimarbeit hergestellten Produkte konnten mit den industriell gefertigten, billigeren Waren aus England nicht mehr konkurrieren. In den Jahren 1846/47 führten Missernten, verschärft durch die grassierende Kartoffelfäule, zu einer Nahrungsmittelknappheit und zu enormen Preissteigerungen. In vielen Städten brachen 1847 Hungerrevolten einfacher Handwerker und Tagelöhner aus.

„Vormärz“ oder „Restauration“?

Kleinstaaterei, Zensur, Unterdrückung der nationalliberalen Opposition und die soziale Krise – all das waren Ursachen der Revolution, die in Deutschland im März 1848 ausbrach. Um zu betonen, dass die Zeit seit dem Wiener Kongress 1815, verstärkt seit den Unruhen um 1830, eine Voraussetzung für die Revolution 1848/49 war, wird diese Epoche als **Vormärz** bezeichnet. Für dieselbe Zeitspanne sind auch die Begriffe „Restauration“ und „Biedermeier“ üblich; sie betonen den konservativen Charakter der Epoche.

Personalunion: Ausübung verschiedener Ämter durch dieselbe Person

Biedermeier: Epoche zwischen dem Wiener Kongress 1815 und der Revolution 1848. Der Begriff bezieht sich im engeren Sinn auf die Literatur und Kultur dieser Zeit und meint deren konservative Prägung mit dem Rückzug ins Private.

M4 Eine Rede auf dem Hambacher Fest

Philipp Jakob Siebenpfeiffer war einer der Organisatoren des Hambacher Festes 1832. Nach der Veranstaltung wurde er festgenommen; er floh aus der Haft in die Schweiz. In seiner Rede sagte er:

Und es wird kommen der Tag, der Tag des edelsten Siegstolzes, wo der Deutsche vom Alpengebirg und der Nordsee, vom Rhein, der Donau und Elbe den Bruder im Bruder umarmt, wo die Zollstöcke und die Schlagbäume, wo alle Hoheitszeichen der Trennung und Hemmung und Bedrückung verschwinden, samt den Constitutiönchen, die man etlichen mürrischen Kindern der großen Familie als Spielzeug verlieh; wo freie Straßen und freie Ströme den freien Umschwung aller Nationalkräfte und Säfte bezeugen [...]. Es wird kommen der Tag, [...] wo der Bürger nicht in höriger Untertänigkeit den Launen des Herrschers und seiner knechtischen Diener, sondern dem Gesetze gehorcht, und auf den Tafeln des Gesetzes den eigenen Willen liest, und im Richter den freierwählten Mann seines Vertrauens erblickt [...].
Die Natur der Herrschenden ist Unterdrückung, der Völker Streben ist Freiheit. Das deutsche Volk, wenn die Fürsten nicht ihren Wolkenthron verlassen und Bürger werden, wird in einem Moment erhabener Begeisterung allein vollenden das Werk [...]. Es lebe das freie, das einige Deutschland! Hoch leben die Polen, der Deutschen Verbündete! Hoch leben die Franken [Franzosen], der Deutschen Brüder, die unsere Nationalität und Selbstständigkeit achten! Hoch lebe jedes Volk, das seine Ketten bricht und mit uns den Bund der Freiheit schwört!
Vaterland – Volkshoheit – Völkerbund hoch!

Zit. nach: Das Nationalfest der Deutschen zu Hambach, beschrieben von J.G.A. Wirth. Neustadt 1832, S. 37ff. (Rechtschreibung modernisiert)

M5 Deutsche Sonderbriefmarke, 2007. Neben der deutschen ist die polnische Flagge zu sehen.

M6 Das Lied der Deutschen

Deutschland, Deutschland über alles,
Über alles in der Welt,
wenn es nur zum Schutz und Trutze
brüderlich zusammenhält.
Von der Maas bis an die Memel,
von der Etsch bis an den Belt.
Deutschland, Deutschland über alles,
über alles in der Welt.

Deutsche Frauen, deutsche Treue,
deutscher Wein und deutscher Sang
sollen in der Welt behalten
ihren alten guten Klang.
Uns zu edler Tat begeistern
unser ganzes Leben lang
Deutsche Frauen, deutsche Treue,
deutscher Wein und deutscher Sang.

Einigkeit und Recht und Freiheit
für das deutsche Vaterland,
danach lasst uns alle streben
brüderlich mit Herz und Hand!
Einigkeit und Recht und Freiheit
sind des Glückes Unterpfand.
Blüh' im Glanze dieses Glückes
blühe deutsches Vaterland.

Hoffmann von Fallerleben, 1842
Ders.: Werke Erster Teil: Lyrische Gedichte, Berlin 1912, S. 275

Das „Lied der Deutschen" wurde 1841 verfasst von August Heinrich Hoffmann (nach seinem Geburtsort „Hoffmann von Fallersleben" genannt) und nach der Melodie der „Kaiserhymne" von Joseph Haydn gesungen. 1922 wurde das Lied zur deutschen Nationalhymne bestimmt. In der NS-Zeit war es üblich, nur die erste Strophe zu singen, und dies in Verbindung mit dem „Horst-Wessel-Lied", der Parteihymne der NSDAP. Die Zeile „Deutschland, Deutschland über alles" verstanden die Nationalsozialisten nicht mehr als Wunschbild einer geeinten deutschen Nation. Dennoch wurde 1952 das Lied Nationalhymne der Bundesrepublik Deutschland, zu offiziellen Anlässen sollte aber ausdrücklich nur die dritte Strophe gesungen werden. Seit der deutschen Wiedervereinigung ist allein diese die deutsche Nationalhymne.

M 7 „Die gute Presse". Karikatur aus der Zeitschrift „Der Leuchtthurm. Monatsschrift zur Unterhaltung und Belehrung für das deutsche Volk", 1847

M 8 Der Konservatismus

Der Schweizer Staatsrechtler Carl Ludwig von Haller (1768–1854) gilt als einer der wichtigsten Vertreter des Konservatismus im frühen 19. Jahrhundert. Über die Fürstenherrschaft schrieb er:

1. Die Fürsten [...] herrschen nicht aus anvertrauten, sondern aus eigenen Rechten [...]. Es ist ihnen keine Gewalt von dem Volk übertragen worden, welche es mithin nach bloßer Willkür zurückfordern oder in andere Hände legen könnte, sondern sie besitzen diese Macht und die damit verbundene höhere Freiheit durch sich selbst, entweder von der Natur, wie alles Angeborene, oder durch rechtmäßige Anwendung eigener Kraft (die Frucht des Angeborenen) oder endlich durch Wohltaten und Privatverträge wie alles Erworbene.

2. [...] Das Volk ist ursprünglich nicht vor dem Fürsten, sondern im Gegenteil der Fürst vor dem Volk, gleichwie der Vater vor seinen Kindern, der Herr vor dem Diener, überall der Obere vor den Untergebenen, die Wurzel und der Stamm vor den Ästen, Zweigen und Blättern existiert.

3. Die Fürsten sind nicht [...] die ersten Diener des Staates, denn außer ihnen ist der Staat nichts [...]; nicht die obersten Beamten des Volkes, wodurch die Diener zu Herren und der Herr zum Diener gemacht würde, nicht bloß das Oberhaupt des Staates [...] – sondern die Fürsten sind selbständige Personen, unabhängige Herren, die gleich anderen Herren wesentlich [dem Wesen nach] und nach den Regeln der Gerechtigkeit nicht fremde, sondern nur ihre eigene Sache regieren. Alle ihre Befugnisse müssen aus ihren eigenen Rechten erklärt und hergeleitet werden können.

Carl Ludwig von Haller: Restauration der Staats-Wissenschaft oder Theorie des natürlich-geselligen Zustands. Erster Band, Winterthur 1816, S. 495 f. (Rechtschreibung modernisiert)

M 9 Der „Hessische Landbote"

→ **Vertiefungsmaterial für das Leistungsfach**

Der „Hessische Landbote" ist eine 1834 von dem Arzt und Schriftsteller Georg Büchner (1813–1837) verfasste Flugschrift, die soziale Missstände anprangert. Büchner wurde aufgrund seiner revolutionären Schriften steckbrieflich gesucht und floh ins Ausland.

Friede den Hütten! Krieg den Palästen!

Im Jahre 1834 siehet es aus, als würde die Bibel Lügen gestraft. Es sieht aus, als hätte Gott die Bauern und Handwerker am fünften Tage und die Fürsten und Vornehmen am sechsten gemacht, und als hätte der Herr zu diesen gesagt: „Herrschet über alles Getier, das auf Erden kriecht", und hätte die Bauern und Bürger zum Gewürm gezählt.

Das Leben der Vornehmen ist ein langer Sonntag: Sie wohnen in schönen Häusern, sie tragen zierliche Kleider, sie haben feiste Gesichter und reden eine eigne Sprache; das Volk aber liegt vor ihnen wie Dünger auf dem Acker. Der Bauer geht hinter dem Pflug, der Vornehme aber geht hinter ihm und dem Pflug und treibt ihn mit den Ochsen am Pflug, er nimmt das Korn und lässt ihm die Stoppeln. Das Leben des Bauern ist ein langer Werktag; Fremde verzehren seine Äcker vor seinen Augen, sein Leib ist eine Schwiele, sein Schweiß ist das Salz auf dem Tische des Vornehmen. [...]

Hebt die Augen auf und zählt das Häuflein eurer Presser, die nur stark sind durch das Blut, das sie euch aussaugen, und durch eure Arme, die ihr ihnen willenlos leihet. Ihrer sind vielleicht 10 000 im Großherzogtum [Hessen] und eurer sind es 700 000, und also verhält sich die Zahl des Volkes zu seinen Pressern auch im übrigen Deutschland. Wohl drohen sie mit dem Rüstzeug und den Reisigen der Könige, aber ich sage euch: Wer das Schwert erhebt gegen das Volk, der wird durch das Schwert des Volkes umkommen. Deutschland ist jetzt ein Leichenfeld, bald wird es ein Paradies sein. Das deutsche Volk ist ein Leib, ihr seid ein Glied dieses Leibes. Es ist einerlei, wo die Scheinleiche zu zucken anfängt. Wann der Herr euch seine Zeichen gibt durch die Männer, durch welche er die Völker aus der Dienstbarkeit zur Freiheit führt, dann erhebet euch, und der ganze Leib wird mit euch aufstehen.

Georg Büchner/Friedrich Ludwig Weidig: Der Hessische Landbote. Texte, Briefe, Prozessakten. Kommentiert von Hans Magnus Enzensberger, Frankfurt/M. 1974, S. 5 ff. (Rechtschreibung modernisiert)

---

2. a) Erstellen Sie auf der Basis des Darstellungstextes ein Schaubild über die Zeit von 1815 bis 1848. Überlegen Sie sich hierzu eine geeignete Form der Strukturierung (z. B. Mindmap, Zeitleiste, Tabelle, Flussdiagramm → Anhang, S. 406).
b) Erörtern Sie Vor- und Nachteile verschiedener Strukturierungen.

3. a) Arbeiten Sie aus M 8 die Positionen des Konservatismus heraus.
b) Erklären Sie, warum sie antidemokratisch sind.

\+ Diskutieren Sie eine angemessene Form des Gedenkens an das Wartburgfest.

4. Das Hambacher Fest – ein deutsches oder ein europäisches Fest?
a) Unterscheiden Sie in Siebenpfeiffers Rede auf dem Hambacher Fest (M 4) nationale und liberale Ziele.
b) Beschreiben Sie die in M 5 abgebildete Darstellung des Hambacher Festes und vergleichen Sie sie mit der Darstellung auf der Auftaktdoppelseite (S. 46 f.).
c) Diskutieren Sie unter Bezugnahme auf den Darstellungstext und M 4, welche der Bilder dem Hambacher Fest eher gerecht wird.

5. a) Erklären Sie das „Lied der Deutschen" (M 6) aus seiner Entstehungszeit heraus.
b) Bewerten Sie die Eignung der Strophen des Lieds der Deutschen als Nationalhymne vor dem Hintergrund ihrer Geschichte.

6. Analysieren Sie M 9 unter besonderer Berücksichtigung der rhetorischen Mittel.

7. a) Stellen Sie sich vor, Sie hätten am Hambacher Fest teilgenommen und kehren nun in ihre Heimatstadt zurück. Schreiben Sie eine Rede, mit der Sie Ihre Mitbürger von den Ideen des Hambacher Festes überzeugen wollen.
Oder
Gestalten Sie eine Seite einer nationalliberalen Zeitung des Jahres 1832, mit der Sie die Zensur umgehen wollen.
b) Recherchieren Sie zu heutigen Formen von Zensur und den Möglichkeiten, sie zu umgehen.

Ein Meilenstein der Demokratiegeschichte?

1848 – die Revolution bricht los

M 1 Seit dem Jahr 2000 heißt der Platz vor dem Brandenburger Tor in Berlin „Platz des 18. März“.

1. Recherchieren Sie die Geschichte der Namensgebung für diesen Platz.

Revolution in Europa – Märzrevolution im Deutschen Bund

Anfang 1848 kam es in vielen europäischen Ländern erneut zu Revolutionen. Bereits im Januar begannen Unruhen in Sizilien, die sich bald auf ganz Italien ausweiteten. Zum Funke für Europa wurde die Februarrevolution in Frankreich, wo der König gestürzt und eine Republik eingeführt wurde. Wie durch ein Lauffeuer verbreiteten sich mittels Eisenbahn und Telegrafie nun Nachrichten über Unruhen an verschiedenen europäischen Schauplätzen wie Ungarn, Polen und Böhmen, was noch beschleunigend wirkte.

Am 27. Februar wurden auf einer Volksversammlung in Mannheim die „Märzforderungen“ erhoben: Pressefreiheit, allgemeine Volksbewaffnung, unabhängige Justiz, politische Gleichberechtigung aller Staatsbürger und eine „sofortige Herstellung eines deutschen Parlaments“. Damit hatte in Deutschland die Revolution ihren Anfang in Baden genommen. Durch Versammlungen, Demonstrationen, Petitionen, Flugblätter und Zeitungsartikel wurden die Forderungen in ganz Deutschland verbreitet, sodass eine enorme Politisierung der Bevölkerung stattfand. Das betraf alle sozialen Schichten und Bevölkerungsgruppen. Auch Frauen nahmen aktiv am Geschehen teil, etwa indem sie sich an Protesten beteiligten, Petitionen formulierten oder Zeitungen herausgaben. Über die Ziele der Revolution gab es aber unterschiedliche Vorstellungen:

- Einheit und Freiheit – das waren die zentralen Forderungen zahlreicher Vertreter des gebildeten Bürgertums.
- Für die Handwerker in den Städten, die am stärksten vom Pauperismus (→ S. 50) betroffen waren, spielte hingegen die Verbesserung ihrer wirtschaftlichen Lage eine besondere Rolle. Sie forderten den besseren Schutz ihres Gewerbes, höheren Lohn und kürzere Arbeitszeiten. Mancherorts kam es zum Sturm auf Fabriken und Maschinen, die als Ursache des Elends betrachtet wurden.
- Auf dem Land – vor allem in den Teilen Deutschlands, in denen die Bauern noch unter den Lasten des Feudalsystems litten – kam es zu Bauernunruhen. Auch hier standen soziale Verbesserungen im Vordergrund. Die Akteure richteten sich gegen den grundbesitzenden Adel und forderten die Aufhebung der Feudallasten. Sie zogen zu den Schlössern, verbrannten Akten, die ihre Abgabepflichten dokumentierten, und vielerorts kam es zu Plünderungen. Als die Bauern ihr Ziel, die Aufhebung aller grundherrschaftlichen Lasten, erreicht hatten, schieden sie aus der Revolution aus. Weitergehende Ziele hatten sie nicht.

Feudalsystem: seit dem Mittelalter bestehende Abhängigkeit von Bauern, die ihrem Grundherrn Abgaben und Dienste schuldeten

Der 18. März 1848

Zum Symbol der Revolution wurde der Barrikadenkampf: Am 13. März kam es in Wien, am 18. März in Berlin zu Kämpfen zwischen Revolutionären und der Armee. In Berlin versammelte sich an diesem Tag eine große Menschenmenge vor dem Schloss, um dem König für das Versprechen einer preußischen Verfassung und der Aufhebung der Zensur zu danken. Aus nicht sicher geklärten Gründen fielen zwei Schüsse des Militärs. Das Volk fühlte sich verraten, es folgten Barrikadenkämpfe im gesamten Zentrum Berlins, bei denen mehr als 250 Menschen ums Leben kamen. Die große Mehrheit der „Märzgefallenen“ waren Handwerker, Arbeiter und Dienstboten. Auch einige Revolutionäre aus dem Bürgertum – Studenten, Beamte, Anwälte, Kaufleute – sowie Frauen und Kinder waren unter den Toten. Doch trotz der großen Härte, mit der das preußische Militär vorging, konnte es die Revolutionäre nicht endgültig besiegen.

Am kommenden Tag zog der preußische König Friedrich Wilhelm IV. das Militär zurück und verneigte sich vor den aufgebahrten Toten. Am 21. März ritt er, geschmückt mit den Farben der Revolution – Schwarz, Rot, Gold – durch Berlin und stellte sich damit symbolisch auf die Seite der Revolution. Zudem erließ er am selben Tag eine Proklamation an „mein Volk und die deutsche Nation“, in der er die deutsche „Einheit mit Freiheit“ versprach: „Preußen geht fortan in Deutschland auf.“

M2 Barrikadenkampf in der Breiten Straße in Berlin in der Nacht vom 18. auf den 19. März 1848, zeitgenössischer Farbdruck. Barrikadenkämpfe wurden zum Symbol der **„Revolution von unten“**.

Auch die anderen Fürsten beugten sich dem Druck der Revolution, indem sie konservative Regierungen entließen und liberale „Märzminister“ in ihre Regierungen beriefen sowie die Umsetzung der „Märzforderungen“, die Bauernbefreiung, die deutsche Einheit und ein Parlament versprachen. Hatte die Revolution damit schon gesiegt? Jedenfalls hatte sie im Deutschen Bund – anders als in Frankreich – vor den Thronen Halt gemacht: Die Fürsten blieben an der Macht.

Auf dem Weg zur Nationalversammlung

Ab dem 30. März trafen sich in Frankfurt Vertreter aller deutschen Staaten, um in einem Vorparlament die verfassunggebende **Nationalversammlung** vorzubereiten, ein **Parlament** für ganz Deutschland. Es wurde der Beschluss gefasst, dass dieses von allen erwachsenen und selbstständigen deutschen Männern in geheimer und gleicher Wahl gewählt werden sollte. Mit der Arbeit und den Beschlüssen des Vorparlaments waren jedoch nicht alle Mitglieder einverstanden: Eine Gruppe von Abgeordneten um Gustav Struve und Friedrich Hecker aus Baden, die sich als „Republikaner“ oder „**Demokraten**“ bezeichnete, forderte die sofortige Abschaffung der Monarchie und die Gründung eines Ausschusses, der die politische Macht übernehmen solle. Der Vorstoß scheiterte jedoch, da die Demokraten gegenüber den Liberalen in der Minderheit waren. Die liberale Mehrheit befürwortete Veränderungen mit den und nicht gegen die Fürsten. Darüber enttäuscht wählten Struve und Hecker den Weg des gewaltsamen Umsturzes. Am 12. April rief Hecker in Konstanz die Republik aus. Mit Freischärlern wollte er zur Residenz nach Karlsruhe ziehen, um den Großherzog zu stürzen. Der sogenannte Hecker-Zug scheiterte jedoch an der geringen Beteiligung der Bevölkerung und an der Überlegenheit der von den deutschen Fürsten ausgesandten Truppen des Deutschen Bundes, die ihn am 20. April bei Kandern besiegten. Der radikal-demokratische Flügel der Revolution war früh gestutzt. Hecker emigrierte in die USA, blieb aber ein Idol der demokratischen Linken.

Freischärler: nicht reguläre Streitkräfte, sondern militärische Freiwillige

M3 Karikatur von Richard Doyle aus der englischen Satirezeitschrift „Punch“, Heft 15/1848. Die Beschriftungen lauten „Liberty“ (auf der Mütze) und „L'Ancien Régime“ (auf dem Boot). Am 30. Dezember 1848 erschien sie auch in der deutschen „Illustrirten Zeitung“ mit der Unterschrift: „Die große Seeschlange, wie sie Vielen im Jahre 1848 erschienen ist“.

M4 Darstellung Friedrich Heckers, wohl aus Baden, 1848/49

M5 Ein revolutionäres Flugblatt

Der folgende Text wurde auf einem Flugblatt im Umfeld der Offenburger Versammlung vom 19. März 1848 veröffentlicht:

34 Fürsten oder eine Republik?

Die Frage ist sehr einfach: Können wir frei werden und einig und wohlfeil regiert unter 34 Fürsten?

Die Civillisten der Fürsten, die Apanagen der Prinzen und Prinzessinnen, die ungeheure Militärlast, das Heer von Beamten, [...] die Menge von öffentlichen und geheimen Polizeidienern, die Spione, die Notwendigkeit der Versorgung von Herrenhuren [...], alles dieses hängt an der Erhaltung der monarchischen Regierungsform. [...] Die Last der Abgaben drückt das Volk; ein gedrücktes Volk aber ist nie frei! [...]

Darum Volk mahne deine Führer ernsthaft: Mut und Entschlossenheit zu zeigen oder handle selbst. Wenn die Fürsten den Mut nicht haben, so rufe du aus: Fort mit den Fürsten und ihrem Anhang; wir wollen uns selbst regieren, einig, frei und wohlfeil.

Es lebe die Republik!

Zit. nach: Herbert Kraume (Hg.): „Der Traum von der Freiheit“. 109 Dokumente zur Revolution 1848/49 in Freiburg, Freiburg/Br. 1999, S. 25 (Rechtschreibung modernisiert)

Civillisten: Geld, das der Fürst aus der Staatskasse erhält

Apanagen: Abfindungen aus der Staatskasse

konstitutionelle Monarchie: Staatsform, bei der die Macht des Monarchen nicht mehr absolut, sondern durch eine Verfassung (Konstitution) eingeschränkt ist

Republik (von lat: *res publica*, öffentliche Sache): Staatsform ohne monarchische Spitze, bei der im Idealfall die Staatsgewalt vom Volk ausgeht

M6 Revolution – mit den Fürsten oder gegen sie?

Aus einer Erklärung einer Bürgerversammlung in Freiburg, 11. April 1848:

Beide Staatsformen, jene der **konstitutionellen Monarchie** wie jene des Freistaates [**Republik**], sind vernünftig, und beide setzen sich in ihrem Wesen ein und dasselbe Ziel, nämlich das auf Freiheit und Recht gegründete Wohl des Staates. [...] Dagegen hält es die Bürgerschaft für ihre heilige Pflicht, sich in dem gegenwärtigen Augenblicke, wo sich die Ereignisse immer mehr drängen und eine Entscheidung nahe steht, offen und entschieden gegen jedes Unternehmen zu erklären, wodurch auf gesetzwidrige und gewaltsame Weise die bestehende [...] Verfassung des Landes [Baden] verletzt oder gar umgestürzt werden wollte; sie erkennt in einem solchen frevelhaften Beginnen insbesondere die unvermeidliche Entstehungsursache eines unseligen Bürgerkrieges, welcher den Verlust der jetzt errungenen Freiheit und die Unmöglichkeit der Erreichung des gemeinsamen Zieles aller Deutschen, nämlich die Erstrebung der Freiheit, Macht, Größe und Wohlfahrt des gesamten Vaterlandes ohne Zweifel zur Folge haben würde.

Zit. nach: Herbert Kraume (Hg.): ebd., S. 37 (Rechtschreibung modernisiert)

M 7 Der 18. März als Gedenktag?

→ **Vertiefungsmaterial für das Leistungsfach**

a) Die Bürgerinitiative „Aktion 18. März" erarbeitete folgenden Vorschlag für einen interfraktionellen Antrag im Deutschen Bundestag:

Gedenkkultur in Deutschland darf nicht nur ex negativo betrieben werden. So wichtig es ist, an die Naziverbrechen und das Unrechtsregime der DDR zu erinnern: Es darf nicht vergessen werden, dass es auch in Deutschland eine Zeit gab, in der für Freiheit und Demokratie gekämpft wurde.

Der 18. März ist eines der bedeutendsten Daten in der Demokratiegeschichte Deutschlands. Am 18. März 1848 kapitulierte das Militär des preußischen Königs vor den Kämpfern für Freiheit und Demokratie. König Friedrich Wilhelm IV. musste seinen Hut vor den Toten ziehen, die in blumengeschmückten Särgen vor das Schloss getragen wurden. Ohne die Kämpfe am 18. März hätte es keinen 18. Mai gegeben, der Tag, an dem die Nationalversammlung in der Paulskirche zusammentrat.

Die Märzrevolution war Teil einer europaweiten Bewegung gegen Fürstenwillkür und Absolutismus. [...] Die Epoche vor und um 1848 ist als Völkerfrühling bekannt, der 18. März ein Symbol für Freiheit, Gleichheit und Brüderlichkeit. [...]

Dass der 18. März 1990 der Tag der ersten freien Wahlen zur Volkskammer der DDR war, unterstreicht die historische Bedeutung dieses Datums als Gedenktag für Demokratie und Freiheit.

Ein Gedenktag verändert nicht die Welt, aber Symbole haben ihren Wert. Der 18. März steht für Freiheit und Demokratie, Völkerfreundschaft und internationale Solidarität.

www.maerzrevolution.de/unterstuetzung/antragsvorschlaege.html (15.06.2020)

b) In einem Zeitungsartikel äußerte sich der Journalist Sven Felix Kellerhoff am 18. März 2010 zum Vorschlag der „Aktion 18. März":

Mit seinen Nationalfeiertagen hat Deutschland schon immer Probleme [...]. Das wohl wichtigste Datum unserer Geschichte [...], der 9. November, wird aus Sorge vor einem falschen geschichtspolitischen Signal nicht zum Nationalfeiertag ausgerufen. Immerhin wurde an diesem Tag nicht nur 1918 die erste Republik in Deutschland ausgerufen und 1989 die Mauer zum Einsturz gebracht. Am selben Tag putschte 1923 die NSDAP unter Adolf Hitler in München und begann 1938 mit dem größten Pogrom aller Zeiten in Mitteleuropa der verhängnisvolle Weg nach Auschwitz.

Ein potenzieller Nationalfeiertag allerdings spielte bisher eher selten eine Rolle: der 18. März. An diesem Tag wehrten 1848 bürgerliche Revolutionäre auf Berliner Barrikaden den Ansturm der preußischen Armee ab. Und heute vor 20 Jahren fanden die ersten und einzigen freien Wahlen zur Volkskammer in der DDR statt. [...]

Seit inzwischen 31 Jahren erneuert die rührige „Aktion 18. März" alljährlich ihre Forderung, diesem Datum die angemessene öffentliche Aufmerksamkeit zukommen zu lassen. [...] Der 18. März hat den Vor- und zugleich Nachteil, für zwei positive Ereignisse der deutschen Vergangenheit zu stehen. Doch für die ganze, vielfach gebrochene Geschichte steht er gerade deshalb nicht. Nur der 9. November ist geeignet, als nationaler Gedenktag die hellen und die dunklen Seiten unserer Historie zur repräsentieren.

Sven Felix Kellerhoff: Plädoyer für den 18. März 1848/1990, in: Die Welt, 18.03.2010

2. a) Erarbeiten Sie die Ursachen der Revolution von 1848/49 mithilfe des Darstellungstextes des vorigen Kapitels.
   b) Arbeiten Sie auf der Basis des Darstellungstextes auf Seite 54 die Ziele der verschiedenen sozialen Gruppen in der Märzrevolution 1848 heraus.

3. Diskutieren Sie, warum das Bild M 2 zur Ikone der Märzrevolution wurde.

4. Arbeiten Sie aus M 5 und M 6 die politischen Standorte der Autoren heraus.

5. Überprüfen Sie, ob eine Heroisierung Friedrich Heckers – wie in M 4 – gerechtfertigt ist.

6. Erörtern Sie, ob die Märzrevolution 1848 ein Meilenstein der Demokratiegeschichte war.

7. Der 18. März – ein geeigneter Gedenktag? Erarbeiten Sie die Argumentationen in M 7 a) und b) und nehmen Sie Stellung.

\+ Recherchieren Sie die Geschichte anderer nationaler oder internationaler Gedenktage.

Volksstaat oder Fürstenstaat?

Die Nationalversammlung

M 1 Die Staatskutsche. Anonyme Karikatur, 1848

1. Analysieren Sie die Karikatur M 1 unter Berücksichtigung der Kapitelüberschrift.

Das erste deutsche Parlament und die Öffentlichkeit

Im März 1848 hatten sich die deutschen Fürsten dem politischen Druck revolutionärer Unruhen gebeugt, und am 18. Mai trat in der Paulskirche in Frankfurt am Main die **Nationalversammlung** zusammen, das erste frei gewählte **Parlament** für ganz Deutschland. Es bestand aus über 800 Abgeordneten. Fast 75 % von ihnen hatten einen Universitätsabschluss: Juristen stellten die größte Gruppe, und mehr als die Hälfte der Abgeordneten waren als Beamte im Staatsdienst tätig. Nur etwa hundert Abgeordnete kamen aus gewerblicher Wirtschaft und Landwirtschaft, darunter vier Handwerker und ein Kleinbauer. Spöttisch sprach man vom „Professorenparlament".

Die Abgeordneten verstanden sich als Vertreter verschiedener politischer Richtungen: Die Mehrheit sah sich als **„Liberale"**, etwa 15 % als „demokratische Linke" und die kleinste Gruppe als „konservative Rechte". Parteien gab es noch nicht, doch bildete der Großteil der Abgeordneten sogenannte Fraktionen, in denen sie Problemstellungen diskutierten. Diese setzten sich in Cafés und Gasthäusern zusammen, nach denen sie auch benannt wurden. So traf sich die stärkste Fraktion, die der Rechtsliberalen, im „Casino", die zweitstärkste der Linksliberalen im „Württemberger Hof". Die Zuordnung zu den Fraktionen war aber nicht fest, es gab Doppelzugehörigkeiten und Wechsel, je nach Thema veränderten sich die Gruppierungen, spalteten sich und setzten sich neu zusammen. In diesen Fraktionsbildungen liegt eine Wurzel des deutschen Parteiensystems.

Trotz flexibler Fraktionsbildungen und geringer parlamentarischer Erfahrung arbeitete die Nationalversammlung effektiv und prägte Parlamentsarbeit für die Zukunft: Man bildete Ausschüsse zu verschiedenen Themen, man gab sich eine Geschäftsordnung, die den Ablauf der Sitzungen regelte. Zum Präsidenten der Nationalversammlung wurde Heinrich von Gagern, ein Rechtsliberaler, gewählt. Der österreichische Erzherzog Johann stand als sogenannter Reichsverweser an der Spitze der provisorischen Zentralgewalt. Diese übernahm die Befugnisse des bisherigen Bundestags, der aufgelöst worden war. Die Nationalversammlung und die provisorische Zentralgewalt verfügten jedoch weder über Steuereinnahmen noch über ein Heer oder einen Beamtenapparat. Sie hatten also keine eigenen Machtmittel, um ihre Beschlüsse – im Fall von Widerstand – durchsetzen zu können, und blieben dadurch von den fürstlichen Regierungen abhängig.

Die Öffentlichkeit nahm regen Anteil am Geschehen in der Paulskirche. Wenn das Parlament zusammentrat, waren auf der Galerie der Paulskirche Zuschauer zugelassen, und die Ränge waren meist überfüllt. Auch außerhalb des Parlaments fand eine Politisierung statt. Gesellschaftliche Gruppen begannen, sich zu organisieren, Vereine zu gründen, Zeitungen herauszugeben und Petitionen an die Nationalversammlung zu richten, um die Meinungen in ihrem Sinne zu beeinflussen. So organisierten sich die Arbeiter und Handwerker in der „Arbeiterverbrüderung", die Katholiken in den „Piusvereinen", die Demokraten in Volksvereinen und im „Centralmärzverein". Auch hierin liegt ein Ursprung der deutschen Parteien.

Die Doppelaufgabe der Verfassung

Das Paulskirchenparlament sollte eine **Verfassung** für einen freiheitlichen deutschen **Nationalstaat** schaffen, hatte also die Doppelaufgabe, Einheit und Freiheit in Regeln zu gießen. Zuerst war für die Abgeordneten die Sicherung der **Grundrechte** zentral. Nach langen Debatten verabschiedeten sie diese im Dezember 1848, in Anlehnung an die klassischen Grundrechtskataloge der Amerikanischen und Französischen Revolution. Darunter waren nur wenige soziale Grundrechte, wie sie im März 1848 gefordert worden waren. Erst im Oktober 1848 ging die Nationalversammlung an die zweite Aufgabe: die Organisation des neuen Staates. Hierbei stellten sich viele Fragen:

- In Bezug auf das Staatsgebiet ergab sich das Problem, dass Österreich zwar bislang selbstverständlich als Teil Deutschlands gesehen wurde, jedoch auch Gebiete wie Ungarn und Kroatien mit nicht-deutschsprachiger Bevölkerung zu Österreich gehörten. Diskutiert wurden daher die „großdeutsche Lösung" (ein deutsches Reich nur mit dem deutschen Teil von Österreich) und die „kleindeutsche Lösung" (ein deutsches Reich ganz ohne österreichische Gebiete).
- In der Frage der Staatsform plädierte die liberale Mehrheit für eine **konstitutionelle Monarchie**. Selbst die Konservativen waren für dieses Modell, freilich mit einem möglichst starken Monarchen. Die demokratische Linke strebte dagegen eine **Republik** an, wobei nur die radikalen Demokraten einen Staat ohne Monarchen wollten. Andere Demokraten waren für einen schwachen Monarchen in einer parlamentarischen Monarchie.
- Damit eng verknüpft war die Frage des Staatsoberhaupts. Das Modell eines demokratisch in regelmäßigen Abständen zu wählenden Oberhauptes hatte keine Chance, die große Mehrheit des Parlaments wollte einen Monarchen an der Spitze. Diskutiert wurde, ob der Monarch gewählt oder das Amt vererbt wird und ob er ein aufschiebendes oder absolutes Vetorecht haben sollte.
- Umstritten war auch das Wahlrecht zum künftigen Parlament. Liberale und Konservative bevorzugten ein **Zensuswahlrecht.** Demnach sollten nur Selbstständige und Beamte wählen dürfen, weil in liberaler Vorstellung das Wahlrecht unreifer Massen die Freiheit bedrohe. Die Demokraten dagegen setzten sich für das **allgemeine und gleiche Wahlrecht** für Männer ein. Das Frauenwahlrecht war in der Paulskirche kein Thema.

Verfassung mit Kompromisscharakter

Die am 28. März 1849 verabschiedete Verfassung war ein Kompromiss. Die Nationalversammlung entschied sich für eine konstitutionelle Monarchie mit einem Erbkaiser an der Spitze. Dieses Amt wurde dem preußischen König angeboten. Im Gegenzug kamen die Liberalen den Demokraten beim Wahlrecht entgegen: Die Nationalversammlung beschloss das allgemeine, gleiche, geheime und direkte Wahlrecht für alle männlichen Staatsbürger ab 25 Jahren. Der deutsche Nationalstaat sollte ein föderaler Bundesstaat sein. Die Zentralgewalt wurde insbesondere durch die starke Reichsspitze und durch ein „Volkshaus" verkörpert, die Einzelstaaten waren im „Staatenhaus" vertreten. Diese Gleichzeitigkeit von zentralen und föderalen Strukturen ist bis heute in Bundestag und Bundesrat vorhanden.

Weitreichend war auch die Entscheidung für die kleindeutsche Lösung. Dadurch wurde Preußen zur dominanten Macht in Deutschland. Gegen die großdeutsche Lösung sprach, dass das Kaiserreich Österreich seine Aufteilung in einen deutschen und einen nicht-deutschen Teil ablehnte. Die Forderung der österreichischen Regierung im März 1849, ganz Österreich, auch mit seinen nicht-deutschen Gebieten, einzubeziehen, hätte Österreich zur Führungsmacht in einem Deutschland mit Millionen Nicht-Deutschen gemacht. Das war für das Paulskirchenparlament unannehmbar.

Für die damalige Zeit war die Verfassung der Paulskirche sehr fortschrittlich. Sie prägte spätere deutsche Verfassungen maßgeblich. Dennoch war die Frankfurter Nationalversammlung schon unter Zeitgenossen umstritten. Insbesondere wurde und wird diskutiert, ob die Verabschiedung der Grundrechte zu viel Zeit in Anspruch genommen habe – Zeit, in der sich die Machtverhältnisse wieder zugunsten der Fürsten drehten.

soziale Grundrechte: Grundrechte, die soziale Leistungen des Staates garantieren. 1848 war z. B. das Recht auf Arbeit gefordert worden, das aber nicht in den Katalog der Grundrechte aufgenommen wurde. Eingang fand dagegen z. B. das Recht auf Schulgeldfreiheit.

parlamentarische Monarchie: Monarchie, in der Regierung und Parlament für die Staatsgeschäfte verantwortlich sind; der Monarch hat wenig Einfluss darauf. Er hat eher repräsentative Funktionen. Beispiele sind heutzutage die europäischen Monarchien wie Großbritannien.

M2 Die Parlamentarier in der Paulskirche tagten unter dem überlebensgroßen Bild dieser Germania.

M3 Die Verfassung des Paulskirchenparlaments von 1849 für einen deutschen Nationalstaat

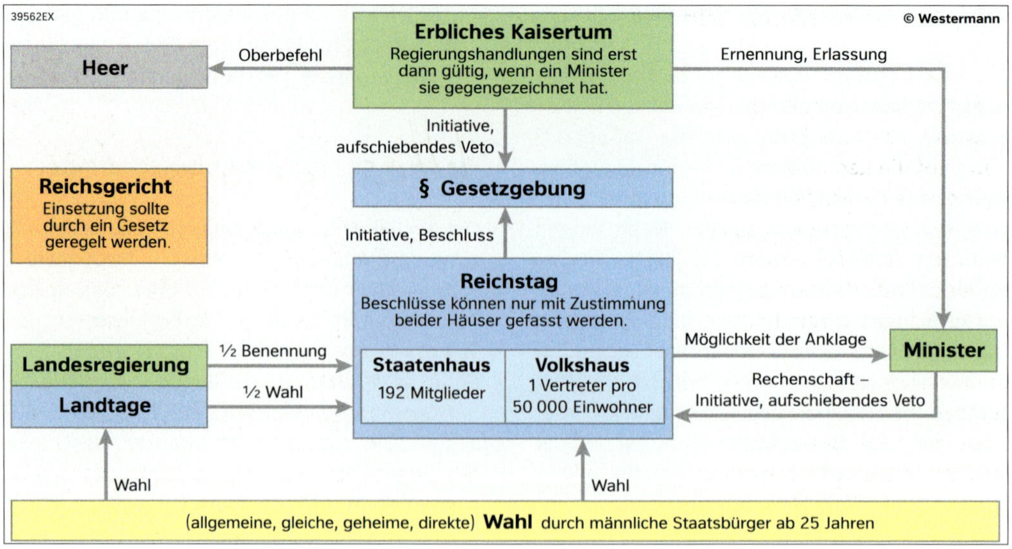

M4 Die Grundrechte

Auszüge aus dem Gesetz, betreffend die Grundrechte des deutschen Volks vom 27. Dezember 1848:

§ 3 (1) Jeder Deutsche hat das Recht, an jedem Orte des Reichsgebietes seinen Aufenthalt und Wohnsitz zu nehmen, Liegenschaften jeder Art zu erwerben und darüber zu verfügen, jeden Nahrungszweig zu betreiben, das Gemeindebürgerrecht zu gewinnen. [...]

§ 7 (1) Vor dem Gesetze gilt kein Unterschied der Stände. Der Adel als Stand ist aufgehoben.

(2) Alle Standesvorrechte sind abgeschafft.

(3) Die Deutschen sind vor dem Gesetze gleich.

(4) Alle Titel, insoweit sie nicht mit einem Amte verbunden sind, sind aufgehoben und dürfen nie wieder eingeführt werden. [...]

(7) Die Wehrpflicht ist für alle gleich [...].

§ 8 (1) Die Freiheit der Person ist unverletzlich. Die Verhaftung einer Person soll, außer im Falle der Ergreifung auf frischer That, nur geschehen in Kraft eines richterlichen, mit Gründen versehenen Befehls. [...]

§ 9 Die Todesstrafe, ausgenommen wo das Kriegsrecht sie vorschreibt, oder das Seerecht im Fall von Meutereien sie zulässt, sowie die Strafen des Prangers, der Brandmarkung und der körperlichen Züchtigung, sind abgeschafft.

§ 10 (1) Die Wohnung ist unverletzlich. [...]

§ 12 (1) Das Briefgeheimniß ist gewährleistet. [...]

§ 13 (1) Jeder Deutsche hat das Recht, durch Wort, Schrift, Druck und bildliche Darstellung seine Meinung frei zu äußern.

§ 14 (1) Jeder Deutsche hat volle Glaubens- und Gewissensfreiheit.

(2) Die Preßfreiheit darf unter keinen Umständen und in keiner Weise durch vorbeugende Maßregeln, namentlich Censur, Concessionen, Sicherheitsbestellungen, Staatsauflagen, Beschränkungen der Druckereien oder des Buchhandels, Postverbote oder andere Hemmungen des freien Verkehrs beschränkt, suspendirt oder aufgehoben werden. [...]

§ 17 (1) Jede Religionsgesellschaft ordnet und verwaltet ihre Angelegenheiten selbstständig, bleibt aber den allgemeinen Staatsgesetzen unterworfen.

(2) Keine Religionsgesellschaft genießt vor andern Vorrechte durch den Staat; es besteht fernerhin keine Staatskirche. [...]

§ 22 Die Wissenschaft und ihre Lehre ist frei.

§ 23 Das Unterrichts- und Erziehungswesen steht unter der Oberaufsicht des Staats, und ist, abgesehen vom Religionsunterricht, der Beaufsichtigung der Geistlichkeit als solcher enthoben.

§ 28 Es steht einem Jeden frei, seinen Beruf zu wählen und sich für denselben auszubilden, wie und wo er will.

§ 29 (1) Die Deutschen haben das Recht, sich friedlich und ohne Waffen zu versammeln; einer besonderen Erlaubniß dazu bedarf es nicht. [...]

§ 32 (1) Das Eigenthum ist unverletzlich.

Reichs-Gesetz-Blatt 1848, S. 49 ff. (originale Schreibung)

M5 „Das Reden nimmt kein End"

Ein Gedicht von Georg Herwegh, 1848:

Zu Frankfurt an dem Main –
Da wird man uns befrein;
Man wird die Republiken
Im Mutterleib ersticken,
Und Bassermann und Welcker
Beglücken dann die Völker
Im Parla- Parla- Parlament
Das Reden nimmt kein End'!
[...]
Zu Frankfurt an dem Main –
Die Wäsche wird nicht rein;
Sie bürsten und sie bürsten,
Die Fürsten bleiben Fürsten,
Die Mohren bleiben Mohren
Trotz aller Professoren –
Im Parla- Parla- Parlament
Das Reden nimmt kein End'!
[...]
Zu Frankfurt an dem Main –
So schlag der Teufel drein!
Es steht die Welt in Flammen,
Sie schwatzen noch zusammen,
Wie lange soll das dauern?
Dem König Schach, ihr Bauern!
Dein Parla- Parla- Parlament,
O Volk, mach ihm ein End'!

Aus: Ders.: Neue Gedichte. hgg. nach seinem Tode; Zürich 1877, S. 28

M6 Zeitgenössische Kritik: „Drei deutsche Professoren entwerfen den Entwurf des Entwurfs für die Verfassung des deutschen Reichsheeres." Zeichnung des konservativen Abgeordneten Alfons von Boddien, 1848. Der auf der rechten Seite hereinschauende Mann ist Robert Blum, führender Vertreter der demokratischen Linken im Paulskirchenparlament.

M7 Eine Würdigung

Aus einer Rede von Bundespräsident Roman Herzog anlässlich der Veranstaltung „150 Jahre Revolution von 1848/49" in der Paulskirche zu Frankfurt am Main, 18. Mai 1998:

Meine Damen und Herren,
1848 begann in Deutschland eine neue Zeit. Auch wenn es danach schwere Rückschläge gab: Was hier begann, war auf die Dauer nicht mehr rückgängig zu machen. Das Jahr 1848 war nicht nur der bleibende Anfang der deutschen Demokratiegeschichte – es war auch eine entscheidende Wendemarke auf dem Weg zum modernen, demokratischen Europa. [...] Die „Paulskirche" ist das eine große Symbol für das Streben der Deutschen nach Einigkeit und Recht und Freiheit, und erst heute können wir hinzufügen: Der Fall der Berliner Mauer 1989 ist das andere. Beides sind Sternstunden deutscher Geschichte, mit denen wir sorgfältig umgehen müssen; sie dürfen nicht in der Routine verordneten Gedenkens versinken. Das Zusammentreten des ersten, frei gewählten deutschen Parlamentes vor 150 Jahren ist ein Moment in unserer oft so schwierigen Geschichte, auf den wir uns ohne Einschränkung berufen können, auch wenn wir heute über die Zukunft von Staat und Demokratie nachdenken. [...]

Die Paulskirchen-Verfassung war nicht nur eines der fortschrittlichsten Verfassungsdokumente ihrer Zeit. Sie wurde auch zur Urahnin aller nachfolgenden deutschen Verfassungen. Ganz bewusst knüpfte der Parlamentarische Rat [das verfassunggebende Organ der Bundesrepublik Deutschland] 100 Jahre später an den Grundrechtkatalog der Paulskirche an und übernahm vieles daraus, sogar wörtlich. Das allgemeine Wahlrecht [...] beschleunigte den Durchbruch des demokratischen Prinzips, hinter das auf lange Sicht kein absolutistisches Denken mehr zurückfallen konnte.

Zu einer historischen Einordnung der Paulskirchenverfassung gehört freilich nicht nur ihr Vorbildcharakter für heutige politische Konstitutionen. [...] Jeder, der die Texte mit wachem Auge liest, wird Schwierigkeiten damit haben, das Werk der Paulskirche als eine nach unseren heutigen Ansprüchen perfekte demokratische Verfassung zu erkennen.

Zit. nach: www.bundespraesident.de/SharedDocs/Reden/DE/Roman-Herzog/Reden/1998/05/19980518_Rede.html (24.03.2020)

Bassermann/Welcker: liberale Abgeordnete

M8 Aus der Debatte um das Staatsoberhaupt, 15.–22. Januar 1849

→ Vertiefungsmaterial für das Leistungsfach

a) Gottlieb Christian Schüler (1798–1874), Jurist, sagte:

Ein Grund, welcher häufig für das Kaiserreich angeführt wird, ist der: Man sagt, weil wir die konstitutionelle Monarchie in den deutschen Einzelstaaten haben, so müssen wir auch in dem Oberstaate eine konstitutionelle Monarchie haben, die Harmonie des ganzen Baues, die Gleichförmigkeit erfordere es. – Es kommt mir das so vor, als wenn in die eine Waagschale einer Waage schon 34 Gewichte gelegt und sie zum Überschlagen gebracht wäre, wenn man dann sagen wollte, die Harmonie erfordere, dass man noch das 35ste hineinlege. Es kommt hier nicht auf die Gleichförmigkeit an, sondern es ist ein Gegengewicht vonnöten. Gerade deshalb, weil die deutschen Einzelstaaten Monarchien sind, kann nicht noch eine Monarchie oben darüber bestehen. [...]

Nicht die Fürsten sollen das Oberhaupt wählen, welche immer von ihren dynastischen Interessen ausgehen würden [...]; sondern der Reichstag soll wählen, welcher allein das Interesse Deutschlands vor Augen haben wird und haben muss.

Wir wollen keine Erblichkeit der höchsten Gewalt, wir wollen nicht einen finsteren steinernen Dom bauen, der uns von der freien, frischen Natur abtrennt, sondern ein leichtes, bewegliches Laubdach, welches, wenn es vom Sturme entblättert wird, aus innerem Naturtriebe sich von selbst wieder auferbaut.

Wir verlangen eine republikanische Spitze, welche über den einzelnen Dynastien steht. [...] Wenn wir von Republik sprechen, so ist es natürlich die demokratische Republik, eine Republik, welche nicht die Vielfachheit der deutschen Dynastien repräsentiert, sondern die Einheit des deutschen Volkes.

Zit. nach: Franz Wigard (Hg.): Stenographischer Bericht über die Verhandlungen der Deutschen Constituirenden Nationalversammlung zu Frankfurt am Main, Bd. 6., Frankfurt/M. 1849, S. 4694 ff. (Rechtschreibung modernisiert)

b) Friedrich Karl Biedermann (1812–1901), Philosophieprofessor, vertrat vor dem Parlament die im Folgenden wiedergegebene Position:

Das Volk muss wissen, dass es eine feststehende, nicht wandelbare Macht an der Spitze der Geschäfte hat, und das ist nur das Erbkaisertum. Es muss aber auch diese Gestaltung klar sein gegenüber dem Auslande. [...]

Stellen Sie einen Turnus, einen Wahlkaiser, ein fünfköpfiges Oberhaupt an die Spitze – der Franzose, der Engländer wird es belächeln [...]. Ein zweiter Grund, meine Herren, liegt darin: Sie mögen das Oberhaupt ausstatten mit welcher Macht Sie wollen – und ich bin dafür, dass man es mit großer Macht ausstatte –, es wird immer ohnmächtig sein gegenüber den Erbmonarchien in den einzelnen Staaten. Meine Herren, in dem Prinzip der Erblichkeit, in diesem Rechte, das nur auf sich selbst steht und aus sich selbst seinen Ursprung hat, liegt eine Macht für die Gemüter der Menschen, die Sie durch keine künstliche Machtfülle ersetzen können. [...]

Meine Herren, ich spreche mit derselben Rückhaltlosigkeit wie für die Erblichkeit mich auch dafür aus: Es kann Niemand die Kaiserwürde erhalten als der Beherrscher des mächtigsten Staates, und das ist Preußen. [...] Preußen ist ein starker Militärstaat, der nötigenfalls auch allein, wenn die anderen Staaten lässig wären oder gar sich weigerten, dem Auslande die Spitze bieten kann; kein anderer kann es.

Zit. nach: ebd., S. 4707 ff. (Rechtschreibung modernisiert)

M9 Eine Debatte im Paulskirchenparlament am 16. September 1848. Kolorierter zeitgenössischer Druck.
Links am Rednerpult ist Parlamentspräsident Heinrich von Gagern dargestellt.

c) Ludwig Uhland (1787–1862), Dichter und Jurist, setzte sich für die folgende Lösung ein:

Ich erkläre mich für die periodische Wahl des Reichsoberhauptes [alle sechs Jahre] durch die Volksvertretung. [...] Eine mächtige Volkserhebung muss sich aus ihrem eigenen Geiste die ihr angemessene Form schaffen. [...] Ist denn unsre politische Neugestaltung von der monarchischen, dynastischen, aristokratischen Seite des bisherigen deutschen Staatslebens ausgegangen? Nein! Unbestritten von der demokratischen. Die Wurzel also ist eine demokratische, der Gipfel aber schießt nicht von den Zweigen, sondern aus der Wurzel empor. [...]
Ich spreche, wie gesagt, nicht g e g e n den Fortbestand der konstitutionell-monarchischen Verfassungen, aber davon bin ich nicht überzeugt, dass diese Staatsform mit ihren herkömmlichen Regeln für eine gänzlich neue, umfassende Schöpfung, für die Verfassung des deutschen Gesamtvaterlandes, triebfähig und maßgebend sein könne. [...]
Die einmalige Wahl, vermöge welcher das zum ersten Mal gewählte Oberhaupt die Würde vererben würde, diese erste Wahl ist ein letzter Wille, ein besonders feierlicher Verzicht auf das Wahlrecht [...]; er steht im Widerspruch mit dem Geiste, durch den Sie hierher gerufen sind. Die Revolution und ein Erbkaiser – das ist ein Jüngling mit grauen Haaren. [...] Glauben Sie, meine Herren, es wird kein Haupt über Deutschland l e u c h t e n, das nicht mit einem vollen Tropfen demokratischen Öls gesalbt ist!

Zit. nach: ebd., Bd. 7, S. 4818 ff. (Rechtschreibung modernisiert)

d) Friedrich Christoph Dahlmann (1785–1860), Historiker und Professor, führte vor den anderen Abgeordneten Folgendes aus:

Aus [...] schweren Lebensjahren habe ich die Erfahrung geschöpft, dass wir vor allen Dingen einer einheitlichen Gewalt bedürfen, einer Einheit, der das Ganze des Vaterlandes eins und alles ist. [...] Uns tut ein Herrscherhaus not, welches gänzlich sich unserem Deutschland widmet, gänzlich in Deutschland lebt und in nichts anderem. [...] An den Hohenzollern Preußens können wir ein solches Herrscherhaus [...] haben. [...]
Ihr dämpfet das Feuer der Anarchie in Deutschland nicht, Ihr dämpft dieses zerstörende Feuer [...] nur auf einem Wege, nur auf dem Wege, dass Ihr eine kraftvolle Einheit einsetzt und durch diese Einheit die Bahn für die deutsche Volkskraft eröffnet, die zur Macht führt. Die Bahn der Macht ist die einzige, die den gärenden Freiheitstrieb befriedigen und sättigen wird [...]. Deutschland muss als solches endlich in die Reihe der politischen Großmächte des Weltteils eintreten. Das kann nur durch Preußen geschehen, und weder Preußen kann ohne Deutschland noch Deutschland ohne Preußen genesen. [...] Es ist doch wohl ein ganz Einfaches, dass eine Macht wie Preußen nicht auf Probe berufen werden kann.

Zit. nach: ebd., Bd. 7, S. 4820 ff. (Rechtschreibung modernisiert)

---

2. a) Vergleichen Sie den Grundrechtskatalog von 1848 (M 4) mit den Grundrechten des Grundgesetzes (Artikel 1–19) von 1949 (abrufbar z. B. unter www.bundestag.de; Suchbegriff „Grundrechte").
b) Erläutern Sie die Gründe für die Gemeinsamkeiten und Unterschiede.

3. Arbeiten Sie die Aussagen von Roman Herzog (M 7) heraus und überprüfen Sie sie anhand der Reichsverfassung von 1849 (M 3, M 4).

4. Analysieren Sie Herweghs „Das Reden nimmt kein End" (M 5) und nehmen Sie Stellung zur darin geäußerten Kritik an der Nationalversammlung.

5. a) Bereiten Sie in arbeitsteiliger Gruppenarbeit ein Simulationsspiel vor. Arbeiten Sie dazu die Positionen der Abgeordneten in M 8 zur Frage des Staatsoberhaupts heraus.
b) Diskutieren Sie die Frage in Form des Simulationsspiels. Für jede Gruppe übernimmt eine Schülerin oder ein Schüler die Rolle des jeweiligen Abgeordneten des Paulskirchenparlaments.

+ a) Erarbeiten Sie, wie sich der Maler der Germania (M 2) das zukünftige Deutschland vorstellt.
b) Vergleichen Sie diese Vorstellung mit Ihrem heutigen Deutschlandbild.

Die Revolution scheitert – oder nicht?

1849 – das Ende der Revolution

M 1 „Begnadigt zu Pulver und Blei", lautet die Unterschrift dieses Druckes aus dem Jahr 1849. Möglicherweise bezieht sich das Bild auf die Hinrichtung des Demokraten Robert Blum.

1. a) Arbeiten Sie die Aussageabsicht von M 1 heraus.
   b) Formulieren Sie Fragen an das Kapitel.

Schleswig-Holstein und die Septemberunruhen

Schon seit dem Sommer 1848 hatten sich die Machtverhältnisse wieder zugunsten der Fürsten gewendet. Die Machtlosigkeit der Nationalversammlung dagegen offenbarte sich vor allem in der Schleswig-Holstein-Frage: Beide Herzogtümer – Schleswig und Holstein – wurden vom dänischen König regiert, aber nur Holstein gehörte zum Deutschen Bund. Dänemark gliederte im März 1848 Schleswig seinem Staat ein, woraufhin die dort lebenden Deutschen den Anschluss an das künftige deutsche Reich verkündeten und um militärische Hilfe baten. Die deutsche Nationalbewegung stand mit aller Leidenschaft dahinter. Preußisches Militär besetzte im Auftrag des Deutschen Bundes Schleswig und drang bis nach Dänemark vor. Daraufhin griffen England und Russland ein. Preußen musste sich unter diesem Druck zurückziehen und im August dem Waffenstillstand von Malmö zustimmen – gegen die Empörung der deutschen Öffentlichkeit und der Paulskirche. Die preußische Regierung hatte ohne Abstimmung mit der Paulskirche und der provisorischen Regierung gehandelt. Dennoch nahm die Nationalversammlung – ohne eigene Truppen und daher abhängig von Preußen – mit den Stimmen der Liberalen und Konservativen den Waffenstillstand mit knapper Mehrheit an. Von der Linken wurde diese Entscheidung als Verrat an der Nationalbewegung aufgefasst.

Am 18. September 1848 kam es vor der Paulskirche zu einer Demonstration radikaler Demokraten gegen die liberalen und konservativen „Volksverräter" im Parlament. Sie weitete sich zu einem Aufstand aus. Nach dem Mord an zwei rechtsliberalen Abgeordneten schlugen preußische und österreichische Bundestruppen, die von der Nationalversammlung zu Hilfe gerufen worden waren, den Aufstand nieder. Im Ergebnis waren die Revolutionäre durch die Spaltung in Liberale und Demokraten nun geschwächt.

Eine erfolgreiche Gegenrevolution

Entscheidend für den Ausgang der Revolution wurde der Sieg der **Gegenrevolution** in Österreich und Preußen im Herbst 1848. In Österreich kam es im „Wiener Oktoberaufstand" zu einem erneuten Aufflammen der Revolution. Nach heftigen Gefechten konnten die kaiserlichen Truppen die Revolutionäre besiegen. Robert Blum, der als Vertreter der demokratischen Linken nach Wien gereist war, um die Revolutionäre zu unterstützen, wurde trotz seiner Immunität als Abgeordneter der Paulskirche am 9. November hingerichtet. Das wurde von Anhängern wie Gegnern der Revolution als Hinweis darauf verstanden, wie sehr die alten

Mächte wieder auf dem Vormarsch waren und wie wenig die Nationalversammlung galt. Und in Preußen? Dort marschierte im November Militär in Berlin ein und löste die preußische Nationalversammlung auf. König Friedrich Wilhelm IV. oktroyierte eine Verfassung für Preußen; er hatte das Heft des Handels wieder fest in der Hand.

Am 3. April 1849 trug eine Delegation der Frankfurter Nationalversammlung dem preußischen König die deutsche Kaiserkrone an. Gestützt auf seine wiedererstarkte Machtbasis lehnte er sie jedoch ab. Seine Versprechungen im März 1848 waren rein taktisch begründet gewesen. Er war vom Gedanken des Gottesgnadentums zutiefst überzeugt. Als Folge einer Revolution Kaiser zu werden, mit demokratischer Legitimation und gebunden an eine Verfassung – das kam für ihn nicht infrage.

Damit war das Verfassungswerk der Paulskirche gescheitert, auch wenn 28 deutsche Staaten sie bereits angenommen hatten. Die liberalen und rechten Abgeordneten verließen nun die Paulskirche, mehrere deutsche Staaten riefen ihre Abgeordneten zurück. Die verbliebenen etwa 100 linken Abgeordneten bildeten in Stuttgart ein „Rumpfparlament", das aber vom württembergischen Militär aufgelöst wurde. Der parlamentarische Weg der Revolution war beendet.

Die „Reichsverfassungskampagne" und ihre Folgen

In der Bevölkerung war die Unterstützung für die Verfassung der Paulskirche riesig gewesen, umso größer war nun die Enttäuschung. In der „Reichsverfassungskampagne", auch „Mairevolution" genannt, versuchten Aufständische, die Revolution doch noch zum Erfolg zu führen. Im Rheinland, in Sachsen und in der Pfalz kam es zu Unruhen, die jedoch vom preußischen Militär niedergeschlagen wurden.

Ein Sonderfall war Baden. Auch hier kam es zu einer Erhebung, die aber mehr als die Anerkennung der Reichsverfassung forderte: Man zielte auf die Durchsetzung einer demokratischen und sozialen Republik. Sogar das badische Militär wechselte auf die Seite der Revolutionäre – ein seltener Ausnahmefall in der deutschen Geschichte. Unter diesem Druck floh der badische Großherzog aus dem Land. Die Führung übernahm eine provisorische demokratische Regierung. Doch unter dem Oberbefehl des Prinzen Wilhelm – jüngerer Bruder des preußischen Königs und ab 1871 deutscher Kaiser – marschierte nun die preußische Armee in Baden ein und besiegte die badische Revolutionsarmee. Am 23. Juli 1849 musste in Rastatt die letzte Bastion der Revolutionäre kapitulieren. Dutzende Revolutionäre wurden hingerichtet, etwa tausend erhielten Zuchthausstrafen, viele Aufständische flohen ins Ausland. Damit war die Revolution endgültig geschlagen.

Nun versuchten die Fürsten, die liberalen Reformen rückgängig zu machen. Der Deutsche Bund und der Bundestag wurden in alter Form wiederhergestellt, die Grundrechte aufgehoben, die Pressefreiheit eingeschränkt.

Dennoch hatte die Revolution die Verhältnisse unwiederbringlich verändert. „Es gab kein Zurück mehr zu den vorrevolutionären Zuständen und Strukturen", so der Historiker Dieter Hein. Die Politisierung von breiten Bevölkerungsschichten, die Ideen von deutscher Einheit, Freiheit und Verfassung, Reformen zugunsten der Bauern – all dies ließ sich nicht rückgängig machen. Daher diskutiert die heutige Forschung die Frage, inwieweit die Revolution trotz ihres offensichtlichen Scheiterns doch auch bleibende Erfolge erzielt hat.

M2 Die Kaiserdeputation der Frankfurter Nationalversammlung unter Präsident Heinrich von Gagern (Mitte) vor König Friedrich Wilhelm IV. im Berliner Schloss am 3. April 1849. Der zeitgenössische Druck wurde in der damaligen Presse verbreitet.

M3 Aus einem Brief des preußischen Königs

Friedrich Wilhelm IV. in einem Brief an den Gesandten Freiherrn von Bunsen, Dezember 1848:

Ich will weder der Fürsten Zustimmung zu der Wahl noch die Krone. [...] Die Krone, die ein Hohenzoller nehmen dürfte, wenn die Umstände es möglich machen könnten, ist keine, die eine, wenn auch mit fürstlicher Zustimmung eingesetzte, aber in die revolutionäre Saat geschossene Versammlung macht [...], sondern eine, die den Stempel Gottes trägt [...]. Die Krone, welche die Ottonen, die Hohenstaufen, die Habsburger getragen, kann natürlich ein Hohenzoller tragen; sie ehrt ihn überschwänglich mit tausendjährigem Glanze. Die aber, die Sie – leider meinen, verunehrt überschwänglich mit ihrem Ludergeruch der Revolution von 1848, der albernsten, dümmsten, schlechtesten –, wenn auch, gottlob, nicht bösesten dieses Jahrhunderts. Einen solchen imaginären Reif, aus Dreck und Letten gebacken, soll ein legitimer König von Gottes Gnaden und nun gar der König von Preußen sich geben lassen, der den Segen hat, wenn auch nicht die älteste, doch die edelste Krone, die niemand gestohlen worden ist, zu tragen?

Zit. nach: Ernst-Rudolf Huber (Hg.): Dokumente zur deutschen Verfassungsgeschichte, Bd. 1: 1803–1850, Stuttgart [3]1978, S. 402 f. (Rechtschreibung modernisiert)

Letten: Ton, umgangssprachlich für „unbrauchbares Gestein"

Proletariat (von lat. *proletarius*, der unteren Volksschicht angehörend): nach Karl Marx die unterste gesellschaftliche Klasse derjenigen, die nichts als ihre Arbeitskraft besaßen und in den Fabriken für wenig Lohn hart arbeiten mussten (→ S. 97)

Bourgeoisie: ursprünglich für das gehobene Bürgertum verwendeter Begriff. Marx bezog ihn auf die herrschende gesellschaftliche Klasse, die über Kapital verfügt und im Besitz der Produktionsmittel (wie Maschinen) ist. (→ S. 96 f.)

M4 Die Ursachen des Scheiterns – aus zeitgenössischer und heutiger Perspektive

a) Aus einem Artikel der Arbeiterzeitung „Die Verbrüderung" vom 27. Juli 1849:

Wer hat die Revolutionen der letzten Jahre gemacht, wer hat auf den Barrikaden gekämpft? Das Proletariat. Wer sind die erbittertsten Gegner der Revolutionen, an wessen Verrat, an wessen Feigheit sind alle jene großartigen Erhebungen der europäischen Nationen gescheitert? Nicht der Trotz wahnsinniger Despoten, nicht die Gewaltherrschaft der fürstlichen Bajonette hat unsre Revolutionen vernichtet; die Bourgeoisie war es [...], die ihrem Götzen, dem Geldsacke, Ehre, Freiheit, alles opferte, und mit dem Blute von Tausenden der edelsten Söhne des Vaterlandes ihren ekelhaften Sieg befestigte. [...] Deshalb traten sie sofort auf die Seite der fürstlichen Reaktion, von der sie hofften, dass sie auch sie mit Kartätschen [Munition] vor den drohenden Forderungen des beraubten, misshandelten Volkes schützen würde. Die Geschichte unserer beiden letzten Jahre ist eine fortgesetzte ununterbrochene Kette feiger Verrätereien vonseiten jener Bourgeoisie. Wäre dies nicht der Fall, hätte diese Bourgeoisie sich mit dem Kern des Volkes verbunden gegen die gottbegnadeten Standsrechtsfürsten, ich frage, wo wäre da noch ein fürstliches Individuum zu finden?

Zit. nach: Die Verbrüderung. Correspondenzblatt aller deutschen Arbeiter, Heft 86, Leipzig 1849, S. 344 (Rechtschreibung modernisiert)

b) Der Historiker Heinrich August Winkler schreibt:

Gescheitert war die Revolution vor allem an einer politischen Überforderung des deutschen Liberalismus: Es erwies sich als unmöglich, Einheit und Freiheit zur gleichen Zeit zu verwirklichen. In den alten Nationalstaaten des europäischen Westens, in Frankreich und England zumal, war die nationale Vereinheitlichung über Jahrhunderte hinweg das Werk von Königen und Ständeversammlungen gewesen; wer mehr Freiheit wollte, fand den staatlichen Rahmen schon vor, in dem die Veränderungen erfolgen sollten. In Deutschland musste der staatliche Rahmen für das Vorhaben der Liberalen und Demokraten erst noch hergestellt werden.
Die Liberalen [...] waren sich durchaus bewusst, dass sie [...] die Machtmittel der größeren deutschen Staaten mit Preußen an der Spitze benötigten, um das Werk der nationalen Einheit nach außen, gegen andere Mächte, abzusichern. Schon deswegen (und nicht nur, weil sie die soziale Revolution fürchteten) verbot sich aus ihrer Sicht eine Politik der Konfrontation mit den alten Gewalten – eine Politik, wie die Linke sie befürwortete und betrieb. [...]
Dass die Liberalen und Demokraten Einheit und Freiheit nicht aus eigener Kraft verwirklichen konnten, hatte verhängnisvolle Folgen für das deutsche politische Bewusstsein: Es blieb obrigkeitsstaatlich verformt. Doch das ehrgeizige Doppelziel war 1848 objektiv unerreichbar.

Heinrich August Winkler: Der lange Weg nach Westen. Deutsche Geschichte 1806–1933, Bonn: bpb (Sonderausgabe) 2000, S. 129 f.

M5 Ist die Revolution gescheitert?

Der Historiker Dieter Hein schrieb 1998:

Die Revolution war gescheitert. So sah es die überwiegende Mehrheit der Zeitgenossen, der Sieger wie der Besiegten. Und so haben es über mehr als ein Jahrhundert auch die Historiker gesehen. Die Diagnose des Scheiterns und die damit unmittelbar verknüpfte Frage nach den Ursachen des Misslingens finden sich in wohl jeder Revolutionsdarstellung. Die jüngere Forschung hat sich von dieser Sicht eher wegbewegt und betont, dass „neben dem unbestreitbaren Scheitern auch die langfristigen Wirkungen und die unmittelbaren Erfolge“ [Zitat des Historikers Dieter Langewiesche] der Revolution berücksichtigt werden müssten.
Zu den Aktiva einer solchen Bilanz zählen der Abschluss der Agrarreformen, der „Bauernbefreiung“, ebenso wie die – abgesehen von Österreich und wenigen kleineren Staaten – endgültige Durchsetzung des Verfassungsprinzips, mit der zugleich eine weitgehende Sicherung individueller Grundrechte und die [...] Parlamentarisierung der politischen Ordnung verbunden war. Überhaupt löste sich mit der Revolution der Reformstau der vorrevolutionären Epoche weitgehend auf, eine mit dem Vormärz vergleichbare Stagnation staatlicher Politik gerade auch in Bezug auf wirtschaftliche und soziale Maßnahmen trat in der Folgezeit nicht mehr ein.
1848/49 brachte ferner einen ungeheuren Politisierungsschub, der in seinen Organisationsformen und in seiner sozialen Breitenwirkung durch die reaktionäre Wende nicht mehr dauerhaft rückgängig gemacht wurde. [...] Als besonderer Aktivposten wird schließlich gemeinhin die Vorbildwirkung gewürdigt, die der Paulskirchenkonstitution in der weiteren deutschen Verfassungsentwicklung, speziell für die Weimarer Reichsverfassung und das Bonner Grundgesetz, zukam.
In der Tat können historische Ereignisse und Abläufe und erst recht Revolutionen nicht allein nach den Intentionen der politisch Handelnden beurteilt und bilanziert werden. Geschichte vollzieht sich auch hinter dem Rücken der Akteure und in weiter ausgreifenden Perspektiven. Die Maßstäbe werden freilich, jedenfalls soweit es um die langfristigeren Wirkungen der Revolution geht, durchweg von einem spezifischen Begriff der Moderne abgeleitet, die durch individuelle Freiheit und staatsbürgerliche Gleichheit, durch eine marktwirtschaftlich strukturierte Ordnung, durch den parlamentarischen Verfassungsstaat und das nationalstaatliche Prinzip charakterisiert wird. [...] Indem die Ereignisse von 1848/49 als eine wichtige Durchgangstation auf dem Weg in die Moderne verstanden werden, erscheinen die zentralen Programmpunkte der Revolution in einem neuen, „modernen“ Sinnzusammenhang, herausgelöst aus ihrem ursprünglichen Kontext.

Dieter Hein: Die Revolution von 1848/49, München ^{6}2019, S. 135 f. (bearb.)

M6 Titelbild der Wochenzeitung „Der Spiegel“, Ausgabe 7/1998

Aktiva (Begriff aus der Buchhaltung, hier im übertragenen Sinn verwendet): einem Unternehmen zur Verfügung stehendes Vermögen, mit dem aktiv gearbeitet werden kann

2. Arbeiten Sie aus dem Darstellungstext, M3 und M4 die Gründe für das Scheitern der Revolution von 1848/49 heraus.

3. a) Wählen Sie eine der Karikaturen M1–M3 auf den Seiten 68/69 und analysieren Sie sie mithilfe des Methodentrainings.
b) Vergleichen Sie im Plenum, wie die Karikaturen das Verhalten der dargestellten Personen bewerten.

4. Der erschossene Revolutionär (M1, S. 64) – Symbol des Scheiterns oder Märtyrer der Freiheit? Erörtern Sie.

5. Vergleichen Sie die Positionen zu den Ursachen des Scheiterns der Revolution (M4 a/b). Beachten Sie insbesondere die Schuldfrage.

6. a) Analysieren Sie M6.
b) Arbeiten Sie die Aussage von M5 heraus und erläutern Sie sie.
c) Vergleichen Sie beide Materialien.

7. Erörtern Sie, ob die Revolution von 1848/49 gescheitert ist.

Karikaturen analysieren

M3 Friedrich Wilhelm IV. in einer Karikatur aus „Deutsche Reichs-Bremse. Organ für politische-satyrische Sticheleien", Heft 6/1849, ohne genaue Datumsangabe. (Am 22. März 1848 waren die Opfer der Barrikadenkämpfe in Berlin beerdigt worden; am 26. Februar 1849 hatte der preußische König mit einer Thronrede den preußischen Landtag eröffnet.)

Karikaturen (von ital. *caricare*, überladen/übertreiben) können als bildliche Form der Satire bezeichnet werden. Schon seit der Antike nehmen Zeichner Personen, Ereignisse oder Zustände „aufs Korn", indem sie sie in Bild und Text – oft unter Nutzung von bildhaften Symbolen – ironisch darstellen. Vor allem im 19. Jahrhundert waren Karikaturen eine typische Form der politischen Auseinandersetzung und Satirezeitschriften mit Karikaturen sehr beliebt – etwa „Punch" in England oder „Kladderadatsch" in Deutschland. Die Analyse einer Karikatur erfolgt in folgenden Schritten:

1. Formale Beschreibung

- Wie lautet der Titel der Karikatur?
- Wer hat die Karikatur gezeichnet?
- Wo (Ort/Zeitschrift) und wann ist sie erschienen?
- An wen richtet sich die Karikatur?

2. Inhaltliche Beschreibung und Deutung der Bildelemente

Hier ist zunächst die genaue **Beschreibung** der Bildgegenstände wichtig:
- Wer oder was steht im Mittelpunkt?
- Was für Personen/Tiere sind dargestellt? Wie ist ihre Mimik/Gestik?
- Von welchen Gegenständen sind sie umgeben (unbelebte Dinge, Natur, Wetter)?
- Wie sind die Größenrelationen?
- Welche Rolle spielen Textelemente?

Als Grundregel gilt: Es muss alles beschrieben werden, was für die Deutung wichtig sein kann.

In M 1 z. B. soll nicht auf die Frisur der Person in der Mitte eingegangen werden; es reicht zu schreiben, dass es der preußische König Friedrich Wilhelm IV. in seiner Uniform ist. Aber seine Haltung (Verbeugung bzw. stolze, aufrechte Haltung), die Pickelhaube in der Hand bzw. auf dem Kopf und der Ort (Balkon in der Öffentlichkeit/Thron im Schloss) müssen beschrieben werden, weil sie für die Deutung wichtig sind.

Um die Karikatur deuten zu können, ist es wichtig, versteckte Botschaften zu identifizieren. So ist zu fragen nach:

- **der Identifikation von Personen und Gegenständen,** z. B.: Modell der Paulskirche (M 2),
- **sozialen oder politischen Personengruppen,** z. B.: Zylinder für das Bürgertum, Schiebermütze für Handwerker/Arbeiter (M 1),
- **Allegorien,** z. B. Michel für Deutschland (M 3),
- **Symbolen,** z. B. Thron für Monarchie (M 1),
- **Metaphern,** z. B.:
  Faust (M 1) → Gewaltandrohung;
  Zwerg mit Reichsinsignien (M 2) → Überforderung/Bedeutungslosigkeit
  Michel, der sich schlagen lässt (M 3) → Bereitschaft der Deutschen, sich den Fürsten zu unterwerfen
  Tiere: z. B. Maulwurf (S. 52, M 7) → Blindheit, Krebs (ebd.) → Rückwärtsgewandtheit (da Rückwärtsgang)

M 2 „Eine Wandertruppe". Karikatur auf den Umzug des „Rumpfparlaments" nach Stuttgart, Juni 1849

3. Erklären im historischen Kontext

Zunächst ist zu erkennen:

- In welchem allgemeinen Zusammenhang ist die Karikatur entstanden?
- Auf welche konkrete historische Situation bezieht sich die Karikatur?

Das Wichtigste ist, die Gesamtaussage zu ermitteln, also eine schlüssige und plausibel an der Karikatur zu begründende Deutung:

- Welche Aussage hat die Karikatur?
- Welche Perspektive nimmt der Karikaturist in der konkreten historischen Situation ein? An wem übt er Kritik?
  (Z. B. übt M 1 Kritik am preußischen König, aber auch am untertänigen Parlament 1849.)
- Welchen politischen oder gesellschaftlichen Standort nimmt die Karikatur ein?

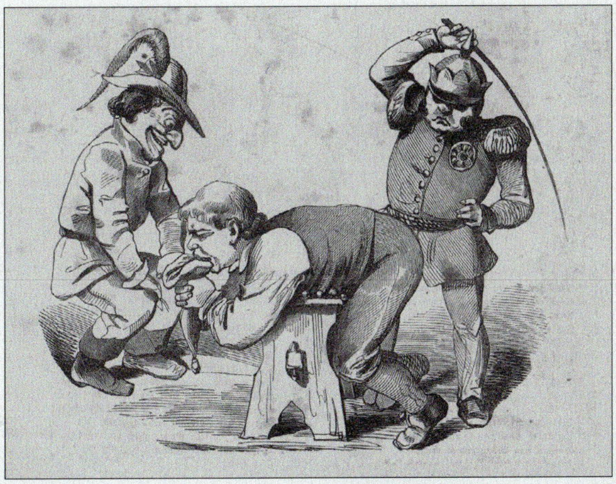

M 3 „Ein süßer Trost ist ihm geblieben". Karikatur aus der Satireschrift „Eulenspiegel", 16/1849 vom 14. April 1849

4. Formulieren eines Fazits

In einem abschließenden Fazit wird die Deutung auf den Punkt gebracht. Zum Operator „Analysieren" gehört allerdings nicht die Beurteilung der Karikatur, also die Frage danach, ob die Aussage der Karikatur der historischen Situation angemessen ist.

M 3 zeigt den „deutschen Michel" zwischen Eulenspiegel (links) und einem für die Strafvollstreckung zuständigen Militärbeamten, genannt „Profoss" (rechts). Michel beißt auf seine Mütze, während er Prügel bezieht. Darunter stand dieser Dialog:
„Michel, lässt du so mit dir umgehen?"– „Lass' Er mich in Ruh', Er Wühler! Das ist mein frei gewählter Oberprofoss. Ich liege auf dem Rechtsboden, und die Hiebe bekomm' ich auf gesetzlichem Wege. Da ist gar nichts dagegen einzuwenden."

Eine Karikatur analysieren

Als Materialgrundlage einer Klausur liegt eine Karikatur vor. Die Aufgabe dazu lautet:

„Analysieren Sie die Karikatur M 1."

Vorüberlegungen

Karikaturen spitzen auf ironische Weise, oft unter Verwendung bildlicher Symbole, Aussagen zu. Bei dieser Karikatur sehe ich auf den ersten Blick, dass Symbole eingesetzt worden sind. Aus dem Erscheinungsdatum (21. April 1849) schließe ich zudem, dass das Thema der Karikatur die Revolution von 1848/49 ist. Diese Vermutung wird durch den Titel „Das frankfurter Kartenhaus" bestätigt, denn bei „Frankfurt" muss es sich um eine Anspielung auf die Nationalversammlung in der Frankfurter Paulskirche handeln.

Ich weiß, dass der Operator „analysieren" von mir den Dreischritt aus formaler Beschreibung – inhaltlicher Beschreibung – Erklärung im historischen Kontext verlangt. Am Ende soll ich die Aussage der Karikatur sowie den politischen oder gesellschaftlichen Standort des Karikaturisten darstellen können.

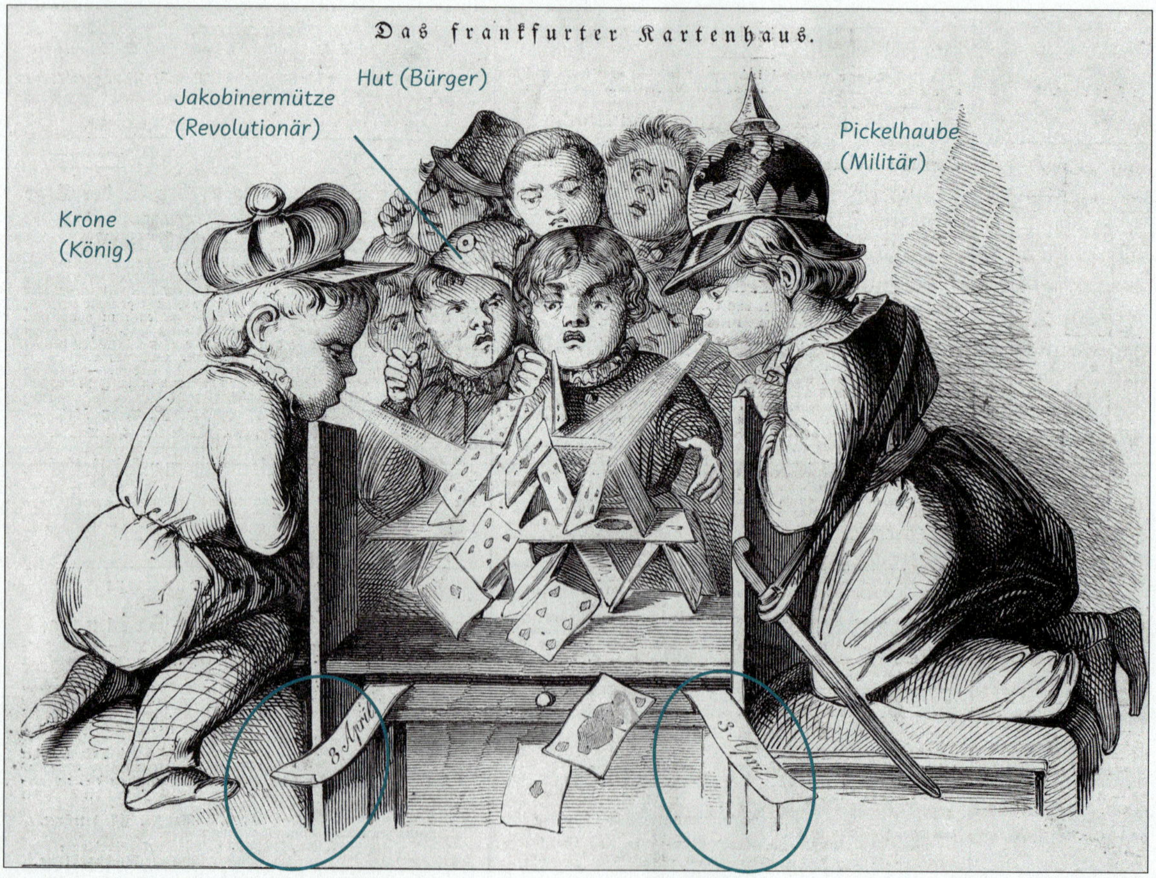

M 1 „Das frankfurter Kartenhaus". Karikatur aus „Leipziger Illustrirte" vom 21. April 1849

auf den Zetteln: „3. April" (Datum der Ablehnung der Kaiserkrone durch den preußischen König)

1. Formale Beschreibung

In der kurzen Einleitung meiner Analyse beschreibe ich die Karikatur formal. Dabei gehe ich auf folgende Aspekte ein:

Titel?	*„Das frankfurter Kartenhaus"*
Wer?	*unbekannt/nicht genannt*
Wann?	*21. April 1849*
Wo?	*Leipziger Illustrirte*
An wen?	*Leser der Zeitung, Öffentlichkeit*
Art?	*zeitgenössisch, daher Quelle*
Thema?	*Scheitern der Nationalversammlung nach Ablehnung der Kaiserkrone durch den preußischen König, 1849*

2. Inhaltliche Beschreibung und Interpretation der Bildelemente

Im Hauptteil meiner Antwort gebe ich den Inhalt der Karikatur wieder. Alles, was für die Deutung wichtig ist, muss ich beschreiben. An oder neben der Karikatur notiere ich zuerst meine Beobachtungen und Deutungen von Symbolen.

Ich erkenne Kinder mit verschiedenen Kopfbedeckungen. Im Vordergrund sind zwei Jungen, die ein Kartenhaus umpusten. Die beiden tragen eine Krone bzw. eine Pickelhaube, symbolisieren also den preußischen König/die Fürsten und das Militär. An den Kopfbedeckungen von zwei Jungen im Hintergrund (einfacher Hut, Jakobinermütze) erkenne ich, dass sie die Bürger und Revolutionäre symbolisieren. Hilflos müssen sie zusehen, wie das Kartenhaus zusammenfällt. Das „frankfurter Kartenhaus" symbolisiert die Nationalversammlung. Das Motiv des Kartenhauses erkenne ich als Metapher; sie steht für ihre Schwäche und Machtlosigkeit. Aus der Schublade unter dem Kartenhaus flattern Zettel mit der Aufschrift „3. April" heraus, der Tag, an dem der preußische König Friedrich Wilhelm IV. die Kaiserkrone abgelehnt hat.

Bevor ich schreibe, überlege ich mir einen strukturierten Textaufbau. Sinnabschnitte trenne ich durch Absätze. Als Tempus verwende ich das Präsens.

3. Erklärung im historischen Kontext

Nun muss ich die Aussage der Karikatur in ihrem historischen Kontext und den Standpunkt des Karikaturisten herausarbeiten. Wichtige Stationen des historischen Kontexts notiere ich mir zunächst in Stichworten:

- *Revolution 1848/49*
- *seit Mai 1848: Erarbeitung einer Verfassung durch die Frankfurter Nationalversammlung*
- *Ablehnung der Kaiserkrone durch den preußischen König am 3. April 1849*
- *Scheitern der Nationalversammlung und der „Reichsverfassungskampagne" 1849*

Nun frage ich nach der Aussage der Karikatur und der Absicht des Karikaturisten. Ich erkenne, dass der Karikaturist das Scheitern der Paulskirche ironisch darstellt, indem er das thematisierte Ereignis als Kinderspiel wiedergibt. Möglicherweise macht er sich über die Schwäche der Paulskirche und ihrer Abgeordneten lustig oder kritisiert sie als „naiv". Andererseits sind auch der König und das Militär „kindisch" dargestellt. Aus meiner Sicht ist daher der politische Standpunkt des Karikaturisten nicht klar erkennbar. Weil er das parlamentarische Geschehen in Frankfurt als labiles Kartenhaus zeichnet, wäre aber denkbar, dass er es ablehnt.

Um das vergangene Geschehen schriftlich darzustellen, verwende ich das Präteritum und stütze meine Überlegungen mit Argumenten, damit sie nachvollziehbar werden. Im Schlussabsatz fasse ich meine Ergebnisse kurz zusammen.

Ein Schritt auf dem Weg zu einem vereinten Europa?

M 1 „Die demokratische und soziale Weltrepublik. Der Vertrag" – Farbdruck von Frédéric Sorrieu, 1848. Über der Jesus-Figur steht „FRATERNITÉ" (Brüderlichkeit); die Statue weist auf eine Tafel mit der Inschrift „Droits De L'Homme" (Menschenrechte).

1. Diskutieren Sie, welche Position das Gemälde zur Frage der Überschrift einnimmt.

Die Revolution von 1848 war ein „europäisches Ereignis", so der Historiker Hartmut Kaelble. Sie fand zum gleichen Zeitpunkt in mehreren europäischen Staaten statt. Aber kann man deshalb von einer europäischen Revolution sprechen? Und für uns heute wichtig: Ist 1848/49 ein Schritt auf dem Weg zu einem vereinten demokratischen Europa gewesen?

Viele Argumente für eine europäische Revolution ...

„Eine ungeheure Revolution hat Frankreich umgestaltet. [...] Ein Gedanke durchzuckt Europa. Das alte System wankt und zerfällt in Trümmer." Mit diesen Worten wandte sich die „Mannheimer Petition" am 27. Februar 1848 an die zweite Kammer des badischen Landtags und gab damit den Startschuss für die Revolution in Deutschland. Es gab ein Bewusstsein für die gemeinsame Sache der Revolutionäre in Europa. Die Revolutionen standen im engen Bezug zueinander. Dies gilt zunächst zeitlich: Im Januar/Februar 1848 begannen die Revolutionen in Süditalien und in Frankreich und verbreiteten sich ab dem März über viele europäische Länder. Und alle Revolutionen scheiterten. Seit dem Sommer 1848 gewannen die konservativen Kräfte in ganz Europa die Oberhand und begannen, die Revolutionen militärisch niederzuschlagen. Spätestens im Herbst 1849 hatte die Gegenrevolution überall gesiegt.

Informationen verbreiteten sich dank der „Kommunikationsrevolution" durch Eisenbahn und Telegrafie (→ S. 34 ff.) sehr schnell: Europa war ein gemeinsamer Kommunikationsraum geworden, durch den die Ereignisse sich gegenseitig bedingten. Der „Völkerfrühling", die schnellen Erfolge der Revolutionen im Frühjahr 1848, war eine Kettenreaktion. Auch die Formen des Kampfes waren ähnlich. So wurde die Barrikade europaweit zum Symbol dieser Revolution. Zwar waren die Voraussetzungen in den europäischen Ländern unterschiedlich, dennoch hatten alle revolutionären Bewegungen drei Stoßrichtungen:

- Sie zielten auf die Durchsetzung der Grundrechte und auf die Ausweitung der Mitbestimmungsrechte. Frankreich war am weitesten, hier wurde der König abgesetzt und im Februar 1848 eine Republik eingeführt. In anderen Staaten sollte der Monarch im Rahmen einer konstitutionellen Monarchie von einer Verfassung und Mitbestimmungsrechten der Bürger eingehegt werden.

- Alle (außer Frankreich, das bereits ein Nationalstaat war) strebten nationale Selbstbestimmung an. In Deutschland und Italien sollte die Vereinigung von Teilstaaten verwirklicht werden. Andere Völker, die wie die Ungarn oder die Tschechen Teil des österreichischen Vielvölkerstaates waren, wollten die nationale Unabhängigkeit oder zumindest nationale Autonomie innerhalb des Reiches.
- Schließlich ging es überall um die Lösung der sozialen Probleme, um Aufhebung der feudalen Lasten der Bauern und um Maßnahmen gegen das Elend der verarmten Stadtbevölkerung.

... und gewichtige Gegenargumente

1848 kämpften die Revolutionäre allerdings nicht für eine europäische Einheit, sondern für sich. Zwar kam es vor, dass einzelne Akteure sich auch andernorts engagierten. So hatte die badische Revolutionsarmee von 1849 mit Ludwik Mierosławski einen polnischen Befehlshaber, der an mehreren Orten für die Revolution kämpfte. Aber das waren Ausnahmen. Eher schon gelang es den Fürsten, sich gegenseitig zu unterstützen, etwa wenn das russische Zarenreich Soldaten nach Österreich schickte, um zu helfen, die Revolution der Ungarn niederzuschlagen.

Aber die Revolutionäre gerieten auch über die Nationen hinweg miteinander in Konflikt. Überall, wo sich die Bestrebungen nach einem Nationalstaat überschnitten, weil mehrere Nationen ein Gebiet beanspruchten, siegte letztlich der nationale Egoismus gegenüber der Solidarität. Besonders deutlich wurde dies im Verhältnis zu Polen, das am Ende des 18. Jahrhunderts unter Russland, Preußen und Österreich aufgeteilt worden war. Ein Teil Polens war 1815 als „Kongresspolen“ wiederhergestellt worden, allerdings unter russischer Vorherrschaft. Als die Polen im März 1848 ihre nationale Unabhängigkeit forderten, fand dies die begeisterte Zustimmung der deutschen Revolutionäre. Noch das Frankfurter Vorparlament sah es als „heilige Pflicht des deutschen Volkes“, an der Wiederherstellung Polens mitzuwirken. Ihren Schwerpunkt hatte die polnische Unabhängigkeitsbewegung im Großherzogtum Posen, das eine gemischte polnisch-deutsche Bevölkerung hatte und zu Preußen, aber nicht zum Deutschen Bund gehörte (→ M 2, S. 49). Eine komplizierte Gemengelage, wie in anderen Regionen Europas auch. Die Solidarität mit den Polen schwand, als die in Posen lebenden Deutschen sich dagegen wehrten, Teil Polens zu werden, und preußisches Militär einen nationalpolnischen Aufstand niederschlug. Posen wurde geteilt, der größere westliche Teil dem Deutschen Bund zugeschlagen. Die Linken stellten in der Paulskirche den Antrag, dass dieser westliche Teil Posens nicht zum deutschen Nationalstaat gehören solle. Für sie hatte die Solidarität mit der polnischen Nationalbewegung Vorrang. In der Posen-Debatte im Juli 1848 überwog aber eindeutig der machtpolitische Egoismus. Der Antrag wurde mit einer Mehrheit von 342 zu 31 Stimmen abgelehnt. Nationale Gebiets- und Machtinteressen waren wichtiger geworden als die Solidarität der Völker.

M 2 Revolutionäre Unruhen in Europa

M3 Die Posen-Debatte in der Paulskirche, 24.–27. Juli 1848

a) Der Abgeordnete Wilhelm Jordan, anfangs gemäßigte Linke, später Rechtsliberaler, sagte:

Soll eine halbe Million Deutscher unter deutscher Regierung leben und zum großen deutschen Vaterland gehören, oder sollen sie in der sekundären Rolle naturalisierter Ausländer in die Untertänigkeit einer anderen Nationalität, die nicht so viel humanen Inhalt hat, [...] hinausgestoßen werden in die Fremde? Wer die letztere Frage mit Ja beantwortet; wer da sagt, wir sollen diese deutschen Bewohner von Posen den Polen hingeben und unter polnische Regierung stellen, den halte ich mindestens für einen unbewussten Volksverräter. [...]
Polen bloß deswegen herstellen zu wollen, weil sein Untergang uns mit gerechter Trauer erfüllt, das nenne ich eine schwachsinnige Sentimentalität. [...]
Ich sage, die Politik, die uns zuruft: „Gebt Polen frei, es koste, was es wolle", ist eine kurzsichtige, eine selbstvergessene Politik der Schwäche, eine Politik der Furcht, eine Politik der Feigheit. Es ist wohl Zeit für uns, endlich einmal zu erwachen, aus jener träumerischen Selbstvergessenheit, in der wir schwärmten für alle möglichen Nationalitäten, während wir selbst in schmachvoller Unfreiheit darniederlagen, zu erwachen zu einem gesunden Volksegoismus. [...]
Nein, ich gebe es ohne Winkelzüge zu: Unser Recht ist kein anderes als das Recht des Stärkeren, das Recht der Eroberung.

Zit. nach Franz Wigard (Hg.): Stenographischer Bericht über die Verhandlungen der deutschen constituirenden Nationalversammlung zu Frankfurt am Main, Bd. 2, Frankfurt/M. 1848, S. 1143 ff.

b) Arnold Ruge, Fraktion radikale Linke, sagte:

Die Polen sind das Element der Freiheit, das in das Slawentum geworfen wurde. [... Im] Namen der Humanität und der Gerechtigkeit verlange ich, dass Polen wiederhergestellt werde und dass wir das Vorparlament nicht Lügen strafen, welches erklärt hat, die Teilung Polens sei ein schmachvolles Unrecht. Die Wiederherstellung Polens müssen wir anbahnen. [...] An der Ehre Deutschlands ist es, dass Deutschland die Freiheit nach Osten propagiere und nicht an der Grenze von Russland und Polen damit stehen bleibe. An unserer Ehre ist es, dass wir aufhören, Unterdrücker zu sein, dass wir Freunde aller befreiten Völker werden, dass wir die Italiener befreien und ihre Freunde werden und dass wir die Polen befreien und ihre Freunde werden. [...] Denn es handelt sich jetzt davon, das Recht aller Völker, der Italiener, der Polen, und nicht nur der Deutschen allein, festzustellen.

Zit. nach: ebd., S. 1185 ff.

c) Jan Janiczweski, der einzige polnische Abgeordnete in der Paulskirche, legte dar:

Der Fürstenkongress in Wien hat Polen geteilt. Die Fürsten haben das Polenreich, den polnischen Staat zerstört, aber die Existenz der Nation haben sie fortwährend anerkannt. [... Selbst] das Unrecht der Fürsten, welche Polen geteilt haben [..., ist] noch lange nicht so groß [...], als dasjenige, welches man durch eine gewaltsame Einverleibung Polens beabsichtigt *[Auf der Linken und Galerie: Bravo! Sehr gut!]* Die Fürsten, meine Herren, haben nur das zerstört, was sich durch physische Gewalt zerstören ließ, aber an die Nation Hand anzulegen, das wagten sie wenigstens öffentlich nicht [...].
Sie haben die polnischen Provinzen nicht für deutsche erklärt, [...] sie haben ihre Nationalität anerkannt, es hieß: ein preußisches, ein österreichisches, ein russisches, aber immer noch ein Polen. *[Großer Beifall.]* Sollte es denn möglich sein, dass auch jetzt noch das letzte ausgerottet wird, sollte ich annehmen können, dass das freie Deutschland, während es sich ebenfalls erhebt, dass die Freiheit gegen sich selbst einen solchen Vernichtungskampf beginne, sollte ich dieses annehmen? Nein, ich kann es nicht, ich kann nicht annehmen, dass das freie Deutschland mit Ironie im Namen der Freiheit die Freiheit an den Polen vernichte.

Zit. nach: ebd., S. 1166 f.

M4 Empfang der Polen vor dem Gefängnis Moabit in Berlin, Druck, 1848. Am 20. März 1848 wurden polnische Gefangene aus dem Gefängnis Moabit befreit. Sie waren wegen eines nationalistischen Aufstands von 1846 im polnischsprachigen Teil der preußischen Provinz Posen zu langen Haftstrafen verurteilt worden. Im Triumphzug wurden sie nun durch Berlin geführt.

M5 Zwei Beurteilungen zum europäischen Charakter der Revolution von 1848/49

a) Der Historiker Dieter Langewiesche schrieb zum europäischen Charakter und zum Nationalismus der Revolution:

Nationalpolitische Gegensätze belasteten 1848 die europäischen Revolutionen, trugen zu ihrem Scheitern bei und gehören deshalb zu ihrem Erbe – zum Erbe der Revolution, nicht nur zu den Wirkungen ihres Scheiterns! Denn im Aufbruch der Völker zu mehr Demokratie verwandelte sich der erhoffte „Völkerfrühling" überall dort, wo die Nationen konkurrierende Gebietsansprüche erhoben, in ein Schlachtfeld der nationalen Rivalitäten. [...]

Der revolutionäre Aufbruch verband 1848 Europa zu einem großräumigen Kommunikationsraum. [...] Europa wuchs in der Revolution zusammen, doch damit waren für die Zeitgenossen positive und negative Erfahrungen verbunden. Nicht nur das politische Ideal der Demokratie, auch die Politik der gegenrevolutionären Abwehr überschritt die staatlichen Grenzen, und ebenso gesamteuropäisch war das Bemühen, den Kontinent national neu zu ordnen. Die Nationalrevolutionen versprachen 1848, Staat und Gesellschaft zu demokratisieren, doch diese Fortschrittsverheißung ging einher mit verstärkten Feindbildern und mit der Bereitschaft zum Krieg.

Die Revolution hat dieses Janusgesicht des Nationalismus nicht geschaffen, aber dafür gesorgt, dass es von mehr Menschen als zuvor bejaht wurde.

Dieter Langewiesche: Wirkungen des „Scheiterns". In: Ders. (Hg.): Die Revolutionen von 1848 in der europäischen Geschichte. Ergebnisse und Nachwirkungen, München 2000, S. 5–21, hier S. 20f.

b) Der Historiker Hartmut Kaelble schrieb zur Bedeutung der Revolution von 1848/49 für die europäische Einigung:

Die Revolution von 1848 war zwar in ihren Zielen ganz offensichtlich nicht europäisch. Die Einheit Europas war weder für die Anhänger noch für die Gegner der Revolution ein wichtiges Thema. Trotzdem ist damit auch unter dem Blickwinkel einer europäischen Einheit nicht alles über die Revolution von 1848 gesagt. [...] Sie war die internationalste und damit auch europäischste unter den großen Revolutionen des 17. bis 19. Jahrhunderts. Die Revolution von 1848 wie ihre Gegenrevolution fanden auf der europäischen Bühne statt. Sie war in ihren Zielen national, aber in ihrem Verlauf und in ihren Gemeinsamkeiten international und europäisch. [...] Zum heutigen Selbstverständnis der Europäer von den Aufgaben Europas gehören vor allem vier Elemente: innereuropäische Friedenssicherung, eine funktionierende Demokratie, ein liberaler Wirtschaftsmarkt und öffentliche soziale Sicherung. Die Revolution von 1848 hat sicher in der ersten dieser Zielsetzungen [...] eher versagt [...]. Aber in den anderen Perspektiven des heutigen europäischen Selbstverständnisses hat sie wichtige Entwicklungsschübe eingeleitet. [...] Aus allen diesen Gründen sollte die Revolution von 1848 ihren Platz auch in einer Geschichte Europas haben, die nicht nur eine Addition von Nationalgeschichten, sondern auch eine Geschichte der europäischen Verflechtungen und Gemeinsamkeiten ist.

Hartmut Kaelble: Wege zur Demokratie. Von der Französischen Revolution zur Europäischen Union, Stuttgart/München 2001, S. 47

---

2. a) Arbeiten Sie aus dem Darstellungstext sowie M1 und M2 Argumente heraus, die für bzw. gegen den europäischen Charakter der Revolution von 1848/49 sprechen.
   b) Vergleichen Sie die Positionen von Langewiesche (M5 a) und Kaelble (M5 b) zum europäischen Charakter der Revolution.

3. a) Arbeiten Sie die Positionen in der Posen-Debatte (M3 a–c) heraus.
   b) Vergleichen Sie M4 mit M3 a) und erklären Sie die Unterschiede.
   c) Bewerten Sie die verschiedenen Positionen der Paulskirche in der Posen-Debatte.

4. Erörtern Sie in einer Pro-Kontra-Debatte, inwieweit die Revolution von 1848/49 ein Schritt zu einem vereinten demokratischen Europa war.

5. Diskutieren Sie: Braucht das heutige Europa die gemeinsame Erinnerung an 1848/49?

„Revolutionen des 17. bis 19. Jahrhunderts": Kaelble meint damit vor allem die Glorious Revolution in England (1688), die Amerikanische Revolution (1776) sowie die Französische Revolution (1789).

Eine „Revolution von oben“?

Die Gründung des Deutschen Kaiserreichs

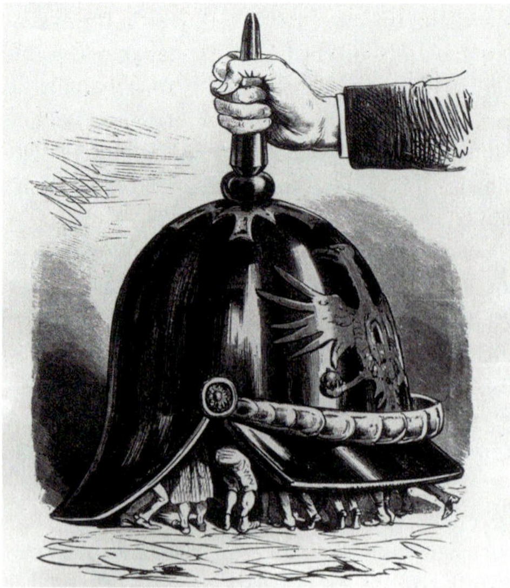

M 1 Karikatur aus dem österreichischen Satiremagazin „Kikeriki“ vom 22. August 1870. Die Bildunterschrift lautete: „Kommt es unter einen Hut? Ich glaube, 's kommt eher unter eine Pickelhaube!“

1. Formulieren Sie anhand von M 1 Hypothesen über die deutsche Reichsgründung.

Einheitsstreben nach 1849

Mit der Gründung des **Deutschen Kaiserreichs** 1871 gelang die Einheit, die 1848/49 gescheitert war – auf anderem Weg als während der Revolution. Hierfür gab verschiedene Gründe:

Zunächst ist die politische Einigung nicht ohne die beginnende Industrialisierung und die wirtschaftliche Annäherung der deutschen Staaten zu denken. Um 1800 hemmten noch über 1800 Zollstationen den Handel innerhalb Deutschlands. Es gab eine Vielzahl von Maßen und Währungen, die den Warenaustausch erschwerten. Erst nachdem 1834 der Deutsche Zollverein gegründet worden war, nahm die Industrialisierung in Deutschland Fahrt auf: Binnenzölle zwischen den Mitgliedstaaten wurden aufgehoben, die Vielzahl an Maßen und Währungen schrittweise vereinheitlicht. Auch der rasante Ausbau der Eisenbahn erleichterte den Austausch von Waren und verband die Menschen in den deutschen Staaten enger miteinander. Viele sahen im Zollverein ein Modell für einen deutschen Nationalstaat. Da er preußisch dominiert und Österreich nicht Mitglied war, gewann auch die Idee einer „kleindeutschen Lösung“ (→ S. 59) immer mehr Anhänger.

Desillusioniert über die gescheiterte Revolution 1848/49 waren seit den 1850er-Jahren zwar viele Liberale und Demokraten in die USA emigriert, um dort ihren Kampf für Freiheit fortzusetzen, für andere unter ihnen war aber ein deutscher Nationalstaat vorrangiges Ziel geblieben. In Vereinen, durch Feste wie dem zum 100. Geburtstag Friedrich Schillers oder in der Verherrlichung einer vermeintlich „deutschen Vergangenheit“ wie beim Bau des Hermannsdenkmals im Teutoburger Wald fand die Sehnsucht nach einem geeinten Deutschland ihren Ausdruck. Auf politischer Ebene gründete sich 1861 mit der Deutschen Fortschrittspartei die erste moderne deutsche Programmpartei. Sie trat für die Ziele der liberalen und demokratischen Bewegung, für Einheit und Freiheit, ein.

Programmpartei: politische Partei, deren vorrangiges Ziel es ist, ein von bestimmten ideologischen Überzeugungen geprägtes Programm zu verwirklichen

Bismarck, der Verfassungskonflikt und die „Einigungskriege“

Liberale und Demokraten konnten sich die Einheit zunächst nur in Freiheit verwirklicht vorstellen. Doch diese Vorstellung begann zu bröckeln. Entscheidend hierfür wurde der preußische Verfassungskonflikt (1859–1866): Der preußische König Wilhelm I. strebte eine Aufstockung des Heeres an, mit der u. a. eine Stärkung der aus dem Adel stammenden Kräfte im Militär einhergehen sollte. Wegen ihrer antibürgerlichen Stoßrichtung lehnte das preußische Abgeordnetenhaus, in dem die Liberalen eine Mehrheit hatten, 1861 die Haushaltsvorlage und damit die Finanzierung dieser Heeresreform ab. Mehrfach versuchte Wilhelm I., die Mehrheiten im Abgeordnetenhaus zu verändern, indem er dieses auflöste und Neuwahlen ansetzte. Und stetig wurde die Opposition, angeführt von der Fortschrittspartei, stärker. So wurde aus dem Konflikt um die Heeresreform ein Verfassungskonflikt: Es ging um die Grundsatzfrage, wer mächtiger sei: der König oder das Parlament.

Die Wende setzte 1862 mit der Berufung Otto von Bismarcks zum preußischen Ministerpräsidenten ein. Bismarck vertrat die Auffassung, dass in diesem Streitfall, der in der Verfassung nicht geregelt war, der König das Recht besitze, auch ohne das Parlament Entscheidungen zu fällen. So wurde die Heeresreform schließlich nach dieser sogenannten Lückentheorie ohne parlamentarische Zustimmung durchgeführt. Das war ein Verfassungsbruch. Zu einer neuen Revolution führte er aber nicht. Bismarck und der obrigkeitsstaatliche Weg hatten sich vorerst gegenüber dem demokratischen Politikverständnis durchgesetzt.

Dass dies ein dauerhafter Sieg wurde, hatte mit den „Reichseinigungskriegen" zu tun (M3). Sie lösten eine Welle nationaler Begeisterung aus. Zugleich wurden durch die preußischen Siege gegen Österreich und Frankreich die Gegner eines preußisch dominierten deutschen Nationalstaats ausgeschaltet. Insbesondere der preußische Sieg gegen Österreich 1866 wurde als entscheidender Schritt auf dem Weg zur Einheit wahrgenommen. Dabei war Bismarcks Handeln nicht in erster Linie auf die deutsche Einheit gerichtet, sondern auf die Erweiterung und Anerkennung von Preußens Machtposition in Europa. Dennoch ergab sich eine Verbindung zwischen Bismarck und der deutschen Nationalbewegung: Vor allem die Liberalen setzten sich mit der Frage auseinander, ob sie, um endlich die Einheit zu erlangen, den Weg mit Bismarck gehen und dabei die Freiheit hintanstellen sollten. Nach dem Sieg über Österreich billigte die Mehrheit der Liberalen nachträglich Bismarcks Verfassungsbruch von 1862. Für sie hatte nun die deutsche Einheit Vorrang vor der Freiheit. Deshalb trugen sie Bismarcks Politik mit und spalteten sich als Nationalliberale Partei von der Fortschrittspartei ab. In den folgenden Jahren wurden die Nationalliberalen zur stärksten Partei.

Während des Deutsch-Französischen Krieges war Preußens Position so stark, dass Bismarck mit den deutschen Fürsten über ihre Zustimmung zur Einheit verhandeln konnte. Am 18. Januar 1871 wurde König Wilhelm I. in Anwesenheit von Fürsten und Militär im Spiegelsaal von Versailles zum deutschen Kaiser ausgerufen (→ S. 47); Bürger waren nicht anwesend. Deutschland war Nationalstaat geworden und hatte die Machtverhältnisse in Europa zu seinen Gunsten verschoben.

Eine „Revolution von oben"?

Manche zeitgenössischen Beobachter und späteren Historiker haben die Ereignisse, die zur Reichsgründung führten, als **„Revolution von oben"** bezeichnet. Nimmt man die Folgen von Bismarcks Politik in den Blick, so brachten sie in Bezug auf Deutschland und auch für das europäische Mächtesystem tatsächlich ganz grundlegende Veränderungen mit sich. Akteure, Ziele und Mittel waren freilich von den früheren **„Revolutionen von unten"** wie 1789 und 1848 völlig verschieden.

M2 „Der neue Gulliver". Französische Karikatur von Honoré Daumier auf die preußischen Annexionen nach dem preußisch-österreichischen Krieg im Jahr 1866

M3 Die „Reichseinigungskriege": Anlässe und Folgen

Der Deutsch-Dänische Krieg
1864

Als die dänische Regierung versuchte, das Herzogtum Schleswig – mit gemischter deutsch-dänischer Bevölkerung und vom dänischen König regiert – an den eigenen Staat zu binden, löste dies in Deutschland nationale Empörung aus. Preußen und Österreich erklärten Dänemark den Krieg. Nach ihrem gemeinsamen Sieg musste Dänemark Schleswig und Holstein abtreten. Preußen besetzte Schleswig, Österreich Holstein.

Der Preußisch-Österreichische Krieg
1866

Nach Konflikten in der Besatzungspolitik ließ Bismarck preußische Truppen in Holstein einmarschieren. Nahezu der gesamte Deutsche Bund stellte sich auf die Seite Österreichs, doch konnte Preußen einen Sieg erringen. Die Folgen:

- Der Deutsche Bund wurde aufgelöst; Österreich war nun nicht mehr Teil Deutschlands.
- Preußen annektierte mehrere norddeutsche Staaten. Im Norddeutschen Bund wurden die nördlich des Mains gelegenen Staaten unter preußischer Führung zusammengefasst.
- Mit den süddeutschen Staaten schloss Bismarck „Schutz- und Trutzbündnisse". Im Verteidigungsfall sahen sie gegenseitige Unterstützung unter preußischer Führung vor.

Der Deutsch-Französische Krieg
1870/71 → Kaiserproklamation

Als ein Prinz des preußischen Herrscherhauses Hohenzollern spanischer König werden sollte, sah Frankreich seine Vormachtstellung in Europa bedrohter denn je. Zwar verzichtete der Prinz auf den Thron, doch verlangte Napoleon III. einen förmlichen Verzicht für alle Zeiten. Dieses Ansinnen wies das preußische Herrscherhaus zurück – und am 19. Juli 1870 erklärte Frankreich Preußen den Krieg. Nun kämpften auch die süddeutschen Staaten auf preußischer Seite. Die Entscheidung fiel am 2. September 1870 in der Schlacht von Sedan, als Napoleon III. und über 100 000 französische Soldaten in deutsche Gefangenschaft gerieten. Im Mai 1871 kapitulierte Frankreich.

M4 Eisen und Blut

Otto von Bismarck äußerte sich als preußischer Ministerpräsident am 30. September 1862 im preußischen Abgeordnetenhaus zum Verfassungskonflikt. Seine Ausführungen sind nur indirekt überliefert:

Der Konflikt handle sich [...] um die Grenze zwischen Krongewalt und Parlamentsgewalt. Die Krone habe noch andere Rechte, als die in der Verfassung ständen. [...] Der Konflikt werde sich wohl noch auf verfassungsmäßigem Wege erledigen oder vielmehr, man werde hoffentlich dahin kommen, die Verfassung besser dem preußischen Leibe anzupassen. [...]
Wir haben zu heißes Blut, wir haben die Vorliebe, eine zu große Rüstung für unseren schmalen Leib zu tragen; nur sollen wir sie auch utilisieren [nutzen]. Nicht auf Preußens Liberalismus sieht Deutschland, sondern auf seine Macht; Bayern, Württemberg, Baden mögen dem Liberalismus indulgieren [nachgeben], damit wird ihnen doch keiner Preußens Rolle anweisen; Preußen muss seine Kraft zusammenhalten auf den günstigen Augenblick, der schon einige Male verpasst ist; Preußens Grenzen nach den Wiener Verträgen sind zu einem gesunden Staatsleben nicht günstig; nicht durch Reden und Majoritätsbeschlüsse werden die großen Fragen der Zeit entschieden – das ist der große Fehler von 1848 und 1849 gewesen –, sondern durch Eisen und Blut.

Zit. nach: Lothar Gall (Hg.): Bismarck. Die großen Reden, Berlin 1981, S. 58 ff.

Wiener Verträge: Gemeint sind hier die Ergebnisse des Wiener Kongresses (→ S. 48).

M5 Briefe der Kritik und der Bewunderung

a) Aus einem Brief des Juristen Rudolf Ihering an den Juristen Julius Glaser, 1. Mai 1866:

Mit einer solchen Schamlosigkeit, einer solchen grauenhaften Frivolität ist vielleicht nie ein Krieg angezettelt worden wie der, den Bismarck gegenwärtig gegen Österreich zu erheben sucht. Das innerste Gefühl empört sich über einen solchen Frevel an allen Grundsätzen des Rechts und der Moral. Ich bin, weiß Gott, kein Freund Österreichs, habe im Gegenteil immer als Gegner desselben gegolten – verstehe mich wohl: des politischen Systems, nicht der Österreicher, die ich lieb gewonnen habe. [...] Aber ich würde mir eher die Hand abhauen, als sie zu einem so grauenhaften Spiel darbieten, wie die preußische Politik es gegen Österreich ins Werk setzt.

b) Am 19. August 1866 schrieb Ihering an den Juristen Bernhard Windscheid:

O mein teurer Freund! Welch beneidenswertes Los, dass wir diese Zeit noch erlebt haben, diesen Wendepunkt in der Geschichte Deutschlands, dem die tausend vorgehenden Jahre keine ähnlichen an die Seite gestellt haben. [...] Ich beuge mich vor dem Genie eines Bismarck, der ein Meisterstück der politischen Kombination und Tatkraft geliefert hat. Ich habe dem Mann alles, was er bisher getan hat, vergeben, mehr als das, ich habe mich überzeugt, dass es notwendig war, was uns Uneingeweihte als frevelhafter Übermut erschien, es hat sich hinterher herausgestellt als unerlässliches Mittel zum Ziel. [...] Ich gebe für einen solchen Mann der Tat, nicht der leichtsinnigen, sondern der politisch und moralisch in gleicher Weise beherzten und gewappneten Tat, hundert Männer der liberalen Gesinnung, der machtlosen Ehrlichkeit.

Zit. nach: Karl-Georg Faber: Realpolitik als Ideologie. In: Historische Zeitschrift, Bd. 203, München 1966, S. 15 f.

M6 Diese Karikatur erschien unter der Überschrift „Gegensätze“ in der Satirezeitung „Berliner Punsch“ am 25. August 1866. Darunter stand folgender Reim:
„Gewandtheit, Thatkaft, hoher Muth,
Von starkem Einheitssinn getragen,
Die brachten unter einen Hut
Ein großes Volk in dreißig Tagen.“

M 7 Ein Historikerurteil

Der Historiker Heinrich August Winkler schrieb im Jahr 2000 zur Bedeutung des preußisch-österreichischen Kriegs von 1866:

1866 war eine „Revolution von oben" [...]: eine Umwälzung der politischen Verhältnisse in Deutschland mithilfe der militärischen Macht Preußens, das sich durch ebendiesen Erfolg die Hegemonie in Deutschland sicherte und Österreich in eine nichtdeutsche Macht verwandelte. 1866 war die Antwort auf die Revolution von 1848 – eine, gemessen an ihren Zielen, gescheiterte Revolution. Das „tolle Jahr" [1848] hatte weder Einheit noch Freiheit gebracht; der deutsche Krieg [1866] brachte Deutschland der Einigung zumindest ein erhebliches Stück näher, indem er die großdeutsche Lösung der deutschen Frage ausschloss und damit ein wesentliches Hindernis der kleindeutschen Lösung beseitigte.
Der preußische Staat, der die Entscheidung erzwang, besaß die Macht, die die Paulskirche nie gehabt hatte. Was Bismarck 1866 erreichte, entsprach einem Bedürfnis des gebildeten und besitzenden Bürgertums, soweit es sich zum Liberalismus bekannte: dem Wunsch, voranzukommen auf dem Weg zu einem deutschen Nationalstaat, der politisch und wirtschaftlich mit den älteren Nationalstaaten des Westens mithalten konnte. [...] Eine Politik, die diesem Bedürfnis nicht Rechnung trug, lief Gefahr, neue revolutionäre Erschütterungen hervorzurufen. Bismarck wurde zum „Revolutionär", weil er das wusste. Doch er sah in der „Revolution von oben" keinen Bruch mit der preußischen Tradition, sondern geradezu deren Quintessenz: „Revolutionen machen in Preußen nur die Könige", bemerkte er gegenüber Napoleon III., als dieser ihn während des Verfassungskonflikts vor der Gefahr einer Revolution in Preußen warnte.

Heinrich August Winkler: Der lange Weg nach Westen. Deutsche Geschichte 1806–1933, Bonn 2002 (Sonderausgabe), S. 185

M 8 Bismarck als Schmied mit Germania. Das Schwert trägt die Gravur „UNITAS" (lat. „Einheit"). Dieser Druck nach einem Gemälde von Guido Schmitt aus dem Jahr 1866 war im deutschen Kaiserreich massenhaft verbreitet.

2. Stellen Sie die Ursachen für die Gründung des deutschen Kaiserreichs 1871 auf der Grundlage des Darstellungstextes und M 3 in einem Schaubild dar.

3. a) Arbeiten Sie aus M 4 Bismarcks Politikverständnis und seine politischen Ziele heraus.
b) Bismarck wurde als „Schmied der deutschen Einheit" bezeichnet und dargestellt (M 8). Überprüfen Sie diese Metapher mithilfe des Darstellungstextes und M 7.

4. Vergleichen Sie die Aussagen von Rudolf Ihering 1866 (M 5) und erklären Sie die Veränderung des Liberalismus.

5. Vergleichen Sie die Darstellungen Bismarcks und Preußens in den Karikaturen M 1, M 2 und M 6.

6. Erörtern Sie auf der Basis des Darstellungstextes, von M 7 und der Definition des Revolutionsbegriffs auf S. 7, ob es sich beim Prozess der Reichsgründung um eine „Revolution von oben" handelte.

+ Projektvorschlag: Nach der Reichseinigung 1871 wurden zahlreiche Denkmäler für den Deutsch-Französischen Krieg, Bismarck und Wilhelm I. errichtet.
a) Recherchieren Sie die Geschichte eines dieser Denkmäler und präsentieren Sie sie.
b) Diskutieren Sie einen sinnvollen Umgang mit einem solchen Denkmal in der Gegenwart.

Verfassungs- oder Obrigkeitsstaat?

Die Reichsverfassung von 1871

M 1 Die Eröffnung des 1888 unter Kaiser Wilhelm II. neu zusammentretenden Deutschen Reichstages im Berliner Schloss. Ausschnitt aus einem Monumentalgemälde von Anton von Werner, 1893.
1 Kaiser Wilhelm II.,
2 Reichskanzler Bismarck,
3 Abgeordnete des Reichstags

1. Stellen Sie ausgehend von M 1 Hypothesen über das Verhältnis von Kaiser, Kanzler und Reichstag auf.

1871 verabschiedete der neu gewählte deutsche Reichstag eine **Verfassung,** die erste für ganz Deutschland, die tatsächlich in Kraft trat. Viel später als Staaten wie Frankreich und Großbritannien war Deutschland zum Nationalstaat geworden. Daher wurde in der Geschichtswissenschaft von einer „nachholenden Modernisierung" Deutschlands gesprochen. Das Deutsche Reich war nun eine **konstitutionelle Monarchie**, aber manche Zeitgenossen und spätere Historiker werteten seine Verfassung als Ausdruck eines autoritären Obrigkeitsstaates. Andere dagegen sahen sie eher in der Tradition der Paulskirchenverfassung von 1849. Die heutige Forschung deutet sie als Kompromiss aus obrigkeitsstaatlichen und modernen Elementen.

Zunächst ist ein starker obrigkeitsstaatlicher Zug nicht zu leugnen. Schon in der Präambel der Verfassung wird das Verständnis der Politik „von oben" deutlich. Die Fürsten, nicht das Volk, „schließen einen ewigen Bund", heißt es dort. An der Spitze des Reichs stand der Erbkaiser. Ihm allein war der Reichskanzler verantwortlich, nicht dem Reichstag. Kaiser und Kanzler bildeten das Zentrum der politischen Macht. Der Kaiser berief Reichstag und Bundesrat ein und konnte sie auflösen. Er hatte den Oberbefehl über das Heer, auf das der Reichstag ebenso wenig Einfluss hatte wie auf Regierung und Verwaltung. Die Exekutive stand also in der Tradition früherer Monarchien. Aber sie war durch Verfassung und Parlament eingeschränkt; es gab eine Gewaltenteilung. Der Reichstag, die Vertretung des Volkes, war schwächer als andere Institutionen, aber Gesetze bedurften seiner Zustimmung. Insbesondere weil er über das Budgetrecht verfügte, musste sich die Regierung mit den Parteien einigen. Dies gab dem Reichstag politisches Gewicht.

Budgetrecht: das Recht eines Parlamentes, den Haushaltsplan eines Staates, also die Einnahmen und Ausgaben, festzulegen

Als modernes Element gilt besonders das Wahlrecht: Das allgemeine, gleiche, direkte und geheime Wahlrecht für Männer ab 25 Jahre war eines der fortschrittlichsten Wahlrechte seiner Zeit. In den Einzelstaaten und außerhalb des Reichs waren an Vermögen gebundene oder gestaffelte Wahlrechte die Regel, so etwa beim preußischen Dreiklassenwahlrecht. Und obwohl die Reichsverfassung keine Grundrechte enthielt, war das deutsche Kaiserreich ein Verfassungs- und Rechtsstaat. Auch der Kaiser war an die Verfassung gebunden, politische Entscheidungen und Gerichtsverfahren fanden im Rahmen der Verfassung und der geltenden Gesetze statt.

Unitaristische und föderative Elemente

Kaiser, Reichskanzler und Reichstag waren die wichtigsten unitaristischen, also für das ganze Reich zuständigen Institutionen. Dennoch war das deutsche Kaiserreich ein Bundesstaat. Die Einzelstaaten waren zwar nicht mehr souverän, aber hatten für sich selbst weitreichende Befugnisse. Im Reich waren sie im Bundesrat vertreten. Die Vertreter der Einzelstaaten waren nicht vom Volk gewählt, es waren Vertreter der von den Fürsten eingesetzten Regierungen. Ein Reichsgesetz bedurfte der Zustimmung des Bundesrats. Selbst Kriegserklärungen benötigten die Zustimmung des Bundesrates, aber nicht des Reichstags. Der Bundesrat konnte sogar zusammen mit dem Kaiser den Reichstag auflösen. Der Bundesrat war demnach ein starkes föderatives und zugleich obrigkeitsstaatliches Element.

Preußen, das zwei Drittel des Reichsgebiets und der Bevölkerung umfasste, sprach die Verfassung eine herausgehobene Stellung zu. Der preußische König war zugleich deutscher Kaiser, der Reichskanzler war fast immer auch preußischer Ministerpräsident. Im Bundesrat verfügte Preußen mit seinen 17 Stimmen über mehr als die 14 Stimmen, die für ein Veto gegen ein Gesetz notwendig waren. Preußen bestimmte die Politik, gegen die preußische Regierung war im Reich keine Politik möglich.

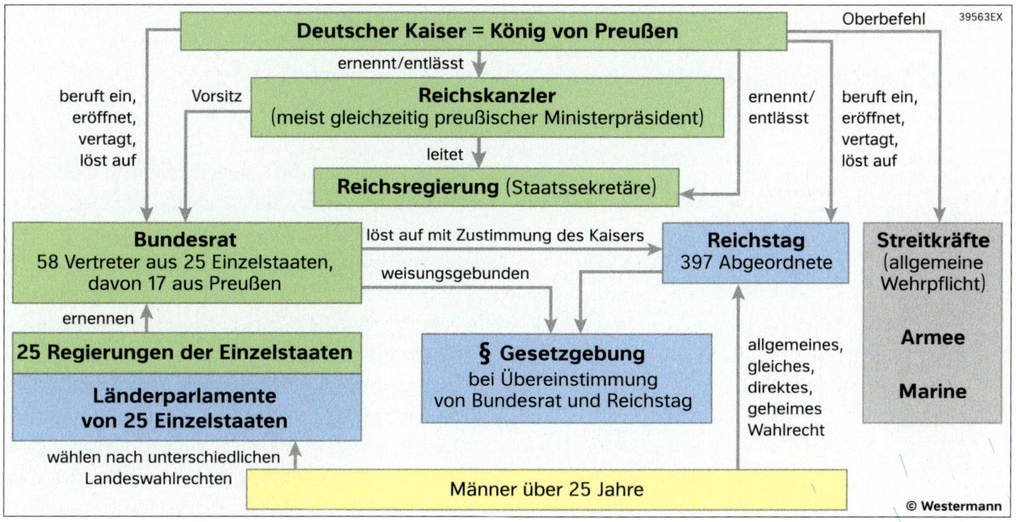

M 2 Schaubild der Reichsverfassung von 1871. Sie wird wegen der großen Bedeutung des ersten deutschen Reichskanzlers auch als „Bismarcksche Reichsverfassung" bezeichnet.

M 3 Das Urteil eines Zeitgenossen

August Bebel (Sozialdemokratische Arbeiterpartei) sagte am 8. November 1871 im Reichstag:

Meine Herren, das Volk ist nicht der Regierung wegen da, sondern die Regierung des Volkes wegen; die Regierung soll den Willen des Volkes ausführen, sie soll nichts weiter sein, als die vollziehende Gewalt. Wie steht es aber in Wahrheit? Die Regierungen haben die Macht, die Regierungen haben den Willen, und die Volksvertretung hat einfach ja zu sagen und zu gehorchen, und wenn sie das nicht tut, so gibt man ihr moralische Fußtritte, wie sie dieselben schon so oft bekommen hat. [...]

Nicht der Reichskanzler ist seit dem Jahre 1866 konstitutioneller geworden, sondern die liberalen Parteien, die parlamentarischen Versammlungen sind nachgiebiger geworden, das ist des Pudels Kern. *[Große Unruhe.]* Sie treten nicht mehr mit den Forderungen heraus, welche sie noch vor dem Jahre 1866 aufgestellt haben. Sie haben dem Reichskanzler eine Verfassung gegeben, die deutsche Reichsverfassung, wie sie reaktionärer gar nicht gedacht werden kann. *[Gelächter.]*

Meine Herren, mit einer solchen Verfassung kann allerdings ein jeder Minister regieren, das ist keine Verfassung für das Volk, das ist weiter nichts als der Scheinkonstitutionalismus in rohester Form, [...] der die parlamentarische Form gebraucht, weil die öffentliche Meinung sie für notwendig hält [...].

Zit. nach www.reichstagsprotokolle.de/Blatt3_k1_bsb00018331_00212.html (24.10.2020)

M 4 Ein heutiges Historikerurteil

Der Historiker Christoph Nonn urteilt:

Dem Reichstag war als Volksvertretung nur die Rolle eines demokratischen Feigenblattes zugedacht. Seine Kompetenzen beschränkten sich auf Mitwirkung an der Gesetzgebung und Bewilligung des Reichshaushaltes. Gewählt wurde er nach einem für damalige Verhältnisse ausgesprochen demokratischen Wahlrecht [...]. Bismarck hoffte, dass angesichts des zahlenmäßigen Übergewichts der ländlichen Bevölkerung dadurch im Reichstag konservative Mehrheiten zustande kommen würden. Diese Hoffnung erfüllte sich aber erst einmal nicht. Während des größten Teils der 1870er-Jahre stellten vielmehr Liberale die Mehrheit im Reichstag.

Christoph Nonn: Das Deutsche Kaiserreich. Von der Gründung bis zum Untergang, München 2017, S. 36 f.

Ergänzung zu M 3:
Reichstagspräsident Eduard von Simson, ein Nationalliberaler, ließ den Reichstag darüber abstimmen, ob Bebel das Wort entzogen werden solle. Der Reichstag entschied sich mit großer Mehrheit dafür. Simson hatte bereits 1849 die Paulskirchendelegation angeführt, die dem preußischen König Friedrich Wilhelm IV. die Krone angeboten hatte.

2. a) Analysieren Sie M 3.
   b) Vergleichen Sie M 3 mit M 4.
3. Überprüfen Sie Ihre ausgehend von M 1 aufgestellten Hypothesen.
4. a) Vergleichen Sie die Verfassungen von 1849 (→ S. 60) und 1871 (M 2).
   b) Beurteilen Sie unter Berücksichtigung dieses und des vorhergehenden Kapitels, ob mit der Reichseinigung von 1871 die Ziele der Revolution von 1848/49 verwirklicht wurden.
5. Erörtern Sie die Frage, ob die Reichsverfassung von 1871 eher konstitutionell oder eher obrigkeitsstaatlich war.

Italien – Vorbild für Deutschland?

„Risorgimento“: Italien auf dem Weg zum Nationalstaat 1815 bis 1870

M 1 Italien nach dem Wiener Kongress, 1815

1. a) Beschreiben Sie anhand von M 1 die politische Lage Italiens nach dem Wiener Kongress.
   b) Arbeiten Sie aus M 1 mögliche Hindernisse auf dem Weg zu einem italienischen Nationalstaat heraus.

Italien nach dem Wiener Kongress

Italien war nach dem Wiener Kongress wie Deutschland politisch ein Flickenteppich: Die meisten Staaten in Oberitalien standen unter der Herrschaft der österreichischen Habsburger, die als Fremdherrscher empfunden wurden. Im Süden herrschten die spanischen Bourbonen über das Königreich beider Sizilien. Dazwischen lag der Kirchenstaat mit dem Papst als weltlichem Oberhaupt. Einzig das Königreich Sardinien-Piemont war ein unabhängiges „italienisches“ Staatsgebilde. Alle italienischen Staaten wurden absolutistisch regiert, es gab ein allgegenwärtiges Unterdrückungssystem. Gegen die Zersplitterung, die fehlenden Freiheitsrechte und die Fremdherrschaft regte sich schon früh Widerstand. 1820/21 kam es im Königreich beider Sizilien zu revolutionären Aufständen, 1821 im Piemont, 1831 in Mittelitalien. Sie alle wurden von österreichischen Truppen niedergeschlagen.

In der Bewegung für ein geeintes Italien lassen sich zwei Richtungen unterscheiden:

- Die Nationaldemokraten waren stärker als in Deutschland. In zahlreichen Aufständen kämpften sie für eine Einigung Italiens von unten, für Demokratie, Republik und die Gleichheit aller Bürger. Dieser linke Flügel ist mit den Namen von Guiseppe Mazzini und Guiseppe Garibaldi verbunden (M 3 a und c).
- Die Nationalliberalen zielten auf eine Staatsgründung von oben ab. Italien sollte konstitutionelle Monarchie werden, mit dem König von Sardinien-Piemont an der Spitze. Diese Richtung wurde politisch von Camillo Benso von Cavour (M 3 b) angeführt. Er gab ab 1847 die Zeitung „Il **Risorgimento**“ („Die Wiedererstehung“) heraus, die dem gesamten Einigungsprozess Italiens den Namen gab.

Zunächst war die italienische Nationalbewegung ein Phänomen der besitzenden und gebildeten Schichten. Ein Großteil der Italiener war sehr arm und stand dem Risorgimento fern. Dies hing mit der wirtschaftlichen Rückständigkeit und der kulturellen Zersplitterung Italiens zusammen. Mitte des 19. Jahrhunderts war nur ein Viertel der Bevölkerung alphabetisiert, nur etwa 2 % beherrschten das hochsprachliche Italienisch. Und erst gegen Ende des 19. Jahrhunderts begann die Industrialisierung, allerdings fast nur im Norden.

Die Revolution von 1848/49 und der Erste Unabhängigkeitskrieg

Im Januar 1848 kam es in Sizilien und Oberitalien zu Aufständen. Sie waren der Auftakt zu Revolutionen an vielen Orten: Im März gelang es Aufständischen, in Barrikadenkämpfen während der legendären „Fünf Tage von Mailand“ – damals die Hauptstadt Lombardo-Venetiens – die österreichischen Truppen zum Abzug aus Mailand zu zwingen. Lombardo-Venetien erklärte sich nun von Österreich unabhängig. In Venedig, der zweiten bedeutenden Stadt dieses Königreichs, wurde die Republik ausgerufen. Zur Unterstützung Lombardo-Venetiens zog die Armee von Sardinien-Piemont in den Krieg gegen Österreich (Erster Italienischer Unabhängigkeitskrieg). Damit stellte sich der König von Sardinien-Piemont an die Spitze der italienischen Einigungsbewegung. Ihm ging es jedoch weniger darum, die italienischen Staaten zu einigen, als vielmehr darum, die Macht seines Staates in Oberitalien auszudehnen und zugleich die Ausbreitung demokratischer Republiken zu verhindern. Auch im Kirchenstaat kam es zur Revolution. 1849 riefen Demokraten die Römische Republik aus, der Papst musste fliehen.

Doch auch wenn es zahlreiche Erhebungen gab: Eine der Frankfurter Nationalversammlung vergleichbare nationale Einrichtung entstand 1848/49 in Italien nicht. Und letztlich scheiterte auch hier die Revolution. Österreichische, französische und spanische Truppen schlugen die Aufstände überall nieder, besiegten die Truppen Sardinien-Piemonts und richteten den Kirchenstaat wieder ein.

Gründung Italiens – nur „von oben“?

Die Idee eines italienischen Nationalstaats lebte weiter. 1852 wurde Cavour Ministerpräsident von Sardinien-Piemont. Aus der Erfahrung des Scheiterns von 1848/49 zog er den Schluss, dass Österreich nur durch Unterstützung von außen ausgeschaltet werden könne. Daher ging er 1858 einen Geheimvertrag mit dem französischen Kaiser Napoleon III. ein. Dieser versprach sich von dem Pakt Gebietserweiterungen. 1859 kam es tatsächlich zum Krieg zwischen Sardinien-Piemont und Frankreich auf der einen Seite und Österreich auf der anderen Seite (Zweiter Italienischer Unabhängigkeitskrieg). Österreich wurde geschlagen und musste die Lombardei an Sardinien-Piemont abtreten; Frankreich erhielt dafür Savoyen und Nizza. In Mittelitalien wurden die habsburgischen Herrscher durch Demonstrationen vertrieben. In Volksabstimmungen entschied sich eine große Mehrheit für einen Beitritt zu Sardinien-Piemont. Damit waren Ober- und Mittelitalien 1860 bis auf Venetien und einen Teil des Kirchenstaats vereint.

Der Süden Italiens wurde 1860 von Garibaldi erobert, der mit etwa tausend Freiwilligen auf Sizilien landete, die Truppen des Königs beider Sizilien besiegte und schließlich Neapel einnahm. In Sorge um die Führungsrolle Sardinien-Piemonts und vor den republikanischen Truppen Garibaldis ließ Cavour die Armee nach Süden marschieren. Nachdem auch die Volksabstimmung im Königreich beider Sizilien eine überwältigende Mehrheit für den Beitritt zu Sardinien-Piemont ergeben hatte und weil er einen Bürgerkrieg zwischen den Truppen Sardinien-Piemonts und seinen Leuten fürchtete, verzichtete Garibaldi auf seinen Führungsanspruch und damit auch auf ein demokratisch-republikanisches Italien. Im März 1861 wurde das Königreich Italien als konstitutionelle Monarchie unter dem König von Sardinien-Piemont, Viktor Emanuel II., ausgerufen. Italien war durch Cavours Weg „von oben“ geeinigt worden, aber die Unterstützung „von unten“ trug entscheidend zum Erfolg des Risorgimento bei.

Die Vollendung der italienischen Einheit hing mit dem Aufstieg Preußens zusammen: 1866 schloss sich Italien der preußischen Kriegserklärung an Österreich an. Nach der Niederlage musste Österreich Venetien abgeben, das nach einer Volksabstimmung ebenfalls zu Italien kam. 1870 zog Frankreich wegen des Kriegs mit den deutschen Staaten seine Truppen aus dem Kirchenstaat ab, die als Schutzmacht des Papstes gedient hatten. Italienische Truppen nahmen den Kirchenstaat daraufhin fast kampflos ein, sodass auch er Italien eingegliedert werden konnte. Der Papst wurde als weltlicher Herrscher entmachtet, er war nun nur noch Oberhaupt der katholischen Kirche. Seit 1871 ist Rom die Hauptstadt Italiens.

M2 Barrikadenkampf während der „Fünf Tage von Mailand“. Ausschnitt aus einer Farbskizze von Felice Donghi, 1848

M3 Die italienische Einigung – drei Biografien

Mazzini

a) Giuseppe Mazzini (1805–1872) war Ideengeber für einen demokratisch-republikanischen italienischen Nationalstaat. Nach einer Haftstrafe ging er 1830 ins Exil und lebte fast sein ganzes Leben in der Schweiz, Frankreich und England. Vom Exil aus lenkte er mehrere Aufstände in Italien und wurde deshalb in Abwesenheit zum Tode verurteilt. 1831 gründete er die Bewegung „Giovine Italia" („Junges Italien"). Mit Demokraten anderer Länder rief er 1834 „Junges Europa" ins Leben, einen Geheimbund, der ein demokratisches Europa der Völker anstrebte. Während der Revolution von 1848/49 rief er im Kirchenstaat die Römische Republik aus. Nach deren Zerschlagung flüchtete er wieder ins Ausland. Den Weg Cavours – die Einigung Italiens von oben als konstitutionelle Monarchie – lehnte Mazzini ab.

Cavour

b) Camillo Benso Graf von Cavour (1810–1861) war ein liberaler Politiker aus dem Königreich Sardinien-Piemont. Er entstammte einer adligen Familie aus Turin. Cavour strebte eine wirtschaftliche und infrastrukturelle Modernisierung Italiens an. Unter seiner Führung als Ministerpräsident von Sardinien-Piemont wurde Italien durch Angliederung der einzelnen Staaten an Sardinien-Piemont geeinigt. Cavour wurde italienischer Ministerpräsident, starb aber bereits zwei Monate nach Gründung des Königreichs Italien.

Garibaldi

c) Guiseppe Garibaldi (1807–1882) schloss sich früh Mazzinis „Jungem Italien" an. 1834 floh er vor einer Todesstrafe wegen der Teilnahme an einem Aufstand nach Südamerika. Dort kämpfte er mit seinen „italienischen Legionen" in mehreren Freiheitskriegen und lernte seine Frau Anita kennen, die aktiv an Kämpfen in Südamerika und Italien teilnahm. 1848 kehrte Garibaldi nach Italien zurück und wurde bald zum Anführer der Revolutionsarmee der Römischen Republik ernannt. Nach deren Niederlage ging er bis 1854 ins Exil in die USA. Im zweiten Unabhängigkeitskrieg 1859 kämpfte Garibaldi zunächst in der Armee von Sardinien-Piemont. 1860 kündigte er die Unterstützung Cavours auf und landete mit einem Freiwilligenheer auf Sizilien („Zug der Tausend"). Von dort aus eroberten sie das Königreich beider Sizilien. In Teano bei Neapel begrüßte Garibaldi König Viktor Emanuel II. von Sardinien-Piemont als „König von Italien", im November 1860 ritten beide gemeinsam in Neapel ein. Bis heute ist Garibaldi als Freiheitskämpfer (und Frauenheld) populär. Er konnte zahlreiche Kämpfe gegen zahlenmäßig überlegene Regierungstruppen gewinnen. An ihn wird mit Denkmälern und Straßennamen erinnert, er wird in Liedern, in der Literatur und in Spielfilmen gefeiert, sein Name wird sogar in der Werbung verwendet.

M4 Garibaldi-Denkmal in einem öffentlichen Garten in Venedig, errichtet Ende des 19. Jahrhunderts

2. Arbeiten Sie aus dem Darstellungstext heraus, welche Akteure am italienischen Einigungsprozess beteiligt waren.

3. a) Vergleichen Sie die politischen Positionen und Mittel von Mazzini, Garibaldi und Cavour und beurteilen Sie ihre Erfolge (M3 a–c).
b) Bewerten Sie den Heldenstatus Garibaldis (M3 c, M4).

4. a) Analysieren Sie den „Schwur des Jungen Italien" (M6).
b) Vergleichen Sie Inhalt und Rhetorik mit Siebenpfeiffers Rede auf dem Hambacher Fest (S. 51, M4).

M 5 (links) Die Karikatur aus der britischen Satirezeitschrift „Punch" vom 17. November 1860 zeigt Garibaldi und Viktor Emanuel II. Die Unterzeile lautet: "Right leg in the boot at last", und darunter steht: "Garibaldi: 'If it won't go on, Sire, try a little more powder.'"

M 6 Ein Eid der Linken

Mitglieder von „Junges Italien" (→ M 3 a) mussten folgenden, von Mazzini verfassten Eid schwören:

Im Namen Gottes und Italiens, im Namen der Märtyrer der heiligen italienischen Sache, die unter den Schlägen fremder und heimischer Tyrannis fielen [...]:

Da ich an die Mission, die Gott Italien gegeben, glaube, sowie an die Pflicht, dass jeder als Italiener Geborene zu ihrer Erfüllung mitwirken muss,

Überzeugt, dass da, wo Gott eine Nation gewollt, auch die notwendigen Kräfte, sie zu gründen, vorhanden sind; dass das Volk der Hort dieser Kräfte ist; dass das Geheimnis des Sieges darin besteht, dass er für das Volk und mit dem Volk errungen wird [...],

Gebe ich, N.N., meinen Namen dem „Jungen Italien", einer Gesellschaft von Männern, vom gleichen Glauben beseelt, und schwöre, mich ganz und für immer im Verein mit diesen zur Gründung Italiens als einer einheitlichen, freien, unabhängigen und republikanischen Nation hinzugeben.

Giuseppe Mazzini: Politische Schriften (übers. v. Siegfried Flesch), Leipzig: 1911, S. 109 ff. (bearb.)

M 7 Wirkungen auf Deutschland

Der Historiker Jörn Leonhard schrieb 2005:

[E]ine wachsende Zahl von Liberalen in Deutschland [begann] seit dem Ende der 1850er-Jahre [...], im Blick auf die Rolle Cavours in Italien auch in Deutschland auf einen [...] „großen und festen Mann" zu bauen, der Deutschland „cavourisieren" könne. [...] Denn in Italien war es Cavour gelungen, ein wenn auch fragiles und spannungsreiches Bündnis zwischen staatlicher Macht und Nation, zwischen Piemont und der bürgerlichen Nationalbewegung zu schließen. Cavour symbolisierte jenes Zusammenwirken von nationalem Gedanken und liberaler Idee, das man in Deutschland einstweilen vergebens suchte. Zudem lief seine Strategie auf eine nicht revolutionäre [...] Staatsumwälzung im Namen der Nation hinaus. [...] Während man den Kurs Guiseppe Mazzinis aus der Perspektive deutscher Liberaler daher als national- und sozialrevolutionär ablehnte, blieben Cavour und mit ihm die moderati [...] ein beeindruckend glückliches Beispiel staatsmännischer Kunst, im Falle Cavours sogar politischen Genies. So sehr man in Guiseppe Garibaldi das individuelle Heldentum anerkannte, so zurückhaltend bis skeptisch blieb die Reaktion auf seine nationalrevolutionäre Initiative [...]. Eine solche Konstellation, und vor allem eine solche politisch-integrierende Persönlichkeit wie Cavour existierte in Deutschland weder 1859 noch später. Dies verbot insofern eine einfache Übertragung des italienischen Modells der Nationalstaatsbildung auf die deutschen Verhältnisse. Weder galt Preußen als politisch und konstitutionell liberales Staatsmodell wie Piemont in Italien, noch bekannte sich Bismarck wie Cavour zum parlamentarischen Verfassungsstaat.

Jörn Leonhard: Initial oder Modell? Die Perzeption des italienischen Risorgimento in Deutschland seit 1850, in: Friedrich-Naumann-Stiftung (Hg.): Jahrbuch zur Liberalismus-Forschung 17, Baden-Baden 2005, S. 199–214, hier S. 213 f.

moderati: gemäßigte Liberale

5. a) Arbeiten Sie aus M 7 die Wahrnehmung des italienischen Einigungsprozesses in Deutschland heraus.
b) Vergleichen Sie die deutsche und italienische Nationalstaatsbildung.
Beachten Sie dabei folgende Kriterien: Hindernisse, gesellschaftliche Voraussetzungen, Akteure und ihre politischen Ziele, Revolution von oben/unten.

Politische Modernisierung im 19. Jahrhundert

→ S. 48–53

Aufbruch oder Restauration?

Einheit und Freiheit – das waren die Ziele der Opposition im **Vormärz**. Viele Bürger setzen sich in Vereinen, in Schriften und auf Demonstrationen wie dem Hambacher Fest 1832 für einen deutschen Nationalstaat, für politische Mitbestimmung und für Grundrechte ein. Sie kritisierten die Restaurationspolitik des Deutschen Bundes, die Pressezensur, die Verfolgung von Oppositionellen und die „Kleinstaaterei". Nicht nur in Deutschland, auch in anderen Staaten gärte der Protest gegen die Fürstenherrschaft. **Nationalismus** und **Liberalismus** waren europäische Phänomene. Die Oppositionellen solidarisierten sich über die Landesgrenzen hinweg, wie bei der „Polenbegeisterung" in Deutschland.

→ S. 54–57

Ein Meilenstein der Demokratiegeschichte?

1848 brachen in vielen europäischen Staaten Revolutionen aus. Barrikadenkämpfe wurden zum Symbol der **„Revolution von unten"**. Die Märzrevolution in Deutschland war zunächst erfolgreich. Unter ihrem Druck gaben die Fürsten nach, gewährten **Menschen- und Bürgerrechte** und versprachen einen deutschen **Nationalstaat**. Aber sie blieben an der Macht. Auch strebte die Mehrheit der Revolutionäre nach Veränderungen mit und nicht gegen die Fürsten. Zudem wollten die Liberalen den parlamentarischen Weg zu Einheit und Freiheit gehen, nicht den der Gewalt. Radikale Demokraten wie Friedrich Hecker scheiterten mit dem Versuch, die Republik einzuführen.

→ S. 58–63

Volksstaat oder Fürstenstaat?

Ab Mai 1848 tagte in der Frankfurter Paulskirche die **Nationalversammlung**, das erste frei gewählte deutsche **Parlament**. Es musste eine Doppelaufgabe lösen: einen deutschen Nationalstaat schaffen und dafür eine freiheitliche Verfassung erarbeiten. Innerhalb des Parlaments bildeten sich Fraktionen; die parlamentarische Arbeit musste erlernt werden. Am 28. März 1849 wurde die **Verfassung** verabschiedet, eine **konstitutionelle Monarchie** mit **Grundrechten**, **allgemeinem, gleichem Wahlrecht** (für Männer) und dem preußischen König als Erbkaiser an der Spitze. Man entschied sich für die „kleindeutsche" Lösung ohne Österreich. Die Verfassung der Paulskirche trat nie in Kraft, aber sie prägte die weitere deutsche Geschichte.

→ S. 64–69

Die Revolution scheitert – oder nicht?

Seit dem Sommer 1848 gewannen die Fürsten wieder an Macht. Im Herbst 1848 wurde eine neue Revolution in Österreich niedergeschlagen, kurz darauf beendete Militär die Revolution in Preußen. So gestärkt, lehnte der preußische König Friedrich Wilhelm IV. die ihm von der Nationalversammlung angebotene deutsche Kaiserkrone ab. Eine Krone aus der Hand von Revolutionären kam für ihn nicht infrage. In der Folge flammte an verschiedenen Orten im Frühjahr 1849 die „Reichsverfassungskampagne" auf, die die Verfassung doch noch durchsetzen wollte. Sie wurde jedoch vom Militär niedergeschlagen. Im Sommer 1849 galt die Revolution als gescheitert, die **Gegenrevolution** hatte sich durchgesetzt. Doch die Revolution von 1848/49 hatte durchaus langfristige Folgen, wie z. B. die Politisierung der Gesellschaft, sodass heute diskutiert wird, ob sie nicht doch erfolgreich war.

Ein Schritt auf dem Weg zu einem vereinten Europa?

→ S. 72–75

1848/49 fanden in vielen europäischen Staaten Revolutionen statt, die sich gegenseitig beeinflussten und ähnlichen Zielen folgten. Ausgangspunkt war die Februarrevolution in Frankreich. Auch war der Ablauf in verschiedenen Ländern ähnlich: Nach Anfangserfolgen, dem „europäischen Völkerfrühling“ 1848, scheiterten die Revolutionen überall. Trotzdem handelten die Revolutionäre kaum gemeinsam, sie zielten auch nicht auf ein gemeinsames Europa, sondern auf nationale und liberale Ziele im eigenen Land. Überschnitten sich Gebietsansprüche der Nationalbewegungen (wie in Posen), gewann der nationale Egoismus die Oberhand gegenüber der europäischen Solidarität.

Eine „Revolution von oben“?

→ S. 76–79

1871 wurde Deutschland doch noch Nationalstaat. Der preußische König Wilhelm I. wurde deutscher Kaiser, das **Deutsche Kaiserreich** wurde ausgerufen. Es war eine Gründung „von oben“ durch die Fürsten, geführt von Preußen und Otto von Bismarck. Aber war es auch eine **„Revolution von oben“**, so wie die Ereignisse der Jahre 1848/49 als **„Revolution von unten“** bezeichnet werden können? Die Mehrheit der liberalen Nationalbewegung unterstützte Bismarcks Weg. Durch die „Reichseinigungskriege“ waren mit Österreich und Frankreich Gegner der preußisch dominierten deutschen Einheit ausgeschaltet worden, und es war eine nationale Begeisterung entstanden, die der lang ersehnten Einheit den Vorrang vor der Freiheit gab.

Verfassungs- oder Obrigkeitsstaat?

→ S. 80–81

Die **Verfassung** des Deutschen Kaiserreichs von 1871 war eine konstitutionelle Monarchie. Viele Zeitgenossen sahen in ihr die Verwirklichung der Ziele von 1848/49, eine Minderheit kritisierte sie als autoritäre, fast absolutistische Scheinverfassung. Diese Diskussion führte auch die Geschichtswissenschaft; heute wird die Reichsverfassung 1871 als Kompromiss gedeutet. Unstrittig ist, dass sie mit den weitreichenden Befugnissen von Kaiser und Reichskanzler einen starken obrigkeitsstaatlichen Charakter aufwies. Der nach dem allgemeinen, gleichen (Männer-)Wahlrecht gewählte Reichstag ist das moderne Element der Verfassung.

Italien – Vorbild für Deutschland?

→ S. 82–85

Wie Deutschland war auch Italien nach 1815 ein in einzelne Staaten aufgeteiltes Land. Erschwerend kam hinzu, dass fast ganz Italien unter der Herrschaft ausländischer Mächte – Österreich und Spanien – stand. Das **Risorgimento** („Wiedererstehung“), die Bewegung für ein geeintes Italien, hatte einen gemäßigten Flügel, der von Cavour bestimmt wurde und für ein Italien als konstitutionelle Monarchie eintrat. Cavour ebnete als Ministerpräsident von Sardinien-Piemont den Weg für die Gründung Italiens „von oben“ 1861. Aber auch der starke linke Flügel des Risorgimento, der, angeführt von Mazzini und Garibaldi, in zahlreichen Aufständen für ein demokratisches Italien kämpfte, trug „von unten“ zur Einigung Italiens bei. In der deutschen Nationalbewegung wurde die italienische Entwicklung verfolgt, aber war sie auch Vorbild?

Europäische Gesellschaften im Wandel

Fabrikarbeit im späten 19. Jahrhundert – das bedeutete: Alltag zwischen großen, lauten Maschinen, deren Motoren und Riemen offen lagen, die Hitze und Schmutz erzeugten. Eine Unachtsamkeit konnte schnell zum Unfall führen, Arbeiterinnen und Arbeiter erlitten nicht selten ernsthafte Verletzungen. Dabei waren Arbeitszeiten von mehr als zwölf Stunden eher die Regel als die Ausnahme, und doch reichte der Lohn häufig kaum zum Überleben einer Familie.
Auf der anderen Seite: die Industriellen, die im Besitz der Fabriken, der Maschinen und häufig auch der Wohnungen waren, in denen die Arbeiterfamilien lebten. Sie verdienten an jeder produzierten Eisenbahnschiene, an jeder Lokomotive. Ihre Villen waren Ausdruck des neuen Wohlstandes, existenzielle Sorgen waren ihnen fremd.
Die neue Industriegesellschaft war geprägt durch neue Abhängigkeitsverhältnisse; ihre bedeutendsten Konfliktfelder waren die Verteilung des Profits und die Arbeitsbedingungen.

Abbildungen

- Robert Köhler: Der Streik, 1886. Ölfarben auf Leinwand, 182 x 276 cm. Deutsches Historisches Museum, Berlin
- (unten) Blick in die Küche einer Berliner Arbeiterwohnung. Fotografie, um 1900

Neustart der Arbeit, des Alltags, der Beziehungen?

Lebensbedingungen um die Mitte des 19. Jahrhunderts

M 1 Das um 1565 entstandene Gemälde des Malers Maerten van Cleve ist unter den Titeln „Flämische Haushaltung" und „Bauernstube mit vornehmen Besuchern" bekannt. Es zeigt Menschen in einem typischen Haushalt des 16. Jahrhunderts.

1. a) Beschreiben Sie die Abbildung M 1. Achten sie vor allem auf folgende Aspekte:
   - Welche Figuren gehören wohl zum „flämischen Haushalt" und welche sind vermutlich die vornehmen Besucher?
   - Welchen Tätigkeiten gehen die Haushaltsmitglieder nach?

   b) Bilden Sie Hypothesen zu der Frage, wie die Industrialisierung die großfamiliären Strukturen verändert hat.

   c) Überprüfen Sie Ihre Annahmen mithilfe des Darstellungstextes.

Die traditionelle Haushaltsfamilie

In der vorindustriellen Welt, also bis ins späte 18. Jahrhundert, war die sogenannte Haushaltsfamilie die übliche Lebensgemeinschaft der Menschen in Europa. Neben der eigentlichen Kernfamilie, bestehend aus Eltern und Kindern, gehörten auch weitere Verwandte wie Tanten, Onkel, Groß- und Urgroßeltern sowie das Gesinde dazu, also Ammen, Mägde, Knechte und Gesellen. Das Haus war nicht nur Lebensort, sondern gleichzeitig auch Arbeitsstätte, in der sich alle zum Haushalt Gehörenden am Produktionsprozess beteiligten, sei es bei der Arbeit auf dem Feld, der Kinderbetreuung, der Zubereitung der Speisen oder bei handwerklichen Tätigkeiten. Wer alt oder krank wurde, konnte davon ausgehen, von den anderen Familienmitgliedern versorgt zu werden. Bei der Übergabe eines Handwerksbetriebes oder Bauernhofes an den Sohn war die Versorgung der Eltern und des Gesindes sogar eine Verpflichtung. Waren Bauernfamilien allein nicht in der Lage eine Notlage zu bewältigen, so durften sie auf weitere Hilfe ihres Grundherrn hoffen. Bei Handwerkern konnten in Notzeiten die Zünfte für Unterstützung sorgen. In begrenztem Umfang gab es darüber hinaus von den Kirchen betriebene Armenhäuser. Hier wurden vor allem diejenigen versorgt, die sich –

aus den verschiedensten Gründen – außerhalb ihrer Familie bewegten. Für die meisten Menschen war somit eine, wenn auch oft geringe, soziale Absicherung vorhanden.

Wanderungsbewegungen und Arbeitsverhältnisse

Mit Beginn der Industrialisierung verloren die Haushaltsfamilien an Bedeutung. Einsetzender Pauperismus einerseits und die neuen Möglichkeiten durch die Bauernbefreiung andererseits waren Gründe dafür, dass viele zuvor in der Landwirtschaft beschäftigte Menschen vom Land in die Städte zogen, wo durch die Industrialisierung stetig Arbeitsplätze entstanden. Man spricht deshalb auch von Landflucht. Die Bevölkerungszahl in den Städten stieg rasant an. Mit Industrie- und Gewerbegebieten entstanden auch neue Wohnsiedlungen. Dörfer im Umfeld der Städte verloren ihre Selbstständigkeit und wurden Teil der neuen industriellen Zentren.

An die Stelle der gemeinschaftlichen Arbeit auf dem bäuerlichen Hof oder im Handwerksbetrieb trat in der Stadt die Arbeit in Fabrikhallen und Werkräumen, sei es als einfacher Arbeiter, Fachangestellter oder als Unternehmer. Dies führte zu einer räumlichen Trennung von Wohnung und Arbeitsplatz – einem entscheidenden Merkmal des Zeitalters industrieller Produktion. Für die Menschen veränderte sich dadurch ihr Alltagsleben grundlegend. Die neue Fabrikarbeit war gekennzeichnet durch ein Abhängigkeitsverhältnis, das durch einen Arbeitsvertrag mit exakten Regelungen und Lohnzahlung ausgedrückt wurde. Stechuhren und strenge Vorarbeiter sorgten für die Kontrolle der erbrachten Leistung. Eine persönliche Identifikation mit der Arbeit und dem hergestellten Produkt war in der Regel nicht mehr vorhanden, auch angesichts des hohen Grades der Arbeitsteilung bei der Fabrikarbeit.

Vor allem in den Familien der Facharbeiter und des gehobenen Bürgertums waren Ehefrauen und Kinder – im Gegensatz zum Leben in der früheren Haushaltsfamilie – vom Produktionsprozess ausgeschlossen. Anders war es freilich bei den Arbeiterfamilien. Hier mussten häufig alle Familienmitglieder einer Erwerbsarbeit nachgehen. Allerdings begründeten Frauen und Kinder eigene, von der Arbeit des Familienvaters unabhängige Arbeitsverhältnisse. Die großen Haushaltsfamilien mit vielen Menschen unter einem Dach verloren durch diese Prozesse zunehmend an Bedeutung, und die Kleinfamilie, bestehend aus Eltern und ihren Kindern, entwickelte sich zur dominierenden Familienform. Mit dieser Entwicklung einher ging aber auch der Verlust der vorindustriellen sozialen Sicherungssysteme.

Die tiefgreifenden Veränderungen der Lebens- und Arbeitswelt brachen über die europäischen Staaten nicht über Nacht herein. Vielmehr vollzogen sie sich in unterschiedlichen Geschwindigkeiten und begannen zu unterschiedlichen Zeitpunkten. Frankreich durchlief im 19. Jahrhundert eine Entwicklung, die der englischen ähnlich war, nur etwas zeitversetzt. Auch Belgien gehörte zu den Vorreitern des Industrialisierungsprozesses und der damit einhergehenden gesellschaftlichen Transformation. In Spanien, Griechenland und auf dem Balkan kam es dagegen in diesem Zeitraum zwar zu Produktionszuwächsen in der Landwirtschaft, jedoch nicht zur Industrialisierung größeren Ausmaßes, weshalb die Gesellschaftsstruktur sich dort kaum veränderte.

M2 Berliner Kinder stellen Zigarrenkisten her. Holzstich, 1857. In Preußen war 1853 das Mindestalter für Kinderarbeit von 9 auf 12 Jahre heraufgesetzt worden. Die maximale Arbeitszeit der 12- bis 14-Jährigen betrug sechs Stunden; hinzu kam ein täglicher Schulbesuch.

Bauernbefreiung: regional uneinheitlich ablaufender Prozess der Aufhebung der Feudalrechte, der in Europa seit der Französischen Revolution 1789 voranschritt. Die in Abhängigkeit von Grundherren lebenden Bauern hatten lange gegen den Zwang zu Abgaben und Frondiensten sowie ihren unfreien Rechtsstatus gekämpft (weiterführend → S. 18).

M3 Vom Handwerker zum Fabrikarbeiter

In seinen in den 1830er-Jahren entstanden Reiseerinnerungen berichtet der Handwerksgeselle Johann Eberhard Dewald:

In der Pollakischen Fabrik, die nun meine Werkstatt war, traf ich zu meiner Freude einen Landsmann. [...] Niemals hätte ich erwartet und war überrascht wie nie, dass auch mein guter Gottfried Laible aus Neuenbürg als Altgeselle hier konditoniert [arbeitet]. Er war noch einsilbiger geworden, als ich ihn ohnehin beim Meister Lutz gekannt hatte, und seine Augen sahen trübselig darein. Als er mich in der weitläufigen Fabrik zum ersten Mal sah, stieg ihm doch gleich die Freude in die Augen, streckte mir die Arme weit entgegen und umarmte mich, als wär ich sein liebster Anverwandter. [...]
Ist überhaupt in einer Fabrik, wie der hiesigen, anders als in einem meisterischen Hause und kein Zusammenhalt nit unter den Gesellen. Läuft jeder seinen Weg und dreht sich nit viel nach dem anderen. Eine zunftmäßige Aufführung ist überall unter den Kollegen nit zu finden, dieweil jeder den langen Tag die gleiche Arbeit verrichten muss und dabei das Ganze aus den Augen verliert. Muss wohl in einer Fabrik solcherweis geschehen, kann mich aber nit darin schicken und mein immer, ich trieb mein Gewerb nur halb.

Zit. nach: Werner Pöls (Hg.): Deutsche Sozialgeschichte. Dokumente und Skizzen Bd. 1, 1815–1870, München [4]1988, S. 226 f.

M4 Das Umland der Städte verändert sich

In „Der junge Tobias" erzählte der 1869 geborene Schriftsteller Karl Scheffler von der Wandlung eines Dorfes bei Lübeck zum Teil der Stadt in den 1870er-Jahren:

Zuerst war die Veränderung kaum merkbar, weil das in Jahrhunderten langsam Gewordene Widerstandskraft hatte. Im ersten Jahrzehnt nach dem Kriege sah es in der Stadt und im Dorfe nicht viel anders aus als vorher. Dann aber setzte das Neue sich umso schneller und vollständiger durch. Jedes Jahr brachte Veränderungen, und bald konnte sich keiner mehr den neuen Lebensbedingungen entziehen. Im Dorfe sogar spürte man die Baulust, die jenen Jahren eigen war. Zuerst wurden weiter oben am Flusse einige große Fabriken gebaut. Sie standen zunächst ganz kurios da mit ihren hohen Ziegelsteinschornsteinen inmitten der Viehweiden. Aber es dauerte nicht lange, bis daneben Häuser entstanden, die zu dem Fabrikstil passten, bis das Grün der Weiden unter großen Haufen von Kohlen, Schutt und Abfall verschwand.
Mit den Fabriken kamen Menschen ins Dorf, die dort früher nie zu sehen gewesen waren, es sei denn in Feiertagskleidern als Ausflügler. Es waren Scharen jener Arbeiterinnen und Arbeiter, die sich von den ländlichen und handwerklichen Arbeitern auf den ersten Blick unterschieden, weil sie nichts gelernt hatten, als ein paar Handgriffe, weil kein Berufsgeist in ihnen war, weil sie zur Klasse derer gehörten, die in der Folge Proletarier genannt worden sind. Da der Weg zur Stadt zu weit war, stellte sich bald das Bedürfnis heraus, für diese Arbeiter im Dorfe selbst Wohnquartiere zu schaffen. Und da etwas Passendes nicht vorhanden war, entstanden die ersten ärmlichen Mietquartiere. Einsam im Felde erhoben sich hohe kahle Stockwerkshäuser, in denen arme Familien schmutzig und ohne Behagen nebeneinander hausten. [...]
Die Stockwerkshäuser brauchten besondere Anlagen für Licht, Wasser und Kanalisation, weil die Zusammenballung vieler Menschen in einer Wohnkaserne eine gewisse Sorge für die Volksgesundheit erfordert. Es wurden diese neuen Häuser darum mit Wasserleitung und Gasleitung versehen. [...] Als die Leitungen dann aber einmal lagen, ging man gleich auch zur Gasbeleuchtung der Straße über. Und es kam schnell die Überzeugung auf, eine Wasserleitung im Hause sei bequemer als eine Pumpe im Hofe und Gas sei vornehmer als Petroleum. [...] Für jene Arbeiter- und Mietshäuser mussten neue Straßen angelegt werden. [...] Es dauerte nicht viele Jahre, bis sich der Charakter des Dorfes von Grund auf geändert hatte. Aus dem Ackerdorf war, da die Stadt ihre Arbeitermassen nun an das Dorf abzugeben begann, ein mit der Stadt immer mehr verwachsener Vorort geworden.

Zit. nach: Hans J. Teuteberg/Clemens Wischermann (Hgg.): Wohnalltag in Deutschland 1850–1914. Bilder, Daten, Dokumente, Münster 1985, S. 53 ff.

M5 Die Perspektive eines Städters auf die Veränderungen

Der Journalist Wilhelm Heinrich von Riehl befasste sich mit gesellschaftlichen Entwicklungen seiner Zeit. In seiner „Naturgeschichte des Volkes als Grundlage einer deutschen Social-Politik", schrieb er 1861:

Das fabelhaft rasche Anwachsen unserer größeren Städte geschieht nicht durch einen Überschuss an Geburten, sondern durch einen Überschuss der Einwanderung. Das Land und die kleine Stadt wandert aus nach der Großstadt. Die überwiegende Masse dieser Einwanderer besteht aber aus einzelnen Leuten, die noch keinen festen Beruf, kein eigenes Hauswesen haben, die in der großen Stadt erst ihr Glück machen wollen. [...] Sicher finden nur wenige dieses geträumte Glück; die Mehrzahl dagegen strömt nach einiger Zeit wieder ab. Dafür treten aber wieder ebenso viele und noch mehr Nachströmende ein, die ebenso rasch verschwinden. Nicht durch die sesshafte, sondern durch die flutende und schwebende Bevölkerung werden unsere Großstädte so ungeheuerlich. [...]

Die ländliche Bevölkerung lebt größtenteils familienweise zusammen, die städtische dagegen zu einem starken Teil vereinzelt. Diese Vereinzelung nimmt zu, je mehr die größeren Städte Großstädte werden. Schon hierdurch ist eine sehr bedeutende Kluft zwischen Stadt und Land gesetzt, die sich leider durchaus nicht verringert, sondern vielmehr zusehends erweitert. Das Wachsen der städtischen Bevölkerungsziffer gegenüber der ländlichen verliert durch diesen Umstand gar sehr an sozialem Gewicht.

Zit. nach: www.projekt-gutenberg.org/riehl/landleut/chap006.html (05.11.2020)

M6 Die Stadtentwicklung Berlins: 1802 – 1875 – 1910.
Die hier ablesbare Tendenz vollzog sich ähnlich in den allermeisten deutschen Städten. Darüber hinaus entwickelte sich das Ruhrgebiet zu einem Ballungszentrum.

2. Bearbeiten Sie M3–M6 in einer Vierergruppe. Jedes Gruppenmitglied wählt dafür einen der in der Mindmap (rechts) vorgegebenen Aspekte.
   a) Arbeiten Sie aus M3–M6 die für Ihren Aspekt relevanten Informationen heraus.
   b) Gestalten sie abschließend gemeinsam eine Mindmap zum Thema „Wandel durch Industrialisierung".

3. Beurteilen Sie, wie tiefgreifend die Auswirkungen der Industrialisierung auf die europäischen Gesellschaften waren.

4. Diskutieren Sie, ob die Digitalisierung in der Gegenwart ähnlich gravierende Veränderungen in den in Aufgabe 2 betrachteten Bereichen mit sich bringt.

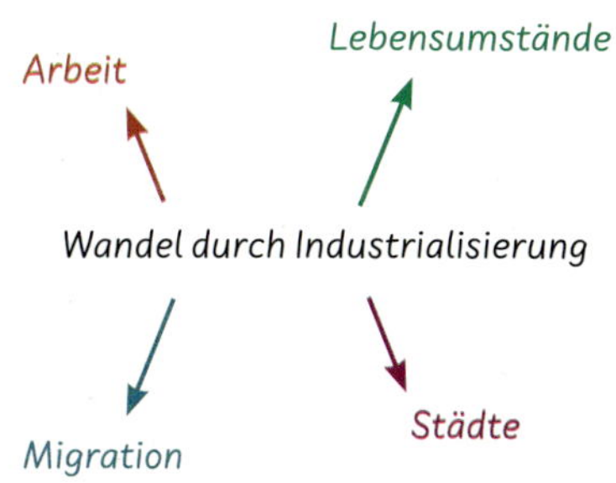

Die Fabrik – Keimzelle des Wandels?

Die Industrialisierung einer Region nahm dort ihren Anfang, wo es experimentierfreudigen „Pionieren“ gelang, Fabriken zu gründen und eine Warenproduktion in großer Stückzahl nachhaltig zu organisieren, dafür Rohstoffe einzukaufen, Märkte zu erschließen und ausreichend Arbeiter zu finden. Die meisten Menschen, die in Fabriken tätig wurden, waren ungelernt und übten einfache, oft aber körperlich anstrengende Tätigkeiten aus. Je größer die Unternehmen, je komplexer Maschinen, je umfangreicher Verwaltungsaufgaben wurden, umso mehr waren Unternehmer aber auch auf spezialisierte Mitarbeiter angewiesen, auf Facharbeiter, die die großen Maschinen bedienen und ggf. reparieren konnten, ebenso wie auf Angestellte, die in der Unternehmensverwaltung tätig waren.

Das Beispiel der Papierfabrik Rauch in Heilbronn wirft Schlaglichter auf die Stellungen von Unternehmern und Abhängigen innerhalb der Produktionseinheit Fabrik.

1. Bearbeiten Sie in Partnerarbeit die Materialien zur Papierfabrik Rauch in Heilbronn und tragen Sie Ihre Ergebnisse zusammen. Konzentrieren Sie sich auf folgende Aspekte:
   a) die Unternehmer (M 1, M 4, M 5):
   - Eigenschaften und Fähigkeiten der erfolgreichen Unternehmer,
   - den Beitrag zum Erfolg ihres Unternehmens,
   - die Sichtweise auf die Arbeiterinnen und Arbeiter.

   b) die Arbeiterinnen und Arbeiter (M 2–M 4):
   - die Arbeitsbedingungen,
   - den Beitrag für den Erfolg des Unternehmens,
   - die Sichtweise auf den Unternehmer.

2. „Der innovative Schritt der Rauchschen Brüder, ihr Mut zur völligen Umorientierung ihres seitherigen Unternehmens sind bewundernswert. Sie importierten die modernste englische Technologie auf dem Gebiet der Papierherstellung, eine epochale Erfindung, an den Neckar und legten damit zugleich den Grundstein für eine neue Industrie.“
   So heißt es in der vom Stadtarchiv Heilbronn herausgegebenen Schrift „Heilbronner Köpfe“ (S. 95). Beurteilen Sie diese Aussage.

M 1 Die Papierfabrik Rauch, Heilbronn

1819 übernahmen Moriz und Adolf Rauch das Handelshaus ihres Vaters. Das Kapital der Firma war beträchtlich, aber eine Zukunftsperspektive boten die bisherigen Handelsgüter nicht. Der Historiker Hubert Weckbach stellt dar:

Es lässt sich nicht mehr feststellen, wer von ihnen den Gedanken, die maschinelle Papierfabrikation in ihr Unternehmen einzuführen, in die Überlegungen einbrachte. [...] 1799 hatte der Franzose Louis Robert als erster ein Patent auf eine Maschine zur Herstellung endlosen Papiers erhalten, 1801 der Engländer John Gamble. [...] Als die Rauchschen Brüder den Entschluss fassten, die neue Technik zu übernehmen, liefen in England mit seinem hohen technologischen Standard bereits 45 Papiermaschinen. Und in England stand mit Bryan Donkin & Co. auch die einzige Fabrik, die solche bauen und die Technologie transferieren konnte. Mit Donkin wurde man rasch handelseinig, und für Gamble beantragten die Gebrüder Rauch ein Patent bei der württembergischen Regierung, weil sie angeblich nur unter dieser Bedingung in den Besitz einer englischen Papiermaschine kommen konnten. [...] Mit der Patenterteilung auf zehn Jahre erhielten die Brüder ein Monopol, denn absprachegemäß verkaufte Gamble das Patent sofort an sie. Die übrigen Papierhersteller im Land wurden damit von der Nutzung der neuen Technologie, wie sie aus England geliefert wurde, ausgeschlossen. Im Sommer 1825 war die Papierfabrik eingerichtet [...].
Im Jahre 1829 steckten nahezu 360 000 Gulden Anlage- und Betriebskapital in der Fabrik der Gebrüder Rauch, die am höchsten unter allen Unternehmen am Ort zur Steuer veranschlagt wurde. Mitte 1831 waren dort 30 Arbeiter und 80 Arbeiterinnen tätig. [...] In den Jahren 1834/35 wurde eine zweite englische Papiermaschine in der Rauchschen Fabrik aufgestellt, 1841/42 eine dritte. Am Ende des 19. Jahrhunderts verlegten die Gebrüder Rauch, bei denen damals etwa 300 Personen beschäftigt waren, ihre Produktion ganz auf feine und feinste Papiere. Die Qualität dieser Erzeugnisse war europaweit geschätzt.

Zit. nach: stadtarchiv.heilbronn.de/fileadmin/daten/stadtarchiv/online-publikationen/26-kr42-heilbronner-koepfe-1.pdf (20.01.2021)

M2 Arbeiterinnen im Lumpensaal der Papierfabrik, 1909

M3 Arbeiter im Maschinensaal, ca. 1905

Im 19. Jahrhundert waren Lumpen der Rohstoff für Papier. Meist verwendete man abgetragene Unterwäsche und Hemden, denn besonders geeignet waren Stoffe, die aus Flachs oder Hanf hergestellt waren. Im ersten Arbeitsgang wurde das Material sortiert, gereinigt und zerkleinert. Dies war Frauen- und Kinderarbeit. Anschließend ließ man die Lumpen mehrere Wochen faulen, sodass sie zu einem weichen Brei zerfielen. Dieser konnte dann in einem Prozess des Schöpfens, Trocknens, Leimens und Glättens zu Papier weiterverarbeitet werden.

M4 Die Arbeitsbedingungen in der Papierfabrik Rauch

a) 1848 gaben die Gebrüder Rauch Auskunft über die Löhne in ihrer Fabrik:

Die Arbeitslöhne haben sich seit 20 Jahren nicht verändert. Ein Arbeiter verdient sich 30 bis 48 Kreuzer für 12 Stunden Arbeit, eine Arbeiterin 15 bis 24 Kreuzer für 12 Stunden Arbeitszeit, inklusive 1,5 Stunden Rast, je nach Geschicklichkeit und Fleiß. Die Arbeiter verdienen sich noch weiteren Lohn durch extra Stunden, d.h. durch die Zeit, die sie mehr als 12 Stunden arbeiten. In der Regel sind sie sehr verlangend nach diesen Extra-Stunden.

Staatsarchiv Ludwigsburg E 170 Bü 733

Anmerkungen:

Die wöchentliche Arbeitszeit in Württemberg betrug um 1850 bis zu 90 Stunden.

Ein Brotlaib kostete 1847 in Heilbronn 42 Kreuzer.

b) 1909: Die Arbeiterzeitung „Neckar-Echo" berichtete am 25. Mai:

Wie bereits mitgeteilt, sind am Sonntag zwei Arbeiterinnen dem Krankenhaus überwiesen worden. Sie waren in der Lumpensortierabteilung der Papierfabrik Gebrüder Rauch beschäftigt, wo sie russische Lumpen zu verarbeiten hatten. Diese Lumpen sind in einem schauderhaften Zustand. Sie sind unglaublich schmutzig und entwickeln einen atembeklemmenden Staub. Es ist ein alter Wunsch der Arbeiter, diese Lumpen möchten vor der Verarbeitung gekocht werden, was umso leichter und einfacher wäre, als die erforderliche Einrichtung ja da ist. Es ist aber [für den Unternehmer] vorteilhafter, wenn man die Arbeiterinnen impft, denn das kostet bei weitem nicht so viel wie das Kochen. Mögen sie dann sehen, wie sie mit dem Schmutz und Staub und den Krankheitskeimen fertig werden. [...] Mit welcher „Genauigkeit" hier übrigens die Sache aufgefasst wird, das zeigt der gelegentliche Ausspruch eines einflussreichen Herren, der auf eine Beschwerde der Arbeiterinnen erklärt: „Lumpenstaub, der stopft, da braucht ihr nicht so viel zu essen!"

Zit. nach: stadtarchiv.heilbronn.de/stadtgeschichte (06.11.2020)

M5 Die Beschäftigtenentwicklung der Papierfabrik Rauch

Zeitraum	gesamt	Arbeiter	davon Frauen	Angestellte
1830er-Jahre	ca. 125	ca. 110	ca. 80	ca. 15
1850er-Jahre	ca. 220	ca. 200	ca. 170	ca. 20
1870er-Jahre	ca. 270	ca. 250	ca. 220	ca. 20
1890er-Jahre	ca. 325	ca. 300	ca. 240	ca. 25

Zusammengest. nach Daten des Stadtarchivs Heilbronn

Eine neue, eine bessere Gesellschaftsordnung?

Die Struktur der Industriegesellschaft

M 1 „Die Pyramide des kapitalistischen Systems", Plakat, um 1911. Es geht auf ein russisches Vorbild zurück und wurde in zahlreichen Sprachen in Europa und den USA veröffentlicht, hier mit englischer und französischer Beschriftung.

1. a) Beschreiben Sie M 1 und arbeiten Sie die Aussage über die kapitalistische Gesellschaftsordnung heraus.
   b) Überprüfen Sie diese Aussage mithilfe des Darstellungstextes.

Alte Ordnungen zerfallen

Die Industrialisierung verlief in den verschiedenen europäischen Staaten zeitversetzt und unterschiedlich. Nach und nach aber führte sie überall dazu, dass Menschen, die ähnliche Arbeits- und Lebensbedingungen teilten, sich als neue, zusammengehörige soziale Gruppen verstanden. Welche Merkmale einten sie?

Eine neue wirtschaftliche Elite

Das industrielle Unternehmertum ging in erster Linie aus dem Verlagswesen und den Manufakturen hervor, die von einflussreichen Kaufleuten und Handwerkern in den Städten betrieben wurden, dem städtischen Bürgertum. Adlige dagegen, die in vorindustrieller Zeit aufgrund ihrer oft ausgedehnten Güter wirtschaftlich führend gewesen waren, traten als Industrielle eher selten in Erscheinung. Im deutschen Raum blieben sie vor allem in den landwirtschaftlich geprägten Gebieten östlich der Elbe – dem sogenannten Ostelbien – als Arbeitgeber bestimmend für das Leben der bäuerlichen Bevölkerung und übten großen Einfluss in den Dörfern aus. Hier blieben auch Ämter in der staatlichen Verwaltung und Diplomatie vorwiegend von Adligen besetzt. Was ihre wirtschaftliche Führungsrolle anging, so mussten sie jedoch hinnehmen, dass diese mit fortschreitender Industrialisierung an die zumeist bürgerlichen Unternehmer überging. Erfolgreiche Industrielle, die in kurzer Zeit beträchtliche Vermögen erwirtschaften konnten, nahmen sich als aufstrebende gesellschaftliche Gruppe wahr: als „Großbürger". In ihrem Lebensstil orientierten sie sich am Adel: Prunkvolle Wohnungsausstattungen drückten dies ebenso aus wie die Beschäftigung von zahlreichen Hausangestellten.

Das heterogene Bürgertum

Das Bürgertum, das im deutschen Kaiserreich des 19. Jahrhunderts etwa 20% der Bevölkerung umfasste, war aber mehr als nur die großbürgerlichen sehr reichen Industriellen: eine heterogene Gesellschaftsschicht, in der Einkommen, Bildung und Beruf Anerkennung bestimmten und in der verschiedene Gruppen deutlich voneinander getrennt waren. Zum gehobenen Bürgertum zählten neben den Industriellen auch die sogenannten Bildungsbürger. Dies waren zum einen Ärzte, Rechtsanwälte und Hochschulprofessoren, die sich vor allem durch einen hohen Grad an Bildung auszeichneten, aber nicht mit den finanziellen Mitteln des Großbürgertums mithalten konnten. Zum anderen zählten Vertreter neuer, angesehener Berufe wie Ingenieur oder Konstrukteur hinzu, die sich in der Industriegesellschaft erst herausgebildet hatten. Beim Aufbau moderner Industrien wurde vor allem ihre Fachexpertise gebraucht. Ihre gesellschaftliche Wertschätzung spiegelt sich auch darin wider, dass im 19. Jahrhundert zunehmend technisch orientierte Bildungswege eingerichtet wurden.

Den größten Teil des europäischen Bürgertums im 19. Jahrhundert bildeten aber die sogenannten Kleinbürger. Der Begriff umfasst selbstständige Kleinbauern, Handwerker, Besitzer von Ladengeschäften und Kleinhändler ebenso wie auch die Gruppe der abhängig beschäftigten Angestellten in den Industrieunternehmen – also Fachleute für Buchhaltung, Vertrieb oder Personalverwaltung. Die Angehörigen dieser Gruppe versuchten, den gesellschaftlichen Anschluss zum gehobeneren Bürgertum zu halten und sich nach unten hin gegen jene gesellschaftliche Gruppe abzugrenzen, die ungefähr drei Viertel der Gesellschaft umfasste: die Arbeiter in den Fabriken und auf dem Land.

Die größte Gruppe: die Arbeiterschaft

Die größte Gruppe in den europäischen Gesellschaften war die Arbeiterschaft. Zu ihr zählten Landarbeiter, Tagelöhner, Handwerksgesellen und Industriearbeiter. Bis zur Jahrhundertwende nahm der Anteil der – zumeist ungelernten – Industriearbeiter stetig zu. Die Industriearbeiterschaft entwickelte sich zu einer eigenen sozialen Schicht, die unter „Arbeit" eine Berufsform verstand, für die man in die Städte zog und in einer Fabrik eine meist körperliche Leistung gegen einen geregelten Lohn erbrachte. Die Höhe der Löhne richtete sich in der Regel nach dem Leistungsvermögen bei der zumeist körperlichen Arbeit. Bis etwa zum 30. Lebensjahr wuchs das Einkommen von Arbeitern parallel zur körperlichen Leistungsfähigkeit meist an, ab dem 40. Lebensjahr sank es langsam wieder ab, und ab 50 gab es kaum noch berufliche Möglichkeiten: Arbeitslosigkeit und gesellschaftlicher Abstieg drohten. Auch bei – wegen fehlender Arbeitsschutzmaßnahmen – häufigen Arbeitsunfällen entschädigten Unternehmen die Betroffenen nur in seltenen Fällen.

In der sich formierenden Industriearbeiterschaft bildeten sich Zusammengehörigkeitsgefühl und eigene Traditionen. Dazu trugen unter anderem Arbeiter-Sportvereine oder Arbeitersekretariate bei, in denen schriftliche Angelegenheiten erledigt werden konnten. Prägend für das Lebensgefühl der Arbeiterschaft war aber das Wissen darum, gesellschaftlich ganz unten zu stehen. Zwar versuchten vor allem wirtschaftlich etwas besser gestellte Arbeiterfamilien – die der handwerklich ausgebildeten Facharbeiter –, in ihrer Kleidung und Wohnungseinrichtung einen „bürgerlichen" Stil zu erreichen. Für die große Masse der Arbeiter war aber die Chance, aufzusteigen, äußerst gering.

Eine neue Sicht auf die Gesellschaft

Während wir heute in Bezug auf verschiedene soziale Gruppen von „Schichten" sprechen, setzte sich im 19. Jahrhundert zur Beschreibung der neuen gesellschaftlichen Verhältnisse der Begriff „Klassen" durch, der auf den Philosophen Karl Marx (1818–1883) zurückgeht. Mit dem Begriff der **Klassengesellschaft** verband sich die Vorstellung einer Hierarchie der Gesellschaft, die durch Besitzverhältnisse und wirtschaftliche Interessen definiert war – anders also auch als in der früheren Ständegesellschaft, die von festen, durch Geburt bestimmten Zugehörigkeiten ausging.

Den Sockel der Hierarchie bildeten als größte Gruppe die Industrie- und Landarbeiter, die, sofern ungelernt, nichts als ihre Arbeitskraft in den Produktionsprozess einbringen konnten. Marx bezeichnete sie daher – in Anlehnung an den aus der römischen Antike stammenden Begriff – als **Proletariat**. Über dieser „Arbeiterklasse" stand die in sich differenzierte Klasse des besitzenden Bürgertums bis hin zu den Fabrikherren, die über Kapital und Produktionsmittel – wie Fabriken, Maschinen und Rohstoffe – verfügten. Für diese großbürgerliche Gruppe, die über den Produktionsprozess bestimmen konnte, wählte Marx die Bezeichnung **Bourgeoisie.** Entsprechend ihren gegensätzlichen Besitzanteilen an Produktionsmitteln sowie Interessen stünden sich Proletariat und Bourgeoise gegenüber, so Marx. Er entwickelte die Theorie, dass nur durch die Errichtung einer klassenlosen Gesellschaft, den **Kommunismus,** soziale Gegensätze überwindbar seien.

Nach der Theorie des **Kommunismus** verursacht Besitz in der Hand Weniger gegenüber der Besitzlosigkeit Vieler soziales Elend: So profitierten die Unternehmer als Besitzende von den in ihren Unternehmen erzielten Gewinnen. Die Arbeiterschaft dagegen verfügte aufgrund ihrer Besitzlosigkeit über keinerlei Machtmittel und sei daher gezwungen, einen Lohn zu akzeptieren, der nicht dem tatsächlichen Wert ihrer Arbeitskraft entspräche. Erst wenn es kein Privateigentum an Produktionsmitteln mehr gäbe, seien die Klassengegensätze überwunden.

Der Philosoph Karl Marx im Alter von 43 Jahren

M 2 Der Kampf der Klassen

Karl Marx, Theoretiker des Kommunismus, beobachtete den Industrialisierungsprozess in England, Deutschland und Frankreich. Im Zusammenspiel mit seiner Interpretation der Geschichte der Menschheit entwickelte er mit Friedrich Engels aus diesen Beobachtungen Ideen, die beide 1848 in „Das kommunistische Manifest“ darlegten:

Mit der Auflösung [des Naturzustandes, in dem die Menschen besitzlos waren] beginnt die Spaltung der Gesellschaft in besondere und schließlich einander entgegengesetzte Klassen. [...] Freier und Sklave, Patrizier und Plebejer, Baron und Leibeigener, Zunftbürger und Gesell, kurz, Unterdrücker und Unterdrückte standen in stetem Gegensatz zueinander, führten einen ununterbrochenen, bald versteckten, bald offenen Kampf, einen Kampf, der jedes Mal mit einer revolutionären Umgestaltung der ganzen Gesellschaft endete oder mit dem gemeinsamen Untergang der kämpfenden Klassen. [...]

Die aus dem Untergang der feudalen Gesellschaft hervorgegangene moderne bürgerliche Gesellschaft hat die Klassengegensätze nicht aufgehoben. Sie hat nur neue Klassen, neue Bedingungen der Unterdrückung, neue Gestaltungen des Kampfes an die Stelle der alten gesetzt. Unsere Epoche, die Epoche der Bourgeoisie, zeichnet sich jedoch dadurch aus, dass sie die Klassengegensätze vereinfacht hat. Die ganze Gesellschaft spaltet sich mehr und mehr in zwei große feindliche Lager, in zwei große, einander direkt gegenüberstehende Klassen: Bourgeoisie und Proletariat [...].

In demselben Maße, worin sich die Bourgeoisie, d. h. das Kapital, entwickelt, in demselben Maße entwickelt sich das Proletariat, die Klasse der modernen Arbeiter, die nur so lange leben, als sie Arbeit finden, und die nur so lange Arbeit finden, als ihre Arbeit das Kapital vermehrt.

Diese Arbeiter, die sich stückweise verkaufen müssen, sind eine Ware wie jeder andere Handelsartikel und daher gleichmäßig allen Wechselfällen der Konkurrenz, allen Schwankungen des Marktes ausgesetzt. Die Arbeit des Proletariers hat durch die Ausdehnung der Maschinerie und die Teilung der Arbeit allen selbständigen Charakter und damit allen Reiz für die Arbeiter verloren. Er wird bloßes Zubehör der Maschine, von dem nur der einfachste, eintönigste, am leichtesten erlernbare Handgriff verlangt wird [...] Ist die Ausbeutung des Arbeiters durch den Fabrikanten so weit beendigt, dass er seinen Arbeitslohn bar ausgezahlt erhält, so fallen die anderen Teile der Bourgeoisie über ihn her, der Hausbesitzer, der Krämer, der Pfandleiher usw. [...] Das Proletariat macht verschiedene Entwicklungsstufen durch. Sein Kampf gegen die Bourgeoisie beginnt mit seiner Existenz. Im Anfang kämpfen die einzelnen Arbeiter, dann die Arbeiter einer Fabrik, dann die Arbeiter eines Arbeitszweiges an einem Ort gegen den einzelnen Bourgeois, der sie direkt ausbeutet [...] Auf dieser Stufe bilden die Arbeiter eine über das Land zerstreute und durch die Konkurrenz zersplitterte Masse [...] Aber mit der Entwicklung der Industrie vermehrt sich nicht nur das Proletariat; es wird auch in größeren Massen zusammengedrängt, seine Kraft wächst, und es fühlt sie immer mehr; die Interessen, die Lebenslagen innerhalb des Proletariats gleichen sich immer mehr aus [...]. Die Arbeiter beginnen damit, Koalitionen gegen die Bourgeoisie zu bilden; sie treten zusammen zur Behauptung ihres Arbeitslohns [...]

Das Proletariat wird seine politische Herrschaft dazu benutzen, der Bourgeoisie nach und nach alles Kapital zu entreißen, alle Produktionsinstrumente in den Händen des Staates, d. h., des als herrschende Klasse organisierten Proletariats, zu zentralisieren und die Masse der Produktionskräfte möglichst rasch zu vermehren.

Karl Marx/Friedrich Engels: Das Kommunistische Manifest, London. [4]1890 (m. Anmerkungen von Engels)

---

2. Beschreiben Sie mithilfe des Darstellungstextes, wie sich im Zeitalter der Industrialisierung
a) das Bürgertum und
b) die Arbeiterschaft herausgebildet haben.

3. Analysieren Sie M 2 mithilfe des Methodentrainings. Gehen Sie dabei insbesondere auf
a) die Rollen von Bourgeoisie und Proletariat in der Klassengesellschaft und
b) den Klassenkampf und sein Ergebnis ein.

4. Beurteilen Sie das in der Quelle M 2 dargestellte Fortschritts-/Geschichtsverständnis von Karl Marx.

Eine Textquelle analysieren

Textquellen sind aus der Vergangenheit überlieferte Texte. Zu ihnen werden verschiedene Textsorten gezählt, z. B. Briefe, Reden, Tagebuchaufzeichnungen, Zeitungsartikel, Urkunden, Gesetzestexte, programmatische Texte (→ „Manifest"), wissenschaftliche Texte, Flugschriften. Von Textquellen zu unterscheiden sind Sekundärtexte, also Texte, die aus späterer Zeit stammen und sich mit der Vergangenheit befassen.
Bei der Analyse einer Textquelle fragen Historiker nach der Perspektivität und Absicht. So achten sie auf das Verhältnis des Autors zu dem beschriebenen Ereignis oder Zustand (Beruft er sich ggf. auf Überlieferungen anderer?) und auf den Zeitpunkt der Textentstehung (Handelt es sich z. B. um eine Erinnerung, in die späteres Wissen eingeflossen ist?). Die folgenden Arbeitsschritte geben Anhaltspunkte für eine ausführliche Quellenanalyse:

1. Formale Beschreibung

- Wie lautet der Titel der Quelle?
- Wer hat sie veröffentlicht (Autor, Verlag, ggf. Behörde)?
- Wann und wo wurde der Text veröffentlicht?
- Welche Textsorte liegt vor (z. B. Rede, Protokoll, Sachtext, Biografie)?
- An wen ist der Text gerichtet (Adressat)?

2. Beschreibung und Deutung von Inhalt und Sprache

a) Herausarbeiten der zentralen Inhalte
- Was ist das Thema bzw. das Problemfeld der Quelle?
- Welche Kernaussagen werden getroffen?
  Um diese herauszuarbeiten, kann es nützlich sein, im vorliegenden Text Sinneinheiten zu markieren und dafür zunächst Überschriften/Schlagworte zu finden.
  Beispiele:
  Z. 1–14: Beständiger Klassenkampf zwischen Unterdrückten und Unterdrückern
  Z. 15–33: Das Verhältnis von Bourgeoisie und Proletariat
  Z. 34–49: Die Situation des Proletariats
  Z. 50–68: Das Proletariat organisiert sich
  Z. 69–75: Das Proletariat übernimmt die Herrschaft

- Mit welchen Argumenten/Beispielen wird die Kernaussage gestützt?
  Beispiele:
  - Der Autor bringt historische Beispiele für die Klassengesellschaft: Freier und Sklave, Patrizier und Plebejer, Baron und Leibeigener, Zunftbürger und Geselle. Er überträgt diesen Dualismus auf Bourgeoisie und Proletariat (Z. 1–14).
  - Je größer die Bourgeoisie wird, desto größer wird auch das Proletariat (Z. 23–27). Der Kapitalismus trägt seinen Untergang deshalb bereits in sich.
  - Das Proletariat beginnt, sich zu organisieren und seinen Forderungen Nachdruck zu verleihen (Z. 59 ff.) ...

b) Herausarbeiten der verwendeten sprachlichen Mittel, die zur Deutung der Inhalte wichtig sind:
- Verwendet der Autor besondere sprachliche Mittel (z. B. Metaphern, Wortwiederholungen, Euphemismen)?
- Zeichnet sich seine Sprache durch einen besonderen Stil (z. B. nüchtern/sachlich, pathetisch, polemisch, ironisch) oder durch einen auffälligen Wortschatz aus (z. B. Begriffe aus wissenschaftlichem Kontext)?
- Welche Textgattungsmerkmale sind erkennbar (z. B. sachlich/respektvoll bei einer Gedenkrede; polemisch/angriffslustig bei einer Wahlkampfrede)?
- Was für eine Wirkung entsteht durch die Sprache?

(Achten Sie darauf, den Konjunktiv zu nutzen, wenn sie Textaussagen wiedergeben.)

3. Erklären im historischen Kontext

- Kann der Text einem bestimmten historischen Kontext zugeordnet werden?
- Gibt es spezielle Ereignisse oder Sachverhalte, auf die sich der Text bezieht?
- Sind über den Autor des Textes weiterführende Informationen verfügbar (z. B. politische Haltung, Amt)?
- In welchem Verhältnis stehen Textinhalt und Verfasser zueinander (z. B. direkter Beteiligter, neutraler/parteiischer Beobachter, Historiker etc.)?
- Welche Perspektive hat der Autor auf den Textinhalt? (Hebt er bestimmte Aspekte besonders hervor/lässt er andere unerwähnt? Stellt er ausgewogen/parteiisch dar?)
- Ist eine Wirkungsabsicht erkennbar (z. B. informativ, problemlösend, aufrüttelnd, propagandistisch)?
- Soll mit dem Text eine bestimmte Reaktion erreicht werden (z. B. Anhänger mobilisieren)?

4. Formulieren eines Fazits

Die Kernaussage(n) und die herausgearbeitete Deutung des Textes werden abschließend zusammengefasst.

Eine Gesellschaft – zwei Welten?

Die bürgerliche und die proletarische Familie

M 1 „Beim Vorlesen im abendlichen Zimmer" nannte der schwedische Maler Knut Ekvall sein Ende des 19. Jahrhunderts entstandenes Familienporträt.

1. Betrachten Sie M 1 und M 2 und formulieren Sie jeweils aus Sicht der Frau Gedanken zu der Situation, in der sie sich befindet.

2. Vergleichen Sie auf der Basis des Darstellungstextes die Lebenssituation der bürgerlichen Familie mit der Arbeiterfamilie. Legen Sie hierzu eine Tabelle an und verwenden Sie dabei (mindestens) die folgenden Kriterien: Rolle des Mannes, Rolle der Frau, Situation der Kinder, Wohnsituation.

Die bürgerliche Familie

Vater, Mutter und Kinder am abendlichen, elektrisch beleuchteten Tisch harmonisch vereint und lesend – mit diesem Motiv schuf der Maler Knut Ekvall ein Idealbild einer **bürgerlichen Familie** des späten 19. Jahrhunderts. Obwohl das Bürgertum in mehrere Gruppen zerfiel, deren Beruf, Einkommen und Lebensweise sich unterschieden, einte es der Wunsch, gesellschaftlich aufzusteigen und in Wohlstand zu leben. Bildung spielte dafür eine wesentliche Rolle. Sie gehörte, so der Historiker Jürgen Kocka, „zur Grundlage des Umgangs miteinander und zur Abgrenzung von anderen". Damit ist die Abgrenzung nach unten gemeint – vor allem die des Kleinbürgertums von der Arbeiterschaft. Besonders bei der Erziehung und Ausbildung der Kinder wurde ein möglichst hoher Bildungsstand angestrebt und ein entsprechendes Leistungsbewusstsein gefördert. Auch durch das Einhalten von Sitten und Verhaltensmaßregeln grenzte sich das Bürgertum von der Arbeiterklasse ab. Zur Verwirklichung dieses Ziels erhielten die Kinder auch Anstandsunterricht.

Zum „bürgerlichen" Lebensstil gehörte es, Hausangestellte zu beschäftigen. War genügend Einkommen vorhanden, so war es die Aufgabe der Frau, die Bediensteten anzuleiten und zu überwachen, aber keineswegs selbst im Haushalt mitzuarbeiten. In weniger wohlhabenden bürgerlichen Familien dagegen übernahm die Frau durchaus Haushaltstätigkeiten und widmete sich vor allem der Erziehung der Kinder. Sie war allerdings bestrebt, schwere körperliche Arbeit zu vermeiden und nach Möglichkeit die Tür des Hauses nie selbst zu öffnen.

Das Idealbild des familiären Zusammenlebens, das in allen Klassen gleichermaßen vorherrschte, sah den Wirkungsbereich der Frau als häuslichen. Entsprechend konzentrierte sich das Leben der Frauen in bürgerlichen Familien, zumindest dort, wo dies finanziell möglich war, auf die Familie. Die Präsenz der Ehemänner in der Familie hingegen war gering, denn als ihre Aufgabe galt es, den Lebensunterhalt der Familie zu sichern. Der Hausherr sah Frau und Kinder lediglich am Abend, zu den Mahlzeiten oder am Sonntag. Dennoch war seine Rolle innerhalb der Familie die des Oberhaupts. Alle wichtigen Entscheidungen der Lebensführung wurden von ihm getroffen und auch in der Kindererziehung hatte er das letzte Wort – obwohl die eigentliche Erziehungsarbeit fast ausschließlich von der Frau erledigt wurde. Ein liebevoller und von Nähe geprägter Umgang zwischen Vater und Kindern war wegen der häufigen Abwesenheit der Väter und der gesellschaftlichen Erwartungen eher selten.

Vor allem in kleinbürgerlichen Familien reichte das Einkommen des Mannes oft nicht, um einen „bürgerlichen Lebensstil" zu finanzieren. In solchen Fällen übernahm die Ehefrau häufig auch Heimarbeitsaufträge. Nach außen hin wurde ihre Berufstätigkeit allerdings meist verheimlicht, da der Eindruck des gesellschaftlichen Abstiegs vermieden werden sollte.

Die proletarische Familie

Um die Jahrhundertwende konnten rund die Hälfte aller Familien der Industriearbeiterschaft zugeordnet werden. Ihr Leben unterschied sich deutlich von dem des Bürgertums. Zwar war es auch hier der Ehemann, der in der Hauptsache das Einkommen generierte. Sein Arbeitsplatz in der Fabrik erforderte allerdings nur eine geringe Qualifikation und war entsprechend schlecht entlohnt. Daher war in den **proletarischen Familien** das Einkommen des Ehemannes in der Regel nicht ausreichend, um die Familie zu ernähren. Wo immer möglich, ging deshalb auch die Ehefrau einer Arbeit nach, um das Familieneinkommen zu verbessern – sei es ebenfalls in einer Fabrik, bei der Betreuung der Kinder anderer Arbeiterfamilien oder durch die Beherbergung von sogenannten Schlafgängern (M2). Die Zeitgenossen betrachteten die Erwerbstätigkeit der Ehefrau jedoch nicht als Schritt in die Unabhängigkeit. Sie war Ausdruck blanker Not.

Ähnlich dem bürgerlichen Ideal, wurde es aber auch im Arbeitermilieu als wünschenswert erachtet, die Frau im Haus zu behalten, damit sie sich um den Haushalt und die Kinder kümmern konnte. Und auch im Arbeitermilieu war der Mann das Familienoberhaupt, dem sich die Frau und die Kinder zu fügen hatten.

M2 Heinrich Zille: Der späte Schlafbursche. Kohlezeichnung, 1902

Für die Frauen selbst bedeutete ihre eigene Erwerbstätigkeit daher in jedem Fall eine Doppelbelastung, denn neben der Lohnarbeit waren sie allein für die gesamte Haushaltsführung und die Kindererziehung zuständig. Die Ehemänner waren in den Familien aufgrund der langen Arbeitszeiten selten präsent und sahen ihre Kinder häufig nur schlafend oder am Wochenende. Zudem war es für die Männer üblich, einen Teil ihrer wenigen Freizeit in Vereinen oder Wirtshäusern zu verbringen.

Werdende Mütter genossen in den Fabriken keinen besonderen Schutz und waren gezwungen, bis kurz vor der Geburt ihrer normalen Arbeit nachzugehen. Im Zusammenspiel mit der unausgewogenen Ernährung und den unzureichenden, oft feuchten und unhygienischen Wohnverhältnissen in den Arbeiterunterkünften führte dies zu einer überdurchschnittlich hohen Sterblichkeit bei Müttern und Neugeborenen. Für größere Kinder aus ärmlichen Verhältnissen blieben Cholera, Typhus und Tuberkulose eine beständige Bedrohung. So bald wie möglich gingen die Frauen nach der Geburt wieder arbeiten, die Kinder wurden dann tagsüber von älteren Geschwistern, Verwandten oder, gegen Geld, von Nachbarn beaufsichtigt. Ab einem gewissen Alter mussten auch die Kinder einer Arbeit nachgehen, um die Familie zu unterstützen. Für Arbeiterkinder war eine vertiefte Bildung nicht vorgesehen. Wenn überhaupt, besuchten Jungen und Mädchen die Volksschule nur wenige Jahre, und auch das nur unregelmäßig.

Schlafgänger (auch Schlafbursche): jemand, der ein Bett für nur einige Stunden täglich mietet, solange es von den Bewohnern nicht benötigt wurde. Dies war in den schnell wachsenden Großstädten zur Zeit der Industrialisierung gängige Praxis, als Wohnraum besonders knapp war.

M3 „Die Arbeiterfrau daheim“

Die Sozialdemokratin Hulda Maurenbrecher stellte 1904 in einem Artikel der Arbeiterzeitung „Die Gleichheit“ dar:

Äußerlich betrachtet ist das Leben der proletarischen Frau das gleiche wie das des proletarischen Mannes: mühschwere Arbeit Tag um Tag. Aber tiefer gesehen ist ihr Leben meist doppelt belastet mit Plage und Sorge. Sie soll fertigbringen und bringt es tatsächlich in bewundernswert vielen Fällen fertig, nicht nur Lohnarbeiter zu sein wie der Mann, sondern noch Versorgerin des Haushalts und der Kinder. Sie kocht, wäscht, scheuert, flickt – kurz die vielen Pflichten, die auch der erbärmlichste Haushalt und die kleinste Kinderzahl der Frau und Mutter aufzwingt, hält sie noch mit müden Händen tapfer zusammen in den wenigen Stunden, die ihrer Ruhe gehören sollen. Sie steht früh vor dem Manne auf, um das Frühstück zu bereiten, die Kinder herzurichten, vielleicht auch noch in aller Geschwindigkeit ein wenig aufzuräumen, damit der Mann bei der Heimkehr nicht eine wüste, unbehagliche Stube findet, die ihn hinaustreibt. Schon müde, geht sie dann mit dem Manne den vielleicht langen Weg zur Fabrik oder irgendeiner Lohnarbeit. Hat sie mittags so viel Zeit, nach Hause zu gehen und das Essen kochen zu können, so bringt ihr diese Pause, die für den Mann wirkliche Ruhe bedeutet, nur verdoppelte Hetze und Anstrengung. Und ist es ihr unmöglich, die Mittagspause heimzueilen, so werden ihre sorgenden Gedanken viel öfter hinfliegen zu den unbehüteten Kindern, zu den häuslichen Arbeiten, die ihrer warten, viel öfter als die des Mannes, der gewohnt ist, alle diese kleinen und doch so aufreibenden Pflichten und Sorgen der Frau zu überlassen. Am Abend ist der Frau ebenso wenig ein Erholen, ein Ausruhen vergönnt.

Der Mann, auch wenn er sein Weib noch so lieb hat, wird es meist selbstverständlich finden, dass die müde gearbeitete Frau ihn bedient, ihm das Abendbrot herrichtet, die Kinder versorgt, zu Bette bringt, deren und seine Kleider flickt, während er sich ausruhen kann, seine Zeitung liest, vielleicht auch ab und zu einen Abend im Wirtshaus verbringt, in eine Versammlung, einen Verein geht und dort erfrischt und bereichert wird. Mit gutem Gewissen setzt er also sein natürliches Anrecht auf Ruhe, auf Sammlung, auf Erholung durch und sieht mit ebenso gutem Gewissen zu, wie seine Frau auch noch diese Abendstunden ihren häuslichen Arbeiten opfert. Kaum der Sonntag bringt ihr reichlichere Ruhe: der Mann soll sein sorgsam zubereitetes Essen erhalten, es gilt die Kinder netter herzurichten, es bleiben größere Arbeiten von den knappen Wochenabendstunden her liegen, es muss gewaschen und gescheuert werden, wenn der Sonnabend dazu nicht die Zeit ließ, und dann beginnt die Frau mit müden Kräften den kreisenden Lauf der Arbeit, der Sorge, der Last von neuem.

Zit. nach: Wolfgang Asholt/Walter Fähnders (Hgg.): Arbeit und Müßiggang 1789 bis 1914. Dokumente und Analysen. Frankfurt/M. 1991, S. 249 f.

M4 Lebenshaltungskosten im Vergleich

(Angaben in Mark)

	bürgerliche Familie	proletarische Familie
jährliche Einnahmen	5450,00	1666,56
jährliche Ausgaben u. a. für:		
Wohnung	1225,00	183,00
Heizung	140,00	21,00
Essen	2040,00	823,00
Hausangestellte	126,00	–
Kleidung	197,50	147,45
Schulbücher	24,75	4,70
Steuern	254,00	22,50
Haushalts-/Wirtschaftsgegenstände	76,80	46,90
Vereinsmitgliedschaften	40,00	21,40
Zeitungen	26,00	13,20
Arzt und Apotheke	76,30	23,90
Sparen	120,00	–
Vergnügungen (Ausflüge)	62,00	26,95

Zusammengest. nach: Otto von Leixner: Soziale Briefe aus Berlin, Berlin 1894, S. 176 ff., und nach: Marie Jeetze: Einnahmen und Ausgaben einer Berliner Arbeiterfamilie, in: Ruth Glatzer (Hg.): Das Wilhelminische Berlin. Panorama einer Metropole 1890–1918. Berlin 1997, S. 116 f.

M 5 Work-Life-Balance – auch im 19. Jahrhundert ein Ziel?

Wie können Arbeits- und Privatleben in Einklang gebracht werden? Die Historikerin Eva Ochs hat erforscht, wie es Männern des Bürgertums im 19. Jahrhundert gelang, eine Balance zwischen Arbeit, Freizeit und Familie zu finden. In einer Pressemitteilung des Informationsdienst Wissenschaft (idw) wird über ihr Buch berichtet:

Verändert hatte sich das Verhältnis innerhalb von Familien, die dem aufstrebenden Bürgertum – also vor allem Unternehmer, höhere Beamte und freiberuflich Tätige – angehörten, bereits seit dem letzten Drittel des 18. Jahrhunderts: „Die patriarchalische Grundordnung mit dem ‚Hausvater', der der Familie vorsteht und über alle im Haus bestimmt, blieb zwar bestehen", erläutert Eva Ochs. „Nun erfolgte aber eine Emotionalisierung, die den familiären Binnenraum gegen das Hausvater-Modell abgrenzte." [...]

Das Bürgertum definierte sich [...] durch Besitz bzw. Bildung. Daraus entwickelte es ein besonderes berufliches Leistungsethos, aus dem es Herrschaftsansprüche ableitete. [...] Dieses Ethos lastete besonders auf den Männern, die gleichzeitig fürsorgliche Väter und Ehemänner sein und einen Platz in der bürgerlichen Geselligkeitskultur einnehmen sollten: „Das führte zu inneren Spannungen."

Natürlich hat es auch vorher emotionale Wärme in der Familie gegeben, jedoch wurde sie jetzt erstmals bewusst wahrgenommen und thematisiert: „Der Nachwuchs musste ja erst einmal viel Aufmerksamkeit und Zuneigung erhalten, um die ganzen Leistungskriterien und Bildungswerte in ihn zu ‚verpflanzen'." Denn er konnte nicht mehr – wie etwa in einem Handwerksbetrieb – den Vater nachahmen: „Der bürgerliche Vater arbeitete aushäusig, hatte vielleicht sogar studiert. Solche Wurzeln mussten für den Nachwuchs erst noch gelegt werden." [...]

Zur Vorbereitung auf eine bürgerliche Karriere gehörte eine gute Ausbildung, die nicht nur Fachwissen vermittelte, sondern auch bestimmte Werte. Sie diente so auch der Herausbildung von Persönlichkeit. Daher hatte Bildung einen hohen Stellenwert. Ziele waren rationale Lebensführung mit vorausschauender Planung, Bedenken notwendiger Schritte und „Ansparen für die Zukunft", aber auch die Emotionalisierung und Intimisierung des Familienlebens. [...]

Viele bürgerliche Männer hatten jedoch das Empfinden, bei dem schwierigen Spagat zwischen Berufsethos und Familienleben keine wirkliche Balance zu finden. So beklagte etwa der Soziologie und Nationalökonom Max Weber seine eingeengte Rolle und beneidete die Frauen um „ihr natürliches Gleichgewicht" im Leben. Theodor Fontane lag wie viele mit seiner Frau im Dauerstreit darüber, welche Zeit er für die Familie hätte – dabei konnte er als Schriftsteller zuhause arbeiten. Andere meinten, dass ein beruflich erfolgreicher Mann kein „Pantoffelheld" sein könne. Wieder andere bestanden darauf, dass der Bereich des Gefühls und der familiären Beziehungspflege eine Domäne der Frau bleiben müsse. Der Unternehmer Werner von Siemens, der sich durch Hauslehrer und Mentoren bei seinen Kindern in der Vaterrolle vertreten ließ, fand es gut, dass Frauen den Männern den Rücken freihielten: „So ist es eben, die Frauen sind zuhause und für das Gefühl und das Soziale zuständig."

https://nachrichten.idw-online.de/2020/06/22/die-work-life-balance-buergerlicher-maenner-im-19-jahrhundert/ (25.01.2021)

3. Arbeiten Sie Unterschiede im Lebensstil der bürgerlichen Familie und der Arbeiterfamilie aus der Aufstellung der jährlichen Einnahmen und Ausgaben (M 4) heraus.

4. Analysieren Sie die Darstellung des Alltags einer Arbeiterfrau (M 3).

\+ Gestalten Sie in Anlehnung an M 3 eine Reportage über den Alltag einer bürgerlichen Frau. Beachten Sie die Hinweise zur Reportage auf S. 408.

5. a) Arbeiten Sie aus M 5 heraus, in welcher Weise es den Männern des 19. Jahrhunderts gelang, berufliche Anforderungen und Familienleben unter einen Hut zu bringen.
b) „In der Gegenwart stehen die Männer vor größeren Herausforderungen als im 19. Jahrhundert."
Diskutieren Sie diese These.

Vielversprechende Lösungsansätze?

Die soziale Frage

M 1 Arbeiter bei ihrem Fabrikherrn. Gemälde von Stanislaw Lentz, 1895

1. Stellen Sie Vermutungen über den Inhalt des Gespräches zwischen Unternehmer und Arbeiter an.

Die soziale Frage

Obwohl mit der fortschreitenden Industrialisierung in der zweiten Hälfte des 19. Jahrhunderts die Industriearbeiterschaft immer weiter zunahm, entwickelten sich die prekären Arbeits- und Lebensbedingungen nicht zum Besseren. Lange Arbeitszeiten, elende Wohnverhältnisse, Armut sowie Rechtlosigkeit gegenüber ihrem Fabrikherrn, fehlende Absicherung bei Krankheit, bei Invalidität oder im Alter prägten das Leben der Arbeiterschaft. Hinzu kam, dass Arbeiterkinder in den meisten Fällen von klein auf in den Fabriken mitarbeiten mussten und dadurch von Bildung ausgeschlossen waren. Sozialer Aufstieg wurde auf diese Weise unmöglich. Die Zustände entwickelten sich zu einem zentralen Problem der westlichen Industriegesellschaften und wurden ab den 1840er- Jahren als „**soziale Frage**" bezeichnet. Dass diese ein hohes soziales Konfliktpotenzial barg, war Unternehmern ebenso wie Politikern und Kirchenvertretern bewusst.

Bereits in der frühen Phase der Industrialisierung hatten die Arbeiter erkannt, dass sie als Einzelne kaum eine Chance hatten, ihre Interessen gegenüber den Unternehmern zu vertreten und eine Verbesserung ihrer Situation herbeizuführen. Eine dem Arbeitgeber vorgetragene Beschwerde führte in der Regel zur sofortigen Entlassung und hatte daher einen abschreckenden Effekt auf andere – schließlich war man auf den Lohn zur Versorgung der eigenen Familie angewiesen. Bis zur Mitte des 19. Jahrhunderts hatte sich jedoch in den industrialisierten Staaten Europa ein Zusammengehörigkeitsgefühl der Arbeiter entwickelt (→ S. 96 f.); sie verstanden sich als gesellschaftliche Klasse, die gemeinsame Interessen hatte. Parallel zu den während der 1848er-Revolutionen stattfindenden Barrikadenkämpfen bildeten sich auch erste Zusammenschlüsse von Arbeitern heraus mit dem Ziel, gemeinsam für eine Verbesserung ihrer Lebens- und Arbeitsbedingungen einzutreten sowie sich solidarisch in Notlagen zu unterstützen. Die **Arbeiterbewegung** formierte sich.

Arbeiter formieren sich in Parteien ...

Bereits 1847 war in London der „Bund der Kommunisten" entstanden. Zu seinen führenden Mitgliedern gehörte der Philosoph Karl Marx (→ S. 97 f.). Die erste deutsche Arbeiterpartei, den Allgemeinen Deutschen Arbeiterverein (ADAV), gründete der Schriftsteller und Politiker Ferdinand Lasalle 1863 in Leipzig; wenige Jahre später riefen Wilhelm Liebknecht und August Bebel die „Sozialdemokratische Arbeiterpartei" (SDAP) ins Leben. Beide Parteien schlossen sich zusammen und nannten sich seit 1890 „Sozialdemokratische Partei Deutschlands" (SPD). Schon 1912 war die SPD stärkste Kraft im deutschen Reichstag und hatte 1914, bei Beginn des Ersten Weltkriegs, mehr als eine Million Mitglieder. Die Partei setzte es sich zum Ziel, die Situation der Arbeiter auf politischem Wege zu verbessern. Wie dieser Weg jedoch genau aussehen sollte, darüber gab es unterschiedliche Auffassungen.

Ein radikaler Flügel der SPD setzte auf den Klassenkampf und zielte in Anlehnung an Karl Marx darauf, die bestehende kapitalistische Ordnung zu beseitigen und eine kommunistische Gesellschaft zu erschaffen (→ M2, S. 98). Durch **Revolution** sollten die Unternehmer enteignet werden und die Arbeiterklasse die Kontrolle über die Produktionsmittel übernehmen. Gemäßigte Vertreter der Partei lehnten eine Revolution allerdings ab. Sie strebten an, die Situation der Arbeiter schrittweise mit sozialen **Reformen** zu verbessern, die durch eine konstruktive Arbeit in den Parlamenten erreicht werden sollten. Die Vorstellungen beider Strömungen bestanden zunächst nebeneinander. 1917 spaltete sich der radikale Flügel jedoch ab. Bald darauf ging er in der Kommunistischen Partei Deutschlands (KPD) auf.

... und in Gewerkschaften

Im Gegensatz zur SPD, die auf politischem Wege Verbesserungen für die Arbeiter erreichen wollte, zielten die Gewerkschaften darauf, die Interessen der Arbeiter gegenüber den Unternehmern direkt zu vertreten. Sie waren zu Anfang nicht viel mehr als ein Zusammenschluss von Arbeiterinnen und Arbeitern eines Unternehmens, die aus ihrer Mitte Vertretungen wählten, welche im Namen aller mit dem Unternehmer verhandeln sollten. Die Unternehmer reagierten darauf zunächst mit Entlassungen und der Erstellung von „Schwarzen Listen" mit Namen derjeniger, die Forderungen gestellt und daher von keinem Unternehmer mehr beschäftigt werden sollten. Da die Entlassenen und deren Familien finanziell aber von den verbliebenen Arbeitern unterstützt wurden, wirkte die Drohung der Entlassung schon bald nicht mehr.

Die wichtigste Waffe der Arbeiter im Kampf um bessere Arbeitsbedingungen und höhere Löhne war die Arbeitsniederlegung, der Streik. Hierdurch wurde die Produktion eines Unternehmens lahmgelegt und dem Unternehmer finanzieller Schaden zugefügt. Um Streiks zu beenden, wurde im Deutschen Reich mehrfach das Militär eingesetzt. Langfristig gelang es den Gewerkschaften jedoch, sich als kollektive Vertretung der Arbeiter und Verhandlungspartner der Arbeitgeber zu etablieren.

Angebote von Unternehmern und Kirchen

Neben Gewerkschaften und Arbeiterparteien versuchten auch einzelne Unternehmer, die Situation der Arbeiter zu verbessern. Für einige stand im Vordergrund, dass sie sich entsprechend der Traditionen der Zünfte und der Grundherrschaft ihre Belegschaft gegenüber verpflichtet fühlten, ein gewisses Maß an sozialer Sicherheit zu gewährleisten. Für andere war eher der Gedanke leitend, dass mit zufriedenen, leistungswilligen Arbeitern ein höherer Profit zu erzielen war. Mit dem Erstarken der Arbeiterbewegung sahen Unternehmer soziale Leistungen aber auch als Mittel, den Einfluss kommunistischer und sozialdemokratischer Ideen zurückdrängen. Bekannte Beispiele für unternehmerische Bestrebungen, mehr soziale Sicherung zu schaffen, sind Werner von Siemens, der seine Arbeiter am Unternehmensgewinn beteiligte und 1872 betriebliche Pensions-, Witwen- und Waisenkassen einführte, und Alfred Krupp, der vor allem Arbeitersiedlungen errichten ließ (→ M3 und M4). Problematisch an dieser Art der sozialen Absicherung blieb allerdings, dass die Arbeiter hierauf keinen rechtlichen Anspruch geltend machen konnten.

Darüber hinaus unternahmen die Kirchen Bemühungen zur Linderung sozialer Not. Sie leiteten vor allem aus christlicher Nächstenliebe Handlungsbedarf ab und begannen, z. B. „Rettungshäuser" für verwahrloste Kinder und Obdachlose zu betreiben, gründeten christliche Gewerkschaften oder – wie der katholische Geistliche Adolph Kolping (→ M5, M6) – Hilfseinrichtungen für Arbeitslose. Mit ihren Unterstützungsmaßnahmen strebten die Geistlichen nicht nur an, materielle Not entgegenzuwirken und den christlichen Glauben der Betroffenen zu festigen. Ihre Maßnahmen zielten auch darauf ab, den Kommunismus zurückzudrängen, dem viele Arbeiter anhingen, da er der Kirche ablehnend gegenüberstand.

M2 In den Fabriken waren Uhren, „Stechuhren", ein Mittel der Arbeiterdisziplinierung und -kontrolle. Seit den 1890er-Jahren produzierte eine Schweizer Uhrmachergenossenschaft eine „Protestuhr", die sogenannte Arbeitertaschenuhr. Sie wurde in einer Stückzahl von 50 000 gefertigt und nahm eine auf dem Internationalen Arbeiterkongress in Paris 1889 formulierte, zentrale Forderung der Arbeiterbewegung auf.

M3 Der Umgang mit der sozialen Frage: ein Unternehmer

Der Unternehmer Alfred Krupp hielt im Februar 1877 eine Ansprache an seine Belegschaft. Darin sagte er u. a.:

Jeder hat nach seiner Kraft und nach seiner Fähigkeit seinen Lohn erhalten, und anstatt eines jeden konnte in den meisten Fällen auch ein anderer hingestellt werden, denn die Arbeiter haben nicht das Verdienst der Erfindungen und überall finden sich geschickte Arbeiter zum Ersatz. Es kann also keine Rede davon sein, dass irgendjemand einen besonderen Anspruch behalte außer solchem, der selbstverständlich ist, der in Steigerung des Lohnes und Gehaltes besteht und immer Folge größerer Leistung ist.

Die Apostel der Sozialdemokratie suchen aber den bescheidensten Leuten durch ihre verführerischen Reden den Kopf zu verdrehen, und sie werden das Unglück von manchem Arbeiter verschulden, der ihnen Gehör schenkt und deshalb entlassen wird […] Es treten Jahre ein, welche keinen Gewinn abwerfen, der Arbeiter aber erhält trotzdem seinen Lohn. Es muss in guten Jahren notwendige Kraft gewonnen werden, um die schlechten zu überstehen. Ohne Reserve im Gewinn, müsste man in schlechten Jahren die Leute gehen lassen. Es hat dagegen in den schlechtesten Jahren, wenn alles darnieder lag, dennoch die Arbeit fortgesetzt, auf Vorrat fabriziert oder zu Preisen mit Verlust geliefert, bloß zu dem Zwecke, die Leute zu ernähren und den Herd warm zu halten […]

Ich habe die Erfindungen und neuen Produktionen eingeführt, nicht die Arbeiter. Er ist abgefunden mit seinem Lohne, und ob ich darauf gewinne oder verliere, das ist meine eigene Sache […]

Ich habe den Mut gehabt, für die Verbesserung der Lage der Arbeiter Wohnungen zu bauen, worin bereits 20 000 Seelen untergebracht sind, ihnen Schulen zu gründen und Einrichtungen zu treffen zur billigen Beschaffung von allem Bedarf […] Genießet, was Euch beschieden ist. Nach getaner Arbeit verbleibt im Kreise der Eurigen, bei den Eltern, bei der Frau und den Kindern und sinnt über Haushalt und Erziehung. Das sei Eure Politik, dabei werdet ihr frohe Stunden erleben. […]

Mit dem Laufe der Zeit von Jahrzehnt zu Jahrzehnt wird alles besser, und wer zurückblickt in die Vergangenheit, kann sich der Überzeugung nicht verschließen, dass große Fortschritte gemacht worden sind zum Besten aller und so auch der arbeitenden Klasse. Vor fünfzig Jahren lebte kein Arbeiter so gut in Nahrung, Wohnung und Kleidung als heute. Keiner wird tauschen wollen mit dem Lose seiner Eltern oder Vorfahren. […] Es wird eine Bestimmung meines letzten Willens sein, dass stets mit Wohlwollen und Gerechtigkeit das Regiment geführt werden soll, aber äußerste Strenge soll gehandhabt werden gegen solche, die den Frieden stören wollen, und wenn bis jetzt mit Milde verfahren wurde, so möge das niemanden verleiten.

Zit. nach: Wilhelm Berdow (Hg.): Alfred Krupps Briefe 1826–1887. Im Auftrage der Familie und der Firma Krupp, Berlin 1928, S. 343 ff.

M4 Blick auf die zur „Gussstahlfabrik Friedrich Krupp" in Essen gehörende Arbeitersiedlung Kronenberg, die 1872 bis 1874 errichtet wurde. Druck nach einer 1890 in der „Illustrirten Zeitung" veröffentlichten Zeichnung
Die Kolonie Kronenberg war eine von fünf Wohnsiedlungen, die das Unternehmen bis in die 1870er-Jahre errichten ließ. Sie bot 1356 Zwei- bis Fünfzimmerwohnungen mit Toilette auf halber Treppe und Gemeinschaftsgärten.

M5 Der Umgang mit der sozialen Frage: ein Kirchenvertreter

Dem katholischen Priester Adolph Kolping, der selbst ein Handwerk erlernt hatte, lag die Not der Handwerksgesellen besonders am Herzen. 1849 gründete er den „Katholischen Gesellenverein“:

Man richte nur in allen Städten, wenn nicht in allen größeren Gemeinden, einen freundlichen, geräumigen Saal ein, sorge an Sonn- und Feiertagen wie am Montagabend für Beleuchtung und im Winter für behagliche Wärme dazu und öffne dies Lokal allen jungen Arbeitern, denen es mit ihrem Leben und ihrem Stande nur immer ernst ist. Da die jungen Leute, die der Einladung folgen, Gemeinsames mit ziemlich gleichen Kräften wollen, bilden sie dadurch einen Verein, für dessen Bestehen und Gedeihen ein Vorstand von achtbaren Bürgern, die dem guten Zweck zu dienen entschlossen sind, zu sorgen hätte und an dessen Spitze ein Geistlicher stehen soll, der dieser Stelle mit all der persönlichen Hingebung und Aufopferung vorzustehen hat, welche sein heiliges, gerade dem Volk gewidmetes Amt und die gute Sache erheischen. Je nützlicher und angenehmer, je freier und würdiger der Aufenthalt in dem Vereinslokal für die jungen Leute gemacht wird, umso größer wird die Teilnahme sein, umso fester werden sie bei der guten Sache halten. Da dürfte es nicht an guten Büchern, Schriften und Zeitungen fehlen, nicht bloß, die das religiöse Interesse vertreten, sondern die auch, was ja nicht zu übersehen wäre, dem bürgerlichen Leben gelten, die gewerbliche Gegenstände behandeln und, soviel wie möglich, jedem Handwerker von Nutzen sein können.

Dazu muss das lebendige Wort treten. Da wäre die Gelegenheit günstig, die Religion als Grundlage des Volks- und Menschenglücks wieder anzubauen und den Herzen nahezubringen wie überhaupt auf alle Lebensverhältnisse einzugehen, die den Gesellen berühren und deren Besprechung ihm von überaus großem Interesse sein müsste. [...] Klar und unablässig könnte man ihnen ihren wahren Beruf, ihr echtes Lebensziel vor Augen halten wie die Mittel besprechen, dies Ziel auf die sicherste Weise zu erreichen. Tüchtige Bürger sollen sie werden, zu tüchtigen Bürgern muss man sie erziehen. Ein tüchtiger Bürger muss ein tüchtiger Christ und ein tüchtiger Geschäftsmann sein, nun, dann muss man der betreffenden Jugend wenigstens insoweit zur Hand gehen, dass sie beides werden kann.

Tüchtige Bürger gedeihen aber nur in einem tüchtigen Familienleben. Wenn das für unsere Jugend anderwärts fehlt – und dass es fehlt, wissen wir alle sehr gut – dann suchen wir unseren jungen Leuten durch einen solchen Verein wenigstens annähernd die Vorteile zu gewähren und darauf mit allen Kräften hinzuwirken, dass diejenigen, welche sich um uns scharen, einst eine bessere, an Leib und Seele gesündere Generation in besserem Familienleben erziehen [...]

Das könnte füglich durch einen solchen Verein geschehen. Je klarer und einfacher nämlich diesen Leuten mit ihrem meist guten Willen und gesundem Versande die Wahrheit gesagt wird, je schonender man das Leben in allem Zulässigem behandelt, ihre Freuden wie ihr Leid auf den wahren Wert zurückführt, je fester man hinwieder bei dem einmal erkannten Guten verharrt, umso lieber nehmen sie das Gute an.

Rosa Copelovici/Michael Hanke (Hgg.): Kolping in Schriften. Band 3: Soziale Frage und Gesellenverein. Teil I: 1846–1852, Köln 1985, S. 53 f.

M6 Unterrichtsraum des „Gesellenhauses“ in Düsseldorf, nachträglich koloriertes Foto, 1911. Das Kolpingwerk bot zu dieser Zeit etwa tausend Fortbildungskurse jährlich in seinen Einrichtungen an.

2. Erklären Sie den Begriff „soziale Frage“.

3. Stellen Sie auf der Basis des Darstellungstextes dar, mit welchen Maßnahmen die Arbeiterbewegung (SPD, Gewerkschaften) eine Lösung der „sozialen Frage“ erreichen wollte.

4. Vergleichen Sie Ihre Ergebnisse aus Aufgabe 3 mit den Vorschlägen von Alfred Krupp (M3) und Adolph Kolping (M5).

5. Bewerten Sie die Vorschläge Alfred Krupps (M3) unter dem Gesichtspunkt politisch-demokratischer Partizipation.

Versöhnung mit der Arbeiterschaft?

Staatliche Sozialpolitik und Sozialistenverfolgung

M 1 Karikatur aus der englischen Zeitschrift „Punch“ von 1878. In Deutschland wurde sie mit folgender Unterschrift bekannt: „Wenn du denkst, du hast‘n, springt er aus‘m Kasten“.

1. Analysieren Sie die Karikatur M 1 und bilden Sie Hypothesen zum Verhältnis von preußischem Staat und Arbeiterschaft.

„Gründerkrise“ im Deutschen Reich

Hohe französische Reparationszahlungen an das Deutsche Reich nach der Niederlage Frankreichs im Deutsch-Französischen Krieg 1870/1871 hatten den Industrialisierungsprozess im Deutschen Reich zunächst angeheizt. Ab 1873 jedoch war eine Abkühlung der wirtschaftlichen Entwicklung eingetreten. In der Folge mussten viele Unternehmen schließen und Arbeiter entlassen; Deutschland erlebte seine erste Rezession, die „Gründerkrise“. Die Wut der Entlassenen führte zu Demonstrationen, teils mit gewalttätigen Ausschreitungen. Zudem gewannen die Gewerkschaften und Arbeiterparteien eine Vielzahl neuer Mitglieder und stellten verstärkt Forderung zur Verbesserung der Situation der Arbeiter. Darüber hinaus setzte sich bei immer mehr Menschen die Erkenntnis durch, dass es nicht nur an mangelndem Fleiß und Ehrgeiz des Einzelnen liegen konnte, wenn Menschen in Armut leben müssen. Der soziale Friede im Deutschen Kaiserreich war ernsthaft bedroht.

Sozialisten bekämpfen mit der Macht der Gesetze?

Das wachsende politische Gewicht der sozialdemokratischen Partei, das sich auch in zunehmenden Erfolgen bei den Reichstagswahlen zeigte, wurde von der konservativen Regierung unter Reichskanzler Bismarck als Bedrohung der bestehenden politischen und gesellschaftlichen Verhältnisse wahrgenommen. Zwei Attentate auf den Kaiser im Jahr 1878, die Bismarck fälschlich den Sozialdemokraten anlastete, gaben ihm Anlass, diese zu „Reichsfeinden“ zu erklären und dem Reichstag das „Gesetz gegen die gemeingefährlichen Bestrebungen der Sozialdemokratie“ vorzuschlagen. Auf dessen Grundlage wurde die Parteiarbeit der Sozialdemokraten 1878 ebenso verboten wie alle sozialistischen Vereine und Zeitungen. Auch Parteivermögen zog der Staat ein. Lediglich die Abgeordneten der Sozialdemokraten im Reichstag konnten ihre Tätigkeit fortsetzen und als Privatpersonen auch weiterhin bei Reichstagswahlen antreten, da sie parlamentarische Immunität genossen. Das Gesetz führte dazu, dass die Sozialdemokratie ihre Arbeit in den Untergrund, teilweise auch ins Ausland verlagerte.

Im Reichstag war die sogenannte **Sozialistenverfolgung** aber umstritten. Dies zeigte sich vor allem, wenn die Laufzeit des Gesetzes, die jeweils auf drei Jahre befristet war, verlängert werden musste: Die Linksliberalen, die meisten Abgeordneten des Zentrums und natürlich die Sozialdemokraten selbst verweigerten die Zustimmung. 1890 wurde das Gesetz aufgehoben.

Maßnahmen in Notzeiten

Kein Arbeiter in Deutschland solle mehr auf die Wohltätigkeit anderer angewiesen sein, sondern einen rechtlich abgesicherten Anspruch auf eine Versorgung bei Krankheit, Unfall oder

parlamentarische Immunität: Schutz der Abgeordneten vor Verhaftung und Anklage. Sie dient dazu, willkürliche, politisch motivierte Verfolgungen zu verhindern und damit die Arbeitsfähigkeit des Parlaments sicherzustellen.

im Alter haben, hatte der damals 84-jährige Kaiser Wilhelm I. bereits im November 1881 vor dem Reichstag verkündet. Denn die Regierung unter Kanzler Bismarck, die die politischen Vertreter der Arbeiter verfolgen ließ, plante gleichzeitig, durch den Staat soziale Sicherungssysteme für die Arbeiter einzuführen. Dadurch, so Bismarcks Kalkül, würden die Arbeiter enger an den monarchischen Staat gebunden werden. Hierdurch würde auch der Einfluss der Arbeiterpartei und der Gewerkschaften zurückgedrängt werden. Die **staatliche Sozialpolitik** wurde deshalb für den Reichskanzler zum wichtigsten innenpolitischen Projekt der 1880er-Jahre. Zwar befürchteten vor allem Konservative, dass eine staatliche Sozialpolitik einen „Staatssozialismus" begründen würde, doch zwei Jahre nach der Rede des Kaisers wurde 1883 ein erstes Sozialgesetz, das Gesetz über die Krankenversicherung, im deutschen Reichstag verabschiedet.

Auch bei den Regierungen anderer industrialisierter Länder setzte sich spätestens um die Wende zum 20. Jahrhundert die Einsicht durch, dass eine staatliche Antwort auf die „soziale Frage" notwendig sei, um die gesellschaftlichen Gegensätze zu befrieden. Die Antworten, die sie fanden, unterschieden sich zum Teil allerdings erheblich.

Das konservative Wohlfahrtssystem: die staatliche Pflichtversicherung

Das wichtigste Merkmal des Wohlfahrtsstaates Bismarck'scher Prägung ist das Versicherungsprinzip: Leistungen im Versicherungsfall – z.B. bei Arbeitslosigkeit, Invalidität oder Unfall – erhielt, wer zuvor Beiträge gezahlt hatte. Die Beiträge wurden dabei nach einem paritätischen Prinzip erhoben, also gemeinsam von Arbeitgebern und Arbeitnehmern getragen. Die einzige Ausnahme bildete die Unfallversicherung, deren Beiträge nur von den Arbeitgebern erbracht wurden. In diesem System ist die soziale Absicherung an die Lohnarbeit gebunden. Auch die gewährten Leistungen orientieren sich am zuvor erzielten Einkommen. Menschen, die nicht arbeiten (und damit keine Beiträge erbringen), sind ausgeschlossen. Der konservative Wohlfahrtsstaat setzte sich auch in Frankreich und Österreich durch.

Das liberale Wohlfahrtssystem: das Fürsorgeprinzip

Vor allem Staaten, die durch starke liberale Ideen geprägt waren, wie Großbritannien und die USA, haben auf die „soziale Frage" eine andere Antwort gefunden. Hier standen in erster Linie die Eigenverantwortlichkeit des Individuums im Vordergrund: Wer in Not geriet, musste zunächst durch eigene Initiative versuchen, Hilfe zu erhalten. Staatliche Unterstützung erhielt aber, wer nachweisen konnte, über keinen eigenen Besitz mehr zu verfügen. Die Leistungen des Staates wurden nicht über Versicherungsbeiträge finanziert, sondern durch Steuern, also von der Allgemeinheit erbracht. Die gewährten Leistungen waren eher gering und orientierten sich nicht am zuvor erzielten Einkommen.

Das sozialdemokratische Wohlfahrtssystem: universelle Leistungen

Vor allem in den skandinavischen Staaten gelang es den sozialdemokratischen Parteien, über lange Zeit dominierenden Einfluss auf die Ausgestaltung des Wohlfahrtsstaates zu nehmen. Ihr System basierte darauf, soziale Leistungen durch Steuern zu finanzieren und den Leistungsanspruch an soziale Bürgerrechte zu binden. Diese Form der sozialen Absicherung gewährte allen Bürgern hohe Sozialleistungen.

M 2 Die Einführung staatlicher Sozialleistungen in europäischen Ländern

	bei Unfällen	bei Krankheit	im Alter	bei Arbeitslosigkeit
Deutschland	1884	1883	1889	1927
Dänemark	1898	1892	1891	1907
Belgien	1903	1894	1900	1920
Österreich	1887	1888	1907	1920
Großbritannien	1897	1911	1908	1911
Frankreich	1898	1928	1910	1905
Schweden	1901	1891	1913	1934
Niederlande	1901	1931	1919	1916
Italien	1898	1943	1919	1919

Zusammengest. nach: Manfred G. Schmidt: Sozialpolitik in Deutschland. Historische Entwicklung und internationaler Vergleich, Wiesbaden: 2005, S. 182

M3 Werbeplakat der deutschen Reichsregierung für die staatliche Sozialversicherung, 1913

M4 Ergebnisse der Reichstagswahlen 1878–1907 (Angaben in %)

Jahr	National-liberale	Links-liberale	Konser-vative	Zentrum	Sozialdemo-kraten
1878	23,1	7,8	26,6	23,1	7,6
1881	14,7	23,1	23,7	23,2	6,1
1884	17,6	19,3	22,1	22,6	9,7
1887	22,3	14,1	25,0	20,1	10,1
1890	16,3	18,0	19,1	18,6	19,8
1893	13,0	14,8	19,3	19,1	23,4
1898	12,5	11,1	15,5	18,8	27,2
1903	13,9	9,3	13,5	19,8	31,7
1907	14,5	10,9	13,6	19,4	28,9
1912	13,6	12,3	12,2	16,4	34,8

Zusammengest. nach: Gerd Hohorst u. a.: Sozialgeschichtliches Arbeitsbuch Bd. 2: Materialien zur Statistik des Kaiserreichs 1870–1914, München [2]1978, S. 173 ff.

M5 Innovativ und erfolgreich?

→ Vertiefungsmaterial für das Leistungsfach

Der Historiker Willibald Steinmetz charakterisierte 2019 die Sozialpolitik Otto von Bismarcks:

Die staatlichen und privaten Experimente mit Pensions- oder Versicherungssystemen für Arbeiter und Angestellte seit der Jahrhundertmitte belegen, dass die Bismarck'sche Sozialversicherung mit der Alters- und Invaliditätsversicherung (1889) als dritte Säule neben der Kranken- und Unfallversicherung (1883/84) von den Grundideen her so neu und originell nicht war. Sie baute vielmehr auf einer seit längerem geführten internationalen Diskussion auf. Auch die Motive des Reichskanzlers waren so ungewöhnlich nicht. Wie bei Bismarck hatte bei den vorausgegangenen branchenspezifischen und betrieblichen Ansätzen eine Mischung aus fürsorglichem Problemlösungswillen und antisozialistischer Revolutionsabwehr Pate gestanden. Zu Beginn der Beratungen im Reichstag hatte Bismarck vorgeschwebt [...] [eine] partiell steuerfinanzierte Rentenversicherung aufzubauen. Das schließlich 1889 verabschiedete Altersversicherungs-Gesetz blieb insoweit dahinter zurück, als es nur Lohnarbeiter und geringverdienende Angestellte [...] einschloss. Eine Angestelltenversicherung folgte erst 1911. Der Schutz war auch insofern begrenzt, als er erst nach vollendetem siebzigsten Lebensjahr und dreißig Beitragsjahren eintrat. Das Rentenniveau lag zudem weit unter den durchschnittlichen Arbeiterverdiensten. Die Arbeiterrente war damit eher ein Zubrot als eine Vollversorgung. Übergangsregelungen sorgten allerdings dafür, dass schon ab Beginn der 1890er-Jahre die ersten Arbeiter in Deutschland eine Rente beziehen konnten.

Auf internationalen Expertenkongressen bewarb das wilhelminische Reich die Bismarck'sche Sozialversicherung als bahnbrechende deutsche Errungenschaft. Der Wettbewerb zwischen den europäischen Staaten um Lösungen des Altersversorgungsproblems wurde dadurch angeheizt, doch resultierte er nirgends in einer einfachen Übernahme des deutschen Modells. Vor allem dessen Zwangselemente, die Pflichtbeiträge sowohl der Arbeiter wie Arbeitgeber, galten in Westeuropa als Inbegriff deutscher Obrigkeitshörigkeit.

Willibald Steinmetz: Europa im 19. Jahrhundert (Neue Fischer Weltgeschichte Bd. 6), Frankfurt/M. 2019, S. 466 f.

M6 Krankenversicherung heute

→ Vertiefungsmaterial für das Leistungsfach

Die Journalistin Catrin Gesellensetter schrieb 2015:

Die gesetzliche Krankenversicherung lässt all ihren Mitgliedern unabhängig von Alter oder Gesundheitszustand dieselben, gesetzlich festgelegten Leistungen angedeihen. [...] Ziel ist es, die Solidarität zwischen Jungen und Alten, Gesunden und Kranken, Armen und Reichen zu fördern und allen Mitgliedern, unabhängig von ihrem Einkommen, eine ausreichende medizinische Versorgung zu gewähren. Finanzrücklagen werden in diesem Umlageverfahren nicht gebildet. Darin liegt ein massives Problem.

[...] Als die durchschnittliche Lebenserwartung noch unter 40 Jahren lag, die Drei-bis-vier-Kinder-Familie die Regel und die Versicherungsleistungen sehr bescheiden waren, hielten sich die Einnahmen und Ausgaben der Kassen noch die Waage. Heute sieht das anders aus: Die Lebenserwartung steigt konstant, der medizinische Fortschritt macht die Versorgung immer teurer, und die sinkenden Geburtenzahlen sorgen dafür, dass immer weniger Beitragszahler für immer mehr Leistungsempfänger aufkommen müssen. Damit nicht genug: Schwächelt die Konjunktur, sacken die Einnahmen zusätzlich ab, weil die Beiträge zur Versicherung an die Erwerbseinkommen der Mitglieder gekoppelt sind. Zukunftssichere Systeme sehen anders aus.

www.focus.de/finanzen/versicherungen/krankenversicherung/tid-10776/krankenversicherung-der-status-quo-und-seine-probleme_aid_311960.html (09.12.2020)

2. Analysieren Sie M3. Gehen Sie dabei besonders auf die durch die Reichsregierung beabsichtigte Wirkung ein.

3. Beurteilen Sie mithilfe von M4, ob die Politik Bismarcks gegenüber den Arbeitern als gescheitert bezeichnet werden kann.

4. Arbeiten Sie aus dem Darstellungstext die wesentlichen Merkmale des konservativen, des liberalen und des sozialdemokratischen Wohlfahrtsstaats heraus.

5. Überprüfen Sie anhand der Tabelle M2 und des Historikertextes M5, ob die Deutschland oft unterstellte Vorreiterrolle bei der Einführung sozialer Sicherungssysteme zutreffend ist.

6. Die Zeitschrift Focus schreibt über das gesetzliche Versicherungssystem bei der Krankenversicherung (M6): „Zukunftssichere Systeme sehen anders aus." Beurteilen Sie diese Einschätzung.

Europäische Gesellschaften im Wandel

→ S. 90–93

Neustart der Arbeit, des Alltags, der Beziehungen?

Der Prozess der Industrialisierung hatte gravierende Folgen nicht nur für die Warenproduktion, den Handel und die Infrastrukturen, sondern er veränderte auch die Lebensweise der Menschen. Die vormoderne Großfamilie löste sich im Zuge der Bauernbefreiung auf: Die Landflucht vieler arbeitsuchender Menschen und ihre Migration in Städte bzw. Industriegebiete führte zur Entwicklung der Kern- oder Kleinfamilie, die Eltern und minderjährige Kinder umfasste. Das rasante Bevölkerungswachstum in den Städten verursachte Wohnungsmangel und bewirkte, dass die Arbeiterfamilien oft unter katastrophalen Verhältnissen leben mussten. Auf die Unterstützung von Verwandten wie in der früheren Großfamilie konnten sie in Notzeiten jedoch nicht mehr zurückgreifen, sie waren auf sich allein gestellt.

→ S. 96–98

Eine neue, eine bessere Gesellschaftsordnung?

Im 19. Jahrhundert begann sich die traditionelle Gesellschaftsordnung, die Ständeordnung, überall in Europa zu verändern. Das Bürgertum nahm seinen Aufstieg, wenn auch – abhängig auch vom Tempo der Industrialisierung – zu unterschiedlichen Zeitpunkten. Es umfasste die großbürgerlichen, wirtschaftlich sehr erfolgreichen Unternehmer, die gehobene Schicht der Bildungsbürger und schließlich die große Gruppe des Kleinbürgertums mit gut ausgebildeten Facharbeitern in den Fabriken und selbstständigen Dienstleistern. Zur größten gesellschaftlichen Gruppe entwickelte sich jedoch die Industriearbeiterschaft, die für geringen Lohn ihre körperliche Arbeitskraft den Unternehmern verkaufte.
Der zeitgenössische Philosoph Karl Marx charakterisierte die Industriegesellschaft als **Klassengesellschaft**, in der die Klasse des Großbürgertums, das er als „**Bourgeoisie**" bezeichnete, der Klasse der Industriearbeiterschaft, für die er den Begriff „**Proletariat**" wählte, einander diametral gegenüberstünden.

→ S. 100–103

Eine Gesellschaft – zwei Welten?

Das Selbstverständnis von „Bürgertum" und „Arbeiterschaft" als Klasse manifestierte sich in den gelebten Familienmodellen jener Zeit. Das Familienideal für alle Schichten umfasste den auf die äußere Welt, die Arbeitswelt, bezogenen Mann und die nach innen, also auf Haushalt und Familie, bezogene Frau. Während in der **bürgerlichen Familie** dieses Ideal gelebt wurde, spiegelte es sich in der Lebenswirklichkeit der **proletarischen Familie** in der Regel nicht wider. Dort reichte das Einkommen häufig selbst dann nicht für ein halbwegs erträgliches Leben ohne Not, wenn die Frau und die größeren Kinder ebenfalls einer Lohnarbeit nachgingen.

Vielversprechende Lösungsansätze?

Die Not der Arbeiterklasse wurde mit zunehmender Industrialisierung auch für die Zeitgenossen immer offensichtlicher. Die „**soziale Frage**“ sollte eines der wichtigsten politischen Themen des deutschen Kaiserreiches werden.

Ab Mitte des 19. Jahrhunderts begannen die Arbeiter, sich zusammenzuschließen und in der **Arbeiterbewegung** zu organisieren. In den Unternehmen gründeten sie Gewerkschaften und vertraten so ihre Forderungen gemeinsam gegenüber dem Unternehmer. Wirksame Druckmittel der Arbeiter waren Streiks, Arbeitsniederlegungen. Auch auf der politischen Ebene organisierten sich die Arbeiter. Hier wurden ihre Interessen von der Partei der Sozialdemokraten (seit 1890 nannten sie sich SPD) im Reichstag vertreten. Doch der Weg zur Verbesserung der Situation der Arbeiter war umstritten: Sollten auf demokratischem Weg **Reformen** erreicht werden, die nach und nach Wirkung entfalten konnten? Oder sollten durch eine **Revolution** die herrschenden Verhältnisse gewaltsam verändert werden?

Lösungsvorschläge zur „sozialen Frage“ kamen auch von Unternehmern und Kirchen. Sie handelten aus verschiedenen Motiven, doch einte sie die Befürchtung, kommunistische Ideen könnten sich weiter verbreiten und zu einem Umsturz der bestehenden Ordnung führen.

→ S. 104–107

Versöhnung mit der Arbeiterschaft?

Die Not der Arbeiter wurde vom preußisch-deutschen Staat ebenso wahrgenommen wie die Gefahr, die von einer revolutionsbereiten Arbeiterklasse ausging. Reichskanzler Otto von Bismarck setzte deshalb in den 1880er-Jahren im Reichstag die Einführung einer Reihe von Sozialversicherungen durch. Sie sollten die Arbeiter vor existenziellen Risiken wie Krankheit oder Invalidität schützen. Mit dieser **staatlichen Sozialpolitik** wollte Bismarck gleichzeitig die Loyalität der Arbeiterschaft gegenüber dem Staat steigern. Um dieses Ziel zu erreichen, plante er, die Arbeiter gleichzeitig von der SPD zu entfremden. Dazu diente das bereits 1878 verabschiedete sogenannte **Sozialistengesetz**: Es schränkte die Arbeit der SPD und die ihr nahestehenden Vereine massiv ein. Erfolgreich war er mit dieser Sozialistenverfolgung allerdings nicht: Die SPD konnte ihre Sitze im Reichstag bei Wahlen und ihren Einfluss auf die Arbeiterschaft bis zum Beginn des Ersten Weltkriegs im Jahr 1914 weiter ausbauen.

→ S. 108–111

Die USA im 19. Jahrhundert

1776 erklärten sich 13 britische Kolonien auf dem amerikanischen Kontinent für unabhängig von ihrem Mutterland und begannen mit der Erarbeitung einer eigenen, demokratischen Verfassung – der ersten ihrer Art. Ihre Verabschiedung im Jahr 1787 war ein Wendepunkt der westlichen Moderne. Die US-amerikanische Republik war jedoch stets ein widersprüchliches Experiment mit der Demokratie, das die Forschung heute auch kritisch betrachtet. So ermöglichte die Reform des Wahlrechts im frühen 19. Jahrhundert zwar mehr „gewöhnlichen" Menschen als je zuvor demokratische Teilhabe, blieb aber auf (weiße) Männer beschränkt und schloss Frauen, Schwarze und Indigene weiterhin aus.
In der zweiten Jahrhunderthälfte boomten Industrien. Großunternehmer prägten maßgeblich den (Arbeits-)Alltag vieler und machten die Industriearbeiter zur „menschlichen Ressource". Mit dem industriellen Aufstieg entwickelte sich ein neuer Massenkonsum, der Anfang des 20. Jahrhunderts den Grundstein für die wirtschaftliche Dominanz der USA und für den globalen Export einer „amerikanischen Moderne" legte.

Abbildungen

- „American Progress", personifiziert in der Figur der „Columbia", begleitet die Siedler nach Westen. Ausschnitt aus dem Ölgemälde von John Gast, 1872 (→ S. 121)
- (unten links) Auch im Cartoon „Das Bürgerrechtsgesetz" von Thomas Nast ist Columbia dargestellt. Die Zeichnung erschien 1875 im Magazin „Harper's Weekly".
- (oben rechts) Arbeiter am Fließband in einem der Ford-Werke, 1911. Sie setzen Schwungrad-Magnetzünder für das damals begehrteste Auto, das Ford T-Modell, zusammen.

Die Geburt einer perfekten Nation?

Die Verfassung der „United States of America"

M 1 Feier in Washington, D. C., am 17. September 1987. Anlass ist das 200-jährige Jubiläum der Verabschiedung der US-Verfassung, deren Präambel mit den Worten „We the People" beginnt.

1. Bilden Sie anhand des Fotos M 1 und der Bildunterschrift Hypothesen darüber, welche Werte zentral für das US-amerikanische Selbstverständnis sein könnten.

USA – Experiment und Inspiration?

Am 4. Juli 1776 erklärten sich 13 nordamerikanische Kolonien Großbritanniens für unabhängig. Damit wurde eine Nation völlig neuer Art, eine moderne Republik, aus der Taufe gehoben. Ihre „Gründerväter" folgten einer radikalen Idee: Es sollte keinen Unterschied mehr zwischen Herrschern und Beherrschten geben. Dem Volk stehe das unveräußerliche Recht zu, sich seine Vertreter aus der eigenen Mitte zu wählen. Und diese sollten, so der politische Theoretiker Thomas Paine, niemals Interessen verfolgen, die sich von denen der Wähler unterscheiden. Doch wie viel Macht sollte die neue Zentralregierung tatsächlich haben? Wie sollten kleine und große Bundesstaaten in ihr vertreten sein? Und was sollte mit der Institution der Sklaverei geschehen? Die politischen Debatten um diese Fragen mündeten 1787 in einen großen Kompromiss: in die erste moderne **Verfassung**.

We, the [White Male] People ...

Die US-Verfassung schuf in einer Welt der Monarchien und Imperien eine föderale Republik mit demokratisch gewählter Regierung, bestehend aus drei unabhängigen Zweigen: Legislative, Judikative, Exekutive. Ein System gegenseitiger Kontrolle – „checks and balances" – sollte Machtkonzentration und -missbrauch unter ihnen verhindern. Dabei machte die US-Verfassung Anleihen bei verschiedenen historischen Vorbildern. Das System der Republik geht auf die römische Antike zurück. Ideen zur Volkssouveränität und Gewaltenteilung, zu politischer Repräsentation und Grundrechten finden sich seit dem 17. Jahrhundert in der Philosophie der Aufklärung, etwa bei John Locke und Charles de Montesquieu. Und für die zentrale Rolle des Präsidenten in der Exekutive sowie für die Zusammensetzung der Legislative lässt sich das Modell der britischen konstitutionellen Monarchie als Vorbild identifizieren.

Die Legislative bestand aus einem nach Zensuswahlrecht bestimmten Zweikammerparlament: dem US-Kongress mit Senat und Repräsentantenhaus. Im Senat war jeder Bundesstaat mit derselben Anzahl an Stimmen vertreten, ungeachtet seiner Einwohnerzahl. Sitze im Repräsentantenhaus dagegen wurden proportional zur Einwohnerzahl der Bundesstaaten vergeben, wobei fünf schwarze Sklaven nur so viel zählten, wie drei Bürger mit weißer Hautfarbe. Zudem: Das **Wahlrecht** hatten nur weiße Männer mit Landbesitz – zu jener Zeit etwa 6 % der Gesamtbevölkerung. Besitzlose und Frauen durften nicht wählen. Auch die indigene Bevölkerung wurde ausgeschlossen, denn Indigene galten ausschließlich als Angehörige jeweils eigener Nationen, nicht aber der USA.

Die US-Verfassung war noch nicht ratifiziert, da wurden bereits Rufe nach ihrer Modifikation laut – Ausdruck des Misstrauens vieler US-Amerikaner gegenüber der neuen, starken Zentralregierung. Ende 1791 wurden als Kompromiss zehn Verfassungszusätze – auch als „Bill of Rights" bekannt – verabschiedet, die Individualrechte und -freiheiten (von Weißen) stärkten und die Macht der Bundesregierung zugunsten der einzelnen Bundesstaaten beschnitten. Bis heute sind über ein Dutzend weitere Verfassungszusätze hinzugekommen, die nach und nach allen US-Amerikanern weitere Bürgerrechte zusicherten.

Nationen: hier: politische Einheiten verschiedener „Native Americans" der USA

M2 Aus der Unabhängigkeitserklärung

Folgende Wahrheiten erachten wir als selbstverständlich: dass alle Menschen gleich geschaffen sind; dass sie von ihrem Schöpfer mit gewissen unveräußerlichen Rechten ausgestattet sind; dass dazu Leben, Freiheit und das Streben nach Glück gehören; dass zur Sicherung dieser Rechte Regierungen unter den Menschen eingerichtet werden, die ihre rechtmäßige Macht aus der Zustimmung der Regierten herleiten; dass, wenn irgendeine Regierungsform sich für diese Zwecke als schädlich erweist, es das Recht des Volkes ist, sie zu ändern oder abzuschaffen und eine neue Regierung einzusetzen und sie auf solchen Grundsätzen aufzubauen und ihre Gewalten in der Form zu organisieren, wie es zur Gewährleistung ihrer Sicherheit und ihres Glücks geboten zu sein scheint. Gewiss gebietet die Vorsicht, dass seit langem bestehende Regierungen nicht um unbedeutender und flüchtiger Ursachen willen geändert werden sollten [...]. Aber wenn eine lange Reihe von Missbräuchen und Übergriffen, die stets das gleiche Ziel verfolgen, die Absicht erkennen lässt, [die Menschen] absolutem Despotismus zu unterwerfen, so ist es ihr Recht, ist es ihre Pflicht, eine solche Regierung zu beseitigen und sich um neue Bürgen für ihre zukünftige Sicherheit umzutun.

Übers. zit. nach: usa.usembassy.de/etexts/gov/unabhaengigkeit.pdf (28.10.2020)

M3 Die Sicht eines Sklaven

Der ehemalige Sklave und einflussreiche Bürgerrechtler Frederick Douglass äußerte sich im Jahr 1852, anlässlich des 4. Juli, dem amerikanischen Nationalfeiertag, in einer berühmt gewordenen Festrede wie folgt zum Zustand des Landes:

[Der] Anlass dieser Feier, ist der 4. Juli. Es ist der Geburtstag eurer nationalen Unabhängigkeit und eurer politischen Freiheit. [...] Des Segens, dessen ihr euch an diesem Tag erfreut, kann sich nicht jeder gleichermaßen erfreuen. Das reiche Erbe von Gerechtigkeit, Freiheit, Wohlstand und Unabhängigkeit, das eure Väter euch hinterlassen haben, wird euch zuteil, nicht mir. Das Sonnenlicht, das euch Leben und Heilung brachte, bescherte mir [Peitschen-] Streifen und Tod. Dieser 4. Juli gehört euch, nicht mir. Ihr mögt euch freuen, ich muss trauern. Aber was bedeutet dem amerikanischen Sklaven euer 4. Juli?

Darauf erwidere ich: Dieser Tag offenbart ihm, mehr als alle anderen Tage des Jahres, die himmelschreiende Ungerechtigkeit und Unmenschlichkeit, unter welchen er fortwährend zu leiden hat. Für ihn sind eure Feierlichkeiten ein Hohn. [...] Es gibt keine andere Nation auf dieser Erde, die sich schockierenderer und blutigerer Praktiken schuldig gemacht hätte, als das Volk dieser Vereinigten Staaten, zu genau dieser Stunde.

Zit. u. übers. nach: Philip S. Foner (Hg.): Frederick Douglass. Selected Speeches and Writings, Chicago 1999, S. 188ff.

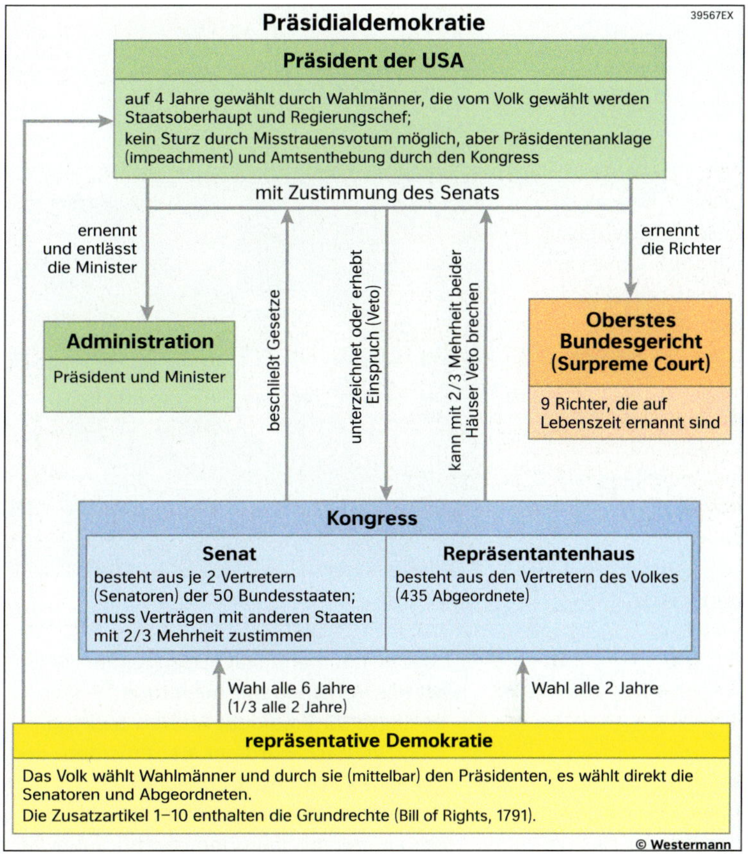

M4 Schaubild: Die Verfassung der USA

2. a) Arbeiten Sie mithilfe des Darstellungstextes und des Schaubildes M4 die demokratischen Prinzipien der US-Verfassung heraus.
b) Erörtern Sie mithilfe des Darstellungstetxes, M2 und M3, inwieweit die US-Verfassung als „modern“ bezeichnet werden kann.

3. Vergleichen Sie den Staatsaufbau der USA (M4) mit dem unsrigen hinsichtlich Volksvertretung, Gewaltenteilung und Exekutivbefugnissen. Greifen Sie hierbei auf Ihr Vorwissen zurück.

Wille des Volkes oder Manipulation durch Eliten?

Die „Jacksonian Democracy“

M 1 US-Präsident Donald Trump im Januar 2017 bei einem Telefonat mit Saudi-Arabiens König Salman, nachdem die USA einen Einreisestopp für Migranten aus muslimischen Ländern erlassen hatten. Im Hintergrund ein Porträt von Präsident Andrew Jackson, den Trump als Vorbild bezeichnete.

1. „Die Reichen und Mächtigen lenken zu oft das Vorgehen der Regierung.“ – Dies beklagte US-Präsident Andrew Jackson 1832. Vielfach wurde er als „Präsident des gemeinen Mannes“ bezeichnet. Formulieren Sie Fragen zur Entwicklung der amerikanischen Demokratie unter diesem Präsidenten.

Eine Ära des „gemeinen Mannes“?

Die Präsidentschaft Jacksons (1829–1837) prägte maßgeblich die politische Entwicklung der USA bis zur Jahrhundertmitte und wird heute als „**Jacksonian Democracy**“ bezeichnet. Sie beendete eine Zeit, in der vor allem Sprösslinge der Eliten das Land regierten.

Zwischen 1812 und 1824 waren sechs neue Bundesstaaten Teil der USA geworden. Um Zuwanderer anzulocken, hatten sie das **Wahlrecht** auf (weiße) Männer über 21, die kein Land besaßen, ausgedehnt. Andere Bundesstaaten zogen nach. Die Stimme des „gemeinen Mannes“ wurde dadurch zum heiß umkämpften Gut. Parteien warben nun mit Grillfesten oder Paraden um die Wählergunst – Veranstaltungen, die es zu Zeiten der „Gründerväter“ der USA nicht gegeben hatte. Wahlen wurden bald als pompöse Veranstaltungen inszeniert und Wahlurnen auf Marktplätzen, in Saloons und Tabakläden aufgestellt. Geheime Wahlen gab es noch nicht. Mithilfe der durch dampfgetriebene Druckmaschinen entstandenen „penny press“ ließen die Parteien zur Meinungsbildung massenhaft politische Kommentare verbreiten. Um Wähler zu gewinnen, wurde darüber hinaus auch auf Bestechung oder Einschüchterung zurückgegriffen.

Jackson: Verfechter nationaler Ideen?

Der populäre Andrew Jackson, der als Gründer der seit 1828 bestehenden Demokratischen Partei gilt, verkörperte den neuen anti-elitären Zeitgeist wie kein anderer. Er war der Erste, der sich – aus ärmlichen Verhältnissen stammend – bis ins Präsidentenamt hochgearbeitet hatte. Seine Regierungszeit brachte eine amerikanische Moderne hervor, die aufklärerische Ideen und demokratische Mehrheitsrechte mit der Vorstellung einer naturgegebenen „Rassengrenze“ verband, die man für die Gleichheit aller Weißen in den USA für unabdingbar hielt. Institutionen und Gruppierungen, die diese „nationalen Prinzipien“ zu bedrohen schienen, wurden bekämpft. Dies betraf etwa

- den starken Zentralstaat, der die Selbstbestimmung der Lokalverwaltungen und Privatunternehmer beschnitt: Er wich einem **Laissez-Faire-Staat**, einem Staat, der kaum regulierend in Wirtschaftsprozesse eingreift.
- Reformbewegungen, wie die der Abolitionisten, die die Abschaffung der Sklaverei und die Entlohnung aller Arbeitskräfte forderten.
- Indigene, die ihr Gebiet gegen Siedler zu verteidigen versuchten. Sie wurden Opfer systematischer Vertreibungen, wie der des „Trail of Tears“ (→M3).
- angrenzende Staaten, die wie Mexiko der Westausdehnung der USA im Weg waren. Gegen sie wurden Kriege geführt und die eroberten Territorien den USA einverleibt. Ein Beispiel ist Texas.

Die Ära Jacksons prägte die US-Politik nachhaltig. Sie sicherte die Vorherrschaft der weißen Bevölkerung und sorgte dafür, dass sich zukünftige US-Präsidenten ebenfalls als „Männer des Volkes“ präsentieren sowie auf Abstand zu mächtigen „Eliten“ gehen mussten, um möglichst viele Wähler anzusprechen.

penny press: günstige Zeitungen, die in den USA ab den 1830er-Jahren in Massen hergestellt wurden

Abolitionisten: der Begriff ist abgeleitet von engl. *abolition*, Abschaffung

M 2 Amerikanische Mission?

Der protestantische Geistliche Josiah Strong war Führer einer christlichen Bewegung, die sich für soziale Gerechtigkeit einsetzte. Er bewarb Missionierungsaktivitäten, um dadurch allen Volksgruppen zu einem „besseren Leben" zu verhelfen. Seine Überzeugungen fanden Eingang in sein Buch „Our Country" (1835), das rasch zu einem Bestseller wurde. Strong schrieb darin:

Ich brauche denen, für die ich schreibe, nicht auseinandersetzen, welches die zwei größten Bedürfnisse der Menschheit sind, deren Erfüllung alle Menschen in das Licht der höchsten christlichen Zivilisation emporheben würde: erstens ein reines, verinnerlichtes Christentum und zweitens die bürgerliche Freiheit. Ohne Zweifel liegen hier die Kräfte, die in der Vergangenheit so sehr zur Erhebung der Menschheit beigetragen haben; und sie müssen auch in Zukunft die besten Wegweiser zum Fortschritt sein. Daraus folgt, dass die Angelsachsen – die Hauptrepräsentanten dieser zwei Grundideen, die Bewahrer dieser zwei größten Segnungen – in besonderer Weise der Zukunft der Welt verbunden sind und im göttlichen Auftrag eine außerordentliche Verantwortung für ihre Mitmenschen tragen. Nimmt man dazu die Tatsache ihres rapiden Machtaufstiegs in der Gegenwart, so ist das fast ein Beweis für den höheren Auftrag.

Für mich besteht kein Zweifel, dass der Angelsachse die Hauptrolle in der Welt der Zukunft spielen soll [...]. Es ist noch ungewiss, wie materialistisch und atheistisch seine Zivilisation sein wird, [...] wie schnell er die Heraufkunft des Königreiches der Rechtschaffenheit bewirken kann. [...] Ist es offenkundig, dass der Angelsachse die Geschicke der Menschheit in den kommenden Jahrhunderten in der Hand hält? [...] Wir Angehörige dieser Generation und dieser Nation sitzen an der Schnittstelle der Jahrhunderte, wo über die Zukunft der Welt entschieden wird.

Übers. zit. nach: Günter Moltmann: Die Vereinigten Staaten von Amerika von der Kolonialzeit bis 1917, Paderborn 1980, S. 78

M 3 Darstellung des „Trail of Tears". So werden die zwischen 1831 und 1850 vollzogenen Vertreibungen von rund 60 000 Cherokee-Indianern von ihrem fruchtbaren Land in Reservate in karge westlichere Gebiete bezeichnet. Etwa 4 000 Menschen überlebten sie nicht.

M 4 Protest der Cherokee

John Ross war Häuptling der Cherokee-Nation in Georgia, die sich dem sesshaften Leben der Weißen angepasst hatte. In einem Brief an den US-Kongress protestierte er 1836 gegen den „Vertrag von New Echota", der zum „Trail of Tears" führte:

[Durch diesen Vertrag] wird uns jegliche Freiheit und jegliches Recht auf Selbstverteidigung genommen. Unser Besitz darf vor unseren Augen geplündert werden; Gewalt darf gegen uns angewendet werden; sogar unsere Leben dürfen uns genommen werden. [...] Wir, die wir davon betroffen sind, legen voller Zuversicht auf den Gerechtigkeitssinn, die Großzügigkeit, die Barmherzigkeit Eurer ehrenhaften Personen Widerspruch gegen die Vollstreckung der Maßnahmen dieses Abkommens ein, bei dessen Entstehung wir kein Mitspracherecht hatten. In Wahrheit ist unser Anliegen auch das Eure; es sind Freiheit und Gerechtigkeit; es basiert auf Euren eigenen Prinzipien, die wir von Euch lernten [...]. Und das Resultat ist augenfällig. Die Wildheit des Waldes ist komfortablen Behausungen und bestellten Feldern gewichen, ausgestattet mit verschiedenen Nutztieren. Seelische Kultiviertheit, arbeitsame Gepflogenheiten und Familienfreuden haben die Grobheit des unzivilisierten Zustandes abgelöst. Auch Eure Religion haben wir erlernt. [...] Von Eurem Urteil hängt unser Schicksal ab [...]. An Euch richten wir unsere wiederholten Gebete. Verschont unser Volk!

Zit. u. übers. nach: Gary E. Moulton: The Papers of Chief John Ross, Vol. 1, 1807–1839, Oklahoma 1985, S. 458 ff.

2. Erläutern Sie das Selbst- und das Fremdbild, dass die Quellen M 2 und M 4 von der US-amerikanischen Gesellschaft zeichnen.

3. Beurteilen Sie mithilfe des Darstellungstextes, ob die „Jacksonian Era" als „Ära des gemeinen Mannes" bezeichnet werden kann.

Wiederaufbau und Weiterentwicklung?

Der Phase der „Reconstruction“

M 1 1867 durften Afro-Amerikaner erstmals wählen. Motiv eines zeitgenössischen Holzschnitts

1. Formulieren Sie, welche Erwartungen an die Entwicklung der USA hier dargestellt werden.

Eine neue Sozialordnung für alle?

1861 hatten Konflikte zwischen Nord- und Südstaaten, u.a. über die Frage der Sklaverei, zum Austritt der Südstaaten aus den USA geführt. Die Folge war ein Bürgerkrieg, der bis 1865 andauerte und mit dem Sieg der Nordstaaten endete. Der Bürgerkrieg hatte mehr als 600 000 Menschen das Leben gekostet und große Teile der Südstaaten verwüstet. Er hinterließ tiefe Wunden im amerikanischen Bewusstsein. Zugleich aber gab er vor allem der Industrie neue Dynamik und mündete in eine Periode des Wiederaufbaus, der „Reconstruction“ (1863–1877). Sie fokussierte auf die Wiedereingliederung der unterlegenen Südstaaten in die USA und deren Umgestaltung nach den Vorstellungen des Nordens. Neben dem Wiederaufbau der zerstörten Infrastruktur bedeutete dies auch die Errichtung einer neuen Sozialordnung. Zentral hierfür war die Befreiung und Gleichstellung der schwarzen Bevölkerung, zumindest auf dem Papier.

Nach dem Bürgerkrieg versuchten die Südstaaten jedoch, mithilfe von „Black Codes“ – lokal erlassenen Gesetzen – die Handlungsfreiheit von Afro-Amerikanern zu reglementierten und die alte rassistische Sozialordnung zu erhalten, die auch im Norden noch in den Köpfen vieler Menschen präsent war. Zudem löste die US-Regierung ihr Versprechen nicht ein, den befreiten Sklaven Land für einen selbstständigen Neuanfang zur Verfügung zu stellen. Eine Umgestaltung der Wirtschaft des agrarischen Südens, die auf der Ausbeutung der schwarzen Bevölkerung basiert hatte, blieb ebenfalls aus. Nach dem Abzug der Besatzungstruppen des Nordens 1877 blieb der noch immer mit der Beseitigung der Kriegsfolgen beschäftigte Süden sich selbst überlassen.

Wiederaufbau oder Zerstörung?

Für eine andere Bevölkerungsgruppe war die „Reconstruction“ keine Periode des Wiederaufbaus, sondern der Auslöschung. Zehntausende Indigene wurden zwischen 1865 und 1878 getötet. Zudem wurden die Büffelbestände, ein Teil ihrer Lebensgrundlage, nahezu ausgerottet. Dies zwang die Verbliebenen langfristig in ein Abhängigkeitsverhältnis vom amerikanischen Staat. Ihre Vertreibung und Dezimierung verlief zugunsten Millionen weißer Siedler, die sich auf der Grundlage des Homestead Act von 1862 das Land der indigenen Bevölkerung aneigneten. Die nun rasant fortschreitende Besiedlung der westlichen Territorien war auch durch eine Revolution im Transportwesen möglich geworden. Die Eisenbahn wurde zum Symbol der „Zivilisierung“ des „Wilden Westens“. Bis 1890 galt der amerikanische Kontinent als „vollständig erschlossen“.

Der Homestead Act von 1862 versprach Antragsstellern für eine geringe Gebühr ein Stück Land, solange sie es nachweislich „verbesserten“. Tatsächlich konnten es sich nur wenige Arbeiter und Bauern leisten, eine Farm zu errichten sowie Werkzeuge, Nutztiere und Saatgut zu kaufen. Von den zwischen 1862 und 1904 vom Staat verteilten 500 Mio. ha Land, gingen nur 80 Mio. ha an Kleinbauern. Der Rest wurde von Spekulanten, Viehzüchtern, Minenbetreibern, Holzhändlern und Eisenbahnfirmen gekauft.

M 2 Der 1848 aus Deutschland ausgewanderte Maler John Gast nannte sein Ölgemälde aus dem Jahr 1872 „American Progress" (→ Ausschnitt S. 114/115). Diesen personifizierte er in der engelhaft wirkenden „Columbia", die mit Schulbuch und Telegrafenkabel sowie dem „Star of Empire" im Haar die Siedler nach Westen begleitet. Das Gemälde verbildlicht die Idee des „Manifest Destiny", der „gottgegebenen Bestimmung", die Kultur der Vereinigten Staaten verbreiten zu müssen.

M 3 Eisenbahnbau in den USA

Jahr	Strecke (km)
1871	72 000
1900	346 000

M 3 wurde erstellt nach: www.loc.gov/classroom-materials/united-states-history-primary-source-timeline/rise-of-industrial-america-1876-1900/railroads-in-late-19th-century (10.01.2021)

M 4 Die Verfassung, ein lebendiges Dokument

Seit der Ratifizierung der **US-Verfassung** im Jahr 1788 wurde sie mit über zwei Dutzend Zusätzen erweitert. Im Laufe der „Reconstruction"-Periode kamen drei Verfassungszusätze hinzu.

a) aus Zusatzartikel XIII (1865 in Kraft getreten):

Weder Sklaverei noch Zwangsdienstbarkeit darf, außer als Strafe für ein Verbrechen, dessen die betreffende Person in einem ordentlichen Verfahren für schuldig befunden worden ist, in den Vereinigten Staaten oder in irgendeinem Gebiet unter ihrer Gesetzeshoheit bestehen. [...]

b) aus Zusatzartikel XIV (1868 in Kraft getreten):

Alle Personen, die in den Vereinigten Staaten geboren oder eingebürgert sind und ihrer Gesetzeshoheit unterstehen, sind Bürger der Vereinigten Staaten und des Einzelstaates, in dem sie ihren Wohnsitz haben. Keiner der Einzelstaaten darf Gesetze erlassen oder durchführen, die die Vorrechte oder Freiheiten von Bürgern der Vereinigten Staaten beschränken, und kein Staat darf irgendjemandem ohne ordentliches Gerichtsverfahren nach Recht und Gesetz Leben, Freiheit oder Eigentum nehmen oder irgendjemandem innerhalb seines Hoheitsbereiches den gleichen Schutz durch das Gesetz versagen.
[... Es] dürfen weder die Vereinigten Staaten noch irgendein Einzelstaat eine Schuld oder Verbindlichkeit übernehmen oder einlösen, die aus der Unterstützung eines Aufstands oder Aufruhrs gegen die Vereinigten Staaten erwachsen ist, oder irgendeinem Ersatzanspruch für den Verlust oder die Freilassung eines Sklaven stattgeben; vielmehr sind alle derartigen Schulden, Verbindlichkeiten und Ansprüche ungesetzlich und nichtig.

c) aus Zusatzartikel XV (1870 in Kraft getreten):

Das Wahlrecht der Bürger der Vereinigten Staaten darf von den Vereinigten Staaten oder einem Einzelstaat nicht aufgrund der Rassenzugehörigkeit, der Hautfarbe oder des vormaligen Dienstbarkeitsverhältnisses versagt oder beschränkt werden.

Übers. zit nach: usa.usembassy.de/etexts/gov/gov-constitutiond.pdf, S. 10 f. (28.10.2020)

2. Erklären Sie anhand der Begriffe „Wiederaufbau" und „Zivilisierung" diejenigen Wegmarken der „Reconstruction"-Periode, die Ihnen besonders wichtig erscheinen. Verwenden Sie hierzu auch M 2 und M 3.

3. Beurteilen Sie mit Bezug auf M 4, ob die Zeit der „Reconstruction" als eine „unfertige Revolution" bezeichnet werden kann.

Go big or go bust?

„Gilded Age“ und Big Business

M 1 Eine Karikatur des US-amerikanischen Satiremagazins „Puck“ zeigt 1901 den Großunternehmer John D. Rockefeller (1839–1937).

1. a) Beschreiben Sie die Karikatur.
   b) Erklären Sie, welche Aussage sie über die US-Wirtschaft um die Jahrhundertwende trifft.

„Jim-Crow-Gesetze“ waren lokale Gesetze, die zwischen 1876 und 1965 in den Südstaaten galten und unter dem Motto „Separate but equal“ die Trennung der „Rassen“ fortschrieben. Der Name „Jim Crow“ („Jim Krähe“) geht auf das im 19. Jh. verbreitete, rassistische Stereotyp eines tanzenden Schwarzen zurück.

Ein landesweites Wirtschaftswunder?

Die USA erlebten von den 1870er-Jahren bis ins frühe 20. Jahrhundert einen beispiellosen **Wirtschaftsboom**. Aufgrund der daraus resultierenden Extravaganz und Oberflächlichkeit der Profiteure dieser Zeit bezeichnete der Schriftsteller Mark Twain sie als **„Gilded Age“**, „vergoldetes Zeitalter“. Sie gab den USA ein neues „modernes“ Gesicht, das von enormem Reichtum ebenso geprägt war wie von Armut, Korruption und Diskriminierung.

Technologischer Fortschritt sowie ein riesiger, zusammenhängender, nach außen hin durch Zölle geschützter Wirtschaftsraum begünstigten das rapide Wirtschaftswachstum. Die Regierung in Washington sowie ausländische Investoren stellten hierfür, motiviert durch die Aussicht auf Profite, riesige Mengen an Kapital bereit. Am Ende des Bürgerkriegs 1865 waren die Industrien der USA noch kleiner als die Großbritanniens gewesen; um 1900 waren sie größer als die Großbritanniens, Deutschlands und Frankreichs zusammengenommen, und dies, obwohl die Südstaaten der USA noch immer wenig industrialisiert waren.

Integration oder Exklusion im modernen Amerika?

Der Wirtschaftsaufschwung lockte Millionen neuer Einwanderer an – 90 % von ihnen kamen aus Europa –, die wiederum maßgeblich zum kontinuierlichen Wachstum beitrugen. Die stetige Immigration hatte zur Folge, dass die USA um 1900 keine homogene Gesellschaft aus hauptsächlich weißen Angelsachsen mehr war, sondern ein extrem heterogenes Land mit einer der größten Bevölkerungen der Welt. Doch die neuen Einwanderer sahen sich – ebenso wie Frauen und Afro-Amerikaner – oft Lohnbenachteiligungen ausgesetzt. Hinzu kamen Herabwürdigungen durch Gesetzgebungen. So unterliefen die lokal erlassenen „Jim-Crow-Gesetze“ im Süden der USA besonders harsch die verfassungsmäßigen Rechte von Schwarzen und hielten die „Rassentrennung“ bis in die 1960er-Jahre aufrecht. Lynchmobs ahndeten angebliche Übertretungen dieser Gesetze mit teils öffentlich inszenierten Morden an Hunderten schwarzer Bürger und gingen dabei straffrei aus.

Die „Gilded Age" war zudem keine „vergoldete" Zeit für die indigene Bevölkerung der USA. Ab den 1870er-Jahren wurde sie nicht mehr als unabhängige Nationen behandelt, mit denen es galt, (ungleiche) Verträge über ihr Land auszuhandeln, sondern als „unzivilisierte Indianer". Sie wurden gezielt in abgelegene Reservate umgesiedelt, wo sie von Missionaren zu „zivilisierten" US-Bürgern gemacht werden sollten. Das Ergebnis war eine Reihe von Widerstandskriegen mit dem US-Militär, in denen viele Indigene ihr Leben verloren.

Das Recht des Stärkeren als Leitsatz?

Bereits um 1880 arbeitete die Mehrheit der US-Amerikaner nicht mehr in der Landwirtschaft wie in den Jahrzehnten zuvor, sondern vor allem in den „explodierenden" Städten. Dort begann sich eine neue Schicht mit eigenem Klassenbewusstsein herauszubilden: die Industriearbeiterschaft. Ihnen gegenüber stand eine ebenfalls neue Klasse: die der superreichen „Tycoone". Dies waren die großen Industriebesitzer des Nordens, wo sich über 80 % der US-Industrieanlagen befanden. Sie bildeten riesige Firmenzusammenschlüsse, sogenannte „Trusts", um ihre Mitbewerber auszuschalten. Die Eigentümer dieser **Big Businesses** wie der Stahlfabrikant Andrew Carnegie, der Mitbegründer von „Standard Oil" und reichste Mann Amerikas John D. Rockefeller oder der Sportartikelhersteller und Gründer der Nationalen Baseball-Liga Albert Goodwill Spalding wurden so auch zu politisch enorm einflussreichen Persönlichkeiten. Sie repräsentierten Ende des 19. Jahrhunderts das reichste Prozent der US-Gesellschaft, das genauso viel besaß wie die untere Hälfte der Bevölkerung zusammengenommen. Die Tycoone sahen darin aber keinen Verstoß gegen republikanische Ideale, sondern eine Bestätigung des Gesetzes der Natur. Rockefeller formulierte das so: „Das Wachstum einer großen Firma ist lediglich das Überleben des am besten Angepassten, das Meistern des Gesetzes der Natur und des Gesetzes Gottes." Die Lehren, die der Naturforscher Charles Darwin für das Tierreich formuliert hatte, wurden somit auf die Welt der Menschen übertragen. Dieser „Sozialdarwinismus" schuf ein Weltbild, das den Profiteuren der amerikanischen Moderne dazu diente, deren sozio-ökonomische Ungleichheit als naturgegeben zu rechtfertigen und fortzuschreiben.

Trotz ungleich verteilten Reichtums konnten sich immer mehr Menschen die günstigen Massenwaren der Industriellen leisten, die nun in großen Warenhäusern angeboten und aufwendig beworben wurden. Ehemalige Luxusgüter wurden so zu Alltags- und Verbrauchsgütern und fanden enormen Absatz. So wurden die USA Anfang des 20. Jahrhunderts ein Vorreiter für den modernen **Massenkonsum**.

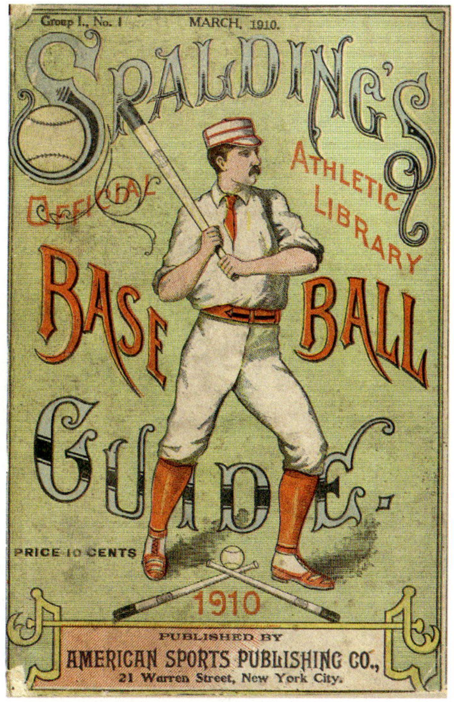

M 2 „Spalding's Official Baseball Guide", 1910. Broschüren wie diese publizierten die Ergebnisse der lokalen Minor Leagues. Sie halfen, Baseball als Amerikas „Zivilreligion" zu etablieren und die riesige Sportindustrie dahinter zu bewerben.

Expansion als moralische Pflicht?

Auch außerhalb der eigenen Landesgrenzen – in der Karibik und im Pazifikraum – traten die USA nun expansiv auf. 1898 wurde die Inselgruppe Hawaii annektiert. Und als Ergebnis des Spanisch-Amerikanischen Krieges, der im selben Jahr geführt wurde, kamen Kuba, Puerto Rico, Guam, Wake Island und die Philippinnen unter US-amerikanische Kontrolle. Lokale Unabhängigkeitsbewegungen wurden niedergeschlagen. Auf dem Höhepunkt der Dampfschifffahrt bildeten diese Überseeterritorien eine Kette von Versorgungsstützpunkten, die Washingtons politischen, wirtschaftlichen und kulturellen Einfluss bis nach China sichern sollten. Befürworter dieses imperialen Expansionismus glaubten an seine wirtschaftlichen Vorteile und argumentierten gar, Amerika habe die moralische Pflicht, seine demokratischen Werte global zu verbreiten. Gegner sahen darin hingegen die Antithese all dessen, wofür die „Gründerväter" während der Revolution gekämpft hatten.

M 3 Karikatur aus der amerikanischen Satirezeitschrift „Puck", erschienen im Januar 1885. Sie zeigt spielende Eisenbahn-Tycoone, unter ihnen z. B. William H. Vanderbilt (links, mit Backenbart). Bis 1914 brach die US-Regierung mit „Anti-Trust-Gesetzen" die Monopole der Tycoone teilweise auf, um wieder mehr Wettbewerb am Markt zu ermöglichen.

M 4 Der Fotograf Lewis Hine dokumentierte das Leben der Industriearbeiter. Das Foto der arbeitenden Kinder in einer Spinnerei entstand im Januar 1909 in Macon/Georgia.

M 5 Das Zentrum schwarzen Unternehmertums in den USA in Tulsa/Oklahoma, auch als „Black Wall Street" bekannt, liegt nach einem Massaker durch die weiße Bevölkerung der Stadt in Ruinen, Juni 1921

M 6 Reichtum und barfüßige Kinder

Im Jahr 1886 fand der US-amerikanische Ökonom und Philosoph Henry George folgende Worte zum Zustand der USA:

Wir pflügen neue Felder, wir erschließen neue Minen, wir gründen neue Städte, wir umschließen das Land mit Straßen aus Eisen und flechten Telegrafenkabel durch die Luft; wir fügen dem Wissen neues Wissen hinzu und machen Erfindung über Erfindung nutzbar. [Doch trotz dieses Fortschritts] wird es nicht einfacher für die Masse unseres Volkes, den Lebensunterhalt zu bestreiten. Im Gegenteil, es wird schwieriger. [...] Soziale Gegensätze werden schärfer; dort, wo es livrierte Kutschen gibt, sieht man auch barfüßige Kinder.

Zit. u. übers. nach: Jane Daily: Building the American Republic Vol. 2, Chicago 2018, S. 36

M 7 Räuberbarone und Verknappung

Der „Skandalreporter" Henry Demarest Lloyd (1847–1903) kritisierte in der „North American Review" im Juni 1884 die von der schnell wachsenden Sensationspresse als „Räuberbarone" bezeichneten Großunternehmer, die seit der Mitte des 19. Jahrhunderts das Transport-, Kommunikations- und Industriewesen kontrollierten:

Jedes Pfund Seil, das wir für unsere Schiffe oder unsere Minen kaufen, wird zu einem Preis veräußert, der von einem Komitee der Seilhersteller der Vereinigten Staaten festgesetzt wird. [...] All unsere Schrauben und Schraubenschlüssel und Scharniere, die Abzugsrohre unserer Eisenbahnheizkessel können allein zu dem Preis erworben werden, der von den Vertretern der Fabriken, die sie herstellen, festgelegt wurde. [...] Mit mehr oder weniger Erfolg kam es zu [...] Unternehmenszusammenschlüssen – von Eisverkäufern aus New York, von Fischverkäufern aus Boston, von Müllern aus dem Westen, von Kupferminenbesitzern, von Herstellern von Abflussrohren, Lampen, Töpferwaren, Glaswaren, [...] Süßwaren, Stärke, Obstkonserven, [...] Stühlen, Kalk, Gummi, Schrauben, Ketten, Erntemaschinen, [...] ganz zu schweigen von den Zusammenschlüssen der Eisenbahn-, [...] Telegrafen- und Telefonunternehmen, die uns so vertraut sind.
All diese [Zusammenschlüsse] sind natürlich „freiwillig", aber wenn der Milchbauer aus Orange County, der Eisenschmelzer aus Troy, der Holzhändler aus San Francisco, die Lachawanna Eisenbahn oder irgendein anderer [...] Produzent sich zögerlich gegenüber der Einladung zeigt, der „Interessengemeinschaft" beizutreten, wird er mit allen verfügbaren Waffen des Wettbewerbs, von tätlichen Übergriffen und Körperverletzung bis hin zu Boykott und Konspiration, in diese Gemeinschaft getrieben. Die privatwirtschaftlichen Kriege, die unsere Welt des Handels verwüsten, lassen dem kleinen Mann die Wahl zwischen Vernichtung und Vasallentum. Tritt bei oder stirb! [...] In einer Gesellschaft, die die nötigen Mittel hat, jeden zu bekleiden, zu mästen und aufzumuntern, erlangen die Herren der Industrie die Macht, Gewinne [in ihren Händen] zu konzentrieren und Verknappung zu verordnen. Sie können den Bach, der die Mühle antreibt, nicht stoppen, aber sie können das Mühlrad anketten; sie können die Kohlenmine nicht verstecken, aber sie können den Schacht für drei Tage in der Woche schließen. Um weiter ihre Gewinnanteile wie Gold zu schürfen, erklären sie dem Überfluss den Krieg. [...] Unsere Industrien [...] werden so organisiert, dass Milch, Nägel, Holz, Frachtgüter, Arbeitskraft, wohltuender Sirup und all diese anderen Dinge nicht zu günstig werden. Die Mehrheit der Menschen war nie in der Lage, genug von irgendetwas zu kaufen. Die Minderheit hat zu viel von allem zu verkaufen. Die Samen gesellschaftlicher Unruhen gehen unter solchen Umständen schnell auf. [...]
Es mag sein, dass das kommende Zeitalter der Betriebszusammenschlüsse uns in eine großherzigere und vollere Art der individuellen Freiheit führt, als wir sie bisher gesehen haben, doch dies wird nicht zu einer Zeit des wetteifernden Handels möglich sein, sondern zu einer Zeit wetteifernder Moralvorstellungen.

Zit. u. übers. nach: https://sourcebooks.fordham.edu/mod/1884hdlloyd.asp (28.10.2020)

livrierte Kutsche: Kutsche mit Fahrer und Dienern in Livree, also in uniformartiger Kleidung

2. Erklären Sie mithilfe des Darstellungstextes die Gründe für den wirtschaftlichen Aufschwungs der USA zur führenden Industrienation.

3. Analysieren Sie die Karikatur M 3.

4. a) Arbeiten Sie aus M 6 und M 7 die Kernaussagen heraus.
b) Vergleichen Sie die Auswirkungen des wirtschaftlichen Aufstiegs auf unterschiedliche Gesellschaftsgruppen. Ziehen Sie den Darstellungstext sowie M 4 und M 5 heran.

Gleicher Lohn und gleiche Rechte für alle?

Trade Unions und Frauenrechtsbewegungen

M 1 „Der Sklavenmarkt von heute". Karikatur von Bernard Gilliam, 1884. Unter den rechts dargestellten Bietern erkannten die zeitgenössischen Betrachter Großunternehmer ihrer Zeit, z. B. den Eisenbahn-Tycoon William H. Vanderbilt.

1. a) Analysieren Sie die Karikatur mithilfe der Bildunterschrift.
   b) Formulieren Sie Fragen an das Kapitel.

Muss Lohnarbeit Sklavenarbeit sein?

In der ersten Hälfte des 19. Jahrhunderts befürchtete man, die sich verbreitende Lohnarbeit würde die Menschen zu „Lohnsklaven" machen. Lohnarbeit sollte, so die Vorstellung vieler Amerikaner, nur eine Übergangsphase zur wirtschaftlichen Selbstständigkeit sein. Wurde sie zum permanenten Zustand und der Aufstieg zum Landbesitzer dadurch unerreichbar, galt dies als „Unfreiheit". Die Furcht vor solchen Zuständen wurde in der zweiten Jahrhunderthälfte durch die fortschreitende Industrialisierung noch bestärkt. Es formierte sich Widerstand in der Arbeiterschaft, für die es anfangs vor allem wegen ethnischer und sprachlicher Barrieren schwierig war, gemeinsame Ziele zu verfolgen.

Ab den 1860er-Jahren bildeten sich Gewerkschaften, sogenannte Labor oder **Trade Unions**, der teils sowohl Weiße als auch Schwarze angehörten. Die National Labor Union etwa setzte sich ein für „Acht Stunden für die Arbeit; acht Stunden zum Ausruhen; acht Stunden für was auch immer wir wollen". Wichtige Privilegien der Unternehmer, wie Entscheidungen über Preise und Investitionen, blieben unangetastet. Der Kampf für höheren Lohn und bessere Arbeitsbedingungen wurde zum Kampf um die eigene Unabhängigkeit als US-Bürger. In den 1880er- und 1890er-Jahren, als steigende Arbeitslosigkeit und eine Bankenkrise die Existenz vieler gefährdete, organisierten die Unions zahlreiche Streiks, blieben insgesamt aber recht erfolglos. Denn der Staat schlug sich oft auf die Seite der Unternehmer und antwortete auch mit militärischer Gewalt auf die Proteste. Die Unions konnten mit den Wirtschaftsbossen nie auf Augenhöhe verhandeln. Dies änderte sich erst in den 1930er-Jahren nach der Weltwirtschaftskrise.

Hat man die Frauen vergessen?

Abigail Adams, die Ehefrau von „Gründervater" John Adams, hatte ihren Mann bereits beim Verfassen der Unabhängigkeitserklärung in den 1770er-Jahren darum gebeten, „die Ladies nicht zu vergessen". Er hatte nicht auf sie gehört. Nun bildete sich Mitte des 19. Jahrhunderts eine gut organisierte Bewegung von Interessenverbänden, die für Frauenrechte in den USA eintrat. Im Zentrum stand der Kampf um das **Wahlrecht**, der zunächst nur in einigen westlichen Bundesstaaten erfolgreich war.

Aktivistinnen für Frauenrechte verfolgten dabei noch weitere Ziele. So gründeten sie die einflussreiche Temperanzbewegung, die auf das Verbot von Alkohol zielte, um Frauen vor der Gewalt ihrer oft trunksüchtigen Männer und vor Ruin zu schützen. Ab 1890 forderten Frauen die Regierung auf, nach explizit christlichen Grundsätzen ihren Teil zur Verwirklichung einer gerechten Gesellschaft beizusteuern. Die Frauenbewegung spaltete sich zeitweise und sprach weiße und schwarze Frauen auf verschiedene Arten an. Teils durchbrach sie, oft aber bestärkte sie geschlechterspezifische Rollenbilder. Nach rund hundertjährigem Kampf erhielten die US-amerikanischen Frauen mit der Ratifizierung des 19. Verfassungszusatzes im Jahr 1920 schließlich landesweit das Wahlrecht.

M2 Frauen fordern Rechte

a) Die ehemalige Sklavin, Predigerin und Frauenrechtlerin Sojourner Truth (1797–1883) hielt 1851 auf der Frauenversammlung von Akron/Ohio die Rede „Ain't I a Woman?". Die abgedruckten Auszüge stützen sich auf eine 1863 im „New York Independent" leicht verändert abgedruckte Version:

Schaut mich an! Schaut meinen Arm an! Ich habe gepflügt und gepflanzt und habe Dinge in Scheunen geschleppt, und kein Mann hatte mir etwas voraus! Und bin ich denn keine Frau? Ich konnte genauso viel arbeiten und genauso so viel essen, wie ein Mann – wenn ich denn etwas bekommen konnte – und ich konnte die Peitsche ebenso tapfer ertragen! Und bin ich denn keine Frau? [...]
Wenn die erste Frau, die Gott jemals erschuf, stark genug war, die Welt alleine auf den Kopf zu stellen, sollten diese Frauen gemeinsam in der Lage sein, die Welt wieder zurückzudrehen und sie wieder richtig herum zu bekommen! Und jetzt, da sie darum bitten, das tun zu dürfen, sollten die Männer sie es besser tun lassen.

Zit. u. übers. nach: sourcebooks.fordham.edu/mod/sojtruth-woman.asp (21.01.2020)

b) Florence Kelley aus Chicago sagte 1898 auf der Versammlung der National American Women Suffrage Association (NAWSA):

Die männlichen Arbeiter haben begriffen, dass Frauen in der Industrie bleiben werden; und sie sehen auch, dass es in keinem Berufszweig zwei Arbeits- und Lohnstandards geben kann, ohne dass der höhere Standard konstanter Bedrohung ausgesetzt ist. [...] Doch dieselbe Bedrohung besteht hinsichtlich des Wahlrechts. [...] Die bloße Tatsache, dass Frauen nun ein Fünftel der Arbeitnehmerschaft in der Industrie und im Handel dieses Landes ausmachen, hat ein riesiges Feld industrieller Gesetzgebung eröffnet, von dem die Frauen als Lohnarbeiterinnen direkt betroffen sind. [... Die Frau] hat keinerlei Macht, ihre Interessen an der Wahlurne zu verteidigen [...]. Diese Situation ist unhaltbar und es kann keine Unterbrechung unseres Kampfes für vollständige politische Macht und Verantwortung geben, bis diese allen Frauen der Nation gewährt wurden.

Zit. u. übers. nach: Aileen S. Kraditor (Hg.): Up From the Pedestal. Selected Writing in the History of American Feminism, Chicago 1968, S. 274 ff.

c) Belle Kearney aus Mississippi ging bei ihren Forderungen 1903 von der politischen Situation in den Südstaaten nach dem Bürgerkrieg aus, wo, wie sie sagte,

[...] 4 500 000 ehemalige, ungebildete und halbbarbarische Sklaven das Wahlrecht erhielten. [...] Die Südstaaten unternehmen verzweifelte Anstrengungen, die politische Vorherrschaft der Angelsachsen zu erhalten, indem sie [...] das Wahlrecht auf Basis von Landbesitz und Bildung einschränken. [...] Das kann nur eine vorübergehende Schutzmaßnahme darstellen. Diejenigen, die weise genug sind, einen Blick unter die Oberfläche zu werfen, werden [...] erkennen, dass dies nur ein Ansporn für den schwarzen Mann darstellt, sowohl Bildung als auch Besitz zu erlangen, dass aber kein solcher Anreiz für die armen Weißen besteht. [...] Um die unaussprechliche Zuspitzung [dieser Situation] zu verhindern, muss das Wahlrecht für Frauen zustande gebracht werden und eine Bildungs- und Besitzqualifikation für die Teilnahme an der Wahl ohne Diskriminierung für beide Geschlechter und für beide Rassen gelten. [...] Das Wahlrecht für Frauen würde die sofortige und dauerhafte Vorherrschaft der Weißen sichern.

Zit. u. übers. nach: ebd, S. 262 ff.

M3 Denkmal für die Frauenrechtspionierinnen Sojourner Truth (links), Susan B. Anthony (Mitte) und Elizabeth Cady Stanton (rechts), enthüllt am 26. August 2020 in New Yorks Central Park. Truths Figur war nicht Teil des ursprünglichen Entwurfs gewesen. Anthony und Stanton vertraten zudem die Position, in erster Linie weiße, gebildete Frauen verdienten das Wahlrecht.

2. Vergleichen Sie die Texte in M 2 hinsichtlich der Motivationen, die die Aktivistinnen antrieben, das Frauenwahlrecht zu fordern.

3. „Das Denkmal [M 3] beschönigt die Geschichte der Frauenrechtsbewegung", kritisierten manche nach der Enthüllung. Analysieren Sie die Bildsprache und beurteilen Sie diese Aussage.

4. Informieren Sie sich über die gegenwärtige Frauenrechtssituation in den USA und beurteilen Sie in historischer Perspektive den Erfolg der Frauenrechtsbewegung. Finden Sie hierfür eigene Kriterien.

Effizienz als Fortschritt?

Taylorismus und Fordismus

M 1 „Meine großen, starken Jungs!", sagt der winzige „Uncle Sam" (vorn), die Personifikation der USA. Cartoon von Winsor McCay aus dem Jahr 1925

1. Formulieren Sie Fragen, die sich ausgehend von M 1 zur US-Industrie ergeben.

Alles eine Frage der Organisation?

Die Arbeitskraft ihrer Mitglieder werde bis zum Letzten ausgepresst und das für viel zu wenig Lohn. Diese Beschwerde formulierten die Labor Unions im 19. Jahrhundert immer wieder. Der Ingenieur Frederick Winslow Taylor hingegen erkannte, dass nicht der Einsatz von immer mehr Arbeitskraft, sondern vor allem optimierte Arbeitsabläufe die Produktion steigern können. Im Jahr 1911 legte er mit seinem Buch „The Principles of Scientific Management" den Grundstein für eine neue Art der Arbeitsorganisation, die, wie er darlegte, den Menschen so effizient wie möglich einsetzt und gleichzeitig sein Wohlergehen sichert. Dafür müssten Prozesse nach wissenschaftlichen Studien – u.a. Bewegungsstudien – in kleinste Einheiten zerlegt werden. Jeder Vorgang sollte nur geringe Denkvorgänge beanspruchen und aufgrund seines geringen Umfangs schnell zu erledigen und zu wiederholen sein. Taylor war überzeugt, dass klar organisierte Abläufe die Arbeiter zufriedenstellen würden, zumal sie aufgrund gesteigerter Produktionsleistung finanzielle Anreize erhalten könnten.

Inspiriert von ähnlichen Ideen, übertrug der Ingenieur und Unternehmer Henry Ford Methoden aus der Fleisch- und Waffenindustrie erfolgreich auf die Automobilbranche. Für den Produktionsprozess in seiner Motor Company in Michigan setzte er ein elektrisch betriebenes Fließband ein, an dem jeder eine bestimmte Aufgabe erledigte, die er schnell perfekt beherrschte. Vor der Einführung des Fließbandes im Jahr 1913 hatte es noch zwölf Stunden gedauert, um ein Auto herzustellen. Danach schrumpfte diese Zeit auf rund 90 Minuten.

Einerseits ermöglichten „**Taylorismus**" und „**Fordismus**" die moderne Massenproduktion, die zu geringen Kosten in kurzer Zeit hohen Output generieren kann. Die Arbeiter mussten nun weniger Stunden arbeiten, um die gleiche oder eine größere Menge an Gütern zu produzieren. Auch bezahlte Henry Ford seinen Arbeitern deutlich mehr als die Konkurrenz und reduzierte die Arbeitswoche schließlich auf fünf Tage: Das „Wochenende" war geboren. Dass die Arbeiter nun auch mehr Zeit hatten, ihr Geld auszugeben, war eine Voraussetzung für die Entstehung eines Massenmarkts an Konsumenten, der wiederum die Absätze der Industriellen erhöhte. Andererseits aber stiegen die Löhne der Arbeiter nicht proportional zur Menge der Erzeugnisse, die sie produzierten. Und besonders der Fordismus des frühen 20. Jahrhunderts spezialisierte die Arbeiter so stark auf eine bestimmte Aufgabe, dass sie zu leicht ersetzbaren Arbeitskräften wurden, deren individuelle Talente ungenutzt blieben. Aus ihnen wurde das sprichwörtliche Rädchen in der industriellen Maschinerie.

M 2 Wie Leistung optimieren?

a) Frederick W. Taylor erklärt in seinem 1911 erschienen Werk „Die Grundsätze wissenschaftlicher Betriebsführung" seine neuen Ansätze:

Vielleicht der hervorstechendste Grundsatz beim neuen System ist die „Pensumidee". Die zu leistende Arbeit eines jeden Arbeiters ist von der [Betriebs-]Leitung [...] aufs Genaueste ausgedacht und festgelegt. Der Arbeiter erhält gewöhnlich eine ausführliche schriftliche Anleitung, die ihm bis ins Detail seine Aufgabe, seine Werkzeuge und ihre Handhabung erklärt. Die so im Voraus festgelegte Arbeit stellt somit ein Pensum, eine festumrissene Aufgabe dar, die also nicht mehr von den Arbeitern allein, sondern durch die gemeinsame Tätigkeit der Arbeiter und der Leitung zu lösen ist. [...] Jeder Arbeiter, der seine Aufgabe einwandfrei in der vorgeschriebenen Zeit geleistet hat, erhält eine Zuschlagprämie von 30 bis 100 % seines gewöhnlichen Lohnes. Aber es soll ausdrücklich darauf hingewiesen werden, dass der Arbeiter keinesfalls zur einer Schnellarbeit angehalten werden darf, die seiner Gesundheit schaden könnte. Das Pensum ist immer so festgesetzt, dass es durchaus nicht etwa ein Maximum darstellt, sondern dass der Mann, der sich für diese bestimmte Tätigkeit am besten eignet, im Laufe der Zeit sich noch wesentlich vervollkommnen und zufriedener und wohlhabender werden kann und wird.

Frederick W. Taylor: Die Grundsätze wissenschaftlicher Betriebsführung (übers. v. Rudolf Roesler), München/Berlin 1913, S. 36 f.

b) Der Soziologe Matt Vidal nahm 2016 eine Einschätzung des Fordismus vor:

[Der Soziologe Simon] Clarke behauptet, dass es „nichts Originelles am System von Ford gab, weder bezüglich der Details noch hinsichtlich der allgemeinen Leitsätze", nur dass er sie auf einen neuen Industriezweig anwendete und dies mit solch „zielstrebiger Rücksichtslosigkeit tat, dass er die Bedingungen, unter denen Kraftfahrzeuge hergestellt wurden, fast über Nacht transformierte." Es stimmt, dass [die Firma] Singer bereits 1880 eine halbe Million Nähmaschinen produzierte, genauso viele wie Ford 1916 Autos produzierte.
Doch es gibt hier zwei wichtige Unterschiede. Erstens hatte [Fords] Modell T mehr als 10 000 Bauteile [...]. Zweitens hatten kapitalistische Unternehmen vor Ford nicht vorgehabt, Niedrigpreisprodukte für einen Massenmarkt herzustellen. Es war Fords Fokus auf den Massenmarkt, der die Spielregeln wahrhaft veränderte.

Matt Vidal: Fordism and the Golden Age of Atlantic Capitalism, in: Stephen Edgell et al. (eds..): The SAGE Handbook of Sociology of Work and Employment, London 2016, S. 283–305, hier S. 286 (Übers.: Daniel Schumacher)

M 3 Fließbandarbeit bei Ford in Highland Park, Michigan/USA, 1913

M 4 Die Entwicklung der Industrie

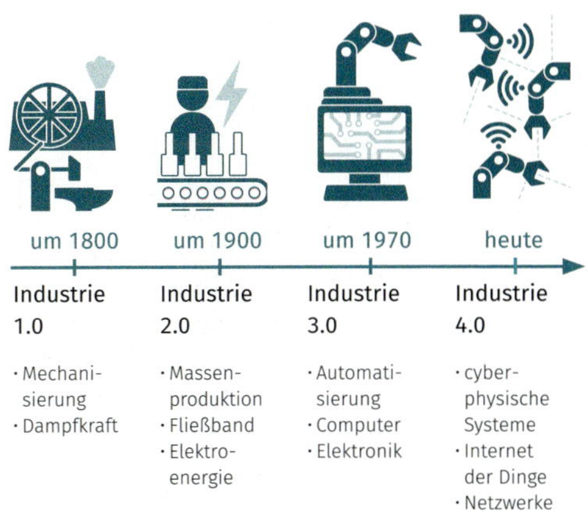

2. Arbeiten Sie mithilfe des Darstellungstextes die Rolle der „kräftigen Jungs" (M 1) für die US-Wirtschaft heraus und bestimmen Sie das Verhältnis von Arbeitern und Unternehmern.

3. Erstellen Sie auf der Basis von M 2 a) und b) Definitionen für die Begriffe „Taylorismus" und „Fordismus". Gehen Sie dabei auch auf die Menschenbilder ein, die ihnen zugrunde liegen.

4. „Das 21. Jahrhundert ist das Zeitalter des digitalen Taylorismus." Beurteilen Sie diese Aussage im Hinblick auf moderne Produktionsprozesse und die Rolle der Arbeiter. Nehmen Sie M 4 zu Hilfe.

Die USA im 19. Jahrhundert

→ S. 116–117

Die Geburt einer perfekten Nation?

Die Gründung der Vereinigten Staaten von Amerika als eine föderale Republik in einem Flächenstaat war ein Meilenstein der westlichen Moderne. Doch wichtige Fragen der neuen Nation wurden von Anfang an heiß diskutiert. Wie viel Macht sollte die neue Zentralregierung tatsächlich haben? Wie sollten kleine und große Bundesstaaten in ihr vertreten sein? Und was sollte mit der Institution der Sklaverei geschehen? Die aus diesen Diskussionen 1787 hervorgegangene erste moderne **Verfassung** war ein großer Kompromiss und Zeichen dafür, dass die USA ein kontroverses Experiment mit der neuen Staatsform waren. Deren präsidialdemokratisches System betonte einerseits Prinzipien der Volkssouveränität, Gewaltenteilung sowie Individualrechte und -freiheiten. Andererseits hielt es an der Sklaverei als Basis der agrarischen Wirtschaft der USA fest und sprach das **Wahlrecht** nur einer sehr kleinen Gruppe – weißen Männern mit Landbesitz – zu. Die US-Verfassung wurde im Laufe der folgenden zwei Jahrhunderte über ein Dutzend Mal erweitert und näherte sich so erst langsam einem Ideal an, das allen US-Amerikanern die gleichen Bürgerrechte zugestand.

→ S. 118–119

Wille des Volkes oder Manipulation durch Eliten?

„**Jacksonian Democracy**" bezeichnet vor allem die Präsidentschaft Andrew Jacksons (1829–1837), Mitbegründer der Demokratischen Partei der USA. Sie war eine Zeit, in der demokratische Mitspracherechte stark ausgeweitet, aber gleichzeitig die Vorherrschaft des weißen Bevölkerungsteils der USA zementiert wurde. Das **Wahlrecht** wurde auf (weiße) Männer ohne Landbesitz erweitert, schloss aber Frauen, Schwarze und die indigene Bevölkerung weiterhin aus. Jackson und seine Anhänger warben mit neuen populistischen Methoden um die Gunst der Wähler, stärkten ein generelles Misstrauen gegenüber den „Eliten" des Landes und schufen einen **Laissez-Faire-Staat**, indem sie die Macht der Zentralregierung beschnitten.
Auch die gewaltsame Ausdehnung der USA nach Westen wurde, oft auf Kosten der indigenen Bevölkerung, fortgeführt. Diese wurde immer mehr mit einer vermeintlich „gottgegebenen Bestimmung" (Manifest Destiny) und der globalen „Sonderstellung" der USA gerechtfertigt – Ausdruck eines erstarkenden US-amerikanischen Nationalismus.

→ S. 120–121

Wiederaufbau und Weiterentwicklung?

Der Amerikanische Bürgerkrieg (1861–1865) war ein einschneidendes Ereignis in der Geschichte der USA. Er setzte der Sklaverei landesweit ein Ende und schuf in der nachfolgenden Zeit des „Wiederaufbaus" (1865–1877) mit weiteren Verfassungszusätzen die Basis für eine neue Sozialordnung, an der auch Schwarze gleichberechtigt teilhaben sollten. In der Praxis wurde dies vor allem von den unterlegenen Südstaaten unterlaufen, deren bisherige landwirtschaftliche Grundlage, die Sklaverei, nun illegal war. Der Bürgerkrieg hatte auch die Industrien der USA angekurbelt, was in der zweiten Jahrhunderthälfte zur weiteren Erschließung westlicher Gebiete mithilfe der Eisenbahn führte. Die Inbesitznahme dieser Gebiete durch weiße Siedler wurde durch die massenhafte Tötung und Vertreibung der indigenen Bevölkerung ermöglicht.

Go big or go bust?

→ S. 122–125

In der zweiten Hälfte des 19. Jahrhunderts, als **boomende** Industrien und Immigration die USA während der „**Gilded Age**“ (1870er-Jahre bis ca. 1900) rapide transformierten, stiegen Großunternehmer mit ihren **Big Businesses** zu den mächtigsten wirtschaftlichen und politischen Akteuren des Landes auf. Durch Firmenzusammenschlüsse schufen sie Monopole im Transport-, Kommunikations- und Industriewesen, begünstigt durch einen **Laissez-Faire-Staat**, der kaum regulierend in die Wirtschaft eingriff. Durch die voranschreitende Industrialisierung stiegen die USA zu einer globalen Wirtschaftsmacht auf, und die industrielle Massenproduktion machte Alltags- und Luxusgüter für viele Amerikaner immer erschwinglicher. Dies legte den Grundstein für das neue Phänomen des **Massenkonsums**. Doch die Veränderung der gesellschaftlichen Ordnung hielt oft nicht Schritt mit dem rasanten Wandel der Wirtschaft. Rassistische Gesetze in den (noch immer größtenteils agrarisch geprägten) Südstaaten verwehrten Schwarzen und nicht-weißen Immigranten fundamentale Bürgerrechte und schrieben die „Rassentrennung“ über Jahrzehnte hinweg fort. Im Ausland hingegen traten die USA nun als aufgeklärte Nation auf, die ihre demokratischen Werte in die Welt zu exportieren suchte.

Gleicher Lohn und gleiche Rechte für alle?

→ S. 126–127

Die zunehmende Industrialisierung der USA war nur durch einen rapiden Anstieg der Zahl an Industriearbeitern möglich geworden. Um nicht als „Lohnsklaven“ den Großunternehmern ausgeliefert zu sein, gründeten sie im 19. Jahrhundert Gewerkschaften, sogenannte Labor oder **Trade Unions**. Während diese jedoch wenig gegen die Ausbeutung der sich erstmals selbst organisierenden Arbeiter ausrichten konnten, waren andere Interessenverbände erfolgreicher, darunter solche, die sich für Frauenrechte einsetzten. Sie erwirkten 1920 das **Wahlrecht für Frauen**. Doch weder die Unions noch die Frauenbewegung waren in ihren Zielen und ihrer Zusammensetzung einheitlich. Damit waren sie auch ein Abbild der immer heterogener werdenden Bevölkerung der USA.

Effizienz als Fortschritt?

→ S. 128–129

Der Einsatz menschlicher Arbeitskraft und damit der Arbeitsalltag vieler Menschen wurde im frühen 20. Jahrhundert durch US-amerikanische Ingenieure und Unternehmer grundlegend reformiert. Das Konzept des „**Taylorismus**“ ermöglichte durch die Reorganisation von Arbeitsabläufen eine enorme Steigerung der Produktivität von Industriearbeitern, während das Konzept des „**Fordismus**“ die Aufteilung von Arbeitsschritten entlang eines Fließbandes den Produktionsoutput zusätzlich erhöhte. Im Ergebnis bedeutete dies eine strikte Kontrolle und weitgehende Entmündigung der Industriearbeiter, die man lediglich als „menschliche Ressourcen“ wahrnahm, die es zu „optimieren“ galt, die aber auch leicht ausgetauscht werden konnten. Gleichzeitig ermöglichte diese Einführung moderner Produktionsprinzipien die wirtschaftliche Dominanz der USA und den globalen Export einer „amerikanischen Moderne“.

Erscheinungsformen der Moderne um 1900

Warenhäuser, Theater und Museen gehören ebenso wie elektrische Straßenbahnen zu den Errungenschaften des 19. Jahrhunderts. Letztere waren – wie hier in Stuttgart – ein wichtiger Beitrag zum Ausbau der städtischen Infrastruktur und galten als Symbol der Modernisierung.
Die beschleunigte Entwicklung der Städte hatte aber auch Schattenseiten: Ärmere Bevölkerungsschichten lebten oft beengt und unter schlechten hygienischen Bedingungen. Hinzu kam, dass sich viele Menschen von den rasanten Veränderungen ihres gewohnten Umfelds überfordert fühlten. Manche suchten Zuflucht in antimodernen Lebensformen, andere Abgrenzung durch neue Ideologien.

Die Abbildungen:

- Der Farbdruck nach einer kolorierten Fotografie zeigt den Königsbau in Stuttgart, der von 1856–1860 als Gesellschafts- und Geschäftshaus mit Ball- und Konzertsälen im Auftrag von König Wilhelm I. erbaut worden ist.
- (oben links) Im Zuge einer Heimatschutzbewegung, die sich Ende des 19. Jahrhunderts als Gegenbewegung zur Modernisierung herausbildete, sollte die regionale Identität gestärkt werden; die Natur, aber auch die dörfliche Gemeinschaft erfuhren hierbei eine Romantisierung. In diesem Zusammenhang erlebten auch Trachten- und Brauchtumsvereine einen Boom.
- (unten rechts) Kinder spielen Schule im Hinterhof eines Hauses im von schmalen Gassen geprägten, armen Hamburger „Gängeviertel“, das eine besonders hohe Einwohnerdichte aufwies. Um 1890 wurden dort nach einer Choleraepidemie erste Abrissarbeiten durchgeführt.

Wer gewinnt, wer verliert?

Die Hochmoderne

M 1 Arpad Schmidhammer: Straßenbild im Jahre 1900. Kolorierte Grafik aus dem „Münchener Bilderbogen", 1895

1. a) Beschreiben Sie M 1 und erläutern Sie die Aussageabsicht.
   b) Formulieren Sie Hypothesen, wie das in M 1 dargestellte Großstadtleben auf die Einwohner gewirkt haben könnte.
   c) Vergleichen Sie M 1 und M 2.

Hochmoderne: Abschnitt der Moderne, der im letzten Drittel des 19. Jh. begann und etwa bis zum Ersten Weltkrieg dauerte. Er war durch großes Vertrauen in den Fortschritt von Wissenschaft und Technologie geprägt.

Folgenreiche Transportrevolution

Die Transportrevolution des 19. Jahrhunderts brachte es mit sich, dass Massengüter zunehmend über größere Distanzen hinweg befördert werden konnten. Dies führte nicht nur zu einer höheren Transportgeschwindigkeit, sondern auch zu einem vergrößerten Transportvolumen. Gleichzeitig sanken die Kosten. Insbesondere die Eisenbahn erschloss verstärkt ländlichere Gebiete, wodurch sich überregionale Märkte herausbilden konnten. Städte wurden nun besser und schneller mit notwendigen Ressourcen wie Nahrung und Brennmaterialien versorgt, was förderlich für ihre Entwicklung war: Nicht nur für das Deutsche Reich, sondern für ganz Europa gilt, dass Städte, die an das Bahnsystem angeschlossen waren, einen Aufschwung erlebten.

Ebenso wirkte sich die Transportrevolution auf den Austausch der Menschen untereinander aus, vor allem dadurch, dass die mediale Massenkommunikation neue Möglichkeiten mit sich brachte. So erreichten beispielsweise Zeitungen immer häufiger noch am selben Tag den Zeitschriftenhandel auch auf dem Lande.

Wachstum verändert Lebensräume

Prozesse der **Beschleunigung** beeinflussten nicht nur Transport und Verkehr, sondern waren auch in anderen Bereichen der Gesellschaft spürbar: Im Deutschen Reich erfuhr vor allem Berlin ein enormes Bevölkerungswachstum. Mit der Reichsgründung war es zur Hauptstadt geworden und entwickelte sich seit den 1870er-Jahren zum größten deutschen industriellen Ballungsraum – zu einer Metropole. Der Architekturhistoriker Julius Posener bezeichnete Berlin um 1900 als die größte Mietskasernenstadt und zugleich die größte Villenstadt der Welt. Doch auch anderenorts wuchsen die Städte: So lebte im Jahr 1910 bereits mehr als ein Fünftel der Deutschen in Großstädten.

Die schnelle Zunahme der städtischen Bevölkerung und damit das kontinuierliche Wachsen der Städte bezeichnet man als **Urbanisierung**. Dieser Begriff beschreibt aber auch die Herausbildung spezifisch urbaner Lebens-, Arbeits- und Unterhaltungsformen – mit Museen, Kinos, Theatern oder Parks. Damit gehen ein tiefgreifender gesamtgesellschaftlicher Strukturwandel und die Entstehung neuer sozialer Beziehungen einher. So erfolgte mit der Bevölkerungszunahme in den Städten und dem erhöhten Bedarf an Wohnraum schrittweise eine Besiedlung des städtischen Umlands, eine „Suburbanisierung". In den Großstädten entstanden blockartig angelegte Stadtviertel mit sogenannten Mietskasernen, in denen die Arbeiterbevölkerung auf engstem Raum lebte. Zugleich zogen viele Kaufleute und Fabrikanten aus dem Stadtzentrum in große, vornehme Villen am Stadtrand. Die räumliche Trennung der Gesellschaftsschichten, die auch durch unterschiedlich hohe Mietpreise bedingt war, beförderte eine Auseinanderentwicklung der verschiedenen Bevölkerungsgruppen in den Städten und führte zur Milieubildung. Gleichzeitig trug die Entwicklung der Vorstädte zu einer Entflechtung des städtischen Ballungsraumes und einer flächenmäßigen Ausdehnung der Städte bei. Zugleich wurden die Entfernungen zwischen Wohnungen und Arbeitsplätzen größer.

Ab den 1890er-Jahren wurde der Prozess der Suburbanisierung durch öffentliche Verkehrsmittel wie Straßenbahnen verstärkt. Zunächst entstanden in den Städten Pferde-Trams, später kamen dann elektrische Straßenbahnen als Zubringer zu den Bahnhöfen zum Einsatz. In London fuhr bereits 1863 die erste unterirdische, noch mit Dampflokomotiven betriebene Eisenbahn – dies war die Geburtsstunde der London Underground, die seit den 1890er-Jahren mit Strom fuhr. 1896 ging die Budapester U-Bahn, 1900 die Pariser Métro und 1904 die New Yorker Subway in Betrieb.

Städtisches Leben als Katalysator

Die zunehmende **Mobilität** bewirkte, dass sich immer mehr Menschen aus ihren bisher festen sozialen Bindungen lösten. Viele erlebten dies in erster Linie als Verlust an sozialer Fürsorge und Sicherheit und waren verunsichert. Andere sahen vor allem neue Freiheiten und Gestaltungsspielräume. Urbanisierungsprozesse stellten einen Katalysator für die Bereitstellung unterschiedlicher kommunaler Dienstleistungen dar: Nürnberg führte 1882 als erste deutsche Stadt eine dauerhaft nutzbare elektrische Straßenbeleuchtung ein. Ihr folgte 1884 Berlin. Die Beleuchtung der Innenstädte führte dazu, dass sich der Unterschied zwischen Stadt und Land vergrößerte, indem sich in den Städten ein nächtliches Leben herausbilden konnte. Zugleich kann sie als ein Schritt zu mehr Kontrolle des Staates über die Bürger gesehen werden: Das nächtliche Treiben der Menschen wurde sichtbarer.

Eine weitere Herausforderung im Zuge der Urbanisierung war die Versorgung der wachsenden Städte mit sauberem Trinkwasser und die Reinigung der Straßen. Ein zentrales Thema der Stadtplanung stellte die Bekämpfung von Seuchen, vor allem der Cholera, dar. Nach einem Großbrand im Jahr 1842 war Hamburg die erste Stadt auf dem Kontinent, die nach britischem Vorbild eine unterirdische Infrastruktur für Zu- und Abwasser, ein Kanalisationssystem, erhielt. Ab den 1860er-Jahren bauten immer mehr deutsche Städte ihre Infrastruktur aus – mit Kanalisation, Gas- und Wasserversorgung, gepflasterten Straßen und Müllabfuhr. Dennoch wiesen insbesondere Modernisierungskritiker weiterhin auf das angebliche Chaos und den Schmutz der neu entstandenen Großstädte hin.

Beschleunigung – Chance oder Überforderung?

Aus vielen zeitgenössischen Berichten – insbesondere des städtischen Umfelds – geht hervor, dass die rapide Beschleunigung des Verkehrs und der Nachrichtenübermittlung als ein regelrechtes Schrumpfen von Entfernungen und ein Zusammenwachsen von Räumen wahrgenommen wurde. Viele Menschen litten aber auch unter den beschleunigten und maschinenähnlichen neuen Arbeitsprozessen und wiesen Stresserkrankungen auf. Zeitgenössische Patienten nannten „Hetzen und Rasen" als Ursache von Erkrankungen.

M 2 Panorama des Potsdamer Platzes in Berlin-Mitte, 1905. Foto von Max Missmann

Um 1900 entwickelte sich die sogenannte Neurasthenie (Nervosität) zu einer Art Modekrankheit. Den Aspekt der Nervosität betonen auch neueste historische Darstellungen zum deutschen Kaiserreich. So spricht Volker Ullrich (2006) vom Kaiserreich als der „nervösen Großmacht“, und Philipp Blom (2009) stellt die Erfahrung von Schnelligkeit und Zukunftsängsten ins Zentrum seiner Darstellung der Zeit von 1900 bis zum Ersten Weltkrieg.

Aber auch Modernisierungsverlierer?

Im Laufe des 19. Jahrhunderts übernahmen staatliche Institutionen – insbesondere in den Städten – zunehmend wichtige Funktionen, die ehemals der adlige Grundherr innehatte. Der Verlust von feudalen Selbstverwaltungsrechten und die Durchsetzung einer Gleichheit vor dem Gesetz gingen Hand in Hand mit dem Machtverlust des Adels. Dies war eine gesamteuropäische Entwicklung. Die neuen bürgerlichen Unternehmereliten übertrafen den Adel dabei nicht selten an Reichtum.

M 3 Ludwig Meidner: Der Potsdamer Platz in Berlin. Titelseite der Zeitung „Die Aktion“, 1914

Vor allem aber sahen sich Kleinhändler, Handwerker und kleinere Landwirte immer mehr in einer Sandwich-Position: auf der einen Seite das Großkapital und auf der anderen die Arbeiterschaft. Sie fürchteten, zu **Modernisierungsverlierern** zu werden, also sozial abzusteigen, ihre wirtschaftliche Selbstständigkeit zu verlieren und zu „proletarisieren“ wie innerhalb der Arbeiterschaft (→ S. 97). Gerade die Einkommenssituation vieler Handwerker und Kleinhändler gestaltete sich schwierig, und ihr Lebensstil näherte sich zunehmend der Lebensweise der lohnabhängigen unteren Schichten an. Damit entwickelte sie sich von der Lebensführung des mittleren und gehobenen Bürgertums immer weiter weg, das sich vorrangig über Besitz und Bildung definierte.

Wohlstandsgefälle – ein Dauerbrenner?

Die Landwirtschaft verlor in Deutschland gegen Ende des 19. Jahrhunderts insgesamt an Bedeutung; dies war unter anderem auch dadurch bedingt, dass sich die Landwirte durch die internationale Getreideüberproduktion einem Preisdruck ausgesetzt sahen und ein Preisverfall für ihre Produkte einsetzte. Vor allem die Großagrarier beklagten den Niedergang ihrer Betriebe, wenn auch 1913 im Deutschen Reich noch jeder dritte Erwerbstätige im Agrarsektor beschäftigt war. Durch die Landflucht in die Städte sahen sich die ostelbischen Gutsbesitzer gezwungen, zu Erntezeiten ausländische Saisonarbeiter anzuwerben.

Die städtische und die ländliche Lebensweise, die von vielen Zeitgenossen als gegensätzlich erlebt wurden, brachten unterschiedliche wirtschaftliche Interessen: Während sich die Verbraucher in den Städten vom Freihandel möglichst preisgünstige Lebensmittel versprachen, setzten sich Bauernvereine und andere landwirtschaftliche Interessenvertretungen für eine Erhöhung von Zöllen und Einfuhrsperren ein, um die billige Konkurrenz aus dem Ausland abzuwehren. Ein Wohlstandsgefälle zeigte sich aber nicht nur zwischen Stadt und Land, sondern europaweit auch auf anderen Ebenen: Beispielsweise gab es in Italien extreme Unterschiede zwischen dem reichen Norden und dem armen Süden; kurz vor der Jahrhundertwende kristallisierte sich auch immer mehr ein Wohlstandsunterschied zwischen Nordwest- und Südosteuropa heraus.

M4 Mehr Mobilität

Der Historiker Helmut König beschrieb 1992 die Zusammenhänge von Mobilität und Verstädterung wie folgt:

Die Masse[ngesellschaft] entsteht im Spannungsfeld von Kapitalismus, Industrialisierung und Verstädterung, die seit dem letzten Drittel des Jahrhunderts von England ausgehend eine grundlegende Veränderung und Umwälzung der gesellschaftlichen Strukturen in Europa und Amerika herbeiführ[t]. Den Einschnitt, der dadurch gesetzt ist, kann man sich gar nicht groß genug vorstellen, und sicher neigen wir heute spontan eher dazu, ihn zu unter- als zu überschätzen. [...] Denn die industrielle Revolution ist mit einer bis dahin unvorstellbaren Mobilisierung der Bevölkerung verbunden. [...] Man darf sich das Ausmaß und die Bedeutung dieser Mobilität nicht zu gering vorstellen. Im gesamten 19. Jahrhundert ist die Wanderung für weite Teile der Bevölkerung eine zentrale Erfahrung gewesen. Eine riesige Anzahl von überschüssigen und disponiblen Menschen wird in Bewegung gesetzt und neu verteilt, dirigiert von der „unsichtbaren Hand“ des Marktes, der Konjunkturzyklen, der Bewegungen des Kapitals und abhängig von der geografischen Lage der Energiequellen und Rohstoffe sowie den vorhandenen Verkehrsmitteln. Der auffälligste Zug an dieser Umschichtung der Bevölkerung ist zweifellos die Flucht der Landbewohner aus den agrarischen Räumen und Berufen in die Städte und neuen Industriereviere, namentlich ins Ruhrgebiet. Keineswegs handelt es sich bei diesen Wanderungen nur um einen einmaligen Wechsel des Wohnorts. Viele sind gezwungen, nach kurzer Zeit weiterzuziehen und ihr Glück in einer anderen Stadt zu versuchen. Die Mobilität wird zum Dauerschicksal, Sesshaftigkeit die Ausnahme. [...]

Die Städte profitieren aber von der Mobilisierung der Bevölkerung nicht nur, was ihre Altersstruktur angeht, sondern auch und vor allem von ihrer Bevölkerungszahl her. Neben der Eisenbahn ist das Anwachsen der Städte das sinnfälligste Symbol der Industrialisierung. In Deutschland gibt es im Jahre 1871 insgesamt acht Großstädte (d.h. Städte mit mehr als 100 000 Einwohnern); im Jahre 1910 sind es bereits 48.

Helmut König: Zivilisation und Leidenschaften. Die Masse im bürgerlichen Zeitalter. Reinbek bei Hamburg 1992, S. 70 ff.

M5 Nervöse Zeiten

Der Neurologe Wilhelm Heinrich Erb verglich 1893 in einem Vortrag an der Universität Heidelberg das Leben der Menschen seiner Zeit mit dem ihrer Vorfahren:

Die Zeiten liegen hinter uns, wo den besseren Geistern unserer Nation Neigung und Muße blieben zu einer umfangreichen schöngeistigen Korrespondenz; wir haben die Postkarten erfunden, um die Beziehungen zu unseren Freunden aufrechtzuerhalten. Jene lebten vielfach in stiller Ruhe und Beschaulichkeit, fern vom politischen Getriebe oder Weltgehetze; sie lasen ihr Wochenblättchen oder Tageblatt, dessen Spalten mehr von Familiennachrichten oder Stadtklatsch als von politischen Dingen oder aufregenden Zeit- und Streitfragen erfüllt waren – wir stehen mitten im hochgehenden politischen Leben, durchfliegen täglich mehrere große Zeitungen, erfahren beim Frühstück alle politischen Ereignisse, alle Unglücksfälle, alle Schrecknisse aus der ganzen Welt. Jene hielten es für ein Glück, einmal im Leben eine Reise in die Schweiz oder nach Italien zu machen oder ab und zu einen bescheidenen Landaufenthalt zu genießen, wir machen alljährlich ein bis zwei größere Reisen. [...] Jene waren durch den Schneckengang und die Kostspieligkeit der Verkehrsmittel zur Sesshaftigkeit genötigt, unser heutiges Geschlecht verbringt einen großen Teil des Jahres, so manche Tage und Nächte auf der Eisenbahn mit ihrem nervenerschütternden Getöse und Schütteln, mit all ihrer Hetzerei und Unruhe.

Kein Wunder, wenn auf diese Weise unzählige Menschen der Neurasthenie verfallen! Und wenn diese dann durch die hereditäre [erbliche] Übertragung eine immer weitere Ausbreitung erfährt. So ist denn die Zunahme der Nervosität in unseren Tagen nur allzu begreiflich, wenn wir sie auch nicht mit Zahlen beweisen können; sie folgert mit Notwendigkeit aus den in unserer Kulturentwicklung liegenden Verhältnissen.

Wilhelm Heinrich Erb: „Über die wachsende Nervosität unserer Zeit“, in: Ders: Gesammelte Abhandlungen Bd. 2, Leipzig 1910, S. 290 f.

M6 Postkarte, 1912

M8 Ein Zustand der Unruhe?

In einem Interview mit der Zeitschrift „GEO Epoche“ sagte der Historiker Jürgen Kocka 2004:

GEO: Was waren die großen gesellschaftlichen Herausforderungen um 1900?

Kocka: Deutschland hatte vor allem mit großen sozialen Gegensätzen und einem rasanten Bevölkerungswachstum zurechtzukommen.

GEO: Was hat dieses Wachstum ausgelöst?

Kocka: In den letzten Jahrzehnten des 19. Jahrhunderts fiel die Sterbeziffer enorm – dank massiver Fortschritte in der Hygiene, im Lebensstandard und in der Medizin. Das Kindbettfieber ging stark zurück, Seuchen wie Pocken oder Typhus wurden durch den Ausbau der sanitären Infrastruktur und durch den Beginn der Reihenimpfungen stark eingedämmt. Die Lebenserwartung erhöhte sich bis 1914 auf 47,4 Jahre bei Männern und 50,7 Jahre bei Frauen. Das war um jeweils rund zwölf Jahre höher als noch knapp zwei Generationen zuvor. [...]

GEO: In welchen Regionen kam es zur Industrialisierung?

Kocka: Vor allem in Sachsen, Berlin-Brandenburg, dem Ruhrgebiet, Schlesien, um Nürnberg herum. Daneben gab es natürlich immer noch sehr große, ländlich geprägte Bereiche, so den ganzen östlichen und südlichen Teil des entstehenden Deutschen Reiches.

GEO: Und dort kam es zur Landflucht?

Kocka: Landflucht gab es das ganze 19. Jahrhundert hindurch, weil die ländlichen Gebiete die „Überschussbevölkerung“ nicht hinreichend ernähren konnten. Zunächst wanderten diese Menschen aus – etwa nach Amerika. Später gingen sie zunehmend auch in die deutschen Städte, wo sich als Folge der wachsenden Mechanisierung und der Konzentration von Ressourcen wie Dampfkraft auch die Arbeitsplätze konzentrierten und wachsende Erwerbsmöglichkeiten boten. [...]

GEO: Sie erwähnten den Mangel an sanitären Einrichtungen auf dem Lande. Sah es mit der Hygiene in den Städten denn so viel besser aus?

Kocka: Zunächst natürlich nicht, und bis Anfang des 20. Jahrhunderts war die Säuglingssterblichkeit in den Städten höher als auf dem Lande. Aber dann verbesserte sich die medizinische Versorgung in den Städten. Die Zahl der Ärzte und der Krankenhäuser nahm dort sehr viel schneller zu. Mehr und mehr bemühten sich Beratungsdienste um hygienische und medizinische Aufklärung, sodass man Ende des 19. Jahrhunderts in der Stadt im Durchschnitt gesünder lebte als auf dem Lande. [...]

GEO: War der Abwanderungsdruck vom Land überall gleich hoch?

Kocka: Nein. Östlich der Elbe und des Böhmerwaldes, wo die Gutsbesitzer trotz der Bauernbefreiung noch erhebliche feudale Vorrechte hatten – etwa weiter über ein Stück niederer Gerichtsbarkeit verfügten –, war das Einkommen der kleinen Leute meist erbärmlich und ihre Freiheit nicht sehr viel größer als die der Hintersassen am Ende des 18. Jahrhunderts. Dort war die Abwanderung eindeutig eine Flucht aus elenden Lebensverhältnissen. Dagegen lebten die Menschen in anderen ländlichen Gebieten durchaus auskömmlich.

Jürgen Kocka/Insa Holst/Ernst Artur Albaum/Olaf Mischer: Ein Volk in Bewegung, in: GEO Epoche 12: Deutschland um 1900, Hamburg 2004, S. 44 f.

Hintersassen: von einem Grundherrn abhängige Bauern

M7 Während der Choleraepidemie in Hamburg wird sauberes Trinkwasser an die arme Stadtbevölkerung verteilt. Abbildung in der britischen Zeitung „The Illustrated London News“, 10. September 1892

Die **Choleraepidemie in Hamburg**, 1892: Das Bevölkerungs- und Städtewachstum hatte auch in Hamburg zu einer räumlichen Trennung von Arm und Reich sowie zu schlechten hygienischen Verhältnissen in den schnell wachsenden Arbeitervierteln geführt. Verseuchtes Leitungswasser und beengte Wohnverhältnisse begünstigten eine Ausbreitung des Choleraerregers, der eine schlimme Brech- und Durchfallerkrankung auslöst. In Hamburg erkrankten fast 17 000 Menschen, die Hälfte von ihnen starb. Dies war der letzte große Ausbruch der Cholera in Deutschland.

M9 Soziale Veränderungen in der Landwirtschaft

In seiner Antrittsvorlesung an der Universität Freiburg 1895 beschrieb und analysierte der Soziologe Max Weber unter anderem damalige Entwicklungen in der Landwirtschaft:

Es ist ein massenpsychologischer Vorgang: Die deutschen Landarbeiter vermögen sich den sozialen Lebensbedingungen ihrer Heimat nicht mehr anzupassen. Über ihr „Selbstbewusstsein“ klagen uns Berichte der Gutsherrn aus Westpreußen. Das alte patriarchalische Gutshintersassen-Verhältnis, welches den Tagelöhner als einen anteilsberechtigten Kleinwirt mit den landwirtschaftlichen Produktionsinteressen unmittelbar verknüpfte, schwindet. Die Saisonarbeit in den Rübenbezirken fordert Saisonarbeiter und Geldlohn. Eine rein proletarische Existenz steht ihnen in Aussicht, aber ohne die Möglichkeit jenes kraftvollen Aufschwungs zur ökonomischen Selbstständigkeit, welche das in den Städten örtlich zusammengeschlossene Industrieproletariat mit Selbstbewusstsein erfüllt.
Diesen Existenzbedingungen sich zu fügen vermögen diejenigen besser, welche an die Stelle der Deutschen treten, die polnischen Wanderarbeiter, [die] im Frühjahr zu Zehntausenden über die Grenze kommen, im Herbst wieder abziehen. Zuerst im Gefolge der Zuckerrübe, welche den Landwirtschaftsbetrieb in ein Saisongewerbe verwandelt, treten sie auf, dann allgemein, weil man an Arbeiterwohnungen, Armenlasten, sozialen Verpflichtungen spart, weil sie ferner als Ausländer prekär gestellt und deshalb in der Hand des Besitzers sind.
Der ökonomische Todeskampf des alten preußischen Junkertums vollzieht sich unter diesen Begleiterscheinungen. Auf den Zuckerrübengütern tritt an die Stelle des patriarchalisch schaltenden Gutsherrn ein Stand industrieller Geschäftsleute, – und auf der Höhe bröckelt unter dem Druck der landwirtschaftlichen Notlage das Areal der Güter von außen her ab. [...]
[Die preußischen Junker] haben ihre Arbeit geleistet und liegen heute im ökonomischen Todeskampf, aus dem keine Wirtschaftspolitik des Staates sie zu ihrem alten sozialen Charakter zurückführen könnte.

Max Weber: Der Nationalstaat und die Volkswirtschaftspolitik. Freiburg u.a.: C.B. Mohr 1895, S. 15f., 27, zit. nach: www.deutschestextarchiv.de/book/view/weber_nationalstaat_1895?p=15 (03.06.2020)

M10 Karikatur von Eduard Thöny aus der Satirezeitschrift „Simplicissimus“ vom 14. Oktober 1912. Überschrift: „Der deutsche Ostelbier“, Unterschrift: „Die engagieren einfach billige Polen! Für mich ist jeder Arbeiter eine fremde Nation!“

2. a) Arbeiten Sie stichpunktartig aus dem Darstellungstext Erscheinungsformen der städtischen Modernität heraus.
   b) Vergleichen Sie M 2 und M 3 unter besonderer Berücksichtigung der jeweiligen Aussageabsicht.

3. Stellen Sie mithilfe des Darstellungstextes und M 4 einen Zusammenhang zwischen Transportrevolution und Urbanisierung her. Gestalten Sie hierzu ein Schaubild.

\+ Begründen Sie, warum die folgende Aussage zutrifft: „Die Mobilität wird zum Dauerschicksal.“ (M 4, Z. 35f.).

4. Gestalten Sie mithilfe des Darstellungstextes, M 5–M 8 eine Mindmap zu den gesellschaftlichen Herausforderungen Ende des 19. Jahrhunderts.

5. a) Vergleichen Sie – ausgehend von M 8, M 9 und M 10 – das Leben in den Städten mit dem Leben auf dem Lande.
   oder
   Verfassen Sie einen Brief eines Berliner Arbeiters, der seine Verwandten dazu bewegen möchte, in die Hauptstadt zu ziehen.
   b) Beurteilen Sie, ob das Deutsche Reich um 1900 von großen gesellschaftlichen Unterschieden geprägt war.

6. Diskutieren Sie: „Die Hochmoderne – mehr Verlierer als Gewinner?“

Demokratisierung oder soziale Spaltung?

Die Herausbildung einer Massenkultur

M 1 August Macke: Großes helles Schaufenster, Ölfarben auf Leinwand, 1912. Sprengel Museum, Hannover (Ausschnitt)

1. a) Beschreiben Sie M 1.
b) Setzen Sie Ihre Ergebnisse in Beziehung zu den Inhalten des vorangegangenen Kapitels.

Das Warenhaus: Symbol des Massenkonsums?

In der modernen und lebensfrohen Großstadt luden die Schaufenster der Warenhäuser zum Flanieren ein. Für viele Großstädter entwickelte sich der Schaufensterbummel zu einem beliebten Freizeitvergnügen, zumal lebensecht wirkende Puppen die Waren realistisch und gleichzeitig kunstvoll präsentierten. Und so wie Fabriken zum Symbol für die Massenproduktion geworden waren, war um 1900 der Aufstieg der Warenhäuser mit dem neuen Massenkonsum verknüpft. Steigende Kaufkraft hatte zu einem Aufschwung der Konsumgüterindustrie geführt, und durch die interkontinentale Dampfschifffahrt hatten weltwirtschaftliche Verflechtungen zugenommen, sodass auch bisherige Luxusprodukte wie Porzellan und Südfrüchte allmählich erschwinglich geworden waren.

Bereits Mitte des 19. Jahrhunderts waren in Frankreich, England und den USA die ersten Warenhäuser als moderne Orte des Warenverkaufs entstanden. Ihr Alleinstellungsmerkmal war, dass sie eine breite Produktpalette zu festen Preisen anboten und ihren Kunden den Umtausch gekaufter Waren ermöglichten. In der Regel waren sie in verschiedene Abteilungen untergliedert und befanden sich in zentraler Innenstadtlage. Wie verstanden sich die Warenhäuser selbst? Wollten sie die unterschiedlichen städtischen Bevölkerungsgruppen erreichen? Ihr Angebot richtete sich prinzipiell an ein Massenpublikum und trat Anfang des 20. Jahrhunderts verstärkt in Konkurrenz zu den kleinen Einzelhändlern. Doch wenn Warenhäuser auch vielen Menschen neue Möglichkeiten zur Teilhabe am Konsum eröffneten, blieben sie zunächst vor allem Orte für das Bürgertum. Weder der Adel noch die breite Arbeiterschaft kaufte zunächst in Warenhäusern häufig ein.

Die Massenpresse – neue Vorlieben?

Mit der Pressefreiheit, die im Deutschen Reich seit 1874 galt, sowie verbesserten Drucktechniken und der billigeren Herstellung von Papier aus Holzfasern wurde die Produktion von Zeitungen für die Masse der Bevölkerung möglich. Durch Leihbibliotheken und Lesesäle hielten sie ebenso wie Bücher auch in ländlichen Räumen Einzug. In der Folge stieg in allen europäischen Ländern – vor allem in den 1890er-Jahren – die Buchproduktion, und Verlage entschieden sich dafür, sich verstärkt auf preisgünstige Serien- und Unterhaltungsromane oder auf Volksausgaben von klassischer Literatur zu spezialisieren. Nicht nur Bücher und Tageszeitungen öffneten sich so für ein breiteres Publikum, sondern auch die illustrierten Wochenzeitschriften und Satiremagazine wie der „Kladderadatsch“ und der „Simplicissismus“, die auf humoristische Weise gesellschaftliche Themenbereiche aufgriffen, erfreuten sich großer Beliebtheit. Bei den Zeitschriften kam es zudem zu einer Blüte an neuen Genres: In vielen europäischen Ländern erschienen nun z. B. sogenannte „Familienzeitschriften“ mit Artikeln zu Mode, Haushalt und gesellschaftlichen Themen. Zunehmend bildete sich eine Populärkultur heraus, die sich an den Vorlieben breiter Massen orientierte. Der Reclam-Verlag mit Sitz in Stuttgart bot seine Bändchen sogar in Münzautomaten in Bahnhöfen und Kurorten an. Dieser Boom im Bereich der Printmedien ging einher mit einem Rückgang der Analphabetenquote – dies stellte eine gesamteuropäische Tendenz dar.

Neue Druckverfahren und die Entwicklung der Fotografie zu einer allmählich breiter verfügbaren Bildtechnik ließen auch Postkarten, die der Übermittlung von Kurznachrichten dienten, zu einem visuellen Massenmedium werden. Beflügelt wurde diese Entwicklung auch durch den aufkommenden Massentourismus. Postkarten fungierten jedoch nicht nur als Ansichtskarte, sondern setzten sich auch mit damals aktuellen gesellschaftlichen Themen auseinander.

Die Geburtsstunde des Massentourismus?

Bereits ab 1875 hatten viele Beamte Anspruch auf Urlaub, und um die Jahrhundertwende gewährten immer mehr privat geführte Firmen ihren Angestellten und später einem Teil der Arbeiter Urlaub. Auch der allmähliche Übergang vom Zwölf- zum Zehnstundenarbeitstag bewirkte, dass sich viele nun verstärkt Gedanken darüber machten, wie sie ihre neu gewonnene Freizeit gestalten könnten. Sie wollten partizipieren am kulturellen Leben, das sich vom Amüsement in Biergärten, Kaffeehäusern und Tanzsälen bis zur als ernsthaft empfundenen Kultur erstreckte. An vielen Luftkurorten und Seebädern an Nord- und Ostsee blühte das Gaststätten- und Hotelgewerbe auf, aber auch Urlaubs- und Erholungsreisen ans Mittelmeer und in die Alpen erfreuten sich beim wohlhabenden Bürgertum einer wachsenden Beliebtheit. Diese Orte bildeten eine Art Gegenwelt zum Leben in den großen Städten. Eine soziale Ungleichheit zeigte sich um die Jahrhundertwende aber immer noch insofern, als Arbeiter und Angestellte insgesamt weniger freie Zeit als andere gesellschaftliche Gruppierungen zur Verfügung hatten.

Kulturelle Gemeinschaftsprojekte

Durch kollektive Bürgerstiftungen und Aktienvereine entstanden seit Ende des 19. Jahrhunderts historische Museen, Stadttheater, Kunstgalerien sowie Zoologische und Botanische Gärten in vielen Städten. Diese Projekte gemeinschaftlichen Handelns trugen zum Ausbau einer kulturellen Infrastruktur der Städte bei und ließen dem Bürgertum eine kulturelle Schlüsselfunktion in der Herausbildung einer **Massenkultur** zuteilwerden.

M3 Ein Zeitungskiosk in Paris um 1900. Kioske gab es in Europa zunächst in Parkanlagen als Verkaufspavillons; erst um 1900 rückte der Kiosk in den städtischen Raum und diente hier vorrangig dem Verkauf von Zeitungen.

M2 Das Linden-Museum, ein kulturelles Gemeinschaftsprojekt

Der **„Württembergische Verein für Handelsgeographie und Förderung Deutscher Interessen im Ausland e. V.“** wurde 1882 von führenden Wirtschaftsvertretern aus der Region Stuttgart gegründet. Der Verein setzte sich zum Ziel, Auswanderungswillige auf das Leben in den Kolonien vorzubereiten. Ein Museum sollte Kulturen aus Afrika, Asien und dem Südpazifik dokumentieren. 1889 wurde es als „Ethnographisches Museum“ im Haus der Wirtschaft in Stuttgart eröffnet. Der heutige Name, Linden-Museum, geht auf Graf Karl von Linden, den Vorsitzenden des Vereins, zurück. 1911 zog das Linden-Museum, das heute zu den größten Völkerkundemuseen in Europa zählt, dann schließlich in die heutigen Räumlichkeiten am Hegelplatz um. Inzwischen finden auch Diskurse darüber statt, inwiefern das Lindenmuseum zu kolonialistischem Denken beigetragen hat.

M 4 Der „Brunnenlichthof“ mit Strumpfwaren im Kaufhaus Wertheim an der Leipziger Straße in Berlin. Farbdruck nach einer kolorierten Fotografie aus der Werbebroschüre „Wertheim Berlin“, um 1906. Das Gebäude wurde im selben Jahr nach Plänen des Architekten Alfred Messel fertiggestellt.

In der Leipzigerstraße angekommen, bewundert man erst eine Zeitlang die Schaufenster, dann ergeht man sich in den Erdgeschossräumen, sieht sich die verschiedensten Auslagen an, kauft vielleicht hier und da, lässt sich durch den Fahrstuhl nach dem ersten Stock befördern und nimmt womöglich eine Tasse Schokolade nebst dem obligaten Stück Torte oder Apfelkuchen.
Hat man Bekannte gefunden oder mitgebracht, so bleibt man wohl plaudernd längere Zeit sitzen, zeigt die gegenseitigen Einkäufe und reizt sich dadurch gegenseitig zu neuen Ausgaben. Die Zeit verfliegt [...], und wenn man an der Uhr plötzlich sieht, dass es höchste Zeit sei heimzukehren, so macht man oft wohl gleichzeitig die Wahrnehmung, dass man anstatt der einen Krawattenschleife, die man anfänglich kaufen wollte, mit einem ganzen Bündel der verschiedenartigsten Sachen beladen ist.
Eine Zeitlang spürt man dann vielleicht Reue, und nimmt sich vor, nicht wieder so leichtsinnig zu sein, aber sobald man das Warenhaus betreten hat, um einen kleinen Einkauf zu machen, wiederholt sich das Schauspiel aufs neue.

Zit. nach: Annette Kuhn: Verkauf von Waren und Träumen, in: August Nitschke u. a. (Hg.): Jahrhundertwende Bd. 2, Reinbek bei Hamburg 1990, S. 61

M 5 Der Besuch eines Warenhauses

Der Politiker Gustav Stresemann, der später deutscher Außenminister wurde, beschreibt einen Besuch im neuen Warenhaus Wertheim (M 4):

Wenn man heute in einer Familie hört: Wir gehen zu Wertheim, so heißt das nicht in erster Linie, wir brauchen irgend etwas besonders notwendig für unsere Wirtschaft, sondern man spricht wie von einem Ausfluge, den man etwa nach irgend einem schönen Orte der Umgebung macht. Man wählt sich dazu einen Nachmittag, an dem man möglichst viel Zeit hat, verabredet sich womöglich noch mit Bekannten.

M 6 Ein Charakteristikum vieler früher Warenhäuser war die monumentale Architektur. Das Foto links zeigt die Fassade des Karlsruher Warenhauses Leipheimer und Mende im Jahr 1913. Es hatte sich auf den Verkauf von Stoffen spezialisiert.

M 7 Demokratisierung von Konsum?

Der Historiker Andreas Schulz beschreibt die Konsumgesellschaft des 19. und 20. Jahrhunderts wie folgt:

Während die Wertschätzung bürgerlicher Kulturtraditionen fortbesteht, hat sich die bürgerliche Klassengesellschaft sozial ausdifferenziert. Die Chancen auf materielle Realisierung individueller Lebensentwürfe sind beträchtlich gewachsen. Stärker als Herkunft und Klasse bestimmen der Bildungsweg und die berufliche Position den sozialen Status. [...]
Haben bürgerliche Lebens-, Umgangs- und Ausdrucksformen nicht in erster Linie im verfeinerten, „kultivierten“ Konsum von Gütern des täglichen Bedarfs, von Kunst und Wissenschaft, Reisen und Freizeitsport überlebt? Konsum ist mehr denn je das Fundament bürgerlicher Kultur, er klassifiziert und definiert bürgerliche Lebensstile. Anerkannter, sozial legitimierter Konsum grenzt die Lebenswelten bürgerlicher Schichten vom Leben der Straße [...] ab.

Andreas Schulz: Lebenswelt und Kultur des Bürgertums im 19. und 20. Jahrhundert, München 2005, S. 2 f.

M 8 Das belgische Werbeplakat aus dem Jahr 1902 wirbt für das Seebad Ostende. Auf gute Erreichbarkeit mit der Eisenbahn wird explizit hingewiesen. Als die Zeitgenossen das Baden im Meer nicht länger als eine merkwürdige, aus England stammende Mode betrachteten, war Ostende zu einem Seebad ausgebaut worden, wie auch einige Fischerdörfer an den deutschen Küsten.

Das Werbeplakat – ein Newcomer: Ausgehend von Massenkultur und Massenkonsum erlebte die Werbewirtschaft um die Jahrhundertwende einen rasanten Aufstieg. Sie bewirkte, dass angebotene Waren – neben ihrem Gebrauchswert – immer stärker als Statussymbole und Genussobjekte wahrgenommen wurden. Plakate spielten dabei eine besondere Rolle, denn mit ihrem appellativen Charakter wendeten sie sich im öffentlichen Raum an potenzielle Kunden. Durch einen Blickfang, den „Eyecatcher", gewannen sie die Aufmerksamkeit möglichst vieler vorbeigehender Menschen, und durch wenige, gut platzierte Informationen weckten sie ihr Interesse und lösten Wünsche aus. Als historische Quelle sind Werbeplakate wertvoll, weil sie – im Gegensatz zu den politischen Plakaten – in einem wirtschaftlich-kulturellen Kontext stehen und daher Auskünfte über Bedürfnisse oder Sehnsüchte bestimmter historischer Zielgruppen sowie Aufschlüsse zur Alltags- und Mentalitätsgeschichte geben können.

2. Begründen Sie mithilfe des Darstellungstextes, M 4–M 6, warum das Warenhaus als ein Ort, an dem sich „zentrale Entwicklungen der klassischen Moderne bündelten"*, bezeichnet werden kann.

3. Analysieren Sie M 8 mithilfe der Zusatzinformationen.

4. a) Begründen Sie in arbeitsteiliger Partnerarbeit, warum
- Postkarten (→ M 3 und M 6) bzw.
- Werbeplakate (→ M 8)

jeweils als Schlüssel für den „Zeitgeist" der Jahrhundertwende bezeichnet werden können.

b) Tauschen Sie Ihre Ergebnisse miteinander aus.

5. a) Arbeiten Sie aus M 7 die Thesen von Andreas Schulz heraus.
b) Beurteilen Sie ausgehend von M 7, inwiefern es um die Jahrhundertwende zu einer Demokratisierung des Konsums kam.

+ Recherchieren Sie nach weiteren Beispielen von kulturellen Gemeinschaftsprojekten (→ S. 141) in Ihrer Nähe und erstellen Sie eine Präsentation.

* Uwe Spiekermann: Das Warenhaus, in: Alexa Geisthövel/Habbo Knoch (Hgg.): Orte der Moderne. Erfahrungswelten des 19. und 20. Jahrhunderts, Frankfurt/M. u.a. 2016, S. 215 f.

Führt die Massengesellschaft zu Politisierung?

Massenorganisationen boomen

Zusammengest. nach: www.bundestag.de/resource/blob/190454/782a532c7e19aa9c-d5119e62ca77a260/wahlen_kaiserreich-data.pdf (23.06.2020)

M 1 Wahlbeteiligung bei ausgewählten Reichstagswahlen im Deutschen Kaiserreich

Jahr	Wahlbeteiligung (%)
1871	50,7
1878	63,1
1884	60,3
1893	72,2
1903	75,3
1912	84,5

1. a) Beschreiben Sie an M 1 die Entwicklung der Wahlbeteiligung im Kaiserreich.
b) Bilden Sie Hypothesen zu den Gründen für diese Entwicklung, die sich ähnlich auch für andere europäische Länder mit einem für die Zeit fortschrittlichen allgemeinen Männerwahlrecht beobachten lässt.

Interessen bündeln in Vereinen

In der zweiten Hälfte des 19. Jahrhunderts fanden wirtschaftliche Interessenverbände, Vereine, aber auch politische **Massenorganisationen** regen Zulauf. Die Teilnahme am städtischen kulturellen Leben und die Zugehörigkeit zu Geselligkeitsvereinen konnten der Schlüssel für gesellschaftlichen Aufstieg sein. Mitglieder des Bürgertums versuchten dort beispielsweise, gemeinsam angemessene Umgangsformen zu entwickeln. Ärzte und Anwälte hofften, durch eine Mitgliedschaft in einem Club oder Verein neue Patienten oder Kunden zu gewinnen. Ein Merkmal der Vereine war, dass sie eigenen detaillierten Regeln folgten, was wiederum das Gemeinschaftsbewusstsein der Mitglieder beförderte. Bürgerliche Sport- und Musikvereine sowie Jugendbewegungen separierten sich jedoch von den Organisationen der Arbeiterschaft.

Die Pluralisierung der Lebensstile – insbesondere in den Städten – brachte es mit sich, dass sich um die Jahrhundertwende immer mehr Menschen für bestimmte Anliegen engagierten und organisierten – sei es für den Natur-, Tier- und Umweltschutz, für bessere Hygiene, für Vegetarismus oder für den Weltfrieden. Dies wurde von vielen Zeitgenossen als reformerische Aufbruchstimmung wahrgenommen. Die Herausbildung unterschiedlicher Gruppierungen ermöglichte es dem Individuum auch, aus bisherigen Rollenmustern auszubrechen und neue Spielräume der Selbstfindung zu entdecken. Jedoch knüpfte sich an das jeweilige Engagement nicht zwangsläufig ein gestiegenes politisches Interesse.

Bei der Arbeiterschaft hatte die Sozialistenverfolgung unter Reichskanzler Bismarck (→ S. 108) fast wie ein Katalysator gewirkt, denn auch die Arbeiter organisierten sich zunehmend politisch: So zählten 1913 im Deutschen Kaiserreich beispielsweise die freien Gewerkschaften fast drei Millionen Mitglieder. Aber auch europaweit erlebten Arbeiterparteien und Gewerkschaften einen enormen Aufschwung.

Verstärkt sich die Politisierung der Gesellschaft?

Eine maßgebliche Rolle für die **Politisierung** der Bürgerinnen und Bürger im Kaiserreich spielte die Herausbildung eines breiten Parteienspektrums: Neben den fünf großen Lagern – Sozialdemokraten, Linksliberale, Nationalliberale, Katholiken und Konservative – hatte sich 1879 noch eine „Antisemitenliga" gebildet. Jedoch waren die Parteien noch nicht in der Verfassung verankert; vielmehr organisierten sie sich nach dem Vereinsrecht. Darüber hinaus gab es mehrere große Interessenverbände der Industrie, der Landwirtschaft und der Arbeiterschaft mit politisierenden Tendenzen.

Mehrere Faktoren trugen dazu bei, dass die städtischen und ländlichen Massen zunehmend in den politischen Diskurs und die politische Partizipation einbezogen wurden, vor allem aber ein in Europa insgesamt gestiegener Alphabetisierungsgrad – wenn auch Unterschiede in den einzelnen Ländern bestanden – und ein breiterer Zugang zu Bildung. Durch Zeitschriften und verbesserte Transportmittel wie die Eisenbahn wurde die Kommunikation erleichtert, was etwa zur Herausbildung eines Gefühls einer nationalen Identität beitrug.

Die Frauenbewegung – ein Beispiel erfolgreicher Politisierung?

Vor dem Hintergrund der Ideen der Aufklärung, die im Widerspruch zu den bestehenden gesellschaftlichen Verhältnissen standen, waren Frauen erstmals während der Französischen Revolution öffentlich politisch aktiv geworden. Bald entstanden weltweit von Frauen getragene politische Bewegungen für Frauenrechte – vor allem in den USA, in Kanada, Australien, Neuseeland und Großbritannien. In Deutschland hatten Frauen erstmals in der Zeit des Vormärz (→ S. 50) auf ihre gesellschaftliche und politische Unterdrückung aufmerksam gemacht. Die sich hier in Ansätzen organisierende **Frauenbewegung** wurde jedoch nach dem Scheitern der Revolution von 1848/49 zunichte gemacht: Das preußische Vereinsgesetz, das bis 1908 Gültigkeit hatte, untersagte „Frauenspersonen, Schülern und Lehrlingen" die Mitgliedschaft in politischen Vereinen und die Teilnahme an politischen Veranstaltungen. Auch Gewerkschaften begannen erst nach 1890, sich für Frauen zu öffnen.

Das Hauptaugenmerk feministischer Bewegungen in Europa galt vor allem zwei Forderungen: dem Wahlrecht für Frauen und einer Verbesserung der Bildung für Frauen. Louise Otto-Peters, die sich bereits 1848/49 für Frauenrechte eingesetzt hatte, ergriff 1865 erneut die Initiative: Sie berief die erste deutsche Frauenkonferenz in Leipzig ein. Dort beschlossen etwa 150 Frauen aus verschiedenen deutschen Bundesstaaten die Gründung des Allgemeinen Deutschen Frauenvereins (ADF), zu dessen Zielen es gehörte, „das Recht der Frau auf Erwerb", auf die Förderung der Bildung und auf freie Berufswahl zu erreichen. Politische Forderungen mussten aufgrund der allgemeinen gesellschaftspolitischen Situation zurückgestellt werden. Als Erfolg dieser bürgerlichen Frauenbewegung kann der Zugang der Frauen zur höheren Bildung gewertet werden: So konnten 1896 die ersten Mädchen das Abitur ablegen, ab 1900 durften sich Frauen an badischen Universitäten einschreiben, bis 1908 folgten darin auch die anderen Länder des Deutschen Reichs. Bereits im letzten Drittel des 19. Jahrhunderts war es Frauen gelungen, Berufe als Lehrerin, als Angestellte, als Verkäuferin oder als Krankenschwester auszuüben – ein Erfolg der Frauenbewegung oder eher eine starre Festlegung von Frauen auf „frauentypische Berufe"?

Innerhalb der Frauenbewegung kam es bald zu Spannungen, da konservative und konfessionelle Frauenvereine einerseits und radikalfortschrittliche Vereinigungen andererseits zum Teil sehr unterschiedliche Ziele verfolgten. Auch Arbeiterinnen organisierten sich bald in Frauenvereinen. So entwickelte sich neben der bürgerlichen Frauenbewegung auch eine sozialdemokratische Frauenbewegung, die das 1878 erschienene Buch von August Bebel mit dem Titel „Die Frau und der Sozialismus" als Grundlage nahm. In diesem Werk legt Bebel dar, wie der Kampf für soziale Gleichheit eng mit der Emanzipation der Frau verknüpft ist und es keinen Sozialismus ohne eine Befreiung der Frau geben könne.

Global organisiert?

Zahlreiche Einzelvereine schlossen sich 1894 zum „Bund deutscher Frauenvereine" zusammen, der sich 1897 dem „Internationalen Frauenbund", der größten und ältesten überstaatlichen Frauenorganisation, anschloss. 1904 fand in Berlin der Internationale Frauenkongress statt: Feministinnen aus den USA, Großbritannien und Deutschland gründeten dort die „International Woman Suffrage Alliance", den ersten internationalen Zusammenschluss für den Kampf um das Frauenwahlrecht. Forderungen versuchte man dort auch mit drastischen Mitteln wie dem Hungerstreik durchzusetzen. In Deutschland erhielten die Frauen nach dem Ersten Weltkrieg das aktive und passive Wahlrecht: Die Weimarer Verfassung gewährte ihnen in Art. 109 die staatsbürgerliche Gleichheit.

M2 Utopische Zeichnung von Albert Robida, zum „Fernstudium" für Frauen, 1883: Eine Frau folgt einer Vorlesung, die als Projektion im Spiegel erscheint.

Louise Otto-Peters (1819–1895) trat unter dem Schlagwort: „Dem Reich der Freiheit werb ich Bürgerinnen!" für Gleichberechtigung von Mann und Frau sowie für den Zugang von Mädchen zur Bildung ein. 1865 war sie Mitbegründerin des ADF, dessen Vorsitz sie dreißig Jahre lang innehatte.

M 3 Protestaktion in Großbritannien, 1905.
Das Foto zeigt eine Demonstration der „Suffragetten“, mit der sie für ihre Zeitschrift „Votes for Women“ werben. Diese Zeitschrift war das offizielle Nachrichtenblatt der „Women's Social and Political Union“, der führenden Organisation der Suffragetten.

M 4 Forderungen des Allgemeinen Deutschen Frauenvereins

Aus dem Programm des ADF, 1905:

Die Frauenbewegung setzt sich das Ziel: den Kultureinfluss der Frau zu voller innerer Entfaltung und freier sozialer Wirksamkeit zu bringen. [...]

I. Bildung. [...] Im einzelnen stellt sie folgende Forderungen:
a) obligatorische Fortbildungsschulen für alle aus der Volksschule entlassenen Mädchen;
b) eine Reorganisation der höheren Mädchenschulen, durch welche diese, unbeschadet ihrer dem Wirkungskreise der Frau entsprechenden Besonderheit, den höheren Knabenschulen gleichwertig wird. [...]
c) unbeschränkte Zulassung ordnungsmäßig vorgebildeter Frauen zu allen wissenschaftlichen, technischen und künstlerischen Hochschulen.

II. Berufstätigkeit. Die Frauenbewegung betrachtet für die verheiratete Frau den in der Ehe und Mutterschaft beschlossenen Pflichtenkreis als ersten und nächstliegenden Beruf. Die befriedigende Erfüllung dieses Berufs muss im Interesse der Gesamtheit mit allen Mitteln der Bildung, der wirtschaftlichen Reform, des staatlichen Schutzes gesichert werden. Die Arbeit der Frau in der Erfüllung dieses Berufs ist wirtschaftlich und rechtlich als vollgültige Kulturleistung zu bewerten. In Anbetracht der großen Zahl von Frauen, die unverheiratet bleiben, und der weiteren Zahl derer, die in der Ehe keine ausreichende wirtschaftliche Versorgung finden können, ist die Berufsarbeit der Frau eine wirtschaftliche und sittliche Notwendigkeit. Die Frauenbewegung betrachtet die berufliche Frauenarbeit aber auch in weiterem Sinn und unabhängig von jeder äußeren Notwendigkeit als Kulturwert, da auch die Frau Träger hervorragender spezifischer Begabung sein kann und bei vollkommen freier Entfaltung ihrer Fähigkeiten auf vielen Gebieten geistiger und materieller Tätigkeit Aufgaben finden wird, die sie ihrer Natur nach besser lösen kann als ein Mann. – In Bezug auf die wirtschaftliche Bewertung der beruflichen Frauenarbeit vertritt die Frauenbewegung den Grundsatz: Gleicher Lohn für gleiche Leistung. [...]

III. Ehe und Familie. Die Frauenbewegung sieht in der Heilighaltung der Ehe die wesentlichste Bürgschaft für das körperliche und geistige Wohl der Nachkommenschaft und die Grundbedingung sozialer Gesundheit. Sie legt in Bezug auf die sexuelle Sittlichkeit Männer und Frauen die gleichen Pflichten auf und bekämpft die doppelte Moral, die einerseits dem Manne eine in jeder Hinsicht verhängnisvolle sexuelle Freiheit gewährt, andererseits die Frau mit ungerechter Härte trifft. Sie fordert für die Frau als Lenkerin des Hauses und Erzieherin der Kinder, dass sie im Einklang mit der Höhe ihrer Verpflichtung und dem Wert ihrer Leistungen auch rechtlich die gleiche Verantwortung in allen Angelegenheiten der Ehe und der Familie trage wie der Mann. Daraus ergeben sich im einzelnen folgende Ziele:
a) Die Frauenbewegung bekämpft mit allen ihr zu Gebote stehenden Mitteln die Prostitution und sieht in der mit der bestehenden Reglementierung ausgesprochenen staatlichen Sanktion des Lasters eine schwere gesundheitliche, soziale und sittliche Gefahr.

Suffragetten (von engl./franz. *suffrage*, Wahlrecht): um 1900 Bezeichnung für organisierte Frauenrechtlerinnen in Großbritannien und den USA

b) Sie verlangt eine Reform der Ehegesetze, durch welche beiden Ehegatten das gleiche Verfügungsrecht in allen gemeinsamen Angelegenheiten, insbesondere der gleiche Anteil an der elterlichen Gewalt gesichert wird.
c) Sie verlangt gesetzliche Reformen betreffend die Rechte der unehelichen Kinder, Reformen, durch welche dem unehelichen Vater größere Verpflichtungen gegen Mutter und Kind auferlegt werden.

IV. Öffentliches Leben, Gemeinde und Staat.
[...]
a) Zulassung der Frauen zu verantwortlichen Ämtern in Gemeinde und Staat, vor allem solchen, die zu den Interessen der Frauen in besonders naher Beziehung stehen [...]
b) Zuziehung der Frauen zur Vertretung der Laien bei der Rechtspflege (weibliche Schöffen und Geschworene).
c) Beseitigung der vereinsrechtlichen Beschränkungen der Frau.
d) Teilnahme der Frauen am kirchlichen Wahlrecht.
e) Teilnahme der Frauen am kommunalen Wahlrecht.
f) Teilnahme der Frauen am politischen Wahlrecht.

Zit. nach: Gerhard A. Ritter/Jürgen Kocka (Hgg.): Deutsche Sozialgeschichte 1870–1914. München 1974, S. 422

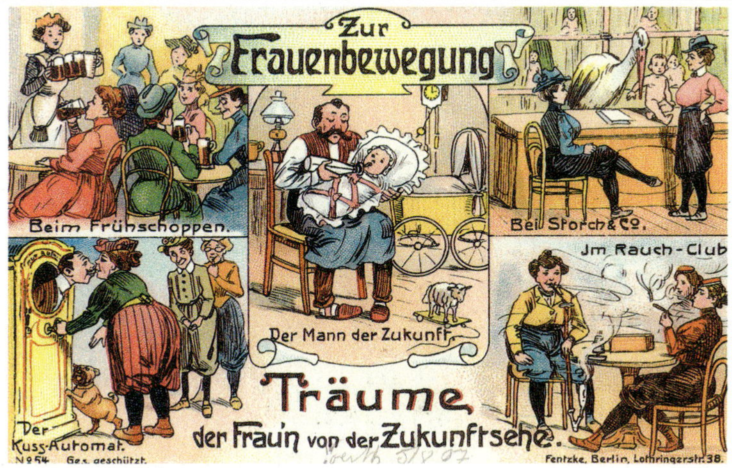

M 5 Postkarte aus einer anderen Perspektive, um 1910

M 6 Frauenanteil in Prozent aller Studierenden

Staat	um 1900	um 1910	um 1920
Deutschland		4	9
Frankreich	3	9	13
Großbritannien	17	19	27
Italien		17	20
Niederlande	7	14	15
Österreich		8	14
Schweden	3	8	10
Schweiz	20	22	12

Zusammengest. nach: Willibald Steinmetz: Europa im 19. Jahrhundert. Neue Fischer Weltgeschichte 6. Frankfurt/M. 2019, S. 440

2. a) Überprüfen Sie Ihre Hypothesen aus Aufgabe 1. b) anhand des Darstellungstextes.
b) Begründen Sie mithilfe des Darstellungstextes, warum es gerechtfertigt ist, von einer Politisierung der Bevölkerung in der zweiten Hälfte des 19. Jahrhunderts zu sprechen.
c) Beurteilen Sie, ob Vereine als Keimzellen einer verstärkten Politisierung bezeichnet werden können.

3. a) Analysieren Sie M 2.
b) Arbeiten Sie aus M 3 und M 4 die politischen Forderungen der Frauen heraus.
c) Formulieren Sie sinnvolle Kategorien für diese Forderungen.
d) Vergleichen Sie M 4 und M 5.
e) Überprüfen Sie, ob die Forderungen (→ Aufg. 3. b) heute alle umgesetzt sind.

+ Fügen Sie zwei weitere Forderungen hinzu, die aus Ihrer heutigen Sicht wichtig sind.

4. a) Analysieren Sie M 6.
b) Beurteilen Sie, ob diese Statistik als Gradmesser der Emanzipation von Frauen dienen kann.

5. Diskutieren Sie: Sind frauenbewegte Forderungen/ist der Feminismus in unserer heutigen Gesellschaft noch notwendig?

Mehr Optimismus als Pessimismus?

Ein ambivalenter Umgang mit der Moderne

M 1 Huldigung der Erfindungen des 19. Jahrhunderts. Postkarte, um 1900

1. a) Beschreiben Sie M 1 und arbeiten Sie die Aussageabsicht heraus.
   b) Vergleichen Sie M 1 mit M 2 und M 3.

Innovationen und Fortschritt?

Elektrisches Licht, Telegrafen, Telefone, Fotoapparate, Röntgenstrahlung, neue Medikamente und Impfstoffe – all dies waren technische Entwicklungen und wissenschaftliche Entdeckungen, die von den Menschen um die Wende zum 20. Jahrhundert als Verwissenschaftlichung des Alltags empfunden wurden und ihnen neue Lebensweisen und -gewohnheiten ermöglichten. Die Innovationen gingen Hand in Hand mit einem kräftigen wirtschaftlichen Wachstum, das bis zum Ersten Weltkrieg anhielt und für viele mit einem Anstieg des materiellen Lebensstandards verbunden war. Deshalb waren sie auch die Ursache eines sich verbreitenden Fortschrittsglaubens, ja eines **Fortschrittsoptimismus**, und führten zu Aufbruchsstimmung. Viele Zeitgenossen sahen neue Freiheiten und vor allem Chancen auf die Verwirklichung individueller Lebensentwürfe.

Bei anderen aber herrschten **Verunsicherung** und Pessimismus angesichts der Entwicklungen des Industriezeitalters. Würden Technik- und Wissenschaftsorientierung, Massenkultur, Massenkonsum und Globalisierung nicht tradierte, überschaubare Ordnungen zerstören? Würden sie die Menschen nicht in Entfremdung, Anonymität und Entwurzelung führen und dadurch psychisch krank machen? Modernitätskritiker beklagten

- die von Technik, Leistungsdenken und „Vermassung“ geprägte städtische Lebensweise als ungesund und unnatürlich: Letztlich werde sie zu einer Entfremdung des Menschen von der Natur führen.
- den Massenkonsum als Auslöser für die Abwertung von Kunst und Kultur: Die Begriffe „Kitsch“ und „Schund“ fanden um 1900 Eingang in die deutsche Sprache.
- massenkulturelle Erscheinungen – wie das Vereinswesen oder auch volkstümliche Literatur – als Wegmarken des Kulturverfalls.

- wachsende kulturelle Verflechtungen, die als Bedrohung der eigenen Kultur und tradierter Werte sowie als Bedrohung der eigenen Identität wahrgenommen wurden.
- die zunehmende Differenz zwischen Arm und Reich in der Großstadt. Auch um die Jahrhundertwende wurde die soziale Frage also als große gesellschaftliche Frage diskutiert.

Modern, antimodern, gar reaktionär?

Unter dem Eindruck, dass der Fortschritt überhastet verlaufe und Orientierungslosigkeit hervorbringe, bildeten sich um die Jahrhundertwende – vor allem von der intellektuellen Elite des Bildungsbürgertums getragen – sozialreformatorische Strömungen heraus. Die meisten von ihnen sind als Suche nach einem neuen, ganzheitlichen Lebensstil zu verstehen, der das Individuum fördern sollte und auf ein neues Verhältnis von Mensch und Natur gerichtet war. Als gegenläufige Entwicklung zur Ausbeutung des Menschen in den Fabriken sollte letztlich eine Verbesserung der Lebensverhältnisse bewirkt werden. Dabei ging es vielen zunächst um die Orientierung der eigenen Lebensweise an einem Naturzustand: Sie meinten, diese werde zu einer Gesundung des Körpers und schließlich auch zu einer Gesundung des Geistes führen. Das übergeordnete Ziel war es, die Gesellschaft als Ganzes zu reformieren.

Unter dem Begriff **Lebensreformbewegung** werden verschiedene dieser Strömungen zusammengefasst, die ein relativ breites Spektrum umfassten. Dazu zählten beispielsweise der Vegetarismus, der Natur- und Tierschutz, der Nudismus und die Naturheilkunde, aber auch die Anti-Alkoholbewegung und die Anti-Tabak- und Nikotinbewegung. Eine als konservativ oder gar reaktionär zu charakterisierende Strömung forderte nicht nur ein Leben im Einklang mit der Natur, sondern zugleich die Rückkehr zur „guten alten Zeit". Vertreterinnen und Vertreter dieser Strömung idealisierten die bäuerlich geprägte Lebensweise vergangener Jahrhunderte. Diese Haltung verband sich häufig mit einer Romantisierung der bäuerlichen Arbeit und der Verklärung eines Lebens in kleineren sozialen Gemeinschaften und an Orten des Rückzugs. Der gemeinsame Nenner der Strömungen war der Wunsch, dem von Leistungsdenken und Beschleunigung geprägten Lebensstil des Industriezeitalters einen anderen entgegenzusetzen. Durch ihre neuen, oft experimentellen Denk- und Lebensweisen und ihr Streben nach individuellen Ausdrucksmöglichkeiten polarisierte die Lebensreformbewegung weite Teile der Bevölkerung. Teilweise wurde sie auch als Aufbegehren der jüngeren Generation gegen die eher konventionell geprägten Lebensweisen des Elternhauses und damit als Generationenkonflikt wahrgenommen.

M2 Eine „Wandervogel"-Gruppe beim Picknick, 1919
Jugendgruppen wie der „Wandervogel" sind zu den neuen pädagogischen Ansätzen der Lebensreformbewegung zu zählen. Ihr Ziel war es, in freier Natur eine eigene Lebensart zu entwickeln. Der Bewegung gehörten vor allem Schülerinnen und Schüler sowie Studierende bürgerlicher Herkunft an.

M3 Postkarte mit Schwarzwaldhaus, um 1901. Das Schwarzwaldbauernhaus entwickelte sich um die Jahrhundertwende zu einem Sinnbild der idyllischen Gegenwelt zur hektischen Großstadt.

M 4 Edvard Munch: Gemälde „Der Schrei", Ölfarben auf Leinwand, 1893

Mit diesem Motiv fand der norwegische Maler Edvard Munch (1863–1944) einen Ausdruck seines Gemütszustands, seines inneren Erlebens. Er gestaltete das Motiv in vier jeweils leicht abgewandelten Varianten.

M 5 Nietzsche – ein Pessimist?

Bereits 1878 nahm der Philosoph Friedrich Nietzsche eine kritische Sicht auf die zeitgenössische Kulturentwicklung vor:

Bei der ungeheuren Beschleunigung des Lebens wird Geist und Auge an ein halbes oder falsches Sehen und Urteilen gewöhnt, und jedermann gleicht den Reisenden, welche Land und Volk von der Eisenbahn aus kennenlernen. Selbstständige und vorsichtige Haltung der Erkenntnis schätzt man beinahe als eine Art Verrücktheit ab, der Freigeist ist in Verruf gebracht, namentlich durch Gelehrte, welche an seiner Kunst, die Dinge zu betrachten, ihre Gründlichkeit und ihren Ameisenfleiß vermissen und ihn gern in einen einzelnen Winkel der Wissenschaft bannen möchten. [...] Den Tätigen fehlt gewöhnlich die höhere Tätigkeit: Ich meine die individuelle. Sie sind als Beamte, Kaufleute, Gelehrte, das heißt als Gattungswesen, tätig, aber nicht als ganz bestimmte einzelne und einzige Menschen. [...]
Diese Bewegtheit wird so groß, dass die höhere Kultur ihre Früchte nicht mehr zeitigen kann; es ist, als ob die Jahreszeiten zu rasch aufeinanderfolgten. Aus Mangel an Ruhe läuft unsere Zivilisation in eine neue Barbarei aus. Zu keiner Zeit haben die Tätigen, das heißt die Ruhelosen, mehr gegolten. Es gehört deshalb zu den notwendigen Korrekturen, welche man am Charakter der Menschheit vornehmen muss, das beschauliche Element in großem Maße zu verstärken. [...]
Wenn man nicht feste, ruhige Linien am Horizonte seines Lebens hat, Gebirgs- und Waldlinien gleichsam, so wird der innerste Wille des Menschen selber unruhig, zerstreut und begehrlich wie das Wesen des Städters: Er hat kein Glück und gibt kein Glück.

Karl Schlechta (Hg.): Friedrich Nietzsche. Werke in drei Bänden, Bd. 1, München 1954, S. 619 ff.

<u>Heimatschutz</u>: eine Bewegung mit antimoderner Stoßrichtung, die sich Ende des 19. Jh. herausbildete und die Stärkung regionaler Identität zum Ziel hatte

M 6 Die Lebensreformbewegung – ein Massenphänomen?

Der Historiker Willibald Steinmetz kommt zu folgendem Fazit:

Die relativ späte Begriffsbildung ist ein Indiz dafür, dass sich die mannigfaltigen Bewegungen für Naturheilkunde, gesunde Ernährung, Freikörperkultur, Heimat-, Naturschutz, das jugendliche Wandern, Landschulheime, Reformpädagogik, Kunsterziehung oder Sexual-, Sozial- und Rassenhygiene, die sich seit den 1890er-Jahren beschleunigt entfalteten, kaum auf gemeinsame Nenner bringen ließen. Wenn sie etwas einte, dann waren es weniger die positiv definierten Ziele, sondern eher ein betont „unpolitischer" Habitus [...], außerdem die verbreitete Ablehnung der mit großstädtischem Massendasein, Technik- und Geldfetischismus sowie der Rationalisierung des Alltags angeblich verbundenen Zivilisationsschäden. [...]
Es wäre eine Überschätzung der Jugend- und Lebensreformbewegungen, sie als repräsentativ zu werten. Quantitativ bildeten sie die Minderheit. Die große Mehrzahl der jungen Deutschen um 1900 hatte kein Problem damit, sich in den Vereinen und Massenverbänden der politischen Parteien, Kirchen, Interessengruppen oder des Sports zu organisieren und an den Freiheiten und konventionellen Vergnügen teilzuhaben, welche die großstädtische Massenkultur zu bieten hatte. Kulturpessimistische Verneinung, kritische Akzeptanz und freudige Bejahung der Moderne hielten sich – mindestens – die Waage.

Willibald Steinmetz: Europa im 19. Jahrhundert (Neue Fischer Weltgeschichte 6), Frankfurt/M. 2019, S. 638 ff.

M 7 Die Lebensreformbewegung: Auswirkungen auf die Gegenwart?

Thorsten Carstensen und Marcel Schmid gehen der Frage nach, welche Kontinuitätslinien zwischen der Lebensreformbewegung der Moderne und unserer heutigen Gegenwart bestehen:

Ideen der lebensreformerischen „Kulturheilbewegung“ [sind] fest im Alltag und im Gedankengut der deutschen bürgerlichen Mitte verankert [...]. Von der nachhaltigen Landschaft über die täglichen Yoga-Übungen bis hin zum Kräutertee nach dem Saunagang – die Wurzeln in der Lebensreform sind offenkundig. Der Heimatschutz, der sich um 1900 entwickelte [...], kann gewiss als Vorläufer der Ökologiebewegungen im 20. Jahrhundert verstanden werden. Es scheint, als wäre die Kombination aus Progression (ändere dein Leben, gestalte die Zukunft) und Reaktion (zurück zur Natur, zurück zum Ursprung) immer noch virulent, besonders in der Landlust des 21. Jahrhunderts. Zum Ausdruck kommt das Erbe der Lebensreform auch in einem „unerhörte[n] Kompensationsbedürfnis nach körperlicher Bewegung“, das [...] jüngst in einem Beitrag in der ZEIT als kennzeichnend für die Gegenwart beschrieben [wurde]: „Unser Körper ist als Gegenstand der Selbsterfahrung und der präventiven Sorge wieder in den Vordergrund getreten.“

Thorsten Carstensen/Marcel Schmid (Hgg.): Die Literatur der Lebensreform. Kulturkritik und Aufbruchstimmung um 1900. Bielefeld 2016, S. 13 f.

M 8 Fidus: „Lichtgebet“, Ölfarben auf Leinwand, 1894. Der Künstler Hugo Höppener, der sich den Künstlernamen „Fidus“ gab, gestaltete das Motiv in immer neuen Variationen.

2. Begründen Sie mithilfe von M 3 und dem Darstellungstext, warum sich Ende des 19. Jahrhunderts der Schwarzwald großer Beliebtheit erfreut haben könnte.
   Oder
   Gestalten Sie ein Werbeplakat für eine Reise in den Schwarzwald (→ Hinweise zum Werbeplakat auf S. 143).

3. a) Arbeiten Sie aus dem Darstellungstext Kritikpunkte an der Moderne heraus.
   b) Vergleichen Sie diese Kritikpunkte mit denen von Friedrich Nietzsche (M 5).

4. a) Analysieren Sie M 4.
   b) Vergleichen Sie M 4 mit M 8.

5. Beurteilen Sie – anhand geeigneter Beispiele – diese These des Historikers Dieter Hein:
   „Der Weg in die Moderne kann freilich keine lineare Fortschrittsgeschichte im Sinne des 19. Jahrhunderts mehr sein; zu deutlich sind die Schattenseiten und Ambivalenzen.“*

   * Ders.: Deutsche Geschichte im 19. Jahrhundert, München: 2016, S. 9

6. Beurteilen Sie unter Berücksichtigung von M 6 den Einfluss der Lebensreformbewegung in der Moderne.

7. a) Arbeiten Sie aus M 7 die Kontinuitätslinien zwischen der Lebensreformbewegung der Moderne und unserer Gegenwart heraus.
   b) Erörtern Sie, ob die Moderne als Tür zur Gegenwart bezeichnet werden kann.

Ein Werbeplakat analysieren

Was charakterisiert ein Werbeplakat im Speziellen? Das Werbeplakat, das auf einem Zusammenspiel von Bild- und Textelementen beruht, besitzt einen ausgeprägten Adressatenbezug und zeichnet sich durch einen betont appellativen Charakter aus. So soll es die Aufmerksamkeit des vorübereilenden Passanten erregen. Der Auftraggeber eines Werbeplakats verfolgt mit ihm in der Regel eine bestimmte Absicht, die es im Rahmen einer Analyse herauszuarbeiten gilt. Die Klausuraufgabe lautet:

„Analysieren Sie das vorliegende Werbeplakat (M 1)."

M 1 Werbeplakat für Damenmoden des Warenhauses „E. & A. MELE & Ci. NAPOLI", 1908. Es wurde von dem italienischen Künstler Leopoldo Metlicovitz (1868 bis 1944) gestaltet, der als Plakatkünstler, Illustrator und Bühnenbildner tätig war. Im Hintergrund sind der Golf von Neapel und der Vesuv zu sehen.

Konfektionsmode („mode confezioni") bezeichnet Kleidungsstücke, die serienmäßig hergestellt werden. Die Kleidung soll den Käuferinnen und Käufern in Warenhäusern („grandi magazzini") sehr günstig („massimo buon mercato") angeboten werden.

Vorüberlegungen

Der Operator „Analysieren“ verlangt von mir die formale Beschreibung des Werbeplakats, die Interpretation einzelner Bild- und Textelemente sowie der Gesamtdarstellung und die Erklärung des Werbeplakats im historischen Kontext. Vor der Bearbeitung dieser drei Aspekte betrachte ich das Plakat zunächst insgesamt, dann seine einzelnen Bild- und Textelemente, um mir einen Überblick über die Darstellung zu verschaffen. Falls ich Bild- oder Textelemente nicht verstehe, ziehe ich Zusatzinformationen heran. Das Vorgehen ist im Folgenden beispielhaft gezeigt:

1. Formale Beschreibung des Werbeplakats

Bei der formalen Beschreibung des Werbeplakats formuliere ich eine knappe Einleitung im Präsens, die folgende Aspekte klärt:

- Wo und wann wurde das Plakat veröffentlicht? (in Neapel/Italien im Jahr 1908)
- Zu welchem Anlass ist das Plakat entstanden?
- Wer ist der Zeichner bzw. Plakatkünstler sowie der Auftraggeber des Werbeplakats?
- Wie lautet der Titel bzw. die Unterschrift des Werbeplakats?
- Ist etwas über den Verbreitungsgrad des Plakates bekannt?

2. Interpretation von Bild- und Textelementen sowie der Gesamtdarstellung

Um das Werbeplakat später interpretieren zu können, untersuche ich Inhalt und Form der Gestaltung. Dabei frage ich nach Thema, zentralen Bild- und Textelementen, Gestaltungsmitteln – wie z. B. Komposition, Perspektive, Schriftart, Schreibweise, Farbeinsatz, Symbole und Allegorien – sowie der Aussage des Werbeplakats.

Ich erkenne, dass im Vordergrund zwei sehr modisch gekleidete Damen dargestellt sind, die an einem Strand spazierengehen. Der Zeichner hat sie mit sehr edlen Kleidungsstücken und Accessoires ausgestattet. Die Textelemente auf dem Plakat sowie die Abbildung des Vulkans Vesuv im Hintergrund verweisen auf ein Kaufhaus, das in Neapel angesiedelt ist und sich auf Konfektionsmode spezialisiert hat. Ein über die ganze Breite des Plakats laufender Schriftzug weist die Betrachtenden explizit darauf hin, dass es sich um erschwingliche Ware handelt, die in einem großen Warenhaus zu erwerben ist.

Bevor ich mit dem Schreiben beginne, mache ich mir bewusst, dass ein strukturierter Textaufbau wichtig ist. Als Tempus verwende ich das Präsens.

3. Erklären im historischen Kontext

Dieser Teil der Analyse sieht eine Einordnung des Werbeplakats in den historischen Zusammenhang vor. Ich gehe darauf ein, welche zeitgenössische Funktion und welche Wirkungsabsicht das Plakat hatte. Dafür rufe ich mir die wirtschaftliche und gesellschaftliche Situation Ende des 19. Jahrhunderts in Erinnerung. Dazu notiere ich zunächst Stichworte, u. a.:

Ende des 19. Jahrhunderts:
- *Herausbildung einer Massenproduktion und eines Massenkonsums*
- *Entstehung von großen Kaufhäusern mit Konfektionsmode*
- *Demokratisierung des Konsums?*
- *das Werbeplakat als neues Massenmedium*
- *neue Möglichkeiten der Freizeitgestaltung*

Zudem frage ich danach, welche zeitgenössische Funktion und welche Wirkungsabsicht das Plakat gehabt haben könnte. Ich mache mir klar, dass das Plakat Teil einer Werbekampagne ist.

Um das vergangene Geschehen schriftlich darzustellen, verwende ich das Präteritum.

4. Formulieren eines Fazits

Zum Schluss formuliere ich in einem Fazit das Ergebnis meiner Analyse, z. B.:

Durch das Werbeplakat sollen potenzielle Käuferinnen angesprochen werden. Diesen wird suggeriert, der Einkauf im Warenhaus „E. & A. Mele & Ci.“ könne ein besonders exklusives Lebensgefühl hervorrufen.

Neue Ideologien in Europa?

Radikalnationalismus, Sozialdarwinismus und Antisemitismus

Viele Zeitgenossen erlebten die Moderne als Verlust von Sicherheiten und haltgebenden Traditionen. Die zunehmende Heterogenität der Gesellschaft ging Hand in Hand mit einem Verlangen nach Integration in Gemeinschaften und der Suche nach Stabilitätsankern; in diesem Zusammenhang gewann die Bezugsgröße der Nation an Bedeutung. Radikalnationalismus und Antisemitismus – in neuer Ausprägung – versprachen, stabilisierend und orientierungsstiftend zu wirken. Beide Bewegungen sind in weiten Teilen als gegen die Modernisierung der Gesellschaft und gegen den politischen Liberalismus gerichtet zu verstehen.

Nationalismus und Sozialdarwinismus

In der zweiten Hälfte des 19. Jahrhunderts setzte sich in vielen europäischen Ländern eine Art religiöse Überhöhung der eigenen Nation durch, verbunden mit der Vorstellung, die von Gott auserwählte Nation und anderen daher überlegen zu sein. Dieser neue **Radikalnationalismus** stellte angebliche ethnische Gemeinsamkeiten heraus, die es gegen andere zu verteidigen gelte, und orientierte sich am Ideal einer ethnisch homogenen Nation. Nationale Gemeinschaftsbildung bedeutete somit immer auch den Ausschluss von sogenannten „Andersartigen“.

Als Kristallisationskern einer Nation diente häufig die gemeinsame Herkunft, Sprache und Geschichte. So definierten beispielsweise die Franzosen ihre Nation ausgehend vom Abwehrkampf gegen die Römer und Cäsar, wohingegen für das deutsche Nationalgefühl die Germanen zu Vorbildern stilisiert wurden. Im Hinblick auf das 19. Jahrhundert spricht die Geschichtswissenschaft oftmals von der „Erfindung der Nation“. Die angebliche Einheit von Nationen wurde oft weit in die Geschichte zurück konstruiert, was historische Kontinuitätslinien suggerieren sollte. Dabei wurde die Vorstellung der Nation als jahrtausendealte Gemeinschaft häufig verknüpft mit der Vorstellung, dass sich Nationen durch körperliche Eigenschaften sowie unabänderliche Charaktermerkmale voneinander unterscheiden; hierin verschmolzen die Kategorien „Nation“ und „Rasse“. Ihre Hierarchisierung wiederum wurde mit sozialdarwinistischen Ideen begründet: Der Naturforscher Charles Darwin hatte 1859 seine Theorie zur Evolution von Tier- und Pflanzenarten veröffentlicht, nach der sich eine Selektion der am besten Angepassten im „Kampf ums Dasein“ vollziehe. Der **Sozialdarwinismus** leitete daraus die These von einer Hierarchie der Rassen als Resultat der Unterlegenheit der „Schwächeren“ ab und übertrug diese auf Nationen: In Abgrenzung von anderen wurde dabei die jeweils eigene Nation auf dem Weg hin zu einem höheren Zivilisationsniveau verstanden. Auch der europäische Imperialismus gründete auf der Abwertung anderer Kulturen und damit der Idee der „rassischen Überlegenheit“ gegenüber indigenen Unterworfenen.

Von der Theorie in die Praxis

Die Abgrenzung der eigenen Nation von anderen wirkte verstärkend für die Identitätsstiftung nach innen. Ausdruck fand eine solche Abgrenzung in nationalen Symbolen, Ritualen sowie Feindstereotypen. Deutsche Beispiele sind etwa der Sedantag, bei dem man des Sieges über die französische Armee am 2. September 1870 in der Schlacht bei Sedan gedachte, oder das 1883 errichtete Niederwalddenkmal bei Rüdesheim am Rhein, das eine wehrhafte „Germania“ (→ M 2) zeigt.

Die Abgrenzung der Nation richtete sich aber auch nach innen. So übten in vielen europäischen Staaten die Regierungen Druck auf nationale Minderheiten aus, sich zu assimilieren: Im Deutschen Reich beispielsweise wurden Anstrengungen unternommen, den Gebrauch von Polnisch in den östlichen Provinzen einzuschränken. Unter anderem wurden deutschsprachige Immigranten dazu ermutigt, sich dort anzusiedeln.

Als Ausdruck radikalnationalistischer Strömungen im Deutschen Reich sind zudem verschiedene Agitationsverbände zu sehen. Als ein regel-

Zu antijüdischen Pogromen mit Raub, Brandstiftung und Morden kam es in den 1880er-Jahren im Russischen Reich. Ab 1885 mussten viele jüdische Handwerker, Hausangestellte und ungelernte Arbeiter auswandern, um nichtjüdischen Konkurrenten zu besseren Erwerbsmöglichkeiten zu verhelfen. Zwischen 1880 und 1904 emigrierten osteuropäische Juden in großer Zahl in die USA oder nach Mittel- und Westeuropa.

rechtes Sammelbecken kann der „Alldeutsche Verband“ bezeichnet werden; er propagierte die Bekämpfung von sogenannten „Reichsfeinden“ – unter ihnen ethnische Minderheiten – und eine Ausdehnung des deutschen Kolonialreichs. Vor allem seit Ende der 1880er-Jahre gewann dieser „organisierte Nationalismus“ von rechts an Bedeutung.

Antisemitismus, ein neuartiges Phänomen?

Radikalnationalistische Haltungen führten in den 1880er-Jahren dazu, dass sich sowohl in West- als auch in Osteuropa **Antisemitismus** herausbildete – der Begriff tauchte 1879 erstmals auf. Diese neue Haltung gegenüber Juden war eingebettet in nationalistische Feindbildkonstruktionen und unterschied sich vom religiösen Antijudaismus früherer Zeiten dadurch, dass sie rassistisch motiviert war. Dabei ging es vor allem darum, den Eindruck zu erwecken, wissenschaftlich-rational zu argumentieren: So würden sich „die Juden“ durch eine „rassisch“ begründete „Andersartigkeit“ auszeichnen, und es sei wichtig, sich als Nation vom „Fremden“ abzugrenzen. Ein Ziel des Antisemitismus war die Einschränkung oder Aufhebung der rechtlichen und politischen Gleichstellung der Juden. Gleichermaßen richtete er sich gegen die zunehmende soziale Emanzipation der Juden, d.h. gegen ihren Aufstieg in die etablierte bürgerliche Gesellschaft. Durch die Gründung antisemitischer Parteien, Vereine und Verbände sowie durch Zeitungen und Zeitschriften erfuhr der Antisemitismus eine Form der Institutionalisierung und wurde Teil der Gesellschaft. Im Deutschen Reich muss der Bund der Landwirte, die größte und einflussreichste agrarische Interessenorganisation, als zentraler Multiplikator antisemitischer Einstellungen betrachtet werden. Innerhalb der Gesellschaft zeigten sich aber auch viele Angehörige der Studentenschaft sowie des „alten“ Mittelstands, also Handwerker und Einzelhändler, empfänglich für den Antisemitismus. Und die sich als Gegenbewegung zur Moderne herausbildende **Mittelstandsbewegung,** die vor allem auf Änderungen im Gewerbe- und Steuerrecht zugunsten des kleinen und mittleren Gewerbes hinwirken wollte, hatte eine deutlich antisemitische und liberalismusfeindliche Stoßrichtung: Juden sollten aus Handel und Gewerbe – Branchen, in denen sie traditionell stark vertreten waren – gedrängt werden.

M 1 Ein Angriff auf Juden in Kiew in den 1880er-Jahren, zeitgenössischer kolorierter Druck.

Eine weitere rassistische Theorie, die auch auf antisemitisches Gedankengut wirkte, war die in ganz Europa verbreitete „Erbgesundheitslehre“, die Eugenik. Diese sah vor, die Fortpflanzung „minderwertigerer“ Menschen zu verhindern und vielmehr die Fortpflanzung „höherwertiger“ Menschen zu fördern. Der französische Rassentheoretiker Arthur de Gobineau (1816–1882) hatte diese Überlegungen in seinem Werk „Versuch über die Ungleichheit der Menschenrassen“ (1853–1855) dargelegt und vor der Mischung der Rassen gewarnt. Vor allem unter denen, die sich Ende des 19. Jahrhunderts für bessere hygienische Bedingungen und gesündere Lebensverhältnisse einsetzten, gab es Menschen, die für diese Art rassistischer Vorstellungen offen waren.

M3 Der Wandel des Nationalismus

Der Historiker Dieter Langewiesche beschreibt die historische Entwicklung des Begriffs „Nationalismus" im 19. Jahrhundert:

Es wäre unzulässig vergröbert, den Nationalismus vor der Gründung des Nationalstaates als durchweg demokratisch, egalitär und progressiv zu bezeichnen, um vor dieser hellen Folie scharf eine zweite Phase mit einem nach außen und innen aggressiven Nationalismus abzuheben. Ausgrenzungen aus der Nation hatte es auch zuvor schon gegeben. Aber erst im Vorfeld der Nationalstaatsgründung erreichten sie ein Ausmaß, das einen beginnenden Funktionswandel des Nationalismus anzeigt. [...] Einen dramatischen Einschnitt auf diesem gleitenden Weg des Nationalismus nach rechts bilden die späten 1870er-Jahre. [...]

Angebahnt hatte sie sich schon in der ersten Jahrhunderthälfte, verstärkt seit der Revolution von 1848/49. Doch erst in den Siebzigerjahren lösten sich die konservativen Nationalisten vom Einzelstaat und akzeptierten den deutschen Nationalstaat, dessen Schöpfung sie zuvor als einen verwerflichen revolutionären Akt empfunden hatten. Sie okkupierten, was sie nicht geschaffen und nicht gewollt hatten. Diese konservative Inbesitznahme der „Nation" schritt nun rasch voran und erreichte in der wilhelminischen Ära einen Höhepunkt. Ablesbar ist dies unter anderem an der politischen Symbolik. Wurde in den 1850er-Jahren noch die Tradition des kulturellen Nationaldenkmals fortgesetzt, so dokumentierte sich in der Denkmalswelle seit den 1890er-Jahren die Entliberalisierung und eine gewisse Entbürgerlichung des Nationalismus. Etwa 400 Denkmäler für Kaiser Wilhelm I. entstanden nach dessen Tod 1888, und über 300 Bismarckvereine errichteten über 700 Denkmäler ihres Idols.

Der neue Radikalnationalismus war entliberalisiert, militarisiert, antisemitisch und insofern entbürgerlicht, als er sich nun staatskonform gab und mit staatlicher Hilfe in der Öffentlichkeit, im Militär, in der Schule propagiert wurde und auch in der Kirche, vor allem in der evangelischen, Rückhalt fand. Aber es wäre völlig irreführend, ihn als nur ein Ergebnis staatlicher Manipulation verstehen zu wollen. Er war in der Gesellschaft verankert, und er hatte seine überlegene Fähigkeit, die Gesellschaft zu mobilisieren und auch zu integrieren, nicht eingebüßt. Die nationalistischen Massenverbände, die nun entstanden, beweisen es. Der neue Radikalnationalismus verschob nicht nur das massenwirksame Leitbild „Nation" ins Konservative, er veränderte auch den Konservativismus, indem er ihn sozial und politisch den Bedingungen der modernen „Massengesellschaft" anpasste. Indem sich der Konservativismus „nationalisierte", konnte er populistisch werden. Er sog den Partizipationswillen auf, der immer zum Nationalismus gehört hatte, nicht aber dessen Freiheits- und Humanitätserbe.

Dieter Langewiesche: Nation, Nationalismus, Nationalstaat in Deutschland und Europa. München 2000, S. 209 ff.

M2 Das Weinetikett aus dem Jahr 1871 zeigt eine wehrhafte Germania, umringt von Wappen deutscher Fürstentümer.

wilhelminische Ära: gemeint ist die Regierungszeit Kaiser Wilhelms II. von 1888 bis 1918

M4 Funktionen des Nationalismus

Der Historiker Christoph Nonn geht auf die verschiedenen Funktionen des im 19. Jahrhundert neu entstehenden Nationalismus ein:

Warum aber fanden die „Erfinder" der Nationsidee bei so vielen Europäern Gehör? [...] Mit anderen Worten, welche Funktion hatte der Nationalismus für seine vielen Anhänger? Die plausibelste Antwort auf diese Frage ist, dass die Nation als „erdachte Gemeinschaft" ein Vakuum auszufüllen half, das durch die Auflösung anderer Gemeinschaften entstand. Sie vermittelte ein neues, starkes Wir-Bewusstsein während einer Phase rasanten Wandels, durch den alte Gruppenidentitäten brüchig wurden. Sie schien Sicherheit und Geborgenheit zu bieten in einer zutiefst unsicheren Zeit. Während andere Netze sozialer Solidarität rissen, offerierte die nationale Gemeinschaft ein neues Ideal von Brüderlichkeit und wechselseitiger Hilfe.

Institutionen wie Dorfgemeinschaften, Handwerks- und Handelszünfte, Gutshöfe und Kirchengemeinden hatten über ein Jahrtausend die relativ stabile Grundlage der alteuropäischen Gesellschaft gebildet. Doch mit dem Einsetzen rapider Prozesse wirtschaftlichen und politischen Wandels wurden diese Institutionen seit dem späten 18. Jahrhundert in ihrer sozialen Integrationsfähigkeit massiv geschwächt oder beseitigt. [...] Die Auflösung der ständischen Ordnung und Bauernbefreiung demontierten die Gutshöfe als rechtliche und soziale Verbände. Die Gewerbefreiheit beseitigte die Zünfte, und parallel zur fortschreitenden Säkularisierung verloren auch die Kirchengemeinden an Bedeutung. Mit dem Industrialisierungsprozess ging ein rapider Anstieg räumlicher Mobilität einher. [...] Allein diese Mobilität hätte ausgereicht, um die meisten der alten Netze zu zerreißen. Weil Mobilität aber eine dauerhafte Begleiterscheinung moderner Gesellschaften ist, erschwerte sie auch die Bildung neuer, auf persönlicher Kommunikation all ihrer Mitglieder beruhender Gemeinschaften. „Erdachte" Gemeinschaften wie die Nation füllten die entstandene Lücke.

Christoph Nonn: Das 19. und 20. Jahrhundert. Orientierung Geschichte, Paderborn u.a. 2007, S. 200 f.

M5 Ein Antisemitismusstreit im Deutschen Kaiserreich

a) Der nationalliberale Historiker Heinrich von Treitschke (1834–1896) bekannte sich 1880 als einer der einflussreichsten Gelehrten seiner Zeit zu antisemitischen Ansichten. Vor allem in der Studentenschaft fand Treitschke Gehör:

Was wir von unseren israelitischen Mitbürgern zu fordern haben, ist einfach: Sie sollen Deutsche werden, sich schlicht und recht als Deutsche fühlen – unbeschadet ihres Glaubens und ihrer alten heiligen Erinnerungen, die uns Allen ehrwürdig sind; denn wir wollen nicht, dass auf die Jahrtausende germanischer Gesittung ein Zeitalter deutsch-jüdischer Mischkultur folge. Es wäre sündlich zu vergessen, dass sehr viele Juden, getaufte und ungetaufte, [...] deutsche Männer waren im besten Sinne, Männer, in denen wir die edlen und guten Züge deutschen Geistes verehren. Es bleibt aber ebenso unleugbar, dass zahlreiche und mächtige Kreise unseres Judentums den guten Willen, [...] Deutsche zu werden, durchaus nicht hegen. Mancher meiner jüdischen Freunde wird mir mit tiefem Bedauern Recht geben, wenn ich behaupte, dass in neuester Zeit ein gefährlicher Geist der Überhebung in jüdischen Kreisen erwacht ist, dass die Einwirkung des Judentums auf unser nationales Leben, die in früheren Tagen manches Gute schuf, sich neuerdings vielfach schädlich zeigt. [...]
Überblickt man alle diese Verhältnisse – und wie vieles ließe sich noch sagen! – so erscheint die laute Agitation des Augenblicks doch nur als eine brutale und gehässige, aber natürliche Reaktion des germanischen Volksgefühls gegen ein fremdes Element, das in unserem Leben einen allzu breiten Raum eingenommen hat. [...] Bis in die Kreise der höchsten Bildung hinauf, unter Männern, die jeden Gedanken kirchlicher Unduldsamkeit oder nationalen Hochmuths mit Abscheu von sich weisen würden, ertönt es heute wie aus einem Munde: die Juden sind unser Unglück!

Heinrich von Treitschke: „Unsere Aussichten"; in: Preußische Jahrbücher Bd. 44, Heft 5 (Nov. 1879), Berlin 1879, S. 572–576

b) Der liberale Althistoriker Theodor Mommsen (1817–1903) entgegnete von Treitschke 1880:

Das ist der eigentliche Sitz des Wahnes, der jetzt die Massen erfasst hat, und sein rechter Prophet ist Herr v. Treitschke. Was heißt das, wenn er von unseren israelitischen Mitbürgern fordert, sie sollen Deutsche werden? Sie sind es ja, so gut wie er und ich. Er mag tugendhafter sein als sie; aber machen die Tugenden den Deutschen? Wer gibt uns das Recht, unsere Mitbürger dieser oder jener Kategorie wegen der Fehler, welche [...] zur Last gelegt werden, aus der Reihe der Deutschen zu streichen? Wie scharf man die Fehler dieser Mitbürger empfinden, wie schroff man über alle Milderungsgründe sich hinwegsetzen mag, immer wird man logisch wie praktisch höchstens dahin kommen, die Juden für Deutsche zu erklären [...].
Wir, die eben erst geeinigte Nation, betreten mit dem Judenkrieg eine gefährliche Bahn. Unsere Stämme sind recht [...] ungleich. Es ist keiner darunter, dem nicht spezifische Fehler anhaften, und unsere gegenseitige Liebe ist nicht so alt, dass sie nicht rosten könnte. Heute gilt es den Juden – ob bloß den ungetauften oder auch den getauften und in diesem Falle bis zu welchem Gliede, unterlassen die Herren zu untersuchen. Morgen wird vielleicht bewiesen, dass genau genommen jeder Berliner nicht besser sei als ein Semit. Noch etwas weiter hin, und der Pommer fordert die Erstreckung der Statistik auf die Windbeutelei und hofft, durch Zahlen zu beweisen, dass dann in den westlichen Provinzen ein doppelter Prozentsatz sich herausstellen werde. Es wäre das nicht der ungeschickteste Weg, um die Einheit unserer Nation zu untergraben.

Theodor Mommsen: Reden und Aufsätze. Hildesheim/New York 1976, S. 414 f.

M 6 Ein französischer Radikalnationalist

Der Journalist und Politiker Maurice Barrès formulierte seine politischen Positionen in einem Wahlaufruf von 1898 wie folgt:

Wir sind Nationalisten. Auf den Höhen der Gesellschaft wie in der tiefsten Provinz, im geistigen Leben wie in der Gestaltung des Materiellen, in Handel, Industrie und Landwirtschaft und bis zu den Baustellen, wo er den französischen Arbeitern Konkurrenz macht, wird uns der Ausländer wie ein Parasit zum Gifte. Ein wesentlicher Grundsatz, nach dem die neue französische Politik verstanden werden muss, ist der Schutz aller einheimischen Kräfte und Güter gegen dieses Eindringen, und das bedeutet auch, dass wir uns wehren müssen gegen diesen viel zu kosmopolitischen – richtiger gesagt – viel zu deutschen Sozialismus, der die Verteidigung des Vaterlandes schwächt.

Die Judenfrage ist mit der nationalen Frage verbunden. Seit der Revolution mit uns Franzosen assimiliert, haben die Juden ihren eigenen Charakter bewahrt, und waren sie früher die Verfolgten, dann sind sie jetzt Herren geworden. Wir rechnen uns zu den Vorkämpfern der denkbar vollständigsten Gewissensfreiheit. Aber auf der anderen Seite würden wir es als eine schwere Gefahr betrachten, wenn wir den Juden das Vorrecht überließen, sich auf die Prinzipien der bürgerlichen Freiheit zu berufen; [...] denn sie verletzen ja diese Prinzipien durch ihre ganz eigentümliche Handlungsweise, durch ihre Methode des Wuchers, durch ihre Spekulation, ihren Kosmopolitismus. Noch mehr: In der Armee, in den Behörden, in den Ministerien, überall in der Verwaltung geht ihr Anteil unendlich weit über die normale Proportion hinaus, zu der ihre Zahl ihnen ein Recht geben könnte. Man hat sie zu Präfekten, zu Richtern, zu Finanzbeamten, zu Offizieren ernannt, weil sie das Geld haben, das korrumpiert. Ohne das Gesetz direkt zu brechen, indem man sich nur gegen die wendet, die über das Maß hinaus an der Herrschaft teilnehmen, muss man ein gefährliches Missverhältnis zerstören und mehr Respekt verlangen für unsere wirklichen Volksgenossen, für die Kinder Galliens und nicht Judäas.

Übers. zit. nach: Otto Heinrich von der Gablentz: Die politischen Theorien seit der amerikanischen Unabhängigkeitserklärung, Köln/Opladen ³1967, S. 217 f.

M 7 Der neue Antisemitismus und seine Wirkung

Der Historiker Wolfgang Benz beschreibt die Wirkung des im 19. Jahrhundert neuen Antisemitismus:

Der Übergang vom traditionellen religiösen Hass zum neuen Antisemitismus im 19. Jahrhundert vollzog sich nicht abrupt, die Traditionen des religiösen Antijudaismus mit seinen Stereotypen blieben wirkungsmächtig und verstärkten die neuen pseudorationalen Argumente des Rassenantisemitismus.

Judenfeindschaft war am Ende des 19. Jahrhunderts ein Verständigungsmittel für sozialen Protest ebenso wie für antiliberale und reaktionäre Bestrebungen. Die Agitation gegen Juden wurde von drittrangigen Publizisten und eifernden Kleingeistern betrieben, aber diese Privatgelehrten und Schriftsteller, die sich zur „Judenfrage“ äußerten, machten das Thema gesellschaftsfähig.

Insgesamt hatte der organisierte Antisemitismus im Kaiserreich zwar keinen politischen Einfluss erringen können; zum kulturellen Klima der Zeit hatte der neue Antisemitismus jedoch einen nicht zu unterschätzenden Beitrag geleistet und seine Agitation und Publizistik, die in die öffentliche Diskussion eingeführten Schlagworte und Postulate bildeten Keime, die nur auf günstige Bedingungen zu ihrer Entfaltung warteten.

Wolfgang Benz: Antisemitismus. Präsenz und Tradition eines Ressentiments. Schwalbach/Taunus 2015, S. 57

M 8 Grenzüberschreitender Antisemitismus

Der Historiker Götz Aly analysiert die zweite Hälfte des 19. Jahrhunderts bis 1914 als einen allgemeinen Nährboden für einen rassistisch motivierten Antisemitismus:

[Nationalideen ergriffen] die europäischen Massen. Ursprünglich demokratische und emanzipatorische Bewegungen warben jetzt mit separatistischen, andersnationale Menschen ausschließenden, die eigene Nation vergötternden militanten Programmen. Wenn auch auf unterschiedlichen Niveaus, schritt die Industrialisierung in großen Teilen Europas beschleunigt voran, verbunden mit Krisen, allgemeiner Unsicherheit, nackter Not, erzwungener und freiwilliger sozialer Mobilität.

In Mittel- und Westeuropa, wo die [jüdischen] Minderheiten spätestens seit 1867 weitgehende Rechtssicherheit genossen, kam um diese Zeit der Gedanke auf, sie hätten zu viele Rechte erhalten, würden die christlichen Mehrheiten mit ihrem Bildungseifer, Geschäftsgeist und ihrer Klugheit übervorteilen. [...]
Just 1880 entstand das bis dahin unbekannte Wort „Antisemitismus“, und zwar in Deutschland. Von hier wurde es ins Weltvokabular exportiert. Der neugeschaffene Begriff beinhaltete eine neue Art von Judengegnerschaft. Sie basierte nicht länger auf religiösen Vorurteilen und Obsessionen, die als altmodisch galten, sondern auf national, sozial und wirtschaftlich hergeleiteten Argumenten. Hinzu kamen Begründungen, die zu ihrer Zeit als wissenschaftlich und daher modern verstanden wurden, übernommen aus der Anthropologie, Ethnologie, Biologie und Bevölkerungswissenschaft. [...] Die neuen, an die Gegenwart und deren Nöte gebundenen Inhalte machten den Antisemitismus in den 1880er-Jahren für moderne, säkulare Staaten politisch anschlussfähig. Parteien konnten ihn bekämpfen oder als Ziel in ihre Programme aufnehmen. [...]
Die geistigen Väter der europäischen Nationalbewegungen hatten den Antisemitismus früh entdeckt. In Frankreich fusionierte er seit den 1880er-Jahren mit starken antirepublikanischen und konservativen Strömungen, fand aber auch Zuspruch aus dem sozialistischen Lager.

Götz Aly: Europa gegen die Juden. 1880–1945. Frankfurt/M. [2]2017, S. 20 f., 349

M 9 Der Begriff „Rasse“ – ungeeignet?

In einer „Stellungnahme zur Rassenfrage“ erklärte die UNSECO 1995:

Das Konzept der „Rasse“, das aus der Vergangenheit in das 20. Jahrhundert übernommen wurde, ist völlig obsolet [überflüssig] geworden. Dessen ungeachtet ist dieses Konzept dazu benutzt worden, gänzlich unannehmbare Verletzungen der Menschenrechte zu rechtfertigen. [...] „Rassen“ des Menschen werden traditionell als genetisch einheitlich, aber untereinander verschieden angesehen. Diese Definition wurde entwickelt, um menschliche Vielfalt zu beschreiben, wie sie beispielsweise mit verschiedenen geografischen Orten verbunden ist. Neue, auf den Methoden der molekularen Genetik und mathematischen Modellen der Populationsgenetik beruhende Fortschritte der modernen Biologie zeigen jedoch, dass diese Definition völlig unangemessen ist. Die neuen wissenschaftlichen Befunde stützen nicht die frühere Auffassung, dass menschliche Populationen in getrennte „Rassen“, wie „Afrikaner“, „Eurasier“ [...], oder irgendeine größere Anzahl von Untergruppen klassifiziert werden könnten. [...]
Mit diesem Dokument wird nachdrücklich erklärt, dass es keinen wissenschaftlich zuverlässigen Weg gibt, die menschliche Vielfalt mit den starren Begriffen „rassischer“ Kategorien oder dem traditionellen „Rassen“-Konzept zu charakterisieren. Es gibt keinen wissenschaftlichen Grund, den Begriff „Rasse“ weiterhin zu verwenden.

Zit nach: www.academia.edu/10757306/UNESCO Workshop_Stellungnahme_zur_Rassenfrage_1995_ (22.06.2020)

1. Erläutern Sie das Schlagwort „Erfindung der Nation“.
2. Vergleichen Sie den Nationalismus in Deutschland vor und nach den 1870er-Jahren auf der Basis von M 3.
3. Arbeiten Sie aus dem Darstellungstext, M 2 und M 4 die verschiedenen Funktionen von Nationalismus heraus.
4. Vergleichen Sie die Haltung, die von Treitschke (M 5 a) vertritt, mit der Mommsens (M 5 b).
5. Begründen Sie mithilfe von M 1, M 6 und M 8, inwiefern der Antisemitismus ab den 1880er-Jahren als „grenzüberschreitend“ bezeichnet werden kann.
6. Arbeiten Sie aus M 9 heraus, warum der Begriff „Rasse“ ungeeignet ist.
7. Beurteilen Sie, inwiefern Nationalismus und Antisemitismus als „neuartige Phänomene“ seit der Mitte des 19. Jahrhunderts bezeichnet werden können.

\+ Diskutieren Sie ausgehend von M 7 und M 8 die folgende These von Götz Aly: „Der [spätere] Holocaust ist nicht allein aus der deutschen Geschichte erklärbar.“ (Ders.: ebd.)

Vom Justizskandal zur Spaltung eines Landes?

Die „Dreyfus-Affäre“

M1 Eine Einordnung

Antisemitismus war Ende des 19. Jahrhunderts in vielen europäischen Ländern virulent – aus einer Vielzahl von Motiven heraus. Besonders öffentlichkeitswirksam gestaltete sich die „Dreyfus-Affäre“ in Frankreich, über die die deutsche Wochenzeitung „DIE ZEIT“ später urteilte:

Was diese Affäre einzigartig machte, war ihre Zufälligkeit. Zufällig war sie in dem Sinne, dass der Hauptmann Dreyfus ihr Anlass und Namen gab. Er selber [...] war in dieser Affäre auswechselbar. Nicht auswechselbar waren die politischen und sozialen Hintergründe.

Hans Gresmann: Die Affäre Dreyfus, in: Die Zeit Nr. 52/1962, 28.12.1962/ www.zeit.de/1962/52/die-affaere-dreyfus (13.07.2020)

1. Erläutern Sie dieses Zitat mithilfe des Darstellungstextes.

Alfred Dreyfus, der aus einer im Elsass ansässigen jüdischen Kaufmannsfamilie stammte und Mitglied des Generalstabs der französischen Armee war, sah sich 1894 mit dem Vorwurf konfrontiert, dem Deutschen Reich militärische Geheimnisse zu einem neuen französischen Waffensystem verraten zu haben.

M2 Karikatur, die 1899/1890 durch die nationalistisch gefärbte französische Plakatserie „Musée des Horreurs“ („Horrormuseum“) verbreitet wurde. „Le Traitre“ bedeutet: „Der Verräter“.

Als angebliches Beweisstück diente ein anonymer Brief, den eine französische Agentin in der Rolle einer Putzfrau in der Deutschen Botschaft in Paris aus dem Papierkorb gezogen und dem französischen Geheimdienst übergeben hatte. Auf der Grundlage eines umstrittenen grafologischen Gutachtens wurde Dreyfus von einem Militärgericht – obwohl unschuldig – zu lebenslanger Zwangsarbeit und Verbannung verurteilt. Ab 1895 saß Dreyfus in Einzelhaft auf der Teufelsinsel, die vor der Küste von Französisch-Guyana liegt. Eine Revision des Urteils wurde abgelehnt – und dies, obwohl dem Gericht 1896 durch die Verteidigung ein Dokument vorgelegt worden war, das einen anderen Offizier belastete. Der eigentliche Verräter wurde zwar 1898 angeklagt, jedoch vom Gericht freigesprochen; stattdessen wurden neue „Beweise“ gegen Dreyfus gefälscht.

Eine Spaltung der Gesellschaft?

Der französische Schriftsteller Émile Zola veröffentlichte im Januar 1898 einen Zeitungsartikel, in dem er dem Generalstab die Unterschlagung von Beweisen vorwirft und auf das Versagen der Regierung in dieser Angelegenheit hinweist. Die Dreyfus-Affäre und Zolas offener Brief mit dem Titel „J'accuse ...!“, „Ich klage an ...!“, führten dazu, dass sich die französische Gesellschaft in Befürworter und Gegner von Dreyfus aufsplittete – in ein eher progressives, linkes Pro-Dreyfus-Lager aus Republikanern und Sozialisten und in ein eher konservatives, rechtes Anti-Dreyfus-Lager, das in Teilen antisemitisch geprägt war. Nach der Veröffentlichung von Zolas Anklage kam es sogar zu gewalttätigen Protesten in vielen französischen Städten. Vor allem konservative Politiker, katholische Antisemiten und Armeeangehörige brachten ihre Empörung über Zolas Vorwürfe zum Ausdruck. 1899 rollte zwar ein Kriegsgericht in Rennes den Fall erneut auf; Dreyfus wurde aber unter Gewährung mildernder Umstände erneut verurteilt. Erst 1906 – nach einem Regierungswechsel in Frankreich – wurde Dreyfus freigesprochen, militärisch rehabilitiert und zum Major befördert.

M3 Émile Zola: „Ich klage an“ (1898)

Dieser offene Brief, den Émile Zola an den französischen Präsidenten richtete, wurde in der Tageszeitung „Aurore“ am 13. Januar 1898 abgedruckt. Aufgrund des Artikels wurde Zola vor Gericht der Verleumdung beschuldigt, schließlich verurteilt und ging daraufhin für ein Jahr ins Exil nach England, bevor das Urteil revidiert wurde.

Herr Präsident!
Gestatten Sie mir, dass ich […] heute Ihren berechtigten Ruhm mir am Herzen liegen lasse, und Ihnen sage, dass Ihr bisher so glückhafter Stern von dem allerschimpflichsten und unauslöschlichsten Flecken bedroht sei? […]
Die Wahrheit, ich werde sie sagen, denn ich habe versprochen, sie zu sagen, wenn nicht eine ordnungsgemäß gehandhabte Rechtsprechung ihr voll und ganz zum Siege verhilft. Meine Pflicht ist es, zu sprechen, ich will nicht Mitschuldiger sein. Meine Nächte würden gestört werden durch das Gespenst des Unschuldigen, der da drüben für ein Verbrechen büßt, das er nicht begangen hat. […]
Es ist ein Verbrechen, diejenigen, die Frankreich edel und an der Spitze der freien und gerechten Völker sehen möchten, der Unruhestiftung anzuklagen, wenn man selbst das schamlose Komplott schmiedet, dem Irrtum mit Gewalt vor der Welt zum Siege zu verhelfen.
Es ist ein Verbrechen, die öffentliche Meinung in die Irre zu führen und diese Meinung, die man bis zum Wahnsinn verderbt hat, für eine Mordtat auszunutzen.
Es ist ein Verbrechen, das einfache und niedere Volk zu vergiften, die Leidenschaften der Reaktion und der Intoleranz zum Äußersten zu bringen, indem man sich hinter den schändlichen Antisemitismus verschanzt, an dem das große liberale Frankreich der Menschenrechte stirbt, wenn es nicht von ihm geheilt wird.
Es ist ein Verbrechen, die Vaterlandsliebe für Werke des Hasses auszubeuten, es ist endlich ein Verbrechen, den Säbel zum modernen Gott zu machen, während doch die menschliche Wissenschaft an dem Werk der Wahrheit und Gerechtigkeit arbeitet. […]
Die Leute, die ich anklage, kenne ich nicht, ich habe sie nie gesehen, ich hege weder Groll noch Hass gegen sie. Sie sind für mich nur Erscheinungen, Symptome der Krankheit der Gesellschaft. Und die Handlung, die ich hier vollziehe, ist nur ein radikales Mittel, um den Ausbruch der Wahrheit und der Gerechtigkeit zu beschleunigen. Ich habe nur eine Leidenschaft, die des Lichtes, im Namen der Menschheit, die so viel gelitten hat und die ein Recht auf Glück besitzt. Mein flammender Protest ist nur der Schrei meiner Seele. Man wage es also, mich vor ein Schwurgericht zu stellen und die Untersuchung beim hellen Tageslichte vor sich gehen zu lassen! Ich warte darauf.

Übers. zit. nach: www.boerverlag.de/Aktuelles/Zola_Ich_klage_an.pdf (06.01.2021)

M4 Alfred Dreyfus auf einer nach der Begnadigung veröffentlichten Postkarte

2. a) Analysieren Sie M2.
b) Stellen Sie Hypothesen zu den Unterschieden der Dreyfus-Darstellungen M2 und M4 auf.

3. a) Arbeiten Sie Zolas Argumentation in M3 heraus.
b) Vergleichen Sie M2 und M3.

+ Untersuchen Sie die stilistische Ausgestaltung von M3.

4. Beurteilen Sie, inwiefern die Dreyfus-Affäre als Katalysator einer Politisierung in Frankreich dienen konnte.

+ Informieren Sie sich über den Spielfilm „Intrige“ (F 2019, Regie: Roman Polański), der die Dreyfus-Affäre zum Inhalt hat, und erstellen Sie dazu eine Präsentation.

Eine Militarisierung des Alltagslebens?

Militarismus im Deutschen Reich und in anderen Ländern Europas

M 1 Karikatur von Josef Benedikt Engl, veröffentlicht 1897 in der Satirezeitschrift „Simplicissimus: „Herr Lieutenant tragen das Monocle im Bad?" – „Äh, befürchte, sonst für Civilisten gehalten zu werden."

1. a) Beschreiben Sie die Karikatur und erläutern Sie die Aussage des „Herrn Lieutenant".
b) Formulieren Sie Hypothesen zur Rolle des Militärs im Deutschen Kaiserreich.

Militärische Werte als Leitbilder?

Zum Kaiserreich gehörte die informelle Herrschaft nichtparlamentarischer Eliten: Der ostelbische Großgrundbesitz, die Reichsbürokratie, die evangelische Kirche und das Militär waren Bastionen der adligen Konservativen. Vor allem das Militär erlangte eine gewisse Eigenständigkeit im Staat, da es dem kaiserlichen Oberbefehl direkt unterstellt war und zudem eine wirksame parlamentarische Kontrolle fehlte, da es keinen Reichskriegsminister gab.

Die Sonderstellung des Militärs im Deutschen Reich zeigte sich auch im gesellschaftlichen Prestige des Offiziersberufs, der seit den Einigungskriegen zum Leitbild geworden war. Für das Bürgertum bedeutete das Militär eine Aufstiegschance, zumal eine bürgerliche Karriere in Staat oder Wirtschaft ohne den Reserveoffiziersgrad kaum mehr vorstellbar war. Eine Folge dieser Entwicklung war eine zunehmende Verbürgerlichung des Militärs. Aber auch Bauern und Arbeiter sollten über die allgemeine Wehrpflicht, die „Schule der Nation", integriert, diszipliniert und gegen sozialdemokratische Tendenzen immunisiert werden. Der Soldat müsse, so Kaiser Wilhelm II., im Falle „sozialistischer Umtriebe" sogar die eigenen Brüder und Eltern niederschießen. Kriegervereine, die sich nach 1871 zu einer Massenbewegung entwickelten und in denen vor allem Arbeiter, Handwerker und Kleinbürger eine Rolle spielten, trugen das militaristische und nationalistische Denken weiter und verstärkten die Militarisierung der Gesellschaft, die sich in der Episode des „Hauptmanns von Köpenick" (→ rechts) entlarvte und lächerlich machte.

Nationalismus und Sozialdarwinismus trugen bei den europäischen Großmächten insgesamt dazu bei, dass das Militär und militärisches Denken wachsenden Einfluss auf die Politik gewannen. Der zunehmende **Militarismus** rief aber in manchen Kreisen auch Kritik hervor: So formierte sich im Bürgertum mit der Gründung der Deutschen Friedensgesellschaft (DFG) im Jahr 1892 eine pazifistische Gegenbewegung, die im Kaiserreich jedoch eher eine Randerscheinung blieb. Früh wurde aber darauf hingewiesen, dass Völkerverständigung und z. B. internationale Schiedsgerichte die Schlüssel zum Weltfrieden seien.

M 2 Militärausgaben europäischer Länder 1900–1913
(Angaben in Mio. Pfund Sterling)

Land	1900	1906	1911	1912	1913
GB	69,6	62,2	67,8	70,5	72,5
Frankreich	41,5	46,2	60,8	62,8	72,0
Russland	44,5	109,3	71,0	86,2	101,7
Deutschland	43,2	57,1	68,1	72,0	93,4
Österreich-Ungarn	11,4	13,7	17,0	20,6	25,0
Italien	14,1	14,8	22,9	29,9	39,6

Zusammengest. nach: Willibald Steinmetz: Europa im 19. Jahrhundert, Frankfurt/M. 2019, S. 629

M3 Militarismus im deutschen Kaiserreich

Der Historiker Michael Stürmer sagte im Interview mit dem „Spiegel" 2013:

SPIEGEL: Kann man sagen, dass das deutsche Kaiserreich stärker militaristisch und nationalistisch geprägt war als andere europäische Staaten damals?

Stürmer: Wie definiert man Militarismus? Im deutschen Reich hat die Militärspitze immer wieder über die zivile Regierung hinweg entschieden. Die militärische Führung hat die politischen Implikationen ihrer Entscheidungen nicht gesehen, nicht in Rechnung gestellt, und die zivile Spitze, etwa der Reichskanzler, war nicht im Detail in die hochpolitischen Entscheidungen des Militärs eingeweiht. Das gilt nicht nur für 1914 und den Beginn des Ersten Weltkrieges, sondern schon für den Flottenbau ab den Neunzigerjahren des 19. Jahrhunderts. Das Militär und die Politik haben nicht zusammengearbeitet. So etwas ist brandgefährlich. Der Flottenbau war eine vom Militär getragene, langsam wachsende, dann immer schrillere Aggression – vor allem gegen das Britische Empire.

SPIEGEL: Der Kyffhäuserbund, der Dachverband deutscher Kriegervereine, hatte 1913 rund 2,9 Millionen Mitglieder. War der Militarismus der kleinen Leute eine wesentliche Triebkraft, die 1914 zur Katastrophe des Ersten Weltkriegs führte?

Stürmer: Weniger eine Triebkraft, würde ich sagen, aber er ermöglichte den Krieg. Die Menschen liebten das Soldatenspielen, das war so schön bunt. Die liefen ja nicht in hässlichen Tarnanzügen rum, sondern in schicken Uniformen. Wann waren Männer besser gekleidet?

SPIEGEL: Jeder Junge wollte einen Matrosenanzug tragen.

Stürmer: Und das galt sogar in der Arbeiterschaft.

SPIEGEL: [...] Was verführte die deutschen Eliten, aber auch die Masse der Bürger am Vorabend des Ersten Weltkrieges zu der Fehleinschätzung, ihre Weltmachtstellung sei unerschütterlich? [...]

Stürmer: Die militärische Oberschicht des Kaiserreichs wurde erzogen nach dem Kriegsbild von 1871, heroisch, draufgängerisch. Dabei hätte sie es besser wissen können.

Michael Stürmer/Uwe Klußmann/Joachim Mohr: Eine Revolution von oben; zit. nach: www.spiegel.de/spiegel/spiegelgeschichte/d-97872864.html (05.01.2021)

M4 Besonders ausgeprägter deutscher Militarismus?

Der australisch-britische Historiker Christopher Clark beschreibt den deutschen Militarismus:

Das Militär drang nach 1871 immer tiefer in das Alltagsleben ein. Was diese Tatsache konkret zu bedeuten hat, ist allerdings keineswegs so offensichtlich. Nach Ansicht einiger Historiker vertiefte die Militarisierung der preußisch-kaiserlichen Gesellschaft die Kluft zwischen Deutschland und den westeuropäischen Staaten, unterdrückte die kritischen und liberalen Energien der Zivilgesellschaft, bewahrte eine hierarchisch geordnete Gesellschaft und trichterte Millionen Deutschen politische Ansichten ein, die reaktionär, chauvinistisch und ultranationalistisch zu nennen waren. [...] [Doch] darf man nicht außer Acht lassen, dass die deutsche Friedensbewegung damals einen so starken Zulauf hatte wie in keinem anderen Land. [...] Den Höhepunkt bildete eine Mammutveranstaltung in Berlin am 3. September, als sich 250 000 Menschen im Treptower Park [in Berlin] drängten. [...]
Die deutsche Öffentlichkeit reagierte keineswegs, wie für gewöhnlich behauptet wird, mit einhelliger Begeisterung auf den Krieg. Im Gegenteil: In den ersten Augusttagen 1914 war die Stimmung gedrückt, ambivalent und an manchen Orten ängstlich. „Militarismus" war überdies ein diffuses und intern gespaltenes Phänomen. Man muss klar unterscheiden zwischen den im Wesentlichen aristokratischen und konservativen Moralvorstellungen des preußischen Offizierskorps und den sehr unterschiedlichen Identitäten und Bindungen, die mit dem „Militarismus der kleinen Leute" verknüpft waren.

Christopher Clark: Preußen. Aufstieg und Niedergang 1600–1947 (übers. v. Richard Barth), München 2007, S. 684 ff.

„Kleider machen Leute!" – Darauf beruhte der Erfolg des Schusters Wilhelm Voigt, der sich 1906 mithilfe einer Uniform als Hauptmann ausgab und mit militärischer Autorität die Köpenicker Stadtkasse plünderte. Zeichnung: Rainer Ehrt, 1999

2. Analysieren Sie M 2.

3. Arbeiten Sie aus dem Darstellungstext, M 2 und M 3 heraus, welche Problemfelder sich aus dem Militarismus ergeben konnten.

4. Vergleichen Sie die Positionen der beiden Historiker in M 3 und M 4.

5. Beurteilen Sie, ob der Militarismus im Deutschen Kaiserreich besonders stark ausgeprägt war.

Revolutionierung der Künste?

Entwicklungen der Kunst um 1900

M 1 Zweimal Marianne von Werefkin (1860–1938): Oben ein undatiertes fotografisches Porträt der Künstlerin; rechts ein Selbstporträt aus dem Jahr 1910. Die Malerin gehörte der Künstlervereinigung „Der Blaue Reiter" an.

1. a) Beschreiben Sie das in M 1 abgebildete Selbstporträt und arbeiten Sie heraus, inwiefern die Darstellung von einer naturnahen Wiedergabe abweicht.
   b) Stellen Sie Hypothesen zu den Merkmalen der Kunst der Moderne auf.
   c) Überprüfen Sie Ihre Hypothesen mithilfe des Darstellungstextes.

2. Erstellen Sie eine Checkliste zu den Merkmalen der Klassischen Moderne. Berücksichtigen Sie dabei den Darstellungstext, M 1 und M 2.

Entwicklungen der Moderne im Spiegel der Kunst

Wie kann einer neuen Zeit, die sich durch Tempo, technischen Fortschritt, neue Arbeits- und Lebensformen auszeichnet, künstlerisch entsprochen werden? Antworten auf diese Frage lassen sich in verschiedenen europäischen Stilrichtungen der bildenden Kunst, der Musik, der Literatur und der Architektur um 1900 entdecken.

Einige bildende Künstlerinnen und Künstler fanden neue Impulse für ihre Arbeit in der Großstadt mit all ihren Entfaltungsmöglichkeiten, aber auch mit ihrer Unübersichtlichkeit und ihren sozialen Problemfeldern. Sie setzten sich mit den elenden Lebensverhältnissen der Industriearbeiterschaft auseinander und prangerten mit ihren Werken soziale Missstände an.

Für andere stand im Vordergrund, welche Wirkung die äußere Welt auf die Innenwelt des erlebenden Individuums hat. Indem Künstlerinnen und Künstler ihre eigene Subjektivität ins Zentrum stellten und versuchten, Empfindungen wie etwa Verunsicherung oder Aufbruchsstimmung durch eine neue Formensprache auszudrücken, lösten sie sich von traditionellen, an der Natur orientierten Form- und Farbgebungen. Viele tendierten zur Abstraktion, überwanden die bisherige Perspektivität, öffneten sich dem Experimentellen und bewiesen dabei über Jahre hinweg große Wandlungsfähigkeit. Auch traditionelle Motive wie Landschaften oder Porträts wurden mit neuen Gestaltungsmitteln neu interpretiert. Als Sammelbegriff für diese teilweise parallel, teilweise aber auch nacheinander oder ineinander übergreifend verlaufenden Entwicklungen wird der Begriff **Klassische Moderne** gebraucht.

Expressionismus, Kubismus, Futurismus

Für manche Künstlerinnen und Künstler waren Arbeitsgemeinschaften – oft nur lockere Beziehungsnetze – Orte des Austauschs und der gegenseitigen Inspiration. So war auch Marianne von Werefkin (M 1) Mitglied einer Künstlergemeinschaft, dem in der bayerischen Kleinstadt Murnau ansässigen „Blauen Reiter", und arbeitete im Austausch u. a. mit Wassily Kandinsky und Franz Marc. Diese Gruppierung schuf expressionistische Werke, ebenso wie „Die Brücke" um Ernst Ludwig Kirchner in Dresden, später Berlin.

In Deutschland nahm der Expressionismus unter den Stilrichtungen zu Beginn des 20. Jahrhunderts eine herausragende Stellung ein – insbesondere hier ging es nicht mehr um die Wiedergabe von Seheindrücken, sondern darum, innere Haltungen wiederzugeben. Nicht zuletzt beeinflusste der Expressionismus weitere Strömungen wie den Futurismus (→ S. 169) und den Kubismus (M 2). Für diese stand im Vordergrund, Motive „im Fluss der Zeit" darzustellen statt einen bestimmten Augenblick genau einzufangen, da das wirkliche Leben immer in Bewegung ist. Futuristische und kubistische Werke zeichnen sich u.a. dadurch aus, dass in ihnen die übliche Ansichtigkeit und Perspektivität aufgegeben ist.

Gemeinsam war den unterschiedlichen Stilrichtungen, dass sie Traditionen infrage stellten und von einer intensiven Orientierungs- und Identitätssuche zeugten. Doch gerade weil sie Kunstwerke hervorbrachten, die den Sehgewohnheiten der Betrachtenden nicht entsprachen, stießen sie bei vielen Zeitgenossen auf Unverständnis.

Aufgrund des Facettenreichtums der Erscheinungsformen der künstlerischen Moderne und der Vielzahl an künstlerischen Stilrichtungen verwenden manche Kulturhistoriker den Begriff im Plural und sprechen von „Modernen". Darauf nimmt das Zitat des spanischen Philosophen José Ortega y Gasset (1883–1955) Bezug: „Es gibt so viele Realitäten wie Sichtweisen. Die Sichtweise erschafft das Panorama."

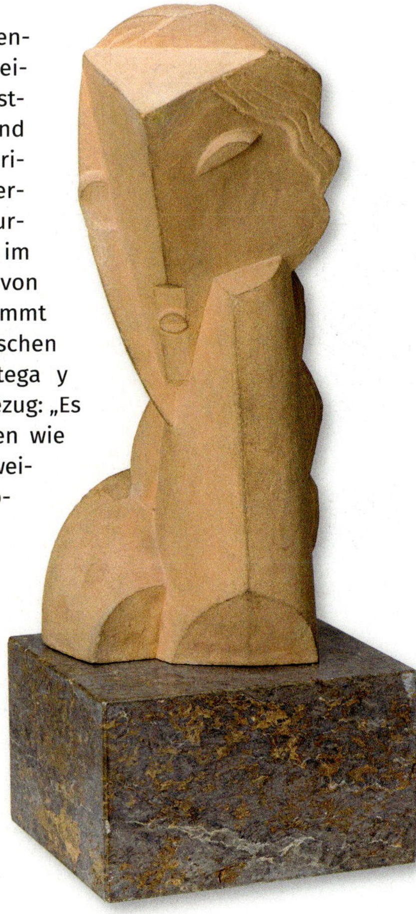

M 2 Eine kubistische Terrakottaplastik des französischen Bildhauers Henri Laurens: „Kopf eines jungen Mädchens", 1920, Höhe 33 cm.

Gruppenarbeit

1. Erarbeiten Sie die Themen zur Kunst um 1900, die auf den folgenden Seiten zusammengestellt sind, im Gruppenpuzzle.
   a) Verschaffen Sie sich in einer Vierergruppe einen Überblick über die Materialien zu den einzelnen Themen. Einigen Sie sich, mit welchem Thema sich die einzelnen Gruppenmitglieder näher beschäftigen.
   b) Alle arbeiten die Materialien zu ihrem Thema in Einzelarbeit durch. Berücksichtigen Sie dabei:
   - bevorzugte Themenbereiche der künstlerischen Auseinandersetzung,
   - die Art und Weise der Darstellung (z.B. Formgebung, Farbauftrag, Grad der Abstraktion) sowie
   - die Bewertung des dargestellten Themas durch den Künstler oder die Künstlerin.

   c) Tragen Sie Ihre Ergebnisse zusammen und gleichen Sie diese mit Ihrer Checkliste (→ Aufgabe 2, S. 164) ab.
2. Vergleichen Sie die unterschiedlichen künstlerischen Ansätze anhand der oben genannten Kategorien. Erstellen Sie eine Liste mit Gemeinsamkeiten.
3. Überprüfen Sie mithilfe Ihrer Arbeitsergebnisse, inwiefern diese Aussage des Historikers Heinrich August Winkler zur Kunst der Moderne zutreffend ist: „Die Wirklichkeit, die [die moderne Kunst] zum Ausdruck brachte, schloss das Hässliche mit ein, in ihr spiegelten sich die Zerrissenheit des modernen Menschen und die Widersprüche der industriellen Gesellschaft."*
   Oder
   Diskutieren Sie auf der Grundlage Ihrer Arbeitsergebnisse folgende These des US-amerikanischen Historikers Peter Gay: „Die Moderne in Kunst und Kultur lässt sich weitaus leichter an Beispielen erläutern als definieren."**

* Heinrich August Winkler: Geschichte des Westens. Von den Anfängen in der Antike bis zum 20. Jahrhundert, München 2009, S. 988 f.

** Peter Gay: Die Moderne. Eine Geschichte des Aufbruchs, Frankfurt/M. 2008, S. 21

THEMA 1 Heinrich Zille und das „Miljöh“

M1 Heinrich Zille: Des Lebens satt, Druckgrafik, 1899

M2 Titelbild der Erstauflage des Sammelbandes „Kinder der Straße“, der 100 Zeichnungen von „kleinen Leuten“ zusammenfasst, Berlin 1908

„Pinselheinrich“

... so wurde Heinrich Zille, Grafiker, Maler und Fotograf, von seinen Berliner Zeitgenossen liebevoll genannt. Bis 1907 war er bei der „Photographischen Gesellschaft“ in Berlin angestellt, in der Kunstreproduktionen erstellt wurden. In seiner Freizeit fotografierte er und nahm Zeichenunterricht. „Gehen Sie auf die Straße raus ins Freie, beobachten Sie selbst, das ist besser als nachmachen“, soll ihm sein Zeichenlehrer geraten haben, als Alternative zur üblichen Arbeit im Atelier. Tatsächlich fand Zille seine Motive auf der Straße – meist in seinem Bezirk, Berlin-Rummelsburg.

Nachdem er 1907 von der „Photographischen Gesellschaft“ entlassen worden war, konzentrierte Zille sich ganz aufs Zeichnen und stellte das proletarische Leben in Mietskasernen, Kneipen und Bordellen in den Mittelpunkt seiner Kunst. Auf authentische Weise zeigte er Alkoholsucht, Prostitution, Ehestreit und das Leben der Kinder – in Armut, Arbeit, aber auch im Spiel. So spiegeln seine Bilder zeitgenössische soziopolitische Entwicklungen wider. Charakteristisch für den Stil Zilles ist seine Mischung aus Ernst und Witz, sein oft humoristischer Umgang mit Armut, Kriminalität und Unterdrückung. Typisch für ihn ist ebenfalls, dass er viele Bilder mit Unterschriften versah und sich dabei oftmals des Berliner Dialekts bediente. Zille sah sich in der Tradition der naturalistischen Kunst des 19. Jahrhunderts, fand aber einen eigenen ausdrucksstarken Stil mit häufig überspitzten Formen.

Viele seiner Zeichnungen veröffentlichte Zille in satirischen Zeitschriften; er arbeitete für den „Simplicissimus“, die „Lustigen Blätter“, „Jugend“ und „Ulk“. Und trotz seines despektierlich wirkenden Spitznamens „Pinselheinrich“ war er ein von seinen Zeitgenossen anerkannter Künstler. 1924 wurde er Mitglied der Preußischen Akademie der Künste. Seit 2002 gibt es ein Heinrich-Zille-Museum in Berlin.

THEMA 2 Moderne Großstadtdichtung

Das facettenreiche Leben in den Großstädten, die Fülle der dortigen Sinneseindrücke und das Spannungsfeld von Stadt und Land – das waren bevorzugte Inhalte vieler Dichter der Moderne. Die deutschsprachige Großstadtlyrik, die zunächst noch stärker naturalistisch ausgerichtet war, geht auf die 1880er-Jahre zurück und entwickelte sich im Zuge der Urbanisierung. Dabei wird das Motiv der modernen Großstadt als Segen und Fluch zugleich erfahren – eine Quelle der Inspiration, aber auch ein Ort der Reizüberflutung. Im Expressionismus traten eigene Gefühle und individuelle Erlebnisse ins Zentrum der Dichtung und damit an die Stelle einer möglichst wirklichkeitsgetreuen Schilderung der Umwelt.

M 1 Ernst Schur: „Heimat" (1905)

1.
Heimat!
Ist Heimat nur Dorf und Land?
Nur die kleinen Städte?

Auch über dem Meer der Mietkasernen
wölbt sich der Nachthimmel mit all den Sternen.
Tausende funkeln auch hier und die Milchstrasse
spannt ihren Bogen.
Ein Meer von Häusern duckt sich darunter
wie Schafe, die in der Hürde zittern,
und Lichter leuchten aus den Stuben
der guten, kleinen Menschen,
überall sind sie am Werk. Ein rastlos Gewimmel.
Wie Bienenfleiss. Wie Ameisenrennen
unter dem unendlichen ruhigen Himmel.

Gibt es nur ein Zurück?
– Zu Dorf und Land?
Gibt es nur eine Flucht?
– Zu den kleinen Städten?
Es gibt grössere Zusammenhänge!
Es gibt grössere Organismen!
Weit wie der Himmel!
Und stark wie die Welt!

2.
Die kennen dich nicht,
Die der Zufall hierherführt,
Wie der achtlose Wind ein Blatt verweht.
Lassen sich treiben in dem Strom der Dinge
bis zu dem Zentrum, das sie anzieht:
Berlin!
Meilenweit verschlingt dieser Magnetberg
im Umkreis die Eisenstücke.
Meilenweit streckt dieses gewaltige Tier
seine Arme.
Sie nippen von dir und kosten
und prüfen
und nehmen von dir, was ihnen passt –
ihnen gleich!
Ihren Geist.
Ihren Sinn.
Ihre Seele.

Den Geist des Einzelnen!
Den Sinn des Einzelnen!
Die Seele des Einzelnen!
Sie kennen dich nicht.

3.
Deren Jugend hier aufwuchs
zwischen all den Häusern,
Die den Himmel suchen mussten
Sehnten sie sich nach der Bläue,
die kennen dich. Heimat!

Die in den Strassen irrend Erinnerung
überfällt – hier – und da – und dort wieder –
die kennen dich.
Denen du Wunden schlugst
tief in ihre Seele –
die erkennen dich: Werkmeister ihrer Seele.

Und tausend und mehr als tausend Herzen
nennen dich
auch dich
mit bebender Lippe:
Heimat.

Zit. nach: Waltraud Wende (Hg.): Großstadtlyrik, Stuttgart 1999, S. 71 ff.

THEMA 3 Der Expressionismus

Die Dynamik des Lebens festzuhalten und Kunst spontan entstehen zu lassen – dies war für viele expressionistische Künstler ein Leitprinzip. Die spontane Pinselführung wurde quasi zu einem künstlerischen Ideal erhoben. Wenig Interesse zeigten die Expressionisten jedoch daran, dem Betrachter zu einem ästhetischen Genuss zu verhelfen. Viel eher wollte man die eigenen inneren Gefühle und unmittelbaren Erlebnisse zum Ausdruck – lat. *expressio* – bringen, wodurch sich die expressionistischen Künstler vom Impressionismus abwandten, den sie als zu wirklichkeitsnah und deshalb zu oberflächlich empfanden. Im thematischen Zentrum vieler expressionistischer Arbeiten stehen das sich neu herausbildende Frauenbild, Ängste des Einzelnen, Folgen der Industrialisierung, aber auch das städtische Leben mit all seinen Ambivalenzen. Der deutsche Künstler Ernst Ludwig Kirchner (1880–1938) zählte mit zu den wichtigsten Vertretern des Expressionismus. Kirchners Werke wurden 1937 von den Nationalsozialisten als „entartete" Kunst eingestuft, so auch „Potsdamer Platz". Beachtlich ist vor allem die Größe des Gemäldes, das 2 m auf 1,50 m misst. Es ist Teil eines Zyklus zu verschiedenen Straßenszenen, den Kirchner nach seinem Umzug von Dresden nach Berlin in den Jahren 1913 und 1914 erstellte. Im Vordergrund sind zwei extravagant wirkende Frauen abgebildet, von denen die linke, schwarz gekleidete eine Kriegswitwe zu sein scheint. Die Uhr am oberen Bildrand – auf dem Gebäude des damaligen Potsdamer Bahnhofs in Berlin – zeigt Mitternacht an. Den damaligen Betrachterinnen und Betrachtern war klar, dass Kirchner hier Prostituierte ins Bild gesetzt hat.

M1 Ernst Ludwig Kirchner: „Potsdamer Platz", Ölfarben auf Leinwand, 1914. Neue Nationalgalerie, Berlin

M2 Vom Erlebnis zur Kunst

Ernst Ludwig Kirchner formulierte 1912:

Die sinnliche Lust am Gesehenen ist der Ursprung aller bildenden Kunst von Anfang an. In der heutigen Zeit übernimmt die Fotografie die exakte Darstellung, und die davon frei gewordene Malerei bekommt ungeahnte Entwicklungsmöglichkeiten. Die Art der Darstellungsweise wie der Gegenstand der Darstellung [selbst] erfahren einen riesigen Umfang und Reichtum. Die instinktive Steigerung der Form im künstlerischen Erlebnis wird impulsiv auf die Fläche übertragen, und die früheren Darstellungsvorschriften wie Perspektive, Anatomie etc. werden zu gelegentlich angewandten Hilfsmitteln der Komposition unter vielen anderen. Der Weg zur restlosen Umsetzung des Erlebnisses in die Arbeit ist frei, und frei entsteht das Kunstwerk durch den Willen des Schaffenden.

Zit. nach: Lothar Grisebach (Hg.): Ernst Ludwig Kirchners Davoser Tagebuch. Ostfildern 1997, o. S.

THEMA 4 Der Futurismus

Die Revolutionierung der bildenden Kunst, der Literatur, der Musik und der Architektur – nichts Geringeres beanspruchten die „Futuristen" für sich. Ausdrücklich distanzierten sich die Vertreter der aus Italien stammenden Stilrichtung von historischer Kunst. Ihre rigorose Ablehnung traf auch traditionelle Bildgattungen wie Porträtmalerei. Stattdessen nahmen sie das moderne, technisierte Leben zum Ausgangspunkt ihrer Werke. Immer wiederkehrende Motive sind Geschwindigkeit, Dynamik, Licht und technische Errungenschaften. Die Futuristen verstanden sich als Protestbewegung gegen rückwärtsgewandte Zeitgenossen und gaben vor, im Namen der Jugend zu agieren. Nach dem Ersten Weltkrieg orientierten sich mehrere Vertreter des Futurismus politisch zum Faschismus hin (→ S. 198 ff.), den sie als zukunftsweisend sahen.

M 2 Umberto Boccioni: Die Straße dringt ins Haus, Ölfarben auf Leinwand, 1911. Sprengel-Museum, Hannover. Boccioni schuf das Werk nach einem Parisaufenthalt.

M 1 Aus dem „Futuristischen Manifest"

Der Schriftsteller Filippo Tommaso Marinetti (1876–1944) brachte 1909 im „Futuristischen Manifest" Grundsätze der neuen Stilrichtung auf den Punkt. Nach dem Ende des Ersten Weltkriegs wurde Marinetti politisch tätig und beeinflusste in den 1920er-Jahren unter der faschistischen Regierung Mussolinis (→ S. 198 ff.) maßgeblich die Kulturpolitik Italiens.

1. Wir wollen die Liebe zur Gefahr besingen, die Vertrautheit mit Energie und Verwegenheit.
2. Mut, Kühnheit und Auflehnung werden die Wesenselemente unserer Dichtung sein.
3. Bis heute hat die Literatur die gedankenschwere Unbeweglichkeit, die Ekstase und den Schlaf gepriesen. Wir wollen preisen die angriffslustige Bewegung, die fiebrige Schlaflosigkeit, den Laufschritt, den Salto mortale, die Ohrfeige und den Faustschlag.
4. Wir erklären, dass sich die Herrlichkeit der Welt um eine neue Schönheit bereichert hat: die Schönheit der Geschwindigkeit. Ein Rennwagen, dessen Karosserie große Rohre schmücken, die Schlangen mit explosivem Atem gleichen ... ein aufheulendes Auto [...] ist schöner als die Nike von Samothrake. [...]
9. Wir wollen den Krieg verherrlichen – diese einzige Hygiene der Welt –, den Militarismus, den Patriotismus, die Vernichtungstat der Anarchisten, die schönen Ideen, für die man stirbt, und die Verachtung des Weibes.
10. Wir wollen die Museen, die Bibliotheken und die Akademien jeder Art zerstören und gegen den Moralismus, den Feminismus und gegen jede Feigheit kämpfen, die auf Zweckmäßigkeit und Eigennutz beruht.

[...]

Die Ältesten von uns sind jetzt dreißig Jahre alt; es bleibt uns also mindestens ein Jahrzehnt, um unser Werk zu vollbringen. Wenn wir vierzig sind, mögen andere, jüngere und tüchtigere Männer uns ruhig wie nutzlose Manuskripte in den Papierkorb werfen. Wir wünschen es so!

Filippo Tommaso Marinetti: Manifeste des Futurismus (übers. v. Stefanie Golisch), Berlin 2018, S. 9 ff.

Nike von Samothrake: Name einer etwa 2,50 m hohen antike Marmorskulptur, entstanden um 190 v. Chr. Sie ist für ihre Naturnähe und Bewegtheit berühmt.

Migration – eine Folge der Industrialisierung?

Wanderungsbewegungen im Deutschland des 19. Jahrhunderts

M 1 Geschäftskarte eines Hotels in Philadelphia, Pennsylvania

1. a) Beschreiben Sie die Geschäftskarte M 1.
   b) Formulieren Sie Fragen, die Sie sich beim Lesen der Geschäftskarte stellen könnten.
   c) Beantworten Sie Ihre Fragen mithilfe des Darstellungstextes.

Mythos USA

Die deutsche – und in noch größerem Ausmaß die europäische – Amerika-Auswanderung im 19. Jahrhundert gilt als historische Massenmigration. Die absoluten Höchstzahlen der deutschen **Auswanderung** wurden in den 1850er- und -60er-Jahren und dann wieder in den 1880er-Jahren erreicht. Knapp 90 % der 5,4 Millionen Deutschen, die zwischen 1820 und 1913 emigrierten, wählten die USA als Ziel.

Das Bild, das sich die Auswanderer von ihrem Ziel machten, war im Wesentlichen bestimmt von den Briefen bereits ausgewanderter Verwandter und Bekannter. Diese „Amerikabriefe“ fanden große Verbreitung, ebenso wie Auswandererzeitschriften, Ratgeber und offizielle Broschüren. „Hier rinnt mehr Fett auf dem Spülwasser als in Deutschland auf der Suppe“, hieß es in einem von vielen Briefen. Das entsprach dem paradiesischen Amerikabild der Deutschen im 19. Jahrhundert. Die USA als Land aller Träume und Hoffnungen – ein Gegenbild des Heimatlandes: Deutschland befand sich im Umbruch von der Agrar- zur Industriegesellschaft. Bevölkerungswachstum, Missernten, Ernährungs- und Teuerungskrisen trafen zusammen mit Unterbeschäftigung und Arbeitslosigkeit der Frühindustrialisierung. Auch die politischen Zustände waren für den weitaus größten Teil der Bevölkerung nicht befriedigend. Immer wieder wurden die Hoffnungen auf eine demokratische Mitbestimmung enttäuscht: 1815 nach den Befreiungskriegen und 1848 nach der missglückten Revolution. Liberale und andere Oppositionelle wurden verfolgt und inhaftiert, den Revolutionären drohte die Todesstrafe.

Aber es gab auch gegenteilige Nachrichten aus der „Neuen Welt“. Hinweise auf die Schattenseiten standen in den Warnungen, die die Behörden der Auswanderungsländer reichlich verbreiteten. Im Allgemeinen hatten sie ein Interesse daran, die Bevölkerung im Lande zu halten. Lediglich gänzlich Mittellose, die sonst Unterstützungsfälle geworden wären, ließen sie gerne ziehen.

Integration oder Leben in „communities“?

Häufig kam es zu Kettenwanderungen: Auswanderer zogen dorthin, wo bereits Bekannte oder Verwandte wohnten. Diese gaben oft Hinweise auf die Reiserouten und konnten vor Ort manches für die Ankömmlinge tun. In den Städten entstanden „communities“, Beziehungsgeflechte von Deutschstämmigen, die einander verbunden blieben und den Kontakt aufrechterhielten. Man ging gemeinsam in die Kirche und die Schule, las dieselbe Zeitung und traf sich in Turn-, Schützen- und Gesangsvereinen. Vereine boten Hilfestellungen für Neuankömmlinge an, gewährten Unterstützung für die Armen und sorgten in der Freizeit für Unterhaltung. Viele Auswanderer lebten in ausschließlich deutschen Haushalten und suchten sich entsprechende Partner. Durch Unterschiede in Religion, Bildung sowie regionaler und sozialer Herkunft bildeten jedoch die ausgewanderten Deutschen in ihrer neuen Heimat nie eine in sich geschlossene Einheit.

A hyphenated American – no real American?

Ende des 19. Jahrhunderts – nach neuen Wellen der Auswanderung vor allem aus Süd-, Südost- und Osteuropa – nahmen in der amerikanischen Gesellschaft Überfremdungsängste zu, was zur Folge hatte, dass verstärkt die Frage nach der amerikanischen Identität diskutiert wurde. Immer häufiger wurden Forderungen nach Einwanderungsbeschränkungen sowie nach Programmen zur aktiven Amerikanisierung der Zuwanderer laut. Mit dem Ausdruck „hyphenated Americans" – Bindestrich-Amerikaner, zu denen z.B. Deutsch-Amerikaner, Irish-Americans oder African-Americans zählten – bezeichnete man das Phänomen der multiethnischen Gesellschaft in den USA und den Pluralismus der Kulturen. Um die Jahrhundertwende bis zum Ende des Ersten Weltkriegs fürchtete man aber zunehmend ein Auseinanderbrechen der heterogenen amerikanischen Gesellschaft. So wurde der ehemalige Präsident Theodore Roosevelt am 13. Oktober 1915 von der New York Times zitiert: „There is no room in this country for hyphenated Americanism. [...] A hyphenated American is not an American at all."

... aber auch Binnenmigration

Ab der Mitte des 19. Jahrhunderts nahm neben der Auswanderung nach Übersee im Deutschen Reich die **Binnenmigration** zu; fehlende statistische Daten hierzu erschweren jedoch eine klare Analyse der unterschiedlichen Binnenwanderungsbewegungen. Diese Form der Fernwanderung erfolgte aus den östlichen Gebieten des Reiches, vor allem Ost- und Westpreußen sowie Posen, in Richtung Westen – d.h., von den überwiegend agrarisch geprägten Gebieten in die stärker industriell entwickelten Regionen. Vor allem eine gute Einbindung eines urbanen Zentrums in das sich ausbreitende Eisenbahnnetz war ein Magnet für viele Migranten. Als beliebte Zielpunkte der Binnenmigration galten daher besonders der Großraum Berlin und das Ruhrgebiet. Dort versprachen sich die Migranten ein höheres Einkommen und eine gesicherte Existenz. Denn technische Innovationen im Agrarsektor hatten nicht nur zu einem verstärkten Maschineneinsatz in der Landwirtschaft, sondern auch zu einer gestiegenen Produktivität geführt, die zusammen mit einer Verbesserung der hygienischen Verhältnisse eine geringere Kindersterblichkeit und ein hohes Bevölkerungswachstum zur Folge hatte. Gerade in den von großen Gütern dominierten Gebieten östlich der Elbe entschieden sich die Gutsbesitzer deshalb immer öfter dazu, auf Saisonarbeiter, die sie nur während der Erntezeiten bezahlen mussten, zurückzugreifen. Folglich waren ehemalige Landarbeiter nun vermehrt auf der Suche nach neuen Einnahmequellen in den Städten.

M 2 Emigration in die USA 1871–1900

Zeitraum	1871–1880	1881–1890	1891–1900	1901–1910
Deutschland	718 000	1 500 000	505 000	341 000
Irland	437 000	656 000	388 000	339 000
England, Schottland, Wales	548 000	807 000	272 000	526 000
Skandinavien	243 000	655 000	372 000	505 000
Italien	56 000	307 000	652 000	2 000 000
Österreich-Ungarn	73 000	363 000	574 000	2 145 000
Russland, Baltikum	39 000	213 000	505 000	1 597 000

Zusammengest. nach: Manfred Görtemaker: Geschichte Europas 1850–1918. Stuttgart 2002, S. 205

Das Ruhrgebiet und die „Ruhrpolen"

Durch die immense Steigerung der Kohleproduktion zwischen 1870 und 1914 im Ruhrgebiet gab es dort einen wachsenden Bedarf an Arbeitskräften, der durch **Zugewanderte** gedeckt wurde. Den sogenannten „Ruhrpolen", die aus den preußischen Ostgebieten stammten, gelang es recht gut, ihre kulturelle Identität zu behaupten, indem sie Vereine und Gewerkschaften gründeten oder in eigenen Zechenkolonien lebten. Dies weckte aber oftmals den Argwohn der Behörden. So kam es 1899 in Herne, nachdem zugewanderte Arbeiter gegen die Erhöhung ihrer Sozialversicherungsbeiträge demonstriert hatten, zur Niederschlagung der sogenannten „Polenkrawalle". Doch entschieden sich auch viele „Ruhrpolen" für eine Remigration und kehrten nach Gründung der polnischen Republik 1918 in die nun polnisch gewordene Heimat zurück, andere wanderten in französische, belgische und niederländische Industriereviere weiter.

M3 Titelseite des Programmhefts zu einem Theaterstück. Der britische Schriftsteller Israel Zangwill gab seinem Werk 1908 den Titel „The Melting Pot" und etablierte so die Idee von den USA als gelobtes Land für Einwanderer aus den unterschiedlichsten Ländern. Seitdem ist der „Melting Pot" eine Metapher für die US-amerikanische Gesellschaft.

M4 Formen der Integration von Migranten	
Exklusivität	In der Fremde formieren Migranten eine Parallelgesellschaft, pflegen als Minderheit eine exklusive religiös-ethnische Identität und nehmen sich selbst als Opfer der Mehrheitsgesellschaft wahr.
Hybridität	In der Fremde lebende Menschen verbinden die eigene Kultur mit Elementen aus der Kultur der Aufnahmegesellschaft; es entsteht eine „hybride Identität".
Assimilation	In der Fremde lebende Menschen passen sich der Aufnahmegesellschaft vollständig an und identifizieren sich mit ihr.

Erstellt nach: Bassam Tibi: „Die Veredelung des Fremden ist ebenso falsch wie seine Verteufelung". In: Neue Zürcher Zeitung, 28.09.2018

M5 Einwanderungsregion Ruhrgebiet

→ Vertiefungsmaterial für das Leistungsfach

In einem ZEIT-Artikel vom 9. Dezember 2010 diskutiert der Historiker Christoph Kleßmann die Frage, wie erfolgreich die Integration der Ruhrpolen im Deutschen Reich verlaufen ist, die im 19. Jahrhundert gezielt angeworben wurden:

Ein historisches Lehrbuchbeispiel [für die Integration von Zuwanderern] bietet das Ruhrgebiet. Im 19. Jahrhundert verwandelte es sich geradezu in eine Einwanderungsregion. Und schon damals gab es der mahnenden und warnenden Worte viele. „Die Anhäufung großer Arbeitermassen slawischer Abkunft im rheinisch-westfälischen Industriegebiete", stellte 1896 der Oberpräsident der Provinz Westfalen, Heinrich Konradt von Studt, in einer Denkschrift fest, berge bedeutende Gefahren. Denn es handele sich um „Elemente, welche dem Deutschthume feindlich gegenüberstehen, sich auf einer niedrigen Stufe der Bildung und Gesittung befinden und zu Ausschreitungen geneigt sind". [...]
Die „preußischen Polen" kamen vor allem aus jenen Gebieten, die seit [...] dem Untergang des polnischen Staates Ende des 18. Jahrhunderts zu Preußen gehörten, wie zum Beispiel die Provinz Posen. Sie besaßen durchweg die deutsche, das heißt preußische Staatsbürgerschaft. Damit befanden sie sich rechtlich in einer weit besseren Ausgangslage als Ausländer, sie waren jedoch in ähnlicher Weise ethnischer und sozialer Diskriminierung ausgesetzt: zum einen in ihrer alten Heimat, die in der Kaiserzeit einer rigiden „Germanisierungspolitik" ausgesetzt war, welche die polnische Sprache und Kultur [...] zum Verschwinden bringen sollte. Zum anderen aber auch in der neuen Heimat im Westen. [...]
[Polnische Einwanderer gab es] auch in anderen Teilen Deutschlands, zum Beispiel in den Großstädten Hamburg und Berlin. Aber im Ruhrgebiet waren die Polen am sichtbarsten konzentriert. Noch heute könnte man beim Blick ins Telefonbuch vermuten, hier lebe eine deutsch-polnische Mischbevölkerung. Allerdings verweisen nicht alle slawisch klingenden Namen auf Polen, und mancher deutsche Name wiederum war ursprünglich ein slawischer. Denn etliche Polen ließen ihren Namen eindeutschen: So wurde aus Majczak Mayer, aus Luczak Lutz oder aus Marczynski Markus. [...]
Polnische Familien zogen Landsleute aus ihrer Heimatregion nach sich. In der Migrationsfor-

schung ist dieses verbreitete Muster als „Kettenwanderung“ bekannt. So konzentrierten sich Oberschlesier in Bottrop, Posener in Hamborn und Duisburg, Ostpreußen in Gelsenkirchen und Recklinghausen.

Für die Integration spielten die großen Zechenkolonien eine wichtige Rolle. Hier waren die Mieten niedrig, die Familie konnte ein Gärtchen bestellen und Kleinvieh halten. Hier kamen auch die Nachbarn aus dem Osten, hier sprach man dieselbe Sprache. [...] Die Folgen dieser „Ghettoisierung“ sorgten schon damals für eine heftige Debatte. Die liberale Frankfurter Zeitung, die generell mit der preußischen Polenpolitik streng ins Gericht ging, schrieb 1902: „Von den polnischen Einwanderern sind mindestens 60 Prozent in den Kolonien dem ständigen Verkehr mit den Eingesessenen entzogen. [...] Nicht nur die Erwachsenen, auch die Kinder auf der Straße sprechen polnisch. Diese ausgedehnten Werkskolonien sind polnische Enklaven auf deutschem Boden.“ [...]

Auch das – mit Blick auf die „Germanisierung“ ausgesprochene – Verbot, in der Schule oder privat Polnisch-Unterricht zu erteilen, blieb bis in die Weimarer Republik hinein ein Stein des Anstoßes. Die preußischen Behörden waren bei der Überwachung des Verbots äußerst rigide und heizten damit latente und offene Konflikte immer wieder an. [...]

Die Polen hielten zusammen, hielten dagegen. Es entstand ein vielfältiges und buntes Vereinswesen, das sich im Laufe der Jahre bis zum Ersten Weltkrieg zu einer Art nationaler Subkultur entwickelte. Möglich wurde sie, weil die polnischen Einwanderer damals – anders als viele Migranten heute – deutsche (respektive preußische) Staatsbürger waren, sodass man sie nicht einfach abschieben konnte, wenn sie aufsässig waren oder auffällig wurden. Natürlich erschien das polnische Vereinswesen verdächtig. Die deutsche Presse und die Polizei witterten nationale Gefahren. Deshalb wurde 1909 beim Polizeipräsidenten in Bochum eine „Zentralstelle für Überwachung der Polenbewegung im rheinisch-westfälischen Industriegebiet“ eingerichtet.

Zit. nach: www.zeit.de/2010/50/Polen-Ruhrgebiet (11.06.2020)

M6 Fahne eines nach dem polnischen Nationaldichter Adam Mieckewicz benannten Oberhausener Gesangvereins. Auf der Rückseite trägt sie den Schriftzug: „Cześć Pieśni“ („Ehre dem Lied“). Chöre waren ein Bestandteil des polnischen Vereinslebens. Gesungen wurden vor allem kirchliche Lieder und polnische Volkslieder.

---

2. a) Analysieren Sie M3 unter Berücksichtigung des Darstellungstextes (bis Z. 91).
b) Finden Sie im Darstellungstext, in M1 und M3 Beispiele zu den Kategorien der Integration aus M4.

3. a) Vergleichen Sie die deutsche Auswanderung in die USA mit der Situation der „Ruhrpolen“ anhand des Darstellungstextes sowie der Materialien 1, 5 und 6.
b) Überprüfen Sie – ausgehend von M 5 –, ob die Integration der Ruhrpolen als eine Erfolgsgeschichte bezeichnet werden kann.

+ Die Porta Polonica (www.porta-polonica.de) ist eine digitale Dokumentationsstelle zur Kultur und Geschichte der Polen in Deutschland. Erstellen Sie eine Präsentation zum Thema „Die Porta Polonica: Wozu?“

Oder

+ Die Geschichte des FC Schalke 04, der sich ursprünglich „Westfalia Schalke“ nannte, ist eng verwoben mit der Geschichte der „Ruhrpolen“. Erstellen Sie eine Präsentation zu diesen Verbindungslinien.

4. Beurteilen Sie die folgende These des Historikers Willibald Steinmetz zum 19. Jahrhundert: „Mobilität wurde für alle zur Normalität.“* Berücksichtigen Sie dabei M2.

* Ders.: Europa im 19. Jahrhundert, Frankfurt/M. 2019, S. 40

+ Formulieren Sie – ausgehend vom 19. und frühen 20. Jahrhundert – Gelingensfaktoren für eine erfolgreiche Integration von Zuwanderern, die auch in der Gegenwart noch relevant sind. Berücksichtigen Sie dabei die Perspektive sowohl der aufnehmenden Gesellschaft als auch der Zuwanderer.

Ähnliche Prozesse wie in der Industriemoderne?

Wandlungen im 21. Jahrhundert

M 1 „Man kann die Geschichte des europäischen 19. Jahrhunderts optimistisch oder pessimistisch erzählen."

– *Willibald Steinmetz*

Ders: Europa im 19. Jahrhundert, Frankfurt/M. 2019, S. 44

1. a) Gehen Sie arbeitsteilig vor: Notieren Sie zu zweit Merkmale der Moderne, die für eine optimistische bzw. eine pessimistische Erzählung der zweiten Hälfte des 19. Jahrhunderts geeignet sind.
   b) Tauschen Sie Ihre Ergebnisse aus.
   c) Wovon hängt die Art der Erzählung ab? Nennen Sie mögliche Faktoren.

Verschiedene industrielle Revolutionen

Viele technische und gesellschaftliche Wandlungsprozesse – mag man sie nun „optimistisch oder pessimistisch erzählen" – haben ihren Ausgangspunkt in der Industriemoderne genommen. Sie wirken bis in unsere Gegenwart hinein, wurden aufgegriffen und stetig weiterentwickelt.

Die Mechanisierung mithilfe von Wasser- und Dampfkraft wird in der Geschichtsschreibung oftmals als „erste industrielle Revolution" bezeichnet. Ein weiterer Meilenstein im Prozess der Industrialisierung war die Massenfertigung mithilfe von Fließbändern und elektrischer Energie, die eine „zweite industrielle Revolution" auslöste und den Massenkonsum ermöglichte. Im Laufe der 1980er-Jahre setzte dann mit der digitalen Revolution bzw. der „dritten industriellen Revolution" eine weitere große Umwälzung der Lebens- und Arbeitswelt ein. Bereits 1982 wurde der PC vom britischen Time Magazine als „Man/Machine of the Year" tituliert.

M 2 Digitale Revolution in der Arbeitswelt: In einem Automobilwerk schweißen Roboter die Karosserie eines Autos zusammen.

Eine postindustrielle Gesellschaft?

In der sogenannten **postindustriellen Gesellschaft** – lat. „post", dt. „nach" – hat die industrielle Produktion immer weiter an Bedeutung verloren; an ihre Stelle ist der Dienstleistungssektor, der „tertiäre Sektor", getreten. Diese Entwicklung, die auch als **Tertiarisierung** bezeichnet wird, resultierte einerseits aus einer zunehmenden Technisierung und Automatisierung des produzierenden Gewerbes. Dies ermöglichte eine Flexibilisierung der Arbeitsformen und Arbeitszeiten, insbesondere auch für Frauen. Andererseits wurde die Tertiarisierung durch insgesamt steigende Realeinkommen, durch mehr Freizeit, aber auch durch öffentliche Angebote von Dienstfunktionen – wie z. B. kommunale Pflegedienste – möglich, weswegen immer mehr Menschen Dienstleistungen in Anspruch nahmen.

Während sich die (Industrie-)Moderne vor allem an Fortschrittsoptimismus, Mobilität, technischer Machbarkeit und Gesetzen der Logik orientierte, trat die **Postmoderne**, die als die Zeit nach der Moderne verstanden wird, diesem Innovationsstreben und diesem ausgeprägt rationalen Denken kritisch gegenüber. An die Stelle eines durchaus verbreiteten Fortschrittsdenkens nach dem Motto „schneller, weiter, höher" trat ein größerer Pessimismus: Eine objektive oder eine allgemeinverbindliche Wahrheit wird negiert, stattdessen wird – gemäß postmoderner Vorstellungen – eine Vielzahl von Wertesystemen, ein Pluralismus der Ideen und Lebensentwürfe begrüßt. Führt dies aber zu einer Beliebigkeit des Denkens und Handelns – einem „anything goes"?

M 3 „Der Durchbruch der Moderne um 1900 [...] erscheint als eine historische Phase des Aufbruchs und der Chancen, in der Deutschland und Europa einen ersten Anlauf nahmen, wirtschaftlich und technisch wie auch wissenschaftlich und kulturell eine Lebensform zu etablieren, die noch bis in unsere Gegenwart faszinierend wirkt."

– Dieter Hein

In: Ders.: Deutsche Geschichte im 19. Jahrhundert. München 2016, S. 124

M 4 Die postindustrielle Gesellschaft

Der amerikanische Soziologe Daniel Bell entwickelte die Idee von der postindustriellen Gesellschaft weiter. 1973 schrieb er:

Das Konzept der „nachindustriellen Gesellschaft" betont die zentrale Stellung des theoretischen Wissens als Achse, um die sich die neuen Technologien, das Wirtschaftswachstum und die Schichtung der Gesellschaft organisieren. [...] Kennzeichnend für eine nachindustrielle Gesellschaft sind [...] vor allem zwei Merkmale: die zentrale Stellung des theoretischen Wissens und das zunehmende Übergewicht der Dienstleistungswirtschaft über die produzierende Wirtschaft. [... Dazu kommt] noch ein weiterer wichtiger Aspekt: die Betonung der höheren Bildung und die Schaffung einer technisch-akademischen Klasse, die die Führung der Gesellschaft übernimmt, so wie ehedem der angelernte Arbeiter für die Industriegesellschaft kennzeichnend war. [...] War die Industriegesellschaft eine güterproduzierende, so ist die nachindustrielle Gesellschaft eine Informationsgesellschaft.

Daniel Bell: Die nachindustrielle Gesellschaft (übers. v. Sieglinde Summerer u. Gerda Kurz), Frankfurt/M. 1975, S. 112 f., 353

M 5 Eine Prognose für die nächsten 40 Jahre

Der norwegische Zukunftsforscher Jørgen Randers zeigte 2012 Tendenzen für die nächsten 40 Jahre auf und formulierte Vorschläge, wie das Individuum darauf bestmöglich reagieren könne. Seine Erkenntnisse fasste er in persönlichen Ratschlägen zusammen, darunter folgende:

1. Legen Sie mehr Wert auf Zufriedenheit als auf Einkommen.
2. Vermeiden Sie eine Vorliebe für Dinge, die bald verschwunden sein werden.
3. Investieren Sie in hochwertige Unterhaltungselektronik als Ersatz für die Realität.
4. Erziehen Sie Ihre Kinder nicht zu Naturliebhabern.
5. Wenn Ihnen die Vielfalt des Lebens am Herzen liegt, genießen Sie sie, solange Sie noch können.
6. Besuchen Sie die Sehenswürdigkeiten der Welt, bevor sie durch die Menschenmassen ruiniert werden.
7. Wohnen Sie an einem Ort, der vom Klimawandel möglichst wenig betroffen ist.
8. Ziehen Sie in ein Land, in dem Entscheidungen getroffen werden können.
9. Finden Sie heraus, welche Folgen fehlender Nachhaltigkeit Ihre Lebensqualität am meisten beeinträchtigen werden.
10. Wenn Sie nicht im Dienstleistungsbereich oder in der Pflege arbeiten wollen, suchen Sie sich einen Job in den Bereichen Energieeffizienz oder erneuerbare Energien.
11. Raten Sie Ihren Kindern, Mandarin zu lernen.
12. Verabschieden Sie sich von der Vorstellung, jedes Wachstum sei gut.
13. Denken Sie daran, dass Ihre fossilen Wertanlagen eines Tages plötzlich ihren Wert verlieren werden.
14. Investieren Sie in Dinge, die robust gegen soziale Unruhen sind.
15. Tun Sie mehr als Sie müssen. So vermeiden Sie später ein schlechtes Gewissen.

Jørgen Randers: 2052. Der neue Bericht an den Club of Rome. Eine globale Prognose für die nächsten 40 Jahre (übers. v. Annette Bus, Ulla Held, Anna Leipprand, Friedrich Pflüger, Sigrid Schmid, Heinz Tophinke, Eva Leipprand), München 2012

Anmerkung: Randers knüpft mit seiner Publikation an den ersten Bericht an, der im Auftrag des „Club of Rome" erstellt wurde und unter dem Titel „Die Grenzen des Wachstums" im Jahr 1972 veröffentlicht wurde.

2. Begründen Sie – ausgehend von M 2 –, inwiefern Roboter als Schlüsseltechnologie in der postmodernen Gesellschaft bezeichnet werden können.

3. a) Erläutern Sie den Begriff „Arbeit 4.0" unter Berücksichtigung dieser Stichpunkte: *Arbeitswelt, Innovation, Digitalisierung, Flexibilität, Genderverhältnis.*
b) Gestalten Sie ausgehend vom Darstellungstext und Ihrem Vorwissen mit den Stichpunkten eine Mindmap zur Arbeitswelt der postmodernen Gesellschaft.
c) Arbeiten Sie aus M 4 und M 5 weitere Merkmale der postindustriellen Gesellschaft heraus und ergänzen Sie Ihre Mindmap mit diesen Punkten.

4. Diskutieren Sie die Ratschläge Jørgen Randers' (M 5).

5. Vergleichen Sie die postmoderne bzw. postindustrielle Gesellschaft des 21. Jahrhunderts mit der Gesellschaft der Industriemoderne.

6. a) Erläutern Sie die Aussage des Historikers Hein (M 3).
b) Beurteilen Sie sie anhand geeigneter Beispiele.

Bruch oder Kontinuität?

Der Modernisierungsweg Japans

M 1 Ein „schwarzes Schiff" – ein geteertes US-Kriegsschiff – das 1853 an der japanischen Küste vor Edo, heute Tokio, auftauchte. Ausschnitt aus einem zeitgenössischen japanischen Farbdruck.
Den Einwohnern Edos war auch der schwarze Rauch, den die Kriegsschiffe wegen ihres Dampfantriebs ausstießen, unheimlich.

1. Formulieren Sie auf Basis dieses Bildes Hypothesen zum Mächteverhältnis und zur gegenseitigen Wahrnehmung von USA und Japan in der Mitte des 19. Jahrhunderts.

Ein US-Admiral als Geburtshelfer der Modernisierung Japans?

Mitte des 19. Jahrhunderts befand sich Japan in Aufruhr. 1853 und erneut 1854 waren dampfgetriebene US-Kriegsschiffe unter dem Kommando des Flottillenadmirals Matthew C. Perry in die Bucht von Edo, dem heutigen Tokio, eingelaufen. Ihr Auftrag: Japan, das sich seit etwa 220 Jahren von der Außenwelt abgeschottet hatte, für Handelsaktivitäten Amerikas in Asien zu öffnen – falls nötig, mit Gewalt.

Seit 1600 stand Japan unter der Militärregierung der Shōgune der Tokugawa-Dynastie. Um den eigenen Machtanspruch nicht von fremden, „schädlichen" Einflüssen gefährden zu lassen, hatten sie 1633 eine „Landesabschließung" verhängt. Damit einhergehend wurden unter Todesstrafe das Christentum verboten, die Einreise von Ausländern untersagt und Ausreiseverbote für alle Japaner verhängt. Nur chinesische und niederländische Händler durften einmal im Jahr im Hafen von Nagasaki anlegen.

Shōgun (wörtl.: „die Barbaren unterwerfender großer General"): Bezeichnung eines Militärdiktators im frühneuzeitlichen Japan

Das Shōgunat schuf ein effizientes Feudalsystem, das sich auf den Kriegeradel der Samurai stützte. Dieser herrschte über die drei anderen Klassen der Gesellschaft: Bauern, Handwerker und Kaufleute. Er musste aber dem herrschenden Shōgun unbedingte Loyalität erweisen. Dieses System sorgte 250 Jahre lang für Frieden und Stabilität, geriet aber Anfang des 19. Jahrhunderts ins Wanken. Denn neue, gewinnorientierte Wirtschaftsformen hatten die Klasse der Kaufleute reich und die Samurai arm gemacht. Zur gleichen Zeit lösten Missernten Aufstände aus. Und als die US-Kriegsschiffe vor Edo eintrafen, verschärfte sich diese Situation der Verunsicherung noch, denn sie deckte Japans technologische Unterlegenheit auf. Diese nutzten die USA sowie Großbritannien, Russland, die Niederlande, Frankreich und Preußen nun aus: Zwischen 1854 und 1861 erzwangen sie in einseitigen Abkommen mit dem Shōgunat die Öffnung mehrerer japanischer Handelshäfen und erwirkten Sonderrechte für westliche Staatsbürger in Japan. Diese Dokumente werden heute als **ungleiche Verträge** bezeichnet.

Die Frage, wie mit der neuen westlichen Präsenz umzugehen sei, spaltete Japan und führte zu einer Revolution. 1868 putschten einige Lehensfürsten und der Hofadel den 15-jährigen Kaiser Mutsuhito an die Macht und beendeten damit die Herrschaft der Shōgune. Nach Jahrhunderten im politischen Abseits stand wieder der Kaiser an der Spitze des Staates. Die neue Ära der **Restauration** – also der Wiederherstellung des alten politischen Zustandes – erhielt den Namen seines Regierungsmottos: Meiji, „erleuchtete Herrschaft". Antiwestliche Einstellungen streifte man ab und erklärte Europa und die USA zu den neuen Innovationsvorbildern Japans. Der traditionelle Impulsgeber der Region, China, steckte zu jener Zeit dagegen in der Krise und hatte als Lehrmeister ausgedient.

Westliche Ideen in japanischem Gewand?

Die neue Meiji-Regierung begann schnell, westliche Ideen und Institutionen zu importieren.

Ihr Ziel war es, ein reiches Land und eine starke Armee aufzubauen, um sich gegen den aggressiven Westen zu schützen. Der Kaiser wurde zum „Befreier der Nation" stilisiert. Der Shintō, eine alte japanische Religion, die den Kaiser gottgleich an die Spitze des Staates hob, wurde zur Staatsdoktrin gemacht und bildete die Basis für den **Kaiserkult** des neuen Staates. Eine Gesellschaft gleichgestellter Bürger ersetzte nun die bisherige Vierklassengesellschaft. Dabei wurden die Herrschaftsbereiche der Samurai aufgelöst und der kaiserlichen Zentralregierung unterstellt. So endete auch die Erblichkeit der Wehrpflicht innerhalb des Samurai-Adels. Eine neue, dreijährige Wehrpflicht schuf eine nationale Armee aller Schichten, die dem Kaiser unmittelbar unterstellt war. Das Heer wurde nach dem Vorbild Preußens umgestaltet, die Marine nach dem Großbritanniens, und die Polizei kopierte die Pariser gens d'armes.

Für die Meiji-Regierung bedurfte ein moderner Staat auch eines gebildeten Volkes mit politischer Vertretung: 1872 wurde Schulbildung für Jungen und Mädchen verpflichtend, und 1889 wurde Japan Asiens erster **Verfassungsstaat**. Die den Japanern zugesicherten Bürgerrechte verstand man als großzügige Geschenke des Kaisers an sein Volk. Gewaltenteilung, wie etwa in der US-Verfassung, war nicht vorgesehen. Der japanische Staat, so formulierte es der Autor der Meiji-Verfassung, „ist wie ein menschlicher Körper, der Gliedmaßen und Knochen hat, aber dessen spirituelle Quelle der Geist [der Kaiser] ist". Das Ergebnis war eine Mischung aus konstitutioneller und absoluter Monarchie mit einem von Preußen und Großbritannien inspirierten Parlament, mit beschränktem Wahlrecht und mit einer kleinen Gruppe mächtiger Adliger, die de facto das Land führten.

Auch die Erneuerung der Wirtschaft folgte europäischem Vorbild. Die Meiji-Regierung ließ Bahn- und Telegrafenlinien, Werften und Waffendepots bauen und subventionierte in den 1880er-Jahren ausgewählte Industriezweige, wie Stahl- und Textilbranchen. Sie ließ Modellfabriken errichten und engagierte Hunderte ausländischer Berater, um die Industrialisierung zu beschleunigen. Doch – wie zuvor in Europa – führte die Industrialisierung auch in Japan zu Umweltverschmutzung und sozialen Problemen. Slumbildung und steigende Kriminalität zählten zu den Folgen.

M2 Ein Klagelied

Es wurde um 1900 von jungen Arbeiterinnen der Baumwoll- und Seidenspinnerei verfasst.

Fabrikarbeit ist Sträflingsarbeit,
Alles, was ihr fehlt, sind Eisenketten.
Noch mehr als ein Vogel in einem Käfig,
noch mehr als ein Gefängnis,
Ist das Leben im Wohnheim hassenswert [...]
Wie sehr wünschte ich mir, das Wohnheim
würde weggespült werden,
Die Fabrik würde niederbrennen,
Und die Torwächter würden an Cholera sterben!

In dieser sorgenschweren Welt
Bin ich nur ein seidenspinnendes Mädchen,
Doch dieses Mädchen will
Die Eltern sehen, die sie geboren haben.
Ihr Brief sagt, sie warten auf das Jahresende.
Warten sie mehr auf das Geld als auf mich?

Zit. nach: James L. Huffman: Modern Japan: A History in Documents, Oxford 2004, S. 78 (Übers.: Daniel Schumacher)

Arbeiterinnen spinnen Seide in einer japanischen Fabrik, um 1900

Anfang des 20. Jahrhunderts wurden Japans Industrien elektrifiziert, sodass ihre Fabriken Tag und Nacht produzieren konnten. Die zunehmenden Wirtschaftsbeziehungen zu westlichen Staaten hatten zur Folge, dass Japan auch kulturelle Einflüsse aus dem Westen aufnahm – darunter Ziegelsteinarchitektur, Baseball (heute Japans Nationalsport) sowie den Konsum von Bier, Spaghetti und Fleisch. Gleichzeitig aber wurden auch traditionelle Werte stärker betont. Schulkinder lernten etwa den Ehrenkodex der alten Samurai als besonders vorbildhaft kennen – also die Richtlinien für ehrenhaftes Verhalten, in denen u.a. Loyalität, Aufrichtigkeit und Selbstdisziplin als höchste Werte galten.

M3 Die industrielle Entwicklung Japans

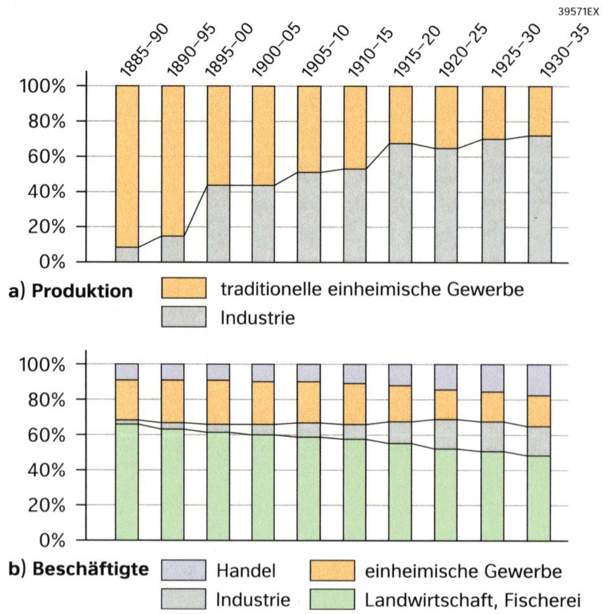

Zusammengest. nach: T. Nakamura (Hg.): Japanese Economic Development and Indigenous Industries, Tokio 1997, S. 11 ff.

M4 Stadtarchitektur im Vergleich. Links die Rue Réaumur in Paris, unten der Blick auf den Stadtteil Ginza in Tokio, beides um 1900. Ginza brannte 1872 nieder und wurde von britischen Architekten nach dem Vorbild der Innenstädte von Paris und London neu aufgebaut.

Nationalismus und Großmachtstreben

Mit der rapiden Erneuerung Japans wuchs das Selbstbewusstsein des Landes. Damit einhergehend entwickelte sich in Japan ein neuer Nationalismus. Er speiste sich teils aus der Abneigung gegenüber den imperialen Übergriffen des Westens, teils aus dem Stolz auf die Meiji-Reformen. Vor allem aber war die Staatsführung von der historischen Einzigartigkeit des japanischen Volkes und dessen Anspruch auf globale Anerkennung als Großmacht überzeugt. Gleichzeitig hatte die rasche Industrialisierung den Bedarf an neuen Märkten und Rohstoffquellen, an denen es Japan mangelte, enorm gesteigert. Koloniale Expansion erschien als vielseitiger Lösungsweg.

Der neue japanische **Imperialismus** nahm 1894/95 Gestalt an: In einem Krieg mit China um Einfluss in der Region mussten die chinesischen Truppen eine vernichtende Niederlage hinnehmen. Dies machte die chinesische Insel Taiwan zu einer japanischen Kolonie und löste enormen nationalistischen Eifer in Japan aus. Doch Russland, Frankreich und das Deutsche Reich intervenierten und zwangen Japan dazu, die Liaodong-Halbinsel, die es in China ebenfalls besetzt hatte, an Peking zurückzugeben. Für Japan war diese Intervention eine Erniedrigung sowie Anreiz dafür, noch mehr in die **Aufrüstung** zu investieren. In einem weiteren Krieg 1904/05 konnte Tokio seinen größten Konkurrenten in der Region – Russland – ausschalten und in Folge sogar das Nachbarland Korea kolonisieren. Der Sieg über Russlands Armee war eine Sensation: Zum ersten Mal hatte eine asiatische Streitmacht eine moderne europäische besiegt. Das Mächtegleichgewicht in Ostasien verschob sich damit vollends zugunsten Japans – für die Zeitgenossen ein klares Zeichen des eigenen Status als **Großmacht**.

Um die Jahrhundertwende gab es in Japan aber auch andere Stimmen, die sich über den boomenden Zeitungsmarkt verbreiteten. Die politische Linke etwa gründete die erste Antikriegsbewegung des Landes. Und chinesische Studierende und Revolutionäre fanden in Japan Inspiration für einen modernen Nationalstaat. Als der Meiji-Kaiser 1912 starb, galt Japan längst als Asiens großes Modernisierungsvorbild.

M5 Visionen von einer neuen Welt

Der Kaiserliche Fünf-Artikel-Eid aus dem Jahr 1868 skizzierte die Hauptziele und philosophischen Prinzipien der Meiji-Zeit:

1. Wir wollen weitreichende Versammlungen abhalten, um alle Angelegenheiten öffentlich zu entscheiden.
2. Obrigkeit und Untertanen seien eines Herzens, um die Wirtschaft des Reiches zu stärken.
3. Es ist vonnöten, dass Hof und Krieger zusammen mit dem gemeinen Volk ihre Ziele verfolgen können und nicht in Mutlosigkeit versinken.
4. Wir wollen althergebrachte Unsitten beseitigen und uns auf die Basis des Öffentlichen Weges von Himmel und Erde stellen.
5. Wir wollen Wissen aus aller Welt erwerben, um die Fundamente des Kaisertums umfassend zu festigen.

Zit. u. übers. nach: James L. Huffman, Modern Japan: A History in Documents, Oxford 2004, S. 60

M6 Entdecken fremder Kulturen

Nach dem Wegfall der Reisebeschränkungen zog es in der Meiji-Zeit viele Japaner ins Ausland. Die Schriftstellerin Sugimoto Inagaki Etsu beschrieb, wie sie in den 1880er-Jahren erstmals Amerikaner in der Öffentlichkeit sich küssen sah:

Ich kann meine Gefühle nicht ausdrücken, aber ich kann nicht umhin, mich zu erinnern, was meine Mutter mir sagte, bevor ich nach Amerika aufbrach: „Ich habe gehört, dass es der Brauch von Ausländern ist, einander abzulecken, wie Hunde es tun."

Zit. u. übers. nach: ebd., S. 62

M7 Leben und sterben für den Kaiser

Kein anderes Dokument beflügelte Japans aufkeimenden Nationalismus so sehr, wie der Kaiserliche Erziehungserlass aus dem Jahr 1890. Generationen japanischer Schülerinnen und Schüler mussten den Wortlaut dieses Erlasses zu Anfang eines jeden Schultages wiederholen:

Ihr Untertanen! Liebet und ehret denn eure Eltern, seid ergeben euren Geschwistern, seid einig als Gatte und Gattin, und treu als Freund dem Freunde! Haltet auf bescheidene Mäßigung für euch selbst, euer Wohlwollen erstrecke sich auf alle! Pfleget das Wissen und übet die Künste, auf dass ihr eure Kenntnisse und Fertigkeiten entwickelt und eure sittlichen Kräfte vervollkommnet! Bestrebt euch ferner, das öffentliche Wohl und das Allgemeininteresse zu fördern! Achtet die Reichsverfassung und befolget die Gesetze des Landes! Sollte es je sich nötig erweisen, so opfert euch tapfer für das Vaterland auf! Erhaltet und mehret also das Gedeihen Unserer wie Himmel und Erde ewig dauernden Dynastie! Dann werdet ihr nicht nur Unsere guten und getreuen Untertanen sein, sondern dadurch auch die von den [kaiserlichen] Vorfahren überkommenen Eigenschaften glänzend dartun.
Gegeben am 30. Tage des 10. Monats des 23. Jahres Meiji (30.10.1890)
[Unterschrift: Mutsuhito + Siegel]

Übers. zit. nach: Klaus Antoni: Shintō und die Konzeption des japanischen Staatswesens (kokutai), Leiden 1998, S. 216

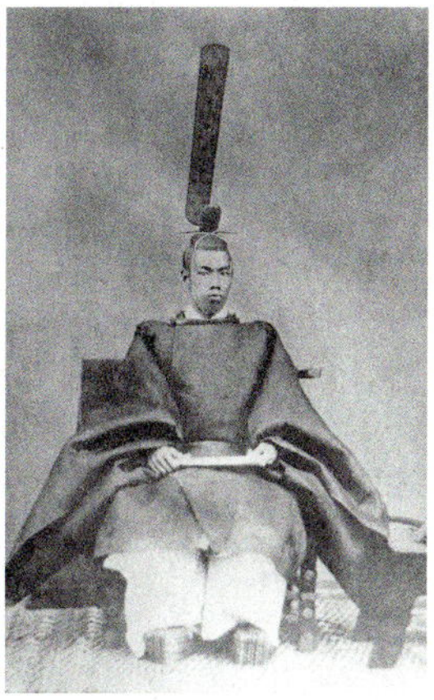

M8 Der Meiji-Kaiser in traditionellem Hofgewand, 1872 (oben), und in der Uniform eines preußischen Feldmarschalls, 1873 (unten)

2. Erstellen Sie auf der Basis des Darstellungstextes eine Zeitleiste zur Modernisierung Japans während der Meiji-Zeit.

3. Charakterisieren Sie die Meiji-Zeit unter politischen, sozialen und wirtschaftlichen Gesichtspunkten. Bilden Sie hierzu Kleingruppen und beziehen Sie sich auf den Darstellungstext sowie folgende Bild- und Textquellen:
   - Politik: M5 und M8,
   - Soziales: M4, M6 und M7,
   - Wirtschaft: M2 und M3.

4. In seinen Memoiren schrieb der britische Diplomat Ernest Satow (1843–1929), die Revolution des Jahres 1868 in Japan sei wie die Französische Revolution von 1789 gewesen, „nur ohne die Guillotine". Beurteilen Sie diese Aussage.
(Nach: Brett L. Walker: A Concise History of Japan, Cambridge 2015, S. 163)

Erscheinungsformen der Moderne um 1900

→ S. 134–139

Wer ist Gewinner, wer ist Verlierer in der Hochmoderne?

Unter **Hochmoderne** versteht man einen Abschnitt der Moderne, der im letzten Drittel des 19. Jahrhunderts begann und bis zum Ersten Weltkrieg dauerte. Die Transportrevolution trug zu einer größeren **Mobilität** der Menschen bei und führte zu einem kontinuierlichen Wachstum der Städte, zur **Urbanisierung** sowie zur Herausbildung einer urbanen Kultur. Bessere hygienische Verhältnisse durch kommunale Wasser- und Gaswerke, aber auch elektrisches Licht und Straßenbahnen waren zukunftsweisende Neuerungen in den Städten. Jedoch wirkten die wachsende **Beschleunigung**, der Lärm und die Hektik der Großstadt auf manche Zeitgenossen bedrohlich. Eine zunehmende Heterogenisierung der Gesellschaft führte auch zu einem Wohlstandsgefälle zwischen Bevölkerungsteilen. Der Adel, der an Macht verloren hatte, aber auch Kleinhändler und Handwerker, die um ihre wirtschaftliche Selbstständigkeit kämpfen mussten, können als **Modernisierungsverlierer** bezeichnet werden.

→ S. 140–143

Massenkultur: Demokratisierung oder soziale Spaltung?

Das Warenhaus entwickelte sich um die Jahrhundertwende zunehmend zu einem Symbol des Massenkonsums; eine steigende Kaufkraft hatte vielen Menschen eine größere Teilhabe am Konsum ermöglicht. Die Pressefreiheit, die im Deutschen Reich seit 1874 galt, sowie verbesserte Drucktechniken waren förderlich für die Herausbildung einer Massenpresse. Eine neu entstehende Populärkultur orientierte sich vor allem an den Vorlieben der Massen. Im Rahmen des Aufbaus einer kulturellen Infrastruktur der Städte und einer Herausbildung einer **Massenkultur** (historische Museen, Stadttheater, Kunstgalerien, Zoos) hatte das Bürgertum eine Schlüsselrolle inne. Kontrovers wird diskutiert, wie stark unterschiedliche Bevölkerungsgruppen am Massenkonsum und an der Massenkultur partizipieren konnten.

→ S. 144–147

Führt die Massengesellschaft zu Politisierung?

Die neu entstandenen Vereine, wirtschaftlichen Interessenverbände und politischen **Massenorganisationen** konnten zu Keimzellen einer verstärkten **Politisierung** werden, d.h. zu einem größeren politischen Interesse und zu einer größeren politischen Partizipation beitragen. Auch die Herausbildung eines breiten Parteienspektrums, der europaweite Aufschwung von Gewerkschaften, ein Anstieg der Wahlbeteiligung sowie eine bürgerliche und sozialdemokratische **Frauenbewegung** können als Zeichen einer zunehmenden Politisierung Ende des 19. Jahrhunderts verstanden werden. Jedoch gilt auch festzuhalten: Die Beweggründe für eine Mitgliedschaft in Massenorganisationen waren vielfältig und oftmals nicht politisch motiviert.

→ S. 148–151

Menschen in der Moderne – mehr Optimismus als Pessimismus?

Technische Entwicklungen und wissenschaftliche Entdeckungen beförderten bei vielen Zeitgenossen der Moderne eine Aufbruchstimmung und einen **Fortschrittsoptimismus**. Jedoch zeigte sich bei anderen aufgrund der schnellen Veränderungen auch **Verunsicherung**, und so gab es auch viele kritische Stimmen gegenüber dieser Technik- und Wissenschaftsorientierung sowie gegenüber der Massenkultur und dem Massenkonsum der Moderne.

Die **Lebensreformbewegung** richtete sich gegen die Erscheinungsformen der Moderne; zu dieser vielfältigen Bewegung gehörten Anhänger beispielsweise des Vegetarismus, des Natur- und Tierschutzes und des Nudismus. Der ambivalente Umgang der damaligen Menschen mit der Moderne spiegelt sich auch in der Kunst wider: Die Bezeichnung **Klassische Moderne** kann als ein Sammelbegriff für unterschiedliche künstlerische Entwicklungen der damaligen Zeit verstanden werden. Insbesondere beim Expressionismus, einer zentralen Stilrichtung zu Beginn des 20. Jahrhunderts, sollten innere Gefühle, aber auch eine kritische Auseinandersetzung mit der Wirklichkeit in den Vordergrund rücken.

→ S. 164–169

Neue Ideologien in Europa?

In weiten Teilen Europas – so auch im Deutschen Reich – bildete sich ein **Radikalnationalismus** heraus, in dessen Zentrum eine starke Überhöhung der eigenen Nation und eine Abwertung bzw. der Ausschluss von sogenannten „Andersartigen" stand. Daran knüpfte sich das Ideal einer ethnisch homogenen Nation. Von einer „Hierarchie der Rassen", einem höheren Zivilisationsniveau der eigenen Nation und dem Recht des Stärkeren ging der **Sozialdarwinismus** aus. Radikalnationalistische Haltungen führten in den 1880er-Jahren zur Herausbildung eines **Antisemitismus**, der im Gegensatz zum bisherigen religiösen Antijudaismus nun rassisch motiviert war. Die **Mittelstandsbewegung**, die als eine Gegenbewegung zur Moderne gesehen werden kann, hatte eine klare antisemitische Stoßrichtung, da sie Juden aus Handel und Gewerbe drängen wollte. Als ein Beispiel für in der Gesellschaft verankerten Antisemitismus kann die **„Dreyfus-Affäre"** in Frankreich angeführt werden.

→ S. 154–161

Eine Militarisierung des Alltagslebens?

In der zweiten Hälfte des 19. Jahrhunderts kann eine zunehmende Militarisierung europäischer Gesellschaften beobachtet werden; dazu gehörten insbesondere eine verfassungsmäßige Sonderstellung des Militärs, wie sie z. B. im Deutschen Kaiserreich zu beobachten war, öffentliche Militärparaden, aber auch die Orientierung an militärischen Werten wie Disziplin. Kontrovers kann diskutiert werden, ob im Deutschen Reich der **Militarismus** stärker als in anderen europäischen Staaten ausgeprägt war.

→ S. 162–163

Migration – eine Folge der Industrialisierung?

Deutsche stellten nach den Iren um die Mitte des 19. Jahrhunderts die zweitstärkste Einwanderergruppe in die USA dar, im letzten Drittel des 19. Jahrhunderts sogar die stärkste. Die **Auswanderung** in die USA, die vor allem vom Wunsch nach wirtschaftlicher und politischer Freiheit motiviert war, vollzog sich oft als Kettenwanderung. Ab der Mitte des 19. Jahrhunderts stellte für die Deutschen aber auch die **Binnenmigration** eine wichtige Wanderungsbewegung dar. Diese **Zuwanderung** erfolgte vor allem aus den östlichen Landesteilen (Ost- und Westpreußen, Posen) in die stärker industriell entwickelten Regionen im Westen. Eine wichtige Gruppe von Zugewanderten bildeten die „Ruhrpolen", die ab 1870 ins Ruhrgebiet kamen, um dort im Bergbau tätig zu sein. Kontrovers wird die Frage nach der erfolgreichen **Integration** der „Ruhrpolen" diskutiert.

→ S. 170–173

Gesellschaftsmodelle des 20. Jahrhunderts

Der französische Maler Félix Vallotton (1865 bis 1925) machte ein Zeichen zum Mittelpunkt seines Gemäldes: das Kreuz. Mit den sich scheinbar unendlich aneinanderreihenden Gräbern des Friedhofs in Châlons-sur-Marne, einem Schauplatz des Ersten Weltkriegs, brachte er die Unzählbarkeit der Gefallenen dieses Krieges zum Ausdruck. Das Bild entstand im „Epochenjahr“ 1917, jenem Jahr, in dem die USA auf der Seite Großbritanniens, Frankreichs und Russlands in das Kriegsgeschehen eingriffen und in dem das russische Zarenregime durch Revolution gestürzt wurde. Die alten Monarchien hatten versagt. Was sollte an ihre Stelle treten? Während die USA versuchten, ihr Gesellschaftsmodell der liberalen Demokratie zu exportieren, setzten sich gerade in Europa aber auch antiliberale Gesellschaftsmodelle durch: das kommunistische in Russland und das faschistische in Italien.

Abbildungen:

- Félix Vallotton: Der Friedhof von Châlons-sur-Marne, 1917. Ölgemälde, heute im Musée d'histoire contemporaine/BDIC, Paris (Ausschnitt)
- (oben links) Schülerinnen und Schüler einer Berliner Privatschule beim Demokratieunterricht. Foto, 1928
- (unten links) Der italienische Diktator Benito Mussolini schreitet eine Reihe junger Frauen ab, die der faschistischen Jugendorganisation Gioventu angehören. Foto, um 1940
- (unten rechts) Junge Frauen bei der zentralen Kundgebung am „Tag der internationalen Arbeitersolidarität“ auf dem Roten Platz in Moskau, 1. Mai 1934

Gesellschaftsmodelle für die Zukunft?

Europa nach dem Ersten Weltkrieg

„Völker, hört die Signale! Auf zum letzten Gefecht!“

„Heil dir, o Volk der Helden! Heil dir, unsterbliches Vaterland!“

„Einigkeit und Recht und Freiheit sind des Glückes Unterpfand.“

M1 Drei Liedzeilen

Drei Zeilen, in denen sich die großen politischen Konzepte des 20. Jahrhunderts widerspiegeln. Die erste stammt aus der „Internationalen“, dem Kampflied der marxistisch-sozialistischen Arbeiterbewegung, die zweite aus der Hymne der faschistischen Partei Italiens und die dritte aus der Nationalhymne der 1919 gegründeten Weimarer Republik. Sie stehen für die drei widerstreitenden gesellschaftlichen und politischen Entwürfe, die das 20. Jahrhundert bestimmten: den Kommunismus bzw. Sozialismus, den Faschismus und die bürgerlich-liberale Demokratie. Vor welchem Hintergrund entwickelten sie sich zu konkurrierenden Konzepten?

Entente (franz., „Einvernehmen“): Bündnis; im Ersten Weltkrieg zählten zunächst Großbritannien, Frankreich und Russland zu den Entente-Staaten. Sie standen den „Mittelmächten“ gegenüber, deren Hauptverbündete Deutschland und Österreich-Ungarn waren.

M2 Exportschlager Demokratie? US-Zigarettenwerbung im Dezember 1918

Alte Ordnungen zerfallen

Der Erste Weltkrieg (1914 bis 1918) war der erste Krieg des Industriezeitalters, in dem neue Waffensysteme von enormem Zerstörungspotenzial, darunter Großgeschütze, Giftgas und Panzer, eingesetzt wurden. Soldaten litten in Schützengräben, die Zivilbevölkerung hungerte. Die Zahl der militärischen und zivilen Kriegsopfer übertraf die Opferzahlen bisheriger Kriege bei Weitem. Am Ende waren Großreiche zerbrochen. 1917 – das dritte Kriegsjahr – wird im Rückblick in der historischen Forschung als „Epochenjahr“ beurteilt: In der russischen Hauptstadt Petrograd erwirkten am 8. März Aufständische mit ihren Protesten gegen den Krieg und die Mangelversorgung den Sturz der seit Jahrhunderten bestehenden Zarenherrschaft. Nur vier Wochen später trat die Großmacht USA auf der Seite der Entente in den Krieg ein – dabei hatte der amerikanische Präsident Woodrow Wilson seine Wiederwahl Ende 1916 noch mit dem Slogan “He kept us out of war” gewonnen. Um den amerikanischen Kriegseintritt vor den Wählern zu rechtfertigen, geschah dies unter der Formel: “Making the world safe for democracy”. Den Sturz der Zarenherrschaft sah Präsident Wilson als Chance: Würde im – aus amerikanischer Sicht – rückständigen Europa nun die demokratische Gesellschaftsordnung an die Stelle der alten monarchischen Systeme treten können?

Als im Oktober 1917 Lenin und die Bolschewiki in Russland die Regierung übernahmen, trat dem amerikanischen Gesellschaftsmodell jedoch ein anderes gegenüber: der Kommunismus, der in einem mehrere Jahre dauernden Bürgerkrieg durchgesetzt wurde. Seit 1922 nannte sich das ehemalige russische Imperium „Sowjetunion“.

Für Präsident Wilson war nach der Oktoberrevolution in Russland die angestrebte Demokratisierung Europas umso wichtiger. So formulierte er im Januar 1918 – also noch während des Ersten Weltkriegs – ein 14-Punkte-Programm als Grundlage für einen Verständigungsfrieden zwischen den Kriegsparteien und verknüpfte diesen mit der Forderung nach einem **Selbstbestimmungsrecht der Völker**: Nationale Belange sollten künftig ohne Einmischung von außen geregelt werden. Zum anderen sollten Voraussetzungen für eine dauerhafte Friedenssicherung geschaffen werden, um künftige Kriege zu verhindern. Als internationales Friedensinstrument sollte ein „Völkerbund“ den regelmäßigen Austausch sowie die Konfliktbewältigung zwischen den Nationen als gleichwertigen Partnern ermöglichen.

Demokratie in der Krise

Tatsächlich gaben sich nach Kriegsende fast alle europäischen Staaten, von denen viele neu aus den im Krieg zerfallenen Monarchien hervorgegangen waren, **Verfassungen**, die nach dem Muster der parlamentarischen Demokratie des Westens gestaltet waren. Zwanzig Jahre später waren die meisten dieser jungen Demokratien jedoch autoritär regierte Staaten geworden, viele davon faschistisch (→ S. 198 ff.). Das Scheitern der Demokratie – vom deutschen Historiker Heinrich August Winkler als „autoritäre Transformation" bezeichnet – wurde in der Zwischenkriegszeit zur vorherrschenden Entwicklung in Europa. Zwar blieb in Staaten mit länger zurückreichenden demokratischen Traditionen wie Großbritannien, Frankreich oder Belgien die freiheitliche Ordnung erhalten; in den neu entstandenen Demokratien bestand sie jedoch nur in Finnland und der Tschechoslowakei weiter.

Zu den früh gescheiterten Demokratien gehörte Italien. Verbreitete Unzufriedenheit mit den Ergebnissen der Friedensverträge, das Fehlen demokratischer Traditionen, soziale Spannungen, gepaart mit Wirtschaftskrisen und hoher Arbeitslosigkeit führten zu einem Erstarken nationalistischer Strömungen. 1922 wurde der Führer – „Duce" – der italienischen Faschisten, Benito Mussolini, vom König zum Ministerpräsidenten ernannt. Er baute in der Folge ein diktatorisches Regime auf, das anderen europäischen Staaten als Vorbild dienen sollte. Insbesondere Adolf Hitler und die NSDAP übernahmen vom italienischen Faschismus Grundsätze und Handlungsmuster, so etwa das Führerprinzip, die uniformierte Massenmobilisierung und die Zusammenarbeit mit den alten Eliten.

Zudem hatte sich die mit den Pariser Vorortverträgen von 1919 geschaffene Friedensordnung schon bald als brüchig erwiesen. Vor allem in Deutschland verstummten die Forderungen nach einer Revision des Friedensvertrages – des Versailler Vertrages – nicht (→ S. 216 ff.). Sie bildeten einen Grundpfeiler für den Erfolg radikalnationalistischer Ideen und Strömungen. Hinzu kommt, dass der 1920 gegründete Völkerbund, dem weder die USA noch Russland beitraten, seiner Aufgabe als Friedensinstrument nur selten gerecht werden konnte. Zu groß waren die innereuropäischen Spannungen, zu gering die Bereitschaft, eigene, meist nationalistisch motivierte Positionen aufzugeben, um auf diese Weise zu Kompromisslösungen zu kommen.

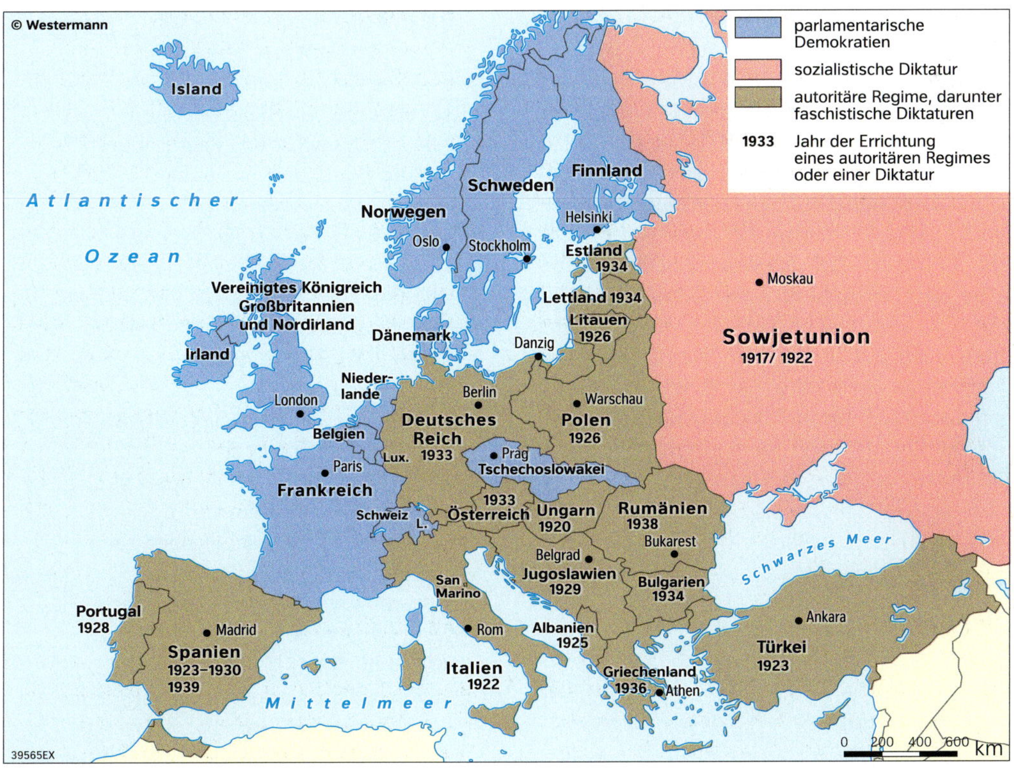

M3 Karte: Europa in der Zwischenkriegszeit

diktatorisches Regime: autoritäre Herrschaftsform, in der ein Einzelner oder eine kleine Gruppe mit unbeschränkter politischer Macht regiert. Grundrechte werden außer Kraft gesetzt, die Opposition ausgeschaltet und der Machtanspruch des Herrschenden konsequent durchgesetzt. In einer **totalitären Diktatur** werden alle Lebensbereiche einer von den Herrschenden vertretenen Ideologie unterworfen.

M4 Woodrow Wilson: Das 14-Punkte-Programm

Der folgende Text gibt Auszüge der Rede wieder, mit welcher der amerikanische Präsident Wilson am 8. Januar 1918 dem US-Kongress sein 14-Punkte-Programm zur Erreichung des Weltfriedens vorstellte:

I. [...] Die Diplomatie [soll] stets offen gehandhabt werden und vor aller Öffentlichkeit sich abspielen.

II. Absolute Freiheit der Schifffahrt auf den Meeren [...].

III. Soweit als möglich die Aufhebung sämtlicher wirtschaftlicher Schranken und die Festsetzung gleichmäßiger Handelsbedingungen zwischen allen Nationen, die dem Frieden zustimmen und sich zu seiner Aufrechterhaltung vereinigen.

IV. Angemessene Garantien [...], dass die nationalen Rüstungen auf den niedrigsten Grad, der mit der inneren Sicherheit vereinbar ist, herabgesetzt werden.

V. Eine freie, aufgeschlossene und absolut unparteiische Neuordnung aller kolonialen Ansprüche, gegründet auf strenge Beachtung des Grundsatzes, dass bei Entscheidung aller [...] Fragen der Souveränität die Interessen der betroffenen Bevölkerung das gleiche Gewicht haben müssen wie die berechtigten Ansprüche der Regierung, deren Rechtstitel festgelegt werden sollen.

(In den Punkten VI bis XIII fordert Wilson u. a. die Räumung und Wiederherstellung besetzter Gebiete in Russland, Belgien, Frankreich und auf dem Balkan, außerdem die Möglichkeit, autonome Staaten zu errichten, für Polen und für Völker, die bisher Teil des österreichisch-ungarischen oder des osmanischen Imperiums sind.)

XIV. Ein allgemeiner Verband der Nationen muss aufgrund besonderer Verträge gebildet werden zum Zweck der Gewährung gegenseitiger Garantien für politische Unabhängigkeit und territoriale Integrität in gleicher Weise für die großen und kleinen Staaten.

Übers. zit. nach: Wolfgang J. Mommsen: Imperialismus, Hamburg 1977, S. 262 ff.

Sowjetisches Propagandaplakat, 1922

M5 „Die Internationale"

Dieses Lied entstand 1871 im Kampf der Pariser Kommune gegen die französischen Regierungstruppen. Später wurde es zum Kampflied der internationalen sozialistischen Arbeiterbewegung und zur Nationalhymne der Sowjetunion.

Wacht auf, Verdammte dieser Erde
die stets man noch zum Hungern zwingt!
Das Recht, wie Glut im Kraterherde,
nun mit Macht zum Durchbruch dringt.
Reinen Tisch macht mit dem Bedränger!
Heer der Sklaven, wache auf!
Ein Nichts zu sein, tragt es nicht länger,
alles zu werden, strömt zuhauf.
|: Völker, hört die Signale!
Auf, zum letzten Gefecht!
Die Internationale
erkämpft das Menschenrecht! :|

Es rettet uns kein höh'res Wesen,
kein Gott, kein Kaiser, noch Tribun.
Uns aus dem Elend zu erlösen,
können wir nur selber tun!
Leeres Wort: des Armen Rechte!
Leeres Wort: des Reichen Pflicht!
Unmündig nennt man uns und Knechte,
duldet die Schmach nun länger nicht!
Völker, hört die Signale! [...]

In Stadt und Land, ihr Arbeitsleute,
wir sind die stärkste der Partei'n.
Die Müßiggänger schiebt beiseite!
Diese Welt wird unser sein;
unser Blut sei nicht mehr der Raben
und der nächt'gen Geier Fraß!
Erst wenn wir sie vertrieben haben,
dann scheint die Sonn' ohn' Unterlass
Völker, hört die Signale! [...]

Zit. nach. www.volksliederarchiv.de (18.02. 2020)
deutscher Text: Emil Luckhardt, 1910

nächt'gen: nächtlichen, düsteren, unheimlichen

Propagandabild: „Die Hoffnung Italiens", 1933

M6 „Giovinezza" („Jugend")

Die Hymne der faschistischen Bewegung in Italien, geschrieben 1909, wurde ab 1922 bei offiziellen Anlässen stets nach der eigentlichen Nationalhymne, dem „Königsmarsch", gesungen. Der übersetzte Text lautet:

Heil dir, o Volk der Helden!
Heil Dir, unsterbliches Vaterland!
Deine Söhne sind wiedergeboren
Im Glauben an ihr Ideal.
Die Tapferkeit deiner Krieger,
die Tugend der Pioniere,
Die Vision Alighieris –
Heute glänzt sie in aller Herzen.
Jugend, Jugend,
Schönheitsfrühling,
von unserm harten Leben
kündet dein weithin schallender Gesang.

Aus einem begrenzten Italien
sind wieder Italiener geworden,
neu geschaffen hat sie Mussolini,
Für den Krieg von morgen,
Für die Freude an der Arbeit,
Für den Frieden und für den Sieg.
Und zur Schmach für jene,
Die das Vaterland verleugnen.
Jugend, Jugend [...]

Die Dichter und die Handwerker,
Die Herren und die Bauern
Schwören mit dem Stolz der Italiener,
Treu zu Mussolini zu stehen.
Es gibt kein Armenviertel,
Das nicht seine Scharen schickte,
das nicht die Fahnen des rettenden
Faschismus entfaltete.
Jugend, Jugend [...]

Übers. zit. nach: austria-forum.org/af/Wissenssammlungen/Symbole/Giovinezza (20.02.2020)

M7 Die Nationalhymne der Republik

Friedrich Ebert, Präsident des neuen demokratischen Staates auf deutschem Boden, begründete in einem Zeitungsartikel, warum das „Deutschlandlied" des Dichters Hoffmann von Fallersleben (→ M6, S. 51) 1922 als Nationalhymne der „Weimarer Republik" gewählt wurde:

Einigkeit und Recht und Freiheit! Dieser Dreiklang aus dem Liede des Dichters gab in Zeiten innerer Zersplitterung und Unterdrückung der Sehnsucht aller Deutschen Ausdruck; es soll auch jetzt unseren harten Weg zu einer besseren Zukunft begleiten. Ein Lied gesungen gegen Zwietracht und Willkür soll nicht Missbrauch finden im Parteikampf, es soll nicht der Kampfgesang derer werden, gegen die es gerichtet war, es soll auch nicht dienen als Ausdruck nationalistischer Überhebung. Aber so, wie einst der Dichter, so lieben wir heute Deutschland über alles. In Erfüllung seiner Sehnsucht soll unter den schwarzrotgoldenen Fahnen der Sang von Einigkeit und Recht und Freiheit der festliche Ausdruck unserer vaterländischen Gefühle sein.

Zit. nach: https://www.bpb.de/politik/hintergrund-aktuell/253973/nationalhymne-11-08-2017 (05.01.2020)

Alighieri: der Dichter und Philosoph Dante Alighieri (1265–1321). In seinem berühmtesten Werk, „Die göttliche Komödie", sieht sich der Autor in der Nacht durch einen dunklen Wald irren. Der römische Dichter Vergil wird zu seinem Retter und Führer. Vergil verspricht die Ankunft eines heiligen Knaben, mit dem ein Zeitalter des Friedens und Wohlstands einsetzen werde.

1. a) Formulieren Sie auf der Grundlage von M4 übergeordnete Kategorien für Wilsons Punkte.
   b) Beurteilen Sie die Erfolgsaussichten seines Konzepts aus der Sicht eines Zeitgenossen um 1919.

2. a) Arbeiten Sie aus dem Darstellungstext zentrale Probleme für die Durchsetzung des Demokratiegedankens heraus.
   b) Vergleichen Sie Ihr Ergebnis mit dem der Aufgabe 1.b).

3. a) Arbeiten Sie arbeitsteilig zu zweit das jeweilige Menschenbild in M5 und M6 heraus.
   b) Vergleichen Sie Ihre Ergebnisse miteinander und halten Sie die zentralen Gemeinsamkeiten und Unterschiede fest.

4. Stellen Sie Ihre Ergebnisse aus Aufgabe 3 den Kernaussagen Friedrich Eberts (M7) gegenüber.

Hinweis: Die Teilkapitel zu den Grundlagen der nach dem Ersten Weltkrieg konkurrierenden Gesellschaftsmodelle (188–191, 194–197, 198–201) lassen sich auch im Rahmen einer Gruppenarbeit bearbeiten. Folgende Fragestellungen könnten dafür leitend sein:
- Von welchem Kerngedanken geht das Modell aus?
- Welche Merkmale sollen kennzeichnend für die entsprechende Gesellschaft sein?
- Welche Rolle kommt dem Einzelnen, dem Individuum zu?

Freiheit über alles andere?

Das Modell der liberalen Demokratie

M1 Aus der amerikanischen Unabhängigkeitserklärung

Aus der am 4. Juli 1776 von Repräsentanten der britischen Kolonien in Nordamerika beschlossenen Unabhängigkeitserklärung der Vereinigten Staaten von Amerika:

Folgende Wahrheiten erachten wir als selbstverständlich: dass alle Menschen gleich geschaffen sind; dass sie von ihrem Schöpfer mit gewissen unveräußerlichen Rechten ausgestattet sind; dass dazu Leben, Freiheit und das Streben nach Glück gehören.

Übers. zit. nach: usa.usembassy.de/etexts/gov/unabhaengigkeit.pdf (28.10.2020)

1. Arbeiten Sie heraus, welche Merkmale für das Menschenbild stehen, das mit dieser Passage der Unabhängigkeitserklärung zum Ausdruck gebracht wird.

Von der Aufklärung zur Unabhängigkeitserklärung

Der Gedanke, dass nicht mehr die Geburt und damit die Standeszugehörigkeit über den Lebensweg eines Menschen entscheiden sollte, sondern das Naturrecht, war eine Vorstellung, die auf Ideen des englischen Philosophen John Locke (1632–1704) gründete: Der Mensch sei von Natur aus frei und habe des Recht, sich frei zu entfalten und sein persönliches Glück zu suchen, vor allem im Streben nach Eigentum. Gepaart sein sollte dies mit dem Grundsatz der Rechtsgleichheit und auch dem Widerstandsrecht, das dem Menschen erlaube, unter bestimmten Bedingungen staatlichen Gesetzen den Gehorsam zu verweigern.

Auch die folgende Formulierung in der Unabhängigkeitserklärung proklamierte Grundlegendes: Regierungen seien nur eingesetzt, um diese Grundsätze zu gewährleisten und zu sichern. Sollte eine Regierung das nicht tun, hätten die Regierten das Recht, diese abzusetzen und eine neue Regierung einzusetzen. Damit waren der Gedanke der **Partizipation**, also der politischen Teilhabe, und das Prinzip der Volkssouveränität formuliert, eine Idee, die ebenfalls im Denken der europäischen Aufklärung wurzelte. Nie zuvor war der Gedanke des Demokratieprinzips in dieser Klarheit öffentlich artikuliert worden. Mehr noch: Mit der Nennung des Schöpfers machten die amerikanischen Revolutionäre deutlich, dass diese politische Ordnung der eigentliche Wille Gottes sei, eine „Wahrheit", die von den Herrschenden unterdrückt worden sei.

Die amerikanischen „Gründerväter" hatten in der Unabhängigkeitserklärung neben dem Recht auf Leben und Freiheit auch das Streben nach Glück zum Menschenrecht erklärt. Selbstentfaltung und der daraus resultierende **Individualismus** gehörten daher immer zum amerikanischen Selbstverständnis. Folgerichtig ging damit auch die Vorstellung einher, dass es jeder durch persönlichen Einsatz und harte Arbeit zu Erfolg und materiellem Wohlstand bringen könne. Und würde eine freie Entfaltung des privaten Unternehmertums nicht auch die beste wirtschaftliche Entwicklung mit sich bringen? Das den freiheitlichen Ansätzen entsprechende Wirtschaftssystem ist daher eines, in das der Staat möglichst wenig eingreift – eine freie **Marktwirtschaft**, in der Angebot und Nachfrage die Preise bestimmen.

Das Vorbild Frankreich

Viele der Aufklärer des 18. Jahrhunderts waren Franzosen. Charles de Montesquieu (1689 bis 1755) propagierte die Idee der **Gewaltenteilung** als Grundlage eines gerechten Staatswesens. Auf Jean-Jacques Rousseau (1712 bis 1778) geht die Idee der Volkssouveränität zurück: Nur das Volk habe die vollständige und unveräußerliche Souveränität inne. Es könne diese einem Herrscher zur Ausübung übertragen, aber auch wieder entziehen. Damit brach Rousseau mit der bis dahin vorherrschenden Vorstellung des Gottesgnadentums, mit der die europäischen Herrscher seit dem Mittelalter ihre Machtstellung rechtfertigten.

Als die französische Nationalversammlung am 26. August 1789 die **Menschen- und Bürgerrechte** verkündete, setzte sie das Menschenbild der Aufklärung erstmals in konkrete Politik um. Folgerichtig erhielt der Monarch in der

Verfassung des Jahres 1791 nur die Rolle eines repräsentativen Staatsorgans. Der König hatte die ausführende Gewalt durch Minister, war in der Amtsausübung aber an die geltenden Gesetze gebunden. Wählen durften Männer über 25 Jahren mit Besitz. Jeder von ihnen hatte nun das Recht, entweder persönlich oder durch seine Vertreter, an der Gesetzgebung mitzuwirken. Auch konnte er Zugang zu allen öffentlichen Würden, Stellen und Ämter erlangen. Befähigung – nicht mehr adlige Herkunft – sollte ausschlaggebend sein.

Eine geschriebene **Verfassung** zu erreichen, war das Ziel der meisten revolutionären Bewegungen im Europa des 19. Jahrhunderts – dabei reichten die Vorstellungen von der gemäßigten konstitutionellen Monarchie bis hin zur Republik. Auch die erste gesamtdeutsche, jedoch nie in Kraft getretene Verfassung von 1849 orientierte sich am französischen Beispiel von 1791. Träger dieses Denkens wurde der **Liberalismus**, der in Europa zu Beginn des 19. Jahrhunderts als neue politische Bewegung entstand. Zu seinen zentralen Forderungen gehörten:

- Anerkennung eines naturrechtlich begründeten Vorrangs des Menschen vor dem Staat,
- Abschaffung ständischer Barrieren sowie obrigkeitlicher und kirchlicher Bevormundung,
- eine Verfassung mit Gewaltenteilung, die die Macht des Monarchen begrenzt,
- Autonomie und Selbstbestimmung im sozialen, politischen und ökonomischen Leben anstelle von Fremdbestimmung,
- das Recht auf Eigentum.

Die vollständige **Parlamentarisierung** der politischen Entscheidungsprozesse, also die parlamentarische Demokratie, wie wir sie heute kennen, setzte sich erst im 20. Jahrhundert durch. Auf beiden Seiten des Atlantiks hat sie ganz unterschiedliche Erscheinungsformen hervorgebracht: In den USA und Frankreich entstanden Regierungssysteme mit einem starken, direkt vom Volk gewählten Staatsoberhaupt. In anderen Staaten wie Deutschland und Italien geht die Exekutive aus der Volksvertretung hervor und ist durch die Verfassung mit großen Befugnissen ausgestattet. Überall gilt: Die politischen Parteien sind in der Demokratie die wichtigsten Organe der politischen Willensbildung: Sie tragen die Meinungsvielfalt in die Parlamente und spiegeln damit den gesellschaftlichen **Pluralismus** wider.

M 2 Das aus der Zeit der Französischen Revolution stammende Gemälde eines unbekannten Künstlers stellt die Menschen- und Bürgerrechte in der Form eines Denkmals dar. In seine Ornamentik einbezogen sind Symbole des Freiheitskampfes: Oben links Marianne, die Allegorie Frankreichs, mit gesprengten Ketten, ihr gegenüber ein Engel, der auf das über dem Denkmal schwebenden Auge Gottes verweist. In der Mitte der Gesetzestafel finden sich eine Lanze und eine phrygische Mütze, auch „Jakobinermütze“ genannt, als Symbole der Revolution.

Während sich in unserer Zeit im deutschsprachigen Raum der Sammelbegriff „Grundrechte“ durchgesetzt hat, spricht man im französisch- und englischsprachigen Raum von **„Menschen- und Bürgerrechten“** (→ M 2/M 5). Als „Menschenrechte“ gelten Rechte, die alle Menschen seit ihrer Geburt besitzen, wie etwa das Recht auf Leben, die Meinungs- und Glaubensfreiheit oder das Recht auf Gleichheit vor dem Gesetz. Als „Bürgerrechte“ bezeichnet man dagegen Rechte, die nur für die Bürgerinnen und Bürger eines Staates gelten, etwa das Wahlrecht oder Regelungen zum Militärdienst.

M3 Ein antiker Philosoph über die Demokratie

Die Lehre des antiken Philosophen Platon war von den schlechten Erfahrungen mit der attischen Demokratie geprägt, von ihren Verfassungsänderungen, ihrem Niedergang und ihrem Zerfall im Verlauf des Peloponnesischen Krieges gegen Sparta, 431 bis 404 v. Chr. Er schrieb:

Eine Demokratie entsteht [...], wenn die Armen siegen und ihre Gegner töten oder verbannen, alle übrigen aber nach gleichem Recht an Verfassung und Ämtern teilnehmen lassen und die Ämter möglichst nach dem Lose vergeben. [...] Wie lebt man nun in der Demokratie? [...] Fürs erste sind die Menschen frei, der Staat quillt über in der Freiheit der Tat und der Freiheit des Worts, und jedem ist erlaubt zu tun, was er will! [... Die Demokratie] scheint also die schönste aller Staatsverfassungen zu sein. Wie ein Kleid mit farbenprächtigen Blumen bunt geschmückt ist, so ist auch sie mit allen Charakteren bunt durchsetzt und von prächtigem Anblick. [...]

Dass es in einem solchen Staat keinen Zwang gibt zur Übernahme von Ämtern, auch nicht, wenn du geeignet bist, auch keinen Zwang zum Gehorsam, wenn du nicht willst; dass man dich nicht zum Krieg zwingt während eines Krieges oder zum Frieden während des Friedens, wenn du nicht Frieden halten willst; oder wenn ein Gesetz dir ein Amt oder eine Richterstelle verbietet, dass du dann nichtsdestoweniger Beamter oder Richter sein kannst, wenn dich die Lust dazu packt – ist ein solches Leben nicht gottvoll und wonnig für den Augenblick? [...] Diese und ähnliche Vorteile hat die Demokratie; sie ist – scheint es – eine angenehme, herrenlose und bunte Verfassung, die ohne Unterschied Gleichen und Ungleichen dieselbe Gleichheit zuteilt.

Platon: Der Staat (Politeia), Achtes Buch, 557a bis 558c (übers. v. Karl Vretska), Ditzingen 2004, S. 381 ff.

M4 Die Marmorbüste zeigt den griechischen Philosophen Platon (427–347 v. Chr.), einen der bedeutendsten Denker der klassischen Antike. Als Schüler des Sokrates (466–399 v. Chr.) entwickelte er die Form des literarischen Dialogs als philosophische Darstellungsform.

M5 Aus der „Erklärung der Menschen- und Bürgerrechte", 1789

Im revolutionären Frankreich wurden nach Abschaffung der alten Feudalordnung 1789 – erstmals in Europa – „Menschen- und Bürgerrechte" verkündet, auf denen der neu zu errichtende Staat beruhen und nach denen seine Verfassung erarbeitet werden sollte. Ein Auszug:

1. Die Menschen werden frei und gleich an Rechten geboren und bleiben es. Die gesellschaftlichen Unterschiede können nur auf den gemeinsamen Nutzen gegründet sein.

2. Der Endzweck aller politischen Vereinigung ist die Erhaltung der natürlichen und unabdingbaren Menschenrechte. Diese Rechte sind die Freiheit, das Eigentum, die Sicherheit, der Widerstand gegen Unterdrückung.

3. Der Ursprung aller Souveränität liegt seinem Wesen nach beim Volke. Keine Körperschaft, kein einzelner kann eine Autorität ausüben, die nicht ausdrücklich hiervon ausgeht.

4. Die Freiheit besteht darin, alles tun zu können, was einem andern nicht schadet. Also hat die Ausübung der natürlichen Rechte jedes Menschen keine Grenzen als jene, die den übrigen Gliedern der Gesellschaft den Genuss dieser nämlichen Rechte sichern. Diese Grenzen können nur durch das Gesetz bestimmt werden.

5. Das Gesetz hat nur das Recht, solche Handlungen zu verbieten, die der Gesellschaft schädlich sind. Alles, was durch das Gesetz nicht verboten ist, kann nicht verhindert werden, und niemand kann genötigt werden, zu tun, was das Gesetz nicht verordnet.

6. Das Gesetz ist der Ausdruck des allgemeinen Willens. Alle Staatsbürger sind befugt, zur Feststellung desselben persönlich oder durch ihre Repräsentanten mitzuwirken. [...]

8. Das Gesetz soll nur solche Strafen festsetzen, welche unbedingt und offenbar notwendig sind, und niemand kann bestraft werden, als kraft eines vor Begehung des Verbrechens eingesetzten, verkündeten und rechtlich angewandten Gesetzes. [...]

10. Niemand soll wegen seiner Ansichten, auch nicht wegen der religiösen beunruhigt werden, sofern ihre Äußerung die durch das Gesetz errichtete öffentliche Ordnung nicht stört.

Zit. nach: Gerhard Commichau (Hg.): Die Entwicklung der Menschen- und Bürgerrechte von 1776 bis zur Gegenwart, Göttingen u. a. 1998[6], S. 75 ff.

M6 Tugendhaftigkeit als Basis

Der Rechtshistoriker Andreas Kley schrieb 2020 über die Rolle des Bürgers in der amerikanischen Demokratie:

Der Republikanismus, wie er von den Founding Fathers verstanden wurde, betont Freiheit und Grundrechte als zentrale Werte, fordert die Selbstregierung des Volkes, erteilt Absagen an Aristokratie und Korruption und erwartet von den Bürgern Partizipation im politischen Prozess. [...] Der letztgenannte Aspekt, oftmals auch bezeichnet als „public virtue" (Bürgertugend), stellt dabei das Herzstück des Republikanismus-Verständnisses der Founding Fathers dar. [...] Die Bürgertugend wurde verstanden als aktive Teilhaberschaft am politischen Prozess mittels turnusgemäßem Beherrschen und Beherrschtwerden, als Bereitschaft, sich als Individuum dem Gemeinwohl zu verschreiben.

Im neu unabhängig gewordenen Amerika wurde insbesondere der „Charakter" des Volks und der politischen Kultur als Element der „public virtue" betont. Eine Republik konnte nach Ansicht der Founding Fathers nur funktionieren, wenn die dazu nötige Bereitschaft, das Gemeinwohl höher zu stellen als Individualinteressen, unter den Bürgern existierte. [...]

Die Bürgertugend wurde also von den Founders geradezu als Vorbedingung einer funktionierenden Selbstregierung des Volks verstanden. Konsequenz dieser Selbstregierung, wiederum, ist Freiheit. So hielt etwa Benjamin Franklin fest: „Only a virtuous people are capable of freedom." [„Nur ein tugendhaftes Volk ist zur Freiheit fähig."]

Zit. nach: www.rwi.uzh.ch/elt-lst-kley/verfg/usa/de/html/chapter_1_12.html (17.09.2020)

M7 „Ladder of Fortune". Farbdruck, um 1875

Die „Sprossen": Fleiß, Mäßigung, Besonnenheit, Rechtschaffenheit, Sparsamkeit, Pünktlichkeit, Mut und Ausdauer.

Die Holme: Moral und Ehrlichkeit.

Die „Früchte": Einfluss, Ehre, Zufriedenheit, Glück, ein gutes Gewissen, Gottgefallen, ein langes Leben, Reichtümer, Selbstachtung, einen guten Ruf, Erfolg und Mitmenschlichkeit

---

2. a) Arbeiten Sie aus dem Darstellungstext den jeweiligen Beitrag der USA bzw. Frankreichs für die Entstehung der modernen Demokratie heraus.
b) Historikerinnen und Historiker sprechen in diesem Zusammenhang von einem Kulturtransfer zwischen Europa und dem amerikanischen Kontinent. Erklären Sie diesen Begriff anhand Ihrer Ergebnisse aus Aufgabe 2. a).

3. a) Platon lehnte die Demokratie, wie sie im antiken Athen praktiziert wurde, ab. Arbeiten Sie seine Kritik aus M3 heraus.
b) Prüfen Sie, inwiefern sich seine Kritik auch auf heutige Demokratien übertragen lässt.

4. a) Beschreiben Sie die Abbildung M7.
b) Vergleichen Sie die Bildaussage M7 mit den Kernthesen des Rechtshistorikers Andreas Kley (M6).
c) Erklären Sie anhand Ihrer Ergebnisse den Zusammenhang von Marktwirtschaft und „Bürgertugenden".

5. a) Arbeiten Sie aus der „Erklärung der Menschen- und Bürgerrechte" von 1789 (M5) das zugrundeliegende Menschenbild heraus.
b) Vergleichen Sie Ihr Ergebnis mit den Menschenbildern in M6 und M7.
c) Begründen Sie, warum die „Erklärung der Menschen- und Bürgerrechte" von 1789 zum Vorbild für spätere Verfassungen werden konnte.

Gemeinden als „Schulen der Freiheit"?

Öffentlichkeit und Zivilgesellschaft

M1 Das Handeln Einzelner

Alexis de Tocqueville, ein französischer Historiker und späterer Politiker, bereiste in den Jahren 1831/32 die USA, um das politische System und die Gesellschaft zu studieren. Er schrieb:

Ein Hindernis liegt auf der Straße, der Durchgang ist versperrt [...]; alsbald bilden die Nachbarn eine beratende Gesamtheit. Aus dieser Stegreifversammlung entsteht eine ausführende Gewalt, die dem Übel abhilft. [...]
In den Vereinigten Staaten vereinigt man sich zu Zwecken der öffentlichen Sicherheit, des Handels und des Gewerbes, der Sittlichkeit und der Religion. Es gibt nichts, das der menschliche Wille nicht durch freies Handeln der vereinigten Macht Einzelner zu erreichen hoffte. [...] Wie kommt es, dass jeder sich mit den Angelegenheiten seiner Gemeinde, seines Kantons und des ganzen Staates wie mit seinen eigenen beschäftigt? Weil jeder in seinem Lebensbereich tätigen Anteil an der Lenkung der Gesellschaft nimmt. Der Mann aus dem Volke [...] findet im öffentlichen Reichtum seinen eigenen wieder, und er arbeitet für das Wohl des Staates nicht bloß aus Pflicht oder aus Stolz, sondern ich möchte fast sagen, aus Begehrlichkeit.

Alexis de Tocqueville: Über die Demokratie in Amerika (hg. v. Jacob P. Mayer, übers. v. Hans Zbinden), München 1976, S. 216f.

1. Formulieren Sie die Kernthese(n) de Tocquevilles in dieser Textpassage.

Handeln in der „Bürgergesellschaft"

Tocqueville entstammte dem europäischen Bürgertum, das selbstbewusst politischen Einfluss forderte. In den USA hatte er vielfach Menschen erlebt, die über ihre Privatsphäre hinausblickten und sich als Teil einer **Öffentlichkeit** verstanden. Seine Beobachtungen führten ihn zu der Überzeugung, dass gesellschaftliche Strukturen, die es ermöglichten, soziale und politische Problemstellungen mit anderen vernunftgeleitet zu erörtern, um sich eine Meinung zu bilden, und die zudem politische Partizipation vor Ort erlaubten, besonders geeignet waren, freiheitliche Denk- und Verhaltensweisen zu fördern: Gemeinden würden so zu „Schulen der Freiheit", die eine „civil society" hervorbrächten.

NGO: Abkürzung für „non-governmental organization" (Nichtregierungsorganisation). Gemeint sind hier Zusammenschlüsse unabhängiger Bürgerinnen und Bürger, die – oft als Non-Profit-Organisationen, also ohne eigene Gewinnabsicht – soziale, ökologische und humanitäre Ziele verfolgen. Bekannte solcher NGOs sind das Internationale Rote Kreuz und der Rote Halbmond, Amnesty International oder Ärzte ohne Grenzen.

Öffentlichkeit ist ein Bereich politischer Kommunikation, der neben staatlichen und sozialen Einrichtungen existiert und – indem sie gesellschaftliche Probleme benennt, beobachtet und thematisiert – der Gesellschaft einen Spiegel vorhält. Voraussetzung für das Entstehen von Öffentlichkeit war die Gewährung von Freiheiten, etwa Meinungs- und Pressefreiheit, die den Diskurs über politische und gesellschaftliche Probleme – ungestört von Zensur und unter Nutzung verschiedenster Informationsquellen – ermöglichte. Öffentlichkeit zeichnet sich dadurch aus, dass sie
- mit Meinungen anderer diskursiv umgeht,
- Meinungen hervorbringt, die andere akzeptieren können.

In Westeuropa ging der Begriff der **Zivilgesellschaft** erst um 1990 in den politischen Sprachgebrauch ein. Er bezeichnet ein Gemeinwesen, das durch selbstständige, engagierte Bürgerinnen und Bürger geprägt ist, die sich – jenseits von Parteien und Institutionen – um gesellschaftliche und politische Belange kümmern. Der Anstoß für zivilgesellschaftliches Engagement – z. B. für Abrüstung, Klimaschutz oder soziale Randgruppen – kann von Gruppen wie Bürgerinitiativen oder NGOs ausgehen. Aber auch Vertreterinnen und Vertreter staatlicher Institutionen können zu zivilgesellschaftlichem Handeln aufrufen, etwa wenn gesellschaftliche Aufgaben durch Verordnungen allein nicht bewältigt werden können und besondere solidarische Verhaltensweisen der Bevölkerung erfordern.

Worauf sich zivilgesellschaftliches Handeln richten soll, muss immer wieder neu bestimmt werden. Doch was, wenn sich Bürgerinitiativen gegen demokratisch beschlossene Maßnahmen richten wie in den Demonstrationen während der Corona-Krise im Jahr 2020 oder gegen Zuwanderung wie in den sogenannten Pegida-Demonstrationen in den 2010er-Jahren? Muss in einer Demokratie jeglicher öffentlicher Meinung und jeglichem zivilgesellschaftlichen Handeln Toleranz entgegengebracht werden?

M2 Hat Toleranz Grenzen?

In den 2010er-Jahren kam es in Europa vermehrt zu islamistischen Anschlägen, die teilweise hohe Opferzahlen forderten. Unter anderem wurde im Dezember 2016 ein Angriff auf den Berliner Weihnachtsmarkt verübt. Vor diesem Hintergrund entstand folgender Text des Schweizer Journalisten Thomas Ribi.

Toleranz kommt unter Druck. Die Forderungen nach einem „Ende des Duldens" werden lauter, und unbegründet sind sie nicht. [...] Die Probleme beginnen bei praktischen Fragen: Wie sollen wir mit Eltern verfahren, die ihre Kinder nicht in den Schwimmunterricht schicken wollen? Sollen christliche Fundamentalisten eigene Schulen gründen dürfen? [...] Dürfen wir die Bildung religiöser Parallelgesellschaften zulassen? Müssen Schulkinder der Lehrerin zur Begrüßung die Hand reichen? Und muss der Staat einschreiten, wenn ein Karikaturist islamfeindliche Zeichnungen verbreitet? [...] Tolerieren heißt ertragen, und zwar gegen die eigene Überzeugung. Das hat nur in einer Gesellschaft Platz, die den offenen Widerstreit der Meinungen kennt. [...]

Entscheidend ist, dass Toleranz nur funktioniert, wenn sie gegenseitig ist. [...] Toleranz ist etwas anderes als Respekt. Tolerieren kann ich nur, was ich ablehne, aber zu dulden bereit bin, wenn es den gelebten gesellschaftlichen Konsens nicht strapaziert. Toleranz heißt nicht, dass ich einem Phänomen oder einer Person positiv oder auch nur indifferent gegenüberstehe. Ich kann sogar bekämpfen, was ich toleriere. Aber ich würde mich trotzdem dagegen verwahren, dass es verboten wird. [..]

Im Zeichen einer falsch verstandenen Toleranz, die glaubt, alles Andere und Fremde akzeptieren zu müssen, wagen wir kaum mehr, Nein zu sagen, vor allem, wenn Differenzen religiös oder kulturell begründet sind. Aber das kann uns niemand ersparen. Diese dauernde Auseinandersetzung ist der Preis, den wir unserer freiheitlichen Gesellschaft schuldig sind. Wir können nur so tolerant sein, wie wir bereit sind, unsere eigenen Positionen zu verteidigen. Dulden heißt auch Grenzen setzen. Und Toleranz kann nur dort gelingen, wo sie das Signal von Menschen ist, die wissen, wofür sie einstehen.

Thomas Ribi: Das Paradox der Toleranz, zit.. nach: www.nzz.ch/meinung/die-grenzen-des-freiheitlichen-staats-das-paradox-der-toleranz-ld.136609 (14.05.2020)

M3 Privat initiierte Weiterbildung gegen Ende des 18. Jahrhunderts: Der Mannheimer Arzt Franz Anton Mai hält eine öffentliche Vorlesung in einem Konzertsaal, Gemälde aus dem Jahr 1793. Franz Anton Mai klärte in einer Reihe von Vorträgen interessierte Bürger über Fragen der Gesundheit auf, z. B. über gesunde Ernährung.

2. Arbeiten Sie aus dem Darstellungstext zentrale Merkmale der „Zivilgesellschaft" heraus.

3. Erklären Sie anhand des Gemäldes M3 und unter Bezugnahme auf die Information im Darstellungsteil den Begriff „Öffentlichkeit".

4. Beurteilen Sie den Beitrag von Öffentlichkeit und Zivilgesellschaft für die Stabilität der heutigen Demokratie.

+ „Ein zeitgemäßes Konzept von Zivilgesellschaft muss universell gedacht werden. Der angemessene Anspruchshorizont wird nicht durch eine europäische Zivilgesellschaft, sondern durch eine Weltzivilgesellschaft bezeichnet."
  Erörtern Sie diese These des Soziologen Dieter Rucht.
  *Zit. nach: www.wzb.eu/system/files/docs/sv/iuk/rucht01_zivilgesesellschaft.pdf (20.09.2020)

5. Diskutieren Sie ausgehend von M2 in Kleingruppen über mögliche Grenzen der Toleranz. Formulieren Sie dazu Thesen, die im Klassenzimmer ausghängt werden und als Grundlage für eine Diskussion im Plenum dienen.

+ Erörtern Sie, ob das von Tocqueville (M1) beschriebene „Wohl des Staates" heute noch das handlungsleitende Motiv der Bürgerinnen und Bürger ist – in den USA und bei uns.

Befreiung zum Kollektiv?

Der Kommunismus

M 1 „Der Hammer des Proleten schlug zu" – sowjetisches Plakatmotiv des Künstlers Michail Tscheremnych, um 1920. Der große rote Bereich des „Proleten" kontrastiert mit dem kleinen weißen Bereich der „Bourgeoisen".

1. a) Notieren Sie erste Eindrücke und Assoziationen zum Plakatmotiv M 1.
   b) Formulieren Sie ausgehend von Ihren Eindrücken und der Kapitelüberschrift Arbeitshypothesen für dieses Kapitel.

„Proletarier aller Länder, vereinigt euch!"

Dieser Satz wurde weltweit zur Parole der sozialistischen Arbeiterbewegung. Zu finden ist er erstmals im von Karl Marx und Friedrich Engels 1848 verfassten „Kommunistischen Manifest". Die beiden Philosophen entwickelten in diesem Werk ein Geschichtsbild, in dessen Mittelpunkt der Begriff des **Klassenkampfes** stand: Die gesamte Menschheitsgeschichte sei gekennzeichnet vom Kampf der Unterdrückten gegen die Herrschenden, der in Revolutionen münde. In deren Folge übernehme die bislang unterdrückte Klasse die Herrschaft, was aber zu neuen Abhängigkeitsverhältnissen und sozialen Konflikten führe. Das gelte auch für den Kapitalismus und das von ihm hervorgebrachte Proletariat. Diese Gesellschaftsordnung sei nur durch eine soziale Revolution zu überwinden, die eine sozialistische Gesellschaft hervorbringen werde. Sie sei der Übergang zur **klassenlosen Gesellschaft**, in der alle sozialen Gegensätze aufgehoben seien.

Die Anfänge der Arbeiterbewegung

Vor dem Hintergrund dieser Lehre entstanden nach 1860 in Westeuropa Arbeiterparteien, die dem Kapitalismus und der Klassengesellschaft den Kampf ansagten (→ S. 104 f.). Im wirtschaftlich eher rückständigen, noch stark agrarisch geprägten Russland gründete sich dagegen erst 1898 eine sozialistische Partei. Sie musste – ähnlich wie zeitweise ihre westeuropäischen Schwesterparteien – im Untergrund arbeiten, da die zaristische Autokratie und ihre Geheimpolizei oppositionelle Bewegungen im Keim zu ersticken versuchten. Subversives, auch gewaltbereites Agieren gehörte daher zu den Grunderfahrungen, die russische Oppositionelle, zu denen auch Lenin, Trotzki oder Stalin gehörten, in ihren frühen Jahren machten. Viele von ihnen erhielten Gefängnisstrafen, erlebten Verbannung oder flüchteten ins westeuropäische Exil.

Während die sozialistisch orientierten Parteien im Westen um die Jahrhundertwende zu Massenparteien wurden, blieben diese in Russland zunächst zahlenmäßig kleine, oft lokal organisierte Gruppierungen. Zudem hatte sich die sozialistische Bewegung in Russland früh – 1903 – gespalten: in einen gemäßigten Flügel (Menschewiki) und einen radikalen (Bolschewiki). In der ersten russischen Revolution von 1905 spielten sie kaum eine Rolle. Dies änderte sich mit der revolutionären Stimmung des Jahres 1917, die zur Abdankung des

Zaren in der Februarrevolution führte und ein Machtvakuum hinterließ. Angesichts der dramatisch schlechten Versorgungslage während des Ersten Weltkriegs und der zunehmenden Kriegsmüdigkeit in Militär und Bevölkerung konnten die russischen Sozialisten mehr und mehr an politischem Einfluss gewinnen.

Die Rolle Lenins

Wladimir Iljitsch Lenin (1870–1924), der politische Kopf der Bolschewiki, hatte während seines Exils in mehreren Schriften die marxschen Ideen weiterentwickelt, um sie mit den Verhältnissen in Russland in Einklang zu bringen. Drei Punkte waren dabei besonders wichtig:

- Marx hatte **sozialistische Revolutionen** für die industriell fortgeschrittenen Nationen wie England oder Deutschland vorausgesagt. Lenin dagegen meinte, die Revolution könne auch zuerst in einer rückständigeren, „halbfeudalen" Nation wie Russland ausbrechen. Sie werde dann auf die weiter fortgeschrittenen Länder übergreifen und so zur Weltrevolution werden.
- Marx hatte der Landwirtschaft und den Bauern in seinen ökonomischen Überlegungen kaum Beachtung geschenkt. Lenin dagegen forderte, dass die Industriearbeiterschaft – in Russland nur etwa 5 % der Erwerbstätigen – ein „Klassenbündnis" mit den Bauern eingehen müsse. Nur dadurch könne die Klassenherrschaft der Bourgeoisie und des Adels gebrochen werden.
- Lenin hatte in Westeuropa beobachtet, dass die ursprünglich revolutionär eingestellten Arbeiterparteien, allen voran die SPD, „revisionistisch", also zunehmend gemäßigter und kompromissbereiter gegenüber den herrschenden Verhältnissen geworden waren. Er forderte deshalb, dass die Partei der sozialistischen Revolution eine **Kaderpartei** sein müsse – keine Massenbewegung, sondern eine elitäre Gruppe, die, so wörtlich, „die Massen zum Sozialismus führt".

Von Marx übernahm Lenin die Forderung nach einer **„Diktatur des Proletariats"**: Die werktätigen Massen müssten nach der sozialistischen Revolution die Bourgeoisie – in Russland auch den Adel – unterdrücken und zunächst den Sozialismus verwirklichen, um danach im **Kommunismus** die klassenlose Gesellschaft zu verwirklichen, wie Marx es vorhergesagt hatte. Wie Marx sah auch Lenin im Kommunismus den Endzustand der Menschheitsgeschichte, das „Reich der Freiheit". Dort werde der marxsche Grundsatz herrschen: „Jeder nach seinen Fähigkeiten, jedem nach seinen Bedürfnissen."

Bolschewiki an der Macht

Mit der Oktoberrevolution des Jahres 1917 übernahm erstmals in der Geschichte eine kommunistische Partei die Macht in einem Staat. Die Bolschewiki gaben das Ziel aus, Russland zu etwas in jeder Hinsicht Neuem aufzubauen. Dabei sollte ein eigener Entwicklungsweg beschritten werden und zu einer kommunistischen Moderne führen – ohne Privateigentum, unterdrückte Arbeiter, Herrschende und Beherrschte, Ausbeutung oder soziale Konflikte, ohne die alte Macht der orthodoxen Kirche, mit gut ausgebildeten Menschen und gleichen Rechten für Männer und Frauen. Die Bolschewiki verkündeten, dass Russland stark aus dem Modernisierungsprozess hervorgehen werde. In einer Art „Weltrevolution", so glaubte auch Lenin, würden die anderen Staaten der Welt in der Zukunft dem russischen Vorbild nachfolgen.

Vorerst war die Macht der Bolschewiki aber nicht gefestigt; erst 1921 hatten sie ihren Machtanspruch durchgesetzt – in einem drei Jahre andauernden Bürgerkrieg, der abermals Millionen Todesopfer forderte und eine schwere Wirtschaftskrise auslöste. Auf dem Parteitag des Jahres 1921 schufen sie die fortan geltenden politischen Strukturen: Die bereits nach dem Sturz des Zaren 1917 eingesetzten Sowjets, die als basisdemokratische Organe beanspruchten, die politische Linie zu bestimmen, wurden entmachtet, die Partei damit zur alles entscheidenden politischen Institution. Lenin bezeichnete dies als „demokratischen Zentralismus". Einen Pluralismus der Meinungen oder gar Parteien sollte es fortan nicht mehr geben. Einhergehend mit ihrem **Antipluralismus** propagierten die Bolschewiki einen **antiindividualistischen** Kurs: Individualismus sei bürgerlich, daher veraltet und „konterrevolutionär". Vielmehr müsse der Gedanke des Kollektivismus in der Bevölkerung verankert werden. Arbeit und Leben im „Kollektiv" wurde zu einer Grunderfahrung im Kommunismus.

Kommunismus (von lat „communis", „gemeinsam"): Der Begriff bezeichnet zweierlei: die politische Bewegung, deren Ziel es war, eine herrschaftsfreie und klassenlose Gesellschaft zu errichten, in der allen alle Produktionsmittel (Land, Maschinen, Rohstoffe, Kapital) gemeinsam gehören, sowie das Herrschaftssystem, das 1917 in Russland auf Grundlage der kommunistischen Lehre errichtet wurde.

Russischer Bürgerkrieg: Zwischen 1918 und 1921 standen sich die Rote Armee, geführt von Leo Trotzki und getragen von den Bolschewiki, und uneinheitlich geführte oppositionelle Kampfverbände gegenüber, auch als „Weiße" bezeichnet. Letztere einte die Gegnerschaft zu den Bolschewiki, sie standen aber für verschiedene politische Ziele.

Sowjets: Räte, in die gesellschaftliche Gruppen (z. B. Betriebe) Vertreter entsendeten. Die Delegierten waren an die Weisungen ihrer Wähler gebunden und unterstanden deren Kontrolle. Die Sowjets übernahmen Aufgaben der Legislative und der Exekutive.

M2 „Ein Gespenst geht um in Europa ..."

„... – das Gespenst des Kommunismus." So lautet der erste Satz im „Manifest der Kommunistischen Partei". Marx und Engels formulierten darin:

Ihr entsetzt euch darüber, dass wir das Privateigentum aufheben wollen. Aber in eurer bestehenden Gesellschaft ist das Privateigentum für neun Zehntel ihrer Mitglieder aufgehoben. Ihr werft uns also vor, dass wir ein Eigentum aufheben, welches die Eigentumslosigkeit der ungeheuren Mehrzahl der Gesellschaft als notwendige Bedingung voraussetzt. [...]

Die Kommunisten verschmähen es, ihre Ansichten und Absichten zu verheimlichen. Sie erklären es offen, dass ihre Zwecke nur erreicht werden können durch den gewaltsamen Umsturz aller bisherigen Gesellschaftsordnungen. Mögen die herrschenden Klassen vor einer kommunistischen Revolution erzittern. Die Proletarier haben nichts in ihr zu verlieren als ihre Ketten. Sie haben eine Welt zu gewinnen.

Karl Marx/Friedrich Engels: Manifest der Kommunistischen Partei, London 1848, S. 13, 23

M3 Mit Gewalt gegen Gewalt?

Lenin schrieb 1917:

Die Entwicklung zum Kommunismus geht über die Diktatur des Proletariats und kann auch gar nicht anders gehen, denn außer dem Proletariat ist niemand imstande, den Widerstand der kapitalistischen Ausbeuter zu brechen [...]. Die Diktatur des Proletariats aber, d. h. die Organisierung der Avantgarde der Unterdrückten, um die Unterdrücker niederzuhalten, kann nicht einfach nur eine Erweiterung der Demokratie ergeben. Zugleich mit der gewaltigen Erweiterung des Demokratismus, der zum ersten Mal ein Demokratismus für die Armen, für das Volk wird und nicht ein Demokratismus für die Reichen, bringt die Diktatur des Proletariats eine Reihe von Freiheitsbeschränkungen für die Unterdrücker, die Ausbeuter, die Kapitalisten. Diese müssen wir niederhalten, um die Menschheit von der Lohnsklaverei zu befreien, ihr Widerstand muss mit Gewalt gebrochen werden, und es ist klar, dass es dort, wo es Unterdrückung, wo es Gewalt gibt, keine Freiheit, keine Demokratie gibt.

Wladimir Iljitsch Lenin: Werke, Bd. 25, Berlin/DDR 1972, S. 393 f.

M4 Demokratie oder Diktatur?

Die deutsche Kommunistin Rosa Luxemburg (1871–1919) forderte nach dem Ende des Ersten Weltkriegs, in Deutschland eine Räterepublik zu errichten, also einen basisdemokratisch organisierten Staat. Den Weg, den die Bolschewiki nach der Oktoberrevolution einschlugen, kritisierte sie jedoch. 1918 schrieb sie:

Gewiss, jede demokratische Institution hat ihre Schranken und Mängel, was sie wohl mit sämtlichen menschlichen Institutionen teilt. Nur ist das Heilmittel, das Trotzki und Lenin gefunden: die Beseitigung der Demokratie überhaupt, noch schlimmer als das Übel, das es steuern soll: Es verschüttet nämlich den lebendigen Quell selbst, aus dem heraus alle angeborenen Unzulänglichkeiten der sozialen Institutionen allein korrigiert werden können. Das aktive, ungehemmte, energische politische Leben der breitesten Volksmassen. [...] Freiheit nur für Anhänger der Regierung, nur für Mitglieder einer Partei – mögen sie noch so zahlreich sein – ist keine Freiheit. Freiheit ist immer nur Freiheit des Andersdenkenden. [...] Der einzige Weg zur Wiedergeburt ist die Schule des öffentlichen Lebens selbst, uneingeschränkte breiteste Demokratie, öffentliche Meinung. Gerade die Schreckensherrschaft demoralisiert. Fällt das alles weg, was bleibt in Wirklichkeit? [...] Ohne allgemeine Wahlen, ungehemmte Presse- und Versammlungsfreiheit, freien Meinungskampf, erstirbt das Leben in jeder öffentlichen Institution, wird zum Scheinleben, in der die Bürokratie allein das tätige Element bleibt. Das öffentliche Leben schläft allmählich ein.

Einige Dutzend Parteiführer von unerschöpflicher Energie und grenzenlosem Idealismus dirigieren und regieren, unter ihnen leitet in Wirklichkeit ein Dutzend hervorragende Köpfe, und eine Elite der Arbeiterschaft wird von Zeit zu Zeit zu Versammlungen aufgeboten, um den Reden der Führer Beifall zu klatschen, vorgelegten Resolutionen einstimmig zuzustimmen, im Grunde also eine Cliquenwirtschaft – eine Diktatur allerdings, aber nicht die Diktatur des Proletariats, sondern die Diktatur einer Handvoll Politiker, d. h., Diktatur im bürgerlichen Sinne.

Zit. nach: Paul Levi (Hg.): Die Russische Revolution. Eine kritische Würdigung. Rosa Luxemburg – aus dem Nachlass, Berlin 1922, S. 112 f.

M5 „Neue Menschen“ durch den Kommunismus?

Leo Trotzki, einer ihrer führenden Köpfe der Bolschewiki, schrieb 1923:

Das Menschengeschlecht, der erstarrte homo sapiens, wird erneut radikal umgearbeitet [...]. Der Mensch hat zuerst die dunklen Elementargewalten aus der Produktion und der Ideologie vertrieben, indem er die barbarische Routine durch wissenschaftliche Technik und die Religion durch Wissenschaft verdrängte. Dann hat er das Unbewusste aus der Politik vertrieben, indem er die Monarchie und die Stände durch die Demokratie und den rationalistischen Parlamentarismus, schließlich durch die Transparenz der Sowjetdiktatur ersetzte. Am schlimmsten hat sich die blinde Naturgewalt in den Wirtschaftsbeziehungen festgesetzt – aber auch von dort vertreibt sie der Mensch durch die sozialistische Organisation der Wirtschaft. Dadurch wird ein grundlegender Umbau des traditionellen Familienlebens ermöglicht. [...] Der Mensch wird sich zum Ziel setzen, seiner eigenen Gefühle Herr zu werden, seine Instinkte auf die Höhe des Bewusstseins zu heben, sie durchsichtig klar zu machen, mit seinem Willen bis in die letzten Tiefen des Unbewussten vorzudringen und sich so auf eine Stufe zu erheben – einen höheren gesellschaftlich-biologischen Typus, und wenn man will, den Übermenschen zu schaffen. [...] Der durchschnittliche Mensch wird sich bis zum Niveau eines Aristoteles, Goethe oder Marx erheben.

Leo Trotzki: Literatur und Revolution (übers. v. Eugen Schäfer u. Hans von Riesen), Essen 1994, o. S.

M6 Traumatisiert

→ Vertiefungsmaterial für das Leistungsfach

Der Historiker Dietmar Neutatz schreibt über die psychologischen Auswirkungen des Bürgerkriegs:

Die Bolschewiki wollten aus dem immer noch überwiegend agrarischen Russland eine moderne Industriegesellschaft machen, allerdings keine kapitalistische, sondern eine andere, sozialistische. Ihre Visionen vom Sozialismus und vom „neuen Menschen“ waren jedoch keine durchdachten Handlungskonzepte und in der Gesamtschau keine adäquate Antwort auf die realen Probleme des Landes. Der Versuch, sie unter den Bedingungen des Bürgerkriegs sofort umzusetzen, endete in Chaos und Gewalt. [...] Das Land wurde im Bürgerkrieg in beispielloser Weise verwüstet. [...] Wegen der zusammenbrechenden Versorgung kam es vorübergehend zu einer Entvölkerung der Städte, weil die Menschen aufs Land flüchteten, wo sie leichter an Nahrungsmittel gelangen konnten. [...] 1921 spitzte sich aber auch auf den Dörfern die Misere zu. In der Not wurde geraubt, gemordet und geplündert. [...]
Große Teile der Bevölkerung wurden durch den Bürgerkrieg und seine Auswirkungen traumatisiert. Andere, die in ihm kämpften, lernten dabei, die eigene Realität auf eine ganz spezifische Weise wahrzunehmen, nämlich als von Feinden eingekreist, gegen die man mit Waffengewalt kämpfen, die man töten musste. Das Bild vom äußeren verschob sich auf den inneren Feind, was ein Schwarz-Weiß-Denken und eine permanente Klassifizierung der Menschen in „Freund“ und „Feind“ bewirkte.

Dietmar Neutatz: Träume und Alpträume. Eine Geschichte Russlands im 20. Jahrhundert. München 2013, S. 168 f.

---

2. Charakterisieren Sie mithilfe des Darstellungstextes und M 2 die Vorstellungen, die Marx und Engels von einer kommunistischen Gesellschaft hatten.

3. a) Arbeiten Sie aus dem Darstellungstext und M 3 heraus, wie Lenin die Vorstellungen von Marx und Engels an die gesellschaftlichen Verhältnisse im russischen Zarenreich und der jungen Sowjetunion anpasste.
b) Vergleichen Sie M 3 und M 4 hinsichtlich des jeweiligen Verständnisses von Demokratie und Diktatur.

4. Arbeiten Sie aus M 5 das Bild des „neuen Menschen” heraus, das Trotzki hier entwirft.

5. Erläutern Sie die in M 6 beschriebenen mentalitätsgeschichtlichen Folgen der Oktoberrevolution. Vergleichen Sie diese Befunde mit den Ideen Trotzkis.

+ Laut der offiziellen russischen Denkmaldatenbank existieren noch heute über 5 000 Statuen und Büsten von Lenin an allgemein zugänglichen Orten, viele davon in oder vor Betrieben, Schulen und militärischen Einrichtungen. Bewerten Sie diesen Sachverhalt.

Der faschistische Mensch – ein Mensch der Moderne?

Faschismus in Italien (1922–1943)

M 1 Alfredo Ambrosi: Porträt von Benito Mussolini vor einer Ansicht von Rom, 1930

1. a) Finden Sie Adjektive, die die Wirkung des Porträts M 1 treffend wiedergeben.
b) Diskutieren Sie das Zusammenspiel von Mensch, Kultur und Natur im Gemälde.

Krisen in Italien

Gegen Ende der 1920er-Jahre, als die jungen europäischen Demokratien zu zerbrechen begannen, richteten sich die Blicke vieler nach Italien. Hier war die erste rechtsradikale Bewegung in Europa entstanden, die einen dauerhaften Erfolg errungen und ihre Macht ausgebaut hatte: der **Faschismus**. Bereits 1922 war in Italien eine faschistische Regierung gebildet worden. Die Bewegung hatte sich durchsetzen können, weil sie mit nationalkonservativen Gruppierungen zusammenarbeitete und die Unterstützung des italienischen Königshauses fand. Als wesentliche Ursache dieser Entwicklung gilt eine dreifache Systemkrise in Italien, die sich nach dem Ersten Weltkrieg zuspitzte:

- Zum Ersten hatten bürgerliche und aristokratische Herrschaftseliten die Gründung des italienischen Nationalstaats stets als unvollendet angesehen: **Radikalnationalisten** forderten, die außerhalb Italiens liegenden, „unerlösten“ Gebiete wie z. B. Südtirol, Trient, Triest oder Istrien „heimzuholen“ und dem italienischen Staatsgebiet einzugliedern. Obwohl Italien in den Pariser Friedensverhandlungen nach dem Ersten Weltkrieg tatsächlich einen großen Teil dieser Gebiete zugesprochen bekam, wurde der Friedensschluss in der italienischen Öffentlichkeit als völlig unzureichend empfunden und mit dem Schmähwort des „verstümmelten Sieges“ (Vittoria mutilata) gebrandmarkt.
- Die zweite Krise kann als Krise des Parlamentarismus bezeichnet werden: Der Weg von der absolutistischen Monarchie zum liberal-demokratischen Verfassungsstaat verlief deshalb schwierig, weil das Parlament über Jahrzehnte nicht in der Lage gewesen war, Parteien aufzubauen und erst 1918 ein allgemeines Wahlrecht – für Männer – eingeführt worden war. Das Ergebnis dieser ersten allgemeinen Wahl hatte zudem zur Lähmung des Verfassungssystems geführt, da es keine eindeutigen Mehrheiten gab und das katholische, sozialistische und bürgerliche Lager nicht miteinander koalierten.
- Zum Dritten wurde Italien nach dem Ersten Weltkrieg besonders stark von der Umstellung der Kriegs- auf die Friedenswirtschaft getroffen. Die Industrialisierung hatte sich in den Jahrzehnten zuvor unter hoher Beteiligung des Staates vollzogen. Vor allem die Schwerindustrie und der Maschinenbau waren gefördert worden. Mit dem Ende des Krieges brachen die bestehenden Industriegiganten jedoch zusammen. Zur enormen Staatsverschuldung kamen nun auch noch die Aufwendungen zur finanziellen Unterstützung der Konzerne. Millionen von heimkehrenden Frontsoldaten blieben so ohne Arbeit oder gerieten in prekäre Beschäftigungsverhältnisse. Bereits im Frühjahr 1919 kam es zu Hungerrevolten und Landbesetzungen.

Radikalnationalismus: militanter, imperialistisch aufgeladener Nationalismus, der für Italien einen „rechtmäßigen“ Platz in der Weltpolitik forderte und in den 1930er-Jahren in einen rassistischen Imperialismus mündete

Weist der „Duce“ den Weg aus der Krise?

Die Entstehung der faschistischen Bewegung ist untrennbar mit der historischen Figur des Benito Mussolini (1883–1945) verbunden. Nach Kriegsende gründete er in Mailand den Kampfbund „Fascio italiano di combattimento“, der sich allmählich zu einer rechtsextremen Massenbewegung entwickelte. Dabei spielte ihm die Zerstrittenheit der Sozialisten auf der einen und die übergroße Angst der Bürgerlichen vor einem bolschewistischen Umsturz auf der anderen Seite in die Hände. In diesem Klima ergriff Mussolini eine Doppelrolle: Zum einen nahm er die Rolle des kompromissbereiten Staatsmannes ein, der die Regeln des politischen Systems achtet. Zum anderen drohte er mit einem Putsch der Kampfbünde und sogenannten Squadristen, den organisierten paramilitärischen Truppen der Faschisten. Mit der Gründung der faschistischen Partei, des **Partito Nazionale Fascista** (PNF) im November 1921 setzte sich Mussolini endgültig an die Spitze der Bewegung. Er wurde jetzt als oberster Führer des Faschismus – „Duce“ – angesprochen. Weniger als ein Jahr später gelang es ihm, mit seiner Doppelstrategie die Macht zu ergreifen: In einer weiterhin unsicheren Lage drohte er mit dem „Marsch auf Rom“ – also einem Putsch. Obwohl die faschistischen Truppen wenig motiviert erschienen und königliche Truppen Rom hätten schützen können, erteilte König Victor Emanuel III. am Morgen des 29. Oktober 1922 Mussolini den Auftrag zur Regierungsbildung.

„Glauben, gehorchen, kämpfen“

Der Faschismus beanspruchte, die Entwicklungsprobleme der Demokratien zu lösen, indem er die Modernisierung Italiens anstrebte und gleichzeitig Massenpartizipation ablehnte. Modernisierung wurde verstanden als Erneuerung der Nation und des Menschen sowie das Wiedererlangen imperialer Größe. Der Einzelne, der „neue faschistische Mensch“, hatte sich der Herrschaft des Faschismus nach dem Motto „glauben, gehorchen, kämpfen“ unterzuordnen. Die Trennung zwischen der öffentlichen und der privaten Sphäre galt als aufgehoben – der Mensch nicht als Individuum, sondern als Teil des „totalen“ Staates. Mit diesem **Antiindividualismus** richtete sich die faschistische Konzeption gleichermaßen gegen Liberalismus, Demokratie und das parlamentarische Regierungssystem (**Antiparlamentarismus**). Der starke faschistische Staat sollte durch Erziehungsprogramme den „neuen Menschen“ hervorbringen und damit eine weitreichende innenpolitische Integration ermöglichen. Die Bewegung gab sich dynamisch und den Errungenschaften des Industriezeitalters zugewandt, folgte aber keiner inhaltlich geschlossenen Ideologie. In ihrer Bejahung von Technik, Maschinen und Beschleunigung sprach sie vor allem junge Menschen an.

Außenpolitisch sollte der Faschismus zu Expansion führen: Mussolini zielte darauf, ein neues römisches Imperium zu errichten. Die in der Antike für das Mittelmeer verwendete Bezeichnung **„mare nostrum“** wurde zum Propagandabegriff: Mit dem Anspruch, die Vorherrschaft im Mittelmeerraum zu gewinnen, führte das faschistische Italien militärische Interventionen und Kriege auf dem Balkan und in Afrika durch.

Um ihre Ziele durchsetzen zu können, bauten die Faschisten ihre Regierung von Beginn an zur Diktatur aus: Eine Wahlrechtsreform sicherte der PNF zunächst 1923/24 die Mehrheit der Parlamentssitze. Die Ausschaltung des Parlamentes und das Verbot der antifaschistischen Presse und aller Parteiorganisationen mit Ausnahme der PNF folgten. Gewerkschaften wurden durch Korporationen ersetzt, und eine politische Polizei wurde aufgebaut. Ähnlich wie später in Deutschland entstanden Parallelstrukturen zwischen staatlichen Institutionen und Parteiorganisationen: Besonders deutlich zeigt dies die Einrichtung des „Faschistischen Großrats“ (Gran Consiglio). Dieser trat bereits ab Dezember 1922 zusammen und entschied über politisch-staatliche wie parteiinterne Fragen. Als der Rat 1929 schließlich in die Verfassungsstruktur eingebunden wurde, war die Diktatur fest institutionalisiert. Gleichzeitig wurden oppositionelle – Sozialisten, Liberale, Anhänger der Volkspartei und katholischer Institutionen – verfolgt, inhaftiert und ermordet. Dennoch schreckten der italienische König und die Eliten vor einem Sturz Mussolinis zurück, da sie sich staatliche Stabilität und die Abwehr sozialistischer Umsturzversuche erhofften. Erst 1943, nachdem Italien im Zweiten Weltkrieg große Verluste erlitten hatte, wurde Mussolini gestürzt.

M2 (unten)
Der „neue Mensch“? Statue eines Athleten. Sie stand auf dem Mussolini-Forum in Rom, wo u. a. Massenveranstaltungen der faschistischen Jugendorganisationen stattfanden.

M3 Eine „organisierte, zentralisierte und autoritäre Demokratie“

1932 veröffentlichte Mussolini eine Programmschrift über den Faschismus. Darin legte er dar:

a) Faschismus versus Demokratie und Sozialismus

Nächst dem Sozialismus zerschlägt der Faschismus den ganzen Komplex der demokratischen Ideologien [...]. Als demokratische Regierungen können diejenigen definiert werden, bei denen ab und zu dem Volke vorgegaukelt wird, es sei souverän, während die wahre und tatsächliche Souveränität doch in Wirklichkeit von anderen, mitunter unverantwortlichen und geheimen Kräften ausgeübt wird. [...] Der Faschismus lehnt in der Demokratie die absurde konventionelle Lüge von der politischen Gleichheit und kollektiven Verantwortungslosigkeit und von dem Mythos des Glückes und des unbegrenzten Fortschritts ab. Wenn aber die Demokratie anders verstanden werden kann, das heißt, wenn Demokratie nicht die Zurückdrängung des Volkes im Staate bedeutet, so kann der Faschismus tatsächlich als eine „organisierte, zentralisierte und autoritäre Demokratie“ umschrieben werden. [...]
Gegenüber den liberalen Doktrinen steht der Faschismus in unnachgiebiger Kampfstellung sowohl auf dem Gebiete der Politik wie auf dem der Wirtschaft. [...]

M4 Plakat der faschistischen Partei Italiens, 1920er-Jahre. Der Slogan lautet: „Durch Harmonie der Kräfte zu wirtschaftlichem Sieg“. Der aufragende Bildgegenstand in der Mitte ist ein Rutenbündel, in dem ein Beil steckt. Dieses als „fasces“ bezeichnete Symbol war in der römischen Antike das Amtszeichen hoher Beamter. Die Faschisten machten es zu ihrem Parteizeichen.

Die faschistische Ablehnung des Sozialismus, der Demokratie und des Liberalismus darf nicht glauben machen, dass der Faschismus die Welt in den Zustand vor 1789 zurückversetzen möchte [...]. Der Faschismus hat aus dem Schutt liberaler, sozialistischer und demokratischer Doktrinen die Elemente übernommen, die noch einen Lebenswert haben. [...] Die politischen Doktrinen gehen vorüber, die Völker bleiben. Man darf annehmen, dass unser Jahrhundert ein Jahrhundert der Autorität, der „Rechten“, des Faschismus ist – wenn das neunzehnte Jahrhundert das des Individuums war (Liberalismus bedeutet Individualismus), so kann man sich vorstellen, dass dies das „kollektive“ Jahrhundert und daher das des Staates ist.

b) Der faschistische Staat

Angelpunkt der faschistischen Doktrin ist die Idee des Staates, sein Wesen, seine Aufgaben und seine Zwecke. Für den Faschismus ist der Staat ein Absolutum, demgegenüber die Individuen und die Gruppen das Relative sind. [...] Der faschistische Staat hat sein Bewusstsein, seinen eigenen Willen und deshalb wird er ein „ethischer“ Staat genannt. [...] Der Staat, wie ihn der Faschismus auffasst und verwirklicht, ist eine geistige und moralische Tatsache, denn er schafft eine bestimmte politische, juristische und wirtschaftliche Organisation der Nation, die in ihrem Ursprung und in ihrer Entwicklung wiederum eine Offenbarung des Geistes ist. Der Staat gewährleistet die innere und äußere Sicherheit, aber er ist auch Hüter und Vermittler des Volksgeistes. [...] Der Staat erzieht die Bürger zur Tüchtigkeit. Er gibt ihnen das Bewusstsein, [eine Mission zu haben] und rüttelt sie zur Einigkeit auf. Er gleicht ihre Interessen gerecht aus. [...] Er treibt die Menschen aus dem rohen Stammesleben zur höchsten Machtentfaltung, zum Reich. [...] Er zeigt und empfiehlt den kommenden Generationen als Vorbild die Führer, die sein Territorium vergrößerten, und die Großen, die ihm Ruhmesglanz verliehen. Wenn das Gefühl für den Staat abstirbt, und die auflösenden zentrifugalen Bestrebungen der Individuen oder der Gruppen vorherrschen, dann neigt sich das Leben einer Nation dem Untergang zu.

Benito Mussolini: Die politische und soziale Doktrin des Faschismus (übers. v. L. Sels-Geviba), Leipzig 1933, o. S., bearb.

M5 Ein charismatischer Führerstaat?

Der Historiker Wolfgang Schieder erklärt, wie es Mussolini gelang, die Macht zu ergreifen und zu sichern:

Benito Mussolini [...] verfolgte die politische Doppelstrategie, eine persönliche Führerdiktatur zu errichten, die sich sowohl auf die faschistische Massenpartei als auch auf die nationalmonarchischen Eliten innerhalb des Bürgertums stützte, die seine Machtergreifung unterstützt hatten. Er hat diesen eigentümlichen Herrschaftskompromiss seit 1922 zielstrebig verfolgt [...].

Die lange Regimephase des Faschismus zeichnete sich dadurch aus, dass Mussolini eine Art von Vermittlungsdiktatur ausüben konnte, mit der er sich sowohl über die Partei als auch die monarchisch orientierten faschistischen Sympathisanten stellte und als „Duce del fascismo" für beide Seiten unentbehrlich machte. Diese Diktatur war nicht bürokratisch vermittelt, schon gar nicht lag ihr eine klare institutionelle Regelung zugrunde. In Anlehnung an [den Soziologen] Max Weber kann man Mussolinis persönliche Diktaturausübung deshalb durchaus als „charismatische Herrschaft" bezeichnen.

Mussolinis Herrschaft baute auf persönliche Loyalität auf, nicht auf sachliche Zuständigkeit und fachliche Kompetenz. Sie wurde durch einen Personenkult abgesichert, der die Beherrschten zu blinder Unterwerfung bringen sollte. Max Weber spricht in diesem Zusammenhang von „charismatischer Gefolgschaft", die auf der direkten Konfrontation mit dem „Führer" beruhte, sei es in medialer Vermittlung oder sei es in persönlicher Begegnung. Mussolinis zahllose öffentliche Auftritte in organisierten Massenversammlungen finden hier ebenso ihre Erklärung wie die internen Audienzen, bei denen seine Entourage fast täglich bei ihm vorsprechen musste. [...]

Mussolinis Führerautorität war jedoch nicht nur Ergebnis einer geschickten Performance, sie war vielmehr in hohem Maße erfolgsabhängig. Solange Mussolini politische Erfolge, die er vor allem in imperialistischer Gewaltpolitik suchte, vorweisen konnte, war ihm die Zustimmung der Italiener gewiss. [...]

Schließlich ist davor zu warnen, das idealtypische Konstrukt „charismatischer Führerherrschaft" mit der historischen Realität zu verwechseln. Zunächst einmal ergab sich der Massenkonsens mit dem Faschismus nicht allein aus dem Dialog des „Duce" mit der „Masse". Es handelte sich [...] um sorgfältige Inszenierungen. [...] Ebenso wichtig war, dass die propagandistisch zur Schau gestellte Harmonie zwischen „Führer" und „Gefolgschaft" eine repressive Grundlage hatte. Die Führerschaft des „Duce" beruhte auf politischer Einschüchterung, polizeilicher Überwachung und unerbittlicher Verfolgung jedes abweichenden Verhaltens. Der charismatische Führerstaat des Faschismus war ein Polizeistaat.

Wolfgang Schieder: Der italienische Faschismus. München 2010, S. 9 f.

charismatische Herrschaft: Mit diesem Begriff charakterisierte der deutsche Soziologe Max Weber (1864–1920) bereits 1919 ein besonderes Herrschaftsverhältnis: Der Charismatiker gründe seine Autorität auf besondere Persönlichkeitsmerkmale, welche die Massen dazu bewegten, ihn als Führer mit Sendungsbewusstsein zu sehen und ihm zu folgen.

M6 Mussolini spricht in Genua zu den Massen, Foto, um 1940

2. Beschreiben Sie Aufstieg und Herrschaft der Faschisten in Italien auf der Basis des Darstellungstextes.

3. Deuten Sie die Bildmotive und den Slogan des Plakates M4. Arbeiten Sie anschließend Botschaft und Zielgruppe heraus.

4. Charakterisieren Sie mithilfe des Darstellungstextes und M3 das antiliberale Modernisierungskonzept des italienischen Faschismus.

5. Mussolinis Herrschaft wird als „charismatische Herrschaft" bezeichnet (M5). Erläutern Sie das Konzept und erörtern Sie, ob sich der Erfolg des Faschismus mithilfe dieses Konzeptes schlüssig erklären lässt.

6. Diskutieren Sie, inwieweit der „neue faschistische Mensch" als Mensch der Moderne bezeichnet werden kann.

Gesellschaftsmodelle des 20. Jahrhunderts

→ S. 184–187

Gesellschaftsmodelle für die Zukunft?

Der Erste Weltkrieg (1914–1918) bedeutete für Europa eine tiefgreifende Zäsur: Alte Ordnungen und Reiche zerfielen, neue Regierungsformen und Gesellschaftsmodelle setzten sich durch. Mit dem Kriegseintritt der USA und dem Sieg der kommunistischen Bolschewiki in Russland im Jahr 1917 wurden die Weichen für die großen Entwicklungen des 20. Jahrhunderts gestellt. Die drei großen Monarchien des Kontinents, das deutsche Kaiserreich, die österreichisch-ungarische Monarchie und das russische Zarenreich endeten mit diesem Krieg. Der amerikanische Präsident Wilson forderte für die Nachkriegsordnung das **Selbstbestimmungsrecht der Völker**. Fast alle europäischen Staaten gaben sich nach dem Krieg demokratische Regierungssysteme. Doch antiliberale Ideen bedrohten und zerstörten vielerorts die Ansätze einer demokratischen Neuordnung. Auch die Idee eines allgemeinen Weltfriedens, die in der Gründung des Völkerbunds (1920) ihren Ausdruck fand, konnte sich nicht durchsetzen.

→ S. 188–191

Freiheit über alles andere?

Seinen geistesgeschichtlichen Ursprung hatte dieses Modell in den Ideen der europäischen Aufklärung und konkret in den beiden großen Revolutionen jener Zeit in Nordamerika und Frankreich, beginnend 1776 und 1789. Zentral für die **liberale Demokratie** war der Gedanke des **Individualismus**. Er stellt den Einzelnen und seine Rechte über alle Stände, Klassen und politischen Ordnungen. Die daraus abgeleiteten **Menschen- und Bürgerrechte** sind seither fester Bestandteil aller demokratischen **Verfassungen**. Über die **Parlamentarisierung** der wichtigen politischen Entscheidungen wird dem Bürger die Partizipation am politischen Willensbildungsprozess ermöglicht. Auch die **Gewaltenteilung** zwischen den politischen Entscheidungsträgern dient dem Ziel einer Verhinderung autoritärer Herrschaftsformen. Die Verschiedenartigkeit der politischen Meinungen führt zu einem **Pluralismus** der Einstellungen und Lebensformen in der modernen, demokratischen Gesellschaft. Mit der Demokratie eng verbunden ist in aller Regel das Prinzip der wirtschaftlichen Freiheit. Die Wirtschaftsform der Demokratie ist daher zumeist die **Marktwirtschaft**, in der die Produktion durch den Markt, also die Nachfrage, gesteuert wird.

→ S. 192–193

Gemeinden – „Schulen der Freiheit?"

Mit der amerikanischen Revolution entwickelte sich in den USA ein Freiheitsverständnis, in dem der Einzelne seine demokratischen Rechte zunächst an der Basis wahrnehmen sollte. Diese Partizipation vor Ort, das „Demokratielernen von unten", war und ist ein wichtiger Faktor in der politischen Meinungsbildung. Durch den direkten Austausch von Standpunkten entsteht eine **Öffentlichkeit**, die auf anderen Ebenen, z. B. in Medien und Parteien, ihre Fortsetzung findet. Die Öffentlichkeit ist also ein wichtiger Bestandteil der **Zivilgesellschaft**, in der politische Fragen und Probleme nicht nur von Politikern, sondern auch in anderen Begegnungs- und Kommunikationsräumen ausgehandelt und angegangen werden. Wichtige Voraussetzung dafür ist die Bereitschaft zur **Toleranz**, dem Zuhören und Geltenlassen von Ansichten, die nicht die eigenen sind.

Der Kommunismus – Befreiung zum Kollektiv?

→ S. 194–197

Im Zuge der Verelendung der Industriearbeiterschaft entstand in Europa eine umfassende Arbeiterbewegung. Große Teile davon waren von den Ideen von Karl Marx und Friedrich Engels beeinflusst. Sie sprachen von zwei sich unversöhnlich gegenüberstehenden Klassen, dem Proletariat und der Bourgeoisie (→ S. 97 ff.). Befreiung sei nur über den **Klassenkampf** möglich, der in einer **Revolution** münde: das Proletariat müsse sich zusammenschließen und die Bourgeoisie enteignen und entmachten. Über die **„Diktatur des Proletariats“** sei der Weg in eine freie Gesellschaft ohne Unterdrückung und Ausbeutung möglich. Das Endziel der Geschichte sei der **Kommunismus** und damit eine **klassenlose Gesellschaft**. Der russische Revolutionär W. I. Lenin übernahm zentrale Gedanken der marxschen Lehre, veränderte sie aber, indem er sie den Gegebenheiten des russischen Zarenreiches anpasste. Für eine erfolgreiche Revolution, so Lenin, bedürfe es einer **Kaderpartei** von Berufsrevolutionären. Nur sie könnten den Weg der Revolution durchhalten, ohne Kompromisse zu schließen. Nach der Machtübernahme der Bolschewiki, der Partei Lenins, wurde Russland in diesem Sinne umgestaltet. Das Kollektiv wurde nun zum verbindlichen Arbeits- und Lebensmodell. Ziel war eine Gesellschaft der Gleichen und die Unterordnung des Einzelnen unter die Grundsätze und Ziele der Gemeinschaft (**Antiindividualismus**, **Antipluralismus**). Die soziale Wirklichkeit der frühen Sowjetunion sah jedoch anders aus: Bürgerkrieg, Verfolgung Andersdenkender, Hunger, wirtschaftlicher Zusammenbruch, vielfach auch moralische Verwahrlosung prägten diese Jahre.

Der faschistische Mensch – ein Mensch der Moderne?

→ S. 198–201

In Italien konnte sich bereits 1922 ein **faschistisches Regime** etablieren. Das Land wurde so Vorbild rechtsradikaler Bewegungen in Europa. Als wesentliche Ursache der Entwicklung gilt die tiefe politische und wirtschaftliche Krise des italienischen Staates am Ende des Ersten Weltkrieges. **Radikalnationalistische** Forderungen nach Eingliederung außerhalb Italiens liegender „unerlöster“ Gebiete verbanden sich mit dem Ziel der Faschisten, ein neues römisches Imperium zu errichten, die Vorherrschaft im Mittelmeerraum zu erlangen und dieses zum **„mare nostrum“** zu machen. Zentrale Figur der Bewegung war Benito Mussolini (1883–1945). Nach dem Zusammenschluss italienischer Kampfbünde (Fascio italiano di combattimento) zur faschistischen Partei, dem **Partito Nazionale Fascista** (PNF) im November 1921 setzte er sich als oberster Führer, „Duce“, an deren Spitze. Als er im Oktober mit dem „Marsch auf Rom“ – also mit einem Putsch – drohte, erteilte ihm der italienische König den Auftrag zur Regierungsbildung. Schrittweise bauten die Faschisten bis 1929 ihre Regierung zur Diktatur aus.
Der italienische Faschismus strebte zwar eine Modernisierung an, zielte aber auf die Bildung eines starken Staates. Das Individuum, der „neue faschistische Mensch“ hatte sich in diesem Staat nach dem Motto „glauben, gehorchen, kämpfen“ unterzuordnen. Die Trennung zwischen der öffentlichen und der privaten Sphäre galt als aufgehoben – der Mensch war kein Individuum mehr (**Antiindividualismus**), sondern Teil des „totalen“ Staates. Damit richtet sich die faschistische Konzeption gleichermaßen gegen Liberalismus, Demokratie und das parlamentarische Regierungssystem (**Antiparlamentarismus**).

Die Weimarer Republik

Durchbruch und Scheitern einer Demokratie

Die „Weimarer Republik“ war die erste deutsche Demokratie. Von Anfang an musste sie sich in politischen und wirtschaftlichen Krisen behaupten. Zugleich erlebten die städtischen Zeitgenossen eine nie dagewesene kulturelle Blüte, geprägt von Offenheit, Exzentrik und Experimentiergeist.

Die Abbildungen:

- Eine Demonstration am 9. November 1918 in Berlin, Unter den Linden
- (oben) Conrad Felixmüller: Der Tod des Dichters Walter Rheiner, Gemälde, 1925. Walter Rheiner, ein enger Freund des Malers, setzte sich in seinem künstlerischen Werk mit der Flucht in den Rausch auseinander. Am 12. Juni 1925 starb er im Alter von 30 Jahren an einer Überdosis Morphin.
- (unten) Plakat der NSDAP, 1931. Es nutzt die verbreitete Ablehnung des Versailler Vertrages durch die deutsche Bevölkerung. Die siegreichen Alliierten hatten dem Deutschen Reich 1919 harte Friedensbedingungen auferlegt.

Was wird aus Deutschland?

Vom Kaiserreich zur Republik

„Der Kaiser hat abgedankt. Er und seine Freunde sind verschwunden. Über sie alle hat das Volk auf der ganzen Linie gesiegt! [...] Es lebe das Neue! Es lebe die Deutsche Republik!"

Mit diesen Worten rief der Sozialdemokrat Philipp Scheidemann am 9. November 1918 von einem Fenster des Parlamentsgebäudes vor demonstrierenden Soldaten und Arbeitern die „Deutsche Republik" aus und ließ „das Neue" hochleben. Das Deutsche Reich war seit diesem Tag kein Kaiserreich mehr. Wie aber sollte diese Republik, wie „das Neue" aussehen?

1. Diskutieren Sie, welche Erwartungen sich mit dem „neuen Deutschland" verbunden haben könnten. Beachten Sie auch M 1 und M 2.

Das Deutsche Reich am Scheidepunkt

Bereits einen Monat zuvor hatten die Verantwortlichen in Deutschland wichtige Reformen durchgeführt. Dies geschah unter dem Druck der Kriegsgegner, die die Demokratisierung Deutschlands als Voraussetzung für die Aufnahme von Friedensverhandlungen mit den Mittelmächten forderten. Der amerikanische Präsident Wilson hatte zuvor seine Vorstellungen in 14 Punkten konkretisiert, die der Welt einen dauerhaften Frieden sichern sollten. Eine seiner Forderungen war, dass „autokratisch" regierte Staaten – und als solcher galt auch das Deutsche Kaiserreich mit seiner konstitutionellen Monarchie – demokratisiert werden sollten.

M 1 Demonstration von Arbeitern und Soldaten am 7. November 1918 in der Berliner Siegesallee

Auch bei der Obersten Heeresleitung (OHL) und in herrschenden konservativen Kreisen hatte sich die Erkenntnis durchgesetzt, dass eine Niederlage unabwendbar war und die von den Alliierten geforderten Reformen durchgeführt werden müssen. Am 28. Oktober 1918 verkündete deshalb der gerade erst ernannte Reichskanzler Prinz Max von Baden die Neuerungen: Reichskanzler und Reichsregierung waren von nun an vom Vertrauen des Reichstages abhängig, der auch seine Zustimmung zu Krieg und Frieden geben musste. Der Reichstag wurde also deutlich gestärkt: Aus dem konstitutionellen Kaiserreich war bereits vor der Revolution eine parlamentarische Monarchie geworden.

Die Situation im Deutschen Reich spitzt sich zu

Doch den Alliierten ging die Reichsreform nicht weit genug. Der Notenwechsel – der Austausch diplomatischer Briefe – mit dem amerikanischen Präsidenten zeigt, dass die USA nur unter den Bedingungen einer militärischen Selbstaufgabe Deutschlands und weit radikalerer politischer Reformen zum Waffenstillstand bereit waren. Als Forderungen nach Abdankung des Kaisers immer lauter wurden, floh Wilhelm II. in die Kommandozentrale der deutschen Streitkräfte nach Belgien.

In dieser Situation befahl die Marineführung, die nach der Reichsreform im Oktober dazu gar nicht mehr befugt war, der kaiserlichen Marine, zum Angriff gegen die englische Flotte auszulaufen. Der Befehl führte zu einer offenen Meuterei der Matrosen in Kiel und Wilhelmshaven. Da sich ihnen Arbeiter und Soldaten anschlossen, verbreitete sich die Aufstandsbewegung rasch in vielen Städten des Deutschen Reiches. Überall bildeten sich

Arbeiter- und Soldatenräte. Obwohl dies nicht zentral gesteuert wurde, sondern spontan geschah, waren gemäßigte Sozialdemokraten aus SPD und USPD (U für „Unabhängige“) in den meisten Räten in der Mehrheit. Die USPD hatte sich im Streit um die Bewilligung von Kriegskrediten von der SPD abgespalten, die nun auch MSPD (M für „Mehrheits-“) genannt wurde.

Deutschland wird Republik

Am 7. November verlangten die sozialdemokratischen Minister ultimativ die Abdankung des Kaisers. Reichskanzler Prinz Max von Baden kam dieser Aufforderung am 9. November nach und verkündete sie eigenmächtig; Kaiser Wilhelms II. willigte widerstrebend ein. In der Verfassung des Deutschen Reiches war ein solcher Schritt nicht vorgesehen. Ebenfalls ohne verfassungsrechtliche Grundlage übergab er dann sein Amt als Reichskanzler dem Parteivorsitzenden der SPD, Friedrich Ebert. Dieser stand nun einer Übergangsregierung vor, dem sogenannten „Rat der Volksbeauftragten“, in dem die Führung der SPD und der USPD jeweils drei Sitze hatte.

Am Nachmittag des 9. Novembers nahm der Druck der Straße weiter zu. Philipp Scheidemann (SPD) proklamierte gegen 14 Uhr von einem Fenster des Reichstages aus die „Deutsche Republik“, vermutlich auch, um Karl Liebknecht, dem Sprecher der revolutionären Linken und Führer des Spartakusbundes, aus dem später die KPD hervorging, zuvorzukommen. Dieser rief nur zwei Stunden später vor dem kaiserlichen Schloss die „sozialistische Republik“ aus. Die sogenannte **Novemberrevolution** hatte also innerhalb kürzester Zeit ohne Kampf und größeres Blutvergießen gesiegt: Die politische Ordnung des Kaiserreiches war zusammengebrochen, der **Systemwechsel** vollzogen. Am 10. November ging Wilhelm II. in die Niederlande ins Exil, von wo aus er Ende November seinen endgültigen Thronverzicht erklärte. Auch die übrigen deutschen Monarchen traten in der Regel kampflos ab – so verzichtete der Großherzog von Baden nach Unruhen vor dem Karlsruher Schloss am 22. November auf den Thron, und der König von Württemberg tat dies am 30. November.

M 2 Die Menschenmenge vor dem Berliner Reichstagsgebäude hört in der Mittagszeit des 9. November 1918 eine Rede Philipp Scheidemanns. Zuvor hatte er die Republik ausgerufen.

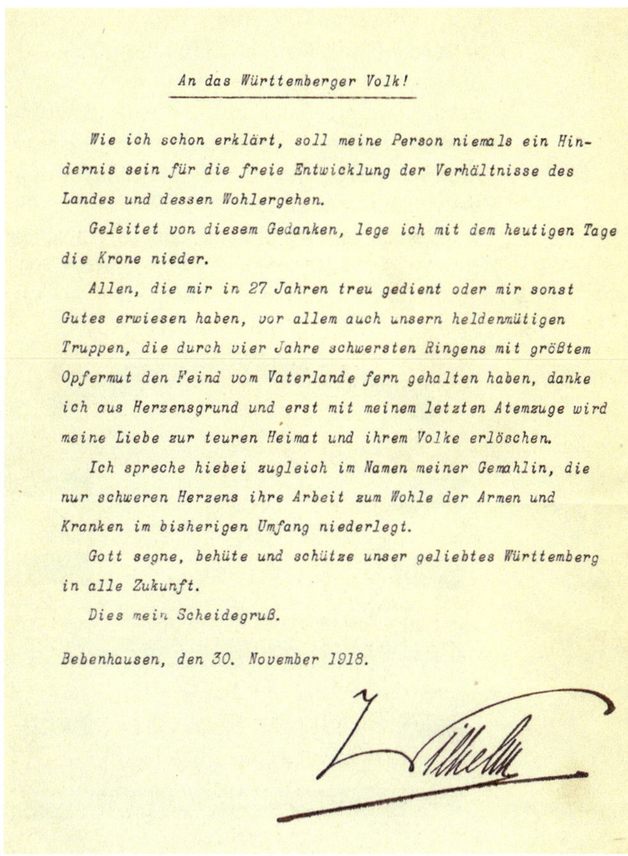

An das Württemberger Volk!

Wie ich schon erklärt, soll meine Person niemals ein Hindernis sein für die freie Entwicklung der Verhältnisse des Landes und dessen Wohlergehen.

Geleitet von diesem Gedanken, lege ich mit dem heutigen Tage die Krone nieder.

Allen, die mir in 27 Jahren treu gedient oder mir sonst Gutes erwiesen haben, vor allem auch unsern heldenmütigen Truppen, die durch vier Jahre schwersten Ringens mit größtem Opfermut den Feind vom Vaterlande fern gehalten haben, danke ich aus Herzensgrund und erst mit meinem letzten Atemzuge wird meine Liebe zur teuren Heimat und ihrem Volke erlöschen.

Ich spreche hiebei zugleich im Namen meiner Gemahlin, die nur schweren Herzens ihre Arbeit zum Wohle der Armen und Kranken im bisherigen Umfang niederlegt.

Gott segne, behüte und schütze unser geliebtes Württemberg in alle Zukunft.

Dies mein Scheidegruß.

Bebenhausen, den 30. November 1918.

Wilhelm

M 3 Abdankungserklärung des Königs Wilhelm II. von Württemberg, 30. November 1918

Weichenstellungen

Das Hauptziel Eberts und seiner SPD war die schnelle Wiederherstellung von Ordnung, Sicherheit und Wohlfahrt, mithin die Eindämmung der revolutionären Dynamik, die ihn erst zum Reichskanzler gemacht hatte. Aus Sorge vor einem drohenden Bürgerkrieg wurden bereits in den ersten Tagen der Revolution vier Grundsatzentscheidungen getroffen, die die weitere Entwicklung der ersten deutschen Republik maßgeblich beeinflussten.

1. Weil die Behörden – Ministerialbürokratie, Finanzämter, Gerichte, Polizei und Krankenhäuser – ihre Arbeit fortsetzen sollten, wurde der bestehende Beamtenapparat weder geprüft noch ausgetauscht. Das Fortbestehen alter Führungsschichten in Staat und Gesellschaft wird als **Elitenkontinuität** bezeichnet.

2. Verhandlungen zwischen Arbeitgebern und Gewerkschaften führten zu Kompromissen, die vertraglich festgehalten wurden („Stinnes-Legien-Abkommen“): Die Unternehmer akzeptierten den Achtstundentag und die Bildung von Betriebsräten; die Gewerkschaften bestärkten ihre Ablehnung der Sozialisierung von Großbetrieben nach russischem Vorbild – das Privateigentum an Produktionsmitteln sollte nicht angetastet werden. Auch die ökonomischen Grundlagen des ostelbischen Adels, der Großgrundbesitz, wurde nicht durch Vergesellschaftung angetastet. In der Mehrheit streng konservativ und monarchisch eingestellt, konnten die Adligen weiterhin ihren Einfluss geltend machen.

Sozialisierung (Vergesellschaftung): Überführung des Eigentums oder sonstiger vermögenswerter Güter aus Privathand in die öffentliche Hand

ostelbischer Adel: Das Land östlich der Elbe (einschließlich Ostpreußen) wurde überwiegend in großflächiger Gutswirtschaft bewirtschaftet und blieb trotz der Industrialisierung stark agrarisch geprägt. Die Gutsbesitzer waren in der Regel politisch konservative Adlige.

3. Da die neue Regierung nicht über Truppen verfügte, versicherte sich Ebert noch während der Novemberrevolution in einem Telefonat mit General Groener der Loyalität der alten Reichswehr („Ebert-Groener-Pakt“). Groener, zu dieser Zeit der oberste Militär im Land, sagte ihm die militärische Unterstützung bei der geordneten Überführung der Monarchie in eine Republik und damit auch gegen Angriffe der radikalen Linken zu. Im Gegenzug erkannte Ebert die OHL weiterhin als oberste militärische Befehlsinstanz an und bestätigte die Prinzipien der militärischen Disziplin. Damit konnte sich die Reichswehr eine eigenständige Rechtsprechung sichern und sich der Kontrolle des Staates entziehen. Auch hier blieben die alten Eliten an der Macht.

4. Auf dem Allgemeinen Kongress der Arbeiter- und Soldatenräte im Dezember lehnten die Delegierten mit großer Mehrheit das Rätesystem und damit ein sozialistisches System ab und entschieden sich für Wahlen zu einer Nationalversammlung, die eine **Verfassung** für den neuen demokratischen Staat erarbeiten sollte. Als ausschlaggebend für diese Entscheidung gelten die Verhältnisse in Russland, wo die Bolschewiken inzwischen unter dem Deckmantel des Rätesystems eine **Diktatur** errichtet hatten, die das Land immer weiter in Chaos und Not stürzte.

Bereits wenige Wochen später zeigten sich die ersten Auswirkungen dieser Grundsatzentscheidungen: Die unter Führung der alten Offizierselite aus ehemaligen Frontsoldaten gebildeten Freikorpsverbände wurden vom Rat der Volksbeauftragten mehrfach um Hilfe gerufen, um revolutionäre Unruhen niederzuschlagen. Viele Revolutionäre, die sozialistische Ideen und eine Räterepublik durchsetzen wollten, wurden während dieser Kämpfe getötet oder von Mitgliedern der Freikorps ermordet. Auch die beiden Anführer des Spartakusbundes, Karl Liebknecht und Rosa Luxemburg, wurden von Freikorpssoldaten verhaftet, unter schwersten Misshandlungen verhört und heimtückisch ermordet.

M4 Plakat des Rats der Volksbeauftragten zur Wahl der Nationalversammlung

Nr. 310. 35. Jahrg.

10 Pfennig

Vorwärts

Berliner Volksblatt.

Zentralorgan der sozialdemokratischen Partei Deutschlands.

Redaktion: SW. 68, Lindenstraße 3. Fernsprecher: Amt Moritzplatz, Nr. 151 90–151 97.

Sonntag, den 10. November 1918.

Expedition: SW. 68, Lindenstraße 3. Fernsprecher: Amt Moritzplatz, Nr. 151 90–151 97.

An die deutschen Bürger!

Berlin, 9. November. Der neue Reichskanzler Ebert erläßt folgende Kundgebung an die deutschen Bürger:

Mitbürger!

Der bisherige Reichskanzler Prinz Max von Baden hat mir unter Zustimmung der sämtlichen Staatssekretäre die Wahrnehmung der Geschäfte des Reichskanzlers übertragen. Ich bin im Begriff, die neue Regierung im Einvernehmen mit den Parteien zu bilden und werde daher über das Ergebnis der Oeffentlichkeit in Kürze berichten.

Die neue Regierung wird eine Volksregierung sein. Ihr Bestreben wird sein müssen, dem deutschen Volke den Frieden schnellstens zu bringen und die Freiheit, die es errungen hat, zu befestigen.

Mitbürger! Ich bitte Euch alle um Eure Unterstützung bei der schweren Arbeit, die unser harrt. Ihr wißt, wie schwer der Krieg die Ernährung des Volkes, die erste Voraussetzung des politischen Lebens, bedroht.

Die politische Umwälzung darf die Ernährung der Bevölkerung nicht stören.

Es muß die erste Pflicht aller in Stadt und Land bleiben, die Produktion von Nahrungsmitteln und ihre Zufuhr in die Städte nicht zu hindern, sondern zu fördern.

Nahrungsmittelnot bedeutet Plünderungen und Raub, mit Elend für alle! Die Aermsten würden am schwersten leiden, die Industriearbeiter am bittersten getroffen werden.

Wer sich an Nahrungsmitteln oder sonstigen Bedarfsgegenständen oder an den für ihre Verteilung benötigten Verkehrsmitteln vergreift, versündigt sich aufs schwerste an der Gesamtheit.

Mitbürger! Ich bitte Euch alle dringend: Verlaßt die Straßen! Sorgt für Ruhe und Ordnung!

Berlin, den 9. November 1918.

Der Reichskanzler. Ebert.

An alle Behörden und Beamten!

Berlin, 9. November. Der Reichskanzler Ebert veröffentlicht nachfolgenden Aufruf:

Die neue Regierung hat die Führung der Geschäfte übernommen, um das deutsche Volk vor Bürgerkrieg und Hungersnot zu bewahren und seine berechtigten Forderungen auf Selbstbestimmung durchzusetzen. Diese Aufgabe kann sie nur erfüllen, wenn alle Behörden und Beamten in Stadt und Land ihre hilfreiche Hand leisten.

Ich weiß, daß es vielen schwer werden wird, mit den neuen Männern zu arbeiten, die das Reich zu leiten unternommen haben, aber ich appelliere an ihre Liebe zu unserem Volke. Ein Versagen der Organisation in dieser schweren Stunde würde Deutschland der Anarchie und dem schrecklichsten Elend ausliefern.

Helft also mit mir dem Vaterlande durch furchtlose und unverdrossene Weiterarbeit, ein jeder auf seinem Posten, bis die Stunde der Ablösung gekommen ist.

Berlin, den 9. November 1918.

Der Reichskanzler. gez. Ebert.

Soldaten! Es ist der Wunsch der in Bildung begriffenen sozialistischen Regierung, daß Ihr heute wieder in Eure Kasernen zurückkehrt, wo Ihr durch Soldatenräte Eure Angelegenheiten selbst verwalten könnt. Nur dort könnt Ihr Eure Verpflegung sichern.

Kein Bruderkampf!

Einen Sieg hat das deutsche Volk und insbesondere auch das Berliner Proletariat errungen, der ohne Beispiel in der ganzen Geschichte dasteht. Selbst die Ereignisse von 1848 verblassen angesichts des gewaltigen Umsturzes, der sich am 9. November 1918 vollzogen hat. In unserer gestrigen Extra-Abendausgabe, die wir den meisten unserer Leser noch zustellen konnten, haben wir an dieser Stelle die Bedeutung des ersten Revolutionstages ausführlich gewürdigt.

Heute gilt es nicht, sich hemmungslosem Jubel hinzugeben, sondern es heißt, für die Zukunft zu sorgen und zu schaffen. Aufgabe über Aufgabe drängt sich an die Arbeiter- und Soldatenregierung heran. Die neue Volksregierung soll nach außen den Frieden schaffen, nach innen die Volksernährung organisieren, die Demobilisierung von 10 Millionen Soldaten in geordnete Bahnen bringen, das Wirtschaftsleben organisieren und unendlich andere Dinge mehr, von denen jedes einzelne von höchster Bedeutung ist. Alle haben bis zum äußersten zu tun, alle arbeiten bis zur Erschöpfung, und doch fehlt es allenthalben noch an Händen und Gehirnen.

Und doch können und werden wir die Aufgabe lösen. Dazu aber ist eine unumgängliche Voraussetzung: Daß die Arbeiterklasse einig und geschlossen bleibt. Ohne das geht es nicht! Wenn Gruppe gegen Gruppe, Seite gegen Seite arbeitet, dann entsteht das russische Chaos, der allgemeine Niedergang, das Elend statt des Glücks.

Schon gestern ist von einzelnen kleinen Gruppen, oft unter unbekannter und unverantwortlicher Führung der Versuch gemacht worden, eigene Wege zu gehen und die Arbeit der Arbeiter- und Soldatenräte zu durchkreuzen. Das ist die schwerste Versündigung an der Arbeiterschaft, die überhaupt denkbar ist. Das Werk, das von der großen Masse der Arbeiterschaft getragen wird, darf nicht durch kleine Minderheiten gestört werden. Alle solche Versuche müssen an dem gesunden Sinn und an der entschlossenen Ablehnung der Arbeiterschaft scheitern, oder die Arbeiterschaft selber muß scheitern.

Der gestrige Sieg des Volkes über das alte System ist nur mit geringem Blutvergießen bezahlt worden. Soll nun der Welt nach solchem herrlichen Triumph das Schauspiel einer Selbstzerfleischung der Arbeiterschaft in sinnlosem Bruderkampf geboten werden?

Das darf nimmermehr geschehen! Der gestrige Tag hat in der Arbeiterschaft das Gefühl für die Notwendigkeit innerer Einheit hoch emporlodern lassen! Aus fast allen Städten, aus ganzen Ländern, aus ganzen Bundesstaaten hören wir, daß alte Partei und Unabhängige sich am Tage der Revolution wieder zusammengefunden und zu der alten geschlossenen Partei geeint haben. In Bayern ist die Einigung für den ganzen Staat vollzogen. Dort gibt es keine Parteispaltung mehr! Soll Berlin dahinter zurückstehen?!

Die Einigung muß auch hier durchgeführt werden! Sie muß! Es geht um Wohl und Zukunft der ganzen Arbeiterklasse. Und wenn auch noch so viel Verbitterung sich eingefressen hat, wenn auch der eine Teil dem anderen manches aus der Vergangenheit vorwirft und umgekehrt, ein Tag wie der gestrige ist groß und überwältigend genug, um all das vergessen zu machen.

Das Versöhnungswerk darf nicht an einigen Verbitterten scheitern, deren Charakter nicht stark genug ist, um alten Groll überwinden und vergessen zu können. Liegt doch solcher Groll den Massen selber vollkommen fern, ist doch auch [illegible] zwischen Arbeiter und Arbeiter die Einigkeit [illegible] hergestellt worden. Kein Führer darf das hemmen. Gibt es unter ihnen solche, mit denen die Einigung nicht gemacht werden kann, dann muß sie gemacht werden ohne sie! An keiner Personenfrage darf ein Werk von so ungeheurer Bedeutung scheitern.

Die alte sozialdemokratische Partei erstrebt die Einigung mit aller Kraft und unter eigenen Opfern. Sie weiß sich in diesem Bestreben eins mit dem gesunden Instinkt der Arbeiterschaft, deren große Masse es nie begreifen würde, wenn man gestern Schulter an Schulter auf der Barrikade gestanden hat, daß man sich morgen auf der Barrikade gegenüberstehen sollte. Die Sozialdemokratische Partei verfolgt in ihrem Streben dabei keinerlei eigennützige Ziele, sie ist nur ganz durchdrungen von dem Gedanken, daß das Werk der Kultur aus dem Abgrund, in den uns der übermütige Imperialismus gestürzt hat, nur von einer einmütigen und geschlossenen Arbeiterschaft ausgeführt werden kann.

Die Bruderhand liegt offen — schlagt ein!

M5 Die Titelseite des „Vorwärts", 10. November 1918

„Vorwärts": Informationsmedium und Propagandainstrument der SPD, aber auch Publikationsorgan der Übergangsregierung. Als Parteizeitung der SPD informierte das Blatt um den 9. November 1918 herum mit rasch aufeinander folgenden Extraausgaben über die Ereignisse der Novemberrevolution.

M6 Die Ausrufung der Republik durch Philipp Scheidemann (MSPD)

a) Der genaue Wortlaut ist nicht überliefert. Der österreichische Journalist Ernst Friedegg, der die Rede stenografisch aufgezeichnet hatte, veröffentlichte 1919 im „Deutschen Revolutionsalmanach“ folgenden Wortlaut der Ansprache:

Das deutsche Volk hat auf der ganzen Linie gesiegt. Das alte Morsche ist zusammengebrochen; der Militarismus ist erledigt! Die Hohenzollern haben abgedankt! Es lebe die deutsche Republik! Der Abgeordnete Ebert ist zum Reichskanzler ausgerufen worden. Ebert ist damit beauftragt worden, eine neue Regierung zusammenzustellen. Dieser Regierung werden alle sozialistischen Parteien angehören.

Jetzt besteht unsere Aufgabe darin, diesen glänzenden Sieg, diesen vollen Sieg des deutschen Volkes nicht beschmutzen zu lassen und deshalb bitte ich Sie, sorgen Sie dafür, dass keine Störung der Sicherheit eintrete! [...] Ruhe, Ordnung und Sicherheit ist das, was wir jetzt brauchen! [...] Sorgen Sie dafür, dass die neue deutsche Republik, die wir errichten werden, nicht durch irgendetwas gefährdet werde. Es lebe die deutsche Republik.

Zit. nach: Manfred Jessen-Klingenberg: Die Ausrufung der Republik durch Philipp Scheidemann am 9. November 1918, in: Geschichte in Wissenschaft und Unterricht 19/1968, S. 649–655, hier S. 653 f.

b) Scheidemann sprach die Rede mit Veränderungen am 9. Januar 1920 auf Schallplatte. Im selben Wortlaut gab er sie 1928 in seinen Memoiren wieder:

Arbeiter und Soldaten! Furchtbar waren die vier Kriegsjahre. Grauenhaft waren die Opfer, die das Volk an Gut und Blut hat bringen müssen. Der unglückselige Krieg ist zu Ende. Das Morden ist vorbei. Die Folgen des Kriegs, Not und Elend, werden noch viele Jahre lang auf uns lasten. Die Niederlage, die wir unter allen Umständen verhüten wollten, ist uns nicht erspart geblieben. Unsere Verständigungsvorschläge wurden sabotiert, wir selbst wurden verhöhnt und verleumdet.

Die Feinde des werktätigen Volkes, die wirklichen „inneren Feinde“, die Deutschlands Zusammenbruch verschuldet haben, sind still und unsichtbar geworden. Das waren die Daheimkrieger, die ihre Eroberungsforderungen bis zum gestrigen Tage ebenso aufrechterhielten, wie sie den verbissensten Kampf gegen jede Reform der Verfassung und besonders des schändlichen preußischen Wahlsystems geführt haben. Diese Volksfeinde sind hoffentlich für immer erledigt. Der Kaiser hat abgedankt. Er und seine Freunde sind verschwunden. Über sie alle hat das Volk auf der ganzen Linie gesiegt!

Der Prinz Max von Baden hat sein Reichskanzleramt dem Abgeordneten Ebert übergeben. Unser Freund wird eine Arbeiterregierung bilden, der alle sozialistischen Parteien angehören werden. Die neue Regierung darf nicht gestört werden in ihrer Arbeit für den Frieden, in der Sorge um Brot und Arbeit.

Arbeiter und Soldaten! Seid euch der geschichtlichen Bedeutung dieses Tages bewusst. Unerhörtes ist geschehen. Große und unübersehbare Arbeit steht uns bevor. [...] Das Alte und Morsche, die Monarchie, ist zusammengebrochen! Es lebe das Neue! Es lebe die Deutsche Republik!

Philipp Scheidemann: Memoiren eines Sozialdemokraten Bd. 2, Dresden: C. Reissner 1928, S. 311 f.

M7 Die Ausrufung der Republik durch Karl Liebknecht (Spartakusbund)

Karl Liebknecht rief gegen 16 Uhr vor dem kaiserlichen Schloss die „freie sozialistische Republik“ aus:

Der Tag der Revolution ist gekommen, Wir haben den Frieden erzwungen. Der Friede ist in diesem Augenblick geschlossen. Das Alte ist nicht mehr. Die Herrschaft der Hohenzollern, die in diesem Schloss jahrhundertelang gewohnt haben, ist vorüber [...].

Parteigenossen, ich proklamiere die freie sozialistische Republik Deutschland, die alle Stämme umfassen soll, in der es keine Knechte mehr geben wird, in der jeder ehrliche Arbeiter den ehrlichen Lohn einer Arbeit finden wird. Die Herrschaft des Kapitalismus, der Europa in ein Leichenfeld verwandelt hat, ist gebrochen. [...] Wir müssen alle Kräfte anspannen, um die Regierung der Arbeiter und Soldaten aufzubauen und eine neue staatliche Ordnung des Proletariats zu schaffen, eine Ordnung des Friedens, des Glücks und der Freiheit unserer deutschen Brüder und unserer Brüder in der ganzen Welt. Wir reichen ihnen die Hände und rufen sie zur Vollendung der Weltrevolution auf.

Zit. nach: Herbert Michaelis/Ernst Schraepler (Hgg.): Ursachen und Folgen Bd. 2, Der militärische Zusammenbruch und das Ende des Kaiserreichs, Berlin 1959, S. 573 f.

Spartakusbund: Vereinigung von Sozialisten, die sich eng an den Lehren von Karl Marx orientierten. Sie war aus Kriegsgegnern innerhalb der SPD hervorgegangen; Ende Dezember 1918 entstand aus dem Spartakusbund die KPD.

M8 Ein Historikerurteil

→ Vertiefungsmaterial für das Leistungsfach

Der Historiker Ulrich Herbert schrieb über die Revolution von 1918/19:

Insgesamt erwies sich der Kurs Eberts und der Mehrheitssozialdemokratie durchaus als erfolgreich. Es gelang, die revolutionäre Dynamik zu kanalisieren und die Revolution in relativ kurzer Zeit an die Zielsetzungen der konstitutionellen Bewegung rückzubinden, die Demobilmachung erfolgreich abzuschließen, einen Großteil der Soldaten wieder in den Produktionsprozess zu integrieren und den Übergang von der Kriegs- zur Friedenswirtschaft erfolgreich in Gang zu setzen. Frauenwahlrecht, Achtstundentag und Tarifvertragsrecht markierten politische Reformen von außerordentlicher Tragweite.

Allerdings waren diese Erfolge mit weitreichenden Zugeständnissen erkauft. Der Primat der Kontinuität führte im Bereich der Verwaltung dazu, dass selbst scharfe Gegner von Demokratie und Arbeiterschaft in Amt und Würden blieben. Gegen den Willen der Soldatenräte setzte die Regierung die verhassten militärischen Disziplinarordnungen wieder ein, sodass selbst solche Offiziere wieder Befehlsgewalt innehatten, gegen die die Meuterei der Matrosen im Oktober losgebrochen war. Die Absage an die Sozialisierung umschloss auch solche Bereiche, die selbst nach Auffassung bürgerlicher Fachleute „reif“ zur Verstaatlichung waren, insbesondere die Zechen, deren Besitzer zu den erbittertsten Gegnern der Arbeiterbewegung gehörten. Und nicht einmal der Einfluss der ostelbischen Großgrundbesitzer wurde gebrochen, die wie keine andere soziale Gruppe die alte vordemokratische Gesellschaftsordnung repräsentierten und deren soziale und politische Machtbasen die Regierung nicht einmal antastete.

Durch solche Maßnahmen – bzw. durch solche Zurückhaltung – enttäuschte der Rat der Volksbeauftragten die seit dem November hochgespannten Erwartungen in der Arbeiterschaft, selbst wenn sie Eberts politischen Kurs in der Hauptsache mittrug. Er verlor die Unterstützung des kleineren, linken Flügels der revolutionären Bewegung, der nun offen gegen die Regierung Ebert und ihren Kurs der politischen und sozialen Kontinuität opponierte und zur Diktatur des Proletariats aufrief. [...] Am Ende des Jahres 1918 erwuchs daraus nach bolschewistischem Vorbild die Kommunistische Partei.

Ulrich Herbert: Geschichte Deutschlands im 20. Jahrhundert. München 2017, S. 182 f.

---

2. Stellen Sie den Verlauf der Revolution in einem Zeitstrahl dar. Nutzen Sie dafür den Darstellungstext und sowie M3 und M4.

3. Analysieren Sie den Aufruf Friedrich Eberts „An die deutschen Bürger“ (Ausschnitt in M5): Welche Ziele werden genannt und wie werden sie begründet?

4. a) Vergleichen Sie die in den unterschiedlichen Reden zur Ausrufung der Republik (M6 a) und b) sowie M7) genannten Ziele und Intentionen.
b) Formulieren Sie auf der Grundlage Ihrer Ergebnisse Hypothesen zum weiteren Verlauf der Revolution.

\+ Analysieren Sie den „Scheidegruß“ des Württembergischen Königs. Recherchieren Sie davon ausgehend die revolutionären Ereignisse in Ihrer Region.

5. a) Erarbeiten Sie aus M8 „Erfolge“ und „Zugeständnisse“ der Revolution von 1918.
b) Diskutieren Sie, inwiefern von „Erfolgen“ und „Zugeständnissen“ gesprochen werden kann. Beziehen Sie die Informationen aus dem Darstellungstext mit ein.

6. Manche Historiker sprechen im Zusammenhang mit Grundsatzentscheidungen der Revolutionstage von „Belastungsfaktoren“ für die Weimarer Republik. Prüfen Sie, inwiefern ein Zeitgenosse 1919 ebenfalls von Belastungsfaktoren gesprochen hätte. Unterscheiden Sie dabei zwischen liberalen und konservativen Positionen.

Die „demokratischste Demokratie"?

Die Verfassung der Weimarer Republik

Als am 19. Januar 1919 die Wahlen zur Nationalversammlung stattfanden, besaßen zum ersten Mal in der Geschichte Deutschlands auch Frauen das aktive und passive Wahlrecht. Das Wahlalter war von 25 auf 20 Jahre gesenkt worden. Bei einer hohen Wahlbeteiligung von über 83 % wurde die aus allgemeiner, gleicher, unmittelbarer und geheimer Wahl hervorgegangene Nationalversammlung folglich durch eine breite Basis legitimiert.

M 1 Ergebnisse der Wahlen zur Nationalversammlung, 19. Januar 1919

Partei	Stimmen (in %)
DNVP (Deutschnationale Volkspartei)	10,3
DVP (Deutsche Volkspartei)	4,4
Zentrum	19,7
DDP (Deutsche Demokratische P.)	18,6
SPD	37,9
USPD	7,6
Sonstige	1,6

Zusammengest. nach: Horst Möller: Die Weimarer Republik. Demokratie in der Krise. München [2]2018, S. 448 ff.

1. Beschreiben Sie die Ergebnisse der Wahlen zur Nationalversammlung. Wie könnte die künftige Ordnung Deutschlands aufgrund der Sitzverteilung aussehen? Welche Parteien könnten koalieren? **Tipp:** Ziehen Sie ggf. M 2 auf S. 227 heran.

Die Weimarer Nationalversammlung

Am 6. Februar 1919 wurde die Nationalversammlung in Weimar eröffnet. Die Wahl war aus verschiedenen Gründen auf die Stadt in Thüringen gefallen: Sie lag im Zentrum Deutschlands, war von Berlin aus gut erreichbar und trotzdem fern der Unruhen der Hauptstadt. Als Stadt Goethes sollte sie das neue Deutschland symbolisieren und nicht zuletzt den Siegermächten den klaren Bruch mit dem preußischen Militarismus vor Augen führen. Bereits am 10. Februar beschloss die Versammlung mit dem „Gesetz über die vorläufige Reichsgewalt" eine Übergangsverfassung, die das Revolutionsrecht beendete. Friedrich Ebert wurde zum ersten Reichspräsidenten gewählt; die Regierung unter Philipp Scheidemann bestand aus Vertretern von SPD, DDP und der Zentrumspartei, genannt „**Weimarer Koalition**".

Unruhen

Während die Versammlung die Verfassung des künftigen deutschen Staates ausarbeitete, wurde das Land von einer zweiten Welle der Revolution erschüttert. Ausgehend von einer Streikbewegung, die vor allem die Sozialisierung im Bergbau forderte, versuchten Teile der Arbeiterschaft gesellschaftliche und wirtschaftliche Veränderungen zu erzwingen und Mitspracherechte durchzusetzen – was ihnen zum Teil gelang: Es wurden Betriebsräte eingeführt. In München konnte sich nach der Ermordung des bayerischen Ministerpräsidenten Kurt Eisner (USPD) durch einen rechtsradikalen Studenten eine Räteregierung an die Macht bringen. Dieser Putsch wurde jedoch auf Weisung der Regierung in Weimar durch ein württembergisches Freikorps und die bayerische Reichswehr blutig niedergeschlagen. Mit der Niederlage der Münchner Räterepublik endete die zweite Phase der Revolution. Doch auch danach kam Deutschland nicht zur Ruhe: Die Friedensbedingungen, welche die Siegermächte des Ersten Weltkriegs der deutschen Delegation am 7. Mai in Versailles überreichten, sorgten für einen Aufschrei nationaler Empörung (→ S. 216 ff.). Vor diesem Hintergrund verlor die feierliche Verabschiedung der Verfassung im August 1919 ihren Glanz. Der Historiker Heinrich August Winkler schreibt, die deutsche Öffentlichkeit habe die Verfassung „eher hingenommen als angenommen".

Grundsätze der Verfassung

Die Verfassung war maßgeblich durch den liberalen Staatsrechtslehrer Hugo Preuß (DDP) geprägt. Auf der Basis der Erfahrungen mit der Verfassungspraxis des Kaiserreichs wurden darin das Rechtsstaatsprinzip und allgemeines und gleiches Wahlrecht für Frauen und Männer, eine starke Stellung des Parlaments sowie die Verantwortlichkeit der Regierung gegenüber dem Reichstag festgelegt. Zudem blieb Deutschland ein föderalistischer Staat, wenn auch die Kompetenzen der Einzelstaaten im Vergleich zum Kaiserreich eingeschränkt wurden. Der zweite Teil der Verfassung schrieb die „Grundrechte und Grundpflichten der Deutschen" fest. Diese griffen die liberale und demokratische Tradition der Revolution von 1848 auf, indem sie Rechte wie Freizügigkeit, Freiheit der Person, Unverletzlichkeit der Wohnung, Briefgeheimnis, Meinungs- und Pressefreiheit verankerten; hinzu kamen nun soziale Teilhaberechte und Regelungen in den Bereichen Bildung und Wirtschaft: So stand zum Beispiel Arbeitslosen staatliche Unterstützung zu, und die Bildung von Betriebsräten wurde festgeschrieben.

Einige Artikel spiegeln allerdings auch die aus der Kaiserzeit übernommenen Vorbehalte gegenüber Parlamentarismus und Parteien wider: Die Machtfülle des Reichspräsidenten sowie die Einführung von Elementen der direkten Demokratie wie Volksbegehren und Volksentscheid, welche die Kompetenzen des Reichstags einschränkten, sind Ausdruck dieses Misstrauens gegen ein rein parlamentarisches, repräsentatives System. Hier fürchtete man offensichtlich Konflikte zwischen den Parteien und eine bloße Interessenspolitik. Die Einführung einer Notverordnung durch Artikel 48 kann zudem als Antwort auf die Aufstände und Unruhen im Frühjahr 1919 gesehen werden: Der Artikel gab dem Reichspräsidenten die Möglichkeit, während eines von ihm definierten Ausnahmezustandes Maßnahmen zu ergreifen, um die öffentliche Sicherheit und Ordnung wiederherzustellen, und verlieh ihm nahezu diktatorische Vollmachten. Dazu gehörten der Einsatz des Militärs gegen einzelne Länder oder die (vorübergehende) Aufhebung zentraler Grundrechte.

Der noch **junge Nationalstaat** hatte so in den ersten fünfzig Jahren seines Bestehens mehrfach sein politisches und gesellschaftliches Fundament gewandelt – von der konstitutionellen Monarchie des Kaiserreichs über die parlamentarische Monarchie des letzten Kriegsmonats bis hin zur Demokratie der Weimarer Republik. Diese historischen Entstehungsbedingungen waren der Weimarer Verfassung – obgleich sie vielen als „demokratischste Demokratie" galt – deutlich anzumerken.

M 2 Die Verfassung der Weimarer Republik von 1919

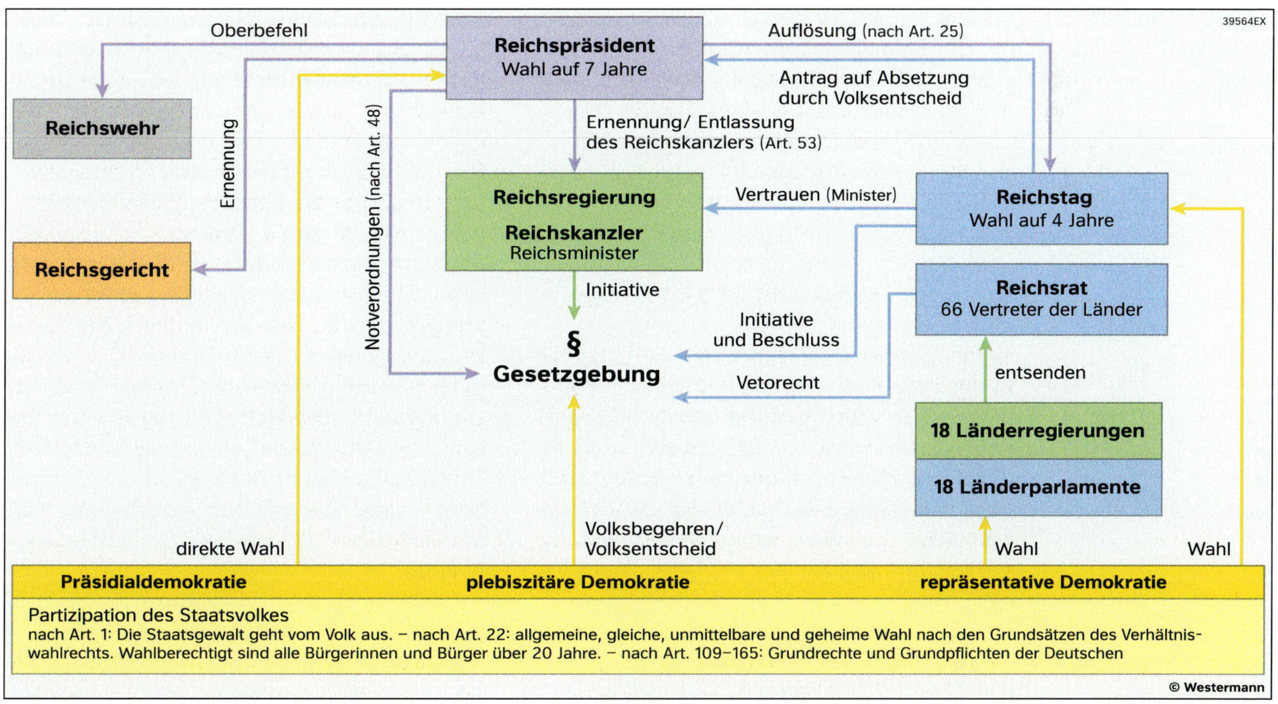

M3 Die „demokratischste Demokratie der Welt“

Anlässlich der Verabschiedung der Weimarer Verfassung hielt der damalige Reichsinnenminister Eduard David (SPD) folgende Rede:

Meine Damen und Herren! Ein großes Werk, groß nach seiner Bedeutung und groß nach dem Maß der Arbeit, die an ihm geleistet worden ist, haben Sie zum Abschluss gebracht. [...] Gestatten Sie mir [...] ein paar Worte der sachlichen Würdigung dieses Werkes. Mit der Verabschiedung der Verfassung hat die Nationalversammlung die zweite große Aufgabe, die ihr gestellt war, gelöst. Die erste war die Herstellung des Friedens. [...] Diesem Ziel, dem inneren Frieden, soll das Verfassungswerk in erster Linie dienen. Es sei ein Friedenswerk im besten Sinne des Wortes! [...]

Das deutsche Volk ist das erste Volk, das diesen Gedanken, diese Wegweisung zum sozialen Frieden in seine Grundrechte aufgenommen hat. Es hatte hierfür kein Vorbild. Es ist seine eigenste Leistung und es ist eine Leistung besten deutschen Geistes, des Geistes von Weimar, der in der Geistes- und Kulturgeschichte der Welt ein so hohes Ansehen sich errungen hat. *[Bravo!]* [...]

Nirgends in der Welt ist die Demokratie konsequenter durchgeführt als in der neuen deutschen Verfassung. *[Lebhafte Zustimmung.]* Ich brauche nur auf das demokratische Wahlrecht für alle gesetzgebenden Körperschaften hinzuweisen; ich brauche nur hinzuweisen auf die übergreifende Gewalt, die dem sich direkt betätigenden Volkswillen beigelegt wird. Ich brauche zum dritten nur darauf hinzuweisen, dass die Frauen in Deutschland die volle staatsbürgerliche Gleichberechtigung errungen haben. *[Bravo!]*

Die deutsche Republik ist fortan die demokratischste Demokratie der Welt. *[Bravo!]*

Meine Damen und Herren! Tragen wir nun das Bewusstsein hinaus in alle Schichten unseres Volkes: Wir haben uns ein neues nationales Haus gebaut, neuzeitlich eingerichtet mit freiestem, weitestem Ausblick. Möge es dazu beitragen, das Gefühl der nationalen Zusammengehörigkeit bei allen seinen Bewohnern zu stärken. *[Bravo!]*

Verhandlungen der verfassungsgebenden Deutschen Nationalversammlung. Stenographische Berichte, 71. Sitzung (31. Juli 1919); zit. nach: www.reichstagsprotokolle.de/Blatt2_wv_bsb00000013_00069.html (06.01.2021)

M4 Eine „improvisierte Demokratie“

Der Stuttgarter Historiker Wolfram Pyta erklärt in einem Interview mit der Zeitschrift „Der Spiegel“ das Entstehen der ersten Demokratie in Deutschland:

Spiegel: Hielten es die Deutschen nach der Niederlage im Ersten Weltkrieg eigentlich für zwingend, die Monarchie abzuschaffen und eine Republik zu gründen?

Pyta: Deutschland hatte im Oktober 1918, kurz vor Kriegsende, ja bereits den Übergang zu einer parlamentarischen Monarchie vollzogen. Damit waren die verfassungspolitischen Forderungen selbst der Sozialdemokratie erfüllt. Deshalb war der spätere sozialdemokratische Reichspräsident Friedrich Ebert im November 1918 auch gegen die Abschaffung der Monarchie. Gestürzt wurde die Monarchie vor allem, weil sie als Hindernis für einen schnellen Frieden mit den westlichen Kriegsgegnern angesehen wurde. Vor allem die US-Amerikaner drängten auf eine Änderung der Staatsform.

Spiegel: War das Volk von der Demokratie denn begeistert?

Pyta: Die erste deutsche Demokratie ist gewiss auf improvisierte Weise zustande gekommen **[„improvisierte Demokratie“]**. Aber sie erhielt ein nachträgliches demokratisches Mandat dadurch, dass bei der Wahl zur verfassunggebenden Nationalversammlung im Januar 1919 die überwältigende Mehrheit der Deutschen – darunter erstmals die Frauen – für diejenigen Parteien votierte, Sozialdemokratie, Liberalismus, politischer Katholizismus, die einen demokratischen Staat errichten wollten. Und bei den Beratungen dieser Nationalversammlung war bis zum Frühjahr 1919 durchaus Zuversicht zu registrieren, nicht nur ein abgewirtschaftetes System zu liquidieren, sondern einen politischen Neuanfang zu wagen.

Spiegel: Was war die leitende Idee der Mehrheit in der Nationalversammlung?

Pyta: Sozialdemokraten und andere Republikaner wollten der Welt ein Beispiel dafür geben, wie Demokratie mit sozialer Wohlfahrt einhergehen könnte. Das Erbe von Goethe und Schiller, das deutsche Bildungsgut, sollte sich mit politischer Teilhabe und Sozialstaat verbinden.

Wolfram Pyta/Uwe Klußmann/Joachim Mohr: „Mord war ein Mittel der Politik“, in: Spiegel Geschichte 5/2014; magazin.spiegel.de/EpubDelivery/spiegel/pdf/129494117 (06.01.2021)

M5 Weiterleben des Obrigkeitsstaates

Der Historiker Heinrich August Winkler weist auf Schwächen der Weimarer Verfassung hin:

[Der] Obrigkeitsstaat wurde durch die Verfassung nicht überwunden. Er lebte nicht nur neben ihr, sondern in ihr und durch sie fort. Dadurch, dass sie dem Reichspräsidenten die Aufgabe eines Ersatzgesetzgebers im nicht genau bestimmten Notfall übertrug, förderte die Konstituante [verfassunggebende Versammlung] den Opportunismus parlamentarischer Mehrheiten. Fiel es den regierenden Parteien schwer, sich auf einen Kompromiss zu verständigen, war die Versuchung groß, die Verantwortung nach „oben", auf das Staatsoberhaupt, abzuschieben. An die Stelle des regulären Gesetzes trat dann eine Notverordnung des Reichspräsidenten aufgrund von Artikel 48, an die Stelle der parlamentarischen Normalverfassung die „präsidiale Reserveverfassung", die „kommissarische Diktatur des Reichspräsidenten". [...]
Der Gewinn an politischer Freiheit, den die Weimarer Reichsverfassung den Deutschen brachte, war groß. Die Bewahrung der Freiheit in schwierigen Zeiten aber war durch die Verfassung nicht gesichert. Die „demokratischste Demokratie der Welt" war nicht nur durch die Kräfte bedroht, die sie ablehnten und bekämpften. Sie war vielmehr so verfasst, dass sie sich selbst aufheben konnte.

Heinrich August Winkler: Der lange Weg nach Westen. Deutsche Geschichte 1: Vom Ende des Alten Reiches bis zum Untergang der Weimarer Republik, München 2014, S. 407

M6 Karikatur des Reichspräsidenten Friedrich Ebert aus dem „Kladderadatsch", 1919. Der Titel lautet „Frédéric le Gros". Er spielt auf den preußischen König Friedrich „den Großen" (1712–1786) an, jedoch hat das französische Wort „gros" eine ganz andere Bedeutung ...

M7 „Wir müssen mit der Tatsache rechnen, dass eines Tages ein anderer Mann aus einer anderen Partei, vielleicht aus einer reaktionären, staatsstreichlüsternen Partei an dieser Stelle [als Reichspräsident] stehen wird. Gegen solche Fälle müssen wir uns doch vorsehen [...]."

– Der Sozialdemokrat Richard Fischer in einer Rede vor der Nationalversammlung, 1919

2. a) Arbeiten Sie aus dem Verfassungsschema M2 und dem Darstellungstext die wesentlichen Merkmale der Weimarer Verfassung heraus.
   b) Diskutieren Sie Stärken und mögliche Probleme.

3. Vergleichen Sie das Selbstverständnis des „Verfassungsvaters" David (M3) mit der Beurteilung durch den Historiker Pyta (M4).

4. Fassen Sie in eigenen Worten zusammen, welches Gefahrenpotenzial der Historiker Heinrich August Winkler in der Weimarer Verfassung erkennt (M5), und nehmen Sie Stellung zu seiner These.

5. Analysieren Sie die Karikatur M6 und diskutieren Sie, ob die Darstellung des Reichspräsidenten seine Stellung in der Verfassung widerspiegelt.

6. Überprüfen Sie, ob die Weimarer Verfassung zu Recht als „demokratischste Verfassung" bezeichnet wurde. Beziehen Sie das Zitat des Zeitgenossen Fischer (M7) ein.

Opportunismus: Anpassung aus Nützlichkeitserwägungen statt aus Überzeugung

Regelungen für einen dauerhaften Frieden?

Der Versailler Vertrag

M 1 Ein deutscher Soldat vor den Trümmern einer zerstörten Häuserzeile in einem französischen Dorf an der Westfront. Der Krieg im Westen hatte sich vor allem auf französischem Gebiet abgespielt. Ruinen und zerstörte Gebiete prägten noch lange die Kriegserinnerungen der französischen Bevölkerung.

1. Formulieren Sie anhand des Bildes M 1 mögliche Schwierigkeiten für die anstehenden Friedensverhandlungen in Versailles: Welche Probleme galt es zu lösen?

„Wird jetzt endlich Frieden?"

So fragten Korrespondenten aus aller Welt, als am 18. Januar 1919 im Spiegelsaal des Schlosses von Versailles die Siegermächte des Ersten Weltkriegs zusammentraten, um über die zukünftige Friedensordnung zu beraten. Der Ort war bewusst gewählt: Hier war am selben Tag des Jahres 1871, also 48 Jahre zuvor, das Deutsche Kaiserreich ausgerufen worden. Hier sollte jetzt über den Umgang mit Deutschland und seinen Verbündeten als Kriegsverlierer entschieden werden. Die Erwartungen waren von Anfang an hoch, die Interessen der Sieger und Besiegten aber sehr verschieden.

Für das Deutsche Reich war es selbstverständlich, dass als Verhandlungsgrundlage die 14 Punkte des US-Präsidenten Woodrow Wilson gelten würden (→ M 4, S. 186). Bereits im Januar 1918 hatte Wilson dem US-Kongress ein Programm vorgelegt, das einen für alle Parteien annehmbaren Friedensschluss vorsah. Hierzu gehörten Forderungen nach Räumung besetzter Gebiete und die generelle Neuordnung Europas nach dem Prinzip des **Selbstbestimmungsrechtes der Völker** (→ S. 184) Wilsons Programm sah zudem die Einrichtung einer internationalen Vereinigung – eines „Völkerbundes" – vor, der den Frieden garantieren sollte.

Unter diesen Bedingungen war die deutsche Seite letztlich zum Waffenstillstand bereit gewesen. Dass das Deutsche Reich in Wirklichkeit militärisch geschlagen war und es keine Alternative zum Waffenstillstand gab, wurde in der deutschen Öffentlichkeit kaum wahrgenommen.

29. September 1918: Die deutsche Militärführung gesteht ein, dass der Krieg verloren ist, und fordert sofortige Waffenstillstandsverhandlungen.

24. Oktober 1918: Der Chef der OHL, Generalfeldmarschall von Hindenburg, bezeichnet die Waffenstillstandsbedingungen des US-Präsidenten Wilson als unannehmbar und fordert trotz der militärisch aussichtslosen Lage die Fortführung des Krieges.

3. November 1918: Aufstand der Matrosen in Kiel, die sich weigern, zu einem letzten Seegefecht auszulaufen; in der Folge revolutionäre Unruhen im Deutschen Reich

9. November 1918: Die Thronentsagung des Kaisers wird bekannt gegeben, Philipp Scheidemann (SPD) ruft die Republik aus.

11. November 1918: Abschluss des Waffenstillstandes in Compiègne (Nordfrankreich)

2.–3. Dezember 1918: Geheimkonferenz des britischen Premiers Lloyd George und des französischen Ministerpräsidenten Clemenceau zur Klärung der jeweiligen Interessen und Ziele der Friedensvertragsverhandlungen

18. Januar 1919: Eröffnung der Friedenskonferenz im Spiegelsaal des Schlosses zu Versailles. In der Folge werden die Beratungen mehr und mehr von einem „Viererrat" (USA, GB, F, I) geführt, bald darauf ohne Italien.

OHL: Oberste Heeresleitung

M2 Während der Friedensverhandlungen in Versailles wurde über die Forderungen der Alliierten in Deutschland berichtet und debattiert. Das im Frühjahr 1919 verbreitete Plakat verbildlicht propagandistisch die zu erwartenden Verluste.

Vor allem die Siegermacht Frankreich nahm eine ganz andere Perspektive ein: Der Krieg im Westen hatte sich größtenteils auf französischem Boden abgespielt und ganze Landstriche verwüstet. Das deutsche Reichsgebiet dagegen war weitgehend verschont und intakt geblieben. Zudem hatte Frankreich bereits 1870 eine Invasion deutscher Truppen erlebt, sodass von französischer Seite ein großes Sicherheitsbedürfnis bestand. Vor diesem Hintergrund forderte die französische Verhandlungsdelegation in Versailles hohe Reparationszahlungen, eine breite entmilitarisierte Zone entlang der deutsch-französischen Grenze und die radikale Beschneidung des deutschen Heeres. Großbritannien war zwar mit Frankreich darin einig, im Deutschen Reich den Hauptschuldigen für den Krieg zu sehen und Reparationen zu fordern. Auch sah man in der deutschen Flotte eine Bedrohung der eigenen weltweiten (Handels-)Interessen. Dennoch legte die britische Seite Wert auf ein Kräftegleichgewicht auf dem europäischen Kontinent, was die vollständige ökonomische und militärische Entmachtung Deutschlands ausschloss. Deutschland sollte vielmehr ein Ausgreifen der bolschewistischen Revolution nach Westen ebenso verhindern wie eine zu große französische Machtstellung in Europa. Mehrheitlich setzten sich französische Forderungen durch.

M3 Chronologie der Verhandlungen

6. Februar 1919: Der spätere Reichspräsident Ebert (SPD) warnt im Rahmen seiner Eröffnungsrede zur Nationalversammlung die Alliierten vor zu harten Friedensbedingungen.

29. April 1919: Die deutsche Delegation trifft ein. Den deutschen Verhandlungsführern wird aber nur ein Beobachterstatus ohne Mitspracherechte gewährt.

7. Mai 1919: Übergabe der Friedensbedingungen an die deutsche Delegation, der kaum Verhandlungsspielräume zugestanden werden

20. Juni 1919: Die deutsche Reichsregierung zerbricht an der Frage, ob man den Vertrag so unterzeichnen könne.

23. Juni 1919: Mit 209 gegen 116 Stimmen entschließt sich die Nationalversammlung kurz vor Ablauf eines alliierten Ultimatums zur bedingungslosen Unterzeichnung des Vertrags.

28. Juni 1919: Unterzeichnung des Friedensvertrags durch Hermann Müller (SPD) und Johannes Bell (Zentrumspartei)

10. Januar 1920: Gründung des Völkerbundes; nicht vertreten sind USA, Russland und Unterlegene des Ersten Weltkriegs

M 4 Karikatur von Thomas Theodor Heine aus dem Satireblatt „Simplicissimus" vom 3. Juni 1919. Die Überschrift lautete: „Versailles"; die Unterschrift: „Auch Sie haben noch ein Selbstbestimmungsrecht. Wünschen Sie, dass Ihnen vor oder nach dem Tode die Taschen ausgeleert werden?"

Der Versailler Vertrag – eine „Hinrichtung" Deutschlands?

Ein beliebtes Motiv politischer Satire in der Weimarer Republik war die Hinrichtung Deutschlands durch die drei Vertragspartner Wilson (USA), Clemenceau (F) und Lloyd George (GB). Die meisten der deutschen Zeitgenossen hielten den Versailler Vertrag für unannehmbar. Diese Haltung verband die politischen Lager von links bis rechts. Die Frage, inwieweit der Friedensvertrag das Deutsche Reich wirklich nachhaltig schädigen konnte, beschäftigt die historische Forschung bis heute.

Schon zeitgenössische Beobachter aus Politik und Wirtschaft bezweifelten, dass das Vertragswerk lange halten würde. Das lag weniger an den konkreten Vertragsbestandteilen als vielmehr an den erwarteten psychologischen Auswirkungen. Vor allem dem Kriegsschuldartikel wurde Sprengkraft zugeschrieben, zumal es auch außerhalb Deutschlands Kritiker gab, die überzeugt waren, dass 1914 keine der europäischen Großmächte genug zum Erhalt des Friedens beigetragen habe und jede Nation somit eine gewisse Verantwortung für den Kriegsausbruch trage. Zudem hatte es innerhalb Deutschlands kaum Informationen zum tatsächlichen Kriegsverlauf gegeben. Vielmehr war mittels Propaganda die militärische Niederlage Deutschlands lange geleugnet worden. Für viele Deutsche war entscheidend, dass die deutschen Truppen bei Kriegsende außerhalb der deutschen Grenzen auf gegnerischem Boden standen. Es fiel ihnen bereits schwer, die Niederlage einzugestehen – die Alleinschuld am Krieg zu akzeptieren lag für sie außerhalb des Denkbaren.

Aber auch auf alliierter Seite war man unzufrieden: Vor allem Frankreich fühlte sich nach wie vor bedroht von seinem Nachbarn, den man gerne noch weiter geschwächt gesehen hätte. Großbritannien dagegen erkannte früh, dass dieses Vertragswerk nicht auf einen dauerhaften Frieden ausgelegt war und vor allem wirtschaftlich einen großen Schaden für Europa bedeutete. So verwundert es nicht, dass die „Revision von Versailles" bereits kurz nach der Unterzeichnung des Vertrages in aller Munde war und die Außenpolitik der europäischen Nationen in der Folgezeit maßgeblich bestimmte.

M 5 Festlegungen des Versailler Vertrags im Überblick

Gebietsabtretungen: Das Deutsche Reich musste nicht nur seine Kolonien, sondern auch Reichsgebiete abtreten. Als besonders demütigend empfand man die Unterstellung des Saarlandes unter die Kontrolle des im Juni 1919 gegründeten Völkerbundes, was den Franzosen die Ausbeutung der saarländischen Kohlengruben erlaubte. Auch Elsass-Lothringen fiel an Frankreich. Darüber hinaus wurden der Verlust Danzigs und die Schaffung des sogenannten „Polnischen Korridors", der Polen einen Zugang zur Ostsee ermöglichte, als tiefgreifende Eingriffe empfunden. Deutschland büßte auf diese Weise ein Siebtel seines Territoriums und ein Zehntel der Bevölkerung ein. Dennoch: Die Einheit des deutschen Nationalstaats blieb unangetastet, und Deutschland konnte als souveräne Republik neu entstehen.

Militärische Beschränkungen: Das deutsche Heer wurde auf 100 000 Mann starke Berufsarmee beschränkt, die allgemeine Wehrpflicht damit abgeschafft. Auch verschiedene schwere Waffensysteme wurden dem Deutschen Reich verboten. Bedenkt man die Bedeutung, die dem Militär in der Kaiserzeit beigemessen wurde, wird deutlich, wie groß die Bestürzung darüber gerade in konservativen Kreisen gewesen sein muss. Immerhin hatten bei Kriegsende noch ca. 4,5 Millionen Deutsche unter Waffen gestanden.

Reparationen: Dass Kriegsentschädigungen gezahlt werden sollten, wurde in deutschen Politikerkreisen akzeptiert. Doch der Versailler Vertrag legte weder eine zeitliche noch eine materielle Begrenzung der Reparationen fest. Auch wenn Deutschland nach der Vertragsunterzeichnung ökonomisch handlungsfähig blieb, so lag in den noch unklaren Regelungen der Reparationszahlungen eine enorme Sprengkraft für die Zukunft.

Die Kriegsschuld: Am gravierendsten für das Deutsche Reich sollte sich der Artikel 231 des Vertrags, der sogenannte **Kriegsschuldartikel**, herausstellen: Er besagte, dass Deutschland und seine Verbündeten die Alleinschuld am Ausbruch des Krieges trügen und somit für alle Folgen verantwortlich seien. Dieser Artikel legitimierte alle weiteren Vertragsbedingungen.

M6 Der Versailler Vertrag im Wahlkampf: Ein Plakat der DNVP, 1924

M7 (links) Karte: Deutsche Gebietsverluste nach dem Versailler Vertrag

M8 Zeitgenössische Stimmen zum Versailler Vertrag

a) Reichspräsident Friedrich Ebert am 6. Februar 1919 vor der Nationalversammlung:

Diese Rache- und Vergewaltigungspläne fordern unseren schärfsten Protest heraus! [...] Wir warnen die Gegner, uns nicht zum Äußersten zu treiben. [...] Im Vertrauen auf die Grundsätze des Präsidenten Wilson hat Deutschland die Waffen niedergelegt. Jetzt gebe man uns den Wilson-Frieden, auf den wir Anspruch haben.

b) Der spätere Außenminister Gustav Stresemann, Deutsche Volkspartei (DVP), am selben Tag:

Was dieser Vertrag aus Deutschland macht, das ist ein zerstückeltes Reich, machtlos, auf ewige Zeit zur Fronarbeit verurteilt, von Fremdvölkern wie von Sklavenhaltern regiert.

c) Der französische Marschall Ferdinand Foch nach Friedensschluss:

Das ist kein Frieden. Es ist ein Waffenstillstand auf 20 Jahre.

d) Der britische Ökonom John Maynard Keynes, 1919:

Die Politik, Deutschland für eine Generation in die Knechtschaft zu führen, Millionen von Menschen zu verarmen, eine ganze Nation ihres Glückes zu berauben, ist widerwärtig und verachtenswert [...]. Nationen sind weder durch Religion noch durch natürliche Moral dazu autorisiert, den Kindern ihrer Feinde die Missetaten der Eltern oder der Regierenden heimzuzahlen. [...] Wenn wir mit voller Absicht darauf hinarbeiten, Mitteleuropa zu verarmen, dann wird die Rache [...] nicht lange auf sich warten lassen.

a)–c) Zit. nach: ZEIT Geschichte, Nr. 1/2019, S. 33, 47;
d) übers. zit. nach: Wolfgang Zank: Versailles. Die Stunde der Abrechnung, in: Die Zeit. Welt- und Kulturgeschichte, Bd. 13: Erster Weltkrieg und Zwischenkriegszeit, Hamburg 2006, S. 545

M9 Der Versailler Vertrag aus Sicht heutiger Historiker

a) Hans-Ulrich Thamer, 2010:

Die auf Kompromiss angelegten Muster moderner Staaten und Verfassungsordnungen fanden sich auch im Kompromisscharakter der Versailler Friedensordnung, doch wurde dies nur von wenigen Zeitgenossen so wahrgenommen. [...] Im historischen Rückblick erscheint der Friedensschluss in seinen Bestimmungen weniger katastrophal, wohl aber in seinen politisch-psychologischen Folgen. Das eigentliche Problem lag im politisch-sozialen Erbe des Krieges, der so schmerzhaft und kostspielig war, der eine so gewaltige emotionale und nationalistische Mobilisierung hervorgerufen hatte, dass jede Friedensregelung eine Enttäuschung sein musste. Die Bestrafung der Unterlegenen wurde von den Franzosen als unvollständig verstanden [...]. [Dagegen] übersah man in Deutschland, dass der Kompromisscharakter den noch relativ jungen deutschen Nationalstaat vor der Zerstückelung bewahrt hatte. Es gab weder eine bloße Rückkehr zur Vorkriegsordnung noch eine völlige Umsetzung der neuen politischen Gestaltungsprinzipien. Machtstaatliche Interessen setzten sich vielerorts gegen Staats- und Grenzregelungen durch, wie sie nach den Prinzipien des Selbstbestimmungsrechts der Völker geboten schienen. Das galt für das Verbot, dass sich Deutsch-Österreich dem Deutschen Reich anschloss, wie für die von Italien erzwungene Abtretung des deutschsprachigen Südtirols an Italien und des oberschlesischen Industriegebietes an Polen.

Hans-Ulrich Thamer (Hg.): WBG Weltgeschichte Bd. VI: Globalisierung – 1880 bis heute, Darmstadt [2]2015, S. 18

b) Sönke Neitzel, 2008:

Für einen harten Frieden waren die Bedingungen nicht weitreichend genug, für einen Ausgleichsfrieden aber waren sie zu einschneidend. Versailles war ein Kompromiss der Sieger. Heraus kam ein unglückliches Mittelding, mit dem Sieger und Besiegte gleichermaßen unzufrieden waren: In Deutschland war der Kampf gegen Versailles der einzige gemeinsame Nenner der Gesellschaft – was angesichts des tiefen Grabens zwischen linken und rechten politischen Kräften gar nicht genug betont werden kann. Die Niederlage nahm man nicht als endgültig hin. [...] Die größte Schwäche der Pariser Verträge und des aus ihnen hervorgehenden Völkerbundes war zweifellos, dass sie – anders als der Wiener Kongress 1815 – keine Grundlage für ein stabiles Weltstaatensystem bilden konnten. Sowjetrussland stand abseits, und bald auch die Vereinigten Staaten. Vor allem waren die Verlierer des Weltkrieges ausgeschlossen. [...] Doch trotz dieser niederschmetternden Bilanz waren die Pariser Vorortverträge besser als ihr Ruf. Allzu sehr besteht die Versuchung, sie aus der Perspektive der dreißiger Jahre zu betrachten und nicht – wie es eigentlich geboten ist – aus der Zeit des Ersten Weltkriegs. 1919/20 standen die uneinigen Siegermächte vor dem Problem, in einem Klima von Misstrauen und Abneigung mit instabilen Staaten eine stabile Friedensordnung zu schaffen. Dabei konnte kein Meisterstück herauskommen.

Sönke Neitzel: Weltkrieg und Revolution 1914–1918/19. Bonn 2008, S. 171 f.

Völkerbund: → S. 184 f.

2. a) Beschreiben Sie anhand von M 2, M 4 und M 8 die deutsche öffentliche Meinung zum Versailler Vertrag.
   b) Vergleichen Sie damit die französischen Interessen, wie im Darstellungstext wiedergegeben.
3. Arbeiten Sie aus der Karte M 7 Bestandteile des Versailler Vertrags heraus und ergänzen Sie dann Ihre Ergebnisse anhand von M 5.
4. Überprüfen Sie die Aussage der Karikatur M 4 mithilfe von M 5 und M 7.
5. a) Vergleichen Sie Wilsons Friedensvorstellungen (→ M 4, S. 186) mit den Vertragsverhandlungen (M 3) und den Festlegungen (M 5).
   b) Überprüfen Sie, inwiefern Wilsons Ideen umgesetzt wurden.
6. Analysieren Sie die Historikerurteile in M 9 mithilfe des Methodentrainings und vergleichen Sie sie.
7. „Im historischen Rückblick erscheint der Friedensschluss in seinen Bestimmungen weniger katastrophal, wohl aber in seinen politisch-psychologischen Folgen." Beurteilen Sie die These (M 9 a), auch mit Blick auf M 3.
8. Stellen Sie sich vor, Sie seien Politikberater. Entwickeln Sie ausgehend von Ihren Erkenntnissen zum Versailler Vertrag einen Leitfaden für funktionierende Friedensvertragsverhandlungen.

Historikertexte analysieren

Historikertexte sind „gedeutete“ Geschichte, sie geben eine Meinung wieder. Dabei können sie explizit an eine sachkundige Leserschaft mit spezifischen Fach- und Methodenkenntnissen gerichtet sein, aber auch an interessierte Laien, die durch eine spannende Erzählweise gefesselt werden sollen. Zu unterscheiden sind u. a. folgende Textsorten:
- die Gesamtdarstellung, mit der ein Überblick über einen Zeitraum gegeben und große Zusammenhänge charakterisiert und beurteilt werden sollen, z. B. „Die Welt der Griechen“,
- die Monografie, also eine Darstellung, die sich auf eine ausgewählte Fragestellung konzentriert, z. B. „Der Ausbruch des Ersten Weltkriegs“,
- der Essay, eine Darstellung, die von prägnanten Zuspitzungen lebt. Ziel eines Essays ist es, neue Aspekte aufzuwerfen, die zum Überdenken bekannter Positionen führen.

In jedem Fall greifen die Autorinnen und Autoren bestimmte Ereignisse und Entwicklungen aus der Vergangenheit heraus und ordnen sie zu einer stimmigen Darstellung, die meist eine argumentative Struktur aufweist. Die Analyse eines Historikertextes sollte daher folgende Aspekte umfassen:

1. Formale Beschreibung

Bei einer schriftlichen Analyse ist in einer knappen Einleitung (im Präsens) einzugehen auf: Titel, Autor/in, Erscheinungsort, -datum, Textsorte und Adressaten.

Ein Formulierungsbeispiel:
„Der Versailler Vertrag stellt nach Meinung des Historikers Thamer einen Kompromiss dar, den viele Zeitgenossen so nicht wahrnahmen. Dies habe zum Scheitern des Vertrags ganz wesentlich beigetragen. Daneben seien weniger die inhaltlichen Bestimmungen als vielmehr die „politisch-psychologischen Folgen“ (Z. 8-9) des Vertrags ein Kernproblem gewesen.“

2. Untersuchung von Inhalt und Sprache

Lesen Sie den Text sorgfältig und klären Sie unbekannte Namen, Abkürzungen oder Begriffe. Stellen Sie anschließend folgende Fragen:
- Was ist das Thema/die Problemstellung?
- Welche Kernaussagen werden getroffen?
- Wie argumentiert die Autorin, um ihre Kernaussagen zu stützen? (Wo werden Begründungen gegeben, z. B. mit „weil“/„deshalb“/„da“? Wo werden Gegensätze aufgezeigt, z. B. mit „einerseits – andererseits“/„obwohl“?)
- Setzt der Autor besondere sprachliche Gestaltungsmittel ein? Zwar spielen sprachliche Mittel für Historikertexte meist eine eher untergeordnete Rolle (im Gegensatz z. B. zu Propagandatexten oder Reden), aber auch Historikertexte können sprachliche Besonderheiten aufweisen, etwa die schlaglichtartige Wiederholung von Thesen.

Bei der schriftlichen Formulierung Ihrer Ergebnisse müssen Sie darauf achten, die Thesen und Argumente des Autors/der Autorin durch den Gebrauch der indirekten Rede deutlich zu machen. Zudem ist keine Paraphrase – Nacherzählung – des Textes gewünscht, sondern die Formulierung übergeordneter Gesichtspunkte, die der Text enthält.

3. Erklären im (historischen) Kontext

Um die Haltung des Autors/der Autorin näher zu bestimmen, ist zu fragen:
- Um welche politische/gesellschaftliche/kulturelle/wirtschaftliche Situation/Problematik geht es ihm/ihr?
- Welche Perspektive nimmt der Autor ein? Lässt er sich einer politischen Strömung zuordnen (z. B. konservativ, marxistisch)?
- Wie steht der Autor zu seinem Untersuchungsgegenstand? Ist er persönlich involviert oder eher neutraler Beobachter? (Ein französischer Historiker hat u. U. einen anderen Blick auf das Thema als ein deutscher.)
- Verfolgt die Autorin eine bestimmte Wirkungsabsicht?

4. Formulieren eines Fazits

In einem **abschließenden Fazit** fassen Sie Ihre Erkenntnisse zusammen, jedoch ohne eine Beurteilung abzugeben, z. B.:
„Für Thamer sind die Akteure Frankreich und Deutschland wichtig, hier vor allem die Bevölkerungen, nicht nur die Politiker. Das zentrale Themenfeld ist für ihn die psychologische Wirkung des Versailler Vertrags, weniger die einzelnen Paragrafen und Bestimmungen.“

Wie Lügen die öffentliche Meinung beeinflussen

Die Dolchstoßlegende als Hypothek für die Weimarer Republik

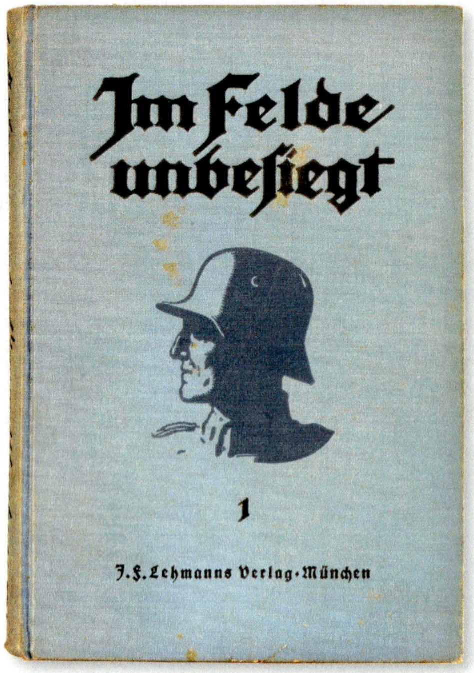

M 1 Titelseite eines erfolgreichen Buches von 1923, das scheinbar seriös das Bild des unbesiegten Deutschen Heeres entwarf. Einer der Autoren war der ehemalige Chef der Obersten Heeresleitung und spätere Reichspräsident Paul von Hindenburg.

1. Formulieren Sie Hypothesen zur Wirkungsabsicht dieses Buchcovers.

Vom Siegeslauf einer Lüge

Mit dem Kriegseintritt der USA 1917 hatte sich die militärische Lage in Europa grundlegend geändert. Schon zuvor hatte die zunehmende Kriegsmüdigkeit die europäischen Gegner mehr und mehr geschwächt, jetzt erschienen mit den amerikanischen Truppen unverbrauchte und motivierte Soldaten und – fast noch wichtiger – neue, unerschöpflich scheinende Ressourcen an Kriegsmaterial auf den europäischen Schlachtfeldern. Mit dem Ausscheiden Russlands aus dem Krieg im Zuge der russischen Oktoberrevolution 1917 schien das Deutsche Reich nochmals kurz die Oberhand zu gewinnen, und es versuchte, in groß angelegten Offensiven im Frühjahr 1918 die Situation zu seinen Gunsten zu verändern. Spätestens aber mit der französischen Gegenoffensive im Juli und dem Durchbruch der Briten bei Amiens dank einer neuen Waffe, dem Panzer, „Tank“, im August 1918 musste sich die deutsche Militärführung eingestehen, dass sie diesen Krieg nicht mehr gewinnen konnte. Jetzt konnte es nur noch darum gehen, das Schlimmste – etwa den gegnerischen Durchbruch bis nach Deutschland – zu verhindern und schnellstmöglich einen Waffenstillstand zu erreichen. Noch verlief die Westfront in Frankreich, das deutsche Gebiet war bislang weitgehend von Kriegshandlungen verschont geblieben.

Dies war der Ausgangspunkt für die – spätere – Behauptung, das deutsche Heer sei „im Felde unbesiegt“ geblieben, es habe seine Pflicht bis zum Schluss getan, die Niederlage sei einzig und allein auf die verantwortlichen Politiker und die sozialistische Agitation im Hinterland und an der Front zurückzuführen: Die Front sei von hinten „erdolcht“ worden! Mit dieser **„Dolchstoßlegende“** – tatsächlich eine Lüge – konnte die Militärführung von der eigenen Verantwortung, den fehlenden militärischen Mitteln und nicht zuletzt der Kriegsmüdigkeit ablenken und alle Folgen, die aus der Niederlage resultierten, auf Politiker abwälzen.

Warum hatte die „Dolchstoßlegende“ Erfolg?

Der Erfolg der „Dolchstoßlegende“ beruhte auf einem Zusammenspiel von Verschleierung, Nicht-wahr-haben-Wollen, Selbsttäuschung und Nicht-wissen-Können. Ein Grund für den Erfolg ist zunächst bei denen zu suchen, die die Legende verbreiteten. So stammt die Aussage vom „im Felde unbesiegten“ Heer von Generalfeldmarschall von Hindenburg selbst, dem höchsten Militär bei Kriegsende. Vor einem Untersuchungsausschuss behauptete er 1919, spätestens die Novemberrevolution habe das Heer „von hinten erdolcht“. Auch General Ludendorff und der inzwischen ins Exil geflohene Kaiser Wilhelm II. vertraten sehr werbewirksam diese Thesen. Die „Dolchstoßlegende“ – heute würde man von Fake News sprechen – war geboren.

M 2 Diese Darstellung des „Dolchstoßes“ war 1924 das Motiv eines Wahlplakates der Deutschnationalen Volkspartei (DNVP).

M 3 1942 wurde diese Zeichnung als Illustration in einem NS-Schulungsbrief veröffentlicht.

Dass Hindenburg 1925 Reichspräsident wurde, verlieh dieser „Geschichtslüge“, wie der Historiker Volker Ullrich die „Dolchstoßlegende“ später bezeichnete, noch zusätzliches Gewicht.

Hinzu kommt: Nicht erst die Friedensverhandlungen von Versailles hatten gezeigt, dass die deutsche Bevölkerung von der deutschen Niederlage völlig überrascht worden war. Fehlende Informationen hatten es den Menschen sehr schwer gemacht, sich einen Überblick von der tatsächlichen Lage an den Fronten zu verschaffen: Die Kriegspropaganda war nicht müde geworden, von großen Erfolgen der deutschen Truppen zu berichten, Niederlagen waren dagegen kaum oder nur verharmlosend erwähnt worden. Für die Verschleierung der Verhältnisse hatte auch die Zensur von Presse und Feldpost eine wichtige Rolle gespielt. Und selbst höhere Generalstabsoffiziere hatten die sich abzeichnende Niederlage lange nicht wahrhaben wollen. Insofern überrascht es wenig, dass die Dolchstoßlegende bei großen Teilen der deutschen Bevölkerung auf fruchtbaren Boden fiel. Viele empfanden die Zahl der Kriegsopfer als zu groß, um vergeblich gewesen zu sein. Ein Beleg für diese Haltung sind nicht zuletzt die vielen Heldendenkmäler, die in den 1920er-Jahren zur Erinnerung an den „Großen Krieg“, wie er damals oft genannt wurde, errichtet wurden.

Folgen für die Republik

Hinsichtlich des Scheiterns der Weimarer Republik kann die Bedeutung der Dolchstoßlegende nicht hoch genug eingeschätzt werden. Der Historiker Volker Ullrich spricht in diesem Zusammenhang von einer Vergiftung des „innenpolitischen Klimas der Weimarer Republik“. Die demokratischen Parteien wurden auf diese Weise von Anfang an diskreditiert und für die Kriegsniederlage verantwortlich gemacht, während sich deutschnationale und völkische Kreise weitgehend einer Verantwortung entzogen. Der wachsende Antisemitismus fand ebenfalls Eingang in diese Lüge von der militärischen Unbesiegbarkeit, indem mit fortschreitender Zeit die Verantwortung für die Niederlage mehr und mehr auch „dem Judentum“ zugeschoben wurde. Die Dolchstoßlegende wurde somit ein wichtiges Propagandamittel gegen das „Weimarer System“, wie die junge Republik abwertend von ihren Gegnern genannt wurde. Nicht zuletzt Adolf Hitler und die NSDAP profitierten maßgeblich von dieser „Geschichtslüge“ und konnten mit ihrer Hilfe zusätzliche Anhänger für sich gewinnen.

völkische Kreise: radikalnationalistisch-antisemitische Gruppen innerhalb der Gesellschaft der Weimarer Republik

M4 Quellen zur militärischen Lage im Herbst 1918

a) Der Kronrat beriet am 14. August 1918 in Spa (Belgien), dem Hauptquartier der deutschen „Obersten Heeresleitung". Auszüge aus dem Protokoll:

Der Reichskanzler [...] ausführt die innere Lage. Stimmung kriegsmüde – Ernährung unzureichend, noch schlimmer Bekleidungsmangel. Wahlrechtsreform.

General Ludendorff: Strengere innere Zucht erforderlich. Zusammenfassung der inneren Kräfte mit größter Energie. [...]

Der Staatssekretär [des Äußeren v. Hintze] äußert sich über die äußere Lage. Die Siegeszuversicht des Feindes und sein Kriegswille seien zur Zeit gehobener denn je. Der Grund seien zum Teil die letzten militärischen Erfolge im Westen; der Hauptpunkt sei aber die ursprüngliche und stets zunehmende Überzeugung, dass die Alliierten mit ihren vergleichsweise unerschöpflichen Reserven an Menschen, Rohstoffen und Fabrikaten allein mit der Zeit die verbündeten Zentralmächte zerschmettern müssten. Nach Ansicht unserer Feinde arbeitet die Zeit für sie. [...]

Der Chef des Generalstabes des Feldheeres hat die kriegerische Situation dahin definiert, dass wir den Kriegswillen unserer Feinde durch kriegerische Handlungen nicht mehr zu brechen hoffen dürfen. [...]

Seine Majestät erklären die Charakteristik der politischen Situation für richtig. [...] Zur Schwächung der Siegeszuversicht des Feindes, zur Hebung der Zuversicht des deutschen Volkes sei die Bildung einer Propagandakommission erforderlich. Flammende Reden müssten gehalten werden von angesehenen Privatpersonen [...] oder von Staatsmännern.

Zit. nach: Johannes Hohlfeld (Hg.): Dokumente der deutschen Politik und Geschichte von 1848 bis zur Gegenwart Bd. 2: Das Zeitalter Wilhelms II. 1890–1918, Berlin 1951, S. 376 ff.

b) Aus Tagebuchaufzeichnungen des Obersten Albrecht von Thaer, Chef des Generalstabes der Obersten Heeresleitung (OHL):

30. IX. 1918, 8 Uhr abends.

Heute Abend sagte mir Schleicher, der ja immer sehr enge Beziehungen zu den „Halbgöttern" um Ludendorff hat, die Besprechungen der letzten Tage [...] hätten dazu geführt, dass Ludendorff erklärt habe, wir seien militärisch am Ende, und daran die Forderung nach einem sofortigen Waffenstillstand geschlossen habe. Ich kann mir gar nicht denken und vorstellen, dass das wahr sein soll.

1. X. 1918:

[Ludendorff] sagte ungefähr Folgendes: [...] Zum ersten Mal sei der OHL von Seiner Majestät bzw. vom Reichskanzler die Frage vorgelegt worden, was sie und das Heer noch zu leisten imstande seien. Er habe im Einvernehmen mit dem Generalfeldmarschall [Hindenburg] geantwortet: Die OHL und das deutsche Heer seien am Ende; der Krieg sei nicht nur nicht mehr zu gewinnen, vielmehr stehe die endgültige Niederlage wohl unvermeidbar bevor. [...] Unsere Armee sei leider schon schwer verseucht durch das Gift sozialistischer Ideen. [...] Fortgesetzt erwiesen Truppenteile sich als so unzuverlässig, dass sie beschleunigt aus der Front gezogen werden müssten. [...]

So sei vorauszusehen, dass dem Feinde schon in nächster Zeit mithilfe der kampffreudigen Amerikaner ein großer Sieg, ein Durchbruch in ganz großem Stile gelingen werde [...]. Deshalb habe die OHL von Seiner Majestät und dem Kanzler gefordert, dass ohne jeden Verzug der Antrag auf Herbeiführung eines Waffenstillstandes gestellt würde bei dem Präsidenten Wilson von Amerika zwecks Herbeiführung eines Friedens auf der Grundlage seiner 14 Punkte. [...]

Ludendorff fügte hinzu: „[...] Ich habe [...] Seine Majestät gebeten, jetzt auch diejenigen Kreise an die Regierung zu bringen, denen wir es in der Hauptsache zu danken haben, dass wir so weit gekommen sind. [...] Die sollen nun den Frieden schließen, der jetzt geschlossen werden muss. Sie sollen die Suppe jetzt essen, die sie uns eingebrockt haben!"

Albrecht von Thaer: Generalstabsdienst an der Front und in der OHL. Aus Briefen und Tagebuchaufzeichnungen 1915–1919, Göttingen 1958, S. 233 ff.

Schleicher und Ludendorff: hohe deutsche Militärs. (General Ludendorff war nach Generalfeldmarschall von Hindenburg der wichtigste Offizier des deutschen Heeres. Auf die Oberste Heeresleitung (OHL) hatte er großen Einfluss und damit auch auf die deutsche Kriegsführung und Politik.)

M5 Spätere Aussagen der verantwortlichen Militärs

a) Paul von Hindenburg in seinen Memoiren „Aus meinem Leben" (1920):

Wir waren am Ende! Wie Siegfried unter dem hinterlistigen Speerwurf des grimmigen Hagen, so stürzte unsere ermattete Front; vergebens hatte sie versucht, aus dem versiegenden Quell der heimatlichen Kraft neues Leben zu trinken. Unsere Aufgabe war es nunmehr, das Dasein der übriggebliebenen Kräfte unseres Heeres für den späteren Aufbau des Vaterlandes zu retten. Die Gegenwart war verloren. So blieb nur die Hoffnung auf die Zukunft.

b) ... und im sogenannten Dolchstoßprozess von 1925 gegen einen sich kritisch äußernden Journalisten:

Mehr und mehr haben sich Parteiinteressen breit gemacht, je schwieriger die Lage wurde. [...] Diese Umstände führten sehr bald zu einer Spaltung und Lockerung des Siegeswillens. Ich wollte kraftvolle und freudige Mitarbeit, und bekam Versagen und Schwäche. [...] Unsere wiederholten Anträge auf strenge Zucht und strenge Gesetzgebung wurden nicht erfüllt. So mussten unsere Operationen misslingen, es musste der Zusammenbruch kommen; die Revolution bildete nur den Schlussstein. Ein englischer General sagte mit recht: „Die deutsche Armee ist von hinten erdolcht worden." Den guten Kern des Heeres trifft keine Schuld. [...] Wo die Schuld liegt, ist klar erwiesen.

Zit. nach Horst Möller: Weimar. Die unvollendete Demokratie, München [5]1995, S. 68f.

c) In seinen Memoiren schrieb Wilhelm Groener, 1918 Generalleutnant, später Politiker:

Mir konnte es nur lieb sein, wenn bei diesen unglückseligen Verhandlungen [Friedensverhandlungen von Versailles], von denen nichts Gutes zu erwarten war, das Heer und die Heeresleitung so unbelastet wie möglich blieb. [...] Die Heeresleitung stellte sich bewusst auf den Standpunkt, die Verantwortung für den Waffenstillstand und alle späteren Schritte von sich zu weisen. Sie tat dies, streng juristisch gesehen, nur mit bedingtem Recht, aber es kam mir und meinen Mitarbeitern darauf an, die Waffe blank und den Generalstab für die Zukunft unbelastet zu erhalten.

Wilhelm Groener: Lebenserinnerungen. Göttingen 1957, S. 449, 466

M6 Vor allem für Freikorps – paramilitärische Verbände aus zurückkehrenden Frontsoldaten, die sich während der Wirren der Revolution freiwillig dem Kommando ehemaliger Generäle unterwarfen – war der Krieg 1919 noch nicht zu Ende. Sie waren besonders empfänglich für die Dolchstoßlegende.

2. a) Analysieren Sie das Plakatmotiv M2. Achten Sie auch auf die Bildwirkung.
b) Stellen Sie einen Bezug her zwischen dem Plakatmotiv M2, dem Buchcover M1 und der Illustration M3.

3. Beschreiben Sie auf der Basis von M4 die militärische Lage im Herbst 1918.

4. a) Arbeiten Sie aus M5 die Intentionen und Motive der verantwortlichen Militärs heraus.
b) Vergleichen Sie Ihre Ergebnisse mit denen zu Aufgabe 3.

5. a) Diskutieren Sie in Kleingruppen über mögliche Wirkungen der „Dolchstoßlegende" auf die Zeitgenossen 1920.
b) Überprüfen Sie Ihre Argumente mithilfe des Darstellungstextes.

6. Kreative Schreibaufgabe:
Stellen Sie sich vor, Sie seien ein deutscher Journalist im Jahre 1919. Verfassen Sie einen Artikel über das Kriegsende und den Kriegsausgang
   - aus Sicht eines SPD-nahen Blattes **oder**
   - aus nationalkonservativer Sicht.

7. a) Recherchieren Sie die Hintergründe des sogenannten Münchner Dolchstoßprozesses von 1925.
b) Recherchieren Sie weitere historische „Legenden" oder/und aktuelle Fake News.

8. Entwickeln Sie in Kleingruppen auf der Grundlage Ihrer Erkenntnisse über die Dolchstoßlegende Regeln für den Umgang mit historischen Lügen oder/und aktuellen Fake News.

Die Parteien – Stützen der Demokratie?

M 1 Reichstagswahl-Plakate verschiedener Parteien bzw. Gruppierungen. Im Uhrzeigersinn von oben: KPD (1920) – SPD (1920) – Völkischer Block (1924) – Zentrum (1920)

1. Analysieren Sie die Wahlplakate und formulieren Sie in je einem Satz, wie die Parteien zur Weimarer Verfassung standen.

Alte und neue Parteien

Unter den Parteien, die die Weimarer Republik prägten, waren einige, die schon während der Kaiserzeit existiert hatten. So zählten die SPD und das Zentrum bereits vor dem Ersten Weltkrieg zu den großen Parteien. Die USPD hatte sich während des Krieges von der Mehrheits-SPD abgespalten, da sie eine pazifistische Grundhaltung vertrat und keine Kriegskredite mehr bewilligen wollte. Ideologisch entwickelte sich die USPD zunehmend nach links und forderte die Durchsetzung des Rätesystems sowie Sozialisierungen (→ S. 208). Auch die bürgerlichen liberalen Parteien bestanden leicht modifiziert fort: Die konservativen Nationalisten und Anhänger der Monarchie unter dem Namen „Deutschnationale Volkspartei" (DNVP), die Nationalliberalen in der „Deutschen Volkspartei" (DVP) und die Mitglieder der Linksliberalen in der „Deutschen Demokratischen Partei" (DDP). Unter den Bedingungen des Krieges und der Revolution formte sich das Parteiensystem aber auch um und neu: Auf der linken Seite des Parteienspektrums wurde im Zuge der Aufsplitterung der SPD und der Radikalisierung des linken Flügels im Verlauf der Novemberrevolution nach bolschewistischem Vorbild die KPD gegründet. Am äußerst rechten Rand entstand in den Anfangsjahren der Weimarer Republik die radikal nationalistische und antisemitische NSDAP.

Die Parteien und die Verfassung

Die Parteien wurden in der Weimarer Verfassung nur am Rand erwähnt, ihre Rechte und Pflichten daher auch nicht definiert. Sie waren in ihrer Programmatik und in der innerparteilichen Willensbildung völlig frei und nur bei Verstößen gegen das Strafrecht zu belangen. Die Weimarer Republik war also nicht – wie später die BRD – als „streitbare Demokratie" angelegt, also als eine Demokratie, die sich gegen innere Feinde schützen kann. Eine Möglichkeit, verfassungsfeindliche Parteien zu verbieten, wie dies heute in der BRD vorgesehen ist, gab es nicht. Die häufige Berufung parteiloser „Fachminister" kann als Ausdruck dieser Nichtbeachtung der Parteien in der Verfassung aufgefasst werden, die auch in der Bevölkerung verbreiteten Ressentiments entsprach.

M 2 Die wichtigsten Parteien der Weimarer Republik

	Richtung	Staatsauffassung, politische Ziele	soziale Basis
KPD	kommunistisch	Beseitigung des Kapitalismus, Diktatur des Proletariats, Rätedemokratie, antiparlamentarisch	Arbeiter, zunehmend junge Arbeitslose
USPD	linkssozialistisch	sozialistische Gesellschaft, Rätedemokratie	Arbeiter, Intellektuelle, Freiberufler
SPD	sozialdemokratisch	demokratische Republik, sozialistische Demokratie auf dem Wege friedlicher Umwälzung	Arbeiter, Facharbeiter, Angestellte, Beschäftigte im öffentlichen Dienst
DDP	linksliberal	demokratische Republik, Volks- und Rechtsstaat, Schutz der Verfassung	Bildungsbürgertum, Industrielle, Beamte, v.a. in Süddeutschland auch Handwerker und alter Mittelstand
Zentrum	katholisch	demokratische Republik „auf dem Boden der Tatsachen", starke Exekutive, christlich orientiert, „deutscher Volksstaat"	Katholiken aller Schichten
DVP	national- und wirtschaftsliberal	Kaisertum, aber „Vernunftrepublikaner", parlamentarische Regierung	Bildungsbürgertum, Industrielle, v.a. aus der Schwerindustrie
DNVP	nationalkonservativ, teils völkisch und antisemitisch	Hohenzollernmonarchie, starke Exekutive, Parlament, aber auch ständestaatliche Vertretung	preußischer Adel, Industrielle, Protestanten, Bauern, „nationales Kleinbürgertum"
NSDAP	völkisch, nationalistisch, antisemitisch, antimarxistisch	starke Staatsgewalt, autoritäre Führung/ „Führerprinzip", Ablehnung des Parteienwesens, nur „Volksgenossen deutschen Blutes" als Staatsbürger anerkannt	Angehörige der Mittelschicht: Selbstständige, Beamte und Angestellte; (Land-)Arbeiter, Berufslose

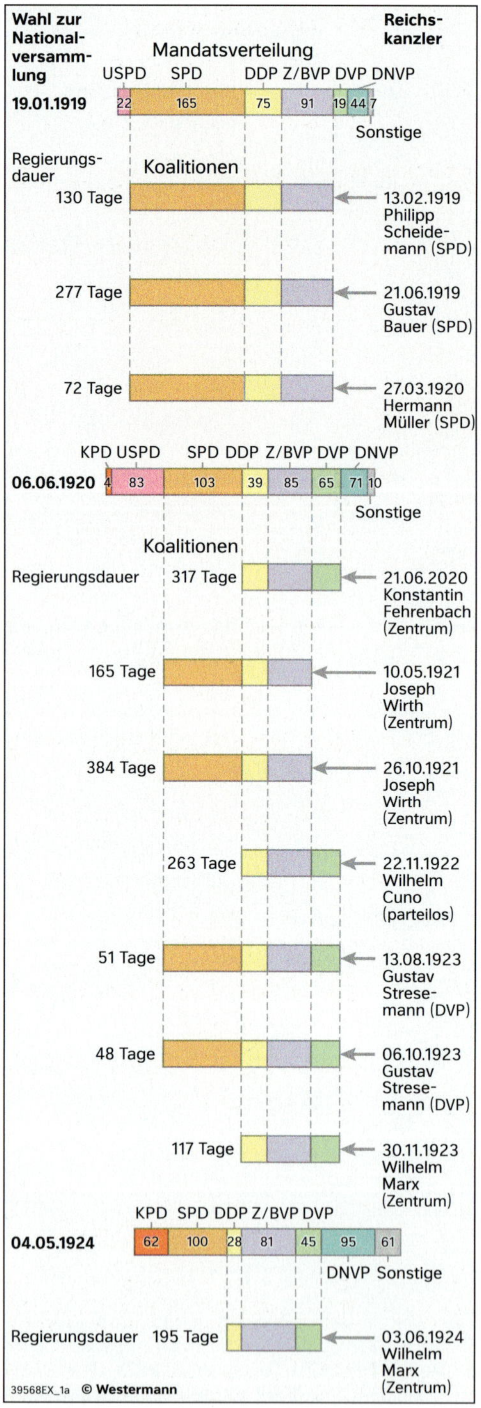

M 3 Wahlergebnisse in der Weimarer Republik, Januar 1919 bis Mai 1924.
Die jeweils neben der Zentrumspartei (Z) genannte BVP war eine bayerische Partei des politischen Katholizismus, die Bayerische Volkspartei. Zentrum und BVP gingen – als Schwesterparteien – für Reichstagswahlen Wahlbündnisse ein.

M 3 und M 7 wurden erstellt nach: Jürgen Falter u. a.: Wahlen und Abstimmungen in der Weimarer Republik, München 1986

M 4 Parteien – der Verfassung verpflichtet?

Auszug aus der Rede des Innenministers Eduard David (SPD) vor der Nationalversammlung am Tag der Verabschiedung der Verfassung:

Die neue Verfassung findet scharfe Kritiker auf der Rechten dieses Hauses und auf der äußersten Linken. Aber auch Ihnen, meine Herren, wird die neue Verfassung gerecht. Sie hindert Sie nicht, Ihre politischen Aufgaben zu vertreten, sie gibt Ihnen die Möglichkeit, auf legalem Wege die Umgestaltung in Ihrem Sinne zu erreichen, vorausgesetzt, dass Sie die erforderliche Mehrheit des Volkes für Ihre Anschauung gewinnen. Damit entfällt jede Notwendigkeit politischer Gewaltmethoden. Der Wille des Volkes ist fortan das oberste Gesetz. Wer den Willen des Volkes für seine politischen Auffassungen und Ziele gewinnt, der gewinnt das Recht, das Steuer des Reichs zu führen. Die Bahn ist frei für jede gesetzlich-friedliche Entwicklung. Das ist der Hauptwert einer echten Demokratie, und in dem Maße, wie dieser Wert von unserem Volk erkannt wird, wird sich die neue Verfassung als der stärkste Hort des inneren Friedens bewähren.

Verhandlungen der verfassungsgebenden Deutschen Nationalversammlung. Stenographische Berichte, 71. Sitzung (31. Juli 1919); zit. nach: www.reichstagsprotokolle.de/Blatt2_wv_bsb00000013_00069.html (06.01.2021)

M 5 „Die Republik ist unerhört demokratisch – [auch] gegen ihre Feinde."

Ernst J. Gumbel, Rechtswissenschaftler, 1924

2. a) Beschreiben Sie auf der Basis des Darstellungstextes und M 2 die Parteien der Weimarer Republik.
b) Analysieren Sie die jeweilige Einstellung zur Demokratie und zum Parlamentarischen System von Weimar.
c) Überprüfen Sie Ihre Erstaussage zu den Wahlplakaten (M 1).

3. Werten Sie den Darstellungstext sowie die Materialien M 2, M 3 und M 7 aus: Zeigen Sie Möglichkeiten und Grenzen von Koalitionsbildungen.

M6 Missachtung der Parteien

Der Historiker Horst Möller charakterisiert die Parteienlandschaft der Weimarer Republik:

Die Parteien der Weimarer Republik vertraten […] – vom Zentrum abgesehen – relativ eindeutig erkennbare Interessen und sprachen nur begrenzte Bevölkerungsschichten besonders an. Eine Interessenvertretung wäre, für sich genommen, nicht problematisch für das politische System der Weimarer Republik gewesen, hätten die Parteien mehrere gesellschaftliche Interessenten repräsentieren und folglich innerparteilich Kompromissfähigkeit entwickeln müssen: Auch dies hätte die Koalition mit anderen Parteien erleichtert. Solches Austarieren gegensätzlicher wirtschaftlicher und sozialer Interessen aber gelang nur in Grenzen und gegen Ende der Republik immer weniger. Stattdessen wurden die Parteien in großen Teilen der Gesellschaft missachtet als Verfechter bloßer, häufig persönlicher oder personalpolitischer Partikularinteressen. Besonderer Missachtung waren von Beginn an Parteien ausgesetzt, die an den Regierungen beteiligt waren. Das stärkte wiederum diejenigen Abgeordneten und Parteifunktionäre, die Regierungsbeteiligung ablehnten, weil sie zu Kompromissen zwang und unpopulär war. Als paradoxes Ergebnis konnten auch diejenigen Parteien, die in der Regierung saßen – selbst das Zentrum –, vergleichsweise wenige eigene politische Ziele realisieren und mussten trotzdem für sämtliche Enttäuschungen der Wähler büßen.

Horst Möller: Die Weimarer Republik. Demokratie in der Krise. München 2018, S. 160

4. Arbeiten Sie heraus, welche Spielräume einer der „Verfassungsväter" den Parteien einräumte, und beurteilen Sie seinen Standpunkt (M4).

5. Fassen Sie die Thesen des Historikers Horst Möller (M6) in eigenen Worten zusammen.

6. Erörtern Sie, inwiefern die Parteien der Weimarer Republik als Stützen der Demokratie bezeichnet werden können. Ziehen Sie dazu auch die Informationen aus dem Kapitel „Die demokratischste Demokratie?" heran (S. 213, ab Z. 85).

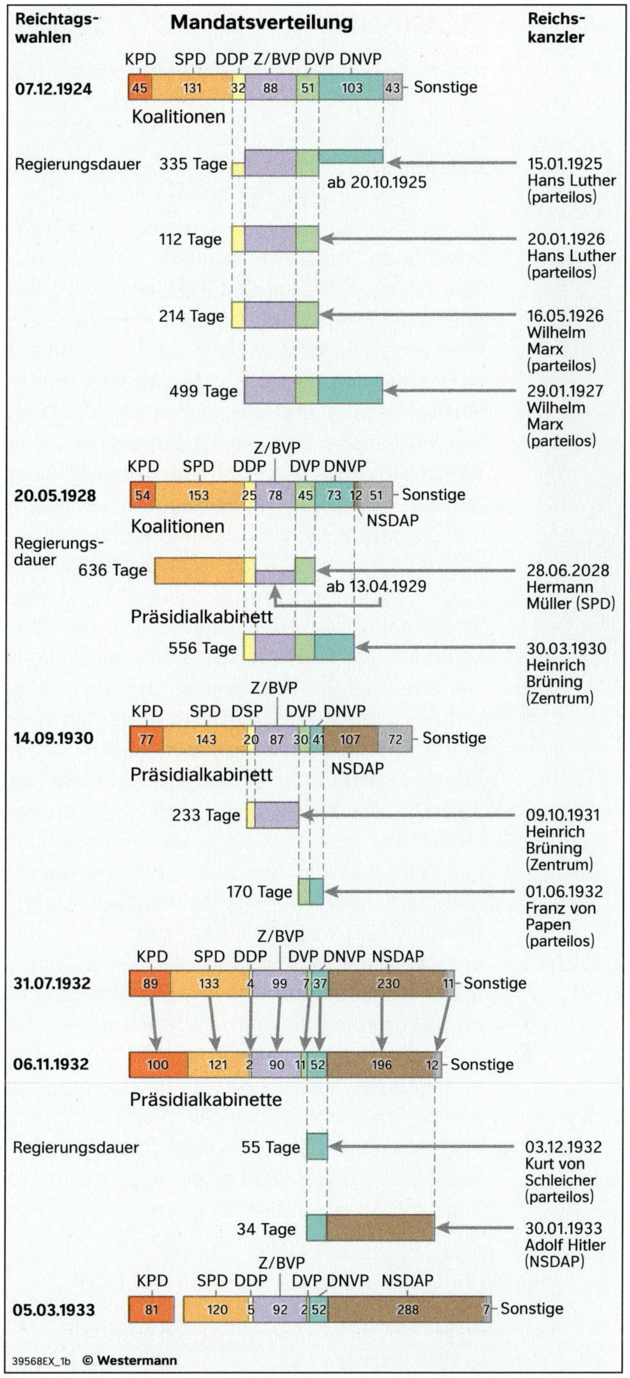

M7 Wahlergebnisse von Dezember 1924 bis März 1933

Als **Präsidialkabinette** werden die letzten Regierungen der Weimarer Republik bezeichnet: Im Unterschied zu den vorausgehenden Minderheitsregierungen wurde die Gesetzgebungstätigkeit des Parlamentes hierbei umgangen. Die Reichsregierungen stützten sich dabei auf die Vollmachten des Reichspräsidenten nach Artikel 48 (→ S. 213).

Revision oder Völkerverständigung?

Die Außenpolitik unter Gustav Stresemann

M 1 Gustav Stresemann (rechts) mit seinem französischen Amtskollegen Aristide Briand. Für ihre Verständigungspolitik zwischen Frankreich und Deutschland erhielten sie 1926 den Friedensnobelpreis.

Die Amtszeit Stresemanns – eine „Ära"?

Es war ein besonderer Moment in der Geschichte der Weimarer Republik, als Außenminister Gustav Stresemann 1926 anlässlich der Aufnahme Deutschlands in den Völkerbund in Genf vor die Mikrofone trat – aus den erbitterten Gegnern des Weltkriegs sollten jetzt wieder Partner werden, und das war im Wesentlichen das Verdienst seiner Politik. Stresemann ging davon aus, dass nur über eine Verständigung mit den ehemaligen Kriegsgegnern, vor allem mit Frankreich, eine Milderung der Bedingungen des Versailler Vertrags gelingen könnte.

Stresemann, seit 1918 Vorsitzender der DVP, kann als „Vernunftrepublikaner" bezeichnet werden – als ein Staatsmann, der versuchte, sich mit der politischen Situation der Weimarer Republik zu arrangieren und in ihrem Interesse Politik zu gestalten. Dabei war er während des Kaiserreichs noch überzeugter Monarchist gewesen und hatte, wie viele seiner Zeitgenossen, erst sehr spät die unvermeidbare deutsche Kriegsniederlage akzeptiert. 1923 wurde er Reichskanzler, danach war er bis zu seinem frühen Tod 1929 als Außenminister Mitglied mehrerer Regierungen, konnte also über einen längeren Zeitraum die Politik maßgeblich mitgestalten. Sein früher krankheitsbedingter Tod sollte sich für die Republik als schwerer Schlag erweisen, fehlte jetzt doch ein im In- und Ausland hochgeschätzter Politiker, der in der Lage war, gegensätzliche innen- und außenpolitische Interessen miteinander in Einklang zu bringen. Dabei unterschieden sich seine außenpolitischen Ziele kaum von denen seiner Vorgänger und Nachfolger. Quer durch alle politischen Lager blieb das Hauptziel gleich: eine **Revision** des Vertrags von Versailles. Dabei ging es um folgende Fragen:

- Wie könnte Deutschland in den Kreis der europäischen Großmächte zurückkehren?
- Wie sollten die Reparationszahlungen in Zukunft geregelt werden?
- Wie sollten die endgültigen Grenzen im Westen und im Osten verlaufen?

Annäherungspolitik nach außen, Zerreißprobe im Innern?

Bevor Stresemann im August 1923 Reichskanzler wurde, war das Verhältnis Deutschlands zu seinen Vertragspartnern von Versailles auf einem Tiefpunkt: Weil französische Truppen wegen ausstehender Reparationszahlungen ins Ruhrgebiet einmarschiert waren, hatte die deutsche Regierung zum „Ruhrkampf" aufgerufen, einem Generalstreik. Stresemann beendete diesen und nahm 1924 den Dawes-Plan an (→ M2). So gelang es ihm nach und nach, das deutsch-französische Verhältnis zu entkrampfen und die Schritte einzuleiten, die zur Regelung der Reparationsfrage führten. Dafür ging er 1925 mit dem Vertrag von Locarno einen „Sicherheitspakt" ein und erkannte die Grenzen im Westen sowie die Entmilitarisierung des

M 2 Die Auseinandersetzungen um die Reparationszahlungen – eine Zeitleiste

Januar 1921	März 1921	Mai 1921	Januar 1922	Juli 1922	Januar 1923	bis September 1923
Konferenz von Paris: Die Entschädigungssumme von 269 Mrd. Goldmark wird festgelegt, zahlbar an die Alliierten in 42 Jahresraten. Deutsche Proteste sind die Folge.	**Konferenz von London:** Festlegung von Sanktionen wegen der Proteste: Französische Truppen besetzen mehrere Städte im Ruhrgebiet; Zolleinnahmen von hier gehen direkt an die Reparationskommission.	Reduzierung der Summe auf 132 Mrd. Goldmark. Ein Ultimatum wird gestellt unter Androhung der Besetzung des gesamten Ruhrgebiets. Reichskanzler Wirth akzeptiert; trotzdem keine Aufhebung der Sanktionen vom März 1921.	Reichskanzler Wirth und Außenminister Rathenau versuchen, die Reparationsforderungen uneingeschränkt zu erfüllen, um so den Vertragspartnern zu beweisen, dass Deutschland dies nicht schaffen kann.	Deutsche Bitte um Zahlungsaufschub bis 1924. Maxime des französischen Ministerpräsidenten und Außenministers Poincaré: „Keine Moratorien ohne produktive Pfänder".	Deutscher Rückstand bei Kohle- und Holzlieferungen führt zur Besetzung des „produktiven Pfandes" Ruhrgebiet durch französische und belgische Truppen gegen den Widerstand Englands.	„Ruhrkampf" (Generalstreik nach Aufruf der Reichsregierung zum „passiven Widerstand") sowie Hyperinflation, also rasante Geldentwertung, u.a. aufgrund der hohen Staatsverschuldung nach dem Krieg

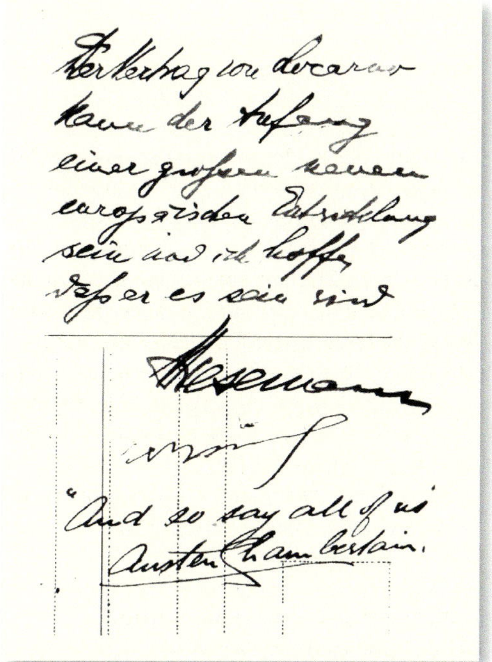

M 3 Postkarte Stresemanns aus Locarno an die „Berliner Morgenpost“, 1925. Text → Randspalte

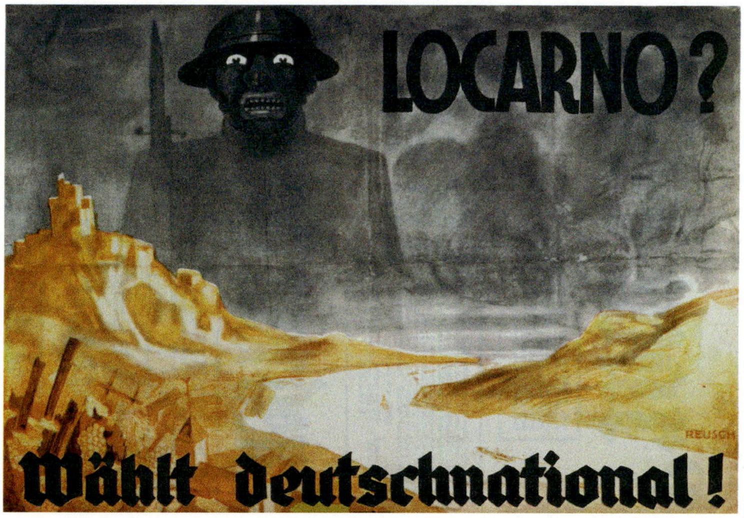

M 4 DNVP-Plakat, 1928. Es nimmt Bezug auf die Äußerung Stresemanns, der Vertrag von Locarno sei ein „Silberstreif am Horizont“.

Rheinlandes an. Zudem unterschrieb er einen deutsch-polnischen Gewaltverzicht, ohne allerdings auf Regelung der Ostgrenzen einzugehen. Daneben schloss er einen deutsch-sowjetischen Neutralitätsvertrag und bemühte sich um gute Wirtschaftsbeziehungen mit der UdSSR. Auch hier blieb er im Fahrwasser seiner Vorgänger: Seit 1922 war der Austausch von Deutschem Reich und UdSSR in Wirtschafts- und Militärfragen vertraglich geregelt. Unter anderem konnte die Reichswehr in der Sowjetunion an Waffensystemen trainieren, die ihr der Versailler Vertrag vorenthielt.

Stresemanns Annäherungskurs an Frankreich stieß auf den Widerstand deutschnationaler und rechtsradikaler Kreise. Sie diffamierten ihn als „Verzichtspolitiker“, der Elsass-Lothringen und Grenzgebiete im Westen hergeschenkt und damit verraten habe. Jedes Eingehen auf französische Sicherheitsinteressen lehnten sie rigoros ab. Solange es dem Deutschen Reich gut ging und die Wirtschaft sich in den sogenannten „Goldenen Zwanzigern“ erholte, blieben diese Stimmen ohne Folgen, doch fanden sie im Zuge der Weltwirtschaftskrise ab 1929 immer mehr Gehör. Und als die Gläubigerländer auf der Konferenz von Lausanne 1932 (→ M2/Ende) auf weitere Reparationszahlungen endgültig verzichteten, schrieb die Öffentlichkeit dies nicht mehr der auf Verständigung angelegten Politik Stresemanns zu.

Text der Postkarte: „Der Vertrag von Locarno kann der Anfang einer großen neuen europäischen Entwicklung sein und ich hoffe, dass er es sein wird.“
(Unterschriften von Stresemann, Briand und Chamberlain, der hinzufügte:)
„And so say all of us.“

November 1923	September 1924	August 1925	Januar 1930	Januar 1931	Juni/Juli 1932
Unter Reichskanzler Stresemann wird die „Rentenmark“ eingeführt, eine stabile deutsche Währung.	Der US-amerikanische Finanzexperte Dawes entwickelt eine neue Strategie – „Business, not politics“ – zur Wiedergesundung der deutschen Wirtschaft. Der „Dawes-Plan“ führt zur Reduzierung der zu zahlenden Jahresraten und gewährt dem deutschen Staat einen US-Kredit. Allerdings muss das Eingreifen der USA in die deutsche Wirtschaft akzeptiert werden. U.a. werden bestimmte Zölle und Steuern erhoben und ein ausgeglichener Staatshaushalt verlangt.	Die Besetzung des Ruhrgebiets endet.	Mit dem „Young-Plan“ wird die deutsche Reparationsschuld auf nunmehr 65 Mrd. Mark festgelegt, zahlbar in 59 Jahresraten von 0,7 bis 2,1 Mrd. Mark.	Angesichts der weltweiten Wirtschaftskrise, die Deutschland stark getroffen hat, setzt das „Hoover-Moratorium“, also ein vereinbarter Aufschub, die Zahlung der Reparationsschuld für ein Jahr aus.	Auf der Konferenz von Lausanne wird die Ablösung der deutschen Reparationsschuld mit der einmaligen Abfindungssumme von 3 Mrd. Mark festgelegt. Diese werden jedoch nicht gezahlt.

M5 Stresemanns „Kronprinzenbrief“

Gustav Stresemann erläuterte im September 1925 dem ehemaligen Kronprinzen Wilhelm, der als Privatmann nach Deutschland zurückgekehrt war, brieflich seine außenpolitischen Vorstellungen. Wilhelm hatte zuvor in einem Brief an Stresemann seine kritische Haltung zum Vertrag von Locarno und zum Eintritt Deutschlands in den Völkerbund zum Ausdruck gebracht.

Eure kaiserliche Hoheit […]
Die deutsche Außenpolitik hat für die nächste absehbare Zeit drei große Aufgaben: Einmal die Lösung der Reparationsfrage in einem für Deutschland erträglichen Sinne. […] Zweitens rechne ich dazu den Schutz der Auslandsdeutschen, jener 10 bis 12 Millionen Stammesgenossen, die jetzt unter fremdem Joch in fremden Ländern leben. Die dritte große Aufgabe ist die Korrektur der Ostgrenzen: die Wiedergewinnung von Danzig, vom polnischen Korridor und eine Korrektur der Grenzen in Oberschlesien. Im Hintergrund steht der Anschluss von Deutsch-Österreich. […]
Wollen wir diese Ziele erreichen, so müssen wir uns aber auch auf diese Aufgaben konzentrieren. Daher der Sicherheitspakt [von Locarno], der uns einmal den Frieden garantieren und England sowie […] Italien als Garanten der deutschen Westgrenze festlegen soll. Der Sicherheitspakt birgt andererseits in sich den Verzicht auf eine kriegerische Auseinandersetzung mit Frankreich wegen der Rückgewinnung Elsass-Lothringens. […]
Die Sorge für die Auslandsdeutschen spricht für den Eintritt in den Völkerbund. […] Polen, die Tschechoslowakei, Jugoslawien und Rumänien, die sämtlich durch internationale Verträge gebunden sind, für ihre Minderheiten […] zu sorgen, werden sich nicht so sträflich über ihre Verpflichtungen hinwegsetzen können, wenn sie wissen, dass Deutschland alle diese Verfehlungen vor den Völkerbund bringen kann. Zudem sind Fragen der Kriegsschuld, allgemeine Abrüstung, Danzig, Saargebiet etc. Angelegenheiten des Völkerbundes, die durch einen geschickten Redner im Plenum des Völkerbundes zu ebenso vielen Unannehmlichkeiten für die Entente werden können. […]
Die Frage des Optierens zwischen Osten und Westen erfolgt durch unseren Eintritt in den Völkerbund nicht. Optieren kann man ja übrigens nur, wenn man eine militärische Macht hinter sich hat. Das fehlt uns leider. […]
Ich bitte Eure Kaiserliche Hoheit, mich auf diese kurzen Andeutungen beschränken zu dürfen, und darf im Übrigen wohl bitten, diesen Brief selbst – den ich absichtlich nicht unterzeichne, damit er nicht, auch nur aus Versehen, in fremde Hände fällt – freundlichst unter dem Gesichtspunkt würdigen zu wollen, dass ich mir natürlich in allen meinen Äußerungen eine große Zurückhaltung auferlegen muss. […]
Die freundlichen Grüße E. K. H. bitte ich ehrerbietigst erwidern zu dürfen.

Zit. nach: Wolfgang Michalka/Gottfried Niedhart (Hgg.): Die ungeliebte Republik. Dokumentation zur Innen- u. Außenpolitik Weimars 1918–1933, München 1980, S. 162 ff.

M6 Historikerurteile

a) Der Historiker Hagen Schulze schrieb 1983:

Das erste große Ziel deutscher Außenpolitik verstand sich fast von selbst: die Revision von Versailles. Aber Stresemann war sich im Klaren, dass das nicht in einem Anlauf zu erreichen war, zumal nicht, solange die Hand Frankreichs auf Rhein und Ruhr lag und die dauernde französische Sanktionsdrohung die Gefahr eines Über-Versailles, einer endgültigen Zerschlagung des Reichs, bedeutete. […] Waren [als erste Ziele] die Revision der Reparations- und Sanktionsbestimmungen erreicht, so folgte für Stresemann als

1. Fassen Sie anhand des Darstellungstextes und M 2 die Leitgedanken und Prinzipien der Außenpolitik Stresemanns zusammen.

2. a) Arbeiten Sie aus dem „Kronprinzenbrief“ (M 5) die Intentionen und Motive Stresemanns heraus.
b) Vergleichen Sie Ihre Ergebnisse mit denen aus Aufgabe 1. Erklären Sie etwaige Abweichungen und Unterschiede.

3. a) Analysieren Sie das Plakat M 4.
b) Vergleichen Sie die Kernaussagen des Plakats mit der Aussage und Wirkungsabsicht der Postkarte M 3.

4. a) Arbeiten Sie aus M 6 a) das Urteil Hagen Schulzes über Gustav Stresemann heraus.
b) Vergleichen Sie Schulzes Urteil mit dem Urteil Winklers (M 6 b) und erklären Sie die wichtigsten Gemeinsamkeiten und Unterschiede beider Positionen.

nächster Schritt die Annullierung der territorialen Bestimmungen des Friedensvertrages. Was Elsass-Lothringen anging, so gab sich Stresemann keinen Illusionen hin. [...] Im Osten dagegen strebte er ganz unverhohlen die Rückgabe Danzigs, des [sogenannten polnischen] Korridors und Oberschlesiens an. Eine vertragliche Festschreibung der deutschen Ostgrenzen kam deshalb für ihn nie in Betracht; Stresemann mühte sich vielmehr, Frankreich und Polen zu entzweien und die Unzufriedenheit der deutschen Minderheit in Polen zu schüren.
Vor allem, um die Frage der deutschen Ostgrenze offen zu halten, strebte Stresemann die Mitgliedschaft Deutschlands im Völkerbund an. [...] Ihm ging es letztlich um die Beseitigung des internationalen Systems der Pariser Vorortverträge von 1919 und um die Rückkehr zu einem europäischen Gleichgewicht, in dem Deutschland wie zur Bismarck-Zeit schon aufgrund seiner hohen Bevölkerungszahl und seiner wirtschaftlichen Überlegenheit die erste Geige spielen sollte.
Stresemann, das war Bismarck redivivus [wiedererstanden], konservativ bis in die Fingerspitzen, der eine an den Grenzen des politischen Möglichen orientierte aufgeklärte Machtpolitik betrieb. Es war derselbe Stresemann, der 1914 Gebiete von Calais bis Petersburg annektieren wollte, der 1919 die Dolchstoßlegende gepredigt und sich der Annahme des Versailler Vertrags wie der Weimarer Reichsverfassung widersetzt hatte und der nun daranging, mit den westlichen Alliierten den Ausgleich zu suchen – „Entspannungspolitik“ zu betreiben, würde man heute sagen –, der mit aller Macht in den Völkerbund drängte, der den Friedensnobelpreis erhalten und der Nachwelt als großer Europäer erscheinen sollte. Doch in Wirklichkeit hat eine Wandlung vom nationalistischen Saulus zum paneuropäischen Paulus nie stattgefunden.

Hagen Schulze: Weimar. Deutschland 1917–1933. Berlin 1983, S. 272 f.

b) 2011, fast dreißig Jahre nach Hagen Schulze (M 6 a), schrieb Heinrich August Winkler:

Deutschlands Beitritt zum Völkerbund war der Höhepunkt der „Ära Stresemann“. Der Mann, der im Ersten Weltkrieg ein glühender Annexionist [Befürworter von Gebietseroberungen] gewesen war, der sich noch während des Kapp-Lüttwitz-Putsches als opportunistischer Taktierer hervorgetan hatte, war in der Folgezeit zum „Vernunftrepublikaner“ und zum Staatsmann gereift. Als Reichskanzler im Krisenherbst 1923 trug er mehr als jeder andere dazu bei, dass die Einheit des Reiches und die Staatsform der demokratischen Republik bewahrt wurde. Als Außenminister war er der Vorkämpfer einer Politik der friedlichen Verständigung mit dem Westen. Dem östlichen Nachbarn Polen freilich trat Stresemann nicht weniger „national“ auf als die meisten deutschen Politiker von rechts bis links. Der Außenminister der Jahre 1923 bis 1929 war ein aufgeklärter Vertreter deutscher Großmachtpolitik und der Anwalt eines engeren Zusammenschlusses der europäischen Staaten. Er konnte beides sein, weil sich aus seiner Sicht diese Ziele gar nicht widersprachen. Die internationale Öffentlichkeit zollte ihm wie keinem anderen deutschen Politiker der Nachkriegszeit Respekt: Am 10. Dezember 1926 wurden er und sein französischer Kollege Aristide Briand in Oslo mit dem Friedensnobelpreis ausgezeichnet. [...]
Um seine Außenpolitik nach „rechts“ hin abzusichern, war Stresemann mitunter nationalistischer aufgetreten, als es seinen Auffassungen entsprach. Doch er hielt daran fest, dass die erstrebte Revision von Versailles keinen Krieg rechtfertigte.

Heinrich August Winkler: Geschichte des Westens. Die Zeit der Weltkriege 1914–1945, München 2011, S. 495 f., 504

paneuropäisch: gesamteuropäisch, Europa umfassend

Kapp-Lüttwitz-Putsch: gegen das Parlament gerichteter Umsturzversuch Rechtsradikaler im März 1920, der auch in Kreisen der Reichswehr gutgeheißen wurde. Erst ein Generalstreik der Gewerkschaften führte zum endgültigen Scheitern des Putsches.

5. Auch Schulbuchtexte sind perspektivisch und vertreten eine bestimmte Position. Prüfen Sie, welchem der beiden Historikerurteile der Darstellungstext folgt.

6. Stellen Sie sich vor, Sie seien das Nobelpreiskomitee 1926 und beraten über die Friedensnobelpreisvergabe an Gustav Stresemann. Formulieren Sie Gründe für und gegen die Preisverleihung an den deutschen Politiker aus damaliger Sicht.

7. Diskutieren Sie, ob Stresemann unter heutigen Gesichtspunkten, Wertvorstellungen und Kenntnissen noch den Friedensnobelpreis verliehen bekäme.

Weimars „goldene Jahre“?

Eine Phase der Stabilität

M 1 Nacktrevuetheater im Admiralspalast in der Friedrichstraße, Berlin, 1923

M 2 (oben rechts) Der 1929 entwickelte „Schienenzeppelin“, angetrieben von einem hölzernen Flugpropeller, erreicht eine Höchstgeschwindigkeit von 230 km/h.

M 3 Was war golden?

Arnulf Scriba, Kurator am Deutschen Historischen Museum (DHM) in Berlin, schreibt auf der Webseite „Lebendiges Museum Online“ (LEMO) über Deutschland um die Mitte der 1920er:

Den von Krisen und Aufständen gezeichneten Anfangsjahren der Republik folgte nach der Währungsreform im November 1923 eine Normalisierung der politischen und wirtschaftlichen Lage. Der Alltag breiter Bevölkerungskreise wurde immer mehr von einer konsum- und freizeitorientierten Massenkultur bestimmt. Mitte der 1920er-Jahre gingen täglich etwa zwei Millionen Menschen in die Kinos, ein finanzkräftiges Bürgertum amüsierte sich gerne in den zahlreichen Revuen der Großstädte. Der Sport zog in der Weimarer Republik ein Massenpublikum an. Zum Fußball, im Kaiserreich noch als „undeutsche Fußlümmelei“ verspottet, strömten wöchentlich Hunderttausende in die Stadien. Rad- und Autorennen zogen ebenso wie Boxveranstaltungen riesige Zuschauermengen an. Das neue Medium Rundfunk trat ab 1923 unaufhaltsam seinen Vormarsch an, innerhalb von zehn Jahren erhöhte sich die Zahl der in Deutschland angemeldeten Rundfunkgeräte von knapp 10 000 auf über 5,4 Millionen. Auch Schallplatten förderten die Verbreitung schnell wechselnder Schlager und Tänze wie des Charleston oder des beliebten Shimmy. Das Tanzvergnügen gehörte zum Lebensstil der sogenannten Goldenen Zwanziger, die allerdings so golden nur für wenige besser gestellte Deutsche waren.

Zit. nach: www.dhm.de/lemo/kapitel/weimarer-republik (27.07.2020)

1. Formulieren Sie ausgehend von M 1, M 2 und M 3 Arbeitshypothesen zum Thema **„Goldene Zwanziger“**.

Gruppenarbeit

Die folgenden Kapitel vertiefen einige der oben genannten Phänomene und zeigen dabei, dass man der Weimarer Republik nicht gerecht wird, wenn man sie nur mit dem Blick auf ihr Scheitern betrachtet.

1. Bilden Sie zu sechst Stammgruppen und vergleichen Sie Ihre Arbeitshypothesen. Einigen Sie sich, wer welches Thema (1–6) erarbeiten möchte.
2. Bereiten Sie zu Ihrem Thema ausgehend von den Materialien in Expertengruppen ein Kurzreferat vor. Recherchieren Sie dafür weitere Informationen.
3. Tragen Sie sich in Ihren Stammgruppen gegenseitig Ihre Referate vor.
4. Skizzieren Sie anhand Ihrer Ergebnisse Entwürfe für eine gemeinsame Collage zum Thema „Die goldenen Zwanziger“.
5. a) Arbeiten Sie anschließend aus dem Kapitel „Die „Goldenen Zwanziger“ – nur schöner Schein?“ weitere Merkmale der Zeit zwischen 1924 und 1929 heraus.
   b) Gestalten Sie Ihre Collage.

THEMA 1 Die „Neue Frau“

M 1 „Bubikopf und Seidenstrumpf“

Die Spiegel-Redakteurin Bettina Musall schreibt über die weibliche Mode der Zwanzigerjahre:

Der Charleston ließ die Beine fliegen, Hüften und Schenkel erzittern, Arme und Hände zucken – von Amerika aus brachte der neue Tanz Europa in den Zwanzigerjahren in Schwung. Frauen trugen dazu kniekurze Hängekleider ohne Taille und bequeme Schuhe. Die hochgerutschten Säume gaben den Blick frei auf betörend glänzende Seidenstrümpfe. Die Haare, neuerdings kurz geschnitten zum Bubikopf, wippten frech im Takt, in einer eleganten Spitze glimmte die Zigarette. Das Korsett, das züchtig hochgeschlossene, bodenlange Kleid, die geschnürte Wespentaille der Belle Époque [die Zeit vor dem Ersten Weltkrieg] – all die Fesseln wilhelminischer Weiblichkeit waren mit dem Kaiserreich verschwunden.

Viele Männer waren gefallen oder arbeitslos, nun mussten die Frauen für den Unterhalt sorgen, nähen, putzen, als Verkäuferin oder Sekretärin arbeiten. Mitte der Zwanzigerjahre stellten sie 36 % der erwerbstätigen Bevölkerung, seit 1919 durften sie wählen. Die veränderte Stellung der Frau drückte sich in der Mode aus. Ein neues emanzipiertes Rollenideal orientierte sich am Mann, die Figur wurde auf knabenhaft getrimmt, durch Sport oder mithilfe eines Mieders. Die moderne Frau war Garçonne [jungenhafte Frau], am Abend auch mal Vamp.

Noch gab es den Beruf des Fotomodells nicht, Schauspielerinnen wie Pola Negri, Tilla Durieux, Olga Tschechowa, Lil Dagover oder Asta Nielsen wurden für Modezeitschriften wie „Elegante Welt“, „Die Dame“ oder schlicht „Style“ im neuen selbstbewusst-erotischen Look fotografiert. Frauen im Jagdkostüm, im Tennisdress oder hinter dem Steuer demonstrierten in Sport im Bild, dass sich das weibliche Geschlecht nicht mehr in Küche oder Salon einsperren ließ. Marlene Dietrich machte die Hose gesellschaftsfähig, Coco Chanel entwarf kniekurze sportliche Kostüme.

M 2 Titelblatt der Zeitschrift „Die neue Linie“ 12/1930 von Lazlo Moholy-Nagy

M 3 Freundinnen bei der gemeinsamen Freizeitgestaltung: Kanufahren in Potsdam, 1927

Aufrufe, sich auf deutsche Modekunst zu besinnen, sollten den Einfluss ausländischer, insbesondere französischer Mode zurückdrängen und die Frau aus dem Volk zu Sparsamkeit anhalten: „Keine Extravaganz ist für die Pariserin zu groß“, ätzten die Münchner Neuesten Nachrichten 1919, „und die einzige Sparsamkeit, die sie zeigt, liegt in der immer geringeren Verwendung von Stoffen“. Doch wer es sich leisten konnte, gab sich dem neuen Luxus hin.

Bettina Musall, in: Uwe Klußmann/Joachim Mohr (Hgg.): Die Weimarer Republik. Deutschlands erste Demokratie, Bonn 2017, S. 163–166, hier S. 163 f.

→ **Anregungen:** 1) Recherchieren Sie weitere Bilder der Zeit zum Thema.
2) Diskutieren Sie in Ihrer Gruppe, inwiefern Ihnen diese „neue Frau“ repräsentativ für die Weimarer Republik erscheint.

THEMA 2 Sport

M1 „Ein Stöhnen geht durch die Menge“

Ein Journalist versucht in einem Artikel aus dem Jahr 2007, die Atmosphäre beliebter Sportveranstaltungen einzufangen:

Wem der Sinn nach Spektakel steht, der kann mit einem Taxi die Potsdamer Straße hinunterfahren, bis zu einer Halle, an deren Umzäunung in leuchtenden Lettern „Sportpalast“ zu lesen steht. Im Inneren riecht es nach Bier und Bockwurst, Schweiß und Zigarettenqualm. 15 000 Augenpaare richten sich dort bei den großen Veranstaltungen auf den Boxring in der Mitte, wo dann der „blonde Hans“ oder der „schreckliche Türke“ ihre Gegner mit Haken und Geraden traktieren. Seit Kriegsende ist Berlin vom Boxfieber gepackt, viele Kämpfer haben den Sport als englische Kriegsgefangene für sich entdeckt. Nur beim Sechstagerennen ist noch mehr los, wenn sich insgesamt 26 Radfahrer in Zweierschichten 144 Stunden lang im Kreis herumjagen. Dann schlürfen die Reichen und Berühmten in den Logen Sekt [...], während auf den billigen Plätzen, dem „Heuboden“, die Arbeiter mit Buletten und einer Molle [einem Glas Bier] in der Hand gedrängt nebeneinanderstehen. Der Stimmungsmacher Reinhold Franz Habisch, den die Berliner nur „Krücke“ nennen, seit er 1905 unter die Elektrische geraten ist, pfeift dazu lautstark den „Sportpalastwalzer“. Ein Stöhnen geht durch die Menge, wenn ein Radler stürzt und die sich hinter ihm Fahrenden in einem Knäuel übereinandertürmen. Und am Ende des Rennens, notiert der Reporter Egon Erwin Kisch, „wendet man die Aufmerksamkeit nicht mehr auf die Kurve, sondern auf die Nachbarin, die auch eine bildet“.

Johannes Strempel: „Morgen früh ist Weltuntergang“; in: GEO Epoche 12: Die Weimarer Republik, Hamburg 2007, S. 48 f.

→ **Anregung:** Recherchieren Sie wahlweise zur Geschichte eines Bundesligafußballclubs, der Sechstagerennen oder des Boxers Max Schmeling. Ergänzen Sie dann Ihre Übersicht zum Thema „Sport“.

M2 Zuschauer beim Sechstagerennen im Berliner Sportpalast, 1930

M3 Sport und Körperkult

Der Historiker Ulrich Herbert schreibt über die Anziehungskraft des Sports in den 1920er-Jahren:

1930 gab es in Deutschland bereits etwa 6,5 Millionen Mitglieder in Sportvereinen, darunter fast eine Million Frauen. Fußball, Radfahren und Schwimmen standen im Mittelpunkt. Allein der Deutsche Fußballbund zählte 1929 etwa 7000 Vereine und mehr als eine Million Mitglieder. Die Fußballspiele um die Deutsche Meisterschaft zogen Zehntausende von Zuschauern und seit den späten Zwanziger Jahren Hunderttausende von Hörern der Radioreportagen an, ebenso wie die großen Sechstagerennen und in zunehmendem Maße die Profiboxkämpfe, vor allem seit der Schwergewichtler Max Schmeling seine ersten Erfolge erzielte und zu einem Idol der Zeit wurde. Damit verbunden war ein neuer Körperkult: Der junge, sportlich gestählte Körper wurde zum Ideal der Zeit – und zwar bei Männern wie bei Frauen, wie Stefan Zweig enthusiastisch formulierte: „Gerade im Schwimmbad konnte man die Verwandlung deutlich gewahren; während in meinen Jugendjahren ein wirklich wohlgewachsener Mann auffiel inmitten der Dickhälse, Schmerbäuche und eingefallenen Brüste, wetteiferten jetzt miteinander turnerisch gelenkige, von Sonne gebräunte, von Sport gestraffte Gestalten.“

Ulrich Herbert: Geschichte Deutschlands im 20. Jahrhundert, München 2017, S. 247

M4 Vor dem Start: Teilnehmer des 15. Sechstagerennens in Berlin, mit dem 1925 die neue Radrennbahn am Kaiserdamm eröffnet wurde

THEMA 3 Großstadt

In den 1920er-Jahren war die Großstadt für viele Menschen ein Sehnsuchtsort: Nicht nur, weil sie Arbeit in den expandierenden Fabriken und Freizeitvergnügungen versprach. Oft wurde die Großstadt auch als Ort der Befreiung gesehen – etwa aus engen familiären Bindungen und Bevormundungen. So trafen dort Menschen von ganz unterschiedlicher Herkunft und sozialer Schicht aufeinander, und viele von ihnen träumten von Aufstieg und persönlichem Glück. Der Filmemacher Walter Ruttmann machte 1927 in „Berlin. Die Sinfonie einer Großstadt" Menschen in *der* deutschen Großstadt zu Protagonisten eines Dokumentarfilms. Er begleitete sie – von Morgengrauen zu Morgengrauen – und ließ dabei die Collage eines Großstadttages entstehen.

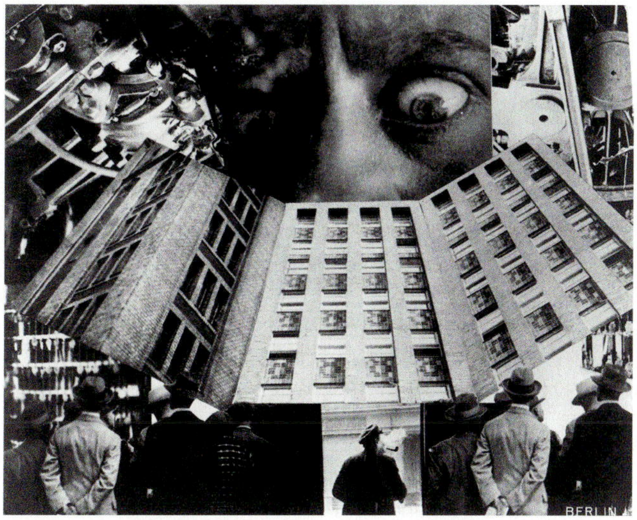

M 2 Walter Ruttmann: Fotomontage zum Stummfilm „Berlin. Die Sinfonie einer Großstadt", 1927. In diesem experimentellen Dokumentarfilm werden einzelne Alltagsszenen kunstvoll montiert, begleitet von Klängen des Filmmusikkomponisten Edmund Meisel, die er denen der Großstadt anlehnte.

M 1 Liebe und Sexualität in der Großstadt

Die Historikerin Ute Frevert schrieb 2019:

Auch die Liebe fühlte sich in Großstädten anders an. Der Markt war groß, und der Zufall spielte eine nicht unwichtige Rolle. Menschen, die einander früher nie begegnet wären, trafen in den urbanen Verdichtungszonen absichtslos aufeinander. Sie konnten ihre Beziehung sehr viel unbeobachteter beginnen und führen, als es in kleineren Städten oder auf dem Lande möglich war [...]. Eine solche Nähe ließ sich auch auf dem städtischen Prostitutionsmarkt kaufen. Aber man konnte sie auch seriöser herbeiführen, indem man eine Zeitungsannonce aufgab und gezielt auf die Suche ging. Diese Art der Partnerwahl machte die Liebe tatsächlich zur Privatsache, weil weder Eltern noch Verwandte oder Freunde mitredeten.

Das war für Männer, die Männer liebten, und Frauen, die Frauen liebten, noch viel bedeutsamer. Obwohl ihre Liebe offiziell unter Strafe stand, konnten sie sie in der Großstadt, wenn auch verdeckt, leben. Hier gab es homosexuelle Zeitschriften mit Kontaktanzeigen, ebenso wie stadtbekannte Treffpunkte, die gerade wegen ihrer „Verruchtheit" oft auch außerhalb der „Szene" beliebt waren.

Zit. nach: www.dhm.de/lemo/kapitel/weimarer-republik/alltagsleben/urbane-gefuehle.html (21.10.2020)

M 3 „Berlin Alexanderplatz", 1929

Alfred Döblin schildert im Roman die Großstadt Berlin aus der Perspektive der dort ankommenden Hauptfigur Franz Biberkopf:

Lebhafte Straßen tauchten auf, die Seestraße, Leute stiegen ein und aus. In ihm schrie etwas entsetzt: Achtung, Achtung, es geht los. Seine Nasenspitze vereiste, über seiner Backe schwirrte es. „Zwölf Uhr Mittagszeitung", „BZ", „Die neue Illustrierte", „Die Funkstunde neu", „Noch jemand zugestiegen?" Die Schupos haben jetzt blaue Uniformen. [...] Man mischt sich unter die andern, da vergeht alles, dann merkst du nichts, Kerl. Figuren standen in den Schaufenstern in Anzügen, Mänteln, mit Röcken, mit Strümpfen und Schuhen. Draußen bewegte sich alles, aber – dahinter – war nichts! Es – lebte – nicht! [...] Die Wagen tobten und klingelten weiter, es rann Häuserfront neben Häuserfront ohne Aufhören hin. Und Dächer waren auf den Häusern, die schwebten auf den Häusern, seine Augen irrten nach oben: wenn die Dächer nur nicht abrutschten, aber die Häuser standen grade. Wo soll ick armer Deibel hin, er latschte an der Häuserwand lang, es nahm kein Ende damit.

Alfred Döblin: Berlin Alexanderplatz, München [47]2000, S. 15 ff.

→ **Anregung:** Recherchieren Sie weitere Aspekte des Großstadtlebens, z. B. in den Kapiteln „Alltagsleben" oder „Kunst und Kultur" unter www.dhm.de/lemo/kapitel/weimarer-republik.html. **Oder.** Analysieren Sie einen Ausschnitt aus Ruttmanns Film. Ergänzen Sie Ihre Übersicht.

THEMA 4 Kunst-Experimente

M 1 Ein Lautgedicht. Kurt Schwitters, 1921:

Cigarren [elementar]

Cigarren
Ci
garr
ren
Ce
i
ge
a
err
err
e
en
Ce
Cel
CelGe
CelGeA
CelGeAErr
CelGeAErrEr
CelGeAErrErr
CelGeAErrErr
ErrEEn
EEn
En
Ce
i
ge
a
err
err
e
en
Ci
garr
ren
Cigarren
(Der letzte Vers
wird gesungen.)

Die Schrecken des Ersten Weltkriegs deuteten viele Künstlerinnen und Künstler als Versagen der Zivilisation und reagierten darauf ganz unterschiedlich. Während manche sich bewusst sozialkritisch zeigten und mit naturnahen Formen gestalteten, verschlossen sich andere traditionellen Gestaltungsverfahren und begannen zu experimentieren. Eine Strömung, die daraus hervorging, war „Dada“ – ein Nonsens-Name, der für „Antikunst“ steht. Dabei wählten Dadaisten sehr verschiedene Zugänge. Die Werke der „Berlin-Dadaisten“, unter ihnen Hannah Höch (M 2), waren eher zeitkritisch ausgerichtet. Der Hannoveraner Kurt Schwitters dagegen wählte einen humorvollen Zugang zur Kunst, unter anderem in Bild- und Textcollagen. Seine Lautgedichte – wie M 1 – trug er auch gesanglich vor. Ausdrücklich erklärte er seine Liebe zum Unsinn und schrieb: „Mir tut der Unsinn leid, da er bislang so selten künstlerisch geformt wurde.“ Und auch wenn das damalige Publikum der Kunstrichtung Dada eher klein war, nahm der Unsinn doch Einfluss auf andere Bereiche des kulturellen Lebens.

→ **Anregung:** Recherchieren Sie weitere experimentelle Beispiele aus dem Bereich der Kunst der 1920er-Jahre.

M 4 Zwischen Lebensfreude und Unsinn

Auf den Webseiten des MDR heißt es über „Die Musik der Goldenen Zwanziger“:

Besonderes Aufsehen erregten Ende der 20er-Jahre […] die neuen Tänze aus Amerika: Shimmy, Lindy Hop und vor allem der Charleston lösten eine regelrechte Tanzwelle aus und sorgten für Entsetzen unter den Kirchen und Konservativen. […] Abseits der großen Klassiker und amerikanischen Importe hat sich der Schlager in den Zwanzigern ganz schön gewandelt. So wurden zum Beispiel zahlreiche Nonsens-Texte gedichtet – inspiriert vom Dadaismus. Beispiele sind: „Wer hat bloß den Käse zum Bahnhof gerollt?“ oder „Mein Papagei frisst keine harten Eier“. […] Aber in den Zwanzigern gab es nicht nur verrückte Schlager. Die Texte waren mitunter ganz schön frivol. […] „Wenn die Elisabeth nicht so schöne Beine hätt“, „Wenn ich Liebe brauche, dann geh ich zur Pauline“ sind Titel, die die etwas freizügigere Moral zum Ausdruck bringen, die damals vor allem im Nachtleben herrschte. Die Musiker waren Meister des Subtexts.

Zit. nach: www.mdr.de/zeitreise/sendungen/magazin/experiment/die-goldenen-zwanziger-musik100.htm (02.09.2020)

M 2 „Da-Dandy“, Collage von Hannah Höch, in der sie Fundstücke wie Illustriertenfotos verarbeitete

M 3 (rechts) Titel einer Illustrierten, 1927

THEMA 5 Kino

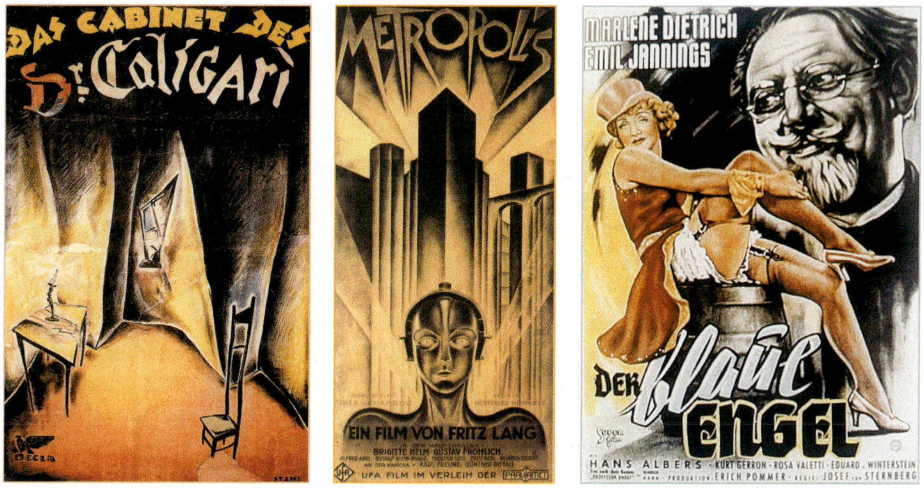

M 1 Filmplakate der Weimarer Kinowelt:
Links das Plakat des expressionistischen Horrorfilms „Das Cabinet des Dr. Caligari" (1919). In der Mitte „Metropolis" von Fritz Lang (1927), der sich – vom Expressionismus beeinflusst – um eine Zweiklassengesellschaft in einer futuristischen Großstadt dreht. Rechts der erste große deutsche Tonfilm, „Der blaue Engel" aus dem Jahr 1931, der Marlene Dietrich zum Weltstar machte.

„Franz Kafkas lakonischer Tagebucheintrag ‚Im Kino gewesen. Geweint.' von 1921 vermittelt das ganze Spektrum von Kinoeindrücken zwischen Sehnsucht, Intimität und Alltagsflucht, das die Zuschauer in Scharen in die dunklen Säle lockt." – So heißt es auf der Webseite der Deutschen Kinemathek zum Thema „Film in der Weimarer Republik". Mit Filmen ließen sich große Gewinne erzielen. Und so öffneten in den Großstädten immer luxuriösere Kinos, „Filmpaläste" genannt. Das „Gloria-Theater" in Berlin beispielsweise bot 1200 Menschen Platz. Das Publikum kam vorwiegend aus der Mittelschicht: Der Großteil derer, die sich Kinokarten leisten konnten und das neue Freizeitvergnügen genossen, waren Angestellte. Sie verehrten Stars wie Greta Garbo, Emil Jannings, Brigitte Helm, Marlene Dietrich oder Charlie Chaplin.

Die Kinofilme, die in den 1920er-Jahren die Massen begeisterten, waren Stummfilme. In ihnen agierten die Schauspielerinnen und Schauspieler meist mit ausdrucksstarker Mimik und Musikuntermalung. Ein besonderes Filmgenre stellte dabei der expressionistische Film dar, wie z. B. „Das Cabinet des Dr. Caligari" (1919), „Nosferatu – Eine Symphonie des Grauens" (1922) oder „Metropolis" (1927). Mit ihrer expressiven Ästhetik faszinieren sie auch heute noch Filmemacher, wie das Beispiel der Serie „Babylon Berlin" (seit 2017) zeigt.

M 2 Filmgeschichten

Der Philosoph Siegfried Kracauer ging 1928 der Frage nach, wie Filmstoffe gefunden werden:

Filme […] werden aus den Mitteln von Konzernen bestritten, die zur Erzielung von Gewinnen den Geschmack des Publikums um jeden Preis treffen müssen. […] Der Film muss die Gesellschaft spiegeln, ob er will oder nicht. Aber ist es wirklich die Gesellschaft, die sich in den Filmgeschichten zeigt? Diese rührseligen Rettungen, dieser unmögliche Edelmut, […] diese monströsen Hochstapler, Verbrecher und Helden, diese moralischen Liebesnächte und unmoralischen Eheschlüsse: Gibt es sie wirklich? Es gibt sie wirklich, man lese die Generalanzeiger. Kein Kitsch kann erfunden werden, den das Leben nicht überträfe. […] Es mag in Wirklichkeit nicht leicht geschehen, dass ein Scheuermädchen einen Rolls-Royce-Besitzer heiratet. Indessen, ist es nicht der Traum der Rolls-Royce-Besitzer, dass die Scheuermädchen davon träumen, zu ihnen emporzusteigen?

Siegfreid Kracauer: Das Ornament der Masse. Frankfurt/M. 1977, S. 279 ff..

→ **Anregung:** Recherchieren Sie mithilfe der Webseite www.murnau-stiftung.de/filmbestand/geschichte/weimarer-kino weitere Aspekte des Films dieser Zeit und ergänzen Sie ihre Übersicht.

THEMA 6 Beschleunigung

M1 Mit Tempo in die Zukunft

Der Journalist Christoph Scheuermann stellt dar:

Deutschland ist in den Zwanziger Jahren süchtig nach Geschwindigkeit wie nach einer Droge. Techniker und Konstrukteure liefern sich zu Wasser, auf der Schiene und in der Luft einen Wettlauf mit der Stoppuhr. Die „Bremen“, ein Turbinenschiff des Norddeutschen Lloyd, schafft die Strecke von Europa nach New York in vier Tagen, 17 Stunden und 42 Minuten, bricht damit einen fast 20 Jahre alten Rekord.
Die Konstruktion des „Schienenzeppelins“ [→ M2, S. 234] beginnt, eines Eisenbahntriebwagens, angetrieben von einem Propeller und einem 600 PS starken Flugzeugmotor. Bald wird er mit 230 km/h über die Gleise zwischen Hamburg und Berlin rasen.
Junkers baut erste Flugzeuge ganz aus Metall. Zwei deutsche Piloten und ein Ire fliegen 1928 in einer Junkers W33 erstmals nonstop von Ost nach West über den Atlantik, in 36 Stunden.
Auch in ihrer Freizeit verfallen die Deutschen dem nervösen Rausch. Sie gieren nach Rekorden. Hunderttausende strömen auf den Nürburgring in der Eifel oder zur „Avus“ in Berlin und jubeln mit einer Mischung aus Furcht und Verzückung, wenn die Wagen an der Tribüne vorüberrasen. Fritz von Opel hat mit 22 Jahren das allererste Rennen auf der „Avus“ gewonnen und mit einer Durchschnittsgeschwindigkeit von 128,84 km/h in seiner Fahrzeugklasse einen Rekord aufgestellt, der in den folgenden Rennen auch von Wagen mit stärkeren Motoren nicht überboten wird.

Christoph Scheuermann: Mit 24 Raketen in die Zukunft. In: Geo Epoche Nr. 27: Die Weimarer Republik, Hamburg 2007, S. 126f.

→ **Anregung:** Erläutern Sie die Bedeutung der Beschleunigung des Lebens für die Menschen. Beziehen Sie mithilfe einer Internetrecherche zu den Stichworten „Weimarer Republik“ und „Tempo“, „Beschleunigung“ oder „Geschwindigkeit“ dafür Informationen über andere Lebensbereiche ein. Ergänzen Sie dann Ihre Übersicht zum Thema 6.

M2 Ein Volk im Temporausch

Die Historikerin Kristina Maroldt schrieb 2017 von Deutschen als von einem „Volk im Temporausch“:

[Für die Automobilindustrie ging es] in den Zwanzigerjahren steil bergauf. 1932 knatterten fast eine halbe Million Pkw über die Straßen der Republik, fast viermal so viele wie 1924. Um den Verkehr an viel befahrenen Orten wie dem Potsdamer Platz in Berlin zu regeln, mussten Ampelanlagen errichtet und Verkehrspolizisten postiert werden. Ein Volk schwelgte im Temporausch, auch wenn das Auto ein Privileg der Besserverdienenden blieb.
Die Lust an Mobilität und Geschwindigkeit passte perfekt zum Zeitgeist der Goldenen Zwanziger. Nach den Notjahren von Krieg und Inflation wollte man das Leben in vollen Zügen genießen. Grübeleien über die Zukunft wurden so gut es ging verdrängt – notfalls mithilfe von Drogen: Schon 1922 stellte das Reichsinnenministerium fest, dass fast alle Schichten dem „Kokainismus“ frönten. Auch Alkohol und Morphium waren beliebt. Wer Ekstase woanders suchte, fand sie im Jazz oder beim Tanzen des angesagten Charleston. Schauplätze des Amüsements waren die Großstädte, deren Bevölkerungsanteil bis 1933 um etwa 30 Prozent wuchs, allen voran Berlin.

Kristina Maroldt, in: Uwe Klußmann/Joachim Mohr (Hgg.): Die Weimarer Republik. Deutschlands erste Demokratie. Bonn 2017, S. 83–94, hier S. 86

M3 Der Rennfahrer Paul Gebser auf Dixi GI6 war Sieger der „kleinen Klasse“ beim Autorennen auf der AVUS am 11. Juni 1922.

Die „Goldenen Zwanziger“ – nur schöner Schein?

Eine Bilanz

M 1 Arbeitslosigkeit in Deutschland

Jahr	abhängig Beschäftigte (in 1000)	Arbeitslose (in 1000)	Arbeitslose (in %)
1923	20 000	818	4,1
1925	20 176	682	3,4
1927	21 207	1 312	6,2
1929	22 418	1 899	8,5
1931	20 606	4 520	21,9

M 1 wurde erstellt nach Dietmar Petzina u a. (Hgg.): Sozialgeschichtliches Arbeitsbuch III, Materialien zur Statistik des Deutschen Reiches 1914–1945. München 1978, S. 119

1. Formulieren Sie Hypothesen zur Statistik.

M 2 Die Sicht Stresemanns

a) In einem Brief an den Oberbürgermeister von Duisburg, Dr. Jarres, vom 24. November 1927 schrieb Außenminister Gustav Stresemann:

Ich mache keinen Hehl daraus, dass mir die Politik der Länder und Städte, und zwar dieser in erster Linie, große außenpolitische Sorgen veranlasst. In meinen Reden habe ich wiederholt erklärt, dass mehr zwischen dem Schein und dem Sein unterschieden werden müsse. Ich zweifle nicht daran, dass der Wille besteht, genau zu arbeiten. Aber gerade der „Schein“, der sich aus einzelnen Maßnahmen ergibt, schadet uns maßlos. Dass der preußische Staat für den Umbau des Berliner Opernhauses 14 Millionen Mark gegeben hat, bringt die ganze Welt zu der Auffassung, dass wir offenbar im Goldüberfluss leben.

b) Auf einer Pressekonferenz am 14. November 1928 sagte er:

Ich möchte Sie bitten, bei Ihren Beurteilungen der wirtschaftlichen Lage Deutschlands und auch der anderen hiermit zusammenhängenden Fragen den Gedanken zugrunde zu legen, dass wir in Deutschland in den letzten Jahren von gepumptem Gelde gelebt haben. Wenn einmal eine Krise bei uns kommt und die Amerikaner ihre kurzfristigen Kredite abrufen, dann ist der Bankerott da. Was wir an Steuern erheben, geht bis an die Grenze dessen, was ein Staat überhaupt tun kann. Ich weiß nicht, woher neue Steuern geholt werden können. Die Statistiken zeigen, wie viel die Städte gebraucht haben, wie viel die Industrie gebraucht hat, wie viel fremdes Geld wir überhaupt aufgenommen haben, um uns aufrecht zu erhalten. [...] Wir haben keinerlei eigene Mittel mehr.

Zit. nach: Henry Bernhard (Hg.): Gustav Stresemann. Vermächtnis, Bd. 3, Berlin 1933, a) S. 263, b) S. 385

M 3 Eine Lüge

Der Publizist Hans Magnus Enzensberger schreibt:

Dass die Lüge von den „Goldenen Zwanzigerjahren“ von den Nachgeborenen jemals geglaubt werden konnte, ist rätselhaft und weder durch Ignoranz zu entschuldigen, noch durch Mangel an historischer Vorstellungskraft zu erklären. Dieser fragile Mythos nährt sich viel eher aus einer Mischung von Neid, Bewunderung und Kitsch: Neid auf die Vitalität und Bewunderung für die Leistungen einer Generation von großen Begabungen, aber auch wohlfeile Nostalgie [Verklärung]. Man sieht sich [heute] die tausendste Vorstellung der Dreigroschenoper an, staunt über die Preise, die Beckmann, Schwitters und Schad auf den Auktionen erzielen, und weidet sich an Filmen [...], die ein hysterisches [...], perverses, „verruchtes“ Berlin zeigen. [...] Diese Blüte einer [nur von einer Minderheit getragenen] Kultur lässt den Sumpf vergessen, auf dem sie gedieh. Denn auch die intellektuelle und künstlerische Welt der Zwanzigerjahre war durchaus nicht immun gegen die Erregungszustände des Bürgerkriegs.

Hans Magnus Enzensberger: Hammerstein oder Der Eigensinn, Frankfurt/M. 2008, S. 34 f.

Beckmann, Schwitters und Schad: Gemeint sind Max Beckmann, Kurt Schwitters und Christian Schad, bedeutende Künstler der Weimarer Zeit.

2. Arbeiten Sie aus M 1 und M 2 weitere Merkmale der „Goldenen Zwanziger“ heraus.

3. Beurteilen Sie die Kernthesen Enzensbergers über die „Goldenen Zwanziger“.

4. Prüfen Sie mit Blick auf Ihre Gesamtergebnisse aus der Gruppenarbeit, inwiefern diese Zeit zu Recht diesen Titel trägt.

Zerstört eine Krise das Vertrauen in die Demokratie?

Die Weltwirtschaftskrise von 1929

M 1 Ein Arbeitssuchender in Berlin. Foto, 1931

1. a) Beschreiben Sie die Situation des abgebildeten Mannes.
   b) Erstellen Sie eine Liste mit seinen möglichen Handlungsalternativen.

Die USA auf dem Weg in die Große Depression

Am 24. Oktober 1929 brachen die Kurse an der New Yorker Börse ein. Grund dafür war eine durch Spekulation angeheizte Überproduktion vor allem in der Textilindustrie und in der Landwirtschaft. Nach dem Ersten Weltkrieg hatten viele US-amerikanische Unternehmer rationalisiert und investiert und so die billige Massenproduktion von Konsumgütern ermöglicht. Der Konsumentenkredit wurde erfunden, Amerika geriet in einen Kaufrausch und wurde zur führenden Wirtschaftsnation der Welt. Spekulanten entdeckten die Börse und trieben, oft mit geliehenem Geld, die Aktienkurse immer höher. Überall wurden Kredite zur Modernisierung von Industrie und Landwirtschaft verwendet. Als Ende der Zwanzigerjahre aufgrund der Überproduktion der Absatz ins Stocken geriet, die Produktion eingeschränkt und die ersten Arbeiter entlassen wurden, war der Schock groß. In Panik stießen viele Aktionäre ihre Wertpapiere ab, die Aktienkurse fielen ins Bodenlose. Daraus entwickelte sich zunächst eine auf die USA begrenzte, rasch aber weltweit wirksame Wirtschaftskrise, die zu einer lang anhaltenden Rezession führte. Wirtschaftswissenschaftler betonen aber auch die zyklische Natur der Krise, die das Ende einer langen Aufschwungphase einläutete.

Die „Great Depression" traf die USA mit ungeheurer Härte: Bis 1932 fiel der amerikanische Außenhandel um 70 %, das Bruttosozialprodukt verminderte sich um ein Viertel, das Einkommen der Farmer sank um 60 %, ein Viertel aller Arbeitnehmer war erwerbslos, weshalb in der Folge auch Heirats- und Geburtenraten sanken. US-Präsident Herbert Hoover (Republican Party) reagierte jedoch lange nicht auf die Krise. Schließlich unterzeichnete er, beeinflusst durch konservative Kreise, am 17. Juni 1930 ein Gesetz, das die höchsten Zollsätze der amerikanischen Geschichte einführte, den „Smoot-Hawley Tariff Act". Da auch in den meisten anderen Staaten versucht wurde, zunächst die eigene Volkswirtschaft zu schützen, steigerte sich weltweit der Protektionismus, und die **Weltwirtschaftskrise** verstärkte sich weiter. Erst die Präsidentschaftswahlen in den USA 1932 brachten eine Kehrtwende: Der Kandidat Franklin D. Roosevelt (Democratic Party), der mit dem Versprechen eines „New Deal" angetreten war, wurde mit großer Mehrheit gewählt (→ S. 260).

Protektionismus: Außenhandelspolitik, mit der versucht wird, inländische Produzenten zu unterstützen, indem etwa für Produkte ausländischer Anbieter Einfuhrbeschränkungen in Kraft gesetzt werden

Auswirkungen auf Deutschland

Deutschland wurde stärker als die meisten anderen Länder von der Krise getroffen, da das Land einen hohen Industrialisierungsgrad aufwies, vor allem aber, weil es besonders eng mit der amerikanischen Wirtschaft verflochten war. Dies lag auch daran, dass die deutsche Wirtschaft von amerikanischen Krediten abhing: Der europäisch-amerikanische Finanzkreislauf aus kurzfristig vergebenen amerikanischen Krediten an Deutschland, deutschen Reparationszahlungen an Frankreich und Großbritannien und französischen und britischen Kredittilgungen an die USA brach nun zusammen. Die amerikanischen Banken zogen in der Folge die kurzfristig an Deutschland vergebenen Kredite zurück, die deutsche Wirtschaft kollabierte.

Politisch und gesellschaftlich besonders brisant waren die steigenden Arbeitslosenzahlen. Auch hier war Deutschland außerordentlich stark betroffen: 1933 war jeder dritte Arbeitnehmer ohne Beschäftigung. Besonders hoch war der Anteil junger Menschen: Es wird angenommen, dass etwa die Hälfte von ihnen keine Arbeit hatte. Hinzu kam eine hohe Zahl an Kurzarbeiterinnen und -arbeitern. Aber auch diejenigen, die ihre Arbeit behielten, litten unter der Krise, da die durchschnittlichen Löhne und Gehälter von 1928 bis 1932 um etwa ein Drittel sanken.

Seit Mitte der 1920er-Jahre hatte die deutsche Wirtschaft begonnen, sich von den Folgen des Krieges zu erholen, doch für diese Krise erwies sich die Vorsorge des Weimarer Staates als nicht ausreichend. Wegen der Finanzknappheit der öffentlichen Kassen wurde nun die staatliche Fürsorge drastisch gekürzt. 1933 erhielten fünf der sechs Millionen Arbeitslosen keine staatliche Unterstützung mehr. Sie waren auf Wohlfahrtsleistungen der Gemeinden oder privater Initiativen angewiesen.

Zusätzlich verschloss sich der seit Frühjahr 1930 regierende Reichskanzler Heinrich Brüning (Zentrumspartei) Forderungen nach staatlichen Beschäftigungsprogrammen, wie sie z. B. durch den neu gewählten amerikanischen Präsidenten Roosevelt eingeführt wurden. Wie die meisten anderen europäischen Staaten auch, setzte die deutsche Regierung stattdessen auf eine rigorose Spar- und Deflationspolitik, um die Krise zu bewältigen – zu groß war ihre Angst vor Inflation und Geldentwertung. Deshalb strebte sie einen ausgeglichenen Staatshaushalt und eine positive Handelsbilanz an. Brüning setzte unpopuläre Maßnahmen wie Gehaltskürzungen bei gleichzeitigen Steuererhöhungen und Kürzungen öffentlicher Investitionen durch. Dabei stützte er sich auf präsidiale Notverordnungen, wie sie die Weimarer Verfassung ermöglichte (→ S. 213). Seine Maßnahmen liefen zunächst jedoch auf eine Krisenverschärfung hinaus.

Mit dieser Politik verfolgte Brüning ein weiteres wichtiges Ziel: das Ende der Reparationszahlungen zu erreichen. Er war überzeugt, dass dir schweren Belastungen durch die Krise letztendlich die Unerfüllbarkeit der Reparationszahlungen deutlich machen würden. Dies sollte den Forderungen ein Ende setzen.

M 2 Die Arbeitslosenquote im internationalen Vergleich

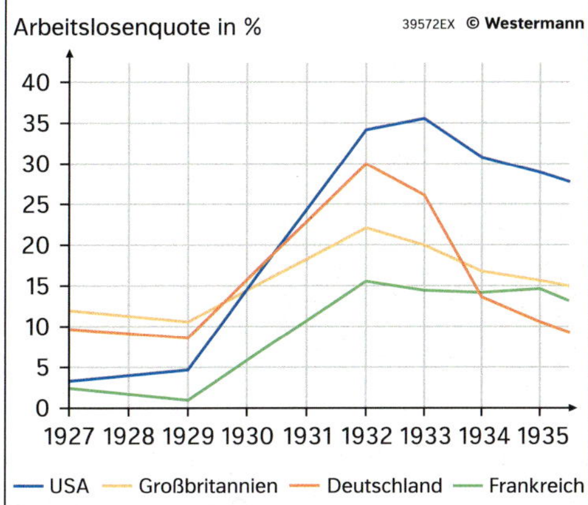

M 2 wurde erstellt nach: Hans-Ulrich Thamer: Verführung und Gewalt. Deutschland 1933–1945, Berlin 1994. S. 470

M 3 wurde erstellt nach: Dietmar Petzina: Die deutsche Wirtschaft in der Zwischenkriegszeit, Stuttgart 1977, S. 190

M 3 Die Auswirkungen der Weltwirtschaftskrise auf die deutsche Wirtschaft

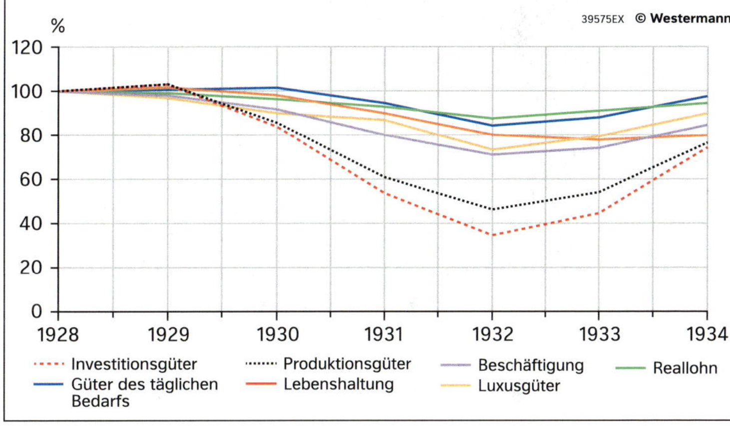

Deflation: Rückgang der Geldmenge im Vergleich zur gesamtwirtschaftlichen Gütermenge, z. B. durch wirtschaftspolitische Eingriffe oder Überproduktion von Gütern. Folgen: sinkende Preise → geringere Gewinne der Unternehmen → steigende Arbeitslosigkeit → schrumpfende Nachfrage nach Gütern → sinkende Steuereinnahmen des Staates.

M4 Folgen der Arbeitslosigkeit

In den frühen 1930er-Jahren forschten Sozialwissenschaftler zu der Frage, wie Arbeitslosigkeit Menschen verändern kann, und erstellten Aufzeichnungen zu Fallbeispielen. Hier ein Auszug:

Mann, Frau, zwei Kinder [...], Schrebergartenbesitzer.

Aus dem Hausbesuchsprotokoll: Die Frau ist sehr nervös, weint gleich, macht einen furchtbar deprimierten Eindruck. Die Wohnung – Zimmer, Kabinett, Küche – ist sehr schön und sauber gehalten, die Kleider aller Familienmitglieder machen einen guten, sauberen Eindruck. Der Mann wünscht bei der Kleiderverteilung Sachen für die Kinder. Er sagt: Das Schreckliche ist, dass man den Kindern nichts bieten kann. Fürchtet, dass sie zurückbleiben.

Aus der Lebensgeschichte des Mannes: Er hat immer sehr hohe Ansprüche ans Leben gestellt, will überall in die Höhe kommen, voller Selbstvertrauen gewesen und Familienstolz. Er lernt und arbeitet und setzt sich überall durch, sodass er bis zum Beginn der Arbeitslosigkeit überzeugt ist, dass ihm nichts geschehen kann. Auch in den ersten Monaten glaubt er noch, dass ein Mann von seinen Fähigkeiten nicht zugrunde gehen kann. Er schreibt im ersten Jahr 130 Offerten, die alle unbeantwortet bleiben. Jetzt kann er nicht mehr. Er erzählt, dass er den halben Tag im Bett liegt, weil er dadurch Frühstück und Heizung spart, verlässt nie das Haus. Völlig verzweifelt.

Aus Gesprächen: „Besser wird's nicht, nur schlimmer." Wünscht sich, dass alles endgültig zusammenbricht. „Ich würde ja gern alles ertragen, wenn man's nur den Kindern ersparen könnte."

Aus Beobachtungen: Von früher sind noch gute Kleidungsstücke vorrätig, die Frau schaut sehr auf die Kinder, die auch regelmäßig in ein Kinderheim geschickt werden. Der Mann sitzt den ganzen Tag zu Hause und macht überhaupt nichts.

Hans Zeisel/Marie Jahoda/Paul F. Lazarsfeld: Die Arbeitslosen von Marienthal. Ein soziographischer Versuch über die Wirkungen langandauernder Arbeitslosigkeit, Frankfurt/M. 1975, S. 69

M5 Wirtschafts- und Finanzpolitik

a) Reichskanzler Brüning, 5. November 1931:

Ich werde mich bis zum Letzten dagegen wehren, irgendeine inflatorische Maßnahme irgendeiner Art zu treffen, [...] weil ich der Ansicht bin, dass die ehrliche Bilanz in der deutschen Wirtschaft trotz aller Bitternisse wiederhergestellt werden muss. [...] Erfolge in der Außenpolitik sind umso eher zu erreichen, wenn wir die Bilanz der deutschen Finanzen und der deutschen Wirtschaft klar und ehrlich jedermann in der Welt zur Einsicht vorlegen. Das ist die stärkste und durchschlagendste Waffe, die die Reichregierung haben konnte, und diese Waffen zu schmieden, war die Aufgabe des ersten Jahres der Tätigkeit dieser Reichsregierung. Das hat dazu geführt, dass die Frage der Reparationen durch die Öffentlichkeit in der ganzen Welt ohne Ausnahme völlig anders beurteilt wird als in früheren Jahren.

Zit. nach: Walter Tormin: Die Weimarer Republik. Hannover 1970, S. 206 f.

b) Aus einem Plan der Freien Gewerkschaften zur Arbeitsbeschaffung, Januar 1932:

[Der Grundgedanke ist], dass zum Abbau der Arbeitslosigkeit und zum Wiederanstieg der Wirtschaft ein Anstoß erfolgen muss, weil die selbsttätigen Kräfte zur Krisenbewältigung außer Funktion gesetzt oder gelähmt sind. Der Plan soll die Gewähr bieten, dass zunächst etwa eine Million Arbeitslose wieder in den Produktionsprozess eingegliedert werden. Um dieses Ziel zu erreichen, sollen von Reichsbahn, Reichspost, kommunalen Verbänden und anderen Körperschaften des öffentlichen Rechts Aufträge in einem solchen Ausmaß vergeben werden, dass hierdurch teils unmittelbar, teils mittelbar eine Million bisher Arbeitsloser Beschäftigung findet. [...] Die auftraggebenden Stellen erhalten einen entsprechenden, langfristigen, mit niedrigen Zinsen und Amortisationsraten ausgestatteten Kredit. [...] Soweit durch die Inanspruchnahme dieser Kredite Baransprüche an die Reichsbank gestellt werden, sind sie [...] durch zusätzliche Notenschöpfung zu decken. [...] Die vorgeschlagenen öffentlichen Aufgaben, z. B. Bau von Straßen, Brücken, Talsperren usw. sind volkswirtschaftlich durchaus möglich und rentabel, sie sind ihrer Natur nach aber keine Objekte für privatwirtschaftliche Initiative.

Zit. nach: Michael Schneider: Das Arbeitsbeschaffungsprogramm des ADGB. Bonn/Bad Godesberg 1975, S. 231 f.

M6 Ablehnung von Weimar

Der Historiker Ulrich Herbert urteilte 2014:

Die psychologischen Folgen dieser katastrophalen Krise sind nur zu ermessen, wenn man bedenkt, dass die traumatische Erfahrung von Hyperinflation und Enteignung ja erst sechs Jahre zurücklag. Im Rückblick erwiesen sich nun die Jahre des Aufschwungs, die kaum mehr als ein Atemholen ermöglicht hatten, als Trugbild zwischen Inflation und Weltwirtschaftskrise. Mehr und mehr erschienen für einen Großteil der Deutschen die Jahre seit 1918 als eine kontinuierliche Abfolge von Krisen und Katastrophen, und die daraus gezogene Schlussfolgerung hieß: Ablehnung von Weimar. Die 1919 etablierte Kombination aus Republik, Demokratie und Kapitalismus war offenbar ungeeignet, mit den zuvor erweckten Kräften der industriellen Gesellschaft angemessen umzugehen. Die Wahrnehmung der Weltwirtschaftskrise als Scheitern des liberalkapitalistischen Ordnungsmodells wurde so zu einer Generationserfahrung, deren Auswirkungen sich über Jahrzehnte hinweg feststellen lassen.

Allerdings handelte es sich dabei nicht um eine auf Deutschland begrenzte Entwicklung. Die Weltwirtschaftskrise bündelte alle Krisensymptome der Jahre seit dem Ersten Weltkrieg und schuf eine in dieser Form bis dahin nicht gekannte Instabilität auf dem ganzen Kontinent. Demokratie und Marktwirtschaft wurden nun in allen europäischen Staaten infrage gestellt. In den westlichen Staaten gewannen antiliberale Kräfte deutlich an Boden. In fast allen ostmittel- und südeuropäischen Staaten bildeten sich in den Folgejahren rechtsautoritäre Systeme heraus, in denen verschiedene Varianten diktatorischen Regierens von Militärdiktaturen bis zu Regimes erprobt wurden, die an das Vorbild des italienischen Faschismus angelehnt waren. Ihnen gemein war neben der Absage an Rechtsstaat, Parlamentarismus und Demokratie die Abkehr von liberalem Wirtschaftssystem und freier Welthandelspolitik zugunsten nationaler Wirtschaftspolitik. [...]

Nachdem sich in den Jahren nach 1919 zunächst eine große Mehrheit der Deutschen für dieses System [der parlamentarischen Demokratie] und die es tragenden Parteien der Weimarer Koalition ausgesprochen hatte, schienen die damit verbundenen Hoffnungen und Verheißungen nun weitgehend widerlegt zu sein – und zwar sowohl bei den gesellschaftlichen Führungsgruppen als auch in breiten Teilen der Bevölkerung. Die Weltwirtschaftskrise wurde so in doppelter Hinsicht zum „Ferment der politischen Endkrise der Republik", wie [der Historiker] Detlev Peukert formuliert: „,Unten' radikalisierten sich die Massen jener, denen die Krisenerfahrungen alle Perspektiven zerstört hatten; ,oben' versuchten die Politiker der Rechten und die alten Eliten, die scheinbare Gunst der Stunde zur endgültigen Revision der Grundentscheidungen von 1918 zu nutzen."

Ulrich Herbert: Geschichte Deutschlands im 20. Jahrhundert, München 2017, S. 266 f.

M7 Schulspeisung für Kinder Arbeitsloser im Berliner Arbeiterviertel Wedding, 1930

traumatische Erfahrung von Hyperinflation und Enteignung: Gemeint ist das Jahr 1923, in dem vor allem weite Teile der Mittelschicht in einer schweren wirtschaftlichen Krise ihre Vermögen verloren. Die Krise war u. a. eine Folge der hohen Verschuldung des Staates während des Ersten Weltkriegs.

---

2. Analysieren Sie die Statistiken M2 und M3. Nutzen SIe dazu ggf. das Methodentraining auf S. 24 f.
3. Gestalten Sie auf der Basis des Darstellungstextes ein Schaubild, das die Auswirkungen des amerikanischen Börsencrashs auf die deutsche Wirtschaft sowie die internationalen Zusammenhänge der Weltwirtschaftskrise verdeutlicht.
4. Charakterisieren Sie mögliche Folgen für Einzelne (M4).
5. Erläutern Sie die unterschiedlichen Lösungsstrategien in M5. Ziehen Sie dazu auch Informationen aus dem Darstellungstext, ab Z. 70, heran.
6. Arbeiten Sie aus der Darstellung des Historikers Herbert (M6) die Folgen der Weltwirtschaftskrise für Deutschland und Europa heraus.
7. Diskutieren Sie, inwiefern gerade Demokratien unter Krisen wie der Weltwirtschaftskrise besonders leiden.

Der Anfang vom Ende der Republik?

Die Präsidialkabinette

M 1 John Heartfield: Das tote Parlament. Fotomontage, 1930

1. Analysieren Sie M 1. Achten Sie dabei besonders auf die Grundstimmung, die die Fotomontage vermittelt.

„Am Anfang stand die Krise ..."

Den wenigsten Zeitgenossen dürfte am 24. Oktober 1929 bewusst gewesen sein, welch katastrophale Folgen sich aus dem Börsencrash der New Yorker Wallstreet ergeben würden. „Im Verlauf der Weltwirtschaftskrise öffneten sich politische Bruchlinien in Europa", fasst der britische Historiker Ian Kershaw die politischen Folgen für Europa zusammen. Damit ist die Zweiteilung Kontinentaleuropas gemeint, welche vor allem die neu gegründeten parlamentarischen Demokratien in die Defensive zwang und eine ganze Reihe autoritärer Systeme entstehen ließ. Die Weimarer Republik bildete hier keine Ausnahme: Ein Streit um eine geringfügige Erhöhung der Beiträge zur Arbeitslosenversicherung führte im März 1930 zum Bruch der Großen Koalition unter Reichskanzler Müller (SPD). Sein Nachfolger Heinrich Brüning (Zentrum) beschloss Neuwahlen für September, um eine regierungsfähige bürgerliche Mehrheit im Parlament zu erreichen. Doch unter dem Eindruck des wirtschaftlichen Niedergangs ging die Rechnung nicht auf: Deutliche Zugewinne gab es vor allem für die NSDAP (+95 Sitze) und die KPD (+23 Sitze), während alle anderen Parteien außer Zentrum (+6) und BVP (+3) deutliche Verluste hinnehmen mussten. Die NSDAP wurde nach der SPD zur zweitgrößten Fraktion im Reichstag. Diese Radikalisierung des Parlaments machte eine parlamentarische Regierungsarbeit unmöglich, weshalb Brüning jetzt auf ein präsidiales „Durchregieren" setzte. Die Verfassungsartikel 48 (Notverordnungen) und 25 (Auflösung des Reichstags) ermöglichten ihm, das Parlament zu umgehen und im Rahmen einer Präsidialregierung mit Rückendeckung des Reichspräsidenten zu regieren.

Das Präsidialkabinett wird toleriert

War mit den **Präsidialkabinetten** die Demokratie bereits am Ende und der Weg in ein autoritäres Regierungssystem eingeschlagen? Was, wenn die Parteien mehr Kompromissbereitschaft in Regierungskoalitionen und bei politischen Entscheidungen gezeigt hätten? In der historischen Forschung wird betont, dass die Abgeordneten sich mehr ihrer jeweiligen Wählerklientel und dem Parteiinteresse verpflichtet fühlten als einem übergeordneten Staatswohl. Diese Haltung hat ihren Ursprung im Kaiserreich: Dort wurde Parteiarbeit häufig als reine Interessenvertretung verstanden und auch von der Öffentlichkeit so wahrgenommen, nicht zuletzt deshalb, weil man bis 1918 keine Regierungsverantwortung übernehmen durfte.

Aus zeitgenössischer Perspektive hingegen wurde die Amtszeit Brünings auch als Chance gegen eine Machtübernahme der Nationalsozialisten gesehen. So lässt sich die Tolerierungspolitik der SPD bis 1932 erklären: Sie unterstützte Brüning, um ein weiteres Abdriften des Parlaments nach rechts und den damit verbundenen Griff Hitlers nach der Kanzlerschaft zu verhindern – hier stellte die SPD eindeutig ihre Parteiinteressen hinter ein übergeordnetes politisches Ziel zurück. Das Interesse, Hitlers Herrschaft zu verhindern, teilten zunächst auch die bürgerlich-konservativen Kreise. Allerdings war ihr Fernziel nicht die Bewahrung der parlamentarischen Demokratie, vielmehr schwebte Reichspräsident von Hindenburg und seinen Beratern eine autoritäre Regierungsform ohne Beteiligung der linken politischen Kräfte vor.

Die Regierungszeit Brünings stand ganz im Zeichen der Weltwirtschaftskrise: Bis 1932 waren Schätzungen zufolge 20 Millionen Menschen – eingerechnet die Familienangehörigen – von Arbeitslosigkeit betroffen, das Volkseinkommen war um rund 40 % gefallen, und mehr als die Hälfte der Industriekapazitäten waren nicht ausgelastet. Als Brüning mit einem rigiden Sparkurs jedoch die Konsolidierung nicht erreichen konnte, kam es innenpolitisch zu einer Verschärfung der Krise. Das belegen nicht zuletzt die Wählerwanderungen zu den demokratiefeindlichen Parteien NSDAP und KPD auf Kosten der gemäßigten Mitte. Außenpolitisch war es aber auch dieser Politik zu verdanken, dass die Alliierten ihre Zahlungsforderungen zunächst aufschoben und schließlich 1932 auf der Konferenz von Lausanne ganz einstellten – eine Notwendigkeit, wollte man Deutschland nicht noch mehr destabilisieren.

Wann endete die Republik?

Brüning konnte das Ende der Reparationszahlungen nicht mehr als Erfolg für seine Politik verbuchen – er wurde am 30. Mai 1932 von Reichspräsident von Hindenburg entlassen und durch den nationalkonservativen Franz von Papen ersetzt. Nach einer Auseinandersetzung zwischen Brüning und Hindenburg um ein SA- und SS-Verbot, dem Hindenburg ablehnend gegenüberstand, konnten sich die Gegner Brünings im Umfeld des Reichspräsidenten durchsetzen. „Der Sturz Brünings war ein tiefer historischer Einschnitt“, so die These des Historikers Heinrich August Winkler*, da damit „die erste, gemäßigte, parlamentarisch tolerierte Phase des Präsidialsystems [endete]“. Denn nun konnte sich ein Präsidialkabinett etablieren, das ganz ohne Beteiligung des Parlaments zu regieren versuchte, sodass eine offen antiparlamentarisch ausgerichtete Phase der Weimarer Republik begann. Im Gegensatz zum bisher als schleichenden Verfassungswandel bezeichneten Regierungsstil Brünings setzten sich jetzt Antidemokraten und Gegner der Republik durch – und damit Befürworter einer Regierungsbeteiligung Hitlers. Innenpolitisch war diese Zeit gekennzeichnet von einer zunehmenden politischen Radikalisierung: KPD und NSDAP lieferten sich regelrechte Schlachten, Wahlkämpfe führten zu bürgerkriegsähnlichen Szenen, beispielsweise am „Altonaer Blutsonntag“, als bei Auseinandersetzungen anlässlich eines SA-Werbemarsches 18 Menschen erschossen und Hunderte verletzt wurden.

Von Papens „Kabinett der Barone“ – so genannt wegen der hohen Zahl adeliger Minister – blieb nur sechs Monate im Amt, bevor von Papen Hindenburgs Vertrauen verlor und der parteilose ehemalige Reichswehrgeneral Kurt von Schleicher im Dezember 1932 die Regierungsgeschäfte übernahm. Doch auch sein Präsidialkabinett blieb ein kurzes Zwischenspiel: Am 30. Januar 1933 wurde Adolf Hitler von dem anfangs zögerlichen Hindenburg zum Reichskanzler ernannt.

M2 Das Prinzip der Präsidialregierung

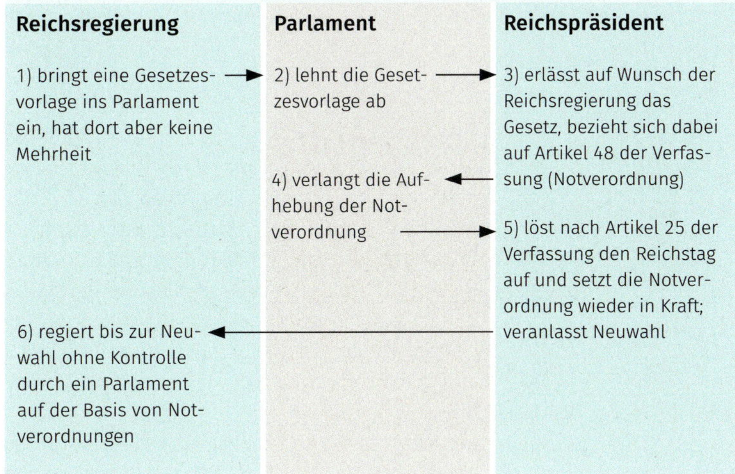

* Heinrich August Winkler: Geschichte des Westens. Die Zeit der Weltkriege 1914–1945, München 2011, S. 576

M3 Präsidialkabinette – legale Regierungen?

Der Historiker Hans Boldt erläuterte den Artikel 48 der Weimarer Reichsverfassung in einer bereits 1980 veröffentlichten Publikation:

[Die Präsidialkabinette] stützten ihre Politik [...] nicht auf parlamentarische Mehrheiten, sondern auf die Verordnungsermächtigung des Präsidenten nach Art. 48 Abs. 2 der Weimarer Reichsverfassung. Konsequenterweise wurde im Konfliktfall, wenn der Reichstag die Politik der Regierung durch das Verlangen der Aufhebung einer Notverordnung gemäß Art. 48 Abs. 3 zu durchkreuzen suchte, das Parlament aufgelöst. [...]

Ein derartiges Vorgehen gegen die Ausübung eines legitimen Rechtes des Reichstags wurde [...] damit gerechtfertigt, dass eine Verfassungsstörung eingetreten sei, wenn das Parlament sich nicht mehr fähig erweise, seine Funktion selbst durch Bildung positiver, entschlussbereiter Mehrheiten wahrzunehmen. Dies stelle eine neue Art von Verfassungsnotstand dar, der die Regierung verpflichte, die zu seiner Abwendung notwendigen Maßnahmen [...] zu ergreifen.

[...]

Das jetzt aufkommende Präsidialregime beruhte darauf, dass der Reichspräsident [...] seine Rechte aus Art. 25, 48 und 53 als funktionelle, gegen den Reichstag gerichtete Einheit verstand. Mithilfe des antiparlamentarisch interpretierten Art. 53 konnte er eine Reichsregierung ohne Rücksicht auf die Mehrheitsverhältnisse im Reichstag ernennen. Erhielt sie für ihr Programm keine parlamentarische Rückendeckung, so konnte er ihr seine Ermächtigung aus Art. 48 Abs. 2 zum Erlass von Notverordnungen zur Verfügung stellen. Gegen ein Misstrauensvotum des Reichstags nach Art. 54 der Weimarer Reichsverfassung wie gegen ein Aufhebungsverlangen nach Art. 48 Abs. 3 schützte er die Regierung mithilfe der Auflösung des Reichstags gemäß Art. 25. Die Regierung war nun nicht mehr vom Parlament, sondern allein von ihm abhängig; denn er konnte sie jederzeit wie ernennen so auch entlassen. [...] Art. 48 fungierte nunmehr als Gesetzgebungsgrundlage in Präsidialregimen.

Hans Boldt: „Der Artikel 48 in der Weimarer Reichsverfassung“; in: Michael Stürmer (Hg.): Die Weimarer Republik. Belagerte Civitas, Königstein/Taunus 1980, S. 288 ff.

M4 Zeitgenössische SPD-Stimmen

Zu den Reichstagswahlen vom 14. September 1930 und zu Brünings Präsidialkabinett äußerten sich Abgeordnete der SPD wie folgt:

a) Ernst Heilmann, Vorsitzender der preußischen SPD-Landtagsfraktion (1930):

Ein Volk, das einen solchen Reichstag wählt, verzichtet damit effektiv auf die Selbstregierung. Und sein Gesetzgebungsrecht wird automatisch durch Art. 48 ersetzt.

b) Otto Braun, Ministerpräsident in Preußen, in einem Rundfunkvortrag am 17.12.1930:

[Wenn das Parlament nicht willens und nicht fähig ist, seine verfassungsmäßigen Aufgaben zu erfüllen], dann, aber nur dann muss das politische SOS-Notzeichen gegeben werden, dann muss das Notventil der Verfassung für so lange Zeit geöffnet werden, bis der akute Notstand beseitigt ist, den das Parlament nicht meistern konnte oder nicht meistern wollte.

c) Wilhelm Sollmann, stellvertretender Vorsitzender der SPD-Reichstagsfraktion, im Mai 1931 auf einem Parteitag in Leipzig:

Der Nationalsozialismus ist durch uns von der Regierungsmacht zurückgehalten worden, und wenn es im Oktober 1930 gelungen ist, die Auslieferung der Reichswehr und der Schupo [Schutzpolizei] an die Nationalsozialisten zu verhindern, dann glaube ich, sollte keine Kritik im einzelnen uns an der Feststellung hindern: das ist nicht nur ein großer, das ist ein europäischer Erfolg der deutschen Sozialdemokratie.

d) Rudolf Hilferding, ehemaliger Reichsfinanzminister, im Juli 1931:

Der Reichstag ist ein Parlament gegen den Parlamentarismus, seine Existenz eine Gefahr für die Demokratie, für die Arbeiterschaft, für die Außenpolitik [...]. Die Demokratie zu behaupten gegen eine Mehrheit, die die Demokratie verwirft, und das mit den politischen Mitteln einer demokratischen Verfassung, die das Funktionieren des Parlamentarismus voraussetzt, es ist fast die Lösung der Quadratur des Kreises, die da der Sozialdemokratie als Aufgabe gestellt wird – eine wirklich noch nicht dagewesene Situation.

Zit. nach: Heinrich August Winkler: Geschichte des Westens. Die Zeit der Weltkriege 1914–1945. München 2011, S. 561 ff.

M5 Der Übergang zu den Präsidialkabinetten in Historikerurteilen

→ **Vertiefungsmaterial für das Leistungsfach**

a) Der britische Historiker Ian Kershaw, 2016:

Mit Brünings Übernahme des Kanzleramts und Hindenburgs Bereitschaft, das Parlament zu umgehen, war dem demokratischen Staat in Deutschland bereits vor dem Abrutschen in die Wirtschaftskrise ein schwerer Schlag versetzt worden. Der nächste folgte mit der Reichstagswahl vom 14. September 1930. Brünings Entscheidung, Neuwahlen auszuschreiben, erwies sich als spektakulärer Fehlschlag. Hitlers Partei erzielte einen erstaunlichen Durchbruch: Mit 18,3 % der Stimmen erhielt sie 107 Sitze im neuen Reichstag. Unversehens waren die Nationalsozialisten ein politischer Machtfaktor, als nun zweitstärkste Partei im deutschen Parlament. Eine Wahlstimme für die Nationalsozialisten war kein an eine unbedeutende Splitterpartei verlorener Stimmzettel mehr. Die Massenunterstützung wuchs schnell, brachte einen Zufluss finanzieller Mittel für weitere radikale Agitation. Der Stein kam ins Rollen. Noch schien die Wahrscheinlichkeit einer Kanzlerschaft Hitlers gering. Mit der verhängnisvollen Entscheidung jedoch, zur Regierung per präsidialer Notverordnung überzugehen, und mit dem Wahlerfolg der NSDAP von 1930 begannen für die deutsche Demokratie die Totenglocken zu läuten. Unweigerlich wuchs damit auch die Unsicherheit für ganz Europa. Das fragile Gleichgewicht der vergangenen Jahre geriet in Gefahr.

Ian Kershaw: Höllensturz. Europa 1914–1949 (übers. v. Klaus Binder, Bernd Leineweber, Britta Schröder), München [3]2016, S. 277

→ **Vertiefungsmaterial für das Leistungsfach**

b) Der deutsche Historiker Heinrich August Winkler, 2011:

Die parlamentarische Demokratie von Weimar [war] bereits gescheitert, als Brüning am 30. März 1930 Kanzler wurde. Nach dem Zerbrechen der Großen Koalition war der Übergang zum offenen Präsidialsystem nur noch eine Frage der Zeit. Brüning wurde zum Exekutor einer Politik, deren Grundrichtung in letzter Instanz vom Reichspräsidenten und seiner Umgebung bestimmt wurde. [...] Das eigentliche Machtzentrum der späten Weimarer Republik bestand aus Hindenburg und seiner Kamarilla [seinen Günstlingen]. Was sie anstrebten, lief zunehmend auf einen autoritären Staat hinaus, in dem der Wille des Volkes nur noch gedämpft zur Geltung kommen sollte. Brüning hingegen wollte sich mit einer Beschränkung der Parlamentsrechte, vor allem was ausgabenwirksame Beschlüsse anging, begnügen. [...] Er befürwortete [...] eine Rechtsschwenkung der deutschen Politik, wollte dabei aber strikt verfassungskonform bleiben. Als Hindenburg und sein Kreis sich im Frühjahr 1932 entschlossen, jede Rücksichtnahme auf die tolerierende Sozialdemokratie fallen zu lassen und dem Nationalsozialismus weiter entgegenzukommen, als Brüning dies für unverantwortbar hielt, musste der Zentrumskanzler gehen.

Heinrich August Winkler: ebd., S. 575 f.

---

2. Reichspräsident Friedrich Ebert (1919 bis 1925) hat den Artikel 48 mehrfach angewendet, z. B. im Zuge der Bekämpfung des Hitlerputsches 1923. Prüfen Sie vor diesem Hintergrund die Aussage von M 1.

3. a) Erklären Sie mithilfe von M 2 den Begriff und die Funktionsweise eines Präsidialkabinetts seit 1930.
   b) Vergleichen Sie Ihr Ergebnis mit der Kernaussage in M 1.
   c) Auf die Frage nach der Legalität gab der Verfassungsgeschichtler Hans Boldt 1980 eine bis heute gültige Antwort. Prüfen Sie mithilfe von M 3, inwiefern man von einer legalen Anwendung des Artikels 48 nach 1930 sprechen kann.

4. a) Arbeiten Sie aus M 4 die Haltung der SPD gegenüber dem Präsidialkabinett Brüning heraus.
   b) Beurteilen Sie mithilfe des Darstellungstextes diese Haltung.

5. Arbeiten Sie aus den Historikerurteilen M 5 a) und b) die jeweiligen Kernthesen heraus und vergleichen Sie sie.

6. Schreiben Sie aus Sicht einer zeitgenössischen liberalen Zeitung einen Artikel über die Regierungsübernahme Heinrich Brünings im Jahre 1930.

Hitlerputsch: Adolf Hitler, seit 1921 Vorsitzender der NSDAP, glaubte, in der nationalistischen bayerischen Regierung Verbündete im Kampf gegen die Reichsregierung zu haben. Am 8. November 1923 rief er mit einigen Anhängern in München den Beginn einer „nationalen Revolution" aus. Der Putschversuch wurde am nächsten Tag von Polizeieinheiten unterbunden.

Vergleichen von (Historiker-)Urteilen

Historiker und Publizisten, die sich mit vergangenen Ereignissen beschäftigen, entwickeln ihre eigene Narration, ihre eigene Erzählung: Sie greifen bestimmte Ereignisse und Entwicklungen aus der Vergangenheit heraus und ordnen sie zu einer stimmigen Darstellung, die meist eine argumentative Struktur aufweist. Diese Erzählung soll die jeweils eigene Deutung der Geschichte erläutern und begründen. Dass Historiker dabei zu unterschiedlichen Schlüssen kommen, ist die Regel: Dies bezeichnet man als Kontroversität, die Auseinandersetzungen über diese Geschichtsdeutungen als Kontroverse.

In einer Klausur sind Textauszüge zweier Publizisten gegeben, die in großem zeitlichem Abstand das Scheitern der Weimarer Republik beurteilen. Diese sollen miteinander verglichen werden, nachdem einer der Texte bereits analysiert wurde. Auf die Klausuraufgabe 1 („Analysieren Sie M 1.") folgt also diese zweite Aufgabe, deren Bearbeitungsprozess hier modellhaft vorgestellt wird:

„Vergleichen Sie M 1 mit der Deutung des Publizisten Hans Magnus Enzensberger (M 2)."

1. Vorüberlegungen

Die Aufgabenstellung macht deutlich, dass M 1 der Text ist, auf dem das Hauptaugenmerk in der Klausur liegen soll. Bei der Bearbeitung von Aufgabe 1 habe ich ihn nach üblichen methodischen Schritten (S. 221) analysiert. Ich mache mir klar, dass Aufgabe 2 keine ausführliche Analyse des Textes M 2 verlangt. Um die im M 2 vertretende Position mit der aus M 1 vergleichen zu können, muss ich aber die Schlüsselstellen beider Texte heranziehen.

Daher sind folgende Vorarbeiten an M 2 nötig:
- die Klärung formaler Fragen (Wer? Wo? Wann? Welche Textsorte? An wen gerichtet?),
- das Herausarbeiten der Kernthesen. Dafür lese ich den Text genau, unterstreiche Thesen und Argumente und notieren Schlüsselbegriffe am Rand. Ich achte besonders auf die Begründungen für die Thesen.

Kriterien	*Schnurr*	*Enzensberger*	*Kommentar*
Erscheinen	*2017, Sammelband zur Weimarer Republik*	*2008, Monografie*	
Adressaten	*Fachpublikum, interessierte Laien*	*Fachpublikum, interessierte Laien*	
These(n)	*komplexe Wirklichkeit, wird aus der Rückschau oft zu eindimensional betrachtet*	*W. R. von Anfang an gescheitert*	
Argumente/ Begründungen (konkrete Bezüge)		*Gegner in allen Bereichen der Gesellschaft: alte Eliten, ehemalige Frontsoldaten, Justiz …*	

2. Die Positionen vergleichen

Für einen Vergleich der in M 1 und M 2 vertretenen Positionen muss ich zunächst Kriterien finden. Ich mache mir klar, dass diese formale Aspekte betreffen können (Erscheinungszeit, Materialsorten, Adressaten) ebenso wie inhaltliche Aspekte (Thesen, Argumente, Beispiele). Wichtig ist, Gemeinsamkeiten und Unterschiede zu erkennen. Um die zentralen Aspekte in meiner Aufgabenlösung gezielt gegenüberstellen zu können, notiere ich zunächst Stichworte in einer tabellarischen Übersicht (→ „Zettel" links). Um Auffälligkeiten (z. B. Gemeinsamkeiten) sofort zuordnen zu können, lege ich eine Extraspalte an.

3. Ein Fazit formulieren

In einem abschließenden Fazit fasse ich das Ergebnis meines Vergleichs pointiert zusammen, nehme aber nicht bewertend Stellung.

M1 Eva-Maria Schnurr, Historikerin und Journalistin (2017)

Die Weimarer Republik und ihre viel beschriebene Daueragonie [dauerhafter Todeskampf] sind so etwas wie das Schreckgespenst der deutschen Geschichte. Die erste Demokratie hierzulande gilt als Beispiel für einen frontal gegen die Wand gefahrenen Staat, eine Art „failed state". Bis heute gehört die Warnung vor „Weimarer Verhältnissen" zum Phrasenrepertoire des politischen Kommentars. Bei vielen Stichworten aus dieser Zeit zuckt man auch heute noch zusammen, so aktuell klingen sie: Wirtschaftsmisere, Inflation, Arbeitslosigkeit, Verschwinden der Mittelschicht – alles schon mal da gewesen, vor nicht einmal hundert Jahren, damals mit dem bekannten, furchtbaren Ausgang. [...]

Bei allem, was schieflief in der Weimarer Republik: Die vielen Krisen waren nur eine Seite der komplexen Wirklichkeit, eine, die aus der Rückschau oft zu viel Gewicht erhält. Für einen nach allen Seiten hin offenen Blick auf die Geschichte Deutschlands zwischen 1918 und 1933 braucht es paradoxerweise so etwas wie partielle Geschichtsvergessenheit: Man muss, erst einmal, ausblenden, wie katastrophal die Epoche endete. Die Zeitgenossen konnten ja nicht wissen, wie das Experiment der ersten Demokratie auf deutschem Boden ausgehen würde.

Alternativlos war der Weg in die NS-Diktatur nicht. Noch Ende der Zwanzigerjahre habe nichts auf die Dinge hingedeutet, die kommen sollten, schreibt [der irische Historiker] Anthony McElligott, und noch 1933 hätte die Geschichte eine andere Wendung nehmen können, noch immer gab es Entscheidungsoptionen jenseits von Hitler, „Hitler war weder die vorausbestimmte noch die logische Schlussfolgerung der Republik." Gerade deshalb ist die Weimarer Republik ein warnendes Beispiel, wie fragil eine Demokratie – jede Demokratie – ist. Es waren nicht die politischen und wirtschaftlichen Krisen, die sie verhinderten. Es waren Menschen, die keine demokratische Zukunft wollten.

Eva-Maria Schnurr: Vision einer besseren Zukunft, in: Uwe Klußmann/Joachim Mohr (Hgg.): Die Weimarer Republik. Deutschlands erste Demokratie, Bonn 2017, S. 17–25, hier S. 18, 25

Hammerstein: Kurt von Hammerstein, ein hoher Militär, der 1933 aus dem Dienst ausschied, diente dem Schriftsteller Hans Magnus Enzensberger als Leitfigur für seine literarische Biografie, die zugleich die Zeit der Weimarer Republik reflektiert.

M2 Hans Magnus Enzensberger, Publizist und Literat (2008)

Die Weimarer Republik war von Anfang an eine Fehlgeburt. Das ist keine besserwisserische Charakteristik aus der Retrospektive. So hat sie bereits [der Politiker und Theologe] Ernst Troeltsch in seinen Spectator-Briefen aus den Jahren 1918 bis 1922 beschrieben, und er war nicht der einzige. [...]

These: Scheitern von Anfang an klar

Nicht nur, dass die alten Eliten nicht bereit waren, sich mit der Republik abzufinden. Viele, die aus dem verlorenen Krieg nach Hause kamen, mochten den „Kampf als inneres Erlebnis" nicht aufgeben und sannen auf Revanche. Sie erfanden die „Dolchstoßlegende" [...]. Justiz und Polizei klammerten sich an ihre wilhelminischen Normen und Gewohnheiten. An den Hochschulen überwogen autoritäre, antiparlamentarische und antisemitische Stimmungen. Mehr als einmal entlud sich die gereizte Atmosphäre in dilettantischen Putsch- und Umsturzplänen.

Argumente: Gegner der Republik in vielen Bereichen der Gesellschaft

Die wirtschaftliche Misere trug zur Instabilität der deutschen Gesellschaft bei. Die Kriegsschulden und Reparationszahlungen belasteten den Haushalt der Republik schwer. [...] Die einzige ökonomische Atempause, die an eine Erholung denken ließ, dauerte ganze vier Jahre, von 1924 bis 1928. Dann machte ihr die Weltwirtschaftskrise ein brutales Ende. Der ökonomische Zusammenbruch und die folgende Massenarbeitslosigkeit führten zu Verbitterung der Lohnabhängigen und zu massiven Deklassierungsängsten.

wirtschaftl. Abstieg führt zu Verbitterung und Gefühl der Deklassierung

Dazu kamen die außenpolitischen Belastungen, die zeitweise ein unerträgliches Maß annahmen. Der Versailler Vertrag, weit entfernt von dem intelligenten Frieden, den die Briten und die Amerikaner nach dem Zweiten Weltkrieg ins Auge fassten, rief in der deutschen Gesellschaft vehemente Ressentiments hervor. [...]

dazu außenpolitische Belastungen

Mit einem Wort, das Land befand sich in einem latenten Bürgerkrieg, der nicht nur mit politischen Mitteln ausgetragen wurde, sondern immer wieder gewaltsame Formen annahm. [...] Die Politiker des Mittelmaßes konnten da nicht mithalten. Sie wirkten blass und hilflos. Die Fähigkeit, die Ängste, die Ressentiments, die Begeisterungsfähigkeit und die destruktive Energie der Massen zu mobilisieren, fehlte ihnen ganz und gar. Auch aus diesem Grund haben sie Hitler, der sich darauf wie kein anderer verstand, ausnahmslos unterschätzt.

insgesamt: Weimar als „latenter Bürgerkriegszustand", ...

... den Politiker nicht in den Griff bekamen

Hans Magnus Enzensberger: Hammerstein oder Der Eigensinn, Frankfurt/M. 2008, S. 31 ff.

Leuchtende Vorbilder in dunklen Zeiten?

Frankreich und die USA: Die Demokratie behauptet sich – warum?

„[Wir haben] das Ziel, gegenüber der selbstsüchtigen Macht der Autokratie die Prinzipien des Friedens und des Rechts in der Welt zu verteidigen und unter jenen Völkern der Erde, die wirklich frei sind und sich selbst regieren,ein solches Einverständnis im Ziel und Handeln zu erreichen, dass von nun an die Durchführung dieser Prinzipien für alle Zeit gesichert ist."

Woodrow Wilson, US-Präsident, in seiner Rede zum Kriegseintritt der USA, 2. April 1917 (portal.dnb.de/bookviewer/view/1035188562#page/3/mode/1up, 10.01.2021)

„In der Weimarer Zeit hat es nicht zu früh zu viele Extremisten gegeben, sondern zu lange zu wenig Demokraten."

Richard von Weizsäcker, deutscher Bundespräsident, in einer Rede, 24. Mai 1989 (www.bundespraesident.de, 10.01.2021)

„Was die Demokratie braucht, sind selbstbewusste Bürgerinnen und Bürger – mit Zuversicht und Tatkraft, mit Vernunft, Anstand und Solidarität. [...] Sie alle sind Teil dieser Demokratie [...]. Sie alle haben ein Stück Deutschland in Ihrer Hand!"

Frank-Walter Steinmeier, deutscher Bundespräsident, in seiner Weihnachtsansprache 2019 (www.bundespraesident.de, 10.01.2021)

M1 Zitate zur Demokratie

1. Erläutern Sie ausgehend von den Zitaten Faktoren, die zur Erhaltung einer Demokratie notwendig sind.

2. Lesen Sie den folgenden Textabschnitt und sammeln Sie in Form eines Brainstormings Hypothesen zu möglichen Gründen der Resistenz – also Widerstandskraft – der sogenannten **gelernten Demokratien** Frankreich und USA.

Demokratie in der Zwischenkriegszeit

Die Neuordnung Europas nach dem Ende des Ersten Weltkriegs brachte eine Vielzahl neuer Demokratien und dadurch Hoffnung auf ein friedlicheres, besseres Leben hervor. Die sich anschließende Epoche der Zwischenkriegszeit war dann jedoch in vielen Ländern – wie am Beispiel von Weimar zu erkennen – vor allem durch Modernisierungsprobleme im Zuge der fortschreitenden Industrialisierung, schwerwiegende Folgen des Weltkrieges, Hyperinflation [rasante Geldentwertung], soziale Ungleichheiten, die Weltwirtschaftskrise und eine zunehmende Radikalisierung der politischen Kräfte gekennzeichnet. Während die meisten der demokratischen Staaten wie Polen, Italien oder Deutschland letztlich an der Krisenbewältigung scheiterten und in diktatorische Regierungsformen mündeten, behaupteten sich einige wenige Demokratien, z.B. Frankreich oder die USA. Dies waren Staaten, die bereits vor dem Ersten Weltkrieg eine längere demokratische Tradition besaßen.

In diesem Kapitel soll eine Auseinandersetzung mit folgenden Fragen stattfinden:
1. Wie und warum gelang es diesen Demokratien, sich gegen totalitäre Bewegungen zu behaupten?
2. Hätte die Weimarer Republik vergleichbar agieren können?
3. Sind Frankreich und die USA in jeglicher Hinsicht leuchtende Vorbilder?

M2 (rechts) US-Präsident Woodrow Wilson und sein französischer Amtskollege Raymond Poincaré in Paris zu Beginn der Friedenskonferenzen. Foto vom 14. Dezember 1918

Gruppenarbeit

Gehen Sie den drei auf S. 252 gestellten Fragen mithilfe der Informationen über Frankreich und die USA auf den folgenden Seiten nach. Bilden Sie dafür Partnergruppen und wählen Sie eines der Themen – Frankreich oder USA – aus.

1. Arbeiten Sie in Ihrer Partnergruppe zunächst in Einzelarbeit an einem der beiden Unterthemen. Analysieren Sie die Materialien auf **Frage 1** hin („Wie und warum gelang es dieser Demokratie, sich gegen totalitäre Bewegungen zu behaupten?") und machen Sie sich stichwortartige Notizen, z. B. auf Klebezetteln.
   b) Ergänzen Sie auf der Basis Ihres Vorwissens Gemeinsamkeiten und Unterschiede zur Weimarer Republik.

2. Führen Sie in der Partnergruppe Ihre Ergebnisse zusammen und erstellen Sie gemeinsam eine Concept-Map zu Ihrem Thema (→ M 3). Gehen Sie dabei auch auf Frage 2 („Hätte die Weimarer Republik vergleichbar agieren können?") ein.

3. Präsentieren Sie Ihre Ergebnisse und diskutieren Sie anschließend Frage 3 („Sind Frankreich und die USA in jeglicher Hinsicht leuchtende Vorbilder?") im Plenum.

4. Diskutieren Sie unter Beachtung von M 4
   - Wie groß ist die Gefahr, demokratische Prinzipien zu verlassen? Und:
   - Inwieweit können historische Beispiele (Weimarer Republik, Frankreich und USA in der Zwischenkriegszeit) helfen, gegenwärtige Gefahren zu erkennen und zu bewältigen.

M 4 Streiten, aber wie?

Im Mai 2019 sprach Deutschlandfunk-Moderator Sebastian Wellendorf mit Giovanni di Lorenzo, Chefredakteur der Wochenzeitung „Die Zeit", über die „Zeit"-Rubrik „Streit":

Wellendorf: [Ist] der Gesellschaft das anständige, respektvolle, sachorientierte Streitgespräch abhandengekommen?

di Lorenzo: [...] Der sogenannte Diskurs wird ganz stark von den Rändern her bestimmt, er ist weitgehend vergiftet; er ist von dem unbedingten Willen getragen, die jeweils andere Seite misszuverstehen. [...]

Wellendorf: Aber es ist ja nicht nur wichtig, dass man diskutiert, sondern wie man darüber spricht, Stichwort: „Man wird ja wohl noch sagen dürfen". Für viele Tabus ist die politisch extrem Rechte in Deutschland zuständig. Das birgt ja die Gefahr, dass Grenzen dessen, was sagbar sein und diskutiert werden darf, sich verschieben. [...]

di Lorenzo: [... Es] gibt Meinungen, die ganz sicher bei uns auch nicht stattfinden werden; die haben auch andere Foren, an den Rändern gibt's genug Foren. Aber wir glauben eben, dass zunächst einmal das Argument gehört werden muss und nicht gleich die Schublade aufgemacht werden muss: Der ist links oder rechts, also lohnt sich keine Auseinandersetzung.

Zit. nach: www.deutschlandfunk.de/giovanni-di-lorenzo-der-leser-braucht-nicht-die.2907.de.html?dram:article_id=458065 (10.01.2020)

M 3 (unten) Eine Concept-Map („Begriffslandschaft") kann von mehreren Begriffen ausgehen. Zwischen ihnen kann es Beziehungen geben, die nicht hierarchisch sind. Sie wird in der Regel von oben nach unten gelesen.

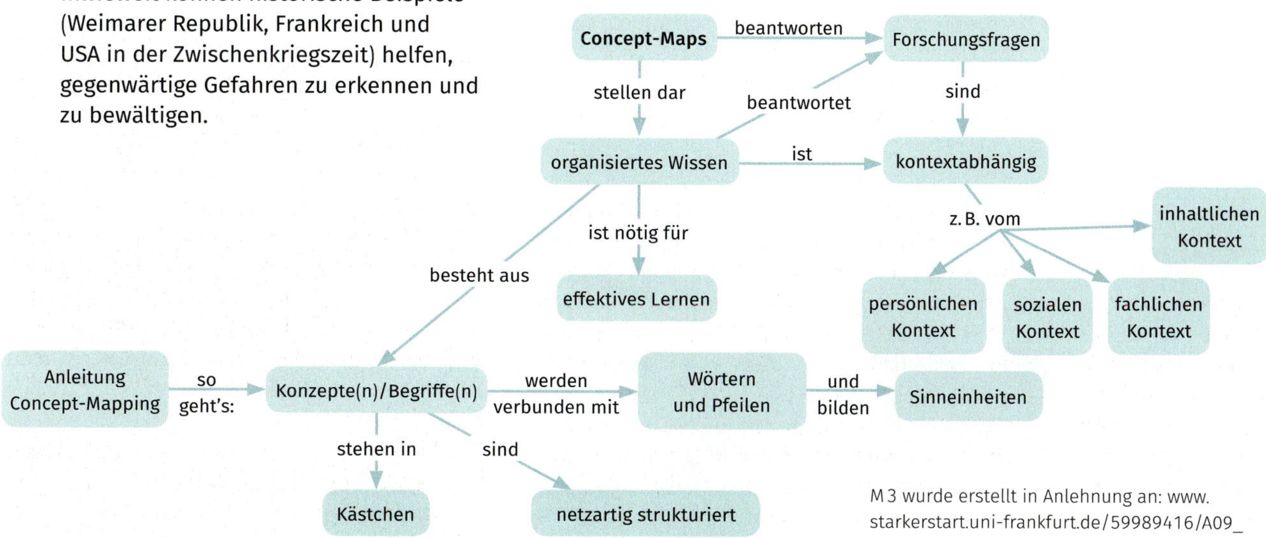

M 3 wurde erstellt in Anlehnung an: www.starkerstart.uni-frankfurt.de/59989416/A09_Concept_Map.pdf, 10.01.2021)

THEMA 1.1 Frankreich: Eine gelernte Demokratie?

Frühe Nationalstaatsbildung

Staaten, die bereits vor dem Ersten Weltkrieg eine längere demokratische Tradition besaßen und ihren Bürgern eine politische Partizipation ermöglichten, bewahrten diese in der Regel auch nach 1918. Republiken wie Frankreich und parlamentarische Monarchien wie Großbritannien waren gekennzeichnet durch intakte Verwaltungen, eine unabhängige Justiz und vor allem durch Menschen, die über einen längeren Zeitraum hinweg Erfahrung mit parlamentarischen Prozessen gesammelt hatten. Wann und wie aber konnte sich die Demokratie in Frankreich durchsetzen?

In den sogenannten **alten Nationalstaaten** im Norden und Westen Europas hatten sich Nationen in etablierten Territorialstaaten herausgebildet. So war Frankreich schon vor der Französischen Revolution unter seinen Königen geeint und zu einem von Paris aus gelenkten Staat geworden. Die Revolution von 1789 hatte dann den Gedanken der Einheit mit dem der Freiheit verbunden. In den Verfassungen von 1791 und 1793 hatte man sich zur einen, unteilbaren Nation erklärt. Die Vollendung der Nationsbildung gelang aber erst während der sogenannten Dritten Republik (1870–1940). Sie unterscheidet sich von der späten Nationsbildung des deutschen Kaiserreiches. In manchen Nationalstaaten in Mittel-, Süd- und Osteuropa vollzog sich die Staatsgründung sogar erst, als mit Fortschreiten des Ersten Weltkriegs alte europäische Monarchien endeten. Angesichts vieler ungeklärter Nationalitätenfragen kam es zu komplexen Wechselwirkungen, die Grenzkonflikte, Vertreibungen und Bürgerkriege auslösten.

M 1 Mit einem Aufstand versuchte die „Commune", eine Bewegung des Kleinbürgertums und der Arbeiterschaft, in der Anfangsphase der Dritten Republik eine radikale, direktdemokratische Form der Republik durchzusetzen. Die Regierung ließ ihn Mai 1871 aus Furcht vor einer sozialen Revolution durch Truppen niedergeschlagen.

Der lange Weg zur Republik

Nach der Ausrufung der Ersten Republik im Jahr 1792 war es in Frankreich mehrfach zu Rückschlägen gekommen – so mit dem diktatorischen Terrorregime unter Robespierre, mit der Herrschaft Napoleons und der Restauration, der Wiederherstellung, der Monarchie. Die Ideale von Freiheit und Gleichheit flammten aber immer wieder auf, etwa während der Julirevolution 1830 oder mit der Ausrufung der Zweiten Republik 1848. Sie allerdings hatte schon 1851 geendet, nachdem der vom Volk gewählte Staatspräsident Louis Napoléon Bonaparte eine Diktatur errichtet und sich als Napoléon III. zum Kaiser proklamiert hatte.

Nach dem Deutsch-Französischen Krieg sollte die von Léon Gambetta am 4. September 1870 ausgerufene **Dritte Französische Republik**, die sich gegen den Widerstand konservativer kirchlicher und monarchistischer Strömungen durchsetzen musste, „die Französische Revolution vollenden", wie Gambetta selbst es ausdrückte. Aufgabe der neuen Republik müsse es sein, die Distanz zwischen der oft ungebildeten Landbevölkerung und „dem aufgeklärten Teil des Landes" zu überwinden, sagte er, sowie das gedämpfte nationale Selbstbewusstsein nach der Niederlage gegen Deutschland wiederaufzurichten. Doch die größtenteils konservativ denkende, heterogene Gesellschaft, die durch eine Vielzahl von lokalen Identitäten, regionalen Sprachen und Widerstand gegen den staatlichen Zentralismus charakterisiert war, musste erst von der Staatsform Republik überzeugt werden und eine **republikanische Kultur** mit Leben füllen. Daneben wurden in Frankreich liberale Reformen durchgesetzt, so 1881 ein liberales Pressegesetz, 1883 eine Justizreform, und 1884 erfolgte die Zulassung von Gewerkschaften.

M2 Franzosen werden Republikaner

a) Der Historiker Wilfried Loth stellte 1995 den Weg zur demokratischen Gesellschaft dar:

[Die Regierenden verwandten] erhebliche Anstrengungen darauf, die große Masse der Bevölkerung [...] auch ideologisch für die republikanische Ordnung zu gewinnen. Unter der Führung [des Gambetta nachfolgenden Ministerpräsidenten] Jules Ferry [...] beseitigten sie Schritt für Schritt den bis dahin dominierenden Einfluss der Kirche auf das Schulwesen und etablierten ein **laizistisches** Schulsystem, das wissenschaftlichen Rationalismus mit der Vermittlung bürgerlicher Tugenden verband. Insbesondere die Lehrer an den Primarschulen verbreiteten nun, [...] bis ins letzte Dorf hinein ein einheitliches Nationalbewusstsein, indem die Republik als Inkarnation der Nation, Vollendung der Revolution von 1789 und Garantin für die Verwirklichung der universalen Ziele der Menschheit erschien. [...]

Über die affektive Zustimmung zu den republikanischen Idealen hinaus wirkte ein militanter Patriotismus integrationsfördernd. Er kristallisierte sich besonders um die Sorge um die 1871 verlorenen Provinzen Elsass und Lothringen und den daraus resultierenden Gegensatz zum Deutschen Reich. Die Armee, die diese Provinzen einst zurückbringen sollte, wurde zum Objekt allgemeiner Begeisterung und [...] zu einer weiteren „Schule der Nation"; ihre Aufmärsche und Paraden nahmen den Charakter von nationalen Feiertagen an.

Daneben fanden nationales Prestigedenken und Hochschätzung der „zivilisatorischen Mission" Frankreichs auch in der Unterstützung für die koloniale Expansion Ausdruck, die Ferry mit Vorstößen nach Tunesien, Madagaskar und Indochina in Angriff nahm.

Wilfried Loth: Geschichte Frankreichs im 20. Jahrhundert, aktualis. Ausgabe, Frankfurt/M. 1995, S. 15 f.

M 3 Illustration aus dem während der Dritten Republik verbreiteten Schulbuch, „Le Tour de la France par deux Enfants". Es erzählt die Geschichte zweier Waisenjungen aus Lothringen, die nach dessen Annexion zu ihrem Onkel nach Marseille reisen und dabei Frankreich kennenlernen. Das Lehrwerk vermittelte Geografie- und Geschichtskenntnisse und zielte auf die Etablierung eines einheitlichen Nationalbewusstseins.

b) Der Historiker Boris Barth betonte 2016:

Theoretisch war das Amt des Präsidenten [der Dritten Republik] mit einer erheblichen Machtfülle ausgestattet; da aber das Recht, die Abgeordnetenkammer aufzulösen, in der Frühzeit der Republik missbraucht worden war, wurde seine Anwendung dann fast als Bruch der Verfassung angesehen und kam nicht mehr vor. [...] Einflussreiche bürokratische Apparate ließen weder eine starke Exekutive noch konkurrierende soziale und politische Entwürfe zu. Die gesamte Dritte Republik war gekennzeichnet durch die Stabilität ihrer Institutionen bei gleichzeitig häufigen Regierungswechseln.

Boris Barth: Europa nach dem Großen Krieg. Die Krise der Demokratie in der Zwischenkriegszeit 1918–1938, Frankfurt/M. 2016, S. 156 f.

M 4/M 5 Die Inschrift oben wurde seit 1880 an öffentlichen Gebäuden angebracht. Außerdem wurden die Marseillaise, das Marschlied der Revolutionssoldaten aus dem Jahr 1792, zur Nationalhymne erhoben und der 14. Juli, der Tag des Sturms auf die Bastille 1789, zum Nationalfeiertag. Er wurde sowohl mit Volksbällen gefeiert als auch mit Paraden, an denen Militärs, aber auch Parlamentarier teilnahmen.

Als **Laizismus** wird ein Verfassungsgrundsatz bezeichnet, der Staat und Religion strikt voneinander trennt. Verbunden damit sind die religiöse Neutralität des Staates, die Gleichbehandlung aller Religionen und die Religionsfreiheit. In Frankreich versuchten die Republikaner, diesen Grundsatz durchzusetzen, die Ideen der Aufklärung zu verbreiten und die Beeinflussung des Staates durch die Kirche zu beenden. Die katholische Kirche dagegen, die lange Zeit die Monarchie unterstützte, trat als „Wortführerin einer Wiederherstellung des Ancien régime" (W. Loth) auf. Es kam zu einem Kulturkampf. Zur Stärkung der laizistischen Republik wurde 1905 die strikte Trennung zwischen Kirche und Staat gesetzlich festgelegt.

THEMA 1.2 Frankreich: Krisen und antidemokratische Kräfte

Deflation: Rückgang der Geldmenge im Vergleich zur gesamtwirtschaftlichen Gütermenge → S. 243

In den **ligues (Ligen)** schlossen sich Anhänger nationalistischer, antiparlamentarischer, teils monarchistischer, antisemitischer, antikommunistischer, und/oder rechtsextremistischer Ideen zusammen. Sie agitierten gegen die politischen und gesellschaftlichen Verhältnisse und traten oft in paramilitärisch organisierten Verbänden auf. Anders als die Freikorps in Deutschland zeigten sie aber keine aggressive Putschbereitschaft. Die mitgliederstärkste Liga – 1935 gehörten ihr etwa 500 000 Anhänger an – war die Croix-de-Feu (Abb. unten), die einen starken, militärisch organisierten Staat anstrebte.

Zwischen Zerfall und Gemeinschaft

In der zweiten Hälfte des 19. Jahrhunderts gewannen in Frankreich – ebenso wie in Deutschland – nationalistische Ideen an Einfluss. Auch in Frankreich entwickelte sich ein Antisemitismus, der sich in den 1890er-Jahren etwa in der Dreyfus-Affäre (→ S. 160 f.) zeigte. Zur gleichen Zeit verstärkten sich soziale Unterschiede zwischen Bürgertum und Arbeiterschaft in der Industriegesellschaft. Vor allem während des Ersten Weltkrieges rückte die Gesellschaft aber zusammen; der Krieg und der Patriotismus einten die Nation. Der unter großen Verlusten errungene Sieg wurde dann auch als Erfolg der französischen Republik über das „barbarische", monarchische Deutschland gefeiert. Nach dem Krieg stärkte man die Einheit der Nation durch das gemeinsame Trauern um die Gefallenen bzw. Erinnern an die Helden, die im Kampf für Republik und Vaterland gestorben waren. Während in Deutschland die Erinnerung an den Krieg das Freund-Feind-Denken – etwa in der Dolchstoßlegende – förderte, bot sie in Frankreich die Möglichkeit, die Geschlossenheit der Nation zu zelebrieren.

1934: Krise in Frankreich

Erst die Weltwirtschaftskrise führte in Frankreich zu bedrohlicher politischer Instabilität, obwohl ihre Folge hier nicht annähernd so dramatisch wie in Deutschland waren. Allein von Mai 1932 bis Februar 1934 gab es in Frankreich sechs Regierungswechsel. Knappe parlamentarische Mehrheiten verhinderten die Durchführung unpopulärer Maßnahmen. Eine ungeschickte Deflationspolitik verschärfte die Krise noch. Entsprechend wuchs die Kritik am parlamentarischen System. Sie wurde vor allem von den nationalistischen Gruppierungen, sogenannten **ligues** vertreten – auch auf den Straßen von Paris. Ihren Höhepunkt erreichte die Auseinandersetzung zu Beginn des Jahres 1934, als die linksliberale Regierung in einen Korruptionsskandal hineingezogen wurde und den mit den Rechten sympathisierenden Polizeipräfekten von Paris entließ. Die Folge: Am 6. Februar – **„6 février"** – demonstrierten über 300 000 Menschen, gegen die Regierung und das republikanische System. Bei den folgenden Straßenkämpfen mit der Polizei kamen 15 Menschen ums Leben und viele Hundert wurden verletzt. Doch obwohl ein Staatsstreich in dieser Situation möglich gewesen wäre, ergriffen die Führer der Ligen die Gelegenheit einer faschistischen Machtübernahme nicht. Die Gründe für diese Zurückhaltung sind unklar: Waren es die langen republikanischen Traditionen Frankreichs, die Rivalitäten zwischen den Gruppierungen oder das Fehlen einer charismatischen Führungspersönlichkeit?

Einen Tag später trat die republikanische Regierung zurück. Nur wenige Tage später folgten über eine Million Sozialisten und Kommunisten dem gemeinsamen Protestmarsch gegen die Bedrohung von rechts. Man begriff sie als akute Herausforderung und wollte den Kampf für die Demokratie aufnehmen. Zunächst übernahm Gaston Doumergue, ein liberaler Vorkriegspolitiker, die nachfolgende Regierung der rechten Mitte. Er berief sich auf den Zusammenhalt aller Parteien in der Kriegszeit und konnte durch seine Politik das Vertrauen in die Republik wiederherstellen. Unter dem Eindruck dieser Ereignisse schlossen sich außerdem – anders als in Deutschland – die vorher zerstrittenen linken Parteien, Sozialisten, Kommunisten und Linksliberale, zu einem Bündnis der „republikanischen Verteidigung" zusammen. Dieser **front populaire** („Volksfront") gelang es, nach siegreichen Wahlen 1936 – getragen von einer dynamischen Massenbewegung – die von rechts drohende Gefahr einzudämmen. Nun wurden nicht nur die rechtsextremen Ligen verboten, sondern auch soziale Zugeständnisse gemacht, darunter die 40-Stunden-Woche, bezahlter Jahresurlaub oder Schulgeldbefreiung. Es gelang, weite Teile der Arbeiterschaft in die republikanische Gesellschaft zu integrieren.

M1 Aus einem Geheimdienstbericht

Über eine Rede, die ein Mitglied der Croix-de-Feu 1935 vor Gleichgesinnten hielt, heißt es:

[Er] weist darauf hin, dass im Chaos der Nachkriegszeit die Besinnung auf das Vaterland in fast allen Ländern durch politische Leidenschaften verdrängt worden sei. Er stellt fest, dass dieser Irrtum, der in Frankreich noch immer bestehe, überall sonst durch einen zwar gelegentlich übertriebenen Patriotismus und Nationalismus ersetzt worden sei, der in bestimmten Ländern aber die Grundlage einer ungeheuren Stabilisierung gewesen sei. Er führt als Beispiele Italien und Deutschland an, die es auf unterschiedliche Weise [...] geschafft hätten, die nationale Einheit herzustellen, eine Einheit, die der wesentliche Faktor für die Wiedergeburt der beiden Länder sei. Er glaubt, dass weder Faschismus noch Rassismus der französischen Mentalität entsprächen. Ihm zufolge verkörpere die Croix-de-Feu-Bewegung das Ideal der Franzosen; sie müsse das Land retten, indem sie für Ordnung, Ehrlichkeit und Anstand sorge.

Zit. u. übers. nach: Andreas Wirsching: Vom Weltkrieg zum Bürgerkrieg, München 1997, S. 486, Anm. 311

M2 Léon Blum, Premierminister, 1936

Nach seinem Wahlsieg stellte Blum in seiner Regierungserklärung die Ziele der Volksfront dar:

Das französische Volk hat seinen unerschütterlichen Entscheid getroffen, die demokratischen Freiheiten, die sein Werk sind und sein Gut bleiben, vor allen gewalttätigen und hinterlistigen Angriffen zu schützen. Es hat seinen Willen bekräftigt, auf neuen Wegen die Mittel gegen die Krise zu suchen, die es niederdrückt. [...] Schließlich hat es seinen Willen nach Frieden, der es ganz erfüllt, festgehalten. [...] Wir regieren als Republikaner. Wir werden die republikanische Ordnung aufrechterhalten, wir werden in ruhiger Festigkeit die Gesetze der republikanischen Verteidigung anwenden. Wir werden zeigen, dass wir alle Behörden und öffentlichen Dienste mit dem republikanischen Geist zu beleben gedenken. Wenn die demokratischen Institutionen angegriffen werden sollten, werden wir deren unverletzbaren Respekt sicherstellen. Mit einer Kraft, die den Bedrohungen und Widerständen angemessen ist.

Übers. zit. nach: Georg Kreis (Hg.): Geschichte Frankreichs in Quellen und Darstellung. Bd. 2, Stuttgart 2015, S. 51 ff.

M3 Plakat der Volksfront, 1936. Der Slogan lautet: „Gegen Elend, Krieg, Faschismus, für Brot, Frieden, Freiheit".

M4 Fest verankert

Der Historiker Ulrich Pfeil urteilte 2013:

Die politische Kultur Frankreichs blieb [...] so wenig immun gegen den Faschismus wie die anderen europäischen Staaten. Gleichwohl verharrten die französischen Rechten bisweilen eher in reaktionären antiparlamentarischen Positionen, als sich ganz zum Faschismus zu bekennen. [...] Trotz aller Schwächeerscheinungen war der republikanische Gedanke in Frankreich so fest verankert, dass die Franzosen in ihrer großen Mehrheit an ihm festhielten. Dies galt auch für die konservativen Eliten, die sich, anders als in Deutschland, nicht als Steigbügelhalter der Faschisten betätigten. Frankreichs Selbstverständnis als Land der Menschenrechte wirkte offenbar weitgehend immunisierend gegen faschistische Vernichtungs- und Allmachtsfantasien. Die Republik widerstand und ließ den Faschismus nicht die Macht übernehmen.

Ulrich Pfeil: Die Republik widersteht, in: Zeit Geschichte 3/2013: Europas Weg in den Faschismus, S. 64, 66

M5 „Die extremistischen Bewegungen [in Frankreich beanspruchten] Legalität und stellen sich bewusst hinter die geltenden Gesetze, um die Möglichkeit nicht zu verlieren, die ihnen der demokratische Staat an Öffentlichkeit bot." *– Boris Barth, 2016*

Ders.: Europa nach dem Großen Krieg. Die Krise der Demokratie in der Zwischenkriegszeit 1918–1938, Frankfurt/M. 2016, S. 220

THEMA 2.1 USA: Das demokratische System im Aufschwung

Reformbestrebungen um 1900

Anders als in Europa, wo man unter amerikanischem Einfluss die Demokratie größtenteils erst nach 1918 zu etablieren versuchte, gehörte in den USA diese Staatsform bereits vor der Industrialisierung zum festen Bestandteil des Denkens und Handelns vieler Menschen. Vor allem unter Präsident Andrew Jackson – in der sogenannten Jacksonian Democracy (S. 118 f.) – kam es zu fortschreitender Demokratisierung, wenn auch Frauen, freie Schwarze und Indigene vom Wahlrecht ausgeschlossen blieben. Politik wurde, auch durch eine florierende Presselandschaft, allmählich zu einem Massenspektakel und Demokratie zur „Sache des einfachen Mannes“.

Progressive Era: Zeitraum von ca. 1880–1920, in dem Reformbestrebungen auf eine neue Rolle des Staates abzielten: Der Staat sollte in die Pflicht genommen werden, soziale Probleme und Konflikte zu regulieren: vom Nachtwächterstaat zum Interessenvermittler.

Als sich die USA innerhalb kürzester Zeit – zwischen dem Amerikanischen Bürgerkrieg (1861–1865) und der Jahrhundertwende – vom Agrarland zur weltweit führenden Industrienation entwickelten, verschärfte sich aber soziale Ungleichheit: Viele Menschen lebten bald unter katastrophalen Bedingungen in städtischen Slums und Mietskasernen und arbeiteten bis zu 70 Wochenstunden. Anders als in Europa entwickelten sie jedoch kein proletarisches Klassenbewusstsein, sodass sich Ideen des Sozialismus nicht verbreiteten. Der Historiker Heinrich August Winkler betont, dass sich in den USA auch der einfache Arbeiter „als Teil der großen demokratischen Nation, als sozial gleichberechtigter Bürger“ empfand und insofern den „American Dream“ vom möglichen Aufstieg – „vom Tellerwäscher zum Millionär“ – träumte. Doch vor allem innerhalb der gesellschaftlichen Eliten entstanden vielfältige Bestrebungen nach Sozialreformen, die die Zeit um 1900 als „**Progressive Era**“ erscheinen ließen.

M 1 Progressive Era: Der Zeichner Joseph Keppler formulierte Kritik an den Trusts. Die Karikatur „Bosses of the Senate“ erschien 1889 im Magazin „Puck“.

Kontinuität in den „Roaring Twenties“

Der Erste Weltkrieg stellte mit Frauenarbeit, afroamerikanischen Soldaten und einer Inflation die bestehende Ordnung in den USA auf den Kopf. Rasch kehrten die USA aber „zurück zur Normalität“, wie der Slogan des erfolgreichen Präsidentschaftskandidaten Warren G. Harding 1920 lautete. Anders als sein Vorgänger Woodrow Wilson (S. 184 ff., S. 252), legte Harding den Fokus wieder auf die innere Entwicklung der USA und nicht auf die Weltpolitik.

Während die Zwischenkriegszeit Europa fundamentale gesellschaftliche Umwälzungen brachte, waren die sogenannten **Roaring Twenties** in den USA vor allem durch Kontinuität gekennzeichnet: Die USA entwickelten sich in dieser Phase zum „Pionierland des gehobenen Massenkonsums“ (Winkler). Dabei entstand die erste **Konsumgesellschaft**, die einherging mit industrieller Massenproduktion, neuen Konsumgütern, die auch auf Raten gekauft werden konnten, einer neuartigen Massenkommunikation mit effizienter Werbung – in Presse, Rundfunk und auf Plakaten – sowie einer Betonung von Freizeit und Vergnügen. Richtungsweisend war hier vor allem die Entwicklung der Automobilproduktion. Nach der Erfindung des Fließbands durch Henry Ford (S. 128 f.) entstand ein Absatzmarkt bisher unbekannten Ausmaßes: Bereits im Jahr 1929 gab es 26,7 Millionen Personen- und Lastkraftwagen in den USA. Der Boom in der Automobilindustrie stimulierte wiederum andere Wirtschaftszweige, was zu jährlichen Wachstumsraten von 5 % und enorm steigenden Gewinnen führte. Gleichzeitig erhöhte er die Mobilität des Einzelnen und ließ den Massentourismus entstehen.

M2 Progressivismus

a) Der Historiker Philipp Gassert stellt dar:

Der Progressivismus war keine Partei oder Bewegung, sondern ein schillerndes Reformsentiment [-streben], das weite Kreise der politischen und intellektuellen Eliten erfasste. Die Reformer kämpften für die Verbesserung der Lebensverhältnisse der Arbeiter und der städtischen Unterschichten, gegen die Monopole und Trusts, für die Reform korrupter Stadtverwaltungen und des veralteten Bildungswesens, gegen Alkoholmissbrauch [...] und für das Frauenwahlrecht. Sie hatten ihre Basis in der urbanen Mittelklasse, waren in ihrem Fortschritts- und Technikglauben überaus modern und bauten auf flankierende staatliche Maßnahmen, um das Chaos und die Kosten des Kapitalismus einzudämmen. Der Experte, nicht der Politiker, war ihre Leitfigur. [...] Reformerische Ansätze brachen zunächst in den Städten durch und arbeiteten sich über die Einzelstaaten bis nach Washington hoch. [...] Im Kampf gegen die Auswüchse der Industrialisierung ließ [Präsident Theodore Roosevelt] die gigantischen Eisenbahntrusts vor Gericht frontal angreifen.

Philipp Gassert: Geschichte, in: Peter Lösche (Hg.): Länderbericht USA. Bonn [5]2008, S. 25–92, hier S. 62

b) Präsident Theodore Roosevelt sagte 1902:

Korporationen und insbesondere Verbindungen von Korporationen sollten öffentlichen Regulierungen unterstellt werden. [...] Unser Ziel besteht nicht darin, die Korporationen zu beseitigen; im Gegenteil, diese großen Zusammenballungen sind eine unvermeidliche Entwicklung des modernen Industrialismus. [...] Wir können bei der Regulierung und Kontrolle dieser Korporationen nichts Gutes erreichen, solange wir nicht in unseren Überlegungen klar festhalten, dass wir nicht die Korporationen angreifen, sondern bestrebt sind, jedes Übel in ihnen abzuschaffen. [...] Wir haben lediglich die Absicht, dass sie so geführt werden, dass es dem öffentlichen Wohl dienlich ist. Wir grenzen uns gegenüber dem Missbrauch ab, nicht gegenüber dem Reichtum. Der Kapitalist [...] ist ein Wohltäter, nicht ein Missetäter, vorausgesetzt allein, er bewegt sich innerhalb sauberer und gesetzlicher Grenzen. Wir wünschen seine Handlungen lediglich zu überwachen und zu kontrollieren, um ihn daran zu hindern, etwas Schlechtes zu tun.

Übers. zit. nach: Peter Schäfer: Die Präsidenten der USA im 20. Jh., Berlin 1990, S. 40 f.

M3 Die Roaring Twenties

Philipp Gassert stellt die „Roaring Twenties" als kulturell experimentierfreudige Epoche dar, die jedoch zwei Gesichter hatte:

Das Amerika des „Jazz Age" stand in voller Blüte. Musik, Malerei und Literatur strahlten [...] Die 1920er-Jahre waren das große Laboratorium der Konsumgesellschaft. [...] Statistisch herrschte Vollbeschäftigung, doch es gab nach Klassen, Rassen, Ethnien und Regionen zu differenzierende Armut. Große Teile der Landwirtschaft erholten sich nicht (eine wichtige Ursache der Weltwirtschaftskrise). [...] Die Löhne stiegen langsamer als die Produktivität, das Wachstum kam einem kleinen Segment der Gesellschaft zugute. 0,1 Prozent der Familien am oberen Ende der Einkommensskala verfügten 1929 über ebenso viel Vermögen wie die untersten 42 Prozent. 1929 wurde das Existenzminimum von 60 Prozent aller Familien unterschritten. Die 1920er-Jahre waren „golden" – aber nur für eine privilegierte Schicht. [...] Indes wurde das, was Amerika ausmachte, neu definiert: Die Ikone des Fortschritts – das Model T von Ford, das Empire State Building, der Flapper von Clara Bow und der Eisschrank von General Electric – verfehlten ihren Eindruck auf das nationale Selbstverständnis nicht. Amerika stand unter dem Eindruck des Kults der Prosperität, Konsum wurde zum Richtmittel der Identifikation.

Philipp Gassert: ebd., S. 68 f.

Korporation: hier gemeint: Vereinigungen von Industrieunternehmen, Trusts

Flapper: junge modische Frau der 1920er-Jahre mit kurzen Haaren und kurzem Kleid

Clara Bow (1905–1965): Stummfilmstar und Sexsymbol der 1920er-Jahre in den USA. Sie gilt als das erste „It-Girl".

M4 Mit ihren Wolkenkratzern, den Autos und Konsumangeboten galten die USA als Symbol der Modernität schlechthin. Hier ein Blick auf den Times Square in New York, 1928

THEMA 2.2 USA: Von „Great Depression" zu „New Deal"

M 1 Kurz nach dem Börsencrash in New York

Ende Oktober 1929: Starke Kursstürze an der New Yorker Börse lösen die „Great Depression" aus, jene schwere Wirtschaftskrise, die sich schnell zur Weltwirtschaftskrise entwickeln sollte. Vor allem eine mehrjährige illusionäre Wertsteigerung amerikanischer Aktien hatten die Great Depression verursacht. Die Folgen für die USA waren verheerend: Viele Banken wurden zahlungsunfähig, über 85 000 Unternehmen meldeten Konkurs an, die Industrieproduktion fiel bis 1933 um 45 %, die Arbeitslosenzahlen stiegen auf über 25 %, Hunderttausende hungerten. Das Vertrauen in das liberale Wirtschafts- und Gesellschaftssystem wich Verunsicherung: Mit der Wirtschaftskrise war auch das amerikanische Selbstverständnis in eine Krise geraten.

Die Regierung unter dem republikanischen Präsidenten Hoover reagierte zurückhaltend: Steuersenkungen sollten die Kaufkraft anregen, der Absatz einheimischer Produkte sollte durch Anhebung von Zöllen auf Importwaren gefördert werden. Grundsätzlich verließ sich Hoover aber – der traditionellen Ideologie des Laissez-faire-Kapitalismus verhaftet – auf die „Selbstheilungskräfte des Marktes". Auch staatliche Hilfsmaßnahmen für Notleidende lehnte er ab. Erst Hoovers demokratischer Nachfolger Franklin D. Roosevelt (1933–1945) leitete einen Wandel ein, durch den sich die USA im Laufe der Zeit zu einem liberalen **„welfare state"** – Wohlfahrtsstaat – entwickeln konnten. Sein ehrgeiziges Programm, das die Wirtschaft ankurbeln und über Reformen, die jeden Wirtschaftsbereich erfassten, zu mehr sozialer Sicherheit führen sollte, wurde unter dem Schlagwort **„New Deal"**, also „neues (gerechteres) Verteilen der (Spiel-)Karten", bekannt.

„deficit spending" (Defizitfinanzierung): wirtschaftspolitischer Ansatz, bei dem der Staat in einer Krise kurzfristig Ausgaben erhöht, z.B. in Großprojekte investiert oder Steuern senkt. Ziel ist es, Nachfrage zu generieren und dadurch die Wirtschaft anzukurbeln. Da „deficit spending" nur über Kredite möglich ist, wird ein Haushaltsdefizit in Kauf genommen.
Eine solche Politik, die es als Aufgabe des Staates versteht, für die Stabilisierung der gesamtwirtschaftlichen Entwicklung zu sorgen, stand im Gegensatz zum Wirtschaftsliberalismus, wie er bis zur Great Depression in den USA vertreten wurde.

Die Reformpolitik Roosevelts

Neben Maßnahmen zur Kontrolle der Banken, zur Börsenaufsicht und zur Unterstützung der Landwirtschaft wurde der National Industrial Recovery Act (NIRA) erlassen, der alle Industriebranchen anhielt, sich selbst verordneten Regeln zu unterwerfen. Diese sollten einen ruinösen Wettbewerb verhindern, maximale Arbeitszeiten und Mindestlöhne festsetzen. Das Gesetz wurde 1935 jedoch für verfassungswidrig erklärt. Roosevelt setzte daraufhin aber nicht auf autoritäre Krisenbewältigungsstrategien, sondern akzeptierte die Schranken der Verfassung und suchte neue Lösungswege. Gegen die Arbeitslosigkeit wurde ein groß angelegtes Arbeitsbeschaffungsprogramm (Federal Emergency Relief Act) in die Wege geleitet und dafür eine Reihe neuer Bundesbehörden eingerichtet. Die „Works Progress Adminstration" (WPA) errichtete über **„deficit spending"** u.a. 122 000 öffentliche Gebäude, darüber hinaus neue Straßen, Brücken, Flugplätze, Staudämme und Kraftwerke.

Der sogenannte Zweite New Deal – von 1935 bis 1939 – veränderte dann die Hauptrichtung der Reformpolitik. Er war in erster Linie gegen die Machtkonzentration großer Konzerne gerichtet und leitete arbeitsrechtliche und sozialpolitische Reformen ein, die dem Wohl der Bevölkerung dienen sollten. Ein Gesetz gewährleistete 1935 das Koalitionsrecht der Arbeiter und erkannte Gewerkschaften als Tarifpartner an. Der „Social Security Act", der die soziale Verantwortung des Staates anerkannte, schuf schließlich im selben Jahr eine Invaliden- und Alters- sowie eine Arbeitslosen- und Unfallversicherung, die zu gleichen Teilen von Arbeitgebern und Arbeitnehmern zu tragen war. Das Projekt einer nationalen Krankenversicherung scheiterte allerdings. Auch wenn der New Deal die Wirtschaftskrise nicht überwinden konnte – die Arbeitslosigkeit verschwand erst mit der Kriegskonjunktur Anfang der 1940er-Jahre –, gelang es Roosevelt mit seiner Politik, den Kapitalismus krisensicherer zu machen und dadurch Vertrauen in die Demokratie und das bestehende System zurückgewinnen.

M1 Die Einzelnen und der Staat

Franklin D. Roosevelt legte 1932 in einer Wahlkampfrede seine Vorstellungen dar:

Jedermann hat ein Recht zu leben; und das bedeutet, dass er auch das Recht hat, einen auskömmlichen Lebensunterhalt zu verdienen [...]. Unser industrieller und landwirtschaftlicher Apparat kann genug und übergenug produzieren. Unser [...] Regierungssystem ist jedem einen Weg schuldig, sich durch seine eigene Arbeit in den Besitz einer Portion von diesem Überfluss zu setzen, die für seine Bedürfnisse genügt. Jedermann hat ein Recht auf sein eigenes Eigentum; was ein Recht bedeutet, so weit wie möglich der Sicherheit seiner Ersparnisse gewiss zu sein. Wenn wir im Einklang mit diesem Prinzip die Operationen der Spekulanten, des Manipulators, ja selbst des Finanziers einschränken müssen, so glaube ich, müssen wir die Restriktion als notwendig akzeptieren, nicht um den Individualismus zu beeinträchtigen, sondern um ihn zu schützen. [...] Hier ist es, wo die formelle Regierung [...] hereinkommt. Wann immer der unmoralische Konkurrent, der rücksichtslose Geschäftemacher [...] sich weigert, sich mit anderen zusammenzutun zur Erreichung eines Zweckes, der als im öffentlichen Wohl liegend betrachtet wird, [...] kann die Regierung zu Recht ersucht werden, Beschränkungen aufzuerlegen.

Übers. zit. nach: Erich Angermann: Die Vereinigten Staaten von Amerika seit 1917, München [6]1978, S. 24 f.

M2 Nicht hilflos ausgeliefert

Der Historiker Jürgen Heideking urteilt:

Der statistisch messbare Erfolg der Reformen [...] war begrenzt: Ohne den Rüstungsboom des Zweiten Weltkriegs hätte es wohl noch eine ganze Weile gedauert, bevor die angestrebte durchschlagende Produktionssteigerung erreicht worden wäre [...]. Dafür profitierten die Schwarzen – insbesondere in den Städten – überproportional von den Hilfsprogrammen für arme Amerikaner, was dazu führte, dass sie ihre parteipolitische Loyalität mehrheitlich von der Partei Lincolns auf die Demokraten übertrugen. [...]

Aus historischer Perspektive und vor dem Hintergrund der gleichzeitigen Ereignisse im Rest der Welt gesehen, fällt die Gesamtbewertung des New Deal [...] positiv aus. Die Roosevelt-Administration beabsichtigte keine grundlegende, revolutionäre Umwälzung der amerikanischen Gesellschaft, und sie befand sich damit offenbar im Einklang mit der großen Mehrheit der Amerikaner. [...] Die Mehrzahl der Bürger hielt offensichtlich am American Dream fest und gab die Hoffnung nicht auf, dass sich wirtschaftliche Leistungskraft und Fortschritt mit einem hohen Maß an individueller Freiheit, demokratischer Mitbestimmung und föderaler Selbstverwaltung vereinbaren ließen. [...]

Entscheidend war aber, dass der New Deal den Amerikanern das Gefühl nahm, einem schicksalhaften Verhängnis hilflos ausgeliefert zu sein, und dass er ihnen eine überzeugende demokratische Alternative zu allen autoritären und totalitären Versuchungen bot. Im praktischen Handeln und Denken der Menschen setzte sich die neuartige Vorstellung durch, dass die Bundesregierung im Interesse der Wohlfahrt aller Bürger das Recht haben musste, helfend, regulierend und kontrollierend in die Wirtschaftsabläufe einzugreifen. Damit einher ging die Anerkennung einer hervorgehobenen Stellung des Präsidenten und der bundesstaatlichen Exekutive insgesamt, nicht nur in der Außenpolitik, sondern jetzt auch in Fragen der Innen-, Wirtschafts- und Sozialpolitik.

Jürgen Heideking/Christoph Mauch: Die Geschichte der USA, Tübingen/Basel, [6]2008, S. 262

M3 „Migrant Mother“ – diesen Titel gab die amerikanische Fotografin Dorothea Lange ihrem Foto aus dem Jahr 1936. Lange dokumentierte im Auftrag der Farm Security Administration (FSA) das ländliche Leben in den USA nach der Great Depression. Ziel der FSA war es, durch Förderprogramme die Armut der ländlichen Bevölkerung zu bekämpfen und Farmer beim Kauf von Land zu unterstützen.

Die Weimarer Republik

S. 206–211; 212–215

Was wird aus Deutschland? Vom Kaiserreich zur Republik

Als 1918 streikende Soldaten die **Novemberrevolution** im Deutschen Reich auslösten, sah sich Kaiser Wilhelm II. gezwungen, abzudanken. Die Macht übernahm zunächst der „Rat der Volksbeauftragten“ und nach den Wahlen zu einer verfassunggebenden Nationalversammlung eine Koalition aus SPD, DDP und Zentrum (**Weimarer Koalition**) unter der Führung von Philipp Scheidemann (SPD). Friedrich Ebert (SPD) wurde Reichspräsident. In den ersten Wochen der Revolution traf die Regierung zunächst Entscheidungen mit dem Ziel der Wahrung von „Ruhe und Ordnung“ sowie der Nahrungssicherung. Obwohl ein grundsätzlicher **Systemwechsel** vollzogen worden war, übernahm sie dazu die Beamtenschaft aus dem Kaiserreich und arbeitete eng mit dem Militär und Unternehmern zusammen. Diese **Elitenkontinuität** prägte die Weimarer Republik.

Die Wahlen zur Nationalversammlung am 19. Januar 1919 brachten der **Weimarer Koalition** eine Mehrheit von über 75 %, sodass die **„improvisierte Demokratie“** der ersten Monate durch eine breite Basis der Bevölkerung legitimiert wurde. Dies wirkte sich auf die Arbeit der Nationalversammlung in Weimar aus: Die dort ausgehandelte **Verfassung** galt als die demokratischste ihrer Zeit. Geprägt durch den Gedanken der Volkssouveränität vereinigte sie plebiszitäre, repräsentative und präsidiale Elemente. Neben individuellen Freiheitsrechten fanden sich darin auch erstmals Grundrechte, die das Gemeinschaftsleben, Religion, Bildung und Wirtschaft betrafen. Zugleich ist die starke Stellung des Reichspräsidenten als Zeugnis eines aus der Kaiserzeit übernommenen Misstrauens gegenüber Parlamentarismus und Parteien zu werten.

S. 216–221; 222–225

1919: Der Versailler Vertrag – ein Vertrag für den Frieden?

Als besondere Hypothek für die junge Republik erwies sich der **Versailler Vertrag** mit seinem **Kriegsschuldartikel**, der dem Deutschen Reich und seinen Verbündeten die alleinige Schuld am Ausbruch des Ersten Weltkriegs zusprach und als Begründung für alle weiteren Vertragsbedingungen diente. Für die meisten Deutschen quer durch alle politischen Lager kam das einer enormen Schmach gleich. In der Forschung ist allerdings bis heute umstritten, ob die Vertragsbestimmungen zu streng oder zu schwach waren, um einen nachhaltigen Frieden zu sichern.

Führende Militärs behaupteten nach dem Krieg zudem, das Heer sei „im Felde“ unbesiegt geblieben, vielmehr habe man es von hinten „erdolcht“ (**Dolchstoßlegende**): Vor allem die Agitation der Sozialisten und Kommunisten sei verantwortlich gewesen für die Kriegsniederlage. Auch wenn dies nicht den Tatsachen entsprach – militärisch war das Deutsche Reich im Herbst 1918 geschlagen –, wurde diese Lüge ein wichtiges Kampfmittel rechtsnationaler Kreise zur Diffamierung republikanischer Politiker.

S. 230–233

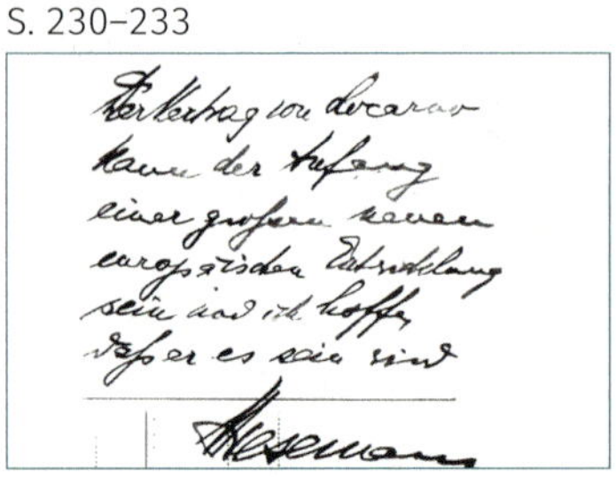
Der Vertrag von Locarno
kann der Anfang
einer großen neuen
europäischen Entwicklung
sein und ich hoffe
daß er es sein wird
Stresemann

Auf dem Weg zu Völkerverständigung und gesellschaftlicher Blüte?

Seit Ende 1923 wurde die Weimarer Außenpolitik maßgeblich von einem der wichtigsten Politiker seiner Zeit bestimmt, Gustav Stresemann. Seine Bemühungen galten einer **Revision** des Versailler Vertrags, vor allem hinsichtlich einer Begrenzung der Reparationszahlungen. Viele Historiker betonen aber auch seine Rolle im europäischen Verständigungsprozess, vor allem seinen Einsatz für eine enge Partnerschaft mit Frankreich, um so Vertrauen zurückzugewinnen und für Deutschland bessere Bedingungen aushandeln zu können. Nach Osten blieb seine Verständigungspolitik dagegen vage.

Bis 1929 erlebte die Weimarer Republik eine Phase relativer politischer Stabilität und zugleich eine Blütezeit von Kunst, Kultur und städtischer Moderne. Der schillernde Glanz der Großstädte mit ihren rauschhaften Lebensformen verstellt allerdings den Blick auf die schleichende Inflation und die Bevölkerungsteile in Stadt und Land, die nicht Teil an diesem Rausch der Goldenen Zwanziger hatten. Insofern scheint die Frage berechtigt, inwiefern man wirklich von „goldenen" Zeiten reden kann.

S. 234–241

Wirtschaftliche und politische Krisen – Bedrohungen der Demokratie?

1929 führte ein Börsencrash in den USA aufgrund der globalen Verknüpfung der Wirtschafts- und Finanzkreisläufe rasch zur **Weltwirtschaftskrise**. In Deutschland war bald jeder dritte Arbeitnehmer ohne Beschäftigung. In dieser Situation wurde der Zentrumspolitiker Heinrich Brüning Reichskanzler. Da er einen ausgeglichenen Staatshaushalt anstrebte und deshalb teure Investitionen zur Ankurbelung der Wirtschaft ablehnte, wirkte seine Politik, zunächst krisenverschärfend.
Mit dem Amtsantritt Brünings führte eine Minderheitsregierung die Amtsgeschäfte und stützte sich dabei lediglich auf die Vollmachten des Reichspräsidenten (**Präsidialkabinett**). Bis 1932 wurde diese Art des Regierens noch von der SPD toleriert, um einen Machtzuwachs der NSDAP zu verhindern, die seit 1930 enorme Stimmengewinne verzeichnen konnte. Als am 30. Mai 1932 jedoch der zwar parteilose, aber der DNVP nahestehende Franz von Papen Reichskanzler wurde, begann eine „autoritäre, offen antiparlamentarische Phase" (Heinrich August Winkler).
Da die Macht des Parlaments als zentrales Merkmal einer demokratischen Republik bereits 1930 verloren war, muss nicht erst die Amtsübergabe an Adolf Hitler am 30. Januar 1933 – formal ein weiteres Präsidialkabinett – als Ende der Weimarer Republik verstanden werden. Die Ursachen des Scheiterns der ersten deutschen Demokratie werden nach wie vor diskutiert. Zwar herrscht Einigkeit über die lange Liste der Belastungsfaktoren, die in ihrer Gesamtheit zum Ende Weimars führten – die Gewichtung dieser einzelnen Faktoren im Hinblick auf ihren Beitrag zum Scheitern der Republik lässt aber begründet kontroverse Beurteilungen zu.

S. 242–245; 246–249

Frankreich und die USA: Leuchtende Vorbilder in dunklen Zeiten?

Während in der Zwischenkriegszeit die meisten demokratischen Staaten scheiterten, konnten aufgrund der über einen längeren Zeitraum gewachsenen Traditionen und Erfahrungen wenige **gelernte Demokratien** und **alte Nationalstaaten** den Verführungen antiliberaler Modernisierungskonzepte widerstehen.
In Frankreich etwa gelang die Entwicklung einer **republikanischen Kultur** im Laufe der **Dritten Französischen Republik** (1870–1940). Vor allem die Abwehr des Angriffs antirepublikanischer Kräfte (**ligues**) am 6. Februar 1934 (**6 février**) und der daraus hervorgehende **front populaire** belegt, dass der republikanische Gedanke zu diesem Zeitpunkt in der Gesellschaft bereits fest verankert war.
In den USA, deren Selbstverständnis auf der Demokratie gründet, hatte die Wirtschaftskrise zu einem abrupten Ende der **Roaring Twenties** geführt. Den verheerenden Auswirkungen der Krise begegnete Präsident Franklin D. Roosevelt mit dem sogenannten **New Deal**. Dieses umfangreiche staatliche Wirtschafts- und Sozialprogramm zielte darauf ab, die USA zu einem **welfare state** zu entwickeln. Historiker kommen zu dem Schluss, dass es das Vertrauen der Bevölkerung in die Demokratie und das bestehende System sicherte.

S. 252–261

Die Herrschaftspraxis des Stalinismus

„Entfaltete Offensive des Sozialismus“ – so wurde der XVI. Parteitag der Kommunistischen Partei der Sowjetunion (KPdSU) im Jahr 1928 auf Geheiß Stalins genannt, der als Generalsekretär der KPdSU eine totalitäre Diktatur (→ S. 185) errichtete. Zur Modernisierung der rückständigen Industrie sollte die Wirtschaftsleistung schnell um ein Mehrfaches gesteigert werden. Junge Menschen suchten die Chance, neue Berufe und Lebensstile zu finden – und engagierten sich u.a. beim Aufbau der großen Industrieanlagen, z.B. in Magnitogorsk am Magnetberg. Stalin ließ sich für die errungenen Leistungen persönlich feiern. Doch die Kosten für die Erfolge waren gewaltig: Tatsächliche oder angebliche politische Gegner wurden verfolgt und mussten in Arbeitslagern unter erbärmlichen Lebensbedingungen schuften. Dennoch: Die Sowjetunion wurde zu einem Industriestaat. Während des Zweiten Weltkriegs konnte sie der deutschen Wehrmacht zunehmend besser ausgerüstete Heere entgegenstellen und die deutschen Angriffe abwehren. Stalin – Held oder politischer Verbrecher? Diese Frage wird in Russland bis heute kontrovers diskutiert.

Abbildungen

- „Magnitogorsk – Kuzbass“, Fotocollage von El Lissitzky. 1933 war sie Teil einer Schrift der kommunistischen Partei, die Stalin herausgab. Um den wirtschaftlichen Erfolg des Regimes zu vermitteln, nutzte der Künstler neben Fotos auch Zeitungsschlagzeilen und gestaltete eine Karte, welche die neue Bahnverbindung zwischen der Stadt Magnitogorsk im Eisenerzgebiet und den Steinkohlevorkommen im Kuznesker Becken zeigt.
- (oben rechts) Zeichnung einer politischen Gefangenen aus einem Zwangsarbeitslager des Gulag.
- (unten rechts) Zu Jahrestagen mieten Stalinverehrer im heutigen Russland Werbeflächen für „Stalinbusse“. Das Foto wurde 2010 am 9. Mai – dem „Tag des Sieges“ – in Sankt Petersburg aufgenommen. Auf dem Orden steht: „Patriotische Krieger“ – jedoch hat hier jemand nachträglich das aufmontierte Porträt verändert …

Die Weltrevolution scheitert – wie weiter?

„Sozialismus in einem Land“

M 1 Ein „Agitprop“-Zug fuhr 1921 von Moskau nach Warschau und Berlin. Links ein „weißer“ Soldat mit Augenbinde, rechts ein Globus mit roten Strahlen. In den Wagen befanden sich revolutionäre Kunstwerke, Schriften und, versteckt, Waffen. Der Zug durfte an den Zielorten nicht geöffnet werden.

1. a) Interpretieren Sie das Bild auf dem Agitprop-Zug aus zwei Sichtweisen: Bolschewiki – bürgerliche Demokratien.
   b) Formulieren Sie Fragen an das Kapitel.

Agitprop: Akronym aus „Agitation“ (einfache Information für die Massen) und „Propaganda“ (im Sowjetischen: detaillierte Schulung für Funktionäre)

„weiß“: Farbe der Gegner der Bolschewiki,
rot: Farbe der Bolschewiki

Export der Revolution?

Nach der Oktoberrevolution, mit der die Bolschewiki die provisorische Regierung gestürzt hatten, übernahmen sie Anfang 1918 die Macht in Russland. Mit Lenin und dessen engem Mitstreiter Trotzki zielten sie darauf, diktatorisch eine neue sozialistische Gesellschaftsordnung durchzusetzen (→ S. 195). Sie glaubten, dass diese nur von Dauer sein könne, wenn in allen einflussreichen Industriestaaten kommunistische Regierungen an die Macht kämen. Doch nach Ende des Ersten Weltkriegs hatten in den europäischen Staaten nicht radikale Kommunisten Erfolg, sondern es stabilisierten sich – wie etwa mit der „Weimarer Republik“ in Deutschland – bürgerlich-parlamentarische Ordnungen. Auch Putschversuche zur Etablierung kommunistischer Regierungen, die von der Komintern unterstützt wurden, einem 1919 von Lenin gegründeten internationalen Zusammenschluss kommunistischer Parteien, waren nicht erfolgreich. Nach der Niederlage der Roten Armee im Krieg gegen die junge Republik Polen 1920 und den letzten scheiternden Putschversuchen 1923 rückte das Ziel einer Weltrevolution in eine ferne Zukunft.

Sozialismus in der Sowjetunion

Als der „Export“ der Revolution immer unwahrscheinlicher wurde, trat Stalin für einen Strategiewechsel ein. Er, der sich als Nachfolger des 1924 verstorbenen Lenin durchgesetzt hatte, plante den Aufbau des Sozialismus allein in der Sowjetunion. Mit der Formel vom **„Sozialismus in einem Land“** brachte er zum Ausdruck, dass er – ausgehend von einer pragmatischen Beurteilung der Lage – einen neuen Ansatz zur Entwicklung der Gesellschaft im Sinne des Sozialismus gefunden habe, der ohne internationale Hilfen auskomme. Nikolai Bucharin, der mit Lenin zusammen die Parteizeitung „Prawda“ gegründet hatte, unterstützte ihn mit der Broschüre: „Können wir den Sozialismus in einem Land aufbauen, bei fehlendem Sieg des westeuropäischen Proletariats?“

Um das Land gegen äußere Feinde zu sichern, suchte Stalin gute diplomatische Beziehungen zu den kapitalistischen Staaten, die durch Lenins und Trotzkis Politik der Weltrevolution misstrauisch auf die UdSSR blickten. So entstand ein Streit mit Trotzki um die politische Richtung, der auch eine persönliche Komponente hatte: Stalin duldete keinen Konkurrenten um die Macht neben sich, wie es Trotzki als militärisch erfolgreicher Revolutionär der ersten Stunde war. In dieser Situation ließ Stalin wichtige Ämter durch ihm genehme Parteifunktionäre besetzen, und 1925 wurde Trotzki durch Stalin vom Amt des Kriegsministers auf einen Verwaltungsposten abgedrängt. Der **Diktatur** der Partei hatte sich Stalin an die Spitze gesetzt. Trotzki ging ins Exil. In Mexiko wurde er 1940 in Stalins Auftrag ermordet.

M 2 Revolution überall?“

Leo Trotzki (1879–1940) gehörte zu den Revolutionären der ersten Stunde. 1918 gründete er die Rote Armee. Trotzki schrieb 1929:

Der sozialistische Aufbau ist nur auf der Basis des Klassenkampfes im nationalen und internationalen Maßstabe denkbar. Unter den Bedingungen des entscheidenden Übergewichts kapitalistischer Beziehungen in der Weltarena wird dieser Kampf unvermeidlich zu Explosionen führen. [...]

Die sozialistische Revolution beginnt auf nationalem Boden, entwickelt sich international und wird vollendet in der Weltarena. [...] Die sozialistische Revolution [...] findet ihren Abschluss nicht vor dem endgültigen Siege der neuen Gesellschaft auf unserem ganzen Planeten.

Insofern der Kapitalismus einen Weltmarkt geschaffen hat, eine weltumfassende Arbeitsteilung und weltumfassende Produktivkräfte, hat er zugleich die Weltwirtschaft in ihrer Gesamtheit für die sozialistische Umgestaltung vorbereitet. Verschiedene Länder werden diesen Prozess in verschiedenem Tempo vollziehen.

Leo Trotzki: Die permanente Revolution (übers. v. Alexandra Ramm-Pfemfert), Berlin 1930, S. 160 f.

M 3 „Kooperativen – Weg zum Sozialismus“. Sowjetischer Tischkalender für das Jahr 1927

M 4 Ein Missverständnis?

Josef Stalin, von 1927 bis 1953 Diktator der Sowjetunion, gab dem US-Journalisten Roy Howard am 1. März 1936 ein Interview. Kurz zuvor hatte Japan die Mongolei besetzt, die im Osten an die UdSSR angrenzte:

Howard: Welche Situation stellt heute nach Ihrer Meinung die größte Kriegsgefahr dar?

Stalin: Der Kapitalismus. [...]

Howard: [Hat] die Sowjetunion ihre Pläne und Ziele zur Förderung einer Weltrevolution aufgegeben [...]?

Stalin: Wir hatten niemals solche Pläne oder Absichten.

Howard: Sie werden verstehen, Herr Stalin, dass große Teile der Welt für lange Zeit einen anderen Eindruck hatten.

Stalin: Das ist das Ergebnis eines Missverständnisses. [...] Sehen Sie, wir Marxisten glauben, dass eine Revolution auch in anderen Ländern stattfinden wird. Aber sie wird nur stattfinden, wenn die Revolutionäre in diesen Ländern glauben, dass es möglich oder notwendig sei. Der Export von Revolution ist Unsinn. Jedes Land wird seine eigene Revolution machen, wenn es das will, und wenn nicht, dann wird es keine Revolution geben. Zum Beispiel [...] bauen wir eine neue, klassenlose Gesellschaft auf. Aber zu behaupten, dass wir in anderen Ländern eine Revolution anstreben und in das Leben dort eingreifen, das ist eine falsche Aussage, und dafür haben wir uns nie eingesetzt.

Zit. nach: Prawda, 05.03.1936 (Übers.: Friedrich Huneke)

2. a) Formulieren Sie die Standpunkte von Trotzki (M 2) und Stalin (M 4) in Thesen.
   b) Setzen Sie die Abbildung M 3 in Beziehung zu den Standpunkten.

3. Ordnen Sie die Aussagen von Stalin (M 4) in den historischen Kontext ein. Gehen Sie dabei auf die Expansionspolitik Japans und des Deutschen Reiches in den 1930er-Jahren sowie auf den Gesprächspartner Stalins ein.

5. Bewerten Sie Stalins These vom „Sozialismus in einem Land“ aus der Sicht Trotzkis/des Journalisten Howard/Ihrer eigenen Sichtweise.

Wie entsteht der „neue Mensch“?

Jung sein im sozialistischen Staat

Auf der Fahne im Hintergrund steht über der Figur mit Fackel: „Lang lebe der internationale kommunistische Jugendbund! 14. Juli 1922“, auf dem Spruchband unten: „4. Kongress des Kommunistischen Jugendbundes des Roten Kreises Perm.“

M1 Der Kommunistische Jugendbund des Kreises Perm, Foto 1922

1. a) Individuell, uniform, locker oder streng? Charakterisieren Sie die Stimmung, die M 1 vermittelt, indem Sie passende Adjektive finden.
   b) Stellen Sie Hypothesen darüber auf, mit welchen Zielen die Jugendlichen zusammengetroffen sein könnten.

Komsomol: kommunistischer Jugendverband, von lokalen Vereinen am 29. Oktober 1918 mit 2 500 Mitgliedern gegründet. Die Mitgliedszahlen nahmen rapide zu:
1923 → 0,28 Mio.
1928 → 2 Mio.
1932 → 5,3 Mio.
1940 → 10 Mio.

„Neue ökonomische Politik“ (NÖP): Zwischen 1921 und 1927 sah eine gemischte Wirtschaftsordnung staatliche und private Betriebe vor.

Der Komsomol

Im Zarenreich hatten Jugendliche meist Stand und Lebensstil ihrer Eltern übernommen: Adelige hatten Gutshöfe geerbt, Kinder armer Bauern waren arme Bauern geblieben, und nur wenige Bürgerkinder hatten durch Bildung aufsteigen können. In der neuen, sozialistischen Gesellschaft jedoch sollten junge Männer und Frauen sich bilden und ihre Zukunft selbst gestalten können. Tatsächlich fand eine Bildungsrevolution statt, von Alphabetisierungskampagnen bis hin zur Entwicklung akademischer Berufe, und die Jugendlichen experimentierten mit den neuen Möglichkeiten der Lebensgestaltung. Doch welche Pläne standen hinter dieser Entwicklung?

Für die Durchsetzung des Sozialismus im ehemaligen Zarenreich in den Jahren des Bürgerkrieges 1918 bis 1920 baute Lenin vor allem auf den Einfluss der Jugend. Eine Elite weltanschaulich geschulter Aktivisten sollte Kapitalisten, undisziplinierte Gruppen und ausländische Agenten bekämpfen. Im „Komsomol“ sollte dieser neue Menschentyp heranwachsen. Der Enthusiasmus der Jugendlichen sollte auf die großen Industrieprojekte gelenkt werden, ihre Aufgabe war es, die Alphabetisierung in die Dörfer zu tragen und die Ideale des Sozialismus zu verbreiten. Der Komsomol bot Anerkennung unter Gleichgesinnten, attraktive Ausbildungen, angesehene Berufe und eine abenteuerliche Aufbruchsstimmung.

In den 1920er-Jahren waren die Komsomolgruppen relativ unabhängig: Es entwickelte sich eine neue Jugendkultur mit Kulturklubs und Mitarbeit an den großen Bauprojekten zur Modernisierung des Landes. Zu dem starken

Wir-Gefühl gehörten aber auch Feindbilder: Tradition und Religion sowie eine Herkunft aus den „privilegierten“ Klassen der Zarenzeit wurden abgelehnt. Mit wachsender Mitgliederzahl verlangte der Komsomol Mitsprache in der zukünftigen Politik.

Bald jedoch stellte sich heraus, dass die Umgestaltung der Wirtschaft hinter den Versprechungen der Revolutionäre zurückzubleiben schien: In den Städten war um 1925 jeder fünfte Jugendliche arbeitslos, und 1928 war dort jeder zweite junge Erwachsene ohne feste Arbeit. Die Universitäten nahmen noch immer vor allem die Kinder der alten Eliten auf, 1925 stammte erst jeder fünfte Student aus dem Proletariat. Und die „Neue ökonomische Politik“, die seit 1922 praktiziert wurde, bedeutete, dass private Firmen sich in der gemischten Wirtschaft neben staatlichen Betrieben behauptet hatten. Eine wohlhabende Unternehmer- und Bürgerschicht bestand fort. In der jungen Generation wurden radikalere Forderungen nach mehr gesellschaftlicher Gleichheit laut, die sich im Komsomol sammelten.

Die „Große Wende“: Stalin verändert den Komsomol

Am Ende der 1920er-Jahre setzte sich der radikale Flügel in der KPdSU durch: Bauernbetriebe sollten in Genossenschaften bewirtschaftet werden, und alle Industrieunternehmen sollten dem Staat gehören. Widerstände sollten mit Propaganda, aber auch mit Gewalt beseitigt werden. An die Spitze dieser Politik stellte sich Stalin, seit 1922 Generalsekretär des Zentralkomitees der KPdSU. Er ließ die gemäßigte Opposition in der Parteispitze verfolgen und regierte die Sowjetunion zunehmend diktatorisch. Auch den einflussreichen Komsomol wollte Stalin beherrschen. Er plante, den Komsomol zu einer **Massenorganisation** zu machen, um die Loyalität der Mehrheit der Bevölkerung zu gewinnen. So sollten auch Jugendliche aus den „feindlichen“ Klassen aufgenommen und auf Stalin eingeschworen werden. Stalin wollte den Jugendverband von der Spitze aus lenken können. Vor allem sollten die Jugendlichen Im Zeichen steigender Kriegsgefahr zur Loyalität gegenüber der Herrschaft Stalins erzogen werden.

Die Mobilisierung der Massen setzt ein

Bis 1940 umfasste der Komsomol etwa zehn Millionen junge Männer und Frauen; er war von einem Aktivistenbund zur Massenorganisation angewachsen. Die **Massenmobilisierung** – also die Aktivierung vieler für den Komsomol – gelang, denn die Mitgliedschaft brachte Vorteile: Komsomolzen konnten schnell in Führungspositionen aufsteigen, besonders in den Jahren der „Großen Säuberungen“ 1937/38, in denen viele altgediente, jedoch Stalin-kritische Funktionäre verfolgt, inhaftiert und ermordet wurden (→ S. 286 ff.). Verfolgung und Terror drangen aber auch in den Komsomol ein: Die Grenze zwischen korrigierbarem „Fehlverhalten“ und „feindlichem“ Verhalten war undeutlich und schmal – Angst vor Verfolgung wurde Teil der Lebenserfahrung vieler Jugendlicher. Gefährdet waren vor allem diejenigen, die nicht als loyale Kommunisten galten und sich – etwa aufgrund ihrer religiösen Einstellung oder ihrer Herkunft aus adeligem, großbäuerlichem oder bürgerlichem Elternhaus – nicht angepasst verhielten. Ihnen konnten Nachteile in Ausbildung und Beruf, aber auch Lagerhaft oder gar Verbannung drohen.

M 2 „Jugend zu den Flugzeugen!“ Plakat von Gustav Klutsis, 1934

M3 Karikatur von Wladimir S. Wolotarew, veröffentlicht in der „Komsomolskaja Prawda", 18. Juni 1930. Die Beschriftungen:
Aktivist: „Ab jetzt heißt ihr ‚Komsomolzen.'" Er wirft antisowjetische Jugendliche – bezeichnet als „Kulak", „Religiöser", „Hooligan" – in einen Topf mit der Aufschrift „vollständige Komsomolisierung." Zwischen 1928 und 1932 kamen drei Millionen neue Mitglieder zum Komsomol hinzu.

Komintern: Kommunistische Internationale, 1919 von Lenin gegründet, als weltweiter Zusammenschluss kommunistischer Parteien. 1943 von Stalin als Zugeständnis an die Alliierten aufgelöst.

„Kulaken": Bauern, die als wohlhabend galten. Sie mussten ihr Land an Kolchosen (Genossenschaften) abgeben. Viele von ihnen wurden deportiert (→ S. 273).

M4 Wir kämpften für eine Idee!

Die 1905 geborene Fruma E. Treivas berichtete 1993 über ihr Leben als Jugendliche und junge Erwachsene in der Sowjetunion. Sie war eine engagierten Komsomolzin, bis ein radikaler Wendepunkt ihr Leben veränderte:

Nach der Revolution von 1917 wurde mein Bruder in Petersburg Komsomol, obwohl mein Vater das ablehnte. Ich reiste zu meinem Bruder, teilte mit ihm sein Zimmer und schrieb mich an der Arbeiterfakultät ein, um mich auf ein Studium vorzubereiten.

Als Sekretär des Komsomol erhielt Boris eine besondere Ration, sodass wir nicht hungern mussten. 1922 zogen wir nach Moskau. Dort wurde ich für das letzte Jahr der Arbeiterfakultät nur dank Boris' Arbeit beim Komsomol angenommen, obwohl ich nicht aus einer Arbeiterfamilie stammte. [...] Ich begann bei einer Zeitung zu arbeiten, die heute „Moskauer Komsomol" heißt.

Bald lebte ich mit dem Chefredakteur Grischka Waltenberg zusammen. Ich betrachtete mich als seine Frau, obwohl wir entschieden, vorerst nicht förmlich zu heiraten.

Grischka hatte Kontakt zur Komintern und wurde 1923 zur Untergrundarbeit nach Warschau entsandt. Da ließen wir unsere Ehe registrieren. Unser Sohn wurde nach Grischkas Abreise geboren. Mit den Kollegen von der Zeitung entschied ich, ihn „Engel" zu nennen, nach einem Mitglied des Komsomol, der in Polen für seine Untergrundtätigkeit gehängt worden war. Grischka wurde in Warschau verhaftet und kehrte erst 1928 zurück. Ich nahm ein Kindermädchen und arbeitete in der Zeitung der Jungen Pioniere. Wir wollten in unseren Lesern die Liebe zum Mutterland, zur Partei und zu Stalin wecken.

Nebenbei studierte ich am Lenin-Institut für Pädagogik. 1930 fuhren wir für ein Praktikum auf das Land. Wir sahen: Die Bauern hungerten, „entkulakisierte" Familien, zerstörte Bauernhäuser. Es sah schrecklich aus. Damals dachte ich: Kulaken, Ausbeuter, Sowjet-Feinde. Heute weiß ich es besser. [...]

[1937 werden Grischka und Fruma Treivas ohne erkennbaren Anlass und unter erfundenen Anschuldigungen verhaftet.]

In der Nacht des 17. Juli holten sie Grischka, dann am 5. September mich. Ich war schwanger [...]. Ich wurde zu acht Jahren Haft verurteilt, ohne das Recht auf Korrespondenz. 1939 gab ich meine Tochter Seva an meine Schwester – im Gefängnis hätte sie nicht überlebt. [...] Erst später erkannte ich, dass sie Grischka wahrscheinlich erschossen hatten. [...]

Der Wächter konnte uns Gefangene nie richtig zählen, da hielt er uns eine Rede: „Ich bin nicht zur Universität gegangen, aber die Partei weiß, wem sie vertrauen kann."

[1945 wurde Fruma Treivas aus dem Lager entlassen.]

Zit. u. übers. nach: Sheila Fitzpatrick/Yuri Slezkine (eds.): In the Shadow of Revolution. Life Stories of Russian Women from 1917 to the Second World War, Princeton 2000, S. 324 ff.

M 5 Identität junger Kommunisten

Der Historiker Matthias Neumann analysiert die Jugendkultur des Komsomol:

Die gemeinsame Erfahrung des Bürgerkrieges hatte bei den Aktivisten nicht nur das Bewusstsein für gesellschaftliche Unterschiede geschärft, die sie durch den Stil ihrer Kleidung, ihre Sprache und Verhaltensweisen an die jüngeren Generationen weitergaben, sondern sie stärkte auch ein Gefühl des Dienstes am Gemeinwohl.

Das Zusammengehörigkeitsgefühl wurde in der Alltagskultur zum Ausdruck gebracht. Es galt als schick, Blusen und Stiefel der Roten Armee zu tragen, oder wenigstens eine Lederjacke, um sich von anderen Jugendlichen zu unterscheiden. Zeichen der Arbeiterklasse, wie Arbeitermützen und eine allgemeine Missachtung des Sich-Herausputzens und Make up, galten als Protest gegen die Rückkehr bürgerlicher Kultur in den NÖP-Jahren. Sie signalisierten Widerstand gegen althergebrachte Lebensstile. [...] Kleidung war ein Zeichen der Loyalität zu den Idealen der proletarischen Kultur und zu den Wurzeln der Revolution zu einer Zeit, als andere Jugendliche, wie es 1926 gesagt wurde, „sich auf den Boulevards vergnügten". [...]

Die maskuline Kultur des militanten Komsomol [...] überschritt die Geschlechtergrenzen. Einige Komsomolzinnen ahmten männliches Verhalten, Manieren und Sprache nach, eine Mode, die in der Komsomol-Presse beklagt wurde. [...]

Die modischen Anzüge der NÖP-Männer und die luxuriösen Pelze und Modekleider ihrer weiblichen Begleiterinnen, wie auch die bürgerliche Kleidung, die manche alten Bolschewiken in ihren neuen Staatsämtern trugen, wurden als „völlig unproletarisch" betrachtet. Kleidung kann als ein bedeutsames Zeichen im Prozess der Identitätsbildung junger Kommunisten untersucht werden. [...]

M 6 „Es lebe die viele Millionen Mitglieder zählende Komsomolorganisation" – so der Slogan dieses sowjetischen Plakats aus dem Jahr 1932 von Gustav Klutsis

Die Jugendkommune – „kommuna" – wurde ein populärer Lebensstil unter Studenten und jungen Arbeitern. Sie hatte zwar sicherlich auch ganz praktische, finanzielle Gründe, aber in vielen Kommunen konnten Komsomolzen ihre Träume von einer kommunistischen Gesellschaft mit gemeinsamem Eigentum und dem Vorrang der Gemeinschaft vor dem Individuum ausprobieren, bis hin zu Entscheidungen über Eheschließung und Abtreibung.

Matthias Neumann: The Communist Youth League and the transformation of the Soviet Union 1917–1932. London 2011, S. 76 f. (Übers.: Friedrich Huneke)

---

2. a) Arbeiten Sie die Ziele des Komsomol aus dem Darstellungstext heraus und ordnen Sie sie chronologisch.
b) Ordnen Sie die Abbildungen der Entwicklung des Komsomol zu, begründen Sie Ihr Ergebnis.

3. Charakterisieren Sie den Wandel in den in M 4 geschilderten Einstellungen und Erfahrungen.

4. Arbeiten Sie aus M 5 die Thesen des Historikers Neumann zur Kulturgeschichte des Komsomol heraus.

5. Schreiben Sie eine kurze eigene Geschichte des Komsomol mit Einleitung, Darstellung und abschließender Bewertung.

Eine moderne Landwirtschaft – aber wie?

Kollektivierung und „Entkulakisierung"

M 1 Kollektivierung in der Region um Moskau. Foto, 1931
Mit dem Rechen als Zeichen ihrer bäuerlichen Arbeit halten vormalige Bauern das Spruchband: „Wir Kolchosmitglieder – auf der Basis solider Kollektivierung – liquidieren die Kulaken als ganze Klasse!"

1. Beschreiben Sie das Foto M 1 und das Plakat M 2. Achten Sie auf die Mimik und die Körpersprache der Dargestellten sowie auf die Botschaften der Schriftelemente.

2. Sammeln Sie Fragen an das vorliegende Kapitel.

Vom „Kriegskommunismus" zu einer gemischten Wirtschaft?

Während des Bürgerkriegs der Jahre 1918 bis 1921, in dem die Bolschewiki um ihre Machtposition kämpften, hatten sie einen „Kriegskommunismus" durchgesetzt: Um eine gesicherte Versorgung der Bevölkerung in Dörfern und Städten zu erreichen, waren große Industriebetriebe verstaatlicht und privater Handel war durch eine staatlich gelenkte Verteilungswirtschaft ersetzt worden. Bauern, zur Abgabe ihrer Höfe an Gemeinschaftsgüter gezwungen, sollten in Kollektiven wirtschaften und große Getreide- und Fleischmengen liefern; ihre Waren wurden gegen Bezugsscheine ausgegeben. Gegen die **Kollektivierung**, also die Überführung von privater in gemeinsame Bewirtschaftung der Höfe, leisteten die Bauern jedoch harten Widerstand. Sie lehnten die Zwangsabgaben ihrer Ernten vehement ab. Die Maßnahmen führten in eine Hungerkatastrophe, da die Erträge sanken und der Getreidemarkt zusammenbrach. Zudem litten die Bauern unter den Kriegshandlungen zwischen „Weißen" und „Roten".

1921 schwenkte Lenin vom „Kriegskommunismus" und dem Versuch zur Abschaffung der Geldwirtschaft um auf die „Neue ökonomische Politik" (NÖP): Staatliche und private Betriebe sollten in einer gemischten Wirtschaft nebeneinander bestehen. Das galt auch für die Bauern, von denen viele nach Einführung der NÖP aus den ersten Kolchosen – Gemeinschaftsbetrieben – wieder austraten. Die „Diktatur des Proletariats" der Bolschewiki schien durch die neuen Maßnahmen mit den alten Berufseliten Frieden zu schließen. Mitte der 1920er-Jahre erreichte die Produktion das Vorkriegsniveau, und die Modernisierung von Industrie und Landwirtschaft schien voranzukommen – allerdings sehr viel langsamer als geplant.

In der KPdSU gab es zur NÖP zwei Ansichten: Der linke Flügel der Bolschewiki kritisierte, die Führung verrate mit der „NÖP" das Versprechen einer klassenlosen Gesellschaft. Nur durch eine radikale Zwangskollektivierung der Bauern könne zügig eine leistungsfähige Landwirtschaft staatlich geplant werden, sodass für den beschleunigten Aufbau einer modernen Industrie Nahrung, Geldmittel und Arbeitskräfte frei würden. Einige eher gemäßigte Parteimitglieder um Nikolai Bucharin vertrat dagegen den Standpunkt, die unabhängigen Bauern könnten nur allmählich und durch gute Beispiele von der Zusammenlegung ihrer kleinen Äcker zu effizienteren Einheiten überzeugt werden, auf denen mit Kunstdünger und modernen, großen Landmaschinen höhere Erträge von weniger Arbeitskräften erzielt werden könnten.

„Rote": Gemeint ist die im Januar 1918 gegründete „Rote Arbeiter- und Bauernarmee".

„Weiße": Gemeint sind Gegner der Bolschewiki, die sich zu einer „Weißen Armee" vereinigt hatten.

Die „große Wende“

Seit 1922 war Josef Stalin Generalsekretär der KPdSU, aber noch nicht der mächtige Alleinherrscher wie in den 1930er-Jahren. Er hatte sich im Politbüro, dem Führungsgremium der Partei, zunächst mit Nikolai Bucharin verbündet, um die „linke Opposition“ um Trotzki aus der Partei ausschließen zu lassen. Anschließend warb er aber im ZK, dem Zentralkomitee der Partei, in dem mächtige regionale Parteiführer vertreten waren, für den Plan, die Landwirtschaft durch große kollektive Betriebe zu modernisieren, in denen durch den Einsatz von Maschinen Arbeitskräfte eingespart werden würden. Die freigesetzten Bauern könnten die Industrie mit voranbringen. Zur Durchsetzung seien „administrative Maßnahmen“ nötig. Nachdem er die Mehrheit des ZK hinter sich wusste, drängte Stalin auch Bucharin aus dem Politbüro heraus. So leitete Stalin eine neue „Revolution von oben“ ein. So wie Lenin 1917 wollte Stalin jetzt zur führenden Kraft der Revolution werden. Was das für die Bauern bedeutete, erkannten die Mitglieder des Zentralkomitees wohl erst nach und nach.

Die Kollektivierungspolitik verfolgte drei Ziele:
- Zwang zur Ablieferung von Getreide und anderen Feldfrüchten zu staatlich festgesetzten Preisen,
- **„Entkulakisierung“**: die Entfernung der „Kulaken“ genannten Großbauern als Schicht,
- Überführung ihres gesamten Besitzes an Geräten und Land in die Kolchosen.

Auf 25 Millionen Bauernhöfen in 600 000 Dörfern der UdSSR lebten 120 Millionen Menschen. Sie sollten in 240 000 staatlich kontrollierte Kolchosen eingehen. 1931 waren bereits 50 % der privat geführten Höfe enteignet. Wer nicht in den Kolchos eintreten wollte, galt als Feind der Sowjetmacht und musste mit Verbannung nach Mittelasien oder Sibirien, Zwangsarbeit und Todesstrafe rechnen. Auch viele deutschstämmige Bauern, die seit dem 18. Jahrhundert nach Russland eingewandert waren, litten unter den Vertreibungen und Enteignungen der Zwangskollektivierung.

Holodomor – Tötung durch Hunger

Etwa ein Viertel der Getreideernten der Sowjetunion lieferte die Ukraine. Seit 1928 wurden die Ablieferungsquoten so hoch festgesetzt und mit Waffengewalt erzwungen, dass bis 1933 mehrere Millionen ukrainische Bauern verhungerten. Historiker diskutieren, ob von einem Völkermord zu sprechen ist, ob also das Verhungern der ukrainischen Nation geplant oder zumindest wissentlich in Kauf genommen war bzw. ob die ukrainische Nation stärker durch das geplante Verhungern betroffen war als andere Regionen der UdSSR. Der ukrainische Begriff dafür ist „Holodomor“, Tötung durch Hunger. Da Stalin die „Vernichtung der Kulaken als Klasse“ propagierte, wird auch der Begriff „Soziozid“ verwendet, um die Tötung einer Gesellschaftsschicht zu bezeichnen.

M2 Sowjetisches Plakat, um 1930, gestaltet von N. B. Terpsichorow. Die Texte lauten: „Gehe in die Kolchose. Mit dem gesamten Inventar tritt in den Kolchos ein, schlachte nicht dein Vieh, verkaufe es nicht“ – Banner links: „Es schadet den Arbeitern und Bauern | Wer verkauft und schlachtet sein Vieh“ – Banner rechts: „Den Kulaken geben wir eine freundliche Faust | Und organisieren den Viehhof kollektiv“.

administrative Maßnahmen: hier Codewort für Zwangsmaßnahmen

Kulake: Großbauer. Als solcher galt 1930 z. B. in Weißrussland ein fünfköpfiger Hof ab 0,75 ha Garten, 1,8 ha Acker und 2,5 ha Heumahd, mit
1 Pferd,
1 Rind,
1 Wohnhaus,
1 Scheune,
1 Stall.

M3 Maßnahmen und Reaktionen

a) Der Historiker Alan Bullock analysiert Zusammenhänge der sogenannten Entkulakisierung und ihre Darstellung:

Zunächst noch sporadisch und zögernd, breitete sich dann rasch Widerstand aus. In der Ukraine und im Nordkaukasus spielten dabei insbesondere Frauen eine bedeutende Rolle. OGPU und Einheiten der Roten Armee mussten zu Hilfe gerufen werden. In einigen Gebieten hatten sie große Mühe, die Bauernaufstände zu unterdrücken.

Massenverhaftungen, Erschießungen und Deportationen waren die Folge. Die wirksamste Widerstandsmaßnahme der Bauern war, ihr Vieh abzuschlachten. In den ersten beiden Monaten des Jahres 1930 schlachteten sie 14 Millionen der insgesamt 70,5 Millionen Rinder, die man 1928 im Land gezählt hatte, dazu ein Drittel der Schweine, ein Viertel der Schafe und Ziegen, um sie nicht in die Kolchose einbringen zu müssen. Stalin war taub für menschliches Leid, aber der Verlust eines solchen Wertes wie des Viehbestandes war etwas anderes – eine wirtschaftliche Katastrophe, von der sich die sowjetische Landwirtschaft 25 Jahre lang nicht erholte.

Mehreren Politbüromitgliedern [...] war bei Besuchen auf dem Land im Februar 1930 die wirkliche Lage dort deutlich geworden. Am 24. Februar wurde eine Sondersitzung des Zentralkomitees einberufen, um die Situation zu erörtern. Man beschloss, eine öffentliche Erklärung abzugeben, und das Politbüro beauftragte Stalin, sie zu entwerfen. Man ging davon aus, dass er diese vor der Veröffentlichung mit den anderen Politbüromitgliedern abstimmen würde. Stalin dachte jedoch gar nicht daran [...]. [Stattdessen:] Am 2. März veröffentlichte die Prawda einen von Stalin namentlich gezeichneten Artikel unter der Überschrift: „Vor Erfolgen von Schwindel befallen".

Alan Bullock: Hitler und Stalin. Parallele Leben (übers. v. Helmut Ettinger), Berlin 1991, S. 359 f.

OGPU bzw. GPU: Von 1922 bis 1934 die Bezeichnung der Geheimpolizei der Sowjetunion. Sie war 1917 als „Tscheka" zur „Bekämpfung der Konterrevolution" gegründet worden und verantwortlich für politische Verfolgungen und Morde. Eine spätere Bezeichnung war KGB.

Fünfjahrplan: In der UdSSR wurden wirtschaftliche Ziele auf jeweils fünf Jahre von einer zentralen Stelle festgelegt. Der erste Fünfjahrplan trat am 1. Oktober 1928 in Kraft.

b) „Vor Erfolgen von Schwindel befallen" – Unter dieser Überschrift reagierte Stalin in einem Artikel, der am 2. März 1930 in der Zeitung „Prawda" (Wahrheit) veröffentlicht wurde, auf die Bauernunruhen und Hungerwellen, ohne diese Ereignisse konkret zu erwähnen:

Von den Erfolgen der Sowjetmacht auf dem Gebiet der kollektivwirtschaftlichen Bewegung reden jetzt alle. [...] Es ist eine Tatsache, dass am 20. Februar dieses Jahres bereits 50 Prozent der Bauernwirtschaften in der UdSSR kollektiviert waren. Das bedeutet, dass wir bis zum 20. Februar 1930 den Fünfjahrplan der Kollektivierung zu mehr als 200 Prozent erfüllt haben. [...] Diese Erfolge machen nicht selten die Menschen trunken, dabei werden sie vor Erfolgen von Schwindel befallen, verlieren das Gefühl für das richtige Maß, verlieren die Fähigkeit, die Wirklichkeit zu verstehen. [...] Die Erfolge unserer kollektivwirtschaftlichen Politik erklären sich unter anderem daraus, dass diese Politik auf der Freiwilligkeit in der kollektivwirtschaftlichen Bewegung [...] beruht. Man kann nicht mit Gewalt Kollektivwirtschaften schaffen. Das wäre dumm und reaktionär. Eine solche „Politik" würde die Idee der Kollektivierung mit einem Schlage diskreditieren.
[Unterschrift:] J. Stalin.

„Prawda" Nr. 60, 2. März 1930. Übers. zit. nach: Stalin. Werke, Bd. 12, Hamburg 1971, S. 102–105

„Das Kulakentum ist dem Untergang geweiht und wird liquidiert werden. Es bleibt nur ein Weg, der Weg der Kollektivwirtschaften."
– Stalin, im Juni 1930

Zit. nach: ebd. S. 170

M4 2008 wurde nahe Kiew eine Gedenkstätte für die Opfer des Holodomor eingerichtet. Das Foto zeigt ein Element der Stätte mit Kerzen, die im Jahr 2018 am Holodomor-Gedenktag, dem 4. Samstag im November, dort abgestellt wurden.

M5 „Ich hatte die Ehre, eine von ihnen zu sein."

Antonina Solowiewa gehörte zu den Augenzeuginnen und Augenzeugen der Kollektivierung, deren Erinnerungen in den 1960er-Jahren in der Sowjetunion gesammelt wurden:

Im Jahr 1930 wurden Komsomol-Mitglieder von ihrer Arbeit freigestellt und auf die Dörfer gesandt. Ich hatte die Ehre, vom Komsomol meiner Fabrik in Swerdlowsk delegiert zu werden. Wir Mädchen trugen Camouflage-Hosen wie die Männer. In Wotkinsk instruierte uns ein Parteimitglied: „Kameraden, ihr werdet den Kolchosen bei der Aussaat helfen. Die Situation in den Dörfern ist alarmierend. Wie ihr wisst, braucht unser Land das Korn der Kolchosen, während Kulaken-Schurken das Saatgetreide verstecken und vergeuden und die Bauern verunsichern. Eure Aufgabe ist es, unter den Dorfjugendlichen der Mittelbauern Massenagitation zu betreiben und herauszufinden, wo die Kulaken das Saatgetreide verstecken und wer Landmaschinen zerstört. Auch sind viele arme Bauern der Kolchose wegen der Einschüchterung durch die Kulaken noch nicht beigetreten. Sprecht mit diesen Leuten und erklärt ihnen die Politik der Partei für die Kollektivierung."
Wir wussten noch nichts über diese Dinge, wir hatten so viele Fragen [...] Wir agitierten unter der Dorfjugend. Fedia kundschaftete die Kulaken mithilfe der Komsomolzen in den Dörfern aus, konfiszierte ihr Getreide und brachte es auf den Hof der Kolchose. [...] Die Feinde scheiterten daran, die Aussaat der Kolchose zu sabotieren. Die Kollektivierung schritt in diesem Distrikt schnell voran.

Zit. u. übers. nach: Sheila Fitzpatrick/Yuri Slezkine (eds.): In the Shadow of Revolution. Life Stories of Russian Women from 1917 to the Second World War, Princeton 2000, S. 235ff.

M6 Kollektivierung in der Weißrussischen SSR Stand: 1930

Bezirk	Anzahl Entkulakisierte	den Kolchosen übergeben:			Wert des übergebenen Vermögens (in Rubel)
		Saatgut in t	Pferde	Kühe	
Babrujsk	589	1748	1820	2676	1073329
Mahileu	464	k. A.	653	794	k. A.
Orsa	942	k. A.	1049	1496	402294
Witebsk	497	k. A.	623	837	383453
Polack	246	282	342	422	114400
Mazyr	705	k. A.	722	5923	173655
Summe	3413		5199	11848	2176731

M7 Die Kollektivierung in der UdSSR

Jahr	Kollektive/ Betriebe	kollektivierte Bauernhöfe in %
1928	33300	1,7
1929	57000	3,9
1930	85900	23,6
1931	180402	52,7
1932	211100	61,5
1933	224500	65,6
1934	233300	71,4
1935	249400	83,2
1937	243700	93,0
1939	235300	95,6
1940	236900	96,9

M6 wurde zusammengest. nach: Diana Siebert: Bäuerliche Alltagsstrategien in der belarussischen SSR (1921–1941). Stuttgart 1998, S. 131

M7 wurde zusammengest. nach: de.qwe.wiki/wiki/Collectivization_in_the_Soviet_Union (25.05.2020)

3. Erstellen Sie mithilfe des Darstellungstextes und der Tabelle M7 eine Zeitleiste der Kollektivierung.

4. Das Wort „Kulak" wurde negativ als „Ausbeuter" gedeutet. Klären Sie den Begriff mithilfe der Angaben zu Hofgrößen (Randspalte, S. 273) und der Tabelle M6.

5. Interpretieren Sie Stalins Zeitungsartikel vom 2. März 1930 (M3 b). Nehmen Sie zur Einordnung der Quelle den Sekundärtext von Alan Bullock (M3 a) zu Hilfe.

6. a) Arbeiten Sie aus dem Bericht von Antonina Solowiewa (M5) heraus, wie die Begeisterungsfähigkeit Jugendlicher für das Projekt der Kollektivierung eingesetzt wurde.
b) Bewerten Sie den Vorgang.

Industrialisierung ohne Krise?

Wirtschaftsentwicklung nach Plan, mit Enthusiasmus und Zwang

M1 „Neue Menschen“

Der Historiker Karl Schlögel schreibt über die UdSSR der 1930er-Jahre:

Der Bauer, der sich aus dem Arbeitsrhythmus der Jahreszeiten löst und an die Gleichmäßigkeit der Megamaschine gewöhnt wird, hört auf, der Landmann zu sein, der er war. [...] Man beginnt, sich der Disziplin der Uhr zu beugen. Die junge Frau, die als Stoßarbeiterin Karriere macht, ist nicht mehr die Braut, die meistbietend verheiratet werden kann. Galiullin Chabibulla, der tatarische Analphabet, der gelernt hat, einen Hochofen zu bauen, ist so sehr ein „Homo novus“ wie der Bauernsohn Viktor Kalmykow, der als Dreißigjähriger zum „roten Direktor“ aufsteigt.
Die Jugend verliert den alten Glauben, aber sie tauscht ihn nur zu gern ein gegen das Erlebnis, einmal im Monat ins Kino zu gehen – besonders wenn Charlie Chaplin in „City Lights“ zu bestaunen ist.

Karl Schlögel: Das sowjetische Jahrhundert. München: C. H. Beck 2017, S. 126 f.

1. a) Vergleichen Sie die Lebenswelt ihrer Generation mit der des „neuen Menschen“.
b) Bilden Sie Hypothesen, wie dieser „neue Mensch“ zum wirtschaftlichen Aufbau beitragen sollte.

Stahl aus der Steppe?

In der menschenleeren Steppe am Magnetberg im Südural sollte bei einem reichen Eisenerzvorkommen das größte und modernste Stahlwerk der Welt entstehen – mit einer sozialistischen Stadt der Zukunft: Magnitogorsk. Während die kapitalistischen Länder 1929 von der Weltwirtschaftskrise erschüttert wurden, gab die sowjetische Regierung Großaufträge zur **Industrialisierung** des Landes heraus: Ein amerikanisches Planungsbüro sollte für 2,5 Mio. Goldrubel die Pläne für Kokereien, Hochöfen und Walzwerke liefern, der Frankfurter Architekt Ernst May plante eine moderne Stadt im Stil des „Neuen Bauens“: Wohnungen mit Zentralheizung, Einbauküche und Bad für jedermann sowie Gemeinschaftsgebäude wie Kinos. Magnitogorsk sollte mit Ablauf des ersten Fünfjahrplans soviel Stahl liefern wie das gesamte Zarenreich im Jahr 1913. Die Wahl des Standortes im Ural, 2500 km hinter der Westgrenze, bewährte sich wenig später, als der Zweite Weltkrieg begann.

Neues Bauen: Richtung in Architektur und Städtebau der Moderne. Ziel war es, bezahlbaren und zugleich zweckmäßigen Wohnraum zu schaffen, der den Bewohnern genügend Raum und eine gesunde Umgebung bietet.

„Neue Menschen mit Opfermut“

Das Projekt zum Aufbau von Stadt und Stahlwerk regte die Fantasie von Menschen weltweit an. Arbeiter und Ingenieure, die infolge der Weltwirtschaftskrise Beschäftigung suchten, kamen aus vierzig Nationen, unter ihnen nicht nur euphorische Kommunisten wie Erich Honecker. Im Jahr 1931 waren über die Hälfte der Arbeiterinnen und Arbeiter jünger als 24 Jahre. Und weil Fachkräfte für die neuen Berufe fehlten, bereiteten sich Menschen, die gestern noch Bauernkinder gewesen waren, in primitiven Gemeinschaftsunterkünften der Pionierjahre auf technische Ausbildungen und Fachhochschulabschlüsse vor. Abends sahen sie im Kino „Magnitka“ z. B. Charlie Chaplins „City Lights“. Auch Magnitogorsk selbst wurde Gegenstand eines Filmes: Den Niederländer Joris Ivens inspirierte der Aufbau von Werk und Stadt zu „Lied der Helden – Komsomol“. Der „homo sovieticus“ schien der „neue Mensch“ des Industriezeitalters zu werden. „Arbeiten wie auf Magnitstroi“ bedeutete in den 1930er-Jahren vollen Einsatz, Hingabe und Disziplin für eine große Aufgabe. Individuelle Lebensziele mussten sich den großen Projekten unterordnen.

Planstadt ohne Probleme?

Am Bau des Projekts waren auch über 40 000 enteignete „Kulaken“ beteiligt, die in Arbeitslagern untergebracht waren, das war jede vierte bis fünfte Arbeitskraft. Weil es für sie anfangs nur Zeltunterkünfte gab, starben allein im Winter 1932/33 mehr als 4 000 dieser Arbeiterinnen und Arbeiter. Die übertriebene Eile bei Planung und Bau führte zudem zu Unfällen und Rückschlägen, und die gigantischen Werksanlagen belasteten die Umwelt. Aber zu Beginn des Zweiten Weltkrieges lieferte Magnitogorsk Stahl für jeden zweiten sowjetischen Panzer und viele weitere Rüstungsgüter.

M 2 Unterkünfte im Winter des Jahres 1930

M 3 Komsomolzen-Baubrigade im Juli 1931

M 4 Arbeit auf einer Baustelle, 1930

M 5 Hochofen Nr. 2, 1931. Spitzname: die Komsomolzin

M 6 Wohnhäuser, um 1932, entworfen von Ernst May

M 7 wurde zusammengestellt nach: Stephen Kotkin: Magnetic Mountain. Berkeley: University Press 1997, S. 27

M 7 Chronik des Aufbaus von Magnitogorsk

- **1926:** Fertigstellung des Anschlusses an das Eisenbahnnetz
- **1928:** erster Projektplan, fehlerhaft
- **1930:** März: zweiter Projektplan, Aufnahme in den Fünfjahrplan | Juli: voreilige Grundsteinlegung, nachträglich erneute Verlegung nötig
- **1932:** Januar: Anblasen des ersten Hochofens. Wegen hastiger Bauweise ist 1933 ein Neubau nötig. Jahresproduktion: 0,361 Mio. t Roheisen
- **1934:** offiziell zu 30 % fertiggestellt, aber wegen fehlender Ersatzteile häufige Produktionsausfälle
- **1938:** Der Metallurge I. P. Bardin bescheinigt große Fortschritte.
- **1939:** Die Stahlstadt Magnitogorsk hat 145 900 Einwohner.
- **1940:** Jahresproduktion: 1,756 Mio. t Roheisen, 1,654 Mio. t Stahl, 1,213 Mio. t Stahlblech

Wirtschaft nach Fünfjahrplan

Die Industrialisierung sollte beim Aufbau des Sozialismus in der Sowjetunion zum Schlüssel des Erfolges werden – so auch das Beispiel Magnitogorsk. Während die marktwirtschaftlichen Systeme in den 1920er-Jahren von einem Wechsel zwischen Hochkonjunktur bis zur Überproduktion und darauffolgenden Krisen und Arbeitslosigkeit geprägt waren, sollte die Versorgung der Bevölkerung in der UdSSR systematisch geplant werden. Die sowjetische Regierung hatte für den Aufbau und die Steuerung der verschiedenen Industriebereiche bereits 1921 eine zentrale Planungsbehörde eingerichtet, die „Gosplan“. Seit 1927 erarbeitete sie **Fünfjahrpläne**, denn fünf Jahre wurden als geeigneter Zeitraum für den Entwurf und den Bau großer Industrieanlagen betrachtet. Im Vordergrund des ersten Plans stand der Ausbau der Grundstoffindustrien – Kohle, Stahl, Chemie – und der Maschinenindustrie; an Konsumgütern wurde dagegen gespart. Zu einer verbesserten Versorgung der Bevölkerung mit Lebensmitteln und Konsumgütern führte der Fünfjahrplan dementsprechend nicht: Lebensmittel blieben rationiert, der Lebensstandard gering.

Investitionsgüter: Güter, die zur Herstellung eingesetzt werden, wie Maschinen, technische Anlagen oder Fahrzeuge

M 8 Bevölkerung und industrielle Kapazitäten 1913

	Indien	Russland	England	Deutschland	USA
Einwohner (Mio.)	315	178	42	65	115
in Städten (%)	9,5	18,0	79,0	61,0	50,0
Roheisen (Mio. t)	0,3	4,6	10,4	19,3	31,5
Erdöl (Mio. t)	–	9,2	–	–	33,1
Kohle (in Mio. t)	16	29,1	292	173	516
Anteil an Maschinenproduktion (%)	k. A.	3,5	11,8	20,7	50,0
Anteil an Elektroindustrie (%)	k. A.	2,2	16,0	34,9	28,9

M 9 Wirtschaftsentwicklung Russlands bzw. der UdSSR 1913–1940

	1913	1917	1928	1937	1940
Produktion im Vergleich (Index)	1,0	0,7	1,3	6,0	7,7
Investitionsgüter (%)	35,1	38,1	39,5	57,0	61,2
Elektrizität (Mrd. kW/h)	2,0	2,6	5,0	36,2	48,3
Erdöl (Mio. t)	9,2	8,8	11,6	28,5	31,1
Kohle (Mio. t)	29,1	31,3	35,5	128,0	166,0
Stahl (Mio. t)	4,3	3,1	4,3	17,7	18,3
Traktoren (Tsd.)	–	–	1,3	66,5	31,5*
* Umstellung auf Rüstungsproduktion					
Jahresdurchschnitte	1913	–	1924–28	1936–40	1940
Getreide (in Mio. t)	76,5	k.A.	69,3	77,4	95,6
Fleisch (in Mio. t)	4,1	k.A.	4,2	4,0	4,7

M 8 und M 9 wurden erstellt nach: Hans Heinrich Nolte: Geschichte Russlands, Stuttgart: [3]2012, S. 162, 239

Stärken und Schwächen

Als leistungsfähig erwies sich die staatliche Planwirtschaft jedoch in der Weltwirtschaftskrise: Während die Produktion in den Ländern mit freier Marktwirtschaft zeitweise drastisch sank und Massenarbeitslosigkeit die Gesellschaften destabilisierte – besonders in Deutschland –, setzte die UdSSR zur Aufholjagd an und erreichte den Wandel vom Agrarland zum Industriestaat. Am Ende des zweiten Fünfjahrplanes 1937 hatte sich die Industrieproduktion gegenüber 1928 vervierfacht, so beschrieben es die sowjetischen Statistiken. Und in den Jahren des Zweiten Weltkrieges konnten sowohl eine leistungsfähige Kriegsproduktion als auch die Verlegung von Betrieben hinter die Front und der Wiederaufbau zentral geplant werden.

Jedoch: Stalin setzte mehrfach eine unrealistische Erhöhung der Planziele (→ M 13) durch. Die Folgen waren technische Mängel in der Ausführung vieler Projekte. Geplante Ziele wurden oft nur auf dem Papier erreicht, Statistiken geschönt. Doch statt als Ursache von Mängeln die überhasteten Planungen einzugestehen und sie an die Realitäten anzupassen, übte die Parteileitung Druck auf die Verwaltungen und Ingenieure aus: Wenn Planziele nicht erreicht wurden, galt das als Sabotage, und die „Verantwortlichen“ wurden bestraft. Diese Verfolgung mündete in die Jahre des „Großen Terrors“ 1936/37. Eine Atmosphäre der Angst entstand.

M 10 Das Entwicklungstempo

Stalin berichtete auf dem 16. Parteitag der KPdSU am 27. Juni 1930:

Besonders interessant sind die Angaben über das Entwicklungstempo. Setzt man die Bruttoproduktion der sozialistischen Industrie für das Jahr 1926/27 gleich 100, so ergibt sich, dass die Bruttoproduktion dieser Industrie im Jahre 1929/30 auf 209,8 Prozent anwachsen wird. Dies bedeutet, dass die sozialistische Industrie sich in drei Jahren mehr als verdoppelt hat. Es muss zugegeben werden, dass kein einziges Land der Welt ein derartig rasendes Entwicklungstempo seiner Großindustrie aufzuweisen hat. Dieser Umstand gibt uns denn auch das Recht, von der Erfüllung des Fünfjahrplans in vier Jahren zu sprechen. Was zeigt uns die Kontrolle der Erfüllung des Fünfjahrplans in seiner Optimalvariante [→ M 13]? Sie zeigt, dass wir ihn in einer ganzen Reihe von Industriezweigen in drei oder sogar zweieinhalb Jahren erfüllen können. Es ist eine Tatsache, die zu bestreiten albern und lächerlich wäre.

Josef Stalin: Politischer Rechenschaftsbericht an den 16. Parteitag. In: Ders.: Werke. Bd. 12, Hamburg 1971, S. 112 ff.

M 11 Ein planloses Gerangel?

Der britische Historiker Alan Bullock beurteilt die Verdienste Stalins kritisch:

Durch die Verdopplung der Planziele ohne Rücksicht auf die realen Möglichkeiten stürzte [Stalin] die Bilanzen des Fünfjahrplans ins Chaos und forderte obendrein, dass dieser nicht in fünf, sondern in nur vier Jahren erfüllt werden sollte. Damit bewirkte er genau das Gegenteil, nämlich dauernde Unterbrechungen der Produktionsabläufe, hohe Ausschussraten und ein planloses Gerangel der Betriebe um die knappen Rohstoffe und Arbeitskräfte.
Als offenbar wurde, dass die irrealen Planziele in der vorgegebenen Zeit nicht zu erreichen waren, warf Stalin den Verantwortlichen Sabotage vor. Er griff vor allem die ehemals bürgerlichen und die ausländischen Fachleute an, die sich als Sündenböcke geradezu anboten, auf deren technisches Wissen und deren Managementerfahrung die sowjetische Industrie jedoch dringend angewiesen war.

Alan Bullock: Hitler und Stalin. Parallele Leben (übers. v. Helmut Ettinger), Berlin 1991, S. 393 f.

M 12 Statistik?

Zwischen den Behauptungen Stalins und den Ergebnissen sowjetischer Statistiker gab es Diskrepanzen. Der Historiker Karl Schlögel stellte heraus:

Nach Stalins Behauptung auf dem 17. Parteitag 1934, die Bevölkerung sei 1930–1933 von 160,5 auf 168 Millionen angewachsen, konnten die ersten Umfragen der Statisker dies nicht bestätigen. [Der Leiter des Amtes für Statistik] Iwan Krawal versuchte in Stellungnahmen und Gesprächen mit der Führung, die Zahl der „fehlenden Millionen" zu erklären: die Hungersnot im Zuge der Kollektivierung, die zentralasiatischen Nomadenstämme, die der Kollektivierung durch Flucht über die Grenze entgehen wollten, die Zahl der in den Lagern Verstorbenen. In der Säuberungswelle des Jahres 1937/38 wurde die Hälfte der Leiter des statistischen Büros erschossen, darunter auch Krawal selbst, viele kamen in Lager. Der Repression fiel 1938 auch Iwan D. Wermenitschew, der Krawal abgelöst hatte, zum Opfer.

Karl Schlögel: Das Sowjetische Jahrhundert. München 2017, S. 496

M 13 Ziele des ersten Fünfjahrplans für die Industrie

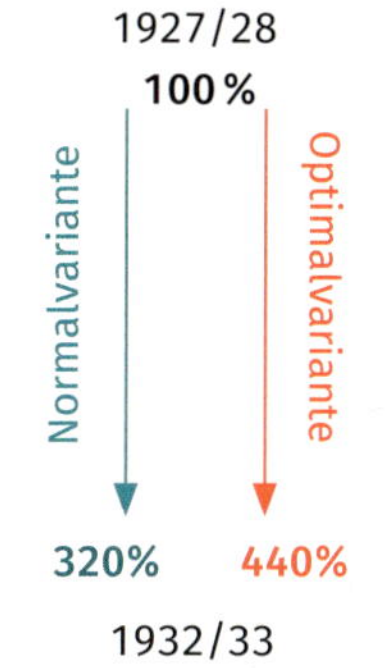

2. Charakterisieren Sie anhand von M 8 und M 9 die wirtschaftliche Lage Russlands vor und nach dem Ersten Weltkrieg.

3. a) Stalin lobte die Erfolge des ersten Fünfjahrplans (M 10). Überprüfen Sie seine Bewertung mithilfe von M 11 und M 12.
b) Analysieren Sie M 11 daraufhin, wo der Historiker Alan Bullock Sachurteile formuliert und wo er bewertet.

4. Analysieren Sie das Plakat M 14 mithilfe der methodischen Hinweise.

5. Magnitogorsk – ein Erfolgsprojekt? Bilden Sie anhand des Darstellungstextes und der Materialien auf den Seiten 276 f. ein begründetes Sachurteil.

+ Der „neue Mensch" – eine positive Entwicklung? Bilden Sie ein Werturteil aus heutiger Sicht.

6. Erörtern Sie die Stärken und Schwächen der Planwirtschaft.

M 14 „Wer–Wen? Einholen und Überholen." Plakat, 1929. Farblithografie, 110 x 72 cm. Vereinigung revolutionärer Künstler (AXP), Leningrad

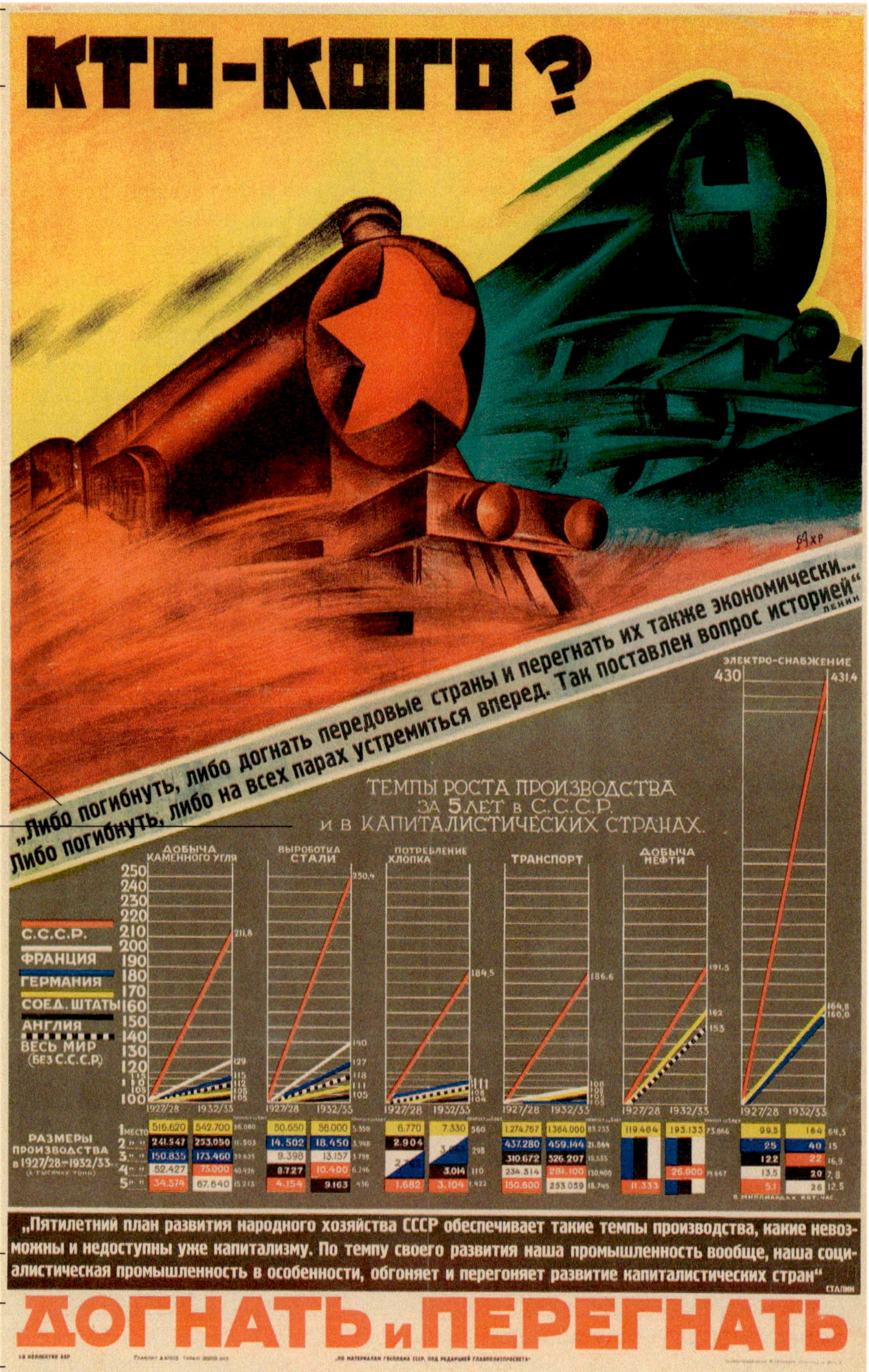

Preis: 60 Kopeken

Wer – Wen?

„Entweder wir gehen zugrunde, oder wir holen die Industrieländer ein und überholen ihre Wirtschaft ... Entweder wir werden zermalmt, oder wir eilen auf allen Feldern vorwärts. Das ist die historische Frage." (Lenin)

Wachstumsraten über 5 Jahre in der UdSSR und den kapitalistischen Ländern

(Diagramme zu Förderung/Produktion von Steinkohle, Stahl, Baumwolle, Transport, Erdöl – Angaben jeweils in 1000 t – sowie Elektrizität – Angaben in Milliarden kWh, Zeitabschnitt: 1927/28–1932/33

- UdSSR,
- Frankreich,
- Deutschland,
- USA,
- England,
- Welt (ohne UdSSR)

(Zitat Stalin*)

Einholen und Überholen

Auflage 30 000 Exemplare – nach Angaben des Staatsplans Gosplan der UdSSR, unter der Redaktion der Parteileitung

* Zitat Stalin:
„Der Fünfjahrplan für die Entwicklung der Volkswirtschaft der UdSSR gewährleistet eine Produktionsgeschwindigkeit, die für den Kapitalismus unmöglich ist. Im Tempo ihrer Entwicklung überholt und überrundet unsere sozialistische Industrie die kapitalistischen Mächte."

Ein Propagandaplakat analysieren

1929 präsentierte das Plakat M 14 das Motiv eines Lokomotivenrennens. Dabei erscheint die hintere, mit einem Hakenkreuz versehene Lokomotive bedrohlich groß. Kann die rote Sowjetlok aufholen und überholen? Diese Frage stellt der zweigeteilte Slogan. In einer aus sowjetischer Zeit stammenden Abhandlung heißt es über die Gestaltung von Propagandaplakaten:

„Das Plakat ist ein Produkt der Industriestadt mit ihrem fiebrigen Verkehr. [...] Es schreit vom Zaun aus, von der Wand, aus dem Schaufenster. Dreist springt es in die Pupille des Passanten. Will der Fußgänger es oder nicht, ist er beschäftigt oder nicht, eilt oder trödelt er – das Plakat hat seine Aufmerksamkeit eingefangen. Wie? Zuallererst – mit einem Feuer farbiger Flächen. Dieser Stil macht das Plakat aus. Seine Aufgabe: aus der Reihe treten, sich aus der Masse hervorheben, ins Auge springen, an Zäunen und Wänden kleben. Und seine Nachricht muss das Plakat in einem Zug sagen, ohne herumzukauen, ohne nachzudenken."

Zit. nach: W. Polonski: Russkij revoljucionnyj plakat. Moskau 1925, S. 5 (Übers.: Daniela Lvov)

Propagandaplakate haben die Aufgabe, die Betrachtenden vom Standpunkt ihres Auftraggebers zu überzeugen. Bei der Analyse sollten daher folgende Aspekte berücksichtigt werden:

1. Formale Beschreibung

- Wann und in wessen Auftrag ist das Plakat entstanden?
- Wo und in welchem Umfang wurde es verbreitet?
- Wer ist der Auftraggeber, wer der Gestalter?
- An wen richtet sich das Plakat?

2. Untersuchung und Deutung von Motiv und Inhalt

- Wer oder was ist abgebildet?
- Welches Motiv dient als Eyecatcher, der die Aufmerksamkeit fesseln soll?
- Inwiefern lenken Schriftarten/-größen die Aufmerksamkeit der Betrachtenden?
- Von wem stammen Texte, Zitate? Was wird darin ausgesagt?
- Welche Symbole wurden verwendet?
- Inwiefern trägt die Komposition, also die Anordnung von Bildelementen, zur Wirkung des Plakates bei? (Z. B.: Was tritt in den Vordergrund? Wie und wo wurden beispielsweise aufsteigende oder abfallende Linien eingesetzt?)
- Welche Farben dominieren, wie wirken sie?

Da die Gestaltungsabsicht herausgearbeitet werden soll, ist es wichtig, nicht nur verwendete bildsprachliche Mittel zu benennen, sondern ihre Wirkung und Funktion zu erfassen. Ein Beispiel:
Vorherrschend in der formalen Gestaltung sind aufsteigende Diagonalen, sowohl beim Bildelement (Lokomotiven) als auch beim Textelement in der Mitte (Lenin-Zitat), welches das Bildelement von den Diagrammen abgrenzt, vor allem aber in den Diagrammen selbst, in denen die rote, sowjetische Kurve steil nach oben führt. Dadurch wird eine sehr dynamische Gesamtwirkung erzielt.

3. Erklären im historischen Kontext

- In welchem politischen/wirtschaftlichen/kulturellen Kontext ist das Plakat entstanden?
- Welche Wirkungsabsicht wurde mit dem Plakat verfolgt? Welche Funktion hatte es?

Um das vergangene Geschehen schriftlich darzustellen, verwende ich das Präteritum. Ein Beispiel:
Das Plakat wurde im Jahr 1929 veröffentlicht, also ein Jahr nach Inkrafttreten des ersten Fünfjahrplanes. Da zu diesem Zeitpunkt noch keine Resultate vorliegen konnten, handelt es sich bei den Darstellungen der Überlegenheit der sowjetischen Wirtschaft um die Visualisierung von Zielvorstellungen. Die extrem steigenden Kurven, die Dynamik der Bildmotive und vor allem das optimistische Zitat Stalins zielen darauf, die Akzeptanz des Fünfjahrplans in der Bevölkerung zu stärken.

4. Formulieren eines Fazits

Die Wirkung des Plakats sowie die Art und Weise, wie diese erreicht wurde, wird in einem abschließenden Fazit festgehalten.

Kann man Loyalität erzwingen?

Gulag und Samisdat

M 1 Zeichnung aus dem Skizzenbuch einer in einem sowjetischen Arbeitslager inhaftierten, namentlich nicht bekannten Frau, entstanden nach 1945

1. Formulieren Sie Fragen an die Zeichnerin, die hier eine Szene aus Ihrer Haftzeit im Arbeitslager dargestellt hat.

Gulag – ein Lagersystem entsteht

Die bolschewistische Revolution verfolgte das Ziel, die Gesellschaft radikal umzubauen. Die ehemals privilegierten Schichten des Adels, des Bürgertums und der Großbauern sollten als soziale Klassen ganz verschwinden. Stattdessen wurde das Konzept der **Klassendiktatur**, der „Diktatur des Proletariats" (→ S. 195), ausgegeben. Als verdächtig galt bereits die familiäre Bindung an eine gesellschaftliche Elite des Zarenreiches, sie konnte zum Ausschluss von höheren Ausbildungen und Berufen führen. Dabei galt anfangs die Umerziehung von Menschen mit abweichenden Identitäten durchaus als Ziel. Erst später trat die Unterdrückung von tatsächlichen oder vermeintlichen „Klassengegnern" in den Vordergrund. Vor allem nach ihrem knappen Sieg im Bürgerkrieg verlangten die Bolschewiki unbedingte Loyalität.

Gegen Personen, die der Opposition oder des Abweichens verdächtig waren, denen also ein **„Loyalitätsdefizit"** unterstellt wurde, setzten die Bolschewiki zunehmend Maßnahmen des **Terrors** ein – man sprach von „Repression". Eine Maßnahme bestand in der **Deportation** Verdächtiger. So wurde 1923 wurde auf den Solowezker Inseln im Weißen Meer ein Lager für politische Häftlinge errichtet, 1930 in „Besserungsarbeitslager" umbenannt. Dort nahm die Idee Gestalt an, die Lager durch Zwangsarbeit rentabel zu machen. Bis zu 200 Lagerkomplexe entstanden, meist im Umfeld der Großbaustellen: der **Gulag**. Auch wenn Zwangsarbeit weniger produktiv als freie Arbeit war, konnte dies durch die hohe Zahl der Inhaftierten kompensiert werden: Bis zu 2,5 Mio. Menschen wurden gleichzeitig eingesetzt. Andere Formen der „Repression" waren Verbannung und Zwangsansiedlung der als „Kulaken" deportierten Bauern in „Sondersiedlungen", welche die Deportierten oft erst in der Wildnis aufbauen mussten. Nach Stalins Tod 1953 wurden die meisten Lager geschlossen, aber bis zu den Reformen Gorbatschows 1985 kurz vor dem Ende der Sowjetunion dauerten Zensur und politische Haftmaßnahmen gegen Andersdenkende an.

Auch innerhalb der Partei kam es zu Verfolgungen: Abweichungen von der von Stalin festgelegten Parteilinie wurden zu politischen Verbrechen erklärt. Stalin ließ Konkurrenten und Gegner in öffentlichen **Schauprozessen** zum Tode aburteilen (→ S. 286 ff.).

Zur Verschärfung des „Klassenkampfes" und zur Abschreckung „äußerer Feinde" unterzeichneten Stalin und das Politbüro der KPdSU 1938 den Befehl Nr. 00447. Er enthielt summarische Vorgaben für die Erschießung (Kategorie I) und Lagerhaft (Kategorie II) von „antisowjetischen Elementen" in allen Regionen des Landes. Dreiköpfige Sondergerichte (Troikas) mussten die vorgegebenen Planzahlen erfüllen. Aus vielen Regionen kamen Rückfragen, ob man die Zahlen erhöhen dürfe. Jetzt galt: Mängel im Sowjetsystem konnten nur von „Volksfeinden" böswillig verursacht sein. Die Leichname der Erschossenen wurden notdürftig verscharrt, die Lagerinsassen mussten rechtlos Zwangsarbeit verrichten.

Loyalität: treue Einstellung gegenüber einer Person, Gruppe, Institution, Idee

Gulag: Der Begriff bezeichnet sowohl das Netz der Straf- und Arbeitslager in der Sowjetunion als auch deren Verwaltung.

KSZE: Die von den teilnehmenden Staaten, auch der UdSSR, unterzeichnete Schlussakte der Konferenz enthielt einen Passus zur „universellen Bedeutung" der Menschenrechte, auf den sich Oppositionelle bei der Forderung nach Freiheitensrechten bezogen.

Kritik und Menschenrechtsdiskurs

Viele sowjetische Intellektuelle wurden zu Dissidenten, zu Kritikern des Sowjetsystems. Aus den Lagern schmuggelten sie Zeichnungen und Tagebücher heraus, und unter den Bedingungen der Zensur tippten sie Dokumentationen und faktenreiche Romane mit fünf, sechs Durchschlägen, die in vertrauten Kreisen zirkulierten. Manche dieser geheimen Texte aus solch einem „Samisdat" – einem Selbstverlag – sollten die Leser selbst vervielfältigen, um sie zu verbreiten. Aus den Kreisen dieser Oppositionellen gingen berühmte Schriftsteller und Menschenrechtsaktivisten hervor – etwa Alexander Isajewitsch Solschenizyn, Andrei Dmitrijewitsch Sacharow oder Lew Kopelew. Zahlreiche Texte oppositioneller Intellektueller wurden in freien Ländern gedruckt und in die UdSSR geschmuggelt. In solchen Fällen sprach man von „Tamisdat", „Dort-Verlag".

Propaganda und Terror konnten den Wunsch vieler Menschen nach Grundrechten, Sicherheit und Solidarität mit den Verfolgten nicht auf Dauer unterdrücken. In der „Tauwetterperiode" unter dem Regierungschef Chruschtschow 1953–64 konnte Solschenizyns Roman „Ein Tag im Leben des Iwan Denissowitsch" 1962 in der Sowjetunion das Leid der Lagerhäftlinge ins Licht der Öffentlichkeit rücken. Kritische Historiker wie Roy Medwedew beurteilten nach Stalins Tod seine gefährlichen Mängel als Feldherr. Der Physiker Sacharow berief sich auf die Menschenrechtspolitik der KSZE, der Konferenz für Sicherheit und Zusammenarbeit in Europa von 1975.

M3 Bekannte Dissidenten/innen der UdSSR:

- Lew Kopelew und Raissa Orlowa-Kopelew
- Alexander Solschenizyn
- Andrej Sacharow und Jelena Bonner
- Roy Medwedew
- Sergej Kowaljow
- Wladimir Bukowski
- Irina Scherbakowa

M2 Herrschaft durch Zwang und Terror. Verhaftungswellen 1917–1953

			verfolgte Gruppen (neue Verfolgungswellen fett/orange gedruckt: **x**)						
Zeitraum	Ziele	Haftorte und Häftlingszahlen	Funktionäre des Zarenreichs	Konkurrenzparteien	„Klassenfeinde" (u. a. Bürger, Adlige)	linke Gegner der Bolschewiki	„Kulaken",	„Volksfeinde"	Aktivisten nationaler Gruppem
1917 bis 1923	Einsatz im Bürgerkrieg, dann Umerziehung	Erschießungsplätze, Gefängnisse, 1919 erste Konzentrationslager	**x**	**x**	**x**				
1923 bis 1928	Umerziehung/ „Besserung" durch Arbeit	frühe Arbeitslager, 1923: „nördliche Lager zur besonderen Verwendung" (SLON), Lagerfinanzierung durch Häftlingsarbeit	x	x	x	**x**			
1928–1935	Umerziehung, billige Arbeitskräfte für Kollektivierung, Industrialisierung gewinnen	Holzfällung für den Export, Ostsee-Weißmeer-Kanal, Magnitogorsk, Workuta (Kohle), Norilsk (Nickel), Kolyma (Gold), Moskau-Wolga-Kanal. 1928: ca. 30 000 Häftlinge, 1930: ca. 300 000 Häftlinge, 1934: ca. 1 Mio. Häftlinge	x	x	x	x	**x**		
1936 bis 1938	„Großer Terror" gegen „Volksfeinde", geheime Lager	überfüllte Lager durch Massenverhaftungen, härteres Haftregime, steigende Todesrate, Massenerschießungen	x	x	x	**x**	x	**x**	
1938 bis 1953	ökonomische Ziele	neue Infrastrukturprojekte, 1945: ca. 1,5 Mio Häftlinge 1953: ca. 2,5 Mio Häftlinge	x	x	x	x	x	x	**x**

Zusammengest. nach: Jörg Ganzenmüller: Gulag und Konzentrationslager. Sowjetische und deutsche Lagersysteme im Vergleich. In: Julia Landau u. a. (Hgg.): Gulag. Texte und Dokumente 1929–1956. Göttingen 2014, S. 50–58

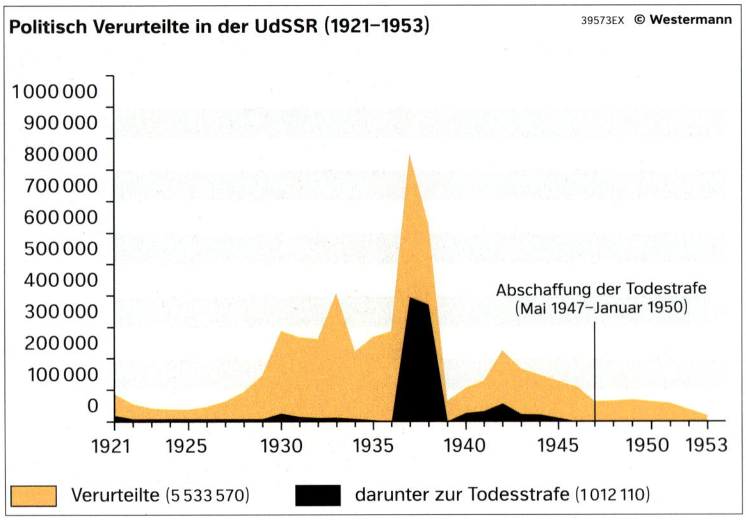

M 4 Politisch Verurteilte in der UdSSR, 1921–1953. Die Fluktuation der Häftlinge war groß: Von 1921 bis 1953 erlitten nach Schätzungen 20 Mio. Sowjetbürger Lagerhaft.

Erstellt nach: Volkhard Knigge/Irina Scherbakowa (Hgg.): Gulag. Spuren und Zeugnisse 1929 bis 1956 (Ausstellungskatalog), Göttingen 2012, S. 137

M 5 Loyalität und „Loyalitätsdefizit"

Der Historiker Volker Zimmermann beschreibt verschiedene Fragestellung der Geschichtsforschung zur Entstehung von Zwang und Terror, von Kollaboration und Widerstand:

Der weit verbreiteten Vorstellung von Diktaturen mit totalitärem Anspruch zufolge basiert das gesellschaftliche Leben in solchen Systemen in erster Linie auf Zwang und Anpassung. Aus dieser Sicht kann von Loyalität nur im Sinne einer erzwungenen Haltung gesprochen werden, die ausschließlich auf Kontrolle und Repression beruht. Das Regime, die Herrschaft, auf der einen Seite und die Beherrschten, die Gesellschaft, auf der anderen stünden demnach in einem dauerhaften und alle Bereiche gleichermaßen durchziehenden Gegensatz zueinander. Wenn somit Repression lange das Forschungsinteresse [der Historiker] dominierte, geriet – gewissermaßen automatisch – die Gesellschaft zunächst vor allem über Formen der Opposition und des widerständigen Verhaltens in das Blickfeld: An dieser Stelle setzt „Loyalität" als Forschungskonzept an, um Mechanismen der Herrschaftserrichtung und -stabilisierung zu identifizieren.

Zit. nach: Volker Zimmermann u. a. (Hgg.): Loyalitäten im Staatssozialismus. DDR – Tschechoslowakei – Polen, Marburg 2010, S. 7 f.

M 6 Im Lager

Alexander Solschenizyn wurde 1945 als Frontsoldat verhaftet, weil er Stalin in einem Brief kritisiert hatte. In einem historisch-dokumentarischen Roman stellte er einen typische Szene des Lagerlebens dar, die den Gefangenen Schuchow trifft:

In diesem Augenblick riss ihm eine offiziell dazu befugte Hand Weste und Decke vom Körper. „S-854!" las Tatarin vom weißen Lappen auf dem Rücken der schwarzen Wattejacke ab. „Drei Tage Bunker mit Arbeit!" Kaum hatte er mit seiner merkwürdig gepressten Stimme zu sprechen begonnen, da wurde es in der halbdunklen, nur von wenigen Glühbirnen beleuchteten Baracke, wo auf fünfzig verwanzten zweistöckigen Doppelpritschen zweihundert Mann schliefen, lebendig, und alle, die noch nicht aufgestanden waren, zogen sich hastig an. „Wofür, Bürger Natschalnik [Chef]?" fragte Schuchow und ließ seine Stimme kläglicher klingen, als er sich fühlte. Bunker mit Arbeit ist halb so schlimm, man bekommt warmes Essen und hat keine Zeit zum Grübeln. Bunker ohne Arbeit – das ist Strafe. „Nach dem Wecken liegengeblieben. Los, in die Kommandantur", sagte Tatarin träge.

Alexander Solschenizyn: „Ein Tag im Leben des Iwan Denissowitsch" (übers. v. Christoph Meng), in: Ders.: Im Interesse der Sache. Erzählungen, Neuwied/Berlin 1970, S. 6

M 7 Spionomanie

Der sowjetische Historiker und Dissident Roj Medwedew (1925*) deckte schonungslos die „Massenbeteiligung an den Repressalien" auf:

Zu den abstoßendsten Zügen der Repressalien der Dreißigerjahre gehört die Tatsache, dass die Massen, die der Partei und Stalin vertrauten, mit hineingezogen wurden. Hunderttausende einfacher und im Grunde redlicher Menschen ließen sich aus besten Motiven von der Kampagne gegen die „Feinde des Volkes" irreleiten. Millionen wurden vom Misstrauen vergiftet. Sie glaubten Stalins Legende vom allgegenwärtigen Feind, der im Untergrund arbeitete, und wurden von der Spionomanie angesteckt. Die Kampagne gegen „Feinde" und „Saboteure" nahm Massencharakter an [...].

Die zentralen Zeitungen heizten diese Massenpsychose mit besonderem Eifer an. „Feinde des Volkes" wurden überall gesucht. Die „Prawda" erklärte: „Keine Unordnung, kein Zwischenfall darf unbemerkt bleiben. Wir wissen, dass Montagebänder nicht von selbst stehenbleiben, Maschinen nicht von selbst defekt werden, Kessel nicht von selbst explodieren. Jemandes Hand wirkt hinter jedem dieser Zwischenfälle. Ist es die Hand des Feindes? Das ist die erste Frage, die wir in solchen Fällen stellen müssen."

Roj Alexandrovic Medwedew: Das Urteil der Geschichte Bd. 3 (übers. v. Helmut Ettinger), Berlin 1992, S. 102f.

M 8 Auf den Ruinen des Totalitarismus

Die Dissidentin Jelena Bonner (1923–2011), verheiratet mit Andrej Sacharow, blickte im Jahr 2000 in ihrer Rede bei einer Preisverleihung zurück:

Wir lebten in einer Atmosphäre totaler Angst, wir wuchsen in sie hinein und begriffen es häufig gar nicht. Von den dreiundzwanzig Schülern in meiner Klasse erlebten elf, wie ihre Eltern verhaftet wurden. „Terror ist das wahre Wesen dieser Führungsform der Gesellschaft", schrieb [die deutsch-jüdische Philosophin] Hannah Arendt über den Totalitarismus. Stalins Tod und der Zusammenbruch des Totalitarismus brachten die Angst nicht zum Verschwinden. [...] Unsere Gesellschaft blieb ohne eine eigene konsistente Weltanschauung. Ich spreche hier nicht von der Staatsideologie, die es heute zum Glück nicht mehr gibt, sondern davon, dass wir keine moralischen Kriterien hatten und nicht in der Lage waren, Wahrheit von Lüge und letztlich das Gute vom Bösen zu unterscheiden. Und nur wenige Einzelne, Menschen mit einem starken intellektuellen und moralischen Potential wie Andrej Sacharow, konnten eine eigene Weltanschauung im klassischen Sinn oder zumindest so etwas wie ein kosmologisch umfassendes, humanistisches Bild von der Welt entwickeln und sich prinzipiell von der Lüge distanzieren.

Jelena Bonner: „Auf den Ruinen des Totalitarismus" (übers. v. Matthias Neumann); in: Festschrift zur Verleihung des Hannah-Arendt-Preises für politisches Denken, Bremen 2000

M 9 Andrej Sacharow (1921–1989)

Andrej Sacharow und seine Ehefrau Jelena Bonner im Jahr 1988

- **1953:** ... wird als Atomphysiker zum „Vater der sowjetischen Wasserstoffbombe". Sie führt zu nuklearem Gleichgewicht zwischen den USA und der UdSSR.
- **1955:** ... kritisiert erstmals das weltweit steigende Strahlungsrisiko durch Atomwaffenversuche.
- **1968:** ... verurteilt die sowjetische Niederschlagung des „Prager Frühlings".
- **1970:** ... ist Mitbegründer des Moskauer „Komitees zur Durchsetzung der Menschenrechte".
- **1971:** ... protestiert gegen die Einweisung von Regimegegnern in psychiatrische Anstalten.
- **1974:** ... informiert Journalisten über einen Hungerstreik inhaftierter Dissidenten.
- **1975:** ... erhält den Friedensnobelpreis. Die Sowjetregierung verbietet jedoch die Reise zur Preisverleihung in Oslo. Jelena Bonner nimmt den Preis entgegen.
- **1980:** ... protestiert gegen den Einmarsch der UdSSR in Afghanistan und wird daraufhin nach Gorki verbannt.
  Das „Norwegische Helsinki-Komitee" stiftet den Andrej-Sacharow-Freiheitspreis.
- **1986:** Präsident Gorbatschow hebt die Verbannung Sacharows auf.
- **1988:** ... wird in die Leitung der Sowjetischen Akademie der Wissenschaften aufgenommen.
  Das Europäische Parlament stiftet den „Sacharow-Preis für geistige Freiheit" (auch „EU-Menschenrechtspreis" genannt).
- **1989:** ... wird Gründungsvorsitzender der russischen Menschenrechtsorganisation „Memorial" zur Aufarbeitung der Geschichte der Repression.

2. Stellen Sie die Entwicklung der Repression in der UdSSR mithilfe des Darstellungstextes sowie M 1, M 2 und M 4 dar. Sie können dies in einem Kurzvortrag tun.

3. Arbeiten Sie aus M 5 heraus, inwiefern die zwei Fragestellungen, die der Historiker Volker Zimmermann vorstellt, zu verschiedenen Geschichtsdarstellungen führen. Nehmen Sie den Text von Medwedew (M 7) zu Hilfe.

4. Recherchieren Sie die Biografie eines Dissidenten oder einer Dissidentin (M 3) und präsentieren Sie diese (z. B. mit einer Präsentationssoftware oder einem Podcast).

5. Sollten kritische Darstellungen zur eigenen Nationalgeschichte als „Nestbeschmutzung" verschwiegen werden? Nehmen Sie auf der Basis von M 6–M 8 begründet Stellung.

Die Justiz – ein Mittel der Politik?

Schauprozesse gegen politische Konkurrenten

M 1 Im Auftrag des sowjetischen Innenministeriums 1937 verbreitetes Plakat. Der Slogan lautet: „Wir löschen die Spione und Saboteure aus, die trotzkistisch-bucharinistischen Agenten des Faschismus!"

1. a) Beschreiben und interpretieren Sie M 1.
   b) Formulieren Sie ausgehend von Ihrem Ergebnis Fragen an das Kapitel.

Innere Feinde?

Eine „Parteilinie" ohne abweichende Meinungen wurde seit den Tagen der Oktoberrevolution immer mehr zum Politikstil der KPdSU. Kritische Standpunkte wurden nicht demokratisch diskutiert, sondern ihre Vertreter entmachtet oder ausgewiesen. So erging es etwa Leo Trotzki (→ S. 266 f.), den das Politbüro der KPdSU am 18. Januar 1929 aus der UdSSR verbannte. Dies sollte eine Spaltung der Partei verhindern.

Nach Lenins Tod 1924 war es Stalin gelungen, auf höchster Ebene der KPdSU die einflussreichsten Parteimitglieder im Ringen um die künftige Parteilinie gegeneinander auszuspielen und zu entmachten. Doch Stalin ging noch weiter: Auf der Grundlage einer Neuordnung des Justizwesens vereinte er die Macht über die drei Gewalten der Legislative, Judikative und Exekutive in seiner Hand. Anschließend ließ er seine Gegner anklagen und hinrichten.

Tribunal: ursprünglich in der Römischen Republik der Sitz des Volkstribuns. Später werden meist politische Sondergerichte als Tribunale bezeichnet.

Aufbau einer politischen Justiz

1918 hatten revolutionäre Tribunale unter dem Vorsitz von Laienrichtern die Gerichte der Zarenzeit abgelöst, danach wurde wieder ein Gerichtswesen mit lokalen, regionalen und Obergerichten eingesetzt. Ein Verurteilter hatte zwar kein Recht auf Berufung, aber ein Urteil konnte von einem übergeordneten Gericht aufgehoben werden. Als es infolge der Zwangskollektivierung und der überhasteten Industrieplanung zu Spannungen und Attentaten von Jungkommunisten gegen Parteifunktionäre kam, schuf Stalin eine Reihe zentraler Institutionen: 1933 errichtete er das „Büro der Staatsanwaltschaft der UdSSR", das sein getreuer Gefolgsmann Andrej J. Wyschinski leitete. Eine „Säuberungskommission" unter Stalins Gefolgsmann Nikolai I. Jeschow sollte „unzuverlässige Elemente" aus der KPdSU entfernen. Im Mai 1934 wurden die Geheimpolizei GPU und die Lagerverwaltung Gulag in das NKWD, das Innenministerium, eingegliedert, unter der Leitung von Heinrich Jagoda. Zwei Monate später erhielt das NKWD das Recht, Sondergerichte einzusetzen, die in Geheimverfahren ohne Berufungsmöglichkeit Urteile fällen durften. Und der Artikel 58 des Strafgesetzbuches, der politische Straftatbestände enthielt, wurde um das Recht erweitert, „Familienmitglieder von Volksfeinden" zu verfolgen. Die Beziehungen zwischen Exekutive (Regierung) und Judikative (Rechtsprechung) waren damit grundlegend verändert worden.

M2 (oben) Stalin mit Nikolai Jeschow im April 1937 bei der Einweihung des Moskwa-Wolga-Kanals. Jeschow war von 1936–1938 Leiter der Geheimpolizei. Am 4. Februar 1940 wurde er nach Prozess erschossen. Anschließend wurde eine retuschierte Fassung des Fotos angefertigt und in der UdSSR in Umlauf gebracht.

M3 Die Ziele der Schauprozesse deuten: Thesen von Historikern

a) Theo Pirker, 1963:

Die „Moskauer Prozesse“ hatten [...] die Aufgabe, das Land in Schrecken zu versetzen vor der terroristischen Allmacht des Despoten und die Menschen zu den fürchterlichsten Formen des Verhaltens zu bewegen. Von „vertraulichen Berichten“ [über Freunde und Kollegen] über [...] die „Selbstkritik“ bis zu den „Selbstbezichtigungen“ in Schauprozessen zieht sich wie ein roter Faden das Prinzip der Entindividualisierung.

Theo Pirker (Hg.): Die Moskauer Schauprozesse 1936–38. München 1963, S. 71

b) Manfred Hildermeier, 2017:

[Der] terroristische Impuls auf der lokalen Ebene [hat] eine Art von Eigendynamik entfaltet. [...] Eine ganze Organisation, die in Gang gesetzt wurde, um „Gegner“ zur Strecke zu bringen, konnte gar nicht anders, als „Gegner“ zu entdecken. [...] In diesem Sinne verwandelte sich die ideologisch erzeugte Vorstellung von einer „allgegenwärtigen Konspiration“ in beklemmende Realität. Dabei halfen persönliche Motive, [...] alte Rechnungen zu begleichen. [...] Jeder sowjetische Provinzfürst und manch untergeordneter Intrigant konnte letztlich jeden ans Messer liefern, den er aus dem Weg schaffen wollte. [...] Dabei liegt auf der Hand, dass mehrere Motive zusammenkamen.

Manfred Hildermeier: Geschichte der Sowjetunion 1917–1991, München [2]2017, S. 478 f. (bearb.)

Drei Moskauer Schauprozesse: Warum?

Nachdem im Dezember 1934 ein Gefolgsmann Stalins einem Attentat zum Opfer gefallen war, setzte eine Phase großer „Säuberungen“ ein: Von 1936 bis 1938 fanden in Moskau drei öffentliche **Schauprozesse** statt. 54 der anerkanntesten Bolschewiki der ersten Stunde wurden als Saboteure, Verräter und Verschwörer gegen den Sowjetstaat angeklagt. Die Anklageschriften waren fantasievolle Inszenierungen des Staatsanwalts Wyschinski, die einzigen Schuldbeweise Geständnisse, unter Folter und Androhung von Sippenhaft erzwungen. Welche Ziele verfolgte Stalin mit den medienwirksam arrangierten Prozessen? Welche Umstände bewogen die Angeklagten zu ihren erfundenen, selbstverleugnenden Bekenntnissen? Welche Wirkung hatten die Schauprozesse auf Zeitgenossen in der UdSSR?

2. a) Erklären Sie die Auswirkungen des Zwanges zur Orientierung an einer einheitlichen Parteilinie auf der Basis des Darstellungstextes.
b) Arbeiten Sie die Entwicklungen um die Beziehungen zwischen Exekutive, Judikative und Legislative heraus.

3. Überprüfen Sie die Deutungen des Terrors durch die Historiker Pirker und Hildermeier (M 3):
a) Formulieren Sie die Thesen Pirkers und Hildermeiers in eigenen Worten.
b) Tragen Sie Belege für die Thesen zusammen. Nutzen Sie dafür die Seiten 278 (ab Z. 27), 282, 284 (M 7), 288 (M 8).
c) Vergleichen Sie die Argumentationen von Pirker und Hildermeier.

M 4 Entspannte Politbüromitglieder? Foto, um 1927. In den Moskauer Prozessen der Jahre 1936–38 ließ Stalin u.a. Rykow, Sinowjew und Bucharin (v.l.n.r.) zum Tode verurteilen.

M 5 Generalstaatsanwalt Wyschinski verliest die Anklageschrift. Über die Schauprozesse wurde in allen Medien – Presse, Film, Radio – breit berichtet.

M 6 Der Dritte Moskauer Prozess

Vom 2. bis 13. März 1938 fand vor dem Militärkollegium des Obersten Gerichtshofes der UdSSR der dritte der Moskauer Schauprozesse statt. Unter den 21 Angeklagten waren die auf M 4 abgebildeten Politbüromitglieder Rykow, Sinowjew und Bucharin sowie Heinrich Jagoda, ehemaliger Leiter des NKWD.

a) Der folgende Ausschnitt aus dem Prozessbericht der „Strafsache des antisowjetischen ‚Blocks der Rechten und Trotzkisten'" klagt sie an:

[...] des Vaterlandsverrats, der Spionage, des Diversantentums [Abweichung von der Parteilinie], des Terrors, der Schädlingsarbeit, der Untergrabung der Militärmacht der UdSSR, der Provozierung eines militärischen Überfalls auswärtiger Staaten auf die UdSSR, das heißt wegen Verbrechen, die unter die §§ 58-1a, 58-2, 58-7, 58-8, 58-9, 58-11 des Strafgesetzbuches der RSFSR fallen.

[Die 21 Angeklagten bildeten] eine Verschwörergruppe unter dem Namen „Block der Rechten und Trotzkisten", die sich zum Ziele setzte, Spionage zugunsten auswärtiger Staaten, Schädlingstätigkeit, Diversionen, Terrorakte, Untergrabung der Wehrkraft der UdSSR, [...] endlich Sturz der in der UdSSR bestehenden sozialistischen Gesellschafts- und Staatsordnung und Wiederherstellung des Kapitalismus und der Macht der Bourgeoisie in der UdSSR [herbeizuführen].

Übers. zit. nach: Theo Pirker (Hg.): Die Moskauer Schauprozesse 1936–38. München 1963, S. 207

b) Nikolai Bucharin, sah sich durch die Androhung von Folter und Sippenhaft für seine Frau zu Geständnissen gezwungen, aber er wandte bei seinem Verhör eine besondere Taktik an.

Ich bekenne mich sowohl in politischer wie in juristischer Hinsicht für die defätistische Orientierung verantwortlich, denn sie herrschte im „Block der Rechten und Trotzkisten", obwohl ich betone: persönlich stand ich nicht auf dieser Position [...]. Ich betrachte mich ferner sowohl politisch als auch juristisch für die Schädlingstätigkeit verantwortlich, obwohl ich persönlich mich nicht erinnern kann, dass ich Direktiven über Schädlingstätigkeit gegeben hätte. [...] Indessen stellt mich der Bürger Staatlicher Ankläger [Generalstaatsanwalt Wyschinski] in der Rolle eines Leiters der Schädlingstätigkeit dar [...]. Wie kann man behaupten, dass der Block im Auftrage des faschistischen Spionagedienstes organisiert wurde? Und das eben im Jahre 1928! Übrigens wurde ich damals beinahe von einem Agenten der polnischen Defensive getötet, was allen, die der Parteiführung nahestanden, ausgezeichnet bekannt ist.

Übers. zit. nach: ebd., S. 228 f.

M 7 Anna Bucharina (1914 bis 1996). Als Ehefrau Bucharins wurde sie 1937 in Sippenhaft genommen und verbrachte zwanzig Jahre in Haft, Arbeitslagern und Verbannung. 1989 erschien ihre Autobiografie, auch in deutscher Übersetzung. Das Foto entstand kurz vorher auf der Biennale in Venedig, wo ein ihr gewidmeter Film im Wettbewerb lief.

M 8 „Ich scheide aus dem Leben"

Das folgende Brieftestament ihres Mannes lernte Anna Bucharina wenige Tage vor dessen Verhaftung auswendig. Sie publizierte es 1988 in ihrer Autobiografie, also fünfzig Jahre nach der Hinrichtung Nikolai Bucharins, anlässlich seiner Rehabilitierung:

Ich scheide aus dem Leben. Ich neige mein Haupt nicht der proletarischen Streitaxt, der es gebührt, unerbittlich, aber auch moralisch rein zu sein. Ich spüre meine Ohnmacht vor einer Höllenmaschinerie, die, vermutlich unter Anwendung mittelalterlicher Methoden, [...] organisierte Verleumdung fabriziert. [...] Jedes Parteimitglied können diese „wundertätigen" Organe zu Staub zermahlen, zu einem Saboteur und Spion machen. [...] An alle Parteimitglieder appelliere ich! In diesen möglicherweise letzten Tagen meines Lebens bin ich überzeugt, dass die Geschichte den Schmutz von meinem Haupte spülen wird. Ich war nie ein Verräter. Um Lenin zu schützen, hätte ich ohne Zögern mein Leben gegeben. [...] Ich bitte die neue, junge und ehrliche Generation von Parteiführern, meinen Brief vor der Vollversammlung des ZK zu verlesen, mich zu rehabilitieren und wieder in die Partei aufzunehmen. Wisset, Genossen, dass auf dem Banner, welches Ihr in siegreichem Zug zum Kommunismus tragt, auch mein Blutstropfen ist!

Zit. nach: Anna Larina-Bucharina: Nun bin ich schon weit über zwanzig (übers. v. Eva Rönnau), Göttingen 1989, S. 428

M 9 Nikolai I. Bucharin (1888–1938)

- Parteitheoretiker, mit Lenin Herausgeber der „Prawda",
- 1905 und 1917 aktiver Revolutionär,
- seit 1918 im Zentralkomitee der KPdSU,
- von 1924 bis 1929 Mitglied des Politbüros,
- von 1926 bis 1929 Vorsitzender der Komintern, wo er sich für die NÖP einsetzte,
- übte 1929 Kritik an der Zwangskollektivierung und wurde in der Folge als „Rechtsabweichler" aus der Partei ausgeschlossen,
- 1934 erfolgte die Wiederaufnahme in die Partei,
- 1937 erneute Verhaftung,
- 1938 Angeklagter im Dritten Moskauer Schauprozess (2.–13. März), zum Tode verurteilt,
- 15. März 1938: Erschießung.

1988 erreicht Anna Bucharina die posthume Rehabilitierung ihres Mannes; das Urteil von 1938 wird aufgehoben.

4. Analysieren Sie auf der Basis des Darstellungstextes, M 6 a) und M 8 angebliche und vermutliche Ursachen für die Verfolgung Bucharins.

5. Charakterisieren Sie mithilfe von M 6 b) Bucharins Verteidigungstaktik. Welche Gefühle könnte er gehabt haben?

6. Gestalten Sie mit Bezug auf alle Materialien dieses Teilkapitels eine Reportage zu dem Prozess um Bucharin aus Anlass seiner Rehabilitierung 1988. Dazu können Sie auf verschiedene Formate zurückgreifen, wie etwa Podcast, fiktive Interviews mit historischen Personen, Zeitungsbericht o. Ä. (→ Hinweise auf S. 408).

Wer beherrscht das Individuum?

Propaganda und Personenkult

M 1 Diese Lenin-Statue war ein Gemeinschaftswerk dreier angesehener sowjetischer Bildhauer. Sie wurde in den 1920er-Jahren im damaligen Leningrad enthüllt.

M 2 Die monumentale Stalin-Statue des Bildhauers Sergej Merkurow wurde 1937 an der Einfahrt des Moskwa-Wolga-Kanals errichtet.

1. Stellen Sie sich vor, im Moskau der 1930er-Jahre überall Plakaten und Monumentalplastiken wie M 1–M 4 zu begegnen. Wie hätten diese wohl auf Sie gewirkt?

Botschaften und Wirkungen

Der revolutionäre Umbau der Gesellschaft erfüllte viele Menschen mit Hoffnungen auf die zukünftige sozialistische Gesellschaft – aber die harten politischen Maßnahmen gegen ganze Bevölkerungsschichten wie Bauern, Bürger und „Abweichler“ sowie der stagnierende Lebensstandard konnten Zweifel und Kritik wecken. Dagegen setzte die Regierung Stalins zwei Mittel ein: Einschüchterung durch Gewalt gegen sogenannte Volksfeinde und die Verbreitung einfacher, klarer Botschaften mit den Methoden von Agitation und **Propaganda**.

Seit den 1930er-Jahren füllten Plakate, Bilder und Figuren von Stalin und Lenin den öffentlichen Raum und wurden somit zum Bestandteil der **Massenkultur**, also der Gegenstände des Alltags, die alle Menschen erreichen – auf Straßen und Plätzen, in Amtsstuben und Schulen. Die Verehrung beider prägte mehr und mehr das kulturelle Leben. Seit seinem 50. Geburtstag 1929 ließ sich Stalin ehrenvoll als „Woschd“ (russisch: вождь, deutsch: Führer) bezeichnen, und in Gedichten, Liedern und öffentlichen Feiern entstand ein **Personenkult** um ihn. Für das offene, kritische Streitgespräch war dagegen kein Platz mehr. Angebliche Verräter wurden aus öffentlichen Darstellungen wortwörtlich herausgeschnitten, um den Massen der Bevölkerung ein harmonisches Weltbild zu vermitteln (→ M 2, S. 287). So wurde neben die Ebene der realen politischen Maßnahmen eine Ebene der politischen Symbole gestellt, um die Bevölkerung zur Loyalität gegenüber den Regierenden zu erziehen. Agitationsplakate und Reden sollten besonders dort wirken, wo der Analphabetismus in der einfachen Bevölkerung noch verbreitet war. Schriftliche Erläuterungen der leninistischen und stalinistischen Ideologie sowie der tagesaktuellen Politik wurden dagegen – vor allem für Parteimitglieder – durch propagandistische Publikationen und in Parteischulen vermittelt.

M3 „Lang lebe unser glückliches, sozialistisches Land! Lang lebe unser geliebter Führer, der große Stalin!" – Plakat von Gustav Klutsis, 1935. Auf der Tribüne des Lenin-Mausoleums stehen Stalin und Verteidigungsminister Woroschilow; auf den Tragflächen ist u.a. zu lesen: Wladimir Lenin, Josef Stalin, Maxim Gorki, Michail Kalinin.

M4 „Stalins Güte erhellt die Zukunft unserer Kinder!"– Plakat von Irakli Moissejewitsch Toidse, 1947. Es wurde – anders als frühere Plakate z. B. von Gustav Klutsis – im Stil des Sozialistischen Realismus gestaltet.

M5 Agitation und Propaganda

Lenin erläuterte in den Jahren 1901 und 1902 die Aufgaben von „Agitation" und „Propaganda":

a) Der Propagandist vermittelt viele Ideen an eine oder mehrere Personen, der Agitator aber vermittelt nur eine oder nur wenige Ideen, dafür aber vermittelt er sie einer ganzen Menge von Personen.

b) [So ist festzuhalten], dass der Propagandist zum Beispiel bei der Behandlung der Frage der Arbeitslosigkeit [deren] kapitalistische Natur erklären, die Ursache ihrer Unvermeidlichkeit in der modernen Gesellschaft aufzeigen [...] muss usw. Mit einem Wort, er muss „viele Ideen" vermitteln, so viele, dass alle diese Ideen in ihrer Gesamtheit und mit einem Male nur von (verhältnismäßig) wenigen Personen begriffen werden.
Der Agitator hingegen [...] wird das allen seinen Hörern bekannteste und krasseste Beispiel herausgreifen – z. B. den Hungertod einer arbeitslosen Familie [...] – und wird alle seine Bemühungen darauf richten, [...] der „Masse" eine Idee zu vermitteln: die Idee von der Sinnlosigkeit des Widerspruchs zwischen der Zunahme des Reichtums und der Zunahme des Elends, er wird bemüht sein, in der Masse Unzufriedenheit und Empörung über diese himmelschreiende Ungerechtigkeit zu wecken, während er die restlose Erklärung des Ursprungs dieses Widerspruches dem Propagandisten überlassen wird. Der Propagandist wirkt darum hauptsächlich durch das gedruckte, der Agitator – durch das gesprochene Wort.

Übers. zit. nach: Ana Nikolic: Propagandasprache im sowjetischen Plakat zur Zeit des ersten Fünfjahrplans, Universität Wien, Diplomarbeit 2012, S. 46; http://othes.univie.ac.at/20222/ (06.01.2021)

Der Sozialistische Realismus war eine propagandistische Kunstrichtung, die in der UdSSR unter Stalin eingeführt wurde. Durch naturnahe Gestaltung und weitgehenden Verzicht auf Abstraktion sollte sie das sozialistische Gesellschaftssystem auf optimistische und heroisierende Art vermitteln.

Stalins gesammelte Werke, herausgegeben im Staatsverlag für politische Literatur, Moskau, lagen 1946 vollständig in 13 Bänden vor.

M6 Hebel und Transmissionen

Stalin erklärte 1926 das System der Klassendiktatur des Proletariats:

Jetzt müssen wir über die Diktatur des Proletariats [...] vom Standpunkt der Rolle und Bedeutung jener „Transmissionen", „Hebel" und „lenkenden Kraft" sprechen, die in ihrer Gesamtheit das „System der Diktatur des Proletariats" (Lenin) ergeben, und mit deren Hilfe die alltägliche Arbeit der Diktatur des Proletariats geleistet wird.

Die Hebel oder Transmissionen – das sind jene Massenorganisationen des Proletariats, ohne deren Hilfe die Verwirklichung der Diktatur unmöglich ist.

Die lenkende Kraft – das ist die fortgeschrittenste Abteilung des Proletariats, seine Avantgarde, die die grundlegende führende Kraft der Diktatur des Proletariats ist.

Diese Organisationen hat das Proletariat nötig, weil es ohne sie in seinem Kampfe für den Sturz der Bourgeoisie, [...] in seinem Kampfe für den Aufbau des Sozialismus unweigerlich eine Niederlage erleiden würde. [...] Ohne diese Bedingungen [wäre] eine einigermaßen dauernde und feste Diktatur des Proletariats unmöglich. Was sind das für Organisationen? Es sind [...] die Gewerkschaften, [die] Genossenschaften, [der] Jugendverband, [...] die Partei des Proletariats, seine Avantgarde.

Zwischen den leitenden Weisungen der Partei und ihrer Umsetzung in die Tat liegen folglich der Wille und die Handlungen der Gefährten, der Wille und die Handlungen der Klasse, ihre Bereitschaft (oder Weigerung), solche Weisungen zu unterstützen.

Übers. zit. nach: Hans-Peter Gente (Hg.): Stalin. Zu den Fragen des Leninismus, eine Auswahl, Frankfurt/M. 1970, S. 135

M7 Eine Werkausgabe für Stalins Schriften?

→ **Vertiefungsmaterial für das Leistungsfach**

Emeljan Jaroslavskij (1878–1943) bewahrte als Mitglied des Zentralkomitees der KPdSU 1932/33 eine eigene Position gegenüber Stalin. Nach öffentlicher Kritik änderte er sein Verhalten, wie die Historikerin Sandra Dahlke darstellt:

Jaroslavskijs Auftritt auf der Moskauer Gebietskonferenz [der KPdSU 1934] kommt einem öffentlichen Bekenntnis gleich, in jeder krisenhaften Situation bedingungslos für Stalin einzustehen. Dieses Versprechen enthielt nicht nur einen Verzicht auf das Recht, eigenständige politische Positionen zu vertreten, sondern auch eine vollständige Abgabe jeglicher Form persönlicher Verantwortung. Jaroslavskijs Vorschlag [eine Werkausgabe Stalins zu publizieren,] war ein pathetischer Akt der politischen Loyalitätsbekundung, mit dem er seine aktive Mitwirkung an der Bildung einer politischen Willensgemeinschaft vor Stalin und dem gesamten Parteiaktiv demonstrierte. Sein Vorstoß fällt zeitlich genau mit den Ungewissheiten bezüglich seiner politischen Zukunft zusammen. So sehr Jaroslavskij auch gegen seine „Eigenliebe" ankämpfte, so wollte er doch auf diese nicht ganz uneigennützige Weise versuchen, seinem drohenden Statusverlust offensiv zu begegnen. Mit einem solchen Vorschlag hoffte er, sich als Mitglied der siegreichen Parteiführung um Stalin präsentieren zu können.

Sandra Dahlke: Individuum und Herrschaft im Stalinismus. Emel'jan Jaroslavskij (1878–1943), München 2010, S. 286

M8 Masse

Aus einem Wörterbuch der Soziologie:

1. ein vorwiegend kulturkritisch gebrauchter, abwertender Gegenbegriff zu Elite.
2. eine beliebige, unstrukturierte Menschenmenge, die, durch äußere, oft zufällige Umstände zustande gekommen und leicht in einen Erregungszustand versetzt, bestimmte psychische Veränderungen der Individuen (Massenpsychose, -suggestion) aufweist (z. B. Steigerung der Affekte, Fortfall der Hemmungen), die zu gleichgerichteten spontanen, aus tieferen Persönlichkeitsdimensionen stammenden Aktionen oder Reaktionen führen können (z. B. Lynchjustiz, Panik).

www.wissen.de/lexikon/masse-soziologie (07.01.2021)

M 9 Loyalität

Aus einem Wörterbuch der Ideengeschichte:

Loyalität ist die Tugend oder der Zustand, treu zu sein gegenüber Beziehungen, Vereinigungen oder Werten. Es ist die Treue zu einer Sache, einem Ideal, einer Religion oder einer Ideologie, einer Nation oder Partei- oder Führungskraft, zur eigenen Familie oder Freunden [...]. Man kann eine ausschließende oder mehrere Loyalitäten haben. Loyalität kann hervorgerufen werden durch schlechte oder gute Gründe. Der Codex der Mafia verlangt z. B. absolute Loyalität von ihren Mitgliedern durch Rituale, Bräuche, Belohnungen und Strafen. [...] In der Neuzeit wurde der Begriff vor allem in Verbindung mit Patriotismus, im Sinne eines Gefühls politischer Verbundenheit [...] eines Bürgers gegenüber seinem Land geprägt. [...]
Durch Drängen einer Regierung, durch Treueschwüre, [...] und durch die Forderung von hundert Prozent Patriotismus oder Nationalismus als Beweis für Loyalität, hat der Begriff eine abwertende Bedeutung erfahren. Ein totalitäres Regime kann unbegrenzte Treue und Gefolgschaft verlangen. Aber auch in einer freien Gesellschaft können chauvinistische Elemente ähnliche Forderungen stellen – „Right or wrong, my country."

Milton R. Konvitz: „Loyalty" (Übers.: Friedrich Huneke); in: Philip P. Wiener (ed.): Dictionary of the History of Ideas Bd. 3, New York 1974, S. 108

M 10 Eine Stufe im Ich

→ **Vertiefungsmaterial für das Leistungsfach**

Der Psychologe Sigmund Freud (1856–1939) erforschte individuelle Psyche und Gesellschaft:

Jeder Einzelne ist ein Bestandteil von vielen Massen, durch Identifizierung vielseitig gebunden, und hat sein Ichideal nach den verschiedensten Vorbildern aufgebaut. Jeder Einzelne hat so Anteil an vielen Massenseelen, an der seiner Rasse, des Standes, der Glaubensgemeinschaft, der Staatlichkeit usw. und kann sich darüber hinaus zu einem Stückchen Selbstständigkeit und Originalität erheben.
Diese dauerhaften Massenbildungen fallen in ihren gleichmäßig anhaltenden Wirkungen der Beobachtung weniger auf als die rasch gebildeten, vergänglichen Massen, nach denen [der Sozialpsychologe] Le Bon die glänzende Charakteristik der Massenseele entworfen hat, und in diesen lärmenden [...] Massen begibt sich eben das Wunder, dass der Einzelne sein Ichideal aufgibt und es gegen das im Führer verkörperte Massenideal vertauscht. [Der Führer] braucht oft nur die typischen Eigenschaften dieser Individuen in besonders reiner Ausprägung zu besitzen [...], so kommt ihm das Bedürfnis nach einem starken Oberhaupt entgegen und bekleidet ihn mit der Übermacht, auf die er sonst vielleicht keinen Anspruch hätte.

Sigmund Freud: Massenpsychologie und Ich-Analyse. Wien 1921, S. 51

Rasse: Der jüdische Österreicher Freud benutzt einen damals üblichen Rassebegriff; er geht aber von einer Rechtsgleichheit aller Menschen aus.

Gustave Le Bon (1841 bis 1931): Begründer der modernen Massenpsychologie, untersuchte Einflüsse gesellschaftlicher Kräfte auf das Fühlen und Denken des Einzelnen.

politische Kultur: Der Begriff reduziert Politik nicht auf die Institutionen des Staates, sondern bezieht alles ein, was das politische Handeln der Menschen beeinflusst: Interessen, Beweggründe, Wertvorstellungen, informelle Druckmittel, psychologische Mechanismen etc.

2. Erklären Sie, was im Darstellungstext mit „Ebene der politischen Maßnahmen" und „Ebene der politischen Symbole" gemeint sein kann (ab Z. 14).

\+ Erstellen Sie auf der Basis Ihrer bisherigen Arbeitsergebnisse eine Mindmap zu einem der Themen Propaganda bzw. Personenkult.

3. Vergleichen Sie die Strukturen der Öffentlichkeit in Lenins Modell der Agitation und Propaganda (M 5) mit denen in Stalins Modell der Hebel und Transmissionen (M 6). Nehmen Sie auch die Erklärung des Begriffs „Masse" (M 8) zu Hilfe.

4. Arbeiten Sie auf der Basis des Darstellungstextes Zusammenhänge zwischen politischer Verfolgung und Propaganda heraus.

5. a) Interpretieren Sie das in M 7 geschilderte Verhalten des Funktionärs Jaroslavskij mithilfe der Texte „Loyalität" (M 9) und „Eine Stufe im Ich" (M 10).
b) Erörtern Sie, inwieweit Freuds sozialpsychologische Analyse (M 10) geeignet erscheint, Propaganda, Personenkult und Massenkultur zu erklären.

6. Bewerten Sie die politische Kultur der Sowjetunion aus Ihrer heutigen Sicht.

Einen Sachverhalt beurteilen

In einer Klausur wird eine Beurteilung gefordert (→ Operatorenglossar „beurteilen/bewerten", S. 401). Die Aufgabe lautet:

„Beurteilen Sie die Frage, inwieweit Stalin seine Herrschaft eher auf erzwungenen Gehorsam oder auf absichtsvoll erzeugte Loyalität stützte."

Im Folgenden ist eine mögliche Vorgehensweise beschrieben:

Vorarbeiten

Der Operator „Beurteilen" verlangt von mir, zu einem Sachverhalt eine begründete Haltung zu entwickeln. Konkret soll ich die Herrschaftsweise in der Stalinzeit auf Mittel des Zwangs und der Erzeugung von Loyalität hin untersuchen und sachlich beurteilen, welches der beiden Mittel ein größeres Gewicht für die Herrschaft Stalins hatte: Haben sich die Menschen also eher angepasst und der Herrschaft Stalins gebeugt, weil Zwangsmittel eingesetzt wurden, oder konnte Stalin sich eher auf loyale Bürger stützen, oder gab es ein Zusammenspiel beider Kräfte?

Zuerst frage ich danach, in welchen Aspekten sich das Erzwingen von Gehorsam und die Erzeugung von Loyalität äußern. Ich suche also nach allgemeinen Aspekten oder Kriterien und notiere sie.

Aspekte des Erzwingens von Gehorsam
- *scharfer Gegensatz zwischen dem Regime und den durch Zwang beherrschten Menschen*
- *Unterdrückungsapparat, Terror, Abschreckung*
- *⇒ Ziel: Anpassung/Gehorsam*
- *↔ Opposition/widerständiges Verhalten*

Aspekte der Erzeugung von Loyalität:
- *Befreiung aus alter Unfreiheit*
- *treue Einstellung gegenüber einer Person/Gruppe/Institution/Idee*
- *Enthusiasmus, Chancen, der „neue Mensch"*
- *Mittel: u. a. Propaganda, Personenkult*

Erarbeitung

Den Kriterien „Erzwingen von Gehorsam" und „Erzeugen von Loyalität" ordne ich passende Ereignisse und Strukturen aus der Geschichte des Stalinismus zu. Meine Notizen trage ich in eine übersichtliche Tabelle ein. Da ich für beide Aspekte recht viele historische Informationen kennengelernt habe, ist es sinnvoll, jeweils ein Zwischenresümee zu formulieren sowie – zusammenfassend – ein Fazit, das als Leitlinie meiner Urteilsbildung dienen kann.

Bevor ich mit dem Schreiben beginne, mache ich mir Gedanken zur Gliederung meines Textes:
- Einleitend kann ich mich z. B. auf die These des Historikers Zimmermann (M 5, S. 284) beziehen, dass Historiker früher nur Zwang und Unterdrückung untersucht haben, um jetzt die Bedeutung auch der Loyalität heranzuziehen.
- Hauptteil: Die Aspekte, die ich herausgearbeitet habe, nehme ich als Gliederungspunkte. Jedem Punkt ordne ich in Stichworten Befunde der Herrschaft Stalins zu. Die Kriterien „Erzwingen von Gehorsam" und „Erzeugung von Loyalität" beschließe ich jeweils mit einem kleinen Zwischenresümee.
- Im Schlussteil stelle ich an Beispielen dar, wie beide Herrschaftsmittel einander ergänzen.

Kriterien für Herrschaftsmittel	Belege	Kommentar
1) Erzwingen von Gehorsam		
1.1) scharfer Gegensatz zwischen dem Regime und den durch Zwang beherrschten Menschen	• Zwangskollektivierung (S. 272 f.), • „Entkulakisierung", Deportation von Bauern • Holodomor – Tötung durch Hunger • Zwangsarbeit in Großprojekten (S. 276 f.)	
1.2) Unterdrückung, Terror	Errichtung des Gulag (S. 282 f.), Befehl Nr. 00447, Schauprozesse (S. 286 ff.)	
1.3) Anpassung	sich einfügen (S. 270, M 3) als ein Ziel der Schauprozesse (S. 287, M 3)	Zwischenresümee: An Zwangsmaßnahmen wirkten auch überzeugte Sowjetbürger mit ⇒ Zwang und Loyalität wirkten zusammen.
1.4) Opposition, widerständiges Verhalten	z. B. Dissidenten wie A. Solschenizyn, Jelena Bonner, A. Sacharow (S. 283 ff.)	
2) Erzeugung von Loyalität		
2.1) Befreiung aus alter Unfreiheit	Öffnung der Gesellschaft für alle Schichten Bildungsreform, Alphabetisierung (S. 268)	
2.2) treue Einstellung gegenüber einer Person, Gruppe, Institution, Idee	Freiwillige arbeiten in Großprojekten (S. 276) Komsomolzen wirken bei Zwangskollektivierung mit (S. 275) → oben: 1.1	
2.3) Enthusiasmus, der „neue Mensch"	moderne Lebensformen im Komsomol (S. 268 f.) neue Berufe in der Industrie (S. 276 f.)	
2.4) Personenkult, Propaganda	Agitation und Propaganda sollen durch Massenkultur prägen und mitreißen (S. 290)	Zwischenresümee: für überzeugte Sowjetbürger neue Chancen, für andere Gruppen Zwang

Fazit: Die Herrschaftsmittel Zwang/Terror und Erzeugung von Loyalität griffen ineinander. Zum Beispiel wirkten enthusiastische Komsomolzen an der Gewalt der Zwangskollektivierung mit. Die Ausübung von Zwang gelang nur, weil es viele loyale Sowjetbürger gab. Mit dem Tod Stalins begannen diese Herrschaftsmittel allmählich zu zerfallen.

Urteilsbildung

Ich knüpfe an meine Einleitung an und weise abwägend auf Zusammenhänge zwischen erzwungenem Gehorsam und erzeugter Loyalität als Herrschaftsmitteln hin, z. B.:
Es reicht nicht aus, Belege für den scharfen Gegensatz zwischen dem Regime und der Gesellschaft anzuführen, sondern man muss auch attraktive Elemente und die Loyalität vieler Sowjetbürger als Erklärungen für die Unterstützung der Herrschaft Stalins berücksichtigen. …

Zum Schluss lese ich alles sorgfältig durch, korrigiere Fehler und schreibe eventuelle Ergänzungen auf einem separaten Nachtragsblatt auf. Ich verweise in meinem Text mit fortlaufenden Zahlen auf diese Zusätze.

Erinnern an Stalin – aber wie?

M 1 Blick in den Skulpturenpark „Muzeon“ in Moskau. Dieser wurde 1992 von der Tretjakov-Galerie eingerichtet und präsentiert ausrangierte Denkmäler der Sowjetzeit neben aktuellen Kunstwerken, darunter auch die Installation von Jevgeny Chubarov (Detail)

Heute ist die Nase der Statue abgeschlagen, die der Künstler Sergej Merkurov von Stalin für den Eingang zum sowjetischen Pavillon auf der Weltausstellung in New York 1939 anfertigte. Und das Standbild steht jetzt zwischen anderen ausrangierten Denkmalen der Sowjetzeit im Skulpturenpark „Muzeon“ in Moskau, der 1992 eingerichtet wurde. Hier drängt sich aber unübersehbar auch die Installation von Jevgeny Chubarov aus den 1980er-Jahren in das Blickfeld der Besuchenden. Sie stellt 300 steinerne Gesichter hinter dem Stacheldraht des Gulag dar. Wie wird die Ära Stalin im heutigen Russland eingeordnet? Und welche Rolle nimmt sie in der russischen Erinnerungskultur ein?

1. Stellen Sie mithilfe von M 1 und M 2 begründete Hypothesen zu diesen Fragen auf.

Großer Vaterländischer Krieg: in der ehemaligen Sowjetunion sowie der heutigen Russischen Föderation die Bezeichnung für den Krieg gegen Deutschland 1941–1945

M 2 Eine Abrechnung

Als Nachfolger Stalins rechnete Chruschtschow 1956 in einer Geheimrede auf dem KPdSU-Parteitag mit dessen Diktatur ab:

Stalin führte den Begriff „Volksfeind“ ein. Dieser Terminus [...] erlaubte die Anwendung schrecklichster Repressionen [...] gegen jeden, der in irgendetwas mit Stalin nicht übereinstimmte, der nur gegnerischer Absichten verdächtigt, der einfach verleumdet wurde. Dieser Begriff „Volksfeind“ schloss im Grunde genommen schon von sich aus die Möglichkeit irgendeines ideologischen Kampfes oder der Darlegung der eigenen Ansichten zu dieser oder jener Frage auch praktischen Inhalts aus. [...] Das führte zu einer krassen Vergewaltigung der revolutionären Gesetzlichkeit, dazu, dass viele total Unschuldige [...] zu Opfern wurden.

Über den Personenkult und seine Folgen. Rede des Ersten Sekretärs des ZK der KPdSU, Gen. N.S. Chruschtschow, auf dem XX. Parteitag, 30. Juni 1956 (übers. von Lilia Antipow), Berlin 1990

Stalin – Sieg durch Diktatur?

Durch Propaganda und Personenkult erschien Stalin zu Lebzeiten einem großen Teil der sowjetischen Bevölkerung unersetzlich. Er wurde als Sieger im „Großen Vaterländischen Krieg“ und als Verkörperung des Sowjetstaats hoch verehrt, sodass sogar viele Opfer des Gulag seinen Tod im Jahr 1953 betrauerten. Stalins Nachfolger Nikita Chruschtschow leitete zwar 1956 mit der „Tauwetterphase“ ein Ende des Stalin-Kultes ein, ließ aber die Machtstrukturen der Einparteiendiktatur der KPdSU bestehen.

Bis heute spaltet die Erinnerung an Stalin die russische Gesellschaft: Während viele seine Gewaltherrschaft zur Modernisierung des Landes als Bedingung des Sieges im Zweiten Weltkrieg rechtfertigen, kritisiert eine Minderheit, dass Gulag, Verfolgung, Zwang und Fehlplanungen zu den hohen Verlusten im Krieg beigetragen hätten.

Der Zerfall der UdSSR – ein Trauma

Stalins Gewaltherrschaft hatte die politische Kultur der Sowjetunion erstarren lassen. Erst Michail Gorbatschow unternahm ab 1985 Reformversuche. Doch diese erreichten ihr Ziel der Erneuerung nicht und führten in den Zerfall der Sowjetunion im Jahr 1991. Die sich anschließende Transformation von der Planwirtschaft zur Marktwirtschaft, vom Sowjetsystem zur Demokratie ging in der Russischen Föderation mit Gebietsverlusten, politischer Instabilität und wirtschaftlichem Niedergang einher. Erst mit der ersten Präsidentschaft Wladimir Putins seit dem Jahr 2000 verbinden viel Russen erneute wirtschaftliche Stabilität und außenpolitische Anerkennung als Großmacht.

Die geringe politische Offenheit der gegenwärtigen politischen Ordnung Russlands unter Präsident Putin geht damit einher, dass die autoritäre Regierungsführung des langjährigen Präsidenten sich auf eine Fortsetzung großer russischer Geschichte beruft. So lenkt der Staat z. B. die Gedenkfeiern zum aufopferungsvollen Sieg im Zweiten Weltkrieg. Dieser wird als einigende, historische Leistung der Völker der Sowjetunion erinnert – und Stalin als deren „Architekt". Andere Merkmale seiner Herrschaft bleiben dabei ungeklärt. Russen, die solch eine Verbundenheit im patriotischen Gefühl suchen, stehen den Kritikern, die Stalin verurteilen und das Gedenken an die Opfer des Gulag pflegen, abwiegelnd gegenüber.

Russlandbilder in Europa – Europabilder in Russland

Die Länder in Mitteleuropa wie Polen, Ungarn, oder die Tschechoslowakei wurden am Ende des Zweiten Weltkrieges einerseits durch die Rote Armee vom Vernichtungskrieg der deutschen Okkupation befreit, andererseits aber erlebten sie die folgende sowjetisch-stalinistische Vorherrschaft als eine neue Form der Besetzung, von der sie sich erst in den Jahren des Niedergangs der Sowjetunion um 1990 befreien konnten. Das Herrschaftssystem Stalins wird heute in den ehemaligen „Volksdemokratien" des Sowjetsystems als eine Form totalitärer Herrschaft verurteilt. Weil die Russische Föderation diese Kritik jedoch nicht deutlich anerkennt, bleibt die Nachbarschaft angespannt.

Die gegenseitige Wahrnehmung zwischen den EU-Staaten einerseits und Russland andererseits ist von geschichtlichen Erfahrungen aus verschiedenen Zeiten geprägt:

- Die autokratische Herrschaft des Zaren dauerte noch an, als es in Westeuropa bereits demokratisch gewählte Parlamente gab. Die Parteinahme Großbritanniens, einer parlamentarischen Monarchie, und Frankreichs, einer Demokratie, auf der „weißen" Seite gegen die entstehende Sowjetunion führte dort zu lang andauerndem Misstrauen.
- Der nationalsozialistische Vernichtungskrieg verwüstete das ganze Land westlich Moskaus, und es ist geradezu ein Wunder, dass Deutsche heute in Russland herzlich willkommen sind. Dabei erschwerte der „Kalte Krieg" nach 1945 über Jahrzehnte die Entspannung.
- Als die Ukraine begann, sich an der EU und der NATO zu orientieren, annektierte die Russische Fördation im Jahr 2014 die Krim, vor allem, um den Zugang zum Hafen ihrer Schwarzmeerflotte zu sichern. Unter dieser völkerrechtswidrigen Handlung leidet auch der offene Kulturaustausch, der sich seit den 2000er-Jahren entwickelt hatte.

Erinnerungskultur ohne Dialog?

Wenn die Erinnerungskultur eines Landes stark von nationalen Werten geprägt ist, werden andere Sichtweisen in der Regel ausgeblendet, negative Erscheinungen in der „Meistererzählung" der eigenen Nationalgeschichte gern vergessen. Dabei soll das nationale Selbstbewusstsein durch Traditionsbildung gestärkt werden, selbstkritische Traditionsbrüche werden als Schwäche gedeutet. Wenn benachbarte Nationen solche erinnerungskulturellen Monologe entwickeln und die Blickwinkel ihrer Nachbarn ausschließen, so die Kulturwissenschaftlerin Aleida Assmann, komme es nicht zum Dialog miteinander, eine Verständigung über die gemeinsame Geschichte finde nicht statt. Stattdessen werde Geschichte als Argument der Politik benutzt und diene politischen Interessen.

Entschließung: eine Willensäußerung oder Stellungnahme, in der eine Auffassung zu politischen Fragen zum Ausdruck gebracht wird bzw. eine Regierung zu einem bestimmten Verhalten aufgefordert wird. Entschließungen sind rechtlich nicht bindend.

Deutsch-Sowjetischer Nichtangriffsvertrag (auch Molotow-Ribbentrop-Pakt oder Hitler-Stalin-Pakt): Am 23. August 1939 unterzeichneter Vertrag zwischen dem Deutschen Reich und der UdSSR. Diese verpflichtete sich darin zur Neutralität, falls es zwischen Deutschland und Polen zu einem Konflikt komme. Ein geheimes Zusatzprotokoll teilte Polen, das Baltikum und Bessarabien als „Interessensphären" zwischen den Unterzeichnenden auf.

M3 Geschichtspolitik im EU-Parlament

Am 17. September 2019, dem Jahrestag des Einmarschs der Roten Armee in Ostpolen 1939, legte die PPE-Fraktion im EU-Parlament, also die christdemokratische „Fraktion der Europäischen Volkspartei", dem EU-Parlament einen Entschließungsantrag vor. Sein Titel lautete: „Entschließung zum 80. Jahrestag des Beginns des Zweiten Weltkriegs und zur Bedeutung des europäischen Geschichtsbewusstseins für die Zukunft Europas". Der Antrag, der auf die Initiative Polens und baltischer Staaten zurückging, wurde innerhalb des Parlaments kontrovers diskutiert. Darin heißt es:

Das Europäische Parlament [...]

1. betont, dass der Zweite Weltkrieg, der verheerendste Krieg in der Geschichte Europas, als unmittelbare Folge des auch als „Molotow-Ribbentrop-Pakt" [bzw. „Hitler-Stalin-Pakt"] bezeichneten berüchtigten Nichtangriffsvertrags zwischen den Nazis und der Sowjetunion vom 23. August 1939 und seiner geheimen Zusatzprotokolle ausbrach, wodurch zwei totalitäre Regime, die beide das Ziel der Eroberung der Welt verfolgten, Europa in zwei Einflussbereiche aufteilten; [...]

12. ist äußerst beunruhigt über die Bemühungen der derzeitigen Führung Russlands, historische Tatsachen zu verzerren und die von dem totalitären Sowjetregime begangenen Verbrechen zu verharmlosen; betrachtet diese Versuche als einen gefährlichen Bestandteil des Informationskriegs, der gegen das demokratische Europa geführt wird und mit dem versucht wird, unseren Kontinent zu entzweien; fordert deshalb die Kommission auf, entschlossen gegen diese Bemühungen vorzugehen; [...]

14. stellt fest, dass die Tatsache, dass es im öffentlichen Raum (Parks, Plätzen, Straßen usw.) einiger Mitgliedstaaten weiterhin Monumente und Gedenkstätten gibt, die die sowjetische Armee – die eben diese Länder besetzt hatte – glorifizieren, Bedingungen für die Verbiegung der Wahrheit über die Folgen des Zweiten Weltkriegs und für die Propagierung des totalitären politischen Systems schafft;

15. beauftragt seinen Präsidenten, diese Entschließung dem Rat und der Kommission sowie den Regierungen und Parlamenten der Mitgliedstaaten zu übermitteln.

Zit. nach: https://www.europarl.europa.eu/doceo/document/B-9-2019-0097_DE.html (02.09.2020)

M4 Geschichtspolitik in Russland

Der russische Präsident Wladimir Putin reagierte 2020 auf die Entschließung des EU-Parlaments mit der Rede „75. Jahrestag des Großen Sieges: Gemeinsame Verantwortung vor Geschichte und Zukunft". Sie wurde kurz vor einem anderen Jahrestag gehalten: dem 22. Juni, an dem 1941 die deutsche Wehrmacht die Sowjetunion überfiel. Ein Auszug:

Die Sowjetunion [unterzeichnete] den Nichtangriffspakt mit Deutschland [auch: „Molotow-Ribbentrop-" oder „Hitler-Stalin-Pakt" vom 23. August 1939], und tat dies [...] vor dem Hintergrund der realen Gefahr, mit einem Zweifrontenkrieg konfrontiert zu werden – mit Deutschland im Westen und mit Japan im Osten, wo bereits intensive Kämpfe am Fluss Chalcha stattfanden.

Stalin und sein Umfeld verdienen viele gerechte Vorwürfe. Wir erinnern uns an die Verbrechen des Regimes gegen das eigene Volk und an die Entsetzlichkeit der Massenrepressionen. [Man] kann den sowjetischen Führern vieles vorwerfen, aber nicht das, dass es ihnen an Verständnis für den Charakter der äußeren Bedrohungen mangelte. Sie sahen, dass man versuchte, die Sowjetunion allein mit Deutschland und seinen Verbündeten zu lassen. [Die Anti-Hitler-Koalition kam erst Ende 1941 zustande.] Sie handelten, diese reale Gefahr erkennend, um wertvolle Zeit für die Festigung der Verteidigung des Landes zu gewinnen.

[...]

Ja, Russland ist der Nachfolgestaat der UdSSR, und die sowjetische Periode mit all ihren Triumphen und Tragödien ist ein untrennbarer Bestandteil unserer tausendjährigen Geschichte. Ich erinnere aber auch daran, dass die Sowjetunion dem sogenannten Molotow-Ribbentrop-Pakt eine rechtliche und moralische Bewertung gegeben hat. In der Verordnung des Obersten Sowjets vom 24. Dezember 1989 wurden die Geheimprotokolle als „Akt der persönlichen Macht" offiziell verurteilt, der in keiner Weise „den Willen des sowjetischen Volkes, das nicht für diese Absprache verantwortlich ist, widerspiegelt".

Übers. zit. nach: russische-botschaft.ru/de/2020/06/19/75-jahrestag-des-grossen-sieges-gemeinsame-verantwortung-vor-geschichte-und-zukunft/ (16.07.2020)

M 5 Die „Wand der Trauer“ ist ein 2017 in Moskau errichtetes Mahnmal für die „Opfer der politischen Repression“. Es wurde von dem Künstler Georgij Fraguljan gestaltet.

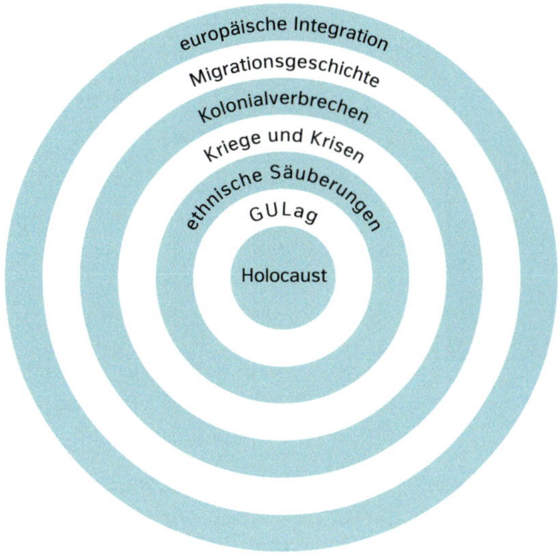

M 7 Modell der europäischen Erinnerungsgemeinschaft nach Claus Leggewie, 2011

M 6 „Noch ist Stalin heiße Geschichte“

Die Osteuropa-Historikerin Ekaterina Makhotina kommentierte 2018 den Umgang des russischen Staates mit der Zeitgeschichte:

Die in ihrem Wesen populistische Geschichtspolitik des Kremls laviert zwischen dem liberalen und dem nationalpatriotischen Lager. In dem Wunsch, bei einem möglichst breiten Spektrum der Gesellschaft anschlussfähig zu bleiben, hält sich der Kreml mit der eindeutigen Verurteilung der Stalin-Zeit zurück. Das Beispiel der Moskauer Gedenkstätte „Wand der Trauer“ illustriert es gut: Die sechs Meter hohe Wand aus menschlichen Körpern, in der die Figuren der Abwesenden durch Leerstellen symbolisiert sind, ist eine staatliche Initiative, die von der Gesellschaft mitgetragen wurde. [...] Doch in seiner Ansprache bei der Zeremonie zur Eröffnung der „Wand der Trauer“ am 30. Oktober 2017 erwähnte Putin Stalin und den Stalinismus mit keinem Wort. [...]
Das Schweigen über die Täter korreliert auf eine aufschlussreiche Weise mit der Form der Mahnmale. Die Gedenkfriedhöfe [in Russland] funktionieren als Orte der individuellen Trauerarbeit – und fast nie als Lern-Orte, an denen man sich über das Wesen der totalitären Herrschaft informieren kann. [...] Es sind also Orte, die einer kollektiven Identität eher Unbehagen und Schmerzen zufügen – und gerade mit der Erinnerung an die „dunklen Kapitel“ der Geschichte hadert Russland noch.

Ekaterina Makhotina: „Noch ist Stalin heiße Geschichte“ (Gastkommentar); in: Neue Zürcher Zeitung, 17.11.2018

Zu seinem Modell der europäischen Erinnerungsgemeinschaft erläuterte der Kulturwissenschaftler Claus Leggewie (in: Der Kampf um die europäische Erinnerung. München 2011, S. 12 f.), dass die Erinnerung an den millionenfachen Mord an den europäischen Juden lange Zeit den Kern des europäischen Geschichtsbewusstseins gebildet habe. Zu dieser kamen weitere Erinnerungen, darunter:

- die Staatsverbrechen des kommunistischen (Okkupations-)Regimes,
- die ethnischen Säuberungen im Zuge der Nationalstaatsbildungen im 19. und 20. Jahrhundert,
- die heißen und kalten Kriege des 20. Jahrhunderts,
- Verbrechen der europäischen Kolonialmächte,
- Flucht und Vertreibung infolge des Zweiten Weltkrieges,
- die gesamteuropäische Integration. Sie habe, so Leggewie, einen langen europäischen Bürgerkrieg in einen – prekären – demokratischen Frieden und materiellen Wohlstand überführt.

2. Klären Sie die Begriffe „Erinnerungskultur“ und „Geschichtspolitik“ mithilfe des Darstellungstextes.

3. Tragen Sie mithilfe des Darstellungstextes verschiedene Stalinbilder zusammen und erstellen Sie dazu ein Schaubild.

4. Überprüfen Sie die Folgen monologischer und dialogischer Erinnerungskultur, die im Darstellungstext (ab Z. 112) beschrieben werden.

5. Beurteilen Sie auf der Basis der Texte M 3 und M 4, inwieweit die darin formulierten Standpunkte zum Zweiten Weltkrieg jeweils einseitig sind.

6. Entwickeln Sie einen Plan für eine dialogische Erinnerungskultur. Beziehen Sie sich dabei auf M 6 und M 7.

Die Herrschaftspraxis des Stalinismus

→ S. 266–267

Die Weltrevolution scheitert – wie weiter?

Die Bolschewiki um Lenin hatten geglaubt, dass eine Umkehr der Machtverhältnisse für die Bauern und Arbeiterklasse nur als Weltrevolution Bestand haben könne – oder sie werde scheitern. Doch der Versuch, die Revolution in anderen Ländern zu fördern, schlug fehl. Dagegen setzte sich Josef Stalin – seit 1922 Generalsekretär der KPdSU – mit der These vom Aufbau des **„Sozialismus in einem Land“** durch: Er wollte friedliche Beziehungen zu den europäischen Mächten herstellen und diese nutzen, um den Aufbau der Sowjetunion voranzutreiben. Und dann?

→ S. 268–271

Wie entsteht der „neue Mensch“?

Junge Menschen erwarteten von der Oktoberrevolution den Aufbau einer modernen Gesellschaft: Bildung, neue Berufe und Lebensstile sollten einen höheren Lebensstandard bringen. Die neue Jugendorganisation des Komsomol bot Gemeinschaft. Unter Stalins politischen Vorgaben wurde sie jedoch zunehmend zentralistisch geleitet und als Organ der **Massenmobilisierung** für den Aufbau des neuen Staates verstanden. Vielen Jugendliche, die nicht aus Arbeiter- oder Kleinbauernhaushalten stammten, wurde jedoch die Mitgliedschaft in der **Massenorganisation** verwehrt. Und wer Kritik an Stalin übte, musste mit Verfolgung rechnen. Manche Jugendliche stellten später in ihrem Lebensrückblick die Ideale ihrer Jugend infrage.

→ S. 272–275

Eine moderne Landwirtschaft aufbauen – aber wie?

Die nachhaltige Versorgung der Bevölkerung sollte durch die Modernisierung der Landwirtschaft erreicht werde. Ein Schritt dahin sollte die gemeinsame Bewirtschaftung aller Ländereien mit Maschineneinsatz in großen Kolchosen sein. Doch lehnten die Bauern diese **Kollektivierung** ab. Zudem führten hohe Abgabelasten zur Ernährung der wachsenden Industriearbeiterschaft in den Jahren 1928 bis 1933 zu Hungerkatastrophen. Diktatorisch entschied Stalin, Zwangskollektivierungen durchführen zu lassen. Vor allem mittlere und große Bauern wurden verfolgt, man nannte das **„Entkulakisierung“**. Enthusiastische Komsomol-Mitglieder wirkten daran mit.

→ S. 276–280

Industrialisierung ohne Krise?

Die **Industrialisierung** spielte für die Modernisierung des Landes eine bedeutende Rolle. Dabei schien die staatliche Planwirtschaft in den Jahren seit der Weltwirtschaftskrise 1929 attraktiv. So zogen die Industrieprojekte in der UdSSR auch arbeitslose Ingenieure aus kapitalistischen Ländern an. Das Ideal des „Neuen Menschen“ nahm oft die Gestalt von Stoßarbeiterinnen und Stoßarbeitern an, welche die Planvorgaben übererfüllten. Doch die staatlichen Zielvorgaben in den **Fünfjahrplänen** waren oft unrealistisch – und hatten u.a. Baumängel zur Folge. Doch Kritik wurde als Sabotage gewertet. Arbeitskräfte aus den politischen Haftlagern und enteignete Kulaken mussten Zwangsarbeit leisten. War das mit den Zielen des Sozialismus vereinbar?

Kann man Unterstützung erzwingen? Loyalitätsdefizit und Gulag

→ S. 282–285

Zur Ausweitung der **Klassendiktatur** und zur Abschreckung „äußerer Feinde“ unterzeichneten Stalin und das Politbüro der KPdSU 1938 den Befehl Nr. 00447. Damit wurde die schon seit 1917 übliche Verfolgung politischer Gegner und Konkurrenten verschärft und eine Phase des **Terrors** eingeleitet, in der nicht nur Kritiker, sondern auch deren Familienangehörige **Deportation** und Lagerhaft erleiden mussten. Dem **Loyalitätsdefizit** begegnete Stalin mit einem Klima der Angst. Bis zu 2,5 Millionen Häftlinge der **Gulag**-Lager leisteten gleichzeitig Zwangsarbeit in den staatlichen Industrieprojekten. Viele Intellektuelle wurden zu Dissidenten, zu Kritikern. Historikerinnen und Historiker untersuchen, warum viele Menschen totalitären Diktaturen Loyalität entgegenbringen.

Abschreckung – ein wirksames Mittel der Herrschaft?

→ S. 286–289

Von der „Parteilinie“ abweichende Meinungen unterdrückte Stalin zunehmend, sodass auch viele überzeugte Kommunisten verfolgt wurden, die Stalins Maßnahmen kritisiert hatten. Dazu schuf der Diktator zentrale Institutionen, welche die Gewaltenteilung aufhoben: Die Judikative (Rechtsprechung) wurde der Exekutive (Regierung) untergeordnet. Vor allem in den drei großen Moskauer **Schauprozessen** wurden ehemalige Weggefährten Stalins als angebliche Saboteure, Verräter und Verschwörer abgeurteilt.

Herrschaft über das Individuum durch Propaganda und Personenkult?

→ S. 290–293

Schon Lenin hatte die einseitig informierende **Propaganda** und die kurzen Schlagworte der Agitation zur Beeinflussung der **Massenkultur** gelehrt, um den Kurs der Parteileitung durchzusetzen. Stalin entwickelte daraus einen **Personenkult**, von dem Skulpturen und Plakate nur einige anschauliche Formen darstellen. Sein totalitäres Regime verlangte unbegrenzte Treue und Loyalität. Der Psychologe Freud deutete schon 1921, dass der einzelne Mensch seine Idealvorstellung vom Ich gegen das im Führer verkörperte Massenideal austauschen könnte. Aber wie ist solch eine psychologische Erklärung historisch einzuordnen?

Stalin – erfolgreicher Modernisierer, genialer Feldherr, brutaler Diktator?

→ S. 296–299

Als Modernisierer der Sowjetunion und Feldherr im „Großen Vaterländischen Krieg“ (1941–1945) wird Stalin in Russland heute von vielen verehrt. Doch auch die nach Millionen zählenden Opfer der Lager des Gulag sind ein Fakt. Zudem trägt Stalins Expansionspolitik bis heute in Mitteleuropa zu Misstrauen gegen den Nachfolgestaat Russland bei. Welche Bedingungen müssen berücksichtigt werden, wenn die gespaltenen Erinnerungen in Russland und in Europa zu einer tragfähigen, europäischen Erinnerungskultur zusammengeführt werden sollen?

Der Nationalsozialismus

Machterwerb, Ideologie und Herrschaftspraxis

Im August 1936 fanden die bereits vor Machtantritt der Nationalsozialisten nach Berlin vergebenen Olympischen Sommerspiele statt. Hitler wollte sie nutzen, um seinem Regime internationale Anerkennung zu verschaffen. Deshalb wurden große Geldmittel in die Bauten und die Organisation der Spiele gesteckt. Aufmärsche sowie Choreografien mit unübersehbaren Menschenmassen sollten die Akzeptanz der NS-Herrschaft durch die Bevölkerung zeigen. Für kurze Zeit wurde die Hetze gegen Juden eingestellt: Antijüdische Propaganda verschwand aus dem Straßenbild, und die Hetzschrift „Der Stürmer“ wurde während der Spiele nicht verkauft. Auch die Regisseurin Leni Riefenstahl trug dazu bei, dass die Olympischen Spiele 1936 als Erfolgsprojekt wahrgenommen wurden: Sie setzte die NS-Propaganda technisch innovativ in zwei Filme um: „Fest der Völker“ und „Fest der Schönheit“.

Die Abbildungen:

- Das Berliner Olympiastadion mit dem 250 000 Menschen fassenden „Maifeld“ im Vordergrund während einer gymnastischen Choreografie mit mehreren Tausend Teilnehmenden
- (oben links) Jubelnde und den Hitlergruß zeigende Zuschauer im Stadion
- (unten rechts) Die Sportlerin Gretel Bergmann (1914–2017). Als jüdische Deutsche wurde sie vom NS-Regime daran gehindert, an den Olympischen Spielen teilzunehmen, obwohl sie als deutsche Medaillenhoffnung galt. 1937 emigrierte sie in die USA.

Nur eine neue Regierung?

Der 30. Januar 1933

M 1 Das „Kabinett der Nationalen Konzentration“, 1933. Sitzend: Adolf Hitler und Franz von Papen. Unter den Stehenden: ① Hermann Göring, ② Wilhelm Frick, ③ Alfred Hugenberg.

1. a) Beschreiben Sie das Foto. Achten Sie dabei auf die Interaktion der Dargestellten.
   b) Informieren Sie sich über die Personen und deren Parteizugehörigkeit.
2. Entwickeln Sie Fragen, die Zeitgenossen an dieses Kabinett hätten richten können.

Ein neues Kabinett wird vereidigt

Am Vormittag des 30. Januar 1933: Eine Gruppe von Männern geht, geführt von Franz von Papen, durchs Berliner Regierungsviertel zum Palais des Reichspräsidenten. Dort soll ein neuer Kanzler vereidigt werden – der vierte seit 1930 –, nachdem Präsident Paul von Hindenburg Kanzler Kurt von Schleicher entlassen hat. Fast wäre der Termin nicht zustande gekommen, denn kurz zuvor hatte der als Kanzler vorgesehene Adolf Hitler (NSDAP) gefordert, den Reichstag aufzulösen und Neuwahlen anzusetzen. Alfred Hugenberg (DNVP) hatte sich energisch dagegen ausgesprochen; er fürchtete Stimmenverluste für seine Partei. Hitler hatte ihm zwar versprochen, auch Neuwahlen würden nichts an der Zusammensetzung des Kabinetts ändern. Doch erst als Otto Meißner, Leiter des Präsidentenbüros, mahnte, man dürfe Hindenburg nicht warten lassen, machten sich die Herren auf den Weg. Die Ernennung Hitlers zum Reichskanzler kam zustande; ein „Kabinett der Nationalen Konzentration“ wurde noch am selben Tag gebildet. Einige der neuen Minister hatten bereits in den Vorgängerkabinetten gearbeitet. Neben Hitler waren nur zwei Nationalsozialisten im Kabinett vertreten: Wilhelm Frick als Innenminister und Hermann Göring als Reichsminister ohne Geschäftsbereich. Gleichzeitig übernahm Göring das „Reichskommissariat für das preußische Innenministerium“ und wurde damit Chef der Polizei im größten Bundesstaat des Deutschen Reichs. Joseph Goebbels, „Gauleiter“ der NSDAP in Berlin und Brandenburg, notierte in seinem Tagebuch: „Es ist fast ein Traum. Die Wilhelmstraße gehört uns. Der Führer arbeitet bereits in der Reichskanzlei.“

Wilhelmstraße: Hier befanden sich schon in der Kaiserzeit zentrale Regierungsgebäude, unter anderem die Reichskanzlei.

„Machtergreifung“?

Der 30. Januar 1933 wird häufig als Tag der **„Machtergreifung“** bezeichnet. Doch hatte Hitler, hatte die NSDAP an jenem Tag tatsächlich die Macht ergriffen? Historiker haben nachgezeichnet, wie Hindenburg und Hitler mühsam miteinander ins Gespräch gebracht werden mussten. Zwar stellte die NSDAP seit der Reichstagswahl vom Juli 1932 die stärkste Fraktion. Aber Hitlers Forderung nach der ganzen Macht verweigerte Hindenburg ihm. Gestützt auf das Notverordnungsrecht des Reichspräsidenten regierten Franz von Papen (bis 1932 Zentrum, danach parteilos) und Kurt von Schleicher (parteilos). Im Januar 1933 scheiterte auch dieser als Kanzler. Reichspräsident von Hindenburg ließ sich von Franz von Papen überzeugen, trotz seiner persönlichen Vorbehalte Hitler die Kanzlerschaft anzutragen. Befördert wurde diese Entscheidung durch Gerüchte, Schleicher plane einen Militärputsch und die Absetzung Hindenburgs. In Wahrheit hatte auch er bei seinem Rücktritt am 28. Januar 1933 dem Reichspräsidenten die Ernennung Hitlers vorgeschlagen. Die Konservativen um Hindenburg hofften, so die NSDAP „zähmen“ zu können.

M2 Fake News? Häufig veröffentlichtes Bild des Fackelzugs durchs Brandenburger Tor am 30. Januar 1933. Die Szene wurde im Sommer 1933 für einen NS-Propagandafilm nachgestellt.

M3 Der Fackelzug durchs Brandenburger Tor auf einer Aufnahme vom 30. Januar 1933

M4 Warum Hitler?

Der Historiker Wolfram Pyta äußerte sich 2008 in einem Interview zur Ernennung Hitlers zum Reichskanzler:

Die Reichsverfassung zwang den Reichspräsidenten keineswegs, den Chef der stärksten Partei im Reichstag zum Kanzler zu machen; die Weimarer Republik war nie ein rein parlamentarisches Staatswesen, sondern hatte stets starke präsidiale Elemente. Hindenburg war frei in der Auswahl „seines" Kanzlers. Allerdings hatten die beiden Reichskanzler vor Hitler, Franz von Papen und Kurt von Schleicher, den nationalsozialistisch dominierten Reichstag gegen sich aufgebracht. Hindenburg musste eine Grundsatzentscheidung treffen: Eine Regierungsbildung, die auf den Reichstag Rücksicht nahm, war nur denkbar mit einem Kanzler Hitler. Jeder andere Kandidat hätte gegen das Parlament regieren müssen. [...]

Damit rückte die Verwirklichung eines gemeinsamen Ziels näher, das man als das „Projekt Volksgemeinschaft" umschreiben kann: die innere Einigung des deutschen Volkes, wie sie scheinbar im August 1914 bereits einmal gelungen war. Hindenburg fühlte sich als der politische Treuhänder dieser Volksgemeinschaft, die bei ihm mit der Ausschaltung aller internationalistisch ausgerichteten Kräfte verbunden war. Er wollte die völlig zerstrittene politische Rechte zusammenführen – das ging in seinen Augen nur mit einem Kanzler Hitler.

Zit. nach: www.welt.de/kultur/article1534449/Der-Reichspraesident-war-nie-eine-Marionette.html (22.03.2020)

M5 „Ergreifung" oder „Übernahme"?

Der Historiker Norbert Frei stellte bereits 1983 fest, dass in der NS-Zeit eher von „Machtübernahme" als von „Machtergreifung" gesprochen wurde:

Eine systematische Untersuchung sowohl des allgemeinen Sprachgebrauchs wie der (westlichen) Geschichtsschreibung über den Nationalsozialismus für die Zeit bis etwa Mitte der Sechzigerjahre würde vermutlich eine starke Präferenz für den Begriff „Machtergreifung" und eine verhältnismäßig marginale Verwendung des Begriffs „Machtübernahme" erweisen: [...] nicht zuletzt „Abrechnung" mit der unmittelbar zurückliegenden Vergangenheit, die sich verständlicherweise um prägnante, die singuläre Ungeheuerlichkeit und monströse Verwerflichkeit des Phänomens durch sprachlich heraushebende Begriffe bemühte.

Norbert Frei: „Machtergreifung". Anmerkungen zu einem historischen Begriff, in: Vierteljahreshefte für Zeitgeschichte 31 (1/1983), S. 136–145, hier S. 142

3. a) Vergleichen Sie die beiden Fotografien (M2 und M3).
b) Nehmen Sie Stellung zur Verwendung des ersten Fotos in heutigen Veröffentlichungen zum 30. Januar 1933.

4. Arbeiten Sie die in M4 genannten Gründe Hindenburgs heraus, Hitler zum Reichskanzler zu ernennen.

5. a) Erläutern Sie die Verwendung der Begriffe „Machtergreifung" und „Machtübernahme" im Sprachgebrauch nach 1945 (M5).
b) Erörtern Sie die Verwendung der historischen Begriffe und des heute üblichen Begriffs der „Machtübertragung".

Leitlinie einer Herrschaft?

Die NS-Ideologie

„Hitlers Weltanschauung – Entwurf einer Herrschaft"

„Hitlers Herrschaft – Vollzug einer Weltanschauung"

1. Mit diesen Titeln versah der Stuttgarter Historiker Eberhard Jäckel zwei Darstellungen zur Geschichte des Nationalsozialismus.
   a) Erläutern Sie die Titel und Untertitel der beiden Werke.
   b) Formulieren Sie Erwartungen, die Sie an die Lektüre richten könnten.

Frühe programmatische Festlegung

Die Nationalsozialistische Deutsche Arbeiterpartei (**NSDAP**) war 1920 aus einer der vielen rechten Splitterparteien Bayerns hervorgegangen und hatte überregionale Bedeutung durch Adolf Hitler, einen ihrer Redner, erhalten. 1921 hatte dieser den Parteivorsitz übernommen und sich in der Partei mit unbeschränkten Vollmachten ausstatten lassen. Zwar war die NSDAP nach einem Putschversuch 1923 verboten, doch zwei Jahre später neu gegründet worden mit dem Ziel, die Macht nunmehr legal zu erobern. Während der Weltwirtschaftskrise war ihr rascher Aufstieg erfolgt, bis sie schließlich am 30. Januar 1933 mit Hitler den Reichskanzler eines Präsidialkabinetts stellte.

Die NSDAP vertrat rechtsradikale Positionen, die auf antiparlamentarischem, antiliberalem, antikommunistischem sowie antisemitischem Gedankengut beruhten. Durch die Verdichtung und Zuspitzung im Parteiprogramm, das 1920 formuliert und danach nie mehr geändert wurde, sowie schließlich in Hitlers „Mein Kampf" wurden in der deutschen Gesellschaft bereits vorhandene Denkfiguren zu einem Weltbild geformt. Dieses war wegen seiner auf wenige Grundpositionen reduzierten Offenheit für verschiedene Deutungen anschlussfähig.

„Mein Kampf": Nach dem Putschversuch von 1923 (→ S. 249) in der Haft geschrieben, stellt Hitler in „Mein Kampf" seine (schöngefärbte) Autobiografie in einen Zusammenhang mit seinen politischen Überzeugungen.

„arisch": eine nicht genau definierte Ableitung aus den historischen Sprachwissenschaften. Meist wurde der Begriff als Gegenbegriff zu „Jude" gebraucht. Die NS-Gesetzgebung verwendete in den Nürnberger Gesetzen von 1935 (→ S. 332) die Begriffskonstruktion „deutsches oder artverwandtes Blut", später durch „deutschblütig" ersetzt.

Sozialdarwinismus: → S. 154

Nationalismus + Sozialismus = Nationalsozialismus?

Ein erster ideologischer Kampfbegriff war die Verbindung von Nationalismus und Sozialismus im Parteinamen. Damit richtete sich die Partei zum einen gegen die konservativen Nationalen, die eine Wiederkehr des Kaiserreichs erträumten, zum anderen gegen die Kommunisten, die nach sowjetischem Vorbild auf eine sozialistische Weltrevolution hinarbeiteten. Allerdings hatte die Forderung, das Nationale und das Soziale zusammenzuführen, Vorläufer im späten 19. Jahrhundert. So hatte etwa der Liberale Friedrich Naumann, der die Arbeiterschaft an das Kaiserreich heranführen wollte, formuliert, dass beides zusammengehöre im Sinne der Ausdehnung des Einflusses der „arbeitenden Menge" auf die gesamte Bevölkerung. Von der Parteiführung der NSDAP wurde nie konkretisiert, wie denn ein nationaler Sozialismus beschaffen sein sollte. So hielt man sich größtmögliche Handlungsoptionen offen.

„Volksgemeinschaft" – ein verbindender Begriff?

Aus dem späten 19. Jahrhundert stammte ebenfalls die Idee der **„Volksgemeinschaft"**, die auch von Reichspräsident von Hindenburg vertreten wurde. Hitler interpretierte sie als „arische", klassenlose, nur nach Berufsständen gegliederte Gesellschaft. Dabei war ihm die Vorstellung einer egalitären Gemeinschaft aber fremd: In der „Volksgemeinschaft" war allen „arischen" Deutschen, die den Nationalsozialismus bejahten, ein Platz zugedacht – innerhalb einer hierarchischen Ordnung.

Hierarchie sollte auch den Staat bestimmen: zum einen durch das Prinzip von „Befehl" und „Gehorsam", nach dem jeder nur dem ihm Übergeordneten verantwortlich ist – bis hin zum „Führer" Adolf Hitler („Führerprinzip"), zum anderen durch das Prinzip der sozialdarwinistisch verstandenen Auslese der „Besten", das auch auf vermeintlich existierende „Rassen" (→ S. 159) angewendet wurde.

M 1 Propagandaplakat der NSDAP-Ortsgruppen, 1930er-Jahre

Bereits für seine frühesten Schriften hatte Hitler auf pseudowissenschaftliche „rassenbiologische“ Veröffentlichungen der Jahrhundertwende zurückgegriffen. Nach seinen Vorstellungen sollte die „arische Rasse“ als „kulturtragende“ über Slawen und Juden herrschen, und wer Jude war, bestimmten nach NS-Ideologie rein biologische Kriterien, nicht mehr die Zugehörigkeit zur jüdischen Religion. Aus der „Volksgemeinschaft“ wurden deutsche Juden als angeblich „rassisch Unterlegene“ ausgeschlossen.

Indem Hitler sowohl dem Kommunismus als auch dem Kapitalismus vorwarf, sie seien von Juden „zersetzt“, die in einer „jüdisch-bolschewistischen Weltverschwörung“ die „Weltherrschaft“ anstrebten, verband er seine politischen antikommunistischen und antidemokratischen Ziele mit den rassenbiologischen Vorstellungen. Selbst von „Entfernung der Juden überhaupt“ war in Hitlers frühen Schriften immer wieder die Rede, allerdings noch nicht verbunden mit konkreten Handlungsmöglichkeiten. Der „Volksgemeinschaft“ hingegen sollten beste Lebensbedingungen geschaffen werden, auch, indem ihr in einem „natürlichen“ Auslesekrieg der Völker neuer „Lebensraum“ erobert werde.

Gruppenarbeit

1. a) Bilden Sie Gruppen von jeweils sechs Personen im Basisfach und neun Personen im Leistungsfach.
   b) Überfliegen Sie die Textmaterialien zur NS-Ideologie (M 6–9) und entscheiden sich in der Stammgruppe, wer welchen Text bearbeitet.
   c) Bearbeiten Sie das gewählte Material in Stillarbeit. Beachten Sie für die Textarbeit die Hinweise zum Exzerpieren (→ S. 405).

2. Vergleichen Sie Ihre Ergebnisse in einer Expertenrunde zum gewählten Material. Klären Sie dabei auch offene Fragen. Erstellen Sie ein gemeinsames Handout zu Ihrem Material.

3. Gehen Sie in Ihre Stammgruppe zurück und berichten Sie kurz und präzise über Ihre Ergebnisse. Die anderen Gruppenmitglieder ergänzen dabei die zu ihren Handouts passenden Informationen.

4. Erstellen Sie in Ihrer Stammgruppe eine Mindmap, in der Sie die Elemente der NS-Ideologie darstellen und ihre Zusammenhänge visuell verdeutlichen. Gehen Sie auf folgende Elemente der Ideologie ein:
   - im Basisfach: **Rassismus, Antisemitismus, Führerprinzip, „Volksgemeinschaft“, Antiliberalismus, „Lebensraum im Osten“,**
   - ■ im Leistungsfach zusätzlich: **Radikalnationalismus, Antiindividualismus, Antiparlamentarismus.**

\+ Analysieren Sie in der Stammgruppe die Bildmaterialien M 1–M 5. Achten Sie dabei besonders darauf, wie die Ideologie/Programmatik ins Bild gesetzt wird.

5. a) Stellen Sie sich im Plenum die Ergebnisse gegenseitig vor und klären Sie offene Punkte.
   b) Ziehen Sie gemeinsam ein vorläufiges Fazit: Welcher Stellenwert für die NS-Herrschaft kam der Ideologie zu? Welche Bedeutung hatte ihre Anschlussfähigkeit zu anderen Ideologien?

„Entfernung der Juden überhaupt“: Ob hinter dieser Formulierung, die Hitler bereits in einem Brief vom September 1919 verwendete, bereits die Vorstellung des Genozids stand, ist in der Forschung umstritten.

M 2 Ausschnitt aus einer Zusammenstellung von „deutschen“ und „jüdischen“ Kindergesichtern, die 1939 in einem Buch über „Erblehre“ veröffentlicht wurde. Die Unterschrift lautete: „Aus dem Gesicht spricht die Seele der Rasse.“

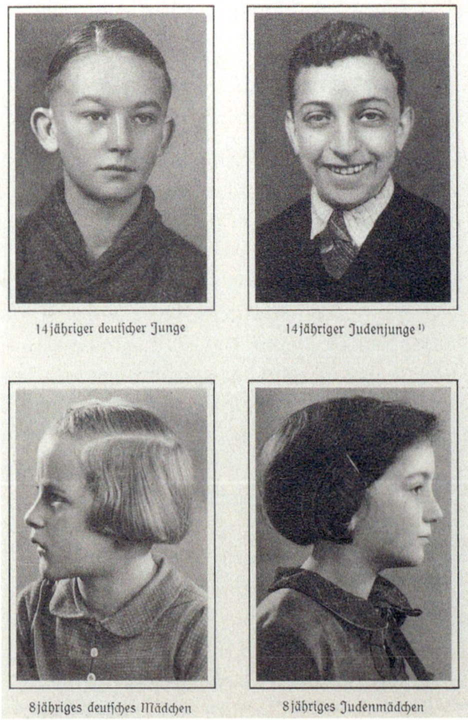

M 3 Plakat aus Anlass der Vereinigung der Ämter von Reichspräsident und Reichskanzler, 1934

M 4 unten: Plakat zur Ausstellung „Der ewige Jude“. Die 1937 u. a. von Joseph Goebbels in München eröffnete Wanderausstellung wurde auch in Berlin und Wien gezeigt und von mehr als 400 000 Menschen besucht.

M 5 Plakat des „Bundes Deutscher Osten“, 1934. Dieser wurde 1933 gegründet und bündelte bestehende Vereinigungen, die die Wiedergewinnung der 1919 abgetretenen Gebiete im Osten des Reiches anstrebten. Offizielles Ziel war, „das deutsche Volk mit den geistes- und raumgeschichtlichen Fragen des Ostens vertraut“ zu machen.

M6 „Volk und Rasse“

In Hitlers „Mein Kampf“, seiner Programmschrift von 1924, beschrieb er die Grundlagen seines rassistischen Denkens:

[Die Menschen] bilden sich ein, fast alles zu kennen und zu wissen und gehen doch mit wenigen Ausnahmen wie blind an einem der hervorstechendsten Grundsätze ihres Waltens vorbei: der inneren Abgeschlossenheit der Arten sämtlicher Lebewesen dieser Erde. [...]
Jedes Tier paart sich wieder nur mit einem Genossen der gleichen Art. Meise geht zu Meise, Fink zu Fink, der Storch zur Störchin, Feldmaus zu Feldmaus, Hausmaus zu Hausmaus, Wolf zu Wolf usw. usw. [...]
Die Folge dieser in der Natur allgemein gültigen Rassenreinheit ist nicht nur die scharfe Abgrenzung der einzelnen Rassen nach außen, sondern auch ihre gleichmäßige Wesensart in sich selber. Der Fuchs ist immer ein Fuchs, die Gans eine Gans, der Tiger ein Tiger usw., und der Unterschied kann höchstens im verschiedenen Maße der Kraft, der Stärke, der Klugheit, Gewandtheit, Ausdauer usw. der einzelnen Exemplare liegen. Es wird aber nie ein Fuchs zu finden sein, der seiner inneren Gesinnung nach etwa humane Anwandlungen Gänsen gegenüber haben könnte, wie es ebenso auch keine Katze gibt mit freundlicher Zuneigung zu Mäusen.
Daher entsteht auch hier der Kampf untereinander weniger durch Gründe innerer Abneigung als vielmehr aus Hunger und Liebe. In beiden Fällen sieht die Natur beruhigt, ja befriedigt aus. Der Kampf um das tägliche Brot lässt alles Schwache und Kränkliche, weniger Entschlossene unterliegen [...]. Immer aber ist der Kampf ein Mittel zur Förderung der Gesundheit und Widerstandskraft der Art und mithin eine Ursache zur Höherentwicklung derselben. [...]
Indem der Mensch versucht, sich gegen die eiserne Logik der Natur aufzubäumen, gerät er in Kampf mit den Grundsätzen, denen auch er selber allein sein Dasein als Mensch verdankt. So muss denn sein Angriff [gegen die Natur] zu seinem eigenen Untergang führen.

Hitler: Mein Kampf. Eine kritische Edition des Instituts für Zeitgeschichte München – Berlin 2016. Hgg. von Christian Hartmann, Thomas Vordermeyer, Othmar Plöckinger und Roman Töppel, unter Mitarbeit von Pascal Trees, Angelika Reizle und Martina Seewald-Mooser. Zwei Bände, München/Berlin [8]2018, Bd. 1: S. 737, 741, 747

M7 „Arier und Jude“

1924 behauptete Hitler in „Mein Kampf“, seiner Programmschrift, einen Gegensatz zwischen „Arier“ und „Juden“:

a) Den gewaltigsten Gegensatz zum Arier bildet der Jude. Kaum bei einem Volke der Welt ist der Selbsterhaltungstrieb stärker entwickelt als beim sogenannten „auserwählten“. [...]
[Wenn] auch der Selbsterhaltungstrieb des jüdischen Volkes nicht kleiner, sondern eher noch größer ist als der anderer Völker, wenn auch seine geistigen Fähigkeiten sehr leicht den Eindruck zu erwecken vermögen, dass es der intellektuellen Veranlagung der übrigen Rassen ebenbürtig wäre, so fehlt doch vollständig die allerwesentlichste Voraussetzung für ein Kulturvolk, die idealistische Gesinnung.

b) Wie sehr [die Juden] den nahenden Sieg schon vor Augen sehen, geht aus der furchtbaren Art hervor, die ihr Verkehr mit den Angehörigen der anderen Völker annimmt.
Der schwarzhaarige Judenjunge lauert stundenlang, satanische Freude in seinem Gesicht, auf das ahnungslose Mädchen, das er mit seinem Blute schändet und damit seinem, des Mädchens, Volke raubt. Mit allen Mitteln versucht er die rassischen Grundlagen des zu unterjochenden Volkes zu verderben. So wie er selber planmäßig Frauen und Mädchen verdirbt, so schreckt er auch nicht davor zurück, selbst in größeren Umfange die Blutschranken für andere einzureißen. Juden waren und sind es, die den Neger an den Rhein bringen, immer mit dem gleichen Hintergedanken und klaren Ziele, durch die dadurch zwangsläufig eintretende Bastardierung die ihnen verhasste weiße Rasse zu zerstören, von ihrer kulturellen und politischen Höhe zu stürzen und selber zu ihren Herren aufzusteigen. [...]
So versucht er planmäßig, das Rassenniveau durch eine dauernde Vergiftung der einzelnen herunterzusenken.
Politisch beginnt er, den Gedanken der Demokratie abzulösen durch den der Diktatur des Proletariats.
In der organisierten Masse des Marxismus hat er die Waffe gefunden, die ihn nun die Demokratie entbehren lässt und ihm an Stelle dessen gestattet, die Völker diktatorisch mit brutaler Faust zu unterjochen und zu „regieren“.

Zit. nach ebd., Bd. 1: a) S. 777, 783, Bd. 1: b) S. 847 ff.

M8 Der Staat und der Einzelne

In „Mein Kampf“, Band 2 (1926), schrieb Hitler über das Verhältnis von Masse und Persönlichkeit:

Es wäre ein Wahnwitz, [...] dem marxistischen Standpunkt: Mensch ist gleich Mensch den Krieg zu erklären, wenn man dann doch nicht entschlossen ist, auch die letzten Konsequenzen zu ziehen. Die letzte Konsequenz der Anerkennung der Bedeutung des Blutes, also der rassenmäßigen Grundlage im allgemeinen, ist aber die Übertragung dieser Einschätzung auf die einzelne Person. So wie ich im allgemeinen die Völker auf Grund ihrer rassischen Zugehörigkeit verschieden bewerten muss, so auch die einzelnen Menschen innerhalb einer Volksgemeinschaft. [...] Die erste Konsequenz dieser Erkenntnis ist zugleich die, ich möchte sagen, gröbere, nämlich der Versuch, die innerhalb der Volksgemeinschaft als rassisch besonders wertvoll erkannten Elemente maßgeblichst zu fördern und für ihre besondere Vermehrung Sorge zu tragen. [...]

Eine Weltanschauung, die sich bestrebt, unter Ablehnung des demokratischen Massengedankens, dem besten Volk, also den höchsten Menschen, diese Erde zu geben, muss logischerweise auch innerhalb dieses Volkes wieder dem gleichen aristokratischen Prinzip gehorchen und den besten Köpfen die Führung und den höchsten Einfluss im betreffenden Volke sichern. Damit baut sie nicht auf dem Gedanken der Majorität, sondern auf dem der Persönlichkeit auf. [...]

Der Marxismus aber stellt sich als den in Reinkultur gebrachten Versuch des Juden dar, auf allen Gebieten des menschlichen Lebens die überragende Bedeutung der Persönlichkeit auszuschalten und durch die Zahl der Masse zu ersetzen. Dem entspricht politisch die parlamentarische Regierungsform, die wir [...] so unheilvoll wirken sehen, und wirtschaftlich das System der Gewerkschaftsbewegung, die nicht den wirklichen Interesssen des Arbeitnehmers dient, sondern ausschließlich den zerstörerischen Absichten des internationalen Weltjuden. [...]

Das hat aber die völkische Weltanschauung von der marxistischen grundsätzlich zu unterscheiden, dass sie nicht nur den Wert der Rasse, sondern damit auch die Bedeutung der Person erkennt und mithin zu den Grundpfeilern ihres ganzen Gebäudes bestimmt.

Zit. nach: ebd., Bd. 2, S. 1123 ff.,

M9 Die Enge des Lebensraums

Im zweiten Band seiner Schrift „Mein Kampf“ stellte Hitler 1926 außenpolitische Überlegungen an, ausgehend von der Überzeugung, das Deutsche Reich sei in einer Welt der großen Machtstaaten von Bedeutungslosigkeit bedroht, und die Deutschen seien ein „Volk ohne Raum“:

[Wir] können aus der Vergangenheit nur lernen, dass wir die Zielsetzung für unser politisches Handeln in doppelter Richtung vorzunehmen haben: Grund und Boden als Ziel unserer Außenpolitik und ein neues, weltanschaulich gefestigtes, einheitliches Fundament als Ziel politischen Handelns im Innern. [...]

Wir [Nationalsozialisten] stoppen den ewigen Germanenzug nach dem Süden und Westen Europas und weisen den Blick nach dem Land im Osten. Wir schließen endlich ab die Kolonial- und Handelspolitik der Vorkriegszeit und gehen über zur Bodenpolitik der Zukunft.

Wenn wir aber heute in Europa von neuem Grund und Boden reden, können wir in erster Linie nur an Russland und die ihm anvertrauten Randstaaten denken.

Das Schicksal selbst scheint uns hier einen Fingerzeig geben zu wollen. Indem es Russland dem Bolschewismus überantwortete, raubte es dem russischen Volk jene Intelligenz, die bisher dessen staatlichen Bestand herbeiführte und garantierte. Denn die Organisation eines russischen Staatsgebildes war nicht das Ergebnis der staatspolitischen Fähigkeit des Slawentums, als vielmehr nur ein wundervolles Beispiel für die staatenbildende Wirksamkeit des germanischen Elements in einer minderwertigen Rasse. So sind zahlreiche mächtige Reiche der Erde geschaffen worden. [...] Seit Jahrhunderten zehrte Russland von diesem germanischen Kern seiner oberen leitenden Schichten. Er kann heute als fast restlos ausgerottet und ausgelöscht angesehen werden. An seine Stelle ist der Jude getreten. So unmöglich es dem Russen an sich ist, aus eigener Kraft das Joch der Juden abzuschütteln, so unmöglich ist es dem Juden, das mächtige Reich auf die Dauer zu erhalten. [...] Das Ende der Judenherrschaft in Russland wird auch das Ende eines russischen Staates selbst sein. Wir sind vom Schicksal ausersehen, Zeugen einer Katastrophe zu werden, die die gewaltigste Bestätigung für die Richtigkeit der völkischen Rassentheorie sein wird.

Zit. nach: Bd. 2, ebd., S. 1645, 1657

M 10 Individuum und Staat

→ Vertiefungsmaterial für das Leistungsfach
Der Jurist Ernst Rudolph Huber (1903–1990) war einer der wichtigen Staatsrechtler des „Dritten Reiches". 1936 schrieb er:

Erst der politische Durchbruch der völkischen Weltanschauung hat die liberalen Grundrechte wirklich überwinden können. Insbesondere die Freiheitsrechte des Individuums gegenüber der Staatsgewalt mussten verschwinden; sie sind mit dem Prinzip des völkischen Reiches nicht vereinbar.
Es gibt kein „Individuum", das losgelöst von der völkischen Gemeinschaft und frei von allen politischen Bindungen seinen geistigen oder materiellen Interessen allein zu leben berechtigt wäre. Es gibt keine persönliche, vorstaatliche und außerstaatliche Freiheit des Einzelnen, die vom Staat zu respektieren wäre. An diese Stelle des isolierten Individuums ist der in die Gesellschaft gliedhaft eingeordnete Volksgenosse getreten, der von der Totalität des politischen Volkes erfasst und in das völkische Gesamtwirken einbezogen ist. Es kann hier keine private staatsfreie Sphäre mehr bestehen, die der politischen Einheit gegenüber unantastbar und heilig wäre.

Ernst Rudolph Huber: Die Rechtsstellung des Volksgenossen. Erläutert am Beispiel der Eigentumsordnung, in: Zeitschrift für die gesamte Staatswissenschaft 3/1936, S. 440

M 11 Verwirklichung einer Ideologie?

→ Vertiefungsmaterial für das Leistungsfach
a) 1986 schrieb der Historiker Eberhard Jäckel:

Selten oder vielleicht tatsächlich nie in der Geschichte hat ein Herrscher, ehe er an die Macht kam, so genau wie Adolf Hitler schriftlich entworfen, was er danach tat. Nur deswegen verdient der Entwurf Beachtung. Anderenfalls wären die frühen Aufzeichnungen, die Reden und die Bücher, die Hitler verfasste, höchstens von biografischem Interesse. Erst die Verwirklichung erhebt sie in den Rang einer historischen Quelle.

Eberhard Jäckel: Hitlers Weltanschauung, Stuttgart [3]1986, S. 7

b) Der Historiker Hans Mommsen (1930–2015) äußerte sich 1996 in einem Interview:

Zunächst einmal war die NSDAP – im Unterschied zu kommunistischen Parteien – ausschließlich auf Wahlwerbung ausgerichtet und verfügte über kein Programm, das innerparteilich zur Debatte stand. An die Stelle innerparteilicher Interessenintegration trat der Führerwille. Auf keiner Ebene der Partei, und das galt für das spätere Regime ebenso, existierten Gremien, die divergierende Interessen zum Austrag brachten. Keine Stellung war institutionell definiert, sondern jede musste durch Aktivität und Kampf ihres Inhabers immer wieder neu bestätigt werden. Gleichzeitig ersetzte die Partei das, was wir unter Politik verstehen, durch bloße politische Mobilisierung vor dem Hintergrund eines vage definierten visionären Endziels. Das erzeugte die irrationale Dynamik, die diese Bewegung ausgezeichnet hat.

Zit. nach: www.focus.de/politik/deutschland/deutschland-staendige-radikalisierung_aid_159859.html (23.03.2020)

2. Arbeiten Sie aus dem Text des Juristen Huber (M 10) das Staatsverständnis heraus und vergleichen es mit dem Staatsverständnis des Grundgesetzes.

3. a) Fassen Sie die Thesen der Historiker Jäckel und Mommsen (M 11) zusammen und vergleichen Sie sie.
b) Beurteilen Sie auf der Grundlage Ihrer bisherigen Kenntnisse deren Bedeutung für das Verständnis der NS-Diktatur.

M 12 (rechts) Feierraum der NSDAP-Ortsgruppe Riesa-Gröba (Sachsen) mit Hitlerbüste. Propagandafoto, um 1935. Oben steht: „DU BIST NICHTS, DEIN VOLK IST ALLES".

Die Errichtung der Diktatur

Von der „Machtübernahme" zur „Gleichschaltung"

M 1 Das brennende Reichstagsgebäude in der Nacht vom 27. zum 28. Februar

27. Februar 1933: Wenige Wochen nach dem Regierungsantritt des Kabinetts Hitler brannte der Reichstag. Der Täter war schnell gefasst: Marinus van der Lubbe, ein Kommunist. Doch gab es bald Gerüchte, die Nationalsozialisten selbst hätten das Gebäude angezündet, wofür auch ein 2019 aufgefundenes Archivdokument spricht. Zweifelsfrei ist die Täterschaft allerdings bis heute nicht geklärt. Die NS-Regierung nutzte den Vorfall aber sofort aus, um ihre Herrschaft zu festigen.

---

1. a) Notieren Sie mögliche Schritte, die die Regierung Hitler gehen konnte, um ihre Herrschaft zu festigen.
   b) Bewerten Sie die Möglichkeiten. Legen Sie dabei Ihre Kriterien dar.

„Machtübernahme" – erst der Anfang?

Das Kabinett vom 30. Januar 1933 konnte, wie auch die Vorgängerregierungen, keine Mehrheit des Reichstags auf sich vereinigen. Die Antidemokraten um Hindenburg, die auf die Abschaffung der parlamentarischen Demokratie hinarbeiteten, trauten jedoch Hitler zu, dass er das politische Patt würde aufheben können. Keiner der Machtgruppen, weder den demokratischen noch den antidemokratischen Kräften, war es ja seit 1930 gelungen, eine Parlamentsmehrheit zu erringen. Hindenburg wollte zunächst von der Praxis des Regierens mit Notverordnungen wegkommen. Hitler aber forderte Neuwahlen. Er hoffte, für die NSDAP die Mehrheit zu holen und seine konservativen Koalitionäre loszuwerden. Mit dem Reichspräsidenten verband ihn das Ziel, die Deutschen zu einer „Volksgemeinschaft" zu vereinigen. Deshalb ließ dieser den neuen Kanzler gewähren:

- Am 1. Februar 1933 löste Hindenburg den Reichstag auf. Mit großem Propagandaaufwand begann die NSDAP ihren Wahlkampf.
- Am 28. Februar, dem Tag nach dem Reichstagsbrand, erließ der Reichspräsident die „Verordnung zum Schutz von Volk und Staat", die sogenannte Reichstagsbrandverordnung. Sie setzte die wesentlichen Grundrechte der Weimarer Verfassung außer Kraft und verschaffte der Reichsregierung das Recht, über die „nötigen Maßnahmen" zu entscheiden – auch über die Absetzung demokratisch gewählter Länderregierungen.

Die Reichstagsbrandverordnung war Teil eines scheinbar legalen Rahmens, in welchem die NS-Diktatur nun aufgebaut werden konnte, denn die Verfassung von 1919 galt ja weiterhin (**Pseudolegalität**). Die NSDAP nutzte die Verordnung sofort für die Beseitigung ihrer Gegner. Sie wurden verfolgt, auch mithilfe von Teilen des Staatsapparats, über den die Regierung verfügte. Bereits im März wurden sogenannte **Konzentrationslager** eingerichtet, wo Oppositionelle inhaftiert und gefoltert wurden. Die meisten frühen Lager unterstanden der Kontrolle von SA und SS .

Zwar wählten am 5. März 1933 nur 43,9 % der Deutschen die NSDAP, sodass sie lediglich mit ihren konservativen Verbündeten eine parlamentarische Mehrheit erreichte, dennoch bestimmte eine Woge nationalistischer Euphorie das öffentliche Leben. Zwei Tage nach Zusammentritt des neuen Reichstags, am 23. März, ließ der neue Kanzler den Reichstag über ein Ermächtigungsgesetz abstimmen, das der Regierung – zunächst für vier Jahre – das Recht verleihen sollte, Gesetze ohne Zustimmung des Parlaments zu erlassen. Viele Anhänger der bürgerlichen Parteien dachten in den Bahnen des Rechtsstaates; sie konnten sich nicht vorstellen, mit welcher Zielstrebigkeit die Nationalsozialisten ihn zerstören würden. Einzig die SPD stimmte gegen das Gesetz. Die 81 Mandate der KPD waren am 8. März annulliert worden, sodass die KPD an der Abstimmung gar nicht beteiligt war. Mit 444 gegen 94 Stimmen beschloss der Reichstag damit seine eigene Entmachtung: Die Gewaltenteilung zwischen Legislative und Exekutive war aufgehoben.

Die „Gleichschaltung" – legal?

Noch im Februar 1933 hatte die Reichsregierung unter Berufung auf die Reichstagsbrand-

Konzentrationslager (KZ, früher KL): 1933 improvisierte Lager für die Unterbringung von verhafteten „missliebigen Elementen". Die Lager wurden geleitet von Mitgliedern der NS-Parteiorganisationen SA und SS.

SA („Sturm-Abteilung"): paramilitärischer Verband; durch gewalttätige Ausschreitungen gegen Gegner Hitlers trug sie zum Aufstieg der NSDAP wesentlich bei.

SS („Schutz-Staffel"): für die innere Sicherheit des Regimes zuständige Parteiorganisation, die politische Gegner mit polizeilichen Befugnissen überwachte und verfolgte verordnung überall die Länderregierungen abgesetzt und die Verwaltung der Länder stattdessen Reichskommissaren, meist NSDAP-Mitgliedern, übertragen. Den nächsten Schritt leitete das „Vorläufige Gesetz zur Gleichschaltung der Länder mit dem Reich“ vom 31. März ein: Dieses ermöglichte auf Grundlage des „Ermächtigungsgesetzes“ den nun nationalsozialistischen Länderregierungen, Gesetze ohne parlamentarisches Verfahren zu erlassen. Nach dieser **„Gleichschaltung“** der Länder folgten innerhalb weniger Monate das Verbot von Parteien – oder ihre Selbstauflösung, mit der die Mitglieder Verfolgungen entgehen wollten. Mit dem Gesetz „Gegen die Neubildung von Parteien“ vom 14. Juli 1933 sicherte die NSDAP den Einparteienstaat. Das Zähmungsvorhaben der konservativen Antidemokraten war endgültig gescheitert.

Auch andere Massenorganisationen wie die Gewerkschaften wurden zerschlagen. An deren Stelle trat die von den Nationalsozialisten kontrollierte, nach dem „Führerprinzip“ organisierte Deutsche Arbeitsfront (DAF). Die Regierung erklärte den 1. Mai, den traditionellen Tag der Arbeiterbewegung, zum nationalen Feiertag bei voller Lohnfortzahlung. Durch Maßnahmen wie diese gelang es der NSDAP, viele Arbeiter auf ihre Seite zu ziehen. Gleichzeitig gewann sie einen Großteil der Deutschen für sich durch den Anschein von Ordnung und Stabilität des neuen Regimes. Vor allem gute Aufstiegschancen lockten viele junge Akademiker. Die Zahl der Neumitglieder der NSDAP stieg so rapide an, dass die Partei im April 1933 einen vorübergehenden Aufnahmestopp verhängte.

Drei Gewalten vereint auf Hitler

Das NS-Regime sah sich durch den Wunsch der Bevölkerung nach Stabilität veranlasst, den Kurs der (Schein-)Legalität fortzusetzen. Im Verlauf des Jahres 1933 verkündete Hitler das Ende der „nationalen Revolution“. Ein Teil der inzwischen auf vier Millionen Mitglieder angewachsenen SA war jedoch damit unzufrieden. Sie hatte vor 1933 in vielen Saal- und Straßenschlachten für die NSDAP gekämpft und unmittelbar nach der Machtübertragung dem Regime – als Hilfspolizei etwa – Dienste geleistet. Doch nach Hitlers Rede sah sie sich

M 2 Am 10. Mai ließ Joseph Goebbels, der neue „Minister für Volksaufklärung und Propaganda“, in mehreren großen Städten eine Bücherverbrennung inszenieren. In Berlin hielt er selbst eine Hetzrede gegen jüdische und linke Autoren. Teilweise sortierten deutsche Bibliotheken ohne Aufforderung Werke aus ihren Beständen aus. Um den Bereich der Kultur gleichzuschalten, wurde im September 1933 die „Reichskulturkammer“ gegründet.

um die Früchte ihrer Anstrengungen gebracht. Vor allem der Chef der SA, Ernst Röhm – einer der wenigen, die sich mit Hitler duzten –, forderte eine „zweite Revolution“. Röhm wollte die SA als Volksmiliz an die Stelle der Reichswehr setzen. Hitler dagegen brauchte die erfahrenen Militärs für seine Kriegspläne. Unter dem Vorwand, Röhm plane einen Putsch gegen die Regierung, ließ er ihn am 30. Juni 1934 verhaften und einen Tag später ermorden. Mit Röhm wurden etwa 200 Mitglieder der SA und weitere Gegner der Nazis wie der ehemalige Reichskanzler Kurt von Schleicher erschossen. Diesen klaren Rechtsbruch legitimierte Hitler mit einem angeblichen Staatsnotstand. Er habe als „der Deutschen höchster Gerichtsherr“ gehandelt. In der Bevölkerung war die Erleichterung über das Ende der wilden Aktionen der SA größer als die Empörung über das illegale Vorgehen der Nationalsozialisten. Die Bedeutung der SA wurde zurückgeschraubt; an ihre Stelle trat die SS unter Heinrich Himmler.

Nach dem Tod des Reichspräsidenten Hindenburg am 2. August 1934 ließ die Armeeführung die Soldaten auf Hitler persönlich vereidigen. Die Ämter von Reichskanzler und Reichspräsident wurden vereinigt. Die Weimarer Verfassung blieb formal bis zum Ende des Dritten Reichs in Kraft. Dennoch hatte Hitler die Gewaltenteilung zwischen Legislative, Exekutive und Judikative aufgehoben. Sitzungen des Reichstags, selbst Kabinettssitzungen, fanden nur selten statt. Gesetze wurden von der Reichskanzlei per Umlauf organisiert, bei dem die betroffenen Ministerien zustimmten und Hitler das letzte Wort hatte. Auf eine geschriebene neue Verfassung verzichtete das NS-Regime. Allein des „Führers“ Wille sollte fortan gelten; die **Diktatur** war aufgebaut.

M3 (links) Wahlplakat der NSDAP zur (nicht mehr freien) Reichstagswahl am 5. März 1933

M4 Abwehr von Staatsgefährdern?

Aus der „Verordnung des Reichspräsidenten zum Schutz von Volk und Staat":

Auf Grund des Artikels 48 Abs. 2 der Reichsverfassung wird zur Abwehr kommunistischer staatsgefährdender Gewaltakte folgendes verordnet:

§ 1 Die Artikel 114, 115, 117, 118, 123, 124 und 153 der Verfassung des Deutschen Reichs werden bis auf weiteres außer Kraft gesetzt. Es sind daher Beschränkungen der persönlichen Freiheit, des Rechts der freien Meinungsäußerung, einschließlich der Pressefreiheit, des Vereins- und Versammlungsrechts, Eingriffe in das Brief-, Post-, Telegraphen- und Fernsprechgeheimnis, Anordnungen von Haussuchungen und von Beschlagnahmen sowie Beschränkungen des Eigentums auch außerhalb der sonst hierfür bestimmten gesetzlichen Grenzen zulässig.

Reichsgesetzblatt Nr. 17/1933 (Teil I), 28.02.1933, S. 38

M5 Ermächtigung wozu?

Das „Gesetz zur Behebung der Not von Volk und Reich", das am 24. März 1933 in Kraft trat, wird meist als „Ermächtigungsgesetz" bezeichnet. Es lautete:

Der Reichstag hat das folgende Gesetz beschlossen, das mit Zustimmung des Reichsrats hiermit verkündet wird, nachdem festgestellt ist, dass die Erfordernisse verfassungsändernder Gesetzgebung erfüllt sind:

Artikel 1: Reichsgesetze können außer in dem in der Reichsverfassung vorgesehenen Verfahren auch durch die Reichsregierung beschlossen werden. Dies gilt auch für die in den Artikeln 85 Abs. 2 und 87 der Reichsverfassung bezeichneten Gesetze.

Artikel 2: Die von der Reichsregierung beschlossenen Reichsgesetze können von der Reichsverfassung abweichen, soweit sie nicht die Einrichtung des Reichstags und des Reichsrats als solche zum Gegenstand haben. Die Rechte des Reichspräsidenten bleiben unberührt.

Artikel 3: Die von der Reichsregierung beschlossenen Reichsgesetze werden vom Reichskanzler ausgefertigt und im Reichsgesetzblatt verkündet. Sie treten, soweit sie nichts anderes bestimmen, mit dem auf die Verkündung folgenden Tage in Kraft. Die Artikel 68 bis 77 der Reichsverfassung finden auf die von der Reichsregierung beschlossenen Gesetze keine Anwendung.

Artikel 4: Verträge des Reiches mit fremden Staaten, die sich auf Gegenstände der Reichsgesetzgebung beziehen, bedürfen für die Dauer der Geltung dieser Gesetze nicht der Zustimmung der an der Gesetzgebung beteiligten Körperschaften. Die Reichsregierung erlässt die zur Durchführung dieser Verträge erforderlichen Vorschriften.

Artikel 5: Dieses Gesetz tritt mit dem Tage seiner Verkündung in Kraft. Es tritt mit dem 1. April 1937 außer Kraft, es tritt ferner außer Kraft, wenn die gegenwärtige Reichsregierung durch eine andere abgelöst wird."

Reichsgesetzblatt Nr. 25/1933, S. 141

Artikel 85 Abs. 2 und 87 der Reichsverfassung: Paragrafen, die das Haushaltsbewilligungsrecht des Parlaments festlegten

Artikel 68 bis 77 der Reichsverfassung: Paragrafen, die das Gesetzgebungsrecht des Parlaments regelten

M6 Der „Tag von Potsdam“ – ein Mythos?

→ Vertiefungsmaterial für das Leistungsfach

Am 21. März 1933 fanden in Potsdam Feierlichkeiten anlässlich des Zusammentritts des neu gewählten Parlaments statt. Von diesem Tag ist ein Foto erhalten, das Adolf Hitler unterwürfig gegenüber Reichspräsident Hindenburg zeigt – eine bewusste Inszenierung der NS-Propaganda, mit der die Menschen über die wahren Machtansprüche Hitlers getäuscht werden sollten?

a) Der Historiker Martin Sabrow schrieb 2003:

[Der] „Tag von Potsdam“ [gilt] als eine meisterhaft inszenierte Rührkomödie, mit der die nationalsozialistischen Machthaber [...] nach den kleinen Leuten nun auch das konservative Bürgertum hinter sich gebracht haben, das bis dahin vielfach noch in elitärer Distanz zur Hitlerbewegung und ihrem plebejischen Anführer verharrt war. Die Deutung des Potsdamer Staatsaktes [...] gehört bis heute zum historischen Selbstverständnis der Bundesrepublik. Sie bedient den immer noch populären Mythos der verführten Deutschen, [...] die sich bis in die Siebzigerjahre mehrheitlich selbst als Opfer der zwölf dunklen Jahre verstand[en].

Kritische Durchleuchtung verdient schon die Annahme, Charakter und Ablauf der Reichstagseröffnung vom 21. März 1933 stellten das Resultat einer zielgerichteten Vorbereitung durch den nationalsozialistischen Chefpropagandisten Goebbels dar. [...] Der „Tag von Potsdam“ [entsprach] keineswegs dem von Goebbels beschworenen Ziel, die Feier zur Reichstagseröffnung „zum erstenmal im Stil nationalsozialistischer Formgebung“ abzuhalten. [...] Wie zahlreiche Beobachter übereinstimmend notierten, dominierte am 21. März nicht das nationalsozialistische Hakenkreuz, sondern in erdrückendem Übermaß das kaiserliche Schwarz-Weiß-Rot im Farbenmeer der geflaggten Häuser und Straßen Potsdams. [...] Auch der [...] Staatsakt unterstrich unübersehbar den symbolpolitischen Sieg des monarchischen Restaurationsgedankens über die braune Revolutionsideologie [...] Als [Hindenburg] den Heimweg nach Berlin antrat, konnte [er] die Gewissheit mitnehmen, dass die über ihn zur Macht gelangte Hitlerbewegung an diesem Tag ihrem nationalrevolutionären Habitus öffentlich abgeschworen und sich endgültig in die Tradition eines restaurativen Preußentums eingefügt hätte.

Martin Sabrow: Der „Tag von Potsdam“ – Zur Geschichte einer fortwährenden Mythenbildung, 2003 (garnisonkirche-potsdam.de, 28.03.2020)

M7 Als Schnappschuss entstandenes Foto der Verabschiedung von Reichspräsident und Reichskanzler nach den Feierlichkeiten in Potsdam. Vom Händedruck beim Staatsakt in der Garnisonskirche, der das Zusammenwirken der alten Eliten mit der NSDAP symbolisieren sollte, gibt es kein Foto. Die hier gezeigte Aufnahme wurde auch nach 1945 vielfach verbreitet.

b) 2013 sagte Sabrow in einem Interview:

Der Nationalsozialismus erreichte die Macht eigentlich auf den Wogen einer grandiosen Zustimmung. Natürlich nur eines Teils der Bevölkerung und mit erheblichem Gewalteinsatz, aber am Tag von Potsdam eben auch mit ganz massiver Unterstützung der Bevölkerung, die hier ihrem neuen Messias entgegenfieberte. Und dieser Messias war nicht alleine Hitler, er war auch Hindenburg. Und dahinter stand die Idee einer großartigen Versöhnung, stand die Idee einer Volksgemeinschaft, deren weitere Entwicklung wir dann kennen.

Zit. nach: https://www.deutschlandfunkkultur.de/als-sich-hitler-und-hindenburg-die-hand-reichten.954.de.html?dram:article_id=241304 (31.05.2021)

legal: formal dem Gesetz entsprechend

legitim: rechtmäßig, nicht nur dem Buchstaben, sondern auch dem Geist eines Gesetzes/einer Rechtsordnung entsprechend. Umgangssprachlich: auch ohne Gesetz (moralisch) erlaubt

2. Erklären Sie mithilfe des Darstellungstextes, warum schon bei Zeitgenossen der Verdacht aufkam, die Nationalsozialisten selbst hätten den Reichstagsbrand gelegt.

3. Erläutern Sie auf der Basis des Darstellungstextes, M4 und M5, warum „Reichstagsbrandverordnung“ und „Ermächtigungsgesetz“ als Verfassungsurkunden des NS-Regimes bezeichnet wurden.

4. a) Charakterisieren Sie anhand des Darstellungstextes sowie von M1 bis M5 die Stationen der Errichtung der Diktatur.
b) Beurteilen Sie, inwiefern die Errichtung der Diktatur auf legalem Weg verlief. Verwenden Sie dabei die Begriffe „legal“ und „legitim“.

5. Erläutern Sie mithilfe von M6 und M7 die Bedeutung des „Tages von Potsdam“ für die Zeitgenossen und für die Zeit nach 1945.

Ordnung oder Chaos?

Der „Führerstaat“

M 1 Karikatur der sowjetischen Gruppe „Kukryniksy“, erschienen in der Satirezeitschrift „Krokodil“, Anfang der 1940er-Jahre

1. a) Interpretieren Sie die Karikatur.
   b) Entwickeln Sie auf Grundlage Ihres Vorwissens Hypothesen zur Frage: War Hitler ein starker oder ein schwacher Diktator?

„Verklammerte“ Strukturen

Am 19. August 1934 stimmte fast 90 % der wahlberechtigten Bevölkerung in nicht mehr freier und geheimer Abstimmung dafür, dass Hitler sowohl Staatsoberhaupt und damit Oberster Befehlshaber als auch Kanzler, zudem Führer der Staatspartei NSDAP sei. Die **Diktatur**, der „Führerstaat“, war errichtet. Neben den bestehenden staatlichen Institutionen bauten die Nationalsozialisten darin eigene, teils parallel handelnde, teils miteinander verklammerte Strukturen auf. So übernahmen führende Mitglieder der NSDAP sowohl Parteifunktionen als auch staatliche Aufgaben. Joseph Goebbels beispielsweise war „Reichsminister für Volksaufklärung und Propaganda“ und Präsident der „Reichskulturkammer“, der die Künste, die Presse und der Rundfunk unterworfen waren. Gleichzeitig blieb er Gauleiter der Partei in Berlin. Hermann Göring war zugleich der mächtige Ministerpräsident Preußens und Reichsluftfahrtminister, später auch Oberbefehlshaber der Luftwaffe sowie „Beauftragter für den Vierjahresplan“. Als solcher war er – zur Vorbereitung des Krieges – dem Reichswirtschaftsminister mindestens gleichgestellt. Aufgaben des Staates wurden häufig doppelt besetzt. So war etwa für die Außenpolitik der Reichsaußenminister zuständig, zunächst der Konservative Konstantin Freiherr von Neurath (1932–1938), dann der Nationalsozialist Joachim von Ribbentrop (1938–1945). Aber auch Alfred Rosenberg beanspruchte als Leiter des Außenpolitischen Amtes der NSDAP, die Außenpolitik des NS-Regimes mitzubestimmen. Dabei galt auf allen Ebenen das „Führerprinzip“. Es forderte unbedingte Treue und Gehorsam von den Mitgliedern der „Volksgemeinschaft“ und war in der behaupteten Einheit von Volk und Führer begründet. Ein straff organisierter, einheitlicher Staat aber wurde von den Nationalsozialisten nicht geschaffen.

Polykratie im „Führerstaat“?

Die Parallelität von Staat und Partei, die bewusst unklaren Herrschaftsstrukturen mit ihren zahlreichen Sonderformen sorgten für Kompetenzgerangel und Machtrivalitäten. Die Polykratie ermöglichte es Hitler, in allen wichtigen Fragen das letzte Wort zu behalten. Dies wurde ihm von Partei und Bevölkerung meist vorbehaltlos zugestanden. Viele Probleme wurden durch die Schaffung ständig neuer Aufgabenbereiche in Partei und Staat flexibel und ohne die üblichen Wege der Bürokratie rasch erledigt. Straffe Hierarchie neben Ämterwirrwarr war eine Voraussetzung für das Funktionieren des NS-Regimes, denn die vielen kleinen „Führer“ in den verschiedensten Bereichen nutzten ihre Entscheidungsmöglichkeiten, indem sie sich bemühten, „dem Führer entgegenzuarbeiten“ (→ M 6). So verstanden sich zahlreiche Staatsbeamte als politische Kämpfer einer Streitmacht und nutzten ihren „Ermöglichungsraum“, beispielsweise bei der Verfolgung der Juden oder im Krieg bei der Ausbeutung der besetzten Gebiete.

Vierjahresplan: Plan, nach dem die deutsche Wirtschaft neu aufgestellt werden sollte

Polykratie: nicht klar abzugrenzende, ineinandergreifende Machtstrukturen, „Vielherrschaft“

„Ermöglichungsraum“: Den Begriff prägte der Historiker Michael Wildt.

M2 NS-Staat als „Doppelstaat"

Ernst Fraenkel (1898–1975), ein jüdischer Jurist, emigrierte 1938 in die USA. In seinem 1941 dort erschienenen Buch „The Dual State", das erst 1974 in deutscher Sprache erschien, berichtet er über seine Erfahrungen als Rechtsanwalt im nationalsozialistischen Deutschland. Zur Beschreibung der Spezifika des NS-Staates verwendete er die Begriff des „Maßnahmenstaates", den er vom „Normenstaat" abgrenzte:

Unter „Maßnahmenstaat" verstehe ich das Herrschaftssystem der unbeschränkten Willkür und Gewalt, das durch keinerlei rechtliche Garantien eingeschränkt ist; unter „Normenstaat" verstehe ich das Regierungssystem, das mit weitgehenden Herrschaftsbefugnissen zwecks Aufrechterhaltung der Rechtsordnung ausgestattet ist, wie sie in Gesetzen, Gerichtsentscheidungen und Verwaltungsakten der Exekutive zum Ausdruck gelangen. [...]
Im politischen Sektor des Dritten Reiches gibt es weder ein objektives noch ein subjektives Recht, keine Rechtsgarantien, keine allgemein gültigen Verfahrensvorschriften und Zuständigkeitsbestimmungen – kurzum, kein auch die Betroffenen verpflichtendes und berechtigendes Verwaltungsrecht. In diesem politischen Sektor fehlen die Normen und herrschen die Maßnahmen. Daher der Ausdruck „Maßnahmenstaat". [...] Politisch ist, was politische Instanzen für politisch erklären. Die Einstufung einer Handlung als politisch oder unpolitisch entscheidet darüber, ob sie nach Rechtsnormen oder nach Willkür der politischen Behörden beurteilt wird. Die rechtliche Lage im heutigen Deutschland ist dadurch gekennzeichnet, dass es keine Materie gibt, die sich dem Zugriff der politischen Instanzen zwecks politischer Erledigung ohne jegliche Rechtsgarantien zu entziehen vermöchte.

Ernst Fraenkel: Der Doppelstaat (übers. v. Manuela Schöps), Frankfurt/M. u.a. 1974, S. 21, 26, 72

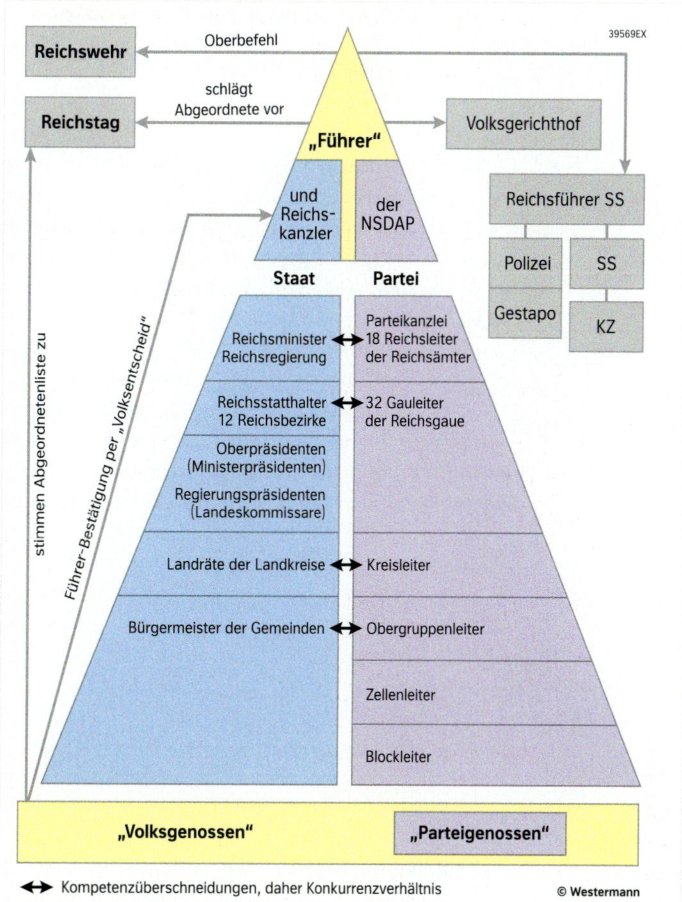

M4 Das nationalsozialistische Herrschaftssystem

M3 Dieses Foto, entstanden 1937 beim „Reichserntedankfest" auf dem Bückeberg bei Hameln, wurde weit verbreitet. Es inszeniert Hitler als „Führer", der aus dem Volk emporsteigt.
Veranstaltungen wie diese trugen dazu bei, den Kanzler als religiös überhöhten „Führer" zu inszenieren. Die vielfach dokumentierte Begeisterung von Menschen für den NS zeigt, dass viele für diese Art der Propaganda empfänglich waren.

M5 Hitler – „schwacher Diktator"?

Der Historiker Hans Mommsen wandte sich bereits 1972 dagegen, die Person Hitlers zu betonen:

[Die Forschung zur Rolle Hitlers im NS-Staat stellte] eine institutionelle Anarchie ohnegleichen und eine zunehmende Entsachlichung der Entscheidungsprozesse auf allen Ebenen des Systems [heraus], das äußerlich durch den Führermythos zusammengehalten wurde. Andererseits aber stieß sie auf einen entscheidungsunwilligen, häufig unsicheren, aufs stärkste von der jeweiligen Umgebung beeinflussten, in mancher Hinsicht schwachen Diktator. Damit erhebt sich die Frage, inwieweit es angängig ist, die Politik des Dritten Reiches in allen entscheidenden Fragen auf den Willen Hitlers zurückzuführen.

Hans Mommsen: Nationalsozialismus, in: Claus D. Kernig (Hg.): Sowjetsystem und demokratische Gesellschaft Bd. 5, Freiburg u. a. 1972, S. 702

M7 NSDAP-Mitglieder werben vor einer Reichstagswahl auf einem Bauernhof für Hitler und die NSDAP. Foto, 1932

M6 Nationalsozialismus ohne Hitler?

Der britische Historiker Ian Kershaw fragte 1998 nach der Rolle der deutschen Gesellschaft:

Die Macht leitete sich nur teilweise von Hitler selbst ab. In größerem Maße war sie ein Produkt der Gesellschaft – ein Ergebnis der gesellschaftlichen Erwartungen und Motivationen, die Hitlers Anhänger auf ihn übertrugen. Das heißt nicht, dass Hitlers eigene Handlungen im Kontext seiner sich erweiternden Macht nicht in Schlüsselmomenten von höchster Wichtigkeit waren. Doch die Wirkung seiner Macht darf weitgehend nicht in bestimmten Persönlichkeitsmerkmalen, sondern muss in seiner Rolle als „Führer" gesehen werden – eine Rolle, die nur möglich wurde durch andere. [...]
Es sei die Pflicht jeder Person im Dritten Reich, „zu versuchen im Sinne des Führers ihm entgegenzuarbeiten", ohne auf Anweisung von oben zu warten [, formulierte ein Staatssekretär im Reichsernährungsministerium 1934]. In die Tat umgesetzt war diese Maxime eine der Antriebskräfte des Dritten Reiches, denn sie konnte Hitlers nur lose geknüpftes Netz ideologischer Zielsetzungen in Initiativen überführen, die auf die Erfüllung der visionären Ziele des Diktators hinarbeiteten.

Ian Kershaw: Hitler 1889–1936 (übers. v. Jürgen Peter Krause, Jörg Rademacher), Stuttgart 1998, S. 23, 27

M8 Hitler – „charismatischer Führer"?

In dem folgenden Textauszug greift der Historiker Hans-Ulrich Wehler die Vorstellung des Soziologen Max Weber (1864–1920) von charismatischer Herrschaft auf. Wehler schrieb 2003:

In der Realität des NS-Regimes gehörten die charismatische Einherrschaft und die Vielherrschaft konkurrierender Machtaggregate mit systembedingter Notwendigkeit zusammen. [...] Der „Pluralismus der Aktionszentren" gestattete es [...], dass der Diktator sich längere Zeit, die Mühsal des Kräftemessens und den Wettlauf um seine Gunst beobachtend, von unentschiedenen Konflikten fernhalten konnte [...]. Bei allen grundlegenden Entscheidungen jedoch konnte er letztlich immer wieder seine Rolle als unangefochtener, die Abhängigkeit von seinem Urteil virtuos ausnutzender „supremus arbiter" spielen; er allein übte die Richtlinienkompetenz und die maßgeblichen Steuerungs- und Koordinationsfunktionen aus [...]. Man kann noch einen Schritt weitergehen: Der Machterhalt Hitlers an der Spitze eines charismatischen Herrschaftssystems hatte die Rivalität polykratischer Sonderstäbe „herrschaftsstrategisch" geradezu zur unabdingbaren Voraussetzung.

Hans-Ulrich Wehler: Deutsche Gesellschaftsgeschichte 1914–1949, München 2003, S. 623 f.

charismatische Herrschaft: Als solche bezeichnete Weber die Herrschaft einer mit besonderen Eigenschaften begabten Person, die ihr Autorität verleiht und Massengehorsam erzeugt.

supremus arbiter: höchster Schiedsrichter

M9 Eine Synthese?

Der Historiker Peter Longerich geht in seiner 2015 erschienenen Hitler-Biografie der Frage nach, wie sich das Phänomen der Herrschaft Hitlers erklären lässt. Seine These ist, dass es sich weder auf die Person Hitlers reduzieren lasse noch auf die äußeren Umstände. Longerich führt einleitend aus:

Droht bei einer zu persönlichkeitsbezogenen Interpretation ein Rückfall in einen „Hitlerismus" mit apologetischen Vorzeichen, so lauert bei der umfassenden Erläuterung der historischen Umstände und Bedingungen die gegenteilige Gefahr, dass Hitler als handelnde Person verlorengeht und zur bloßen Marionette äußerer Umstände, zur Projektionsfläche zeitgenössischer Strömungen wird. Das hieße aber, ausgerechnet Hitler in seiner historischen Bedeutung zu marginalisieren und seine persönliche Verantwortung in einem historischen Prozess verschwinden zu lassen. [...]

Hitler war in wesentlich größerem Umfang in den verschiedensten Politikbereichen aktiv tätig, als dies bisher vielfach angenommen wurde. Die Bedingungen dafür schuf er sich selbst: Er ließ den traditionellen staatlichen Machtapparat Schritt für Schritt in seine Bestandteile zerfallen, sorgte dafür, dass sich keine neuen, übersichtlichen Machtstrukturen herausbildeten, und vergab stattdessen weitgesteckte Aufträge an Personen, die ihm persönlich verantwortlich waren. Diese konsequent personalistische Führung erlaubte es ihm, in den unterschiedlichsten Bereichen weitgehend willkürlich zu intervenieren, und diese Möglichkeiten hat er in seiner Regierungspraxis ausgiebig genutzt. [...]

Was waren die Grundlagen der außerordentlichen Machtfülle dieses Diktators? Die Vorstellung, Hitlers Herrschaft sei primär charismatisch begründet gewesen, habe also in erster Linie auf der enthusiastischen Zustimmung der großen Mehrheit des deutschen Volkes zu seiner Politik beruht, auf der Zuschreibung übermenschlicher Fähigkeiten, greift entschieden zu kurz. Denn der Versuch, ihn als Exponenten der Sehnsüchte und Erwartungen „der Deutschen" zu interpretieren, steht im Widerspruch zu der Tatsache, dass die deutsche Gesellschaft vor dem Nationalsozialismus in unterschiedliche Lager gespalten war, eine Spaltung, die auch der NS-Staat nur ganz unzureichend zu überbrücken vermochte. Die hinter dem „Führer" geeinte, geschlossene nationalsozialistische „Volksgemeinschaft" erweist sich vor allem als ein zeitgenössisches Propagandakonstrukt. Hitlers „Charisma" ist [...] – im Zeitalter von Massenmedien, Bürokratie und sozialer Kontrolle – vor allem das Produkt einer ausgeklügelten Herrschaftstechnik. [...] Neben dem Repressionsapparat sind in diesem Zusammenhang die kleinräumige Kontrolle der „Volksgenossen" durch die Partei sowie die nationalsozialistische Beherrschung der „Öffentlichkeit" zu nennen.

[Das] persönliche Element spielte nicht nur bei wichtigen politischen Entscheidungen eine nicht zu unterschätzende Rolle, sondern bestimmte seine Politik insgesamt wesentlich mit. So mussten der tief in seiner Persönlichkeit angelegte Hang zu megalomanen Plänen und Projekten, aber auch seine Unfähigkeit, Demütigungen und Niederlagen zu akzeptieren, und sein daraus resultierender Reflex, auf befürchtete Hemmnisse und Widerstände mit einer Vernichtungsstrategie zu reagieren, die Verhaltensweisen des mit absoluter Macht ausgestatteten Diktators in verhängnisvoller Weise mitprägen. Dies ist, wenn es um Hitlers Ausübung dieser Macht geht, [...] zu berücksichtigen, ohne seine Entscheidungsbildung und Politik auf diese persönlichen Faktoren zu verengen.

Peter Longerich: Hitler. Biographie, München 2015, S. 7 f., 11 f.

apologetisch: (eine Lehre) verteidigend, rechtfertigend

2. Erläutern Sie die Grafik M 4 mithilfe des Darstellungstextes. Gehen Sie dabei besonders auf die Auswirkungen des dargestellten Systems auf die Herrschaft im NS-Staat ein.

3. Arbeiten Sie aus M 2 die Gegenüberstellung des Juristen Ernst Fraenkel von „Maßnahmenstaat" und „Normenstaat" heraus.

\+ Konkretisieren Sie seine Überlegungen, indem Sie das Beispiel eines jüdischen Emigranten erläutern, von dem Fraenkel berichtet: Dieser bekam eine ihm von Rechts wegen zustehende Geburtsurkunde vom Standesamt nicht ausgestellt, nachdem die Staatspolizei interveniert hatte.

4. Charakterisieren Sie die Hauptlinien der historischen Forschung zur Bedeutung Hitlers für den NS-Staat anhand von M 3, M 5–M 9). Legen Sie – auf Grundlage Ihrer bisherigen Kenntnisse – Ihre Auffassung dar.

\+ Überprüfen Sie Ihre Auffassung, nachdem Sie die weiteren Kapitel zum Nationalsozialismus durchgearbeitet haben.

Eine These überprüfen

Geschichte als Vergangenheit, die unabhängig vom Betrachtenden existiert und nur erkannt werden muss, gibt es nicht. Wohl aber gibt es verschiedene Betrachtungsweisen der Vergangenheit. Deshalb ist es im Geschichtsunterricht wichtig, sich damit auseinanderzusetzen. Dies wird vor allem durch die Operatoren des Anforderungsbereichs 3 (AFB 3) geleistet, zu dem „Überprüfen“ zählt (→ S. 404). In einer Klausur wird Ihnen als Aufgabe gestellt:

„Überprüfen Sie die These des Historikers Hans Mommsen (1930 bis 2015), der Hitler 1971 als ‚einen entscheidungsunwilligen, häufig unsicheren, ausschließlich auf die Wahrung seines Prestiges und seiner persönlichen Autorität bedachten, aufs stärkste von der jeweiligen Umgebung beeinflussten, in mancher Hinsicht schwachen Diktator‘ bezeichnete. Beachten Sie auch das Foto M 1 und seine Unterschrift.“

M 1 Hitler, Zeitung lesend, 1936. Propagandistisches Foto von Heinrich Hoffmann.

Im Gegensatz zu Stalin studierte Hitler kaum Akten, sondern las vor allem Zeitungen, darunter auch – wie hier – die NS-Zeitung „Völkischer Beobachter“. Bei wichtigen politischen Entscheidungen arbeiteten ihm Vertraute beratend zu.

Vorüberlegungen

Wenn ich eine These überprüfen soll, muss ich mir zuerst ihren Inhalt verdeutlichen und sie dann an konkreten Sachverhalten auf ihre sachliche Richtigkeit hin untersuchen. Am Ende der Überprüfung muss die Formulierung eines begründeten Ergebnisses stehen.

In Bezug auf die konkrete Aufgabe bedeutet das, dass ich die Aussage des Historikers Mommsen zuerst aufschlüsseln muss. Dazu reduziere ich sie auf ihren Kern und formuliere diesen möglichst in eigenen Worten. Zentrale Zitate darf ich stehen lassen.

Für den nächsten Schritt brauche ich Sachwissen, in diesem Fall über die Stellung Hitlers im NS-Staatsapparat, das ich zur Überprüfung der These Mommsens heranziehen kann. Dafür suche und beschreibe ich Sachverhalte und Beispiele. Sie sollten verschiedene Aspekte umfassen, da ich auf dieser Grundlage die eigentliche gedankliche Arbeit leisten muss: die These Mommsens zu überprüfen und zu bestätigen, zu verwerfen oder ein abweichendes Urteil zu formulieren, das ich belegen und begründen muss.

1. Die These beschreiben

Einleitend formuliere ich eine kurze äußere Beschreibung der gegebenen These, wobei ich auf Autor, Inhalt sowie ggf. den Hintergrund, vor dem sie gebildet wurde, eingehe. Ein Beispiel:

Der Historiker Hans Mommsen stellte 1971 die These auf, Hitler sei ein „in mancher Hinsicht schwacher Diktator" und leicht beeinflussbar gewesen. Vor allem sei es ihm um die Wahrung seiner persönlichen Autorität gegangen.
Hans Mommsen setzt sich mit dieser These in einen Gegensatz zu der damals gängigen öffentlichen Meinung, im „Dritten Reich" habe Hitler alles selbst bestimmt und sei ein allmächtiger Diktator gewesen.

2. Sachverhalte sammeln

Anschließend führe ich Sachverhalte und Beispiele auf, die geeignet sind, die These zu bestätigen oder zu widerlegen. Dazu mache ich mir stichwortartige Notizen (→ „Zettel" rechts) und ordne sie dabei bereits als „Pro-" bzw. „Kontraargumente".

Bei meiner schriftlichen Darstellung der Sachverhalte muss ich darauf achten, sinnvoll zu strukturieren, indem ich beispielsweise Oberbegriffe bilde, typische Merkmale oder Zusammenhänge benenne. Als Tempus wähle ich das Präteritum.

Pro

Hitler traf Entscheidungen oft auf Grundlage von Informationen von Vertrauten, war also beeinflusst von anderen (→ M 1).

Ernst Fraenkel, Historiker: NS-Staat = „Doppelstaat":
- *den üblichen staatlichen Institutionen (Fraenkel: „Normenstaat", also mit geltenden Gesetzen) waren Parteiorganisationen beigeordnet;*
- *oft parallel dazu arbeitende, eigenständige Parteiorganisationen beigeordnet (Fraenkel: „Maßnahmenstaat");*
- *deshalb oft Konkurrenz zwischen Mitgliedern von staatlichen u. Parteiorganisationen*

⇒ Polykratie, führte oft zu Chaos; Beispiele:
staatliche Polizei ↔ Gestapo; Reichswehr (staatlich) ↔ SA/SS (Parteiorganisationen)

Hans-Ulrich Wehler, Historiker: Hitler konnte sich den Konflikten aufgrund der staatlichen Struktur auch eher fernhalten und dann strategische Entscheidungen treffen.

Kontra

seit August 1934: Machtkonzentration auf Hitler (Staatsoberhaupt, damit oberster Befehlshaber der Armee, Reichskanzler)

Staat unter Regierung Hitler war hierarchisch, „Führerstaat", Hitler als Diktator an der Spitze

wichtig für Entscheidungsträger/Vertreter der Exekutive: bei Hitler Gehör finden, daher: Viele handelten so, wie sie dachten, dass es in Hitlers Sinn sein könnte (Zitat bei Ian Kershaw, Historiker: „dem Führer in seinem Sinn entgegenarbeiten").

3. Abwägen der Sachverhalte

Ich wäge ab, welche Sachverhalte und Beispiele mich überzeugen. Dabei achte ich auf eine nachvollziehbare Argumentation.

Zum Beispiel kann ich Hans Mommsen darin recht geben, dass Hitler nicht als „allwissender" und auch nicht alles allein entscheidender Diktator bezeichnet werden kann, da er auf gegebene Situationen und auf Informationen durch Dritte reagierte. Andererseits kann ich dagegenhalten, dass Hitler in der Herrschaftsstruktur die stärkste Position hatte und damit die letztlich entscheidende Instanz war.

In einem abschließenden Fazit fasse ich mein Ergebnis zusammen.

Verführung durch Rundfunk und Film?

Massenkultur im Nationalsozialismus

M 1 „Lichtdom“. Standbild aus dem Film „Fest der Völker“ der Regisseurin Leni Riefenstahl. Er behandelt die Olympischen Spiele in Berlin 1936. Der Film erschien 1938 und wurde in enger Abstimmung mit Goebbels' „Ministerium für Volksaufklärung und Propaganda“ gedreht.

RM: Reichsmark; 1 RM hatte 1938 einen Kaufwert von ca. 4,30 €

1. a) Beschreiben Sie das Bild. Erschließen Sie mögliche Wirkungen auf Zuschauer.
   b) Leni Riefenstahl erhielt von Goebbels' Ministerium ein Honorar von 400 000 RM. Stellen Sie Vermutungen an, warum es so hoch war.

2. Formulieren Sie Fragen zum Thema „Massenkultur im Nationalsozialismus“.

„Verführung und Gewalt“?

Dieser Titel einer Darstellung des Historikers Hans-Ulrich Thamer zum Nationalsozialismus ist beinahe sprichwörtlich geworden. Das Begriffspaar ist geeignet, die Doppelgesichtigkeit des NS-Regimes zu charakterisieren. Dabei diente besonders die mediale **Massenkultur** des „Dritten Reiches“ – neben Presse vor allem Rundfunk und Film – als Mittel der Verführung. So war bereits im März 1933 begonnen worden, die zahlreichen Rundfunk- und Filmproduktionsgesellschaften der Weimarer Zeit gleichzuschalten. Noch 1933 wurde die „Reichskulturkammer“ gegründet, in der alle künstlerisch Tätigen Mitglied sein mussten. Die ehemals selbstständigen regionalen Rundfunkanstalten wurden der „Reichsrundfunkgesellschaft“ unterstellt, die ihrerseits vom „Ministerium für Volksaufklärung und Propaganda“ unter Minister Joseph Goebbels kontrolliert wurde. Zunächst setzte Goebbels auf direkte Propaganda, etwa die Übertragungen politischer Reden oder Reportagen von staatlichen Veranstaltungen. Bald wurde dies jedoch reduziert: Nur zu wenigen ausgewählten Anlässen wurden sie noch gesendet. Stattdessen bestimmten Unterhaltungssendungen das Programm. Nur so, sagte Goebbels, könne man den Zuhörer zum Radiohören veranlassen; die politische Beeinflussung könne dann – nicht zu auffällig und gehäuft – desto wirksamer werden. Staatlich subventionierte Radiogeräte – offiziell „Volksempfänger“, im Volksmund „Goebbelsschnauze“ genannt – und das Erlassen von Gebühren für ärmere „Volksgenossen“ beförderten die Verbreitung des Massenmediums Rundfunk.

Ähnlich gingen die Nationalsozialisten in der Filmindustrie vor: Schon in „Mein Kampf“ hatte Hitler von der Bedeutung des Bildes, besonders des bewegten Bildes, für die Propaganda geschrieben. Bereits 1933/34 fanden erste Maßnahmen zur „Gleichschaltung“ auch der Filmindustrie statt: Die Zensur wurde verschärft, missliebige Filme wurden verboten, Filme, die im Sinn der NS-Ideologie wirkten, dagegen finanziell gefördert. Alle Filmschaffenden mussten sich der „Reichsfilmkammer“ anschließen, zu der nur arische Mitglieder zugelassen wurden. Die Filmindustrie wurde verstaatlicht: 1934 erwarb das Reich die Aktienmehrheit der Universum Film AG (UFA), die später vollständig in Staatsbesitz überging. Reine Propagandafilme wie etwa der antisemitische Film „Jud Süß“ (1940) oder der Durchhaltefilm „Kolberg“ (1945) waren in der Minderheit. Etwa 45 % der Filme waren Komödien, 40 % Liebes- und Familienfilme. Vor allem Letztere dienten dazu, das nationalsozialistische Menschen- und Familienbild zu transportieren, das sich freilich wenig von konservativen Vorstellungen der Zeit vor 1933 unterschied und deshalb bei vielen Menschen – auch noch nach 1945 – positiv aufgenommen wurde.

M2 „Geistige Mobilmachung"?

In einer Rede am 25. März 1933 vor Rundfunkintendanten sagte der neu ernannte Minister für Volksaufklärung und Propaganda, Joseph Goebbels:

Das Ministerium hat die Aufgabe, in Deutschland eine geistige Mobilmachung zu vollziehen. Es ist also auf dem Gebiet des Geistes dasselbe, was das Wehrministerium auf dem Gebiet der Wache ist. Deshalb wird dieses Ministerium auch Geld beanspruchen, wird auch Geld bekommen, denn das sieht jetzt jedermann in der Regierung ein: dass die geistige Mobilmachung ebenso nötig, vielleicht noch nötiger ist als die materielle Wehrhaftmachung des Volkes. Beweis: Wir waren 1914 materiell wehrhaft gemacht wie kein anderes Volk, – was uns fehlte, das war die (die materielle Wehrhaftmachung grundierende) geistige Mobilmachung im Lande und in den anderen Ländern. [...]
Ich halte den Rundfunk für das allermodernste und für das allerwichtigste Massenbeeinflussungsinstrument, das es überhaupt gibt. [...]
Erstes Gesetz: Nur nicht langweilig werden. Das stelle ich allem anderen voraus. [...]
Also glauben Sie nicht, dass Sie nun die Aufgabe haben, Gesinnung zu machen, in Patriotismus zu tun, Märsche herunterschmettern zu lassen und nationale Gedichte vortragen zu lassen, – nein, das ist nicht der Sinn dieser Umstellung. Sondern Sie müssen mithelfen, eine nationalistische Kunst und Kultur ans Licht der Welt zu bringen, die wirklich auch dem modernen Tempo und dem modernen Zeitempfinden entspricht. Gesinnung muss sein, aber Gesinnung braucht nicht Langeweile zu bedeuten. [... Ziel ist,] die neue Gesinnung modern und aktuell und interessant und ansprechend den breiten Massen zu Gehör zu bringen: interessant, lehrreich, aber nicht belehrend. Der Rundfunk soll niemals an dem Wort kranken: Man merkt die Absicht, und man wird verstimmt.

Zit. nach. Helmut Heiber (Hg.): Goebbels-Reden. Bd. I: 1932–1939, Düsseldorf 1971, S. 90, 94f. (bearb.)

M3 Joseph Süß Oppenheimer sanierte die Finanzen des württembergischen Herzogs und wurde 1738 Opfer eines Justizmords. Im Film (1940) wird er als Vertreter des „gierigen Finanzjudentums" dargestellt.

M4 Der Spielfilm von 1939 handelt von Peter Tschaikowski, den eine unerfüllte Liebesgeschichte veranlasst, intensiver zu komponieren. Berühmt wurde Zarah Leanders Filmlied: „Nur nicht aus Liebe weinen".

M5 Keine Propaganda?

Die Regisseurin Leni Riefenstahl (1902–2003) war mit technisch raffinierten Filmen über Bergsteiger in Extremsituationen bekannt geworden. Nach 1933 drehte sie drei Propagandafilme über die Parteitage der NSDAP, die bis heute das Bildgedächtnis vom Nationalsozialismus prägen, darunter 1935 „Triumph des Willens". Mit „Olympia" entwickelte sie die Bildsprache dieser Filme weiter. Kurz vor ihrem Tod urteilte sie:

„Triumph des Willens" ist ein Dokumentarfilm von einem Parteitag, mehr nicht. Das hat nichts zu tun mit Politik. Denn ich habe aufgenommen, was sich wirklich abgespielt hat, und habe es insofern überhöht, als dass ich keinen Kommentar dazu gemacht habe. Ich habe versucht, die Atmosphäre, die da war, durch Bilder auszudrücken und nicht durch einen gesprochenen Kommentar. Und um das ohne Text verständlich zu machen, musste die Bildsprache sehr gut, sehr deutlich sein. Die Bilder mussten das sagen können, was man sonst spricht. Aber deswegen ist es doch keine Propaganda.

Leni Riefenstahl: „Ich bereue doch", in: Frankfurter Rundschau, 27.04.2002

3. a) Arbeiten Sie aus der Rede Goebbels' (M2) heraus, was der NS-Propagandaminister unter „geistiger Mobilmachung" (Z. 2) verstand.
b) Zeigen Sie am Beispiel der Filmindustrie 1933–1945, wie die Nationalsozialisten diese Zielsetzung verwirklichten. Beziehen Sie sich dabei auf den Darstellungstext, M1, M3 und M4.

4. Beurteilen Sie die Aussage Leni Riefenstahls, ihre Filme hätten nichts „mit Politik" zu tun (M5, Z. 2).

„Arbeit und Brot"?

Wirtschafts- und Sozialpolitik im NS-Staat

M 1 Propagandaplakat des NS-Regimes (1936), erschienen zur Reichstagswahl vom 29. März 1936. Zur Wahl zugelassen war nur die Einheitsliste der NSDAP; diese erreichte 98,8%.

1. a) Analysieren Sie M 1. Achten Sie darauf, welche Bilanz von vier Jahren nationalsozialistischer Herrschaft behauptet wird.
b) Formulieren Sie, davon ausgehend, Fragen an das Kapitel zur Wirtschaftspolitik.

<u>MeFo</u>: eine alle Industrieunternehmen der Rüstungsindustrie umfassende Organisation, deren Hauptzweck die Ausstellung von Wechseln war. Diese dienten der Finanzierung der Krieges. Bis 1939 wurden Wechsel in Höhe von 10 Milliarden Reichsmark ausgegeben. Zum Vergleich: 1932 umfasste der Reichshaushalt 6 Milliarden Reichsmark.

<u>Wechsel</u>: terminiertes Wertpapier über einen bestimmten Geldbetrag, das z. B. von einem Lieferanten ausgestellt und von einem Kunden unterschrieben wird. Bis zum Einlösetag kann der Lieferant mit dem Wechsel eigene Verbindlichkeiten bezahlen, indem er ihn weitergibt und als Zahlungsmittel einsetzt.

Beseitigung der Arbeitslosigkeit – um welchen Preis?

Hitler hatte am 1. Februar 1933 die „Rettung des deutschen Arbeiters" und die „Rettung des deutschen Bauern" als Hauptaufgabe seiner Regierung bezeichnet und der Bevölkerung „Arbeit und Brot" versprochen. Bereits seit 1932 war ein Abklingen der Weltwirtschaftskrise festzustellen, und die Maßnahmen der Vorgängerregierungen zur Bekämpfung der Arbeitslosigkeit begannen zu greifen. Unter der Regierung Hitler entstanden nun schnell weitere Arbeitsplätze: durch staatlich finanzierte Bauprogramme, vor allem aber durch gigantische Rüstungsinvestitionen. Finanziert wurden diese durch staatliche Schuldenaufnahme.

Die großen Unternehmen und Konzerne waren für die **Aufrüstung** des Deutschen Reiches unentbehrlich. Der Staat förderte sie vor allem durch Preis- und Abnahmegarantien. Finanziert wurde dies in den ersten Jahren des Regimes mithilfe der „Metallurgischen Forschungsgesellschaft" (<u>MeFo</u>). Diese versah <u>Wechsel</u> von Rüstungslieferanten mit ihrer Unterschrift, sodass sie bei Geschäftsbanken gegen Bargeld umgetauscht werden konnten. Banken, Sparkassen und Versicherungen wurden nahegelegt, ihnen anvertraute Spareinlagen in Reichsanleihen für Rüstungsprojekte einzutauschen. Den Sparern wurde verheimlicht, wofür sie ihr Geld anlegten. Dieses System der wechsel- und anleihefinanzierten Aufrüstung funktionierte allerdings nur, wenn der Staat ständig neue Finanzierungsquellen erschließen konnte: Bereits 1933 kalkulierte die NS-Regierung daher mit dem Krieg, der ihr durch Ausbeutung eroberter Gebiete die Sanierung des Staatsbudgets erlauben sollte. Dies war vielen Deutschen nicht bewusst.

Bis zum Beginn des Krieges im Jahr 1939 war die Zahl der Arbeitslosen von 4,8 Mio. (1933) auf 0,1 Mio. gesunken. Dazu trug auch bei, dass 1935 wieder die Wehrpflicht und ein „Reichsarbeitsdienst" eingeführt wurden. Darüber hinaus wurden Frauen systematisch aus der Erwerbsarbeit herausgedrängt, etwa dadurch, dass der Staat jungen Ehepaaren zinslos sogenannte „Ehestandsdarlehen" gewährte. Die Arbeitslosenstatistik erfasste daher viele der vormals arbeitssuchend Gemeldeten nicht mehr – seit 1936/37 herrschte Vollbeschäftigung.

„Gleichgeschaltete" Wirtschaft

Bereits seit 1933 hatte die NS-Regierung dafür gesorgt, dass auch die Kontrolle über die Betriebe in staatliche Hand überging: Nach der Zerschlagung der Gewerkschaften und dem Aufbau der Deutschen Arbeitsfront (DAF), der Arbeitnehmer wie Unternehmer angehören mussten, war die Tarifautonomie zerstört. Stattdessen folgte am 19. Mai 1933 die Einsetzung von „Treuhändern der Arbeit“. Diese sollten im Auftrag des Staates die Arbeitsbedingungen und Löhne festsetzen. Die betriebliche Mitbestimmung und das Streikrecht wurden aufgehoben. Auch in der Agrarwirtschaft wurde der freie Markt aufgehoben. Im „Reichsnährstand“ wurden alle bisher unabhängigen landwirtschaftlichen Organisationen „gleichgeschaltet“. Alle in der Agrarwirtschaft Tätigen – Mitte der 1930er-Jahre etwa 17 Millionen Menschen – mussten Mitglied werden.

Die NSDAP hatte seit 1920 stets „die Schaffung eines gesunden Mittelstandes und seine Erhaltung“ sowie „sofortige Kommunalisierung der Groß-Warenhäuser“ und „schärfste Berücksichtigung aller kleinen Gewerbetreibenden bei Lieferung an den Staat“ gefordert und damit viele Anhänger vor allem in der unteren Mittelschicht gewonnen. Schon seit dem Frühjahr 1933 wurden jüdische Geschäfte und Unternehmen durch Boykott, Behinderung und ab Sommer 1933 durch Zwangsenteignung zugunsten deutscher Unternehmer – „Arisierung“ genannt – aus dem Wirtschaftsleben herausgedrängt. Doch die Erwartungen wurden enttäuscht: Der Trend, dass kleinere Betriebe schließen mussten und nur größere überlebensfähig blieben, konnte nicht gestoppt werden. Hauptnutznießer der Entwicklung war der Staat, der vor allem von den Zwangsenteignungen jüdischer Betriebe profitierte.

Sozialpolitik – für wen?

Die DAF wurde zur größten **Massenorganisation** des NS-Regimes; 1942 hatte sie rund 25 Millionen Mitglieder. Ihre Hauptaufgabe war die betriebliche Sozialpolitik. Unter dem Motto „Schönheit der Arbeit“ sorgte die DAF für bessere Arbeitsbedingungen an den Arbeitsplätzen, vergab Werkswohnungen und organisierte gemeinsame Freizeitaktivitäten. Das Programm „Kraft durch Freude“ (KdF) ermöglichte Millionen von Menschen Urlaubsreisen. 1938 wurde von der KdF der „Volkswagen“ (VW) vorgestellt. Durch regelmäßige Beitragszahlungen sollte jeder einen Wagen ansparen können. Ab 1939 wurde das Werk des „KdF-Wagens“ jedoch für die Rüstungsproduktion gebraucht: Kein einziger KdF-Wagen war ausgeliefert worden, alle Sparer verloren ihre Einlagen, und die DAF erzielte einen Gewinn von rund 275 Millionen Reichsmark.

Die Regierung gewährte erstmals allen Arbeitnehmern gesetzlichen Urlaub – zwischen sechs und zwölf Tagen. Hitler begründete dies mit dem geplanten Krieg: „Ich wünsche dies, weil ich ein nervenstarkes Volk will.“ Nur so könne man „wahrhaft große Politik“ machen. Soziale Verbesserungen wie diese können aber nicht darüber hinwegtäuschen, dass die Höhe von Sozialleistungen und Realeinkommen bestenfalls gleich blieben und dass der private Konsum sogar zurückging. Nur Unternehmensgewinne nahmen kräftig zu (bis 1939 um 36,5 %). Die Erhöhung der Arbeitszeiten und ihre Intensivierung trugen zu einer im Vergleich zu den meisten Staaten Europas erheblich steigenden Sterblichkeitsrate und stagnierenden Körpergröße der Durchschnittsbevölkerung bei: Indizien eines sinkenden Lebensstandards.

Massenmobilisierung

Der NS-Staat hatte sich durch „Gleichschaltung“ nahezu alle öffentlichen und privaten Einrichtungen wie das Bildungswesen, die Kultur, die Wirtschaft sowie die Vereine gefügig gemacht. Um die „gleichgeschalteten“ Menschen an die NSDAP zu binden und sie für den Staat zu mobilisieren, waren neue Gliederungen und Verbände geschaffen worden. Schon die Kleinsten wurden durch Kindergartenspiele ideologisch beeinflusst, doch ab dem Alter von zehn Jahren geschah dies zusätzlich in der „Hitlerjugend“ (HJ). Der HJ waren alle anderen Jugendorganisationen – ob politisch, religiös oder weltanschaulich geprägt – bereits 1933 „gleichgeschaltet“ worden, ab 1936 wurde sie zur einzigen Jugendorganisation erklärt. In ihr sollte die gesamte „deutsche Jugend“ erfasst werden. Dazu wurden jüdische Jugendliche nicht gezählt; sie waren ausgeschlossen. Für ihre Mitglieder machte die HJ unter dem Motto „Jugend führt Jugend“ zahlreiche Freizeitangebote, vor allem Ausflüge und Zeltlager. Den einen boten sie die Gelegenheit, Leitungsaufgaben zu übernehmen, und vielen, die bis jetzt keine Urlaubsreisen gekannt hatten, ermöglichten sie Freiräume, auch wenn die paramilitärisch geführten Lager vor allem der „Wehrertüchtigung“ dienten.

M2: zusammengest. nach: André Steiner (Hg.): Preispolitik und Lebensstandard. Nationalsozialismus, DDR und Bundesrepublik im Vergleich (Zeithistorische Studien 35), Köln u.a. 2006, S. 197

M 2 Wirtschaft und Lebensstandard 1933–1938 (jährliche Zuwachsraten in %)

Bruttosozialprodukt	9,2
Nettorealverdienste	0,2
Lebenshaltungskosten	3,0
privater Konsum pro Kopf/Bevölkerung	-0,2

M3: zusammengest. nach: Fritz Blaich: Wirtschaft und Rüstung im „Dritten Reich", Düsseldorf 1987, S. 83

M 3 Rüstungsausgaben und Volkseinkommen 1932–1938

Haushaltsjahr	Rüstungsausgaben in Mrd. RM	Volkseinkommen in Mrd. RM	Rüstungsausgaben in % des Volkseinkommens
1932	0,6	45,6	1,3
1933	0,7	46,5	1,5
1934	4,1	52,8	7,8
1935	5,5	59,2	9,3
1936	10,3	65,8	15,7
1937	11,0	73,8	15,0
1938	17,2	82,1	21,0

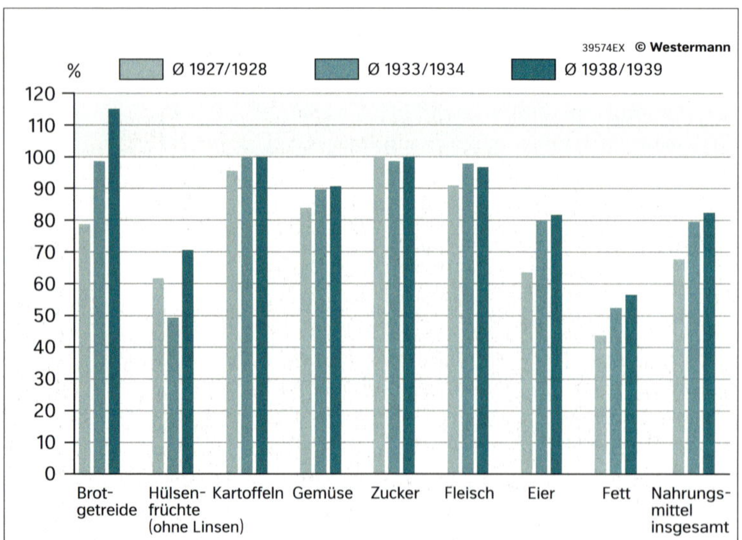

M 4 Die Selbstversorgung Deutschlands mit Nahrungsmitteln, 1927–1939

Erstellt nach: Militärgeschichtliches Forschungsamt (Hg.): Das Deutsche Reich und der Zweite Weltkrieg, Bd. 1: Ursachen und Voraussetzungen den deutschen Kriegspolitik, Stuttgart: DVA 1979

M 5 Aufschwung durch Aufrüstung?

In einer Rede am 3. Februar 1933 vor den hochrangigen Vertretern der Reichswehr legte Hitler die Einbettung seiner Wirtschaftspolitik in seine Gesamtkonzeption dar. Eine inoffiziell angefertigte Protokollnachschrift stellt die Ausführungen wie folgt dar:

Wie kann man die Arbeitslosigkeit beseitigen? Ich bin seit 14 Jahren ein Prophet und sage immer wieder: All diese Wirtschaftspläne, die Kreditgewährung an die Industrie, die staatlichen Subventionen sind Unsinn. Man kann die Arbeitslosigkeit auf zweierlei Art beseitigen: 1.) durch Export [um] jeden Preis und mit jedem Mittel, 2.) durch großangelegte Siedlungspolitik, die eine Ausweitung des Lebensraumes des deutschen Volkes zur Voraussetzung hat.

Dieser letzte Weg wäre mein Vorschlag. Man würde in einem Zeitraum von 50–60 Jahren einen vollkommen neuen gesunden Staat haben. Doch die Verwirklichung dieser Pläne kann erst in Angriff genommen werden, wenn die Voraussetzungen dazu geschaffen sein werden. [...] Diese Voraussetzung heißt Konsolidierung des Staates. Man muss zurück zu den Anschauungen[,] in denen der Staat gegründet wurde. Man darf nicht mehr Weltbürger sein. Demokratie und Pazifismus sind unmöglich. [...] Was nützt eine Armee aus marxistisch infizierten Soldaten? [...] Erst muss der Marxismus ausgerottet werden. Dann wird das Heer fähig sein, eine aktive Außenpolitik zu führen, und das Ziel der Ausweitung des Lebensraumes des deutschen Volkes wird auch mit bewaffneter Hand erreicht werden. Das Ziel würde wahrscheinlich der Osten sein. Doch eine Germanisierung der Bevölkerung des annektierten bzw. eroberten Landes ist nicht möglich. Man kann nur Boden germanisieren. Man muss [...] nach dem Kriege rücksichtslos einige Millionen Menschen ausweisen.

Zit. nach: www.1000dokumente.de/index.html?c=dokument_de&dokument=0109_hrw&object=translation&l=de (31.03.2020)

M 6 Bereit für den Krieg?

→ **Vertiefungsmaterial für das Leistungsfach**

1936 entwickelte die Regierung einen **Vierjahresplan**, nach dem die deutsche Wirtschaft neu aufgestellt werden sollte. Hitler forderte in einer ergänzend verfassten geheimen Denkschrift:

Es ist nicht genug damit getan, von Zeit zu Zeit [...] von einer Vorbereitung der Kriegswirtschaft im Frieden zu sprechen, sondern es ist notwendig, der Friedensernährung und vor allem der Kriegsführung die Mittel zu sichern, die durch menschliche Energie und durch Tatkraft gesichert werden können. [...]
Ähnlich der militärischen und politischen Aufrüstung bzw. Mobilmachung unseres Volkes hat auch eine wirtschaftliche zu erfolgen, und zwar im selben Tempo, mit der gleichen Entschlossenheit und wenn nötig auch mit der gleichen Rücksichtslosigkeit. [...] Es gibt nur ein Interesse, und das ist das Interesse der Nation, und eine einzige Auffassung, das ist die, dass Deutschland politisch und wirtschaftlich in die Lage der Selbsterhaltung gebracht werden muss. [...]
Kurz zusammengefasst: Ich halte es für notwendig, dass nunmehr mit eiserner Entschlossenheit auf all den Gebieten eine 100%-ige Selbstversorgung eintritt, auf denen diese möglich ist, und dass dadurch nicht nur die nationale Versorgung mit diesen wichtigsten Rohstoffen vom Ausland unabhängig wird, sondern dass dadurch auch jene Devisen eingespart werden, die wir im Frieden für die Einfuhr unserer Nahrungsmittel benötigen. Ich möchte dabei betonen, dass ich in diesen Aufgaben die einzige wirtschaftliche Mobilmachung sehe, die es gibt, und nicht in einer Drosselung von Rüstungsbetrieben im Frieden zur Einsparung und Bereitlegung von Rohstoffen für den Krieg. [...] Ich stelle damit folgende Aufgabe[n]: I. Die deutsche Armee muss in 4 Jahren einsatzfähig sein. II. Die deutsche Wirtschaft muss in 4 Jahren kriegsfähig sein.

Zit. nach: www.ifz-muenchen.de/heftarchiv/1955_2.pdf (05.04.2020)

M 7 Berlin, 1939: Auf der IAMA, der Internationalen Automobil- und Motorrad-Ausstellung (heute IAA), wird eine Sonderausstellung zu den Erfolgen des Vierjahresplans gezeigt. Seit 1937 wurde die Ausstellung in einer mobilen Halle an verschiedenen Orten in Deutschland präsentiert.

M 8 Produktionsindex rüstungsrelevanter Rohstoffe
(1929 = 100)
→ Vertiefungsmaterial für das Leistungsfach

	Industrieproduktion gesamt	Kohle (Anthrazit)	Rohstahl	Aluminium	Kohlehydrierung, Erdölbohrungen und Benzol	Zellwolle und Kunstseide
1933	67	67	47	54	117	118
1934	83	76	73	109	138	164
1935	97	88	101	208	199	221
1936	107	97	118	285	259	314
1937	119	113	122	374	325	557
1938	132	114	139	486	386	786
1939	140	115	139	585	470	1000
1940	135	113	118	620	665	1132
1941	138	114	128	686	791	1368
1942	140	115	126	774	932	1468
1943	157	117	128	733	1032	1468
1944	154	102	113	716	805	1389

Zusammengest. nach: Adam Tooze: Ökonomie der Zerstörung. Die Geschichte der Wirtschaft im Nationalsozialismus München 2007, S. 912 f.

M9 Winfried Süß: Kontinuitäten?

In einer Darstellung des Sozialstaats im 20. Jahrhundert schrieb der Historiker Winfried Süß 2017:

Selbst bei den sozialpolitischen Experten führte die Weltwirtschaftskrise zu einem kritischen Überdenken ihrer Arbeit. Da die Gesamtgruppe der Bedürftigen angesichts der knappen Mittel als zu groß galt, wuchs die Bereitschaft, aus der Gruppe der Sozialbürger eine Teilmenge herauszuschneiden, die der Hilfe „wert" galt und die man „erfolgreich" betreuen zu können glaubte, während der übrige Teil der Sozialstaatsklienten nur mehr einen nachrangigen Sozialschutz erhalten sollte. Auf diese Weise entstand ein neues Muster der Differenzierung von Sozialstaatsklienten, das offen war für die Übernahme biologistischer Kategorien nach dem Machtantritt der Nationalsozialisten. [...]

Aus dieser Perspektive lässt sich der völkische Wohlfahrtsstaat der Nationalsozialisten in die Kontinuitätslinien sozialstaatlicher Entwicklung im 20. Jahrhundert einordnen: als eine Extremvariante des modernen Interventionsstaats, der die Instrumente der Sozialpolitik dazu nutzte, seinen Zugriff auf die Gesellschaft zu verdichten und diese in seinem Sinne zu verändern. Allerdings sind hier auch starke Elemente der Diskontinuität zu akzentuieren: Indem die Nationalsozialisten Sozialpolitik als mächtigen Hebel zur rassischen Transformation der Gesellschaft benutzten, veränderten sie die Orientierungspunkte wohlfahrtsstaatlichen Handelns von Grund auf. An die Stelle des „sorgenden Staates" trat jetzt die fordernde „Volksgemeinschaft". Den Sozialbürger mit verbrieften Rechten ersetzte nun der „Volksgenosse" als Teil eines imaginierten „Volkskörpers", aus dem als „rassefremd", „erbkrank" und „leistungsschwach" denunzierte Elemente gewaltsam ausgegrenzt wurden.

Winfried Süß: Ein Jahrhundert der Sicherheit?, in: Martin Sabrow/Peter Ulrich Weiß (Hgg.): Das 20. Jahrhundert vermessen. Signaturen eines vergangenen Zeitalters, Göttingen 2017, S. 251 f.

M10 Götz Aly: „Volksstaat" – Vorläufer des modernen Sozialstaats?

a) 2005 schrieb der Historiker Götz Aly in seinem Buch „Hitlers Volksstaat":

Die NSDAP stützte sich auf die Lehre von der Ungleichheit der Rassen und versprach den Deutschen im selben Atemzug mehr Chancengleichheit, als es sie während des Kaiserreichs und noch während der Republik in Deutschland gegeben hatte. In der Praxis geschah das auf Kosten anderer, mit den Mitteln des Raub- und Rassenkrieges. [...] Hitler sprach vom „Aufbau des sozialen **Volksstaats**", eines „Sozialstaats", der vorbildlich sein werde und in dem „alle (sozialen) Schranken immer mehr einzureißen" seien. [...]

Dass das Herrschaftsgebäude Hitlers vom ersten Tag an höchst labil gefügt war, ist bewiesen. Zu fragen ist, wie es stabilisiert wurde – notdürftig zwar, doch ausreichend für zwölf Jahre. [Ich betrachte] die NS-Herrschaft als Gefälligkeitsdiktatur. [...] Auf der Basis von Geben und Nehmen errichteten die Nationalsozialisten eine jederzeit mehrheitsfähige Zustimmungsdiktatur. [...] Hitler schonte den Durchschnittsarier auf Kosten der Lebensgrundlagen anderer. [...] Auf der Basis eines umfassenden Raub- und Rassenkrieges sorgte der nationale Sozialismus für ein in Deutschland bis dahin nicht gekanntes Maß an Gleichheit und sozialer Aufwärtsmobilisierung. Das machte ihn populär und verbrecherisch. Das materiell üppige Sein, der indirekte, nicht persönlich verantwortete, doch gern genommene Vorteil aus den Großverbrechen bestimmte das Bewusstsein der meisten Deutschen von der Fürsorglichkeit des Regimes.

Götz Aly: Hitlers Volksstaat. Raub, Rassenkrieg und nationaler Sozialismus, Frankfurt/M.: 2005, S. 11, 35 ff.

b) Wer von den vielen Vorteilen für die Millionen einfacher Deutscher nicht reden will, der sollte vom Nationalsozialismus und vom Holocaust schweigen.

Götz Aly: Rede zur Verleihung des Heinrich-Mann-Preises der Akademie der Künste 2002, zit. nach: ebd., S. 362

Der monatliche „Eintopfsonntag“ wurde als solidarische Handlung propagiert. Die eingesparten Kosten für die Sonntagsmahlzeit wurden pauschal mit 50 Pfennig veranschlagt und von den Blockwarten der NSDAP für das Winterhilfswerk eingesammelt.

NS-Propagandafoto einer in den 1930er-Jahren entstandenen Mustersiedlung, die in traditioneller Architektur deutschen Familien ein günstiges Heim bieten sollte.

NS-Elitenbildung in einer „Nationalpolitischen Erziehungsanstalt“ („Napola“): In der propagandistischen Bildunterschrift zu diesem Foto einer Physikstunde hieß es: „Durch Modellversuche werden in der Physikstunde unter Leitung des Erziehers die Vorgänge beim Schuss erläutert.“

Das Luftbild aus dem Jahr 2013 gibt den Blick auf das Ostseeufer in Prora auf Rügen wieder. Hier wurde 1936 der Bau einer KdF-Feriensiedlung begonnen, die 20 000 Menschen gleichzeitig Platz bieten sollte. Der Gebäudekomplex sollte 8 km lang werden, blieb aber unvollendet.

M 11 Collage: Aspekte des „sozialen Volksstaats“

2. Bis heute reden Menschen von „Leistungen“ und „Erfolgen“ des NS-Regimes: Überprüfen Sie anhand des Darstellungstextes und M 2–M 4, ob die Wirtschafts- und Gesellschaftspolitik so bezeichnet werden können. Beziehen Sie auch M 11 in Ihre Überlegungen ein.
   Tipp: Beachten Sie die Hinweise zur Analyse von Statistiken auf den Seiten 26/27.

3. Arbeiten Sie aus M 5 den Zusammenhang zwischen der „Lebensraum“-Ideologie Hitlers und seiner Wirtschaftspolitik heraus.

4. Erläutern Sie an der Textquelle M 6 sowie an den Statistiken M 3, M 4 und M 8 die Konkretisierung der „Lebensraum“-Ideologie Hitlers im „Vierjahresplan“.

5. Erörtern Sie die Thesen der Historiker Süß (M 9) und Aly (M 10 a) über den Sozialstaat in der NS-Zeit.

\+ Beurteilen Sie das Zitat M 10 b) des Historikers Götz Aly.

Nicht für das ganze Volk?

Die „Volksgemeinschaft"

M 1 Plakat, das für die Mitgliedschaft in der Nationalsozialistischen Volkswohlfahrt (NSV) warb, einer Hilfsorganisation für Bedürftige. Im Zuge der „Gleichschaltung" trat sie an die Stelle von kirchlichen Hilfswerken und der verbotenen sozialdemokratisch orientierten „Arbeiterwohlfahrt".

1. a) Interpretieren Sie das Plakat. Achten Sie bei der Beschreibung besonders auf die dargestellten Personen: Für welche Bevölkerungsgruppen stehen diese?
b) Formulieren Sie, davon ausgehend, Fragen an das Kapitel.

„Volksgemeinschaft"

Die Nationalsozialisten und viele konservative Monarchisten wie Reichspräsident von Hindenburg hatte 1933 die Vorstellung einer (wieder) zu schaffenden Volksgemeinschaft verbunden, die durch die Demokratie der Weimarer Republik beschädigt worden sei. Hitler sagte 1940, sein Ziel sei, über alle „Klassen und Stände, Berufe, Konfessionen und alle übrige Wirrnis des Lebens hinweg" die Deutschen zu einer „engen Volksgemeinschaft" zusammenzuschweißen. Nicht mehr Pluralismus wie in der Demokratie sollte gelten, sondern allein das vom Führer bestimmte Wohl des Ganzen, in dem jeder seinen Platz einzunehmen habe.

Unter „Volksgemeinschaft" verstanden die Nationalsozialisten eine „Abstammungsgemeinschaft". Dabei war ihnen die Vorstellung einer egalitären Gemeinschaft ebenso fremd wie die, dass Angehörige der Volksgemeinschaft Anspruch auf gleiche Behandlung hätten. Gesellschaftliche Unterscheidungen in „oben" und „unten" gehörten zu den Grundlagen ihrer Ideologie. Auch zwischen den Geschlechtern wurde unterschieden: Hier gehörten männliche Führung und weibliche Unterordnung zusammen. Die solidarische „Volksgemeinschaft" inszenierten sie durch Veranstaltungen der Massenorganisationen der NSDAP, etwa des „Winterhilfswerks" zugunsten Bedürftiger.

Ein „gesunder Volkskörper"?

Teilhabe an der „Volksgemeinschaft" bedeutete für die Nationalsozialisten zugleich immer auch Ausschluss derer, die man nicht für wert erachtete, dazuzugehören – wie Juden, Sinti und Roma, Kommunisten, Homosexuelle, Zeugen Jehovas, Menschen mit Behinderung. Auch damit knüpften sie an Vorläufer an, denn bereits in der Kaiserzeit (1871–1918) hatten Naturwissenschaftler und Sozialpolitiker „Rassenhygiene" gefordert: Aufgabe der Sozialpolitik sei es, die „Gesunden" zu fördern und die „Kranken" zu eliminieren. Nur beides zugleich – Inklusion und Exklusion – ist geeignet, das NS-Regime zu charakterisieren.

Schon im Juli 1933 erließ die Regierung ein „Gesetz zur Verhütung erbkranken Nachwuchses". Bis 1945 wurden etwa 350 000 Menschen mit geistiger Behinderung und mit „Erbkrankheiten", aber auch sogenannte „Asoziale" wie Obdachlose zwangssterilisiert. 1935 folgte mit dem „Gesetz zum Schutze der Erbgesundheit des deutschen Volkes" ein Heiratsverbot für Menschen mit bestimmten Behinderungen oder Erbkrankheiten. Staatliche Gesundheitsämter erfassten die genannten Personengruppen und erstellten ärztliche Gutachten. Ab 1939 wirkten die staatlichen Institutionen und zahllose Ärzte an ihrer systematischen Ermordung mit. **„Euthanasie"** (guter Tod, gute Tö-

„Winterhilfswerk des Deutschen Volkes": staatliche Wohltätigkeitsorganisation, die sich aus Spenden (Sammelaktionen, „Suppensonntage") finanzierte und ausschließlich „deutschstämmigen" Menschen zugute kam tung) nannten die Nationalsozialisten diesen Massenmord; Hitler sprach von „Gnadentod". Den hatte bereits Ernst Haeckel, der Begründer des deutschen Sozialdarwinismus, 1904 als „zweckmäßige, sowohl für die Beteiligten wie für die Gesellschaft nützliche Maßregel" gefordert. Bis 1941 wurden in „Irrenanstalten" wie Hadamar, Sonnenstein oder Hartheim etwa 70000 Menschen ermordet. Nach öffentlichen Protesten, etwa durch den Bischof von Münster, Clemens August Graf von Galen, wurde die Ermordung kurzzeitig ausgesetzt. Doch durch systematisches Aushungern, Übermedikation und heimliche Tötung starben bis 1945 weitere 30000 Menschen. Viele Täter der auch als „T4" – nach der Adresse der Organisationszentrale in der Berliner Tiergartenstraße 4 – bekannten „Euthanasie" setzten ihre Erfahrungen schließlich auch beim **Holocaust**, dem Massenmord an den europäischen Juden, um.

Verfolgung – nicht nur der Juden

Der Anteil der Juden an der Gesamtbevölkerung des Deutschen Reiches betrug bei Hitlers Machtantritt weniger als 1%. Dennoch waren in der Gesellschaft ausgeprägte antisemitische Tendenzen vorhanden, welche die Nationalsozialisten sogleich nutzten, um ihre rassistische Ideologie umzusetzen. Schon am 1. April 1933 fand ein reichsweiter Boykott jüdischer Geschäfte, Ärzte und Rechtsanwälte statt, der vom „Zentral-Komitee zur Abwehr der jüdischen Greuel- und Boykotthetze" unter Julius Streicher, „Gauleiter" der NSDAP Mittelfranken, organisiert worden war. Am 7. April erließ die Regierung das „Gesetz zur Wiederherstellung des Berufsbeamtentums", mit dessen Hilfe politische Gegner und Juden aus dem Öffentlichen Dienst entlassen werden konnten. Viele Vereine und Organisationen übernahmen nun auch freiwillig den sogenannten Arier-Paragrafen in ihre Satzungen, also einen Paragrafen, der nur „Arier" als Mitglieder zuließ. Die Arbeitsmöglichkeiten jüdischer Rechtsanwälte und Ärzte wurden mehr und mehr eingeschränkt, und nur noch 1,5% der Studierenden an deutschen Hochschulen durften jüdisch sein. Trotz zunehmender Repressalien und Verfolgungen verließen 1933/34 aber nur etwa 40000 Juden ihre Heimat. Die meisten blieben und hofften auf eine rasche Beendigung der NS-Diktatur.

Am 15. September 1935 fand die Verbindung von „Rassenhygiene" und Antisemitismus gesetzlichen Ausdruck: Auf dem Nürnberger Reichsparteitag wurde das „Gesetz zum Schutze des deutschen Blutes und der deutschen Ehre" verabschiedet. Zwischen „Staatsangehörigen deutschen oder artverwandten Blutes" und Juden waren nun nicht nur Eheschließungen, sondern auch sexuelle Beziehungen verboten. Sie galten als „Rassenschande" und wurden sanktioniert.

Die nächste Stufe der Verfolgung war am 9. November 1938 mit der Reichspogromnacht – früher verharmlosend „Reichskristallnacht" genannt – erreicht: Nachdem ein polnischer Jude einen deutschen Diplomaten in Paris ermordet hatte, inszenierten die Nationalsozialisten lange vorbereitete Gewaltaktionen als „spontane Gegenwehr" gegen die jüdische Bevölkerung im Deutschen Reich. Der **Terror**, ausgeführt vor allem von uniformierten NSDAP-Angehörigen – traf jüdische Geschäfte, Synagogen und Friedhöfe. Zahlreiche Juden wurden verhaftet und in **Konzentrationslagern** interniert. Der Schriftsteller Georg Stefan Troller (geboren 1921) sagte später: „Die Pogromnacht war ein Vorspiel zu einer Tragödie, die später stattfand – und man hat sie auch als solche empfunden!"

Mit der NS-Rassenideologie wurde die Verfolgung aller angeblichen „minderwertigen Rassen" gerechtfertigt. Zu diesen gehörten für das NS-Regime auch Angehörige slawischer Völker wie Russen, Tschechen oder Polen. Vor allem im Zweiten Weltkrieg wurden sie zu Opfern der **Rassendiktatur**.

Rassendiktatur: nachträgliche Bezeichnung für eine Diktatur, welche die Zugehörigkeit zu einer „Rasse" zum wesentlichen Kriterium ihrer Herrschaft macht

M2 10. November 1938: Im rheinhessischen Guntersblum werden Juden (die Männer in dunkler Kleidung) zu einem Demütigungsmarsch gezwungen und dabei immer wieder von Umstehenden geschlagen. Dorfkinder begleiteten den Marsch (→ M 6).

M3 Aus den „Nürnberger Gesetzen"

Am Ende des Parteitages der NSDAP in Nürnberg verlas Parlamentspräsident Hermann Göring am 15. September 1935 das sogenannte Reichsbürgergesetz (a) und das „Gesetz zum Schutze des deutschen Blutes und der deutschen Ehre" (b):

a) § 1 (1) Staatsangehöriger ist, wer dem Schutzverband des Deutschen Reiches angehört und ihm dafür besonders verpflichtet ist.

(2) Die Staatsangehörigkeit wird nach den Vorschriften des Reichs- und Staatsangehörigkeitsgesetzes erworben.

§ 2 (1) Reichsbürger ist nur der Staatsangehörige deutschen oder artverwandten Blutes, der durch sein Verhalten beweist, dass er gewillt und geeignet ist, in Treue dem deutschen Volk und Reich zu dienen.

(2) Das Reichsbürgerrecht wird durch Verleihung des Reichsbürgerbriefes erworben.

(3) Der Reichsbürger ist der alleinige Träger der vollen politischen Rechte nach Maßgabe der Gesetze.

§ 3 Der Reichsminister des Innern erlässt im Einvernehmen mit dem Stellvertreter des Führers die zur Durchführung und Ergänzung des Gesetzes erforderlichen Rechts- und Verwaltungsvorschriften.

b) § 1 (1) Eheschließungen zwischen Juden und Staatsangehörigen deutschen oder artverwandten Blutes sind verboten. Trotzdem geschlossene Ehen sind nichtig, auch wenn sie zur Umgehung dieses Gesetzes im Auslande geschlossen sind. [...]

§ 2 Außerehelicher Verkehr zwischen Juden und Staatsangehörigen deutschen oder artverwandten Blutes ist verboten.

§ 3 Juden dürfen weibliche Staatsangehörige deutschen oder artverwandten Blutes unter 45 Jahren nicht in ihrem Haushalt beschäftigen.

§ 4 (1) Juden ist das Hissen der Reichs- und Nationalflagge und das Zeigen der Reichsfarben verboten. [...]

§ 5 (1) Wer dem Verbot des § 1 zuwiderhandelt, wird mit Zuchthaus bestraft.

(2) Der Mann, der dem Verbot des § 2 zuwiderhandelt, wird mit Gefängnis oder mit Zuchthaus bestraft.

(3) Wer den Bestimmungen der § 3 oder § 4 zuwiderhandelt, wird mit Gefängnis bis zu einem Jahr und mit Geldstrafe oder mit einer dieser Strafen bestraft.

Reichsgesetzblatt, 1935, Nr. 100, S. 1146 f.

Ergänzung zur Schautafel: Die kleiner gedruckten Erläuterungstexte in M 4 lauten: (links) „Eine durch krankhafte Anlagen belastete Sippe mit artfremden Blutseinschlag" und (rechts) „Eine Sippe artverwandten Blutes mit guten geistigen und körperlichen Anlagen".

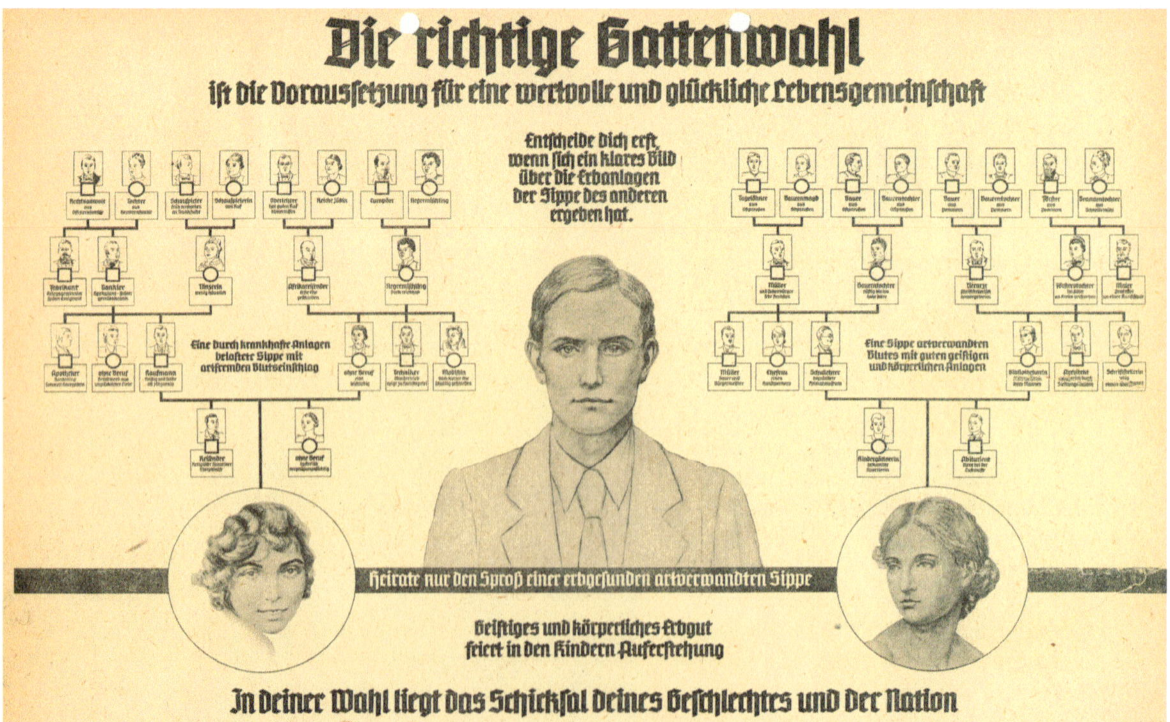

M 4 „Rassenkundliche" Schautafel, 1940 im süddeutschen Raum als Unterrichtsmaterial eingesetzt

M5 „Gift im Bücherschrank"

Der Nationalsozialistische Lehrerbund (NSLB) gab eine „Illustrierte Schülerzeitung" heraus. In der Ausgabe 2/1936 findet sich die Erzählung „Gift im Bücherschrank". Ein Auszug:

Karl Albert saß im Zimmer des Vaters vor dem alten eichenen Bücherschrank und kramte, zeigte auf den Haufen Bücher: „Du Vater, die werden wir als Altpapier verkaufen!" Gerber kannte seinen Jungen, der kam manchmal mit so ausgefallenen Sachen an, und so lachte er nur. „Meine guten Bücher soll ich als Altpapier verkaufen? Also schieß los, wie viel?" Der Junge blieb ganz ernst: „Das sind Judenbücher, Vater. Weißt du, sowas gehört nicht in unseren Bücherschrank!" – „Ach so", sagte der Vater ein wenig erstaunt und griff nach einem der Bücher. „Ludwig Fulda, Talisman", las er laut den Titel vor und fügt hinzu: „Aber Junge, du wirst dich irren, Ludwig Fulda galt früher mal als ein ganz großer Dichter, der gehörte damals sogar der Deutschen Dichter-Akademie an ...".

Eben trat Rolf, der ältere der beiden Brüder, ins Zimmer. Er hatte schon seine HJ-Uniform an und wollte zum Heimabend. Rasch blieb er stehen. „Was ist denn hier los?" – „Denk dir", sagte Gerber, „der Junge will die Werke von Ludwig Fulda auf den Scheiterhaufen werfen, von dem Mann, der zu meiner Zeit sogar für den Schillerpreis vorgeschlagen war. Ist das nicht ulkig?" Rudolf fand das gar nicht ulkig, er blieb ernst: „Ludwig Fulda war Jude." [...]

Der Obersekretär nahm die Brille ab, legte sie auf den Schreibtisch. Noch kämpfte es in ihm, dann sagte er entschlossen: „Ihr habt recht, so kann das nicht weitergehen. Gibt es nicht irgendwo ein Verzeichnis über jüdische Schriftsteller?" „Augenblick", sagte Rolf, ging in sein Zimmer und kam mit einem Buch zurück. „Hier, Theodor Fritsch, Handbuch der Judenfrage; da ist die ganze Gesellschaft jüdischer Schmierfinken aufgezählt." [...] Hastig griff Gerber nach dem Buch, las und las. „Mein Gott, all die Schriftsteller, von denen früher in den Zeitungen ein so großes Geschrei gemacht wurde, das waren Juden!" Er legte das Buch auf den Tisch. „Also nun passt mal auf, Jungens. Am Sonnabendnachmittag habe ich Zeit, da wird der Bücherschrank von all dem jüdischen Gift gereinigt, und ihr sollt mir dabei helfen!"

NS-Lehrerbund (Hg.): Hilf mit! Illustrierte deutsche Schülerzeitung Heft 2/November 1936, Berlin 1936, o. S.

M6 Die Geschichte hinter einem Foto

Der Journalist und Historiker Sven Felix Kellerhoff recherchierte 2018 die Geschichte des Fotos M2:

Am 10. November 1938, einem Donnerstag, läutete gegen sieben Uhr in der Früh der Dienstapparat im Rathaus des rheinhessischen Winzerdorfes [Guntersblum]. Ein Regierungsrat Wenz aus dem Landratsamt Mainz befahl Gendarmeriemeister Georg Knopp, sofort die Häuser aller Guntersblumer Juden nach Waffen zu durchsuchen und die erwachsenen jüdischen Männer zu inhaftieren. Außerdem bekam der Polizist die Weisung, „den weiteren Dingen, die da folgen würden, ihren Lauf zu lassen und nicht einzuschreiten". Knopp tat, wie ihm geheißen: In den folgenden anderthalb oder zwei Stunden durchsuchten er und sein Gehilfe mit Unterstützung von zwei SA-Männern alle „jüdischen" Häuser in dem 2600 Einwohner kleinen Ort, verhafteten sechs Männer im Alter von 33 bis 74 Jahren und sperrten sie in der Zelle im Souterrain der Bürgermeisterei ein. [...]

Während die eingesperrten jüdischen Männer einem ungewissen Schicksal entgegensahen, gingen mehrere Guntersblumer Nationalsozialisten zur nahe gelegenen Synagoge [...]. Hier verwüsteten sie die Einrichtung und rafften so viele religiöse Gegenstände zusammen, wie sie tragen konnten: Thorarollen, Gebetsschals und Gewänder. [...]

Um die Mittagszeit brachte man die Gefangenen aus dem Gemeindegefängnis in einen Raum im Hauptgeschoss und staffierte sie [mit Talaren, Gebetsschals und Thorarollen] aus [...]. Dann zwangen [...] der Propagandaleiter und Wirt des Parteilokals Heinrich Schmunk sowie mehrere weitere Nazis die sechs Juden, zur Belustigung der „arischen Volksgenossen" durch den ganzen Ort zu laufen. Schmunk war zuvor in die Volksschule des Ortes gegangen und hatte dem Rektor befohlen, den Kindern schulfrei zu geben; sie sollten dem Schandmarsch beiwohnen.

Leo Fränkel, der eine der sechs gedemütigten jüdischen Männer, der dem Holocaust entkam, bezeugte: „Wir wurden stundenlang geschlagen, mit Latten, Stöcken und Eisenstücken, getreten, es wurden uns Beine gestellt, damit wir darüber stürzen." Er musste mit der Ortsschelle seinen fünf Leidensgenossen vorausgehen und die Guntersblumer auf den Schandmarsch aufmerksam machen.

Sven Felix Kellerhoff: Sie spuckten die Juden an und riefen „Aufhängen", in: Die Welt, 10.11.2018

NSLB: „gleichgeschaltete" Organisation der Lehrkräfte (seit 1933)

Ludwig Fulda (1862 bis 1939): einer der meistgespielten Bühnenautoren der Kaiserzeit und der Weimarer Republik, wurde 1935 mit Publikationsverbot belegt. Nachdem er lange versucht hatte, in die USA auswandern zu können, beging er 1939 Suizid.

Emil Theodor Fritsch (1852–1933): antisemitischer Publizist und Verleger

M 7 „Euthanasie" – ein Beispiel

In Grafeneck richtete die evangelische Kirche 1928 in einem ehemaligen Jagdschloss der württembergischen Herzöge ein Behindertenheim ein. Im Herbst 1939 für „Zwecke des Reichs" beschlagnahmt, wurden dort 1940 über 10600 Menschen ermordet, unter ihnen Eberhard von Goerne. Über ihn hatte es in einem Krankenbericht aus dem Jahr 1929 geheißen:

Die Beobachtung des Kranken in unserer Anstalt hat ergeben, dass es sich um einen von Haus aus schwach veranlagten Psychopathen handelt, der seinem krankhaften Trieb in die Ferne immer wieder anheim fällt. [...] Er zeigt hier fast immer ruhige, schüchtern-höfliche äußere Form. Mit ihm warm zu werden, ist unmöglich. Von Zeit zu Zeit aber wird er auch einmal kurze Zeit leicht erregt, und zwar immer dann, wenn er seine Entlassungswünsche betreibt. [...] Wenn solche Zeiten vorüber sind, schickt er sich aber wieder ganz ruhig in die hiesige Behandlung, beschäftigt sich regelmäßig in geeigneter Weise mit Gartenarbeit und ist leidlich zufrieden.

Zit. nach: www.gedenkstaette-grafeneck.de/startseite/geschichte/eberhard+georg+wilhelm+von+goerne.html (30.01.2021)

Stationen auf dem Lebensweg Eberhard von Goernes

- 23.04.1897: Geburt in Potsdam als Sohn eines adligen Rittergutsbesitzers. Besuch eines Gymnasium, jedoch Abbruch der Schullaufbahn, danach jahrelange Wanderschaft in Deutschland, Österreich und Italien „infolge eines unwiderstehlichen Wandertriebs"
- 1919: Entmündigung und Einweisung in die Bodelschwingh'schen Anstalten in Bethel bei Bielefeld. Dort immer wieder Fluchtversuche
- 1925: Einweisung in die „Badische Heil- und Pflegeanstalt" (Insel Reichenau) nach Verhaftung in Konstanz. Amtsärztliche Diagnose: „Geistesschwachheit". Auch von dort immer wieder Fluchtversuche
- Anfang Juni 1940: Verlegung nach Zwiefalten
- 12. Juni 1940: Verlegung nach Grafeneck. Dort sogleich Vergasung mit Zyklon B und Verbrennung der Leiche im Krematorium

M 8 Teil des Mahnmals „Die Grauen Busse" für die Opfer der Euthanasie, entworfen von Horst Hoheisel und Andreas Knitz, 2006. Das Werk besteht aus zwei identischen Bus-Skulpturen: Eine steht vor der ehemaligen „Heilanstalt Weißenau" bei Ravensburg, eine zweite wird an wechselnden Orten gezeigt. Mit grauen Mercedes-Bussen wurden Menschen im Rahmen des „Euthanasie"-Programms in Tötungsanstalten transportiert. Foto, Frankfurt/M., 2017

M 9 Wertewandel

→ **Vertiefungsmaterial für das Leistungsfach**
Der Sozialpsychologe Harald Welzer untersuchte 2007 den auf dem Prinzip von Inklusion und Exklusion beruhenden Wertewandel in der Gesellschaft des nationalsozialistischen Deutschlands:

Man kann zur Rekonstruktion des Wertewandels im nationalsozialistischen Deutschland, der sich als fortschreitende Normalisierung radikaler Ausgrenzung bezeichnen lässt, zeitgenössische Quellen heranziehen, die [...] auf der Mikroebene des sozialen Alltags nachzeichnen, wie in verblüffend kurzer Zeit Menschengruppen aus dem Universum der sozialen Verbindlichkeit ausgeschlossen werden – aus jenem Universum also, in dem Normen wie Gerechtigkeit, Mitleid oder Nächstenliebe noch in Kraft sind, aber nicht mehr für diejenigen gelten, die per definitionem aus der Gemeinschaft ausgeschlossen sind. Man übersieht bei der Betrachtung des nationalsozialistischen Systems häufig, dass [...] Willkür und Unrecht fast ausschließlich die Nicht-Zugehörigen trafen, während die Mitglieder der Volksgemeinschaft nach wie vor in weiten Bereichen sowohl Rechtssicherheit als auch staatliche Fürsorge genossen. [...]

Im sozialen Alltag des Nationalsozialismus sind Maßnahmen, die andere treffen, aber von Nicht-Betroffenen zur Kenntnis genommen werden, allgegenwärtig. [...] Aber was heißt Nicht-Betroffene? Wenn man den Vorgang der Ausgrenzung, Beraubung und Vernichtung als Handlungszusammenhang betrachtet, ist es logisch unmöglich, von Nicht-Betroffenen zu sprechen: Wenn eine Personengruppe auf schnelle, verdichtete, öffentliche und nichtöffentliche Weise aus dem Universum der moralischen Verbindlichkeit ausgeschlossen wird, dann bedeutet das umgekehrt, dass sich der wahrgenommene und gefühlte Stellenwert der Zugehörigkeit zur Volksgemeinschaft erhöht.

So ist es psychologisch kein Wunder, dass die praktische Umsetzung der Theorie von der Herrenmenschenrasse äußerst zustimmungsfähig war. Vor dem Hintergrund dieser in Gesetze und Maßnahmen gegossenen Theorie konnte sich noch jeder sozial deklassierte, ungelernte Arbeiter ideell jedem jüdischen Schriftsteller, Schauspieler oder Geschäftsmann überlegen fühlen, zumal dann, wenn der gesellschaftliche Prozess die faktische soziale und materielle Deklassierung der Juden durchsetzte. Die Aufwertung, die der Volksgenosse auf diese Weise erfuhr, bestand auch im Gefühl einer relativ verringerten sozialen Gefährdung – einem ganz neuen Lebensgefühl in einer exklusiven Volksgemeinschaft, zu der man nach den wissenschaftlichen Gesetzen der Rassenauslese unabänderlich gehörte und zu der die anderen genauso unabänderlich niemals gehören konnten. [...]

Ausgrenzung, Verfolgung und Beraubung der Anderen wurden kategorial nicht als solche erlebt, weil diese Anderen per definitionem gar nicht mehr dazugehörten und ihre antisoziale Behandlung den Binnenbereich der Moralität und Sozialität der Volksgemeinschaft nicht mehr berührte.

Harald Welzer: Die Deutschen und ihr „Drittes Reich", in: Bundeszentrale für politische Bildung (Hg.): ApuZ – Aus Politik und Zeitgeschichte 14–15/2007, Frankfurt/M., S. 21–28, hier S. 23 ff.

---

2. a) Stellen Sie anhand des Darstellungstextes in einer Tabelle zusammen, was „Volksgemeinschaft" für die Menschen in Deutschland bedeutete.
b) Wählen Sie dann – nach Absprache mit Ihrem Kurs – eine Gruppe der von der NS-„Volksgemeinschaft" Ausgeschlossenen und charakterisieren Sie deren Schicksal anhand des Darstellungstextes und der Materialien 2 bis 7.
c) Stellen Sie sich die Ergebnisse gegenseitig vor.
d) Erörtern Sie die These des Darstellungstextes: „Nur beides zugleich – Inklusion und Exklusion – ist geeignet, das NS-Regime zu charakterisieren." (Z. 40 ff.)

3. a) Charakterisieren Sie den „Wertewandel" im nationalsozialistischen Deutschland, den der Soziologe Harald Welzer als „fortschreitende Normalisierung radikaler Ausgrenzung" (M 9, Z. 3 f.) beschreibt.
b) Das NS-Regime wird häufig als „Rassendiktatur" bezeichnet. Erläutern Sie anhand von M 9, inwiefern Rassismus in der damaligen deutschen Gesellschaft dazu beitrug, die Diktatur zu stabilisieren.
c) Vergleichen Sie Ihre Ergebnisse mit rassistischen Haltungen und Handlungen in der Gegenwart.

Immer nur: „Ein Volk, ein Reich, ein Führer“?

Massenloyalität und Opposition in der Vorkriegszeit

M 1 Propagandaplakat, um 1938. Es inszeniert Hitler in der braunen Parteiuniform der NSDAP mit einer Hakenkreuzbinde am Arm.

M 2 Mitgliederentwicklung der NSDAP

Ende 1925	27 000
April 1932	1 000 000
Mai 1933 (Aufnahmesperre)	2 500 000
Mitte 1939	5 300 000
Mai 1943	7 700 000
April 1945	8 500 000

Zusammengest. nach: Norbert Frei: Der Führerstaat. Nationalsozialistische Herrschaft 1933 bis 1945, München 2013, S. 299 und Michael Grüttner: Das Dritte Reich 1933–1939, Stuttgart 2014, S. 101

1. Interpretieren Sie das Plakat. Achten Sie dabei besonders auf die Haltung des Dargestellten und den Zusammenhang von Text und Bild.

2. a) Skizzieren Sie mögliche Reaktionen der von der NS-„Volksgemeinschaft“ Ausgeschlossenen auf die Darstellung.
b) Formulieren Sie, davon ausgehend, Ihre Erwartungen an das Kapitel.

Anpassung oder Widerstand?

Die Nationalsozialisten gewannen **Massenloyalität** zum einen durch die Verführungen einer „Gefälligkeitsdiktatur“ (Aly), zum anderen durch möglichst lückenlose Erziehung und einen **Personenkult** um Hitler. Propagandaplakate, „Führer“-Bilder in Büros, Klassenzimmern und Privatwohnungen, die Übertragung der Reden führender NS-Politiker im Rundfunk – ermöglicht durch sogenannte Volksempfänger, also staatlich subventionierte Radiogeräte – und Feiertage wie der „Nationale Feiertag des deutschen Volkes“ am 1. Mai: All dies trug dazu bei, dass auch Menschen, die keine überzeugten Nationalsozialisten waren, die Regierung unterstützten, zumindest duldeten. Wer sich ihr dagegen offen widersetzte, bekam den Druck des Staatsapparats zu spüren. Angesichts dieser Tatsache ist erstaunlich, dass sich dennoch Widerstand gegen das NS-Regime regte; etwa 7000 Oppositionelle sind heute namentlich bekannt.

Was aber musste man getan haben, um als oppositionell zu gelten? Wo **Widerstand** beginnt, ist umstritten. Häufig werden nur die als Widerständlerinnen und Widerständler benannt, die aktiv gegen das Regime aufbegehrten und dafür ihr Leben riskierten – wie etwa Georg Elser (M 3), der ein Attentat auf Hitler verübte, oder die Gruppe „Weiße Rose“, die versuchte, über die Gewalt des NS-Regimes aufzuklären (→ S. 380). In der Wissenschaft hat sich dagegen ein Widerstandsbegriff durchgesetzt, der viele Formen und Intensitätsstufen umfasst. So wird bereits abweichendes Verhalten in einer totalitären Diktatur als ein wesentliches Kriterium betrachtet, selbst wenn es von partieller Bejahung begleitet war. Nach einer solch weiten Definition gehören schon Menschen zum Widerstand, die sich der Allgegenwart der Diktatur nicht beugen wollten. Dies wurde seither in vielen Studien von Einzel- und Kollektivbiografien, Regionen und gesellschaftlichen Milieus untersucht.

Widerstand wird heute einerseits als Gegensatz zur Diktatur Hitlers, andererseits aber auch als integraler Teil des „Dritten Reiches" untersucht. Denn das NS-Regime konnte sich die Resistenz Einzelner durchaus auch zunutze machen: Indem es nicht alle Formen der Verweigerung dem Nationalsozialismus gegenüber streng verfolgte – etwa das Festhalten an katholischer Frömmigkeit –, zielte das Regime darauf, dass Menschen sich in anderen, für die NS-Herrschaft wichtigeren Bereichen dem Staat fügten.

Organisationen und Einzelne gegen die NS-Diktatur

Als einzige der 1933 verbotenen und aufgelösten Parteien leistete die Kommunistische Partei (KPD) organisierten Widerstand. Tausende Kommunisten wurden bereits in den ersten Monaten der NS-Diktatur verhaftet oder zur Emigration gezwungen. Dennoch verteilten Parteimitglieder illegale Druckschriften, die über den Nationalsozialismus aufklärten, oder verübten Sabotageakte, um die Bevölkerung aufzurütteln. Bis 1938 wurden etwa 40 000 KPD-Mitglieder verhaftet; der kommunistische Widerstand kam damit fast zum Erliegen. Die SPD und die Gewerkschaften wagten 1933 dagegen keinen offenen Widerstand, sondern suchten nach Möglichkeiten, im Untergrund als Organisation zu überleben. Zahlreiche Personen sammelten Informationen über Betriebe und Unternehmen, über NS-Organisationen wie die DAF oder über die Stimmung in der Bevölkerung. Im Frühjahr 1933 bildete sich um den SPD-Vorsitzenden Otto Wels in Prag der Exilvorstand der Partei, die „Sopade". Über sie sollte die Weltöffentlichkeit über das Innenleben der NS-Diktatur aufgeklärt werden. 1938 – als das Deutsche Reich Ansprüche auf das Sudetenland erhob, floh die Sopade nach Paris und löste sich 1940 schließlich auf.

Innerhalb des Militärs verweigerten sich zunächst nur wenige dem Kriegskurs Hitlers: Durch die Ausschaltung der SA als militärischen Machtfaktor (1934) und die Förderung der Reichswehr hatten die Nationalsozialisten die Mehrzahl des – häufig preußisch-wilhelminisch geprägten – Militärs auf ihre Seite gebracht. Der Neuaufbau der Wehrmacht, so die Bezeichnung seit 1935, und die Expansionspläne des Reiches hatten sich mit ihren Zielen gedeckt. 1938 gelang es Hitler, Kritiker in den Reihen des Militärs durch willfährige Personen zu ersetzen. So wurde etwa General Wilhelm Keitel der Leiter des Oberkommandos der Wehrmacht (OKW), das Hitler direkt unterstellt wurde. Keitel setzte die Kriegsvorbereitungen widerspruchslos um.

Die **Kirchen** arrangierten sich zu großen Teilen mit dem NS-Regime: Die katholische Kirche hatte mit der Regierung Hitler/Papen bereits im Sommer 1933 ein Konkordat geschlossen, das kirchlichen Amtsträgern jegliche politische Betätigung verbieten, dagegen die Rechte katholischer Organisationen sichern sollte. Die protestantischen Landeskirchen spalteten sich in zwei Gruppen auf: die „Deutschen Christen", die eine Synthese aus christlicher Lehre und nationalsozialistischer Ideologie unternahmen, und die „Bekennende Kirche", die sich dem widersetzte. Einzelne Geistliche beider großer Konfessionen erhielten Rede- und Schreibverbot und wurden in Konzentrationslager gebracht. Außerhalb der großen Kirchen entzogen sich auch die „Bibelforscher" (heute als „Zeugen Jehovas" bekannt) dem NS-Staat, etwa durch Verweigern des Kriegsdienstes, und wurden verfolgt.

Oppositionelles Verhalten von Einzelpersonen und Kleingruppen gegen das NS-Regime gab es in den unterschiedlichsten Formen und Ausprägungen. Bei Jugendlichen zeigte es sich beispielsweise vorwiegend in betont zögerlichem Mitwirken bei den vorgeschriebenen Aktivitäten der Hitler-Jugend (HJ). Andere Jugendliche versuchten, einen autonomen Bereich der Jugendkultur abseits zum uniformierten Alltag der HJ zu schaffen, etwa in der Kleidung oder der Musik. Sie wurden von den Verfolgungsbehörden des Regimes als „Edelweißpiraten" oder „Swingjugend" bezeichnet. Erst die Verfolgung durch den Staatsapparat politisierte viele dieser ursprünglich unpolitisch eingestellten Jugendlichen.

Der Vernichtungskrieg ab 1939 im Osten und der „totale Krieg", den Goebbels 1943 ausrief (→ S. 364 ff.), steigerten die Bereitschaft zum aktiven Widerstand: Fünf Attentaten auf Hitler von 1933 bis zum Kriegsbeginn 1939 standen vierzehn belegte Attentate bis zum Kriegsende gegenüber.

M3 Johann Georg Elser, ein schwäbischer Schreiner, zündete 1939 eine Bombe bei einer jährlich in München stattfindenden Hitler-Rede. Das Attentat misslang, weil Hitler nach ungewöhnlich kurzer Zeit den Raum verlassen hatte. Elser wurde gefasst. „Ich stellte allein Betrachtungen an, wie man die Verhältnisse der Arbeiterschaft verbessern und Krieg vermeiden könnte", sagte er im Verhör. Am 9. April 1945 wurde er ermordet. Die Büste des Künstlers Markus Daum wurde 2009 am Ort der Verhaftung Elsers enthüllt.

Konkordat: Vertrag zwischen einem Staat und dem „Heiligen Stuhl", der katholischen Kirche. Das Konkordat von 1933 regelt bis heute das Verhältnis von deutschem Staat und katholischer Kirche.

M4 Wissenschaftler über die Attraktivität des NS-Regimes

a) Der Historiker Hans-Ulrich Wehler erklärte 2001:

Es war nicht an erster Stelle das wüste Konglomerat der nationalsozialistischen „Weltanschauung“, das die Wähler, Mitglieder und Sympathisanten mobilisierte. Vielmehr war die NSDAP, wie alle autoritären und faschistischen Bewegungen der Zwischenkriegszeit, primär eine radikalnationalistische Massenbewegung, der von ihrem „Führer“ und seinen Gefolgsleuten immer wieder eingehämmert wurde, dass es die Ehre, das Ansehen, die Macht der Nation wiederzugewinnen gelte, um aus dem Tal der Tränen in die verdiente Spitzenstellung erneut aufsteigen zu können. Die nationale Volksgemeinschaft müsse freilich durch die Ausscheidung aller Juden, Fremdvölkischen, Marxisten ihre arische Reinheit und damit erst ihre unüberwindliche Schlagkraft gewinnen. Die rassische Einheit der Nation verhieß auch die endgültige Überwindung aller sozialen Gegensätze. [...] Außer der Arbeitsbeschaffungspolitik [waren es] insbesondere „nationale Erfolge“, die den Loyalitätszufluss steigerten und die Legitimationsbasis des Regimes befestigten. [... Sie] wurden als nationale Triumpherlebnisse wahrgenommen, die dem politischen Talent des [...] Charismatikers an der Spitze des Reiches zugeschrieben wurden.

Hans-Ulrich Wehler: Nationalismus. Geschichte, Formen, Folgen, München 2001, S. 76 f.

„nationale Erfolge“: Als solche wurden Maßnahmen wahrgenommen, die Deutschland wieder seine nach dem Ersten Weltkrieg verlorene Großmachtrolle verschaffen sollten. Beispiele dafür aus der Zeit vor dem Zweiten Weltkrieg sind etwa die Rheinlandbesetzung 1936, der sogenannte Anschluss Österreichs an das Deutsche Reich 1938 sowie im selben Jahr die Annexion des Sudetenlandes (→ S. 343).

b) Der Historiker Michael Wildt schrieb 2012 über die Frage, womit die Zuversicht vieler hervorgerufen wurde, dass der Nationalsozialismus einen erfolgreichen Weg bieten werde:

Mit Hitler verband sich nicht nur die Erwartung, dass er Deutschland aus der Krise, sondern vor allem zu neuer Größe führen werde. Das Zukunfts- und Heilsversprechen, das Hitler verhieß, gepaart mit den realen Erfolgen, die das Regime vorzuweisen hatte, bildete die Basis für die enorme Selbstmobilisierung der deutschen Gesellschaft in den Vorkriegsjahren. Selbst dort, wo Korruption und Misswirtschaft nicht zu übersehen waren, wurde dies nicht dem „Führer“ als vielmehr seinen unvollkommenen Gehilfen angelastet. „Wenn der Führer das wüsste“ geriet zu einer gängigen Selbsttäuschungsformel, mit der sogar Unrecht und Verbrechen vom Glauben an Hitler abgespalten werden konnten. Ohne diese Bereitschaft zur Selbstmobilisierung ist der Nationalsozialismus nicht zu verstehen. Die Verheißung einer „Volksgemeinschaft“ war nicht bloß eine Propagandaformel, mit der die nach wie vor anhaltenden sozialen Ungleichheiten ideologisch kaschiert werden sollten, sondern sie bildete den Zielpunkt einer künftigen sozialen Ordnung, der sich viele aus durchaus ganz unterschiedlichen Gründen verschrieben.

Michael Wildt: „Volksgemeinschaft“, www.bpb.de/izpb/137211/volksgemeinschaft?p=all (10.01.2021)

c) Der Historiker Konrad Jarausch untersuchte 2018 in seinem Buch „Zerrissene Leben“ Erinnerungen von jungen Deutschen im 20. Jahrhundert:

Die HJ war auch deshalb so attraktiv, weil sie die Chance auf Führungspositionen bot, womit sich Heranwachsenden ungewöhnliche Handlungsspielräume eröffneten. Die 7,7 Millionen Mitglieder im Jahr 1938 brauchten Zehntausende von Führern, die ihre Aktivitäten organisierten. Also rekrutierte die Organisation gut aussehende, ideologisch gefestigte oder besonders beliebte Jugendliche, um sogenannte Kameradschaften oder Jungenschaften zu führen, deren jeweils ein Dutzend Mitglieder nur ein paar Jahre jünger waren. Diese Verpflichtung auf das Prinzip „Jugend wird durch Jugend geführt“ erzeugte oft emotionale Bande, da diese kleinen „Führer“ als jugendliche Vorbilder dienten. Die ausgewählten Kandidaten wurden in speziellen Kursen in der Durchführung der wöchentlichen Treffen und der Vorbereitung von Fahrten geschult. Eva Peters [geboren 1925 in Paderborn] wundert [...] sich „noch heute, was damals 14-, 15- und 16-jährige in eigener Regie organisierten, verantworteten und durchführten“. Wie Wilhelm Kolesnyk [geboren 1927 in Wien] sich erinnert, stärkte diese Führungsrolle seinen Entschluss: „Dem Nationalsozialismus verschrieb ich mich erst, als ich Jungzugführer im Deutschen Jungvolk wurde“.

Konrad Jarausch: Zerrissene Leben. Das Jahrhundert unserer Mütter und Väter (übers. v. Thomas Bertram), Darmstadt 2018, S. 87

M5 „Warum ich Nazi wurde"

Der amerikanische Soziologe Theodore Abel (1896–1988) sammelte 1934 während eines Forschungsaufenthalts in Deutschland mehr als 600 Berichte von Mitgliedern der NSDAP über ihren Weg in die Partei; dazu hatte er ein Preisausschreiben ausgelobt. 1938 erschienen sie in den USA unter dem Titel „Why Hitler came into power".

a) August H. Hofer (geboren 1868):

Der Nationalsozialismus ist eine bewusste Wiedergeburt der uralten germanischen Volksgemeinschaft, welche in den letzten 2000 Jahren bewusst von den den germanischen Völkern feindlichen Mächten untergraben worden war in der falschen Annahme, dass man durch materielle Mittel eine blut- und bodenmäßig gestaltete Volksgemeinschaft restlos zerstören könne.

b) Edmund Dienhart (geboren um 1910):

[Ich] konnte mich [...] überzeugen, dass der Nationalsozialismus als Stütze des Staates und in seiner Staatsführung auch das in die Tat umzusetzen sich anschickte, was er predigte. Dass er immer nur versprach, das Bestmögliche zu tun, um dem deutschen Volke Freiheit und Brot zu bringen – und sonst nichts versprach – weiß jeder!

c) Georg Köhrbrück (geboren 1891):

In mir steigt das Gefühl der Dankbarkeit zum Allmächtigen auf, dass ich diesen beispiellosen Aufstieg des deutschen Volkes miterleben und [...] an bescheidener Stelle für Adolf Hitler mitarbeiten durfte, der allein der wahre Nationalsozialist ist. Wir anderen müssen versuchen, uns ihm so weit wie möglich zu nähern. Unsere Jugend wird es darin einst leichter haben!

d) Lissy Schneider (geboren 1916):

Ich hatte schon oft, aber für mich nur unverständlich, etwas von den „Nazis", von der „Kommune" und von den „Sozis" gehört. Aber was das eigentlich für Leute waren, konnte ich mir nicht erklären. Hier bei meinen Verwandten bin ich zum ersten Mal mit Braunen Kämpfern, mit Nationalsozialisten und auch mit Kommunisten zusammengekommen. [...] Dann habe ich meinen Onkel bestimmt, er solle mir doch einmal etwas von diesen Leuten erzählen. Da hat er mir erzählt von dem unbekannten Soldaten des Weltkrieges, der die Idee des Nationalsozialismus gehabt hat, der die NSDAP mit einigen Kameraden gegründet hat und wie diese dann zu einer gewaltigen deutschen Bewegung herangewachsen ist, in der schon Millionen deutscher Männer und Frauen, vom schwarz-rot-goldenen System unterdrückt, für ein neues Deutsches Reich kämpfen. Während mein Onkel mir das alles erklärte, leuchteten seine Augen in Begeisterung und Liebe zu seinem Führer Adolf Hitler [...]. Ihn hatte ich in mein kleines Herz geschlossen und mir vorgenommen, nicht eher zu ruhen, bis ich den Sinn seiner Idee und seines Kampfes endgültig verstehen würde.

Zit nach: Wieland Giebel (Hg.): „Warum ich Nazi wurde". Biogramme früher Nationalsozialisten. Die einzigartige Sammlung des Theodore Abel, Berlin 2018, S. 787, 607 f., 626, 338 f. (Rechtschreibfehler korrigiert)

Die Berichte sind online als Faksimile verfügbar unter: www.hoover.org (→ Theodore Abel biograms)

M6 Vier Stufen des Widerstands ↔ Vier Stufen der Kollaboration

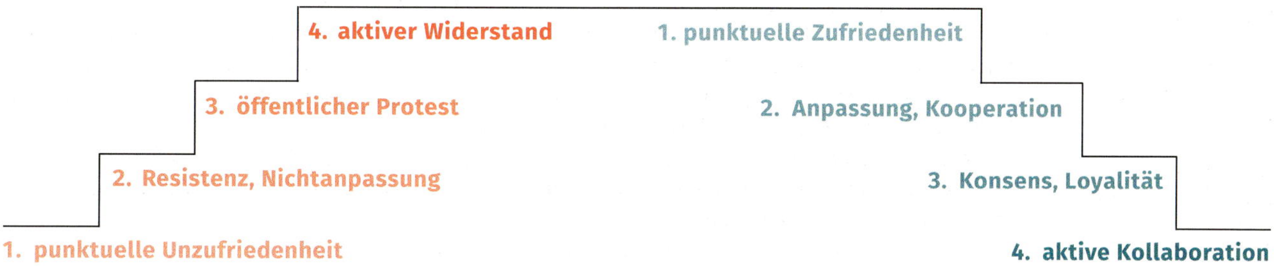

M6 gibt ein 1980 entwickeltes Stufenmodell des Widerstands wieder, das der Historiker Olaf Blaschke 2010 erweiterte (nach: Ders.: Stufen des Widerstandes – Stufen der Kollaboration, in: theologie.geschichte, Beiheft 2/2010, S. 63–88, hier S. 80): Selbst Menschen, die aktiv Widerstand leisteten, waren punktuell zufrieden.

M7 Ein Zeichen des Widerstands? Ausschnitt aus einem 1938/39 von Paul Thalheimer für eine Kirche in Bad Dürkheim geschaffenen Altarbild. Einer der mit Christus gekreuzigten Verbrecher trägt die Gesichtszüge Hitlers – deutlich sichtbar, doch damals, soweit bekannt, nicht beanstandet. Thalheimers Werke galten nach 1937 als „entartete Kunst".

M8 Resistenz als Widerstand?

a) Die Historiker Elke Fröhlich und Martin Broszat untersuchten um 1980 das Verhalten der ländlichen katholischen Bevölkerung Bayerns. 1987 fasste Broszat die Ergebnisse zusammen und prägte dabei den Begriff der Resistenz:

„Resistenz" [...] bedeutet ganz allgemein: wirksame Abwehr, Begrenzung, Eindämmung der NS-Herrschaft oder ihres Anspruches, gleichgültig von welchen Motiven, Interessen und Kräften dies bedingt war. [...]

Resistenz konnte [begründet sein] in der Fortexistenz relativ unabhängiger Institutionen (Kirchen, Bürokratie, Wehrmacht), der Geltendmachung dem NS widerstrebender sittlich-religiöser Normen, der Verteidigung institutioneller Kompetenzen, wirtschaftlich-sozialer Interessen oder rechtlicher, geistiger, künstlerischer Maßstäbe; wirksame Resistenz konnte Ausdruck finden in aktivem Gegenhandeln von einzelnen oder Gruppen (der verbotene Streik in einem Betrieb, die Kritik an nationalsozialistischen Maßnahmen von der Kanzel herab), in zivilem Ungehorsam (Nichtteilnahme an NS-Versammlungen, Verweigerung des Hitler-Grußes, Nichtbeachtung des Verbots des Umganges mit Juden, Kriegsgefangenen u. ä.), der Aufrechterhaltung von Gesinnungsgemeinschaften außerhalb der gleichgeschalteten NS-Organisationen (in HJ-feindlichen Jugendcliquen, kirchlichen Gemeinschaften, bei geselligen Zusammenkünften ehemaliger Mitglieder der SPD o. ä.) oder auch in der innerlichen Bewahrung dem NS widerstrebender Grundsätze und der dadurch bedingten Immunität gegenüber nationalsozialistischer Ideologie und Propaganda (Ablehnung von Antisemitismus und Rassenideologie, Pazifismus u. ä.).

So unterschiedlich diese Motive und Formen der Einstellung oder des Reagierens waren, sie erfüllten den wirkungsgeschichtlichen Begriff der Resistenz dadurch, dass sie tatsächlich eine die NS-Herrschaft und NS-Ideologie einschränkende Wirkung hatten.

Der so gefasste Resistenzbegriff ist einerseits weiter, andererseits enger als der Begriff des „Widerstandes" oder der „Opposition" [...]. Er umfasst Erscheinungsformen der – wirksamen – Herrschaftsbegrenzung des NS, die kaum oder gar nicht als bewusste Anti-Haltungen politisch motiviert waren (z. B. die bäuerliche Widersetzlichkeit gegenüber bestimmten Planungen oder Lenkungen der nationalsozialistischen Reichsnährstandsorganisation), umgreift aber nicht die nur in individuellem Bewusstsein latent vorhandene, nicht in Handlungen oder kommunikative Wirkungen umgesetzte gegnerische Einstellung, auch wenn diese noch so „ideal" gewesen ist.

Martin Broszat/Elke Fröhlich: Alltag und Widerstand. Bayern im Nationalsozialismus, München 1987, S. 49 f.

„ideal": hier im Sinne der „Orientierung an Idealen" benutzt, nicht im geläufigeren Sinn von „vorbildlich" oder „mustergültig"

b) Der Historiker Gerhard Botz sagte 2004 über die Problematik des Begriffs „Resistenz“ in einem Vortrag:

Was ein Ausdruck von „Resistenz“ war, konnte [auf der anderen Seite] auch dem Nationalsozialismus dienen, und ein In-die-Nähe-Rücken zum Widerstand, wie es der „Resistenz“-Begriff mit sich bringt, birgt die Gefahr eines Verlustes von politischer und menschlicher Angemessenheit des Verhaltens von Widerstandskämpfern und Opfern des Regimes in sich; oder, um bei den Beispielen Broszats zu bleiben: Dieselben relativ herrschaftsfreien Räume, die für die Entfaltung von höher organisierten und stärker zielgerichteten Formen von Widerstandsverhalten Voraussetzung waren, erfüllten gleichzeitig eine systemerhaltende Funktion; sie stellten den nationalsozialistischen Herrschaftsansprüchen, solange sie von diesen nicht direkt tangiert waren, keine „Resistenz“ entgegen. Sie trugen wohl ebenso oft zur Stabilisierung des Regimes bei, wie sie es erodierten.
(Anmerkung: Deshalb ziehen andere Historiker, etwa Klaus-Michael Mallmann und Gerhard Paul, statt des Begriffs der „Resistenz“ den Begriff der „loyalen Widerwilligkeit“ vor.)

Gerhard Botz: „Resistenz“ als Widerstand gegen Diktatur?, Referat auf dem Symposium der Landesverteidigungsakademie Wien, 30.11. 2004, www.lbihs.at/GBResistenz.pdf (10.01.2021)

M 9 Konsequenzen?

a) Die Berliner Deutsch-, Geschichts- und Religionslehrerin Elisabeth Schmitz (1893–1977) schrieb am 17. Juli 1938 in einem privaten Brief:

Seit die neuen Lehrpläne da sind u. mit dem Satz beginnen, Ziel der Erziehung ist, den nat.-soz. Menschen zu erziehen (wenigstens dem Sinn nach), ist die Existenz des christl. Lehrers in Deutschland eine unmögl. Existenz. [...] Nat.-soz. Weltanschauung u. Christentum sind Gegensätze – sollte das nicht ausgesprochen werden, statt immer so zu tun, als ob es sich vereinen ließe? Als ich Jacobi [einem Bekannten] gegenüber einmal erwähnte, daß ich nicht im nat.-soz. Lehrerbund bin, war er sehr erstaunt u. meinte: „ist das denn möglich?“ Man sollte doch nicht erstaunt sein, dass manche nicht drin sind, sondern dass so viele drin sind.

Zit. nach: Forschungsstelle für Kirchliche Zeitgeschichte, en.evangelischer-widerstand.de/pictures/documents/D7132/D7132.pdf (24.05.2020)

b) Nach der Reichspogromnacht entschloss sich Elisabeth Schmitz, sich in den Ruhestand versetzen zu lassen. Diesen Schritt begründete sie gegenüber ihrer vorgesetzten Behörde:

Es ist mir in steigendem Maße zweifelhaft geworden, ob ich den Unterricht bei meinen rein weltanschaulichen Fächern – Religion, Geschichte, Deutsch – so geben kann, wie ihn der nationalsozialistische Staat von mir erwartet und einfordert. Nach immer wiederholter Prüfung bin ich schließlich zu der Überzeugung gekommen, dass das nicht der Fall ist.

Barbara Schieb/Jutta Hercher (Hgg.), 1938. Warum wir heute genau hinschauen müssen, München 2018, S. 165

---

3. Arbeiten Sie aus den Texten der Historiker in M 4 heraus, wie sie die Attraktivität des NS-Regimes erklären.

4. Analysieren Sie die Berichte „Warum ich Nazi wurde“ (M 5). Achten Sie besonders auf die Sprache.
■ Beziehen Sie die in M 4 aufgestellten Thesen ein.

5. a) Erläutern Sie die Stufen des Widerstands und der Kollaboration im Schaubild M 6.
b) Erörtern Sie, inwiefern das Gemälde Paul Thalheimers (M 7) als Widerstand bezeichnet werden kann.

6. a) Untersuchen Sie die Begründung, die Elisabeth Schmitz (M 9) für ihr Ausscheiden aus dem Schuldienst gibt.
b) Recherchieren Sie den weiteren Lebensweg der Elisabeth Schmitz und formulieren Sie – davon ausgehend – ein kurzes Fazit: War Widerstand gegen das NS-Regime möglich?

7. Beurteilen Sie, wo Widerstand beginnt. Beziehen Sie die Diskussion um den Begriff der „Resistenz“ ein (M 8).

→ Anregung für eine GFS:
- Verschaffen Sie sich einen Überblick über die Berichte, die Theodor Abel gesammelt hat (→ M 5).
- Überlegen Sie, nach welchen Kriterien sie untersucht werden könnten, z. B. Alter, Herkunft, Geschlecht ...
- Finden Sie inhaltliche Fragen, die Sie an die Berichte stellen könnten, etwa über Prägung durch Herkunft und Jugend, erste Bekanntschaft mit der NSDAP, Engagement vor 1933, Bewertung der NS-Herrschaft in den Jahren 1933/34 ...
- Analysieren Sie einige der Berichte nach Ihren Untersuchungsmaßstäben. Beziehen Sie auch die Sprache der Selbstzeugnisse in Ihre Analyse ein.

„Guilty men"?

Appeasement-Politik

M 1 Karikatur des Briten David Low, erschienen am 8. Juli 1936 in der Tageszeitung „Evening Standard".
Der Text auf dem Teppich lautet: Rearmament (Wiederbewaffnung) – Rhineland Fortification (Besetzung des Rheinlands) – Danzig – ? – ?? – !! – !!! – ... – Boss of the universe

1. Arbeiten Sie heraus, wie David Low das Verhalten der demokratischen Staatsoberhäupter gegenüber Hitler beurteilt.

Die NS-Außenpolitik bis 1939

Für Hitler war die **Expansion** Deutschlands zentraler Bestandteil seiner Politik. Nahziel war die **Revision** des Versailler Vertrags, damit stimmte er noch mit der Außenpolitik der Weimarer Republik überein. Er ging aber von Anfang an weit darüber hinaus. Schon am 3. Februar 1933 erklärte er führenden Vertretern der Reichswehr, dass sein Ziel die „Ausweitung des Lebensraumes des deutschen Volkes" sei, die man „auch mit bewaffneter Hand" erreichen werde (→ M 5, S. 326). Deshalb ließ das NS-Regimes sofort massiv aufrüsten. Machten die Rüstungsausgaben 1933 noch 4% der Ausgaben der öffentlichen Haushalte aus, so betrug ihr Anteil 1938 bereits mehr als die Hälfte. Um das Ziel, die Expansion Deutschlands, zu erreichen, war in Hitlers Außenpolitik Krieg als Möglichkeit immer mit eingeplant, letztlich ist sie ohne Krieg nicht denkbar.

Hitler folgte in den ersten Jahren einer „Kombination aus Aufrüstung und Beschwichtigungspolitik", wie es der Historiker Ulrich Herbert formuliert hat. Einerseits war er auf Konfrontationskurs zu den anderen Staaten. Seine Politik verstieß mehrfach eklatant gegen die Bestimmungen des Versailler Vertrags, nicht nur mit der rasanten Aufrüstung, sondern auch, als 1936 deutsche Truppen ins entmilitarisierte Rheinland einmarschierten und die allgemeine Wehrpflicht wiedereingeführt wurde oder als 1938 Österreich an das Deutsche Reich „angeschlossen" wurde. Damit ging das NS-Regime bewusst ein hohes Risiko ein, denn angesichts der Regelverstöße musste es ein militärisches Eingreifen der Westmächte fürchten. Um dies zu verhindern, betonte Hitler zum Schein seinen Friedenswillen. Bereits in seiner „Friedensrede" vor dem Reichstag im Mai 1933 hatte er der Weltöffentlichkeit versichert, dass seine Regierung mit den anderen Völkern „aus tiefstem inneren Herzen [...] in Frieden und Freundschaft leben" wolle. 1934 schloss er mit Polen einen Nichtangriffspakt und 1935 mit Großbritannien ein Abkommen zur Begrenzung der Flotte. Und während der Olympischen Spiele 1936 in Berlin inszenierte sich Hitler-Deutschland als offene und friedliebende Nation. Doch all dies war nur eine Vernebelungstaktik.

Appeasement

Die Westmächte verurteilten zwar die wiederholten Verletzungen des Versailler Vertrags scharf, griffen aber aus verschiedenen Gründen nicht militärisch ein. Erstens waren die Schrecken des Ersten Weltkriegs in Großbritannien und Frankreich noch deutlich in Erinnerung. Gegen den Willen der Bevölkerungen wäre ein neuerlicher Krieg schwer durchsetzbar gewesen. Zweitens waren die Regierungen beider Länder Mitte der 1930er-Jahre überzeugt, militärisch und wirtschaftlich nicht in der Lage zu sein, einen Krieg zu führen. Drittens waren viele Briten der Meinung, dass die Bestimmungen des Versailler Vertrags zu hart ausgefallen seien und die Deutschen nun versuchten, sich zurückzuholen, was ihnen zustehen würde. Aus diesen Gründen und auch wegen Hitlers Friedenspropaganda betrieben Frankreich und noch mehr Großbritannien eine Politik der Beschwichtigung – englisch: **„Appeasement“** – gegenüber Deutschland. Indem sowohl der französische Premierminister Daladier als auch der britische Premierminister Chamberlain Hitler immer wieder entgegenkamen, versuchten sie, einen neuen Krieg zu verhindern. Hitler seinerseits sah sich dadurch in seiner Risiko-Strategie bestätigt.

Das Münchner Abkommen

Um Krieg führen zu können, benötigte Hitler-Deutschland eine Ausweitung der wirtschaftlichen und militärischen Ressourcen. Dies war der wesentliche Grund für den „Anschluss“ Österreichs im März 1938. Aus demselben Grund befahl Hitler sofort danach die Vorbereitungen für einen Einmarsch in die Tschechoslowakei. Er nutzte die Benachteiligungen der deutschen Minderheit in der tschechoslowakischen Republik als Vorwand, um enormen Druck auf die dortige Regierung auszuüben. Auf Hitlers Gewaltandrohungen reagierte die Tschechoslowakei mit der Mobilmachung ihrer Truppen; Großbritannien und Frankreich machten sich bereit für einen Krieg, auch die Sowjetunion erklärte der Tschechoslowakei ihren Beistand. In dieser Situation erklärte sich Hitler auf Drängen Mussolinis zu Verhandlungen bereit. Im Münchner Abkommen vom 29. September 1938 vereinbarten Deutschland, Italien, Großbritannien und Frankreich – die Tschechoslowakei war nicht vertreten –, dass die tschechoslowakischen Gebiete mit deutscher Bevölkerungsmehrheit, das sogenannte „Sudetenland“, an Deutschland abgetreten werden. Dieses rohstoffreiche Gebiet wurde von der Wehrmacht besetzt. Großbritannien und Frankreich garantierten den Bestand der restlichen Tschechoslowakei.

Das Münchner Abkommen sorgte einerseits für Erleichterung, denn der Krieg schien abgewendet. Bei der Rückkehr aus München wurde Chamberlain in London begeistert empfangen. Er erklärte, er glaube, es herrsche nun „peace for our time“. Kritiker wie Winston Churchill jedoch warfen ihm vor, die Westmächte seien Hitlers Aggressionspolitik nicht entschieden entgegengetreten, hätten diese letztlich sogar auf Kosten der Tschechoslowakei belohnt.

M2 Deutsche Postkarte von 1938. Abgebildet sind neben Hitler von rechts: der italienische „Duce“ Mussolini, der französische Premier Daladier, der britische Premier Chamberlain. Auf dem Poststempel steht: „Troppau – 4.12.1938 – im befreiten Sudetenland – Wahl- und Bekenntnistag“.

Das Scheitern der Appeasement-Politik

Kurz nach dem Einmarsch ins „Sudetenland“ gab Hitler den geheimen Befehl, die „Erledigung der Rest-Tschechei“ vorzubereiten. Am 15. März 1939 marschierte die Wehrmacht in Prag ein. Die Tschechoslowakei wurde aufgelöst, die Slowakei ein von Deutschland abhängiger Satellitenstaat und der tschechische Teil als „Reichsprotektorat Böhmen und Mähren“ von Deutschland besetzt. Mit diesem klaren Bruch des Münchner Abkommens war die Appeasement-Politik gescheitert. Zwar griffen die Westmächte auch in diesem Fall nicht militärisch ein, aber nun war klar, dass es keine weiteren Zugeständnisse an Hitler geben konnte. Als Deutschland am 1. September 1939 Polen überfiel, erfolgte die Kriegserklärung Großbritanniens und Frankreichs.

Nach Ausbruch des Zweiten Weltkriegs wurden Chamberlain und seine politischen Mitstreiter wegen ihrer gescheiterten Beschwichtigungspolitik als „guilty men“ bezeichnet, so ein Buchtitel von 1940. Die Frage, wie man mit Diktatoren umgehen soll, ist auch für die Gegenwart von Bedeutung. „‚München‘ wurde für das weitere 20. Jahrhundert zum Symbol für ein feiges Zurückweichen vor totalitären Mächten“, schrieb der Historiker Klaus Schwabe. Bis heute nutzen Politiker das Scheitern des Münchner Abkommens als Argument für eine harte Politik gegenüber Diktatoren.

4.12.1938: An diesem Tag fand im annektierten „Sudetenland“ nachträglich die „Wahl“ zum Reichstag statt; es gab nur eine Einheitsliste für Hitler.

Der Isolationismus der USA

Seit der Entstehung der USA war der **Isolationismus** eine Leitlinie der amerikanischen Außenpolitik, d.h., die USA hielten sich von der europäischen Politik fern. Durch den Eintritt in den Ersten Weltkrieg hatten sie diese Linie verlassen und waren zu einer weltpolitischen Großmacht geworden. Nach 1918 zogen sie sich aber wieder weitgehend auf ihren isolationistischen Kurs zurück. Zunehmend kritisch blickten die Amerikaner auf die eigene Beteiligung am Ersten Weltkrieg. Zwischen 1934 und 1937 verhinderte der amerikanische Kongress mit mehreren Neutralitätsgesetzen jede Einmischung der USA in die internationale Politik, dazu zählte auch das Verbot, Waffen zu liefern oder Kredite zu gewähren. Präsident Roosevelt, der den isolationistischen Kurs des Kongresses angesichts der Gefahr durch Hitler-Deutschland kritisch sah, ließ zwar die Armee aufrüsten, um für einen möglichen Krieg gewappnet zu sein. Aber für die Geschehnisse in Europa spielten die USA bis 1939 nur eine Nebenrolle. Erst der Kriegsbeginn in Europa führte dazu, dass die USA Waffen an Großbritannien und Frankreich lieferten. Die kriegskritische Stimmung in den USA kippte mit dem Angriff Japans auf den amerikanischen Flottenstützpunkt in Pearl Harbor am 7. Dezember 1941. Die USA erklärten Japan nun den Krieg. Spätestens mit der Kriegserklärung Deutschlands und Italiens an die USA kurz darauf war der amerikanische Isolationismus Vergangenheit.

M3a Schaubild 1 zur NS-Außenpolitik

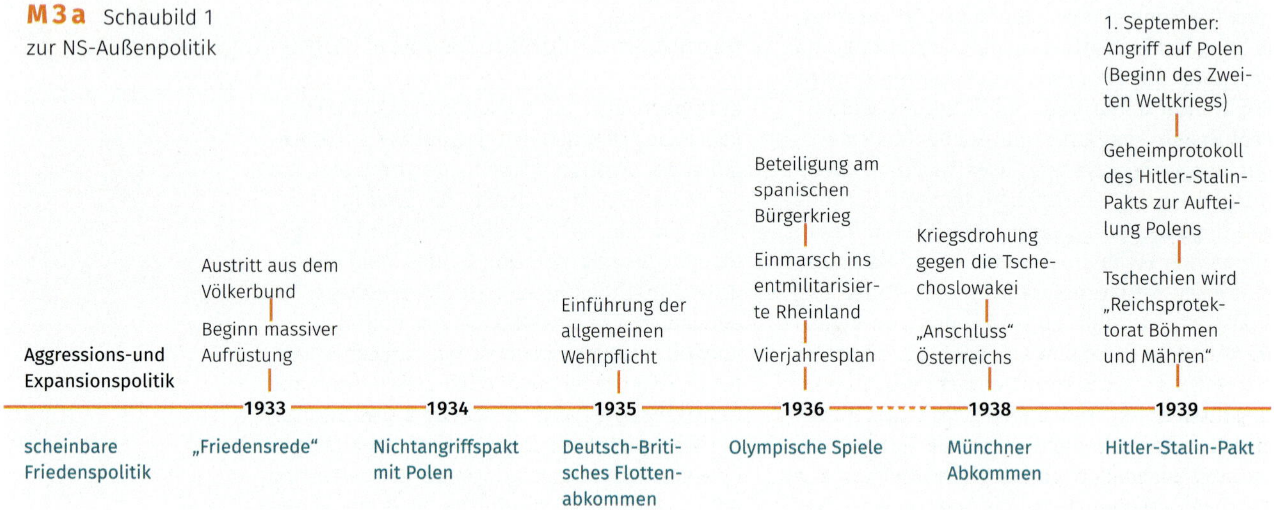

M3b Schaubild 2 zur NS-Außenpolitik

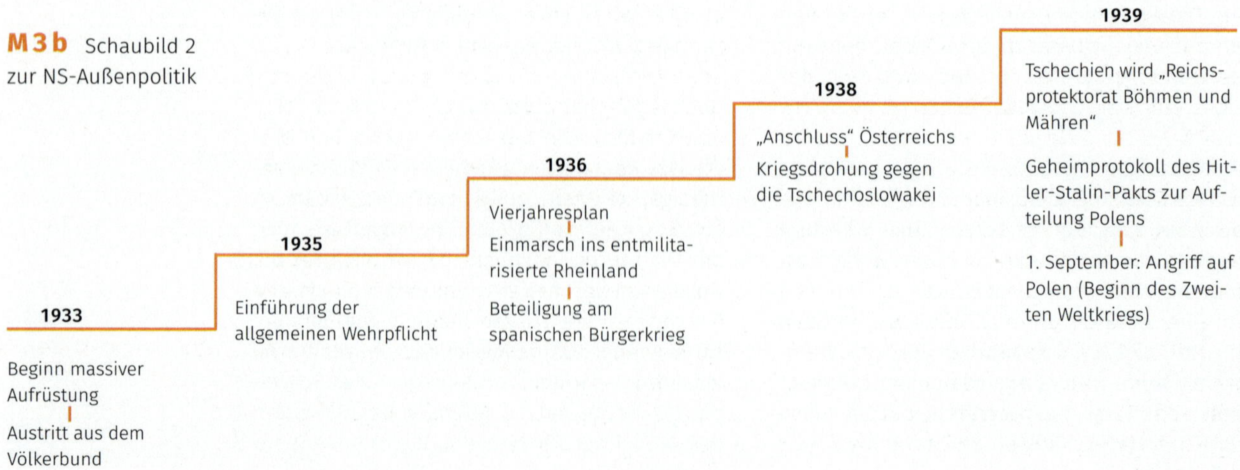

Zwei Karikaturen von Bernard Partridge aus der britischen Satirezeitschrift „Punch“:

Die Unterschrift lautete: „Was für scharfe Zähne du hast, Großmutter!“ „Um so besser für eine friedliche Revision der Verträge, meine Liebe.“ (Auf dem Korb steht „concessions“, „Zugeständnisse“).

M 4 (links) „Tschechisches Rotkäppchen“, 28. September 1938

Die Unterschrift lautete: [John Bull:] „Ich habe in meiner Zeit viele Premierminister gekannt, Sir, aber noch nie einen, der sich angesichts solch schrecklicher Widrigkeiten so sehr für die Sicherheit eingesetzt hat.“

M 5 (rechts) „Ein großer Vermittler“, 5. Oktober 1938 (Gezeigt ist John Bull, die Personifikation Großbritanniens, der Premierminister Chamberlain gratuliert.)

M 6 „Gang für Gang“?

Winston Churchill sagte am 5. Oktober 1938 im britischen Unterhaus:

Das Äußerste, was mein sehr ehrenwerter Freund, der Premierminister, durch all seine ungeheuren Anstrengungen [...] zu sichern imstande war, das Äußerste, was er in den zur Diskussion stehenden Angelegenheiten für die Tschechoslowakei herausschlagen konnte, ist, dass der deutsche Diktator, anstatt die Speisen vom Tisch zu rauben, sich damit zufrieden gibt, sie sich nun Gang für Gang servieren zu lassen. [...] Ich wage die Voraussage, dass sich der tschechoslowakische Staat fortan nicht als ein unabhängiges Gemeinwesen wird erhalten können. Ich glaube, dass Sie sehen werden, dass die Tschechoslowakei im Laufe einer Periode, die vielleicht nach Jahren, vielleicht aber nur nach Monaten bemessen ist, von dem Naziregime verschlungen werden wird. [...]

Der Premierminister hegt den Wunsch nach freundschaftlichen Beziehungen zwischen unserem Lande und Deutschland. Es bestehen überhaupt keine Schwierigkeiten für freundschaftliche Beziehungen zwischen den Völkern. Unsere Herzen schlagen dem deutschen Volk entgegen. Aber das Volk ist machtlos. Niemals jedoch kann es Freundschaft mit der gegenwärtigen deutschen Regierung geben. [...]

[Das britische Volk] soll wissen, dass wir, ohne Krieg, eine schreckliche Niederlage erlitten haben, deren Folgen uns für eine lange Strecke begleiten werden; es soll wissen, dass wir einen schrecklichen Meilenstein in unserer Geschichte passiert haben, wobei das ganze europäische Gleichgewicht gestört wurde, und dass jetzt das furchtbare Urteil über die westlichen Demokratien gefällt wurde: „Gewogen, gewogen und für zu leicht befunden.“

Glauben Sie nicht, dass dies das Ende ist. Das ist erst der Beginn der Abrechnung, bloß der erste Schluck, der erste Vorgeschmack des bitteren Trankes, der uns Jahr für Jahr vorgesetzt werden wird, es sei denn, dass wir in einer großartigen Wiedergewinnung unserer moralischen Gesundheit und kriegerischen Stärke von neuem entstehen und mutig für die Freiheit eintreten, wie in alter Zeit.

Winston Churchill: Reden in Zeiten des Krieges (übers. v. Walther Weibel), Zürich 2002, S. 33 ff.

M 7 „Sechs Monate nach München" nannte der amerikanische Karikaturist Daniel Fitzpatrick diesen Cartoon, den er im April 1939 – nach dem Einmarsch deutscher Truppen in die Tschechoslowakei – erstellte. In der kleinen Figur erkannten die Zeitgenossen den britischen Premierminister Chamberlain. Da er meist einen Regenschirm mit sich führte, wurde dieser von vielen Karikaturisten als Attribut des Premierministers verwendet.

M 8 Ein Mittel der Außenpolitik

Der Historiker Franz-Josef Brüggemeier schrieb 2010 zur Kritik an der Appeasement-Politik:

Der Begriff Appeasement [wurde] zu einem Schimpfwort [...], denn diese Politik war gescheitert. Doch zugleich kam die Kritik überraschend und zeichnete ein verzerrtes Bild. Denn Chamberlain hatte seine Politik nicht nur mit einigen guilty men betrieben, sondern dafür breite Zustimmung besessen; [...] und schließlich war eine Politik des Appeasement nicht Chamberlains Erfindung, sondern seit langem ein fester Bestandteil nicht nur der britischen Außenpolitik. Der Begriff bezeichnete allgemein das Bemühen, eine Zuspitzung von Konfrontationen und vor allem Kriege durch Entgegenkommen und Beschwichtigung zu verhindern. Entsprechend prägte eine Appeasement-Politik auch das riesige britische Empire, das nur teilweise auf militärischer Macht beruhte. Vielmehr hatten die Regierungen in London immer wieder Entgegenkommen gezeigt, sowohl gegenüber den anderen europäischen Mächten als auch gegenüber einheimischen Eliten in den Kolonien. Ohne Appeasement wäre das Empire nicht entstanden. Eine grundsätzliche Kritik an Chamberlains Vorgehen [...] klammert diese Tatsache aus. Zu fragen ist deshalb, ob im konkreten Fall die gegenüber Hitler gezeigte Kompromissbereitschaft zu weit ging, welche Alternativen bestanden und wie realistisch diese waren.

Vor allem die letzte Frage ist heute schwer zu beantworten, denn die britischen Politiker mussten zahlreiche Probleme zugleich lösen und hatten nur beschränkte Handlungsmöglichkeiten. So wurden die Regelungen des Versailler Vertrages schon bald kritisiert und vor allem gegenüber Deutschland als zu hart angesehen; in der Bevölkerung gewannen pazifistische Strömungen an Gewicht, die ein erneutes Massensterben wie im Ersten Weltkrieg verhindern wollten; mit Japan, Italien und Deutschland erhoben in den 1930er-Jahren drei Staaten ihre Forderungen, die [...] insbesondere die britische Vormachtstellung herausforderten; und nicht zuletzt ließen die ökonomischen Krisen und der überforderte Staatshaushalt wenig Geld für höhere Rüstungsausgaben.

Franz-Josef Brüggemeier: Geschichte Großbritanniens im 20. Jahrhundert, München 2010, S. 183 f.

M 9 Zur Diskussion der Appeasement-Politik

Der britische Historiker Tim Bouverie schrieb dazu:

Hätten die Briten und Franzosen die Klauseln des Versailler Vertrags zur Begrenzung von Rüstungsgütern und Truppenstärken durchgesetzt; [...] hätten sie Hitlers Inszenierung der Rheinland-Besetzung durchschaut und die dort eingesetzten 22 000 deutschen Soldaten vertrieben, hätten sie eine internationale Koalition zur Verhinderung weiterer deutscher Angriffe gebildet, anstatt Hitler zu erlauben, dass er sich seine Opfer eins nach dem anderen vornahm, und wären sie bereit gewesen, sich Hitler entgegenzustellen und gegebenenfalls während

der tschechischen Krise in den Krieg zu ziehen, dann wäre die Geschichte möglicherweise anders verlaufen. Sehr wahrscheinlich hätte es trotzdem Krieg gegeben. Solange Hitler an der Macht war, war das Risiko eines Krieges permanent extrem hoch. Aber dieser Krieg hätte nicht so enorm raumgreifend, so immens langwierig und so heillos grausam sein müssen. [...]
Für Chamberlains Fürsprecher ist das „zusätzliche Jahr", das er in München erkauft hat, von zentraler Bedeutung. Obwohl die Beschwichtigungspolitik ihr Hauptziel nicht erreichen konnte, habe die Politik „nichts von ihrer Wichtigkeit verloren", behauptete Malcolm MacDonald [britischer Politiker] im November 1940, da „sie Großbritannien durch die Verschiebung des gegenwärtigen Krieges um ein ganzes Jahr die Zeit gab, militärische Vorbereitungen zu treffen [...]". Problematisch an diesem Argument ist nicht nur, dass Deutschland Großbritannien in der Zeit zwischen dem Münchner Abkommen und dem Ausbruch des Krieges in der Waffenproduktion überholt hat [...], sondern auch, dass es sich um eine Ex-post-facto-Rechtfertigung handelt [...].
Chamberlains Beweggründe standen nie infrage. Für seine Bemühungen war ihm kein Aufwand zu groß, sein Handeln war von Beharrlichkeit geprägt. Aber seine Politik fußte in entscheidender Weise auf einem Missverständnis im Hinblick auf den Charakter des Mannes, mit dem er zu tun hatte, und vernachlässigte darüber hinaus Handlungsoptionen, die dazu beigetragen hätten, Hitler in Schach zu halten oder schneller zu besiegen. Und das war in jeder Hinsicht eine Tragödie.

Tim Bouverie: Mit Hitler reden. Der Weg vom Appeasement zum Zweiten Weltkrieg, Hamburg 2021, S. 601 ff.

M 10 „München" als Argument

Der Bayerische Rundfunk führte 2013 zur Aktualität des Münchner Abkommens aus:

[D]ie Erinnerung an das Versagen Großbritanniens und Frankreichs im September 1938 ist bis heute wach geblieben. Als Chiffre ist „München" vielseitig verwendbar. So wird häufig an das Münchner Abkommen erinnert, wenn westliche Regierungen nach Wegen suchen, mit aggressiven Machthabern umzugehen. „München" lässt sich auch gut instrumentalisieren, wenn Argumente für Militärinterventionen gesucht werden. [...]
Während des Kaltes Krieges erinnern US-Regierungen ihre Verbündeten immer wieder an das Münchner Abkommen und verweisen darauf, dass der Westen nie mehr Schwäche zeigen darf wie im Jahr 1938. In Abgrenzung zu „München" konzipiert der amerikanische Historiker und Diplomat George F. Kennan die Containment-Politik gegenüber der UdSSR. [...]
Seit Jahren sorgt der Iran mit Drohungen gegen Israel und dem Versuch, Atombomben zu bauen, für Aufsehen. Regierungen westlicher Staaten, die auf Verhandlungen setzen, sehen sich nicht selten mit dem Vorwurf „München" konfrontiert. [...]
Als im August/September 2013 der Bürgerkrieg in Syrien eskaliert und dem syrischen Präsidenten Assad der Einsatz von Giftgas vorgeworfen wird, plädiert US-Präsident Obama für einen Militärschlag. Sein Außenminister Kerry kontert Bedenken, indem er auf Pressekonferenzen vom „München-Moment" spricht.

www.br.de/radio/bayern2/sendungen/radiowissen/geschichte/muenchner-abkommen-einsatz-im-unterricht100.html (21.09.2020)

Ex-post-facto-Rechtfertigung: Rechtfertigung im Nachhinein

Containment-Politik: Politik der USA nach dem Zweiten Weltkrieg zur Eindämmung des Kommunismus

---

2. a) Arbeiten Sie die Aussagen der Schaubilder zur NS-Außenpolitik (M 3 a und M 3 b) heraus.
b) Diskutieren Sie Vor- und Nachteile der Darstellungen.

3. Arbeiten Sie aus dem Darstellungstext die Gründe der Westmächte heraus, militärisch erst spät gegen Hitlers Außenpolitik vorzugehen.

4. Analysieren Sie die Postkarte zum Münchner Abkommen (M 2).

5. a) Analysieren Sie die Churchill-Rede (M 6).
b) Vergleichen Sie M 6 mit M 5.

6. Analysieren Sie M 7 und beurteilen Sie die Aussage der Karikatur.

7. a) Vergleichen Sie die Historikermeinungen M 8 und M 9.
b) Beurteilen Sie die Appeasement-Politik: Möglichkeit, den Krieg zu verhindern, oder Versagen der Westmächte?

+ Recherchieren Sie zu einem Thema, in dem das Münchner Abkommen als Argument für Politik verwendet wird (M 10), und beurteilen Sie, inwieweit das Argument in diesem Fall schlüssig ist.

Der Nationalsozialismus – Machterwerb, Ideologie und Herrschaftspraxis

→ S. 304–305

Nur eine neue Regierung? Der 30. Januar 1933

Am 30. Januar 1933 ernannte Reichspräsident von Hindenburg den Vorsitzenden der NSDAP, Adolf Hitler, zum Reichskanzler einer Minderheitsregierung. Außer Hitler wurden nur zwei Nationalsozialisten Kabinettsmitglieder; alle übrigen hatten den vorigen Präsidialkabinetten angehört. Da die Ernennung gezielt erfolgte, ist statt des Begriffs **„Machtergreifung“** die Bezeichnung „Machtübertragung“ richtiger: Hindenburg hatte das Ziel, die Praxis der Notverordnungen zu beenden; Hitler schien ihm dafür der Richtige zu sein. Beiden war die Vorstellung einer „Volksgemeinschaft“ gemeinsam.

→ S. 306–311

Die NS-Ideologie – Leitlinie einer Herrschaft?

Die Ideologie der **NSDAP** ist eine Mischung konservativer und rechter Ideologien. Grundlegend waren **Rassismus** – vor allem **Antisemitismus** –, **Antiliberalismus**, **Antiparlamentarismus**, **Antiindividualismus** und **Radikalnationalismus**. Leitend war die Idee der **„Volksgemeinschaft“**, einer klassenlosen, jedoch hierarchisch gedachten Gesellschaft (**Führerprinzip**). Sie schloss jedoch alle Menschen aus, die nicht der NS-Rassenideologie entsprachen. Mit der These, die „Volksgemeinschaft“ benötige mehr Raum, wurden Gebiete im Osten Europas beansprucht (**„Lebensraum im Osten“**). Einige Historiker streiten über die Frage, ob Hitler seine Ideologie planmäßig umgesetzt habe. Andere betonen die Offenheit der nationalsozialistischen Ideologie, die auch Menschen, die der NSDAP nicht nahestanden, Anknüpfungspunkte geboten habe.

→ S. 312–319

Die Entstehung der Diktatur

Sofort nach Machtantritt bauten die Nationalsozialisten eine **Diktatur** auf: durch Aufhebung der Grundrechte („Reichstagsbrandverordnung“, 28. Februar) und der Gewaltenteilung („Ermächtigungsgesetz“, 24. März), durch die Ausschaltung politischer Gegner und die **„Gleichschaltung“** aller vorhandenen Institutionen und Organisationen mit NS-Organisationen. Nach dem Tod des Reichspräsidenten (im August 1934) wurde sein Amt mit dem des Regierungschefs vereinigt, die Armee auf Adolf Hitler persönlich vereidigt. Auch wenn die Regierung darauf achtete, die Maßnahmen legal aussehen zu lassen und die Weimarer Verfassung formal weiter Geltung hatte, war sie faktisch außer Kraft gesetzt (**Pseudolegalität**).
Neben die staatlichen Institutionen setzte das NS-Regime häufig Parteiorganisationen. Damit wurde der Rechtsstaat durch Parteigliederungen dominiert („Doppelstaat“: „Normen- und Maßnahmenstaat“). Das Kompetenzgerangel von Staats- und Parteiapparat konnte Hitler nutzen, um seine Macht auszubauen („dem Führer entgegenarbeiten“).

→ S. 322–323

Verführung durch Rundfunk und Film?

Die Nationalsozialisten setzten Massenmedien bewusst ein, um die Gesellschaft zur Teilhabe zu verführen: Die „Volksgemeinschaft“ wurde propagiert, ebenso der Hass auf die vom Regime Ausgeschlossenen. Medien der **Massenkultur** – Presse, Rundfunk und Film – wurden gleichgeschaltet und der Kontrolle durch das „Ministerium für Volksaufklärung und Propaganda“ unterstellt. Minister Goebbels setzte auch auf (scheinbar) harmlose Unterhaltung, um unterschwellig die NS-Ideologie zu transportieren.

Wirtschafts- und Sozialpolitik im NS-Staat: „Arbeit und Brot“?

→ S. 324–329

Um die Deutschen für sich zu gewinnen, setzten die Nationalsozialisten die Wirtschafts- und Sozialpolitik fort, die bereits in der Weimarer Republik begonnen worden war. Zahlreiche Vergünstigungen kamen den Mitgliedern der „Volksgemeinschaft“ zugute, nicht aber den vom Regime Ausgeschlossenen (**„sozialer Volksstaat“**). Da das Deutsche Reich für den Krieg **aufrüstete (Vierjahresplan)** und vor allem die Rüstungsindustrie förderte, waren die sozialen Verbesserungen allerdings nicht nachhaltig: Der Lebensstandard sank schon vor Beginn des Zweiten Weltkriegs. Die **Mobilisierung der Massen** in **Massenorganisationen** wie der Hitlerjugend verschleierte diese Ziele des NS-Regimes und sollte die Bindung an das Regime bewirken.

Die „Volksgemeinschaft“: Nicht für das ganze Volk?

→ S. 330–335

Die Zugehörigkeit zur „Volksgemeinschaft“ wurde im Unterschied zur Zugehörigkeit zur Staatsnation von „Rasse“ und „Gesinnung“ abhängig gemacht. Denjenigen, die dazugehörten, wurden Vergünstigungen zuteil (Inklusion). Für die anderen (Juden, Sinti und Roma, Homosexuelle, Menschen mit Behinderung, soziale Randgruppen, als „Asoziale“ oder „Gemeinschaftsfremde“ bezeichnet) galt das Prinzip der Exklusion, das **Terror**, **Deportation in Konzentrationslager**, **Verfolgung** und schließlich Ermordung bedeutete. Beispiele sind die Ermordung von Menschen mit Behinderung (**„Euthanasie“**), die schrittweise Entrechtung von Juden ab 1933, die „Nürnberger Gesetze“ (15. September 1935), die offene Gewalt gegen Juden in der „Reichspogromnacht“ (9. November 1938) bis zu Holocaust oder Shoah.

Immer nur: „Ein Volk, ein Reich, ein Führer“?

→ S. 336–341

Die Nationalsozialisten gewannen die **Massenloyalität** der Deutschen durch die Verführungen der „Gefälligkeitsdiktatur“ sowie durch Propaganda und den Personenkult um Hitler. Außerdem wurden Gewalt und Terror eingesetzt. Nur wenige setzten dem oppositionelles Verhalten entgegen, der von Resistenz bis zu aktivem **Widerstand** gehen konnte. Unter Historikern ist umstritten, ob Äußerungen punktueller Unzufriedenheit letztlich der Stabilisierung des Regimes dienten.

„Guilty Men“? Die Appeasement-Politik der europäischen Mächte

→ S. 342–347

Mit dem Ziel der Expansion Deutschlands ließ Hitler massiv aufrüsten und verstieß gegen den Versailler Vertrag. Großbritannien und Frankreich waren beunruhigt, versuchten aber, Hitler entgegenzukommen und so einen weiteren Krieg zu verhindern. Der Höhepunkt ihrer **Appeasement**-Politik war das Münchner Abkommen 1938, in dem Deutschland das sogenannte Sudetenland, ein Grenzstreifen auf tschechoslowakischem Gebiet mit überwiegend deutschsprachiger Bevölkerung, zugebilligt wurde. Bis heute ist in der historischen Forschung umstritten, ob die Appeasement-Politik eine Mitschuld am Ausbruch des Zweiten Weltkriegs trägt.

Der Zweite Weltkrieg

Für Millionen Europäer kam der Zweite Weltkrieg einer Hölle auf Erden gleich, mehr noch als der Erste. Schon die Zahl der Opfer – über 40 Millionen Menschen allein in Europa, mehr als viermal so viele wie im Ersten Weltkrieg – vermittelt ein Gefühl für das Ausmaß des Horrors; die Verluste übersteigen jede Vorstellungskraft [...]

Anders als im Ersten Weltkrieg ging die Zahl der zivilen Todesopfer im Zweiten weit über die der kämpfenden Truppen hinaus. [...] Die hohe Todesrate in der Zivilbevölkerung war nicht zuletzt eine Folge des genozidalen Charakters des Zweiten Weltkriegs. Denn anders als im Krieg von 1914 bis 1918 stand der Völkermord im Zentrum dieses erneuten großen Flächenbrands. Dieser Krieg war ein beispielloser Angriff auf die Menschlichkeit. Er war ein Abstieg in den Abgrund, eine Zerstörung aller kulturellen Ideale, die die Aufklärung hervorgebracht hatte, ein Absturz, wie es ihn bis dahin nicht gegeben hatte. Dieser Krieg hatte apokalyptische Dimensionen, war Europas Armageddon.

Ian Kershaw: Höllensturz. Europa 1914 bis 1949 (übers. v. Klaus Binder, Bernd Leineweber und Britta Schröder), München 2015, S. 473 f.

Abbildungen

- Deutsche Soldaten brennen ein Dorf an der estnischen Grenze nieder. Sowjetisches Nachrichtenfoto, 1941
- Heinrich Himmler (links) „Reichsführer-SS", Chef der Gestapo und Waffen-SS, inspiziert ein Kriegsgefangenenlager in Russland,1941
- Jüdische Frauen und Kinder aus Ungarn bei ihrer Ankunft in Auschwitz im Sommer 1944. Als nicht arbeitsfähige Häftlinge wurden Kinder und ältere Menschen dort sofort getötet.

Nur ein weiterer Krieg?

Der Beginn des Zweiten Weltkriegs in Europa

M1 Ein Tagebucheintrag

Victor Klemperer (1881–1960), Professor für Romanistik, war 1933 aus dem öffentlichen Dienst entlassen worden. Zwar war er Protestant, galt aber „rassisch minderwertig", weil er aus einer jüdischen Familie stammte. Am 16. Mai 1940 notierte er in seinem Tagebuch:

Die Erfolge im Westen sind ungeheure, und das Volk ist berauscht. Ganz Holland, halb Belgien genommen [...] Auch die sittlichen Begriffe sind verwirrt: „Hitler will ja nur, was Deutschland gehört, und im Übrigen hat er immer versprochen, Frieden zu halten." Und Polen? – „Das meiste davon lassen wir Russland und nehmen eigentlich nur, was deutsch war, höchstens noch Warschau dazu." [...] Es ist fast bis zur Unmöglichkeit schwer, sich der allgemeinen Suggestion zu entziehen und nicht mit dem „Blitzsieg" [...] zu rechnen.

Victor Klemperer: Ich will Zeugnis ablegen bis zum letzten. Tagebücher 1940 bis 1941, Berlin 1999, S. 21

1. a) Bilden Sie ausgehend von M 1 Hypothesen darüber, wie die Deutschen den Krieg im Sommer 1940 wahrnahmen und welche Hoffnungen und Befürchtungen sie hatten.
b) Stellen Sie Vermutungen über die in M 2 und M 3 gezeigten Szenen an: jeweils aus deutscher und französischer bzw. polnischer Perspektive.

M 2 Inszenierter Blick: Die Siegesparade deutscher Truppen am Arc de Triomphe in Paris im Juni 1940 als Motiv deutscher Propagandafotografie

„Blitzsieg" im Westen?

Juni 1940: Neben den bereits besetzten Ländern Dänemark und Norwegen hatten deutsche Soldaten nun auch Luxemburg, Belgien, die Niederlande und große Teile Frankreichs eingenommen. In der deutschen Bevölkerung verbreitete sich die Auffassung, dass die Kriegsführung Hitlers innerhalb von nur sechs Wochen erreicht hätte, was die kaiserlichen Generäle in vier Jahren des Ersten Weltkrieges nicht geschafft hatten. Bestehende Ängste vor einem anhaltenden Krieg wichen bei vielen einem euphorischen Stolz darauf, das Trauma der Niederlage im Ersten Weltkrieg nun überwunden zu haben. Adolf Hitler stand auf dem Höhepunkt seiner Popularität, und in Kreisen der deutschen Generalität verstummten die bis dahin bestehenden Zweifel an seiner Kriegsführung weitgehend.

Die Westoffensive forderte hohe Verluste: Allein Frankreich beklagte mehr als 90 000 Tote und 200 000 Verwundete. Die folgende deutsche Besatzung bedeutete zudem wirtschaftliche Ausbeutung und Unterdrückung für die französische Bevölkerung. Vor allem die jüdische Bevölkerung in den besetzten Gebieten war von Verfolgung bedroht. Auch politische Flüchtlinge aus Deutschland waren in Frankreich nun nicht mehr sicher: In den Waffenstillstandsverträgen mit den Besiegten hatten die deutschen Besatzer ihre Auslieferung festgeschrieben.

Polen, deutsches Kolonialgebiet?

Im Deutschen Reich breitete sich nach den „Blitzkriegerfolgen" im Westen die Hoffnung auf ein schnelles Kriegsende aus. Doch sie war trügerisch – vor allem deshalb, weil die nationalsozialistische Führung um Hitler mit diesem Krieg von Beginn an noch weitere Ziele im Blick hatte: die bedingungslose Erweiterung des deutschen „Lebensraumes" in Osteuropa. Seit September 1939 hatte das deutsche Militär dieses Ziel in Polen verfolgt, das zu einem ersten deutschen Kolonialgebiet ausgebaut werden sollte. Schon vor Kriegsbeginn hatten die Regierungen Deutschlands und der UdSSR in einem geheimen Zusatzprotokoll zum Hitler-Stalin-Pakt vereinbart, dass das polnische Territorium künftig unter der Sowjetunion und dem Deutschen Reich aufgeteilt werden würde. Der vom Deutschen Reich beanspruchte Teil Polens wurde nach dem deutschen Überfall auf Polen abermals geteilt: Der eine Teil wurde dem Deutschen Reich angeschlossen, der andere, das „Generalgouvernement“, das die Besatzer als „völkischen Abschieberaum“ betrachteten, unter deutsche Verwaltung gestellt. Die polnische Bevölkerung – sie umfasste zu diesem Zeitpunkt etwa 10,2 Millionen Menschen – sollte nach „rassischen“ Kriterien untersucht und klassifiziert werden. Polinnen und Polen, die auf dieser Grundlage als „nicht eindeutschungsfähig“ galten, sollten ins „Generalgouvernement“ **deportiert,** also zwangsumgesiedelt, werden. Viele derjenigen, die die deutschen Besatzer für „eindeutschungsfähig“ hielten, waren als Zwangsarbeiterinnen und -arbeiter für den „Reichseinsatz“ im Deutschen Reich vorgesehen. Allein bis Ende 1940 wurden eine Million Menschen dorthin verschleppt.

Schon unmittelbar nach Kriegsbeginn hatten sich in ganz Polen Untergrundstrukturen herausgebildet. Mit dem Ziel, sich den deutschen Besatzern nicht geschlagen zu geben, den Menschen Mut zu machen und ihre Heimat zu verteidigen, organisierten z.B. gut vernetzte zivile Widerstandsgruppen kulturelle und politische Veranstaltungen in Privaträumen und erstellten gegen die Besatzungsmacht gerichtete Untergrundpublikationen, die von Hand zu Hand gehen konnten. Später kam der militärische Widerstand der polnischen „Heimatarmee“ hinzu, die gezielt Anschläge auf Einrichtungen der deutschen Besatzer verübte.

Vernichtungskrieg im Osten

Trotz des starken Widerstands hat Polen mit am längsten unter der deutschen Fremdherrschaft im Zweiten Weltkrieg gelitten. Von Beginn an richtete sich die Gewalt der Besatzer gegen die gesamte polnische Zivilbevölkerung: Schon bis November 1939 hatten eigens dazu gebildete „Einsatzgruppen“ aus deutscher Polizei und Sicherheitsdienst der **SS** bis zu 20000 Zivilisten – mehrheitlich Politiker, Intellektuelle und Geistliche – in Massenerschießungen hingerichtet. Die mehr als zwei Millionen Menschen umfassende jüdische Bevölkerung wurde diskriminiert, entrechtet, verfolgt und ab Januar 1940 in eigens dafür eingerichtete Ghettos im „Generalgouvernement“ umgesiedelt. Die Verantwortlichen – die deutschen Besatzer – nahmen ihren Tod dabei von Anfang an billigend in Kauf.

M 3 Sechs polnische Zivilisten kurz vor ihrer Hinrichtung durch deutsche Soldaten in der westpolnischen Stadt Bydgoszcz,1939

So war im Sommer 1940, als die Deutschen angesichts des Verlaufs des Westfeldzugs mit einem – wie Victor Klemperer in M 1 formuliert – „Blitzsieg“ rechneten, das Kriegsgeschehen in Polen von eskalierender Gewalt geprägt, die charakteristisch für den weiteren Kriegsverlaufs im Osten wurde. Dies unterschied die östlichen Kriegsschauplätze zunächst von den Kriegsfronten im Westen. Für die Ausführung der Besatzungspolitik spielte neben „rassischen“ Aspekten auch eine Rolle, ob die Besatzung im Verantwortungsbereich der Wehrmacht lag, wie in Frankreich, oder ob sie von einer Zivilverwaltung gesteuert wurde, in der Funktionäre der NSDAP das Sagen hatten. Dies war in Polen und später auch in der Sowjetunion der Fall. Bereits mit Kriegsbeginn im September 1939 hatte die deutsche Führung den Weg zu einem ideologisch geprägten **Vernichtungskrieg** beschritten. Insgesamt fielen etwa 5,7 Millionen polnische Zivilisten den Deutschen zum Opfer, darunter mehr als 2,5 Millionen ethnische Polen.

Hitler-Stalin-Pakt (auch Molotow-Ribbentrop-Pakt oder Deutsch-Sowjetischer Nichtangriffsvertrag): Am 23. August 1939 unterzeichneter Vertrag zwischen dem Deutschen Reich und der UdSSR. Diese verpflichtete sich darin zur Neutralität, falls es zwischen Deutschland und Polen zu einem Konflikt komme. Ein geheimes Zusatzprotokoll teilte Polen, das Baltikum und Bessarabien als „Interessensphären“ zwischen den Unterzeichnenden auf.

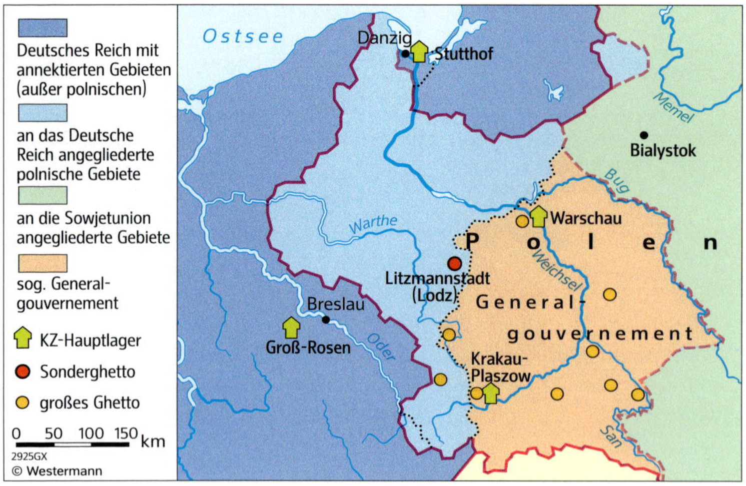

M4 Das besetzte Polen im Jahr 1940

M5 Hitlers Plan für Polen

Hitler äußerte sich am 23. Mai 1939 vor Vertretern der militärischen Führung zu seinen Absichten, Polen anzugreifen. Diese Äußerungen sind in einem Protokoll überliefert:

Geltendmachen der Lebensansprüche Deutschlands und Wiedereintritt in den Kreis der Machtstaaten stört [das] Gleichgewicht [der internationalen Mächte]. Alle Ansprüche werden als „Einbruch“ gewertet. […] Die wirtschaftlichen Probleme müssen auch gelöst werden. Um die Schaffung der wirtschaftlichen Voraussetzungen hierzu kommt kein Deutscher herum. Zur Lösung der Probleme gehört Mut. Es darf nicht der Grundsatz gelten, sich durch Anpassung an die Umstände einer Lösung der Probleme zu entziehen. Es heißt vielmehr, die Umstände den Forderungen anpassen. Ohne Einbruch in fremde Staaten oder Angreifen fremden Eigentums ist dies nicht möglich. Der Lebensraum, der staatlicher Größe angemessen ist, ist die Grundlage für jede Macht. Eine Zeit lang kann man Verzicht leisten, dann aber kommt die Lösung der Probleme so oder so. Es bleibt die Wahl zwischen Aufstieg oder Abstieg. […] Der Pole ist kein zusätzlicher Feind. Polen wird immer auf der Seite unserer Gegner stehen. […]

Danzig ist nicht das Objekt, um das es geht. Es handelt sich für uns um die Erweiterung des Lebensraumes im Osten und Sicherstellung der Ernährung sowie der Lösung des Baltikum-Problems. Lebensmittelversorgung ist nur von dort möglich, wo geringe Besiedelung herrscht. Neben der Fruchtbarkeit wird die deutsche, gründliche Bewirtschaftung die Überschüsse gewaltig steigern. In Europa ist keine andere Möglichkeit zu sehen. […] Zwingt uns das Schicksal zur Auseinandersetzung mit dem Westen, ist es gut, einen größeren Ostraum zu besitzen. Im Kriege werden wir noch weniger wie im Frieden mit Rekordernten rechnen können. Die Bevölkerung nicht-deutscher Gebiete tut keinen Waffendienst und steht zur Arbeitsleistung zur Verfügung. Das Problem „Polen“ ist von der Auseinandersetzung mit dem Westen nicht zu trennen. […] Es entfällt also die Frage, Polen zu schonen, und bleibt der Entschluss, bei erster passender Gelegenheit Polen anzugreifen.

Zit. nach: www.ns-archiv.de/krieg/1939/schmundt/23-05-1939-schmundt.php (17.04.2020)

M6 Zeitstrahl: Die Ausweitung der Kriegsschauplätze

- Pazifikkrieg
- Krieg in Europa
- Weltkrieg

1937 1938 1939 1940 1941

7. Juli **Ein Gefecht nahe Peking löst den Zweiten Japanisch-Chinesischen Krieg aus.**

13. Dezember Beginn des ca. 6-wöchigen Massakers von Nanjing (China)

ab 1938 Japan verfolgt Strategie der „dreifachen Auslöschung“ Chinas (Alles töten, niederbrennen, plündern.)

japanisch-sowjetischer Grenzkonflikt um die Mongolei

23. August Hitler-Stalin-Pakt (→ S. 353)

1. September **deutscher Angriff auf Polen**

April Besetzung Skandinaviens

ab Mai Angriff auf Benelux-Staaten und Frankreich

September Japan, Deutschland und Italien sichern sich in einem „Dreimächtepakt“ gegenseitige Unterstützung zu.

ab Februar deutsches Eingreifen in die Kriegshandlungen in Nordafrika; Balkanfeldzug

22. Juni Überfall auf die UdSSR

7. Dezember japanischer Angriff auf den US-Stützpunkt Pearl Harbor auf Hawaii

11. Dezember deutsche Kriegserklärung an die USA

M7 Eine polnische Sicht

Am 1. September 1940 zieht der Arzt Zygmunt Klukowski (1885–1959) in seinem Tagebuch ein Resümee des ersten Besatzungsjahres:

Heute ist ein Jahr seit dem Tag des Kriegsausbruches vergangen. [...] Die Menschen bei uns sind auf den materiellen und persönlichen Bereich fixiert, auf die Sorge um das tägliche Brot und die Jagd nach dem Unterhalt. Nur wenigen, vor allem denen, die Handel treiben, geht es durchaus gut. Wir alle wollen das Ende des Krieges abwarten, [...] uns gegen die Invasion fremder Elemente – der Deutschen und Ukrainer – verteidigen. [...]

Wir leben in ununterbrochener Angst vor Durchsuchung, Verhaftung, Schlägen, Inhaftierung oder Internierung in einem weit entfernten Lager, Aussiedlung, Vertreibung aus der Wohnung, Plünderung und Erschießung, was übrigens nicht immer der schlimmste Ausweg ist gegenüber den Qualen in den Gefängnissen und Lagern. [...]

Schon seit beinahe einem Jahr richten sich die Deutschen in unserem Land ein. Sie festigen ihre Herrschaft auf polnischem Territorium, zerstören die gesamte polnische Kultur und allgemein alles, was polnisch ist. Das Aufoktroyieren des Deutschtums überall ist sehr genau und wie für ewige Zeiten geplant, aber die Deutschen spüren selbst in hohem Maße, dass sie für uns Todfeinde sind.

Zygmunt Klukowski: Tagebuch aus den Jahren der Okkupation 1939–1944 (übers. v. Karsten Wanke), Berlin 2017, S. 223 f.

2. a) Arbeiten Sie aus M 5 die Ziele heraus, die Hitler mit einem künftigen Krieg verband.
   b) Vergleichen Sie Ihre Ergebnisse mit den Schilderungen in M 7.

3. Der Historiker Andreas Hillgruber hat den Krieg in Polen bereits 1965 als „Vorstufe des Vernichtungskrieges"* bezeichnet. Beurteilen Sie diese These mithilfe des Darstellungstextes.
   * Ders.: Hitlers Strategie. Politik und Kriegsführung 1940–1941, Bonn: Bernard und Graefe ³1993, S. 519

4. Bezeichnen Sie auf der Basis von M 6 Wendepunkte im Kriegsverlauf und begründen Sie Ihre Entscheidungen.

Als **Vernichtungskrieg im Osten** wird die nationalsozialistische Kriegsstrategie bezeichnet, nach der die im Osten des Deutschen Reiches gelegenen europäischen Länder nicht nur unterworfen, sondern vernichtet werden sollten: Von vornherein war die Ermordung der gesellschaftlichen Eliten geplant. Auch die jüdische Bevölkerung sollte aus den eroberten Gebieten beseitigt werden. Die verbleibenden Bevölkerungsgruppen waren für Zwangsarbeit vorgesehen. Als kolonialer Lebensraum sollten die eroberten Gebiete mit ihren Rohstoffen und Lebensgrundlagen „arischen" Deutschen verfügbar gemacht werden.

1942 | 1943 | 1944 | 1945

- **ab März** alliierte Luftangriffe auf Deutschland
- **Februar** Kapitulation der 6. Armee in Stalingrad/Kriegswende an der Ostfront
- **Mai** Niederlage des deutschen Afrikakorps
- **Juni** Landung der Alliierten in der Normandie
- **ab Oktober** Vordringen alliierter Truppen auf deutschem Boden
- **Januar** Beginn der Großoffensive der Roten Armee auf Berlin
- **Kapitulation der Wehrmacht 7./8. Mai**

- **Februar** Eroberung der britischen Kolonie Singapur; Ausdehnung des japanischen Machtbereichs in Südostasien
- **Juni** japanische Niederlage bei den Midwayinseln nahe Hawaii; Wende im Pazifikkrieg
- amerikanisch-britische Gegenstöße zur Zurückdrängung der japanischen Truppen im Bereich des Südpazifik
- **August** Atombombenabwürfe auf Hiroshima und Nagasaki durch US-Militär; SU-Truppen: Einmarsch in die Mandschurei; Kapitulation Japans
- **2. September Die Kriegshandlungen werden eingestellt.**

Krieg um Lebensraum?

Der Vernichtungskrieg im Osten

M1 Karte eines zukünftigen Mittel- und Osteuropas unter deutscher Herrschaft. Anonyme Skizze, handkoloriert, um 1943

1. a) Beschreiben Sie die skizzierte Karte M1. Gehen Sie dabei auf die verwendeten Symbole und ihre Bedeutung ein.
   b) Arbeiten Sie die Aussageabsicht der Skizze heraus.

2. a) Bilden Sie Hypothesen über den Hintergrund der Kriegserklärung an die Sowjetunion.
   b) Überprüfen Sie diese mithilfe des Darstellungstextes.

M2 22. Juni 1941: Passanten in Moskau hören die über Lautsprecher verkündete Nachricht vom deutschen Überfall auf die Sowjetunion

Krieg um „Lebensraum“

Die Eroberung von „Lebensraum“ in den Gebieten Osteuropas und damit einhergehend die „Vernichtung des Bolschewismus“ waren erklärte Kriegsziele der Nationalsozialisten. Mit diesen verband sich das Ziel der „Vernichtung des Judentums“, das mit der Behauptung gerechtfertigt wurde, der Kommunismus sei das Werk „der Juden“. Darüber hinaus ging es aber auch darum, aus der Sowjetunion Rohstoffe wie Erdöl und landwirtschaftliche Erzeugnisse, vor allem Getreide, zu erbeuten. Schon vor dem Angriff auf die UdSSR im Juni 1941 plante die deutsche Führung also die Ausbeutung des Landes und damit den Hungertod von Millionen Menschen.

An den Kampfhandlungen an und hinter den Frontlinien waren Truppenverbände der **Wehrmacht** sowie Einheiten der kämpfenden **SS** und Sonderkommandos verschiedener Einsatzgruppen, die ebenfalls der SS unterstellt waren, beteiligt. Wenn auch die militärische Eroberung der Kriegsgebiete vorwiegend im Aufgabenbereich der Wehrmacht lag, kam es dabei wie auch bei der anschließenden Sicherung der eroberten Räume zur engen Zusammenarbeit zwischen Wehrmacht und SS. Der Vormarsch der Wehrmacht kam jedoch schon im August ins Stocken. Das ursprüngliche Ziel, die Sowjetunion in drei Monaten vernichtend zu schlagen, war damit gescheitert. Stattdessen: militärische Rückschläge mit hohen Verlusten von fast einer Million deutscher Soldaten bis Anfang Dezember 1941, große Versorgungsengpässe, eine völlig unzureichende Ausrüstung für den russischen Winter. Der Kriegseintritt der USA am 11. Dezember 1941 verschlechterte die militärische Lage der deutschen Truppen nochmals erheblich.

Radikalisierung und Gewalteskalation

Je schwieriger die militärische Lage für die deutschen Truppen wurde, umso mehr verbreitete sich dort die Überzeugung, dass man nur mit noch mehr Härte der Lage Herr werden könne. Die deutsche Besatzungspolitik und der Umgang mit den sowjetischen Kriegsgefangenen, die von Beginn an von einer ideologisch aufgeheizten Kriegsführung bestimmt waren, wurden wesentlich radikalisiert. So hatten verschärfte Requirierungen und Plünderungen zur Versorgung deutscher Truppen katastrophale Folgen für die Zivilbevölkerung und die sowjetischen Kriegsgefangenen. Im Oktober 1941 setzte in den großen sowjetischen Städten, die von Kriegshandlungen oder deutscher Besatzung betroffen waren, ein Massensterben ein. Allein in Leningrad kamen bis 1944 mehr als eine Million Menschen ums Leben. Von den ungefähr drei Millionen sowjetischen Kriegsgefangenen waren im Februar 1942 etwa zwei Millionen tot oder schwer krank.

Der zunehmende Widerstand gegen die deutschen Besatzer an und hinter den Fronten führte dazu, dass deutsche Truppenteile unter dem Deckmantel der Partisanenbekämpfung bis zum Jahresende 1941 vermutlich mehr als 60 000 Menschen töteten, vor allem Juden. Allein das Sonderkommando 4a verübte unter Aufsicht von Wehrmachtseinheiten der 6. Armee Ende September 1941 außerhalb von Kiew in zwei Tagen Massenerschießungen von 33 000 Juden – als „Vergeltungsmaßnahmen". Der Übergang von selektiven Tötungen zur gezielten Vernichtung der Juden war zu diesem Zeitpunkt bereits vollzogen.

Die deutsche Niederlage

Als Anfang Februar 1943 die 6. Armee in Stalingrad kapitulierte, war die deutsche Niederlage besiegelt. Dennoch konnte das Deutsche Reich den Krieg noch über zwei Jahre weiterführen. Möglich war dies, weil man seit Frühjahr 1942 dazu übergegangen war, Millionen Zivilisten aus ganz Europa zur Zwangsarbeit ins Deutsche Reich zu verschleppen. Die deutsche Niederlage konnte damit aber nur verzögert werden.

Als der Krieg für das Deutsche Reich am 8. Mai 1945 endete, lag Europa in Trümmern. Schätzungen gehen davon aus, dass allein in der Sowjetunion 24 bis 27 Millionen Menschen ihr Leben verloren haben und dass etwa ebenso viele ohne Wohnung waren, denn im deutschen Raub- und Vernichtungskrieg waren 70 000 Dörfer und 1700 Städte unterschiedlicher Größe zerstört worden. Beendet war der Zweite Weltkrieg aber erst im September 1945, nachdem Japan nach den Abwürfen der Atombomben auf Hiroshima und Nagasaki sowie dem Einmarsch sowjetischer Truppen in die besetzte Mandschurei kapituliert hatte. Auch in Asien hatte der Krieg rund 30 Millionen Tote gefordert.

M3 Sowjetische Karikatur der Künstlergruppe „Kukryniksy", die während der Schlacht um Stalingrad in der sowjetischen Satirezeitschrift „Krokodil" veröffentlicht wurde. Auf der Flagge steht „Stalingrad".

M4 Aus Feldpostbriefen

a) In einem Brief vom Oktober 1941 berichtet ein deutscher Unteroffizier vom Kampf gegen die Rote Armee vor Moskau:

Nun sind auch wir im letzten großen Kampf vor Moskau mit dabei. Hoffentlich gelingt es, die bolschewistische Hauptstadt noch vor Einbruch der großen Kälte zu bezwingen. Der Krieg hier in Russland ist ein ganz anderer als sonst mit einem Staat. Das sind keine Menschen mehr, sondern wilde Horden und Bestien, die durch den Bolschewismus in den letzten 20 Jahren so gezüchtet wurden. Ein Mitleid mit diesen Menschen darf man nicht aufkommen lassen.

Zit. nach: Ortwin Buchbender/Reinhold Sterz (Hgg.): Das andere Gesicht des Krieges. Deutsche Feldpostbriefe 1939–1945, München [3]1983, S. 85

b) Ein Reichsbahnbeamter schrieb über den Umgang der Deutschen mit Partisanen nach Angriffen auf Bahnstrecken in Minsk, Weißrussland:

Das Partisanentum macht uns und dem Eisenbahnbetrieb schwer zu schaffen, sodass mit den schärfsten Mitteln vorgegangen werden muss. Bei Anschlägen werden kurzerhand aus der Bevölkerung eine Anzahl Leute, besonders Juden, herausgezogen und an Ort und Stelle erschossen, ihre Häuser in Brand gesteckt. Neulich konnte man keine 50 Meter vom Leninhaus entfernt beobachten, wie in einen Haufen Kriegsgefangener einfach von den Wachmannschaften hineingeschossen wurde. Die Kerle stritten sich um Brot und alte Kleidungsstücke, die ihnen zugeworfen worden waren. Drei blieben tot liegen.

Zit. nach: ebd., S. 170

Die Verurteilten auf dem Weg zur Hinrichtung

Zuerst wurde Masha Bruskina getötet. Augenzeugen berichteten, sie sei gefasst gewesen und habe sich beharrlich von den Zuschauenden weggedreht.

M5 Masha Bruskina, 17 Jahre, „Partisanin“

Maria „Masha“ Bruskina aus Minsk, geboren 1924, machte im Juni 1941 ihren Abschluss am Gymnasium – im selben Monat überfiel die deutsche Wehrmacht die UdSSR. Als Jüdin hätte Masha ins Minsker Ghetto ziehen müssen, aber es gelang ihr, unterzutauchen. Sie schloss sich dem Minsker Widerstand an und begann, als Hilfskrankenschwester in einem Militärhospital zu arbeiten. Masha schmuggelte zivile Kleidung und gefälschte Papiere ins Krankenhaus und verhalf dadurch einigen Genesenen zur Flucht. Doch sie wurde erwischt und zusammen mit dem 16-jährigen Volodia Scherbatsevich und mit Kirill Trus, zwei weiteren Mitgliedern der Minsker Widerstandsgruppe, verhaftet und zum Tode verurteilt. Vor der Hinrichtung am 26. Oktober 1941 wurden die Verurteilten zur Abschreckung durch die Stadt geführt, Masha musste ein Schild tragen, auf dem in Deutsch und Russisch stand: „Wir sind Partisanen und haben auf deutsche Soldaten geschossen“ – eine Falschbehauptung.
Die Fotos, aufgenommen von einem litauischen Kollaborateur der deutschen Besatzer, wurden in der Sowjetunion bereits kurz nach Ende des Zweiten Weltkriegs vielfach verbreitet, auch in Schulbüchern. Während dabei die beiden männlichen Opfer namentlich erinnert und zu „Helden der Sowjetunion“ erklärt wurden, wurde Masha Bruskina bis in die 1990er-Jahre als „unbekanntes Mädchen“ bezeichnet. Da ihre Identität jedoch spätestens seit den 1960er-Jahren zweifelsfrei geklärt ist, wirft der Umgang mit diesen Fotos auch Fragen zur Erinnerungskultur in der Sowjetunion auf. Die Historikerin Ekaterina Keding vermutet, dass der Grund für das Verschweigen die jüdische Herkunft des Mädchens ist: Widerstandskämpfer im „Großen Vaterländischen Krieg“ hätten eine hohe Bedeutung für die Identifikation der Sowjetbürger mit ihrem Staat gehabt, und mit einer „Unbekannten“ hätten sich weitaus mehr Menschen identifizieren können als mit einer Jüdin. In der jüdischen Erinnerungskultur dagegen ist Masha Bruskina früh zu einem Symbol des Widerstands geworden.

M 6 „Umvolkung"?

→ Vertiefungsmaterial für das Leistungsfach

Zum Problem der „Umvolkung" (zum Begriff → Info rechts) schrieb der Historiker Jürgen Osterhammel 2009:

Die Idee, „starke" Nationen bräuchten „Lebensraum", um einer drohenden Ressourcenknappheit durch Überbevölkerung zu entgehen, und sie hätten zugleich das Recht und die Pflicht, den von weniger tüchtigen Völkern oder gar „minderwertigen Rassen" unzureichend genutzten Boden „in Kultur" zu nehmen, findet sich bei zahlreichen rechtsradikalen [...] Bewegungen des frühen 20. Jahrhunderts.
Praktiziert wurde solche Lebensraumspolitik von den neuen Imperien, die in den 1930er-Jahren aufkamen: vom faschistischen Italien in Libyen [...], von Japan nach 1931 in der Mandschurei und vom nationalsozialistischen Deutschland in seinem kurzlebigen Ostreich während des Zweiten Weltkriegs. [...]
Frontiers wurden zu Experimentierräumen stilisiert, in denen, unbehindert von Traditionen, „neue Menschen" und neuartige Gesellschaftsformen entstehen sollten [...]. Die deutsche „Blut und Boden"-Ideologie, in der ethnische Säuberungen größten Stils und Massenmord vorgedacht wurden, verkörpert die Extremform dieses Denkens.

Jürgen Osterhammel: Die Verwandlung der Welt. Eine Geschichte des 19. Jahrhunderts, München 2009, S. 531 f.

Die Vorstellung der „Umvolkung" wurde nach dem Ende des Ersten Weltkrieges im Zusammenhang mit der Schaffung von Nationalstaaten geläufig. Nationalstaaten sollten die multiethnischen Imperien der Vorkriegszeit (wie z. B. Österreich-Ungarn, das Russische Reich oder das Osmanische Reich) ablösen und stattdessen kleinere, ethnisch weitgehend homogene Gebiete umfassen.
Im nationalsozialistischen Deutschland wurde der Begriff „Umvolkung" einerseits im Sinne von Re-Germanisierung von „Volksdeutschen" in slawischen Gesellschaften gebraucht und andererseits von Umsiedlung bestimmter Volksgruppen in ihnen neu zuzuweisende Gebiete, um in diesen ethnische Einheitlichkeit anzustreben.

Frontier, ursprünglich „Grenzland", bedeutet nach Osterhammel: „eine besondere Art von Kontaktsituation, in der zwei Kollektive unterschiedlicher Herkunft und kultureller Orientierung miteinander in Austauschprozesse treten, bei denen sich Konflikt und Kooperation in unterschiedlichen Verhältnissen mischen." (ebd., S. 513 f.)

---

3. a) Ordnen Sie mithilfe des Darstellungstextes die in M 4 wiedergegebenen Briefauszüge sowie das Handeln Masha Bruskinas (M 5) in den Zusammenhang des Kriegsgeschehens im Osten ein.
b) Arbeiten Sie aus M 4 heraus, wie die Verfasser der Briefe den Krieg gegen die Sowjetunion, die Kriegsgegner und das Vorgehen der Deutschen bewerten.

4. Stellen Sie sich vor, eine Gruppe von Schülerinnen und Schülern des Gymnasiums in Minsk, an dem Masha Bruskina wenige Monate vor ihrer Hinrichtung Abitur machte, möchte eine Gedenktafel an der Schule anbringen: Sammeln Sie Argumente, um dieser Forderung Gewicht zu verleihen. Antizipieren Sie dabei mögliche Gegenargumente.

5. a) Erläutern Sie die Begriffe „Umvolkung" und „Frontiers" mithilfe von M 6 und der Begriffserklärungen.
b) Beurteilen Sie, welchen Stellenwert das Konzept der Frontier, wie es der Historiker Osterhammel darstellt (M 6), für die nationalsozialistische Lebensraumpolitik hatte.

6. War der Zweite Weltkrieg ein „**Weltanschauungskrieg**", also vornehmlich ideologisch geprägt?
a) Erstellen Sie eine Definition des Begriffs „Weltanschauungskrieg".
b) Erörtern Sie, ob die Art der Kriegsführung im Osten stärker durch die NS-Ideologie oder durch das Kriegsgeschehen selbst geprägt war.

Den Deutschen helfen, den Krieg zu gewinnen?

Zwangsarbeit im Deutschen Reich

M 1 NS-Propagandaplakat zur Anwerbung von Arbeiterinnen aus Russland. Der Slogan verspricht: „Arbeit in einer deutschen Familie bringt ihr Freude!“

1. a) Beschreiben Sie das Plakat und gehen Sie auf folgende Gestaltungselemente ein: Slogan, grafische Gestaltung, verwendete Fotos.
   b) Arbeiten Sie die Aussageabsicht des Plakats heraus.

Zwangsarbeit nach Kriegsbeginn

Im März 1942 wurde die 16-jährige Raissa Bulanowa gemeinsam mit ihrem Vater nahe der ukrainischen Stadt Horliwka von deutschen Truppen auf freiem Feld gefangen genommen und ins Deutsche Reich verschleppt. Diese Entführung war kein Ausnahmefall.

Bereits unmittelbar nach Kriegsbeginn waren polnische Kriegsgefangene, aber auch Zivilisten ins Deutsche Reich verschleppt worden, um dort vor allem in der Landwirtschaft **Zwangsarbeit** zu leisten; bis Ende 1939 immerhin 40 000 Frauen und Männer. Angesichts der anhaltenden Rekrutierung deutscher Männer zur Wehrmacht setzte das Reichswirtschaftsministerium die Bedarfszahl an Arbeitskräften aber schon bald sehr viel höher an.

In Kreisen der Partei und der politischen Führung führte dies zum Konflikt zwischen wirtschaftlichen Interessen und weltanschaulichen Positionen: Unter wirtschaftlichen Gesichtspunkten war klar, dass ein längerer Krieg nur geführt werden könnte, wenn dauerhaft Arbeitskräfte in der heimischen Landwirtschaft und Industrie verfügbar wären. Da das NS-Regime die „deutsche Frau“ jedoch als Mittelpunkt der Familie sah, war ebenso klar, dass das Deutsche Reich auf den Einsatz ausländischer Arbeitskräfte angewiesen war. Dies ließ sich jedoch nicht mit der ebenfalls ideologisch verankerten Auffassung in Deckung bringen, dass der Einsatz „fremdvölkischer“ Arbeiterinnen und Arbeiter im Deutschen Reich große Gefahren für die „Volksgesundheit“ mit sich bringe. Um die ausländischen Arbeitskräfte zu isolieren, schränkte die Regierung durch sogenannte „Polenerlasse“ im Frühjahr 1940 das Leben der im Deutschen Reich eingesetzten Polinnen und Polen radikal ein: Sie mussten ein „P“ als sichtbares Zeichen an ihrer Kleidung tragen, durften sich nicht frei bewegen, nicht zur Kirche gehen und keine Kontakte zu Deutschen haben. Die strikte Durchsetzung der Vorschriften und Verbote sowie die Kontrolle der ausländischen Arbeitskräfte war nur möglich, weil viele Deutsche, z. B. Lagerführer oder Küchenleiterinnen, dazu ihren Beitrag leisteten.

Kehrtwende zum „Russeneinsatz“

Im Frühjahr 1941 betrug die Zahl ausländischer Arbeitskräfte im deutschen Reichsgebiet knapp drei Millionen – unter ihnen auch etwa eine Million französische Kriegsgefangene. Mit dem deutschen Überfall auf die Sowjetunion nahm der Arbeitskräftemangel dennoch erheblich zu. War es aufgrund rassistischer Vorurteile zuvor verboten gewesen, russische Kriegsgefangene in der deutschen Land- oder Kriegswirtschaft zu beschäftigen, so wurde dieser Einsatz im November 1941 von Hitler genehmigt. Doch von den mehr als drei Millionen russischen Soldaten, die sich seit dem Sommer 1941 in deutscher Gefangenschaft befanden, waren bis Ende 1941 bereits fast zwei Millionen verstorben. Statt des Arbeitseinsatzes russischer Kriegsgefangener richtete die deutsche Führung daher den Fokus auf sowjetische Zivilarbeiterinnen und -arbeiter.

„Anwerbekampagnen“ – wie in M 1 gezeigt – führten allerdings nicht zum gewünschten Ziel, sodass die Rekrutierung der Arbeitskräfte schnell Formen von **Deportation** und Verschleppung annahm: Allein von April bis Dezember 1942 wurden ca. 1,3 Millionen Arbeitskräfte – wie Raissa Bulanowa – zur Zwangsarbeit nach Deutschland gebracht, die Hälfte davon waren Frauen. Das Durchschittsalter lag bei etwa 20 Jahren; viele waren aber auch erheblich jünger. Diejenigen, die kamen, wurden einem rassistisch motivierten „Ostarbeitererlass“ unterstellt. Er wies den sowjetischen Arbeiterinnen und Arbeitern die unterste Stufe der im Reich tätigen Fremdarbeiter zu – hinter denen aus allen anderen besetzten Gebieten.

Arbeiten und sterben

Bestimmend für die Lebens- und Arbeitsbedingungen der ausländischen Arbeiterinnen und Arbeiter im Deutschen Reich war neben ihrer Herkunft aber auch ihr Einsatzbereich. Wer bei Bauern und privat geführten Kleinbetrieben arbeiten musste, konnte ein leichteres Los haben. Über Parteiparolen und Verbote hinweg galt hier oft: „Wer bei uns arbeitet, der isst auch mit uns am selben Tisch.“ Die Mehrheit der Zwangsarbeiterinnen und -arbeiter aber war für Industriebetriebe tätig und in Sammellagern untergebracht. Dort waren die Lebensmittelversorgung und die hygienischen Zustände entsetzlich. Die Arbeitszeiten betrugen bis zu 80 Stunden pro Woche.

Am meisten hatten die KZ-Häftlinge zu leiden. Bereits vor Kriegsbeginn wurden sie vor allem zur Arbeit im Straßenbau gezwungen, ab 1942 darüber hinaus in der Privatindustrie eingesetzt. Die schwere körperliche Arbeit, dazu unwürdige Lebensbedingungen in den Lagern ließen die Todesraten rasch ansteigen. So starben im Konzentrationslager Dachau im Jahr 1938 etwa 4 % der Häftlinge, im Jahr 1942 waren es bereits 26 %. Am Ende der rassistischen Stufenleiter standen die jüdischen Zwangsarbeiterinnen und -arbeiter. Waren sie „abgearbeitet“, wurden sie meist kurz darauf getötet.

Nach Kriegsende kehrten die meisten Überlebenden in ihre Heimat zurück, doch viele der Rückkehrenden fanden frühere Freunde und Verwandte nicht wieder – sie waren tot, vertrieben oder ausgewandert. Auch Raissa Bulanowa kehrte Ende 1945 in die Ukraine zurück. Von ihrer Zeit als Zwangsarbeiterin in Deutschland durfte sie in ihrer Heimat aber nicht sprechen, denn in der Sowjetunion unter Stalin wurden Rückkehrende pauschal als Kollaborateure betrachtet und kamen erneut jahrelang in Arbeitslager.

Erst nach der deutschen Wiedervereinigung setzten symbolische Zahlungen der BRD als Nachfolgerin des Deutschen Reiches an noch lebende ehemalige NS-Zwangsarbeiterinnen und -arbeiter ein. Raissa Bulanowa hat im Alter von 80 Jahren eine Entschädigung von rund 2500 € erhalten.

M 2 Diskriminierende Aufnäher, die von Zwangsarbeiterinnen und -arbeitern aus Polen und der UdSSR gut sichtbar an der Kleidung getragen werden mussten.

M3 Planungen der NS-Regierung

Fritz Sauckel (1894–1946), seit März 1942 Generalbevollmächtigter für den Arbeitseinsatz von Zwangsarbeitern, erklärte am 20. April 1942 sein Programm wie folgt:

A. Die Aufgabe: [...] Die Kriegslage hat die Einziehung neuer Soldaten zu allen Wehrmachtsteilen in gewaltigem Ausmaß notwendig gemacht. [...]

B. Die Lösung: [...] Alle schon in Deutschland befindlichen Kriegsgefangenen, sowohl aus den West- wie den Ostgebieten, müssen, soweit dies noch nicht geschehen ist, ebenfalls restlos der deutschen Rüstungs- und Ernährungswirtschaft zugeführt, ihre Leistung muss auf den denkbar höchsten Stand gebracht werden. Es ist zu betonen, dass trotzdem noch eine gewaltige Zahl fremder Arbeitskräfte ins Reich hereingenommen werden muss. Das größte Reservoir hierfür sind die besetzten Gebiete des Ostens. Es ist daher unumgänglich notwendig, die in den eroberten sowjetischen Gebieten vorhandenen Menschenreserven voll auszuschöpfen. Gelingt es nicht, die benötigten Arbeitskräfte auf freiwilliger Grundlage zu gewinnen, so muss unverzüglich zur Aushebung derselben bzw. zur Zwangsverpflichtung geschritten werden. Neben den schon vorhandenen, noch in den besetzten Gebieten befindlichen Kriegsgefangenen gilt es also vor allem, Zivil- und Facharbeiter und -arbeiterinnen aus den Sowjetgebieten vom 15. Lebensjahr ab für den deutschen Arbeitseinsatz zu mobilisieren. Nach den vorhandenen Möglichkeiten kann dagegen aus den im Westen von Deutschland besetzten Gebieten Europas ein Viertel des Gesamtbedarfs an fremdländischen Arbeitskräften hereingenommen werden. Die Hereinnahme von Arbeitskräften aus befreundeten oder auch neutralen Ländern lässt sich nur zu einem Bruchteil des Gesamtbedarfs ermöglichen. Hier kommen in erster Linie Fach- und Spezialarbeiter infrage.

Zit. nach: ghdi.ghi-dc.org/sub_document.cfm?document_id=1555&language=german (05.06.2020)

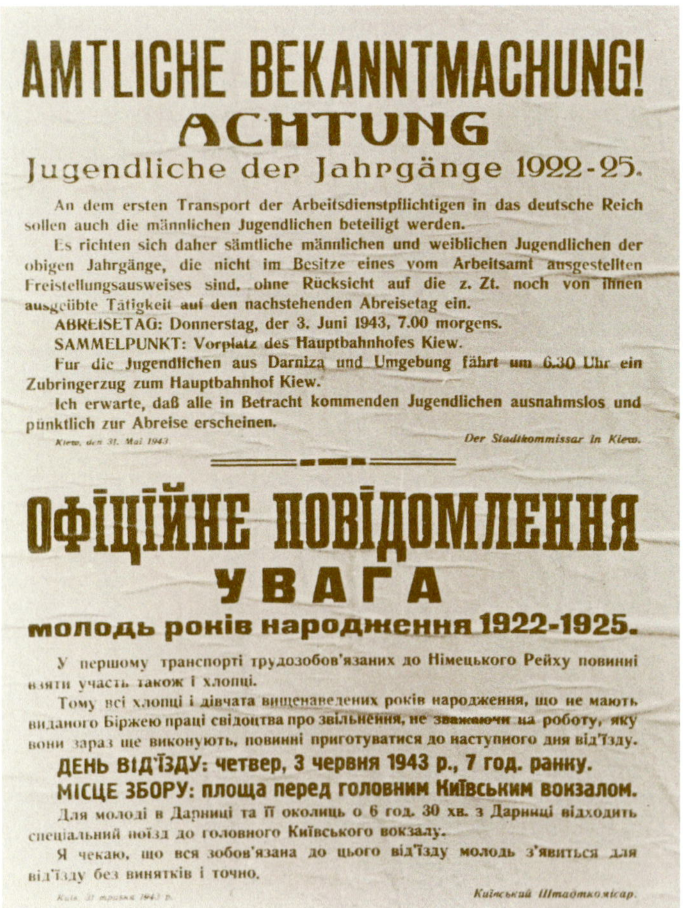

M4 Eine 1943 von der deutschen Besatzungsmacht in Kiew (Ukraine) plakatierte Bekanntmachung

M5 Lebenswirklichkeiten

a) Anna Odinokowa, geb. 1925, berichtet von ihrer Arbeit auf einem Bauernhof in Sagan, heute Żagań, Polen:

Morgens um drei wird bei mir angeklopft. Ich stehe auf, nehme die Schubkarre, die ist aus Holz und sehr schwer. Ich nehme die Sense und gehe Klee schneiden. Der Klee muss für drei Kühe und einen Bullen reichen. Und ich muss ihnen morgens das Futter geben. Alles mit einer Fuhre heranschaffen! Ich gebe dem Vieh das Futter, mache den Stall sauber. Den Mist musste man so schichten, dass er vermodern konnte. Dann das Stroh auf dem Boden ausbreiten, die Kühe melken.

Ich melke, die Herrin steht daneben und schaut zu. Ich denke: Wenn sie wenigstens weggehen würde, dann könnte ich einen Schluck Milch nehmen. Nicht für eine Sekunde geht sie weg.

Nach dem Melken muss ich das Futter für die Schweine fertigmachen. [...] Und so in einer Tour. Im Winter dann – Reisig sammeln im Wald, Holz sägen, kleinhacken und stapeln. Ich habe dort so geschuftet, dass sich mir der Magen gesenkt hat. [...] Und die Herrin drohte mir: „Wenn du schlecht arbeitest, kommst du ins KZ!“

b) Tatjana Shelamskaja, geb. 1922, wurde 1942 aus Zentralrussland nach Danzig verschleppt, wo sie als Hausmädchen arbeitete:

Das Haus hatte vierzehn Zimmer. [...] Der Hausherr war Generaldirektor der Raiffeisenbank. Ich musste alles fegen, feucht wischen, die metallenen Türklinken mit einer Bürste putzen, bis sie glänzten. Sie hatten nette Kinder, die waren sehr lieb zu mir. Anna-Laura, die Älteste, die schätzte ich sehr, sie hatte das Gymnasium abgeschlossen. Die jüngeren – Klaus und Gitta – waren entzückend. Einmal war ich allein im Haus und habe gesungen. Klaus hat es gehört und hat dann später öfters gesagt: „Tatjana, [...] sing was." [...] Mir ging es nicht schlecht bei ihnen. Das „OST"-Zeichen musste ich dort nicht tragen.

Zit. nach: Memorial Moskau/Heinrich-Böll-Stiftung (Hgg.): Für immer gezeichnet. Die Geschichte der „Ostarbeiter" in Briefen, Erinnerungen und Interviews (übers. v. Christina Links u. Ganna-Maria Braungardt), Berlin 2019, a) S. 202 f., b) S. 207 f.

M 6 Ein Fazit

Der Historiker Ulrich Herbert zieht folgendes Fazit zum Einsatz der Zwangsarbeiterinnen und -arbeiter:

Zu Beginn des letzten Kriegsjahres war ein Viertel aller Beschäftigten in der deutschen Wirtschaft Ausländer, in der rüstungswichtigen Industrie und in der Landwirtschaft etwa ein Drittel. Der Arbeitseinsatz der Millionen „Fremdarbeiter" und Kriegsgefangenen während des Zweiten Weltkrieges hatte es dem nationalsozialistischen Deutschland erlaubt, den Krieg weiterzuführen, als seine eigenen Arbeitskraftressourcen längst aufgebraucht waren. Ohne Ausländer wäre für Deutschland dieser Krieg spätestens im Frühjahr 1942 verloren gewesen. Gleichzeitig erlaubte der Ausländereinsatz es der Regimeführung aber auch, die Versorgungslage der deutschen Bevölkerung bis in die letzte Kriegsphase auf hohem Niveau zu halten, was vor allem für die Loyalität der Bevölkerung gegenüber dem Regime von großer, ja ausschlaggebender Bedeutung war.

Ulrich Herbert: Geschichte der Ausländerpolitik in Deutschland, Bonn 2003, S. 147

M 7 Billig weggekommen

Im Juli 2000 beschloss der Deutsche Bundestag das Gesetz zur Gründung der Stiftung „Erinnerung, Verantwortung und Zukunft", deren Ziel die Entschädigung der noch lebenden ehemaligen NS-Zwangsarbeiterinnen und -arbeiter war. Insgesamt wurden 10 Milliarden DM bereitgestellt. An Einzelne wurden Beträge zwischen 500 und 7700 € ausgezahlt. Der Historiker Ulrich Herbert schrieb im März 2000 über die Verhandlungen:

Hätte man bei der Entschädigung der ausländischen Zwangsarbeiter die Bemessungskriterien des Bundesentschädigungsgesetzes [von 1953] zugrundegelegt, dann wäre es bereits in den 50er-Jahren um dreistellige Milliardenbeträge gegangen. [...] Im Vergleich dazu sind zehn Milliarden wenig. Aber das Problem war im öffentlichen Bewusstsein so gut wie nicht vorhanden. [...] Insofern sind zehn Milliarden auch wieder relativ viel Geld. [...] Gerechte Bemessungsgrundlagen sind hier nahezu unmöglich. Der nicht gezahlte Lohn wäre vielleicht eine Orientierungsgröße; aber das wäre etwa für KZ-Häftlinge, die nur wenige Monate, aber dafür unter furchtbaren Bedingungen Zwangsarbeit leisten mussten, ein falsches Kriterium. Einerseits sind die Deutschen und insbesondere die Industrieunternehmen ziemlich billig weggekommen; andererseits sind 5000 DM für eine alte Frau in der Ukraine sehr viel Geld, das helfen kann, den Lebensabend durchaus merklich zu verbessern. Aber wenn man bedenkt, wie viele von diesen Menschen [...] bereits gestorben sind, dann kann man schnell zynisch werden.

Zit. nach: www.blaetter.de/ausgabe/2000/mai/ein-element-der-verunsicherung-der-irritation-des-erschreckens (29.10.2020)

2. a) Arbeiten Sie aus dem Darstellungstext, M 4 und M 5 die Lebenswirklichkeit der Zwangsarbeiterinnen und -arbeiter heraus.
   b) Vergleichen Sie Ihre Ergebnisse mit denen aus Aufgabe 1. b)

3. Analysieren Sie M 3. Gehen Sie dabei besonders auf die Zielsetzung des Autors und auf seine Sprache ein.

4. Beurteilen Sie mithilfe von M 6 den Stellenwert des Zwangsarbeitereinsatzes für den Kriegsverlauf.

5. Mit Blick auf die von Deutschland geleisteten Entschädigungszahlungen für Zwangsarbeiterinnen und -arbeiter wird der Vorwurf erhoben, die Deutschen seien zu billig weggekommen. Erörtern Sie diese These unter Bezug auf M 7.

Von Kriegsmüdigkeit zu Siegesgewissheit?

Die Totalisierung des Krieges

M 1 NS-Propaganda-plakat, 1943

1. Beschreiben Sie das Plakat und bilden Sie Hypothesen über den Anlass seiner Verbreitung im Jahr 1943.

Eine aussichtslose Lage

Die militärische Lage des Deutschen Reiches war dramatisch, als sich geladene Mitglieder der NSDAP des Gaus Berlin am 18. Februar 1943 im Sportpalast, einer Mehrzweckhalle in Berlin-Schöneberg, zu einer Kundgebung versammelten: Nur wenige Tage zuvor hatte die 6. Armee bei Stalingrad vor den sowjetischen Truppen kapituliert. Auch an den Fronten in Afrika mussten sich die deutschen Truppen zurückziehen, und längst waren deutsche Städte Ziele alliierter Flächenbombardements geworden.

Doch nicht nur an Nachrichten von militärischen Rückschlägen hatten sich die Deutschen gewöhnen müssen. Auch nahmen die Gefallenenzahlen zu, die Anfang 1943 bei 150 000 Mann im Monat lagen, und die Versorgungslage verschlechterte sich immer mehr.

„Totaler Krieg" gegen Kriegsmüdigkeit?

Auf die militärische Bedrohungslage reagierte die nationalsozialistische Führung mit der Erhöhung kriegswichtiger Produktion. Auf die zunehmende Kriegsmüdigkeit der deutschen Gesellschaft antwortete das Regime mit Kampagnen zur „Totalisierung" des Krieges sowie mit einer verschärften Unterdrückungspolitik. Die Idee eines **„totalen" Krieges** war nicht neu; sie stammt aus dem 19. Jahrhundert. Der Vorstellung nach war ein Krieg dann „total",

- wenn die Kriegsführung alle gesellschaftlichen und wirtschaftlichen Ressourcen für eine erfolgreiche Beendigung des Krieges mobilisierte,
- wenn die Kriegsführung sich aller zur Verfügung stehenden Mittel bediente, um den Krieg zu gewinnen,
- wenn die Kriegsführung auf die vollständige militärische Vernichtung des Gegners abzielte.

Die „totale" Mobilmachung der deutschen Wirtschaft zu Rüstungszwecken gelang der Regierung weniger durch die anvisierte Erhöhung der Erwerbsquote von Frauen, sondern durch die deutliche Einschränkung der Verbrauchsgüterindustrie und – vor allem – durch den vermehrten Einsatz von Zwangsarbeiterinnen und Zwangsarbeitern in deutschen Rüstungsunternehmen. Um die „totale" Kontrolle der Gesellschaft zu ermöglichen – ein weiteres Element des „totalen" Krieges –, verstärkte das NS-Regime nun Überwachung und Terror gegenüber der Gesellschaft.

Angesichts der deutschen Niederlage bei Stalingrad bediente sich das Regime vermehrt auch propagandistischer Mittel zur Inszenierung der großen Gefahr, in der sich das Deutsche Reich und Europa angesichts der Kriegswende befänden. Am 18. Februar 1943 schwor Propagandaminister Joseph Goebbels im Berliner Sportpalast seine Zuhörer wie nie zuvor auf die gewandelten deutschen Kriegsziele ein: die Verteidigung Deutschlands sowie Europas und seiner Kultur gegen den Bolschewismus mittels eines „totalen" Krieges.

Eine propagandistische Rede analysieren

Auf der folgenden Doppelseite sind zwei Auszüge der sogenannten Sportpalastrede von Joseph Goebbels wiedergegeben. Bei ihrer Analyse geht es – wie bei allen propagandistischen Reden – vor allem darum, die (beabsichtigte oder erreichte) Wirkung auf ihre Zuhörer zu erkennen. Es sind zunächst die gleichen Arbeitsschritte wie auch bei der Analyse anderer Textsorten wichtig. Dabei sind folgende Aspekte zu beachten:

1. Formale Beschreibung

Hierzu gehört die Benennung von Autor, Zeitpunkt, Anlass, Medium und Adressaten.

2. Untersuchung von Inhalt und Sprache

a) Inhalt
- Was ist das Thema der Rede?
- Welche Kernaussagen werden getroffen?
  Ein Beispiel:
  Goebbels' „Sportpalastrede" fordert totale Kriegsführung nach der Niederlage von Stalingrad, um den Krieg doch noch zu gewinnen. Sie gipfelt in zehn Fragen, unter ihnen: „Wollt ihr den totalen Krieg? Wollt ihr ihn, wenn nötig, totaler und radikaler, als wir ihn uns heute überhaupt erst vorstellen können?" (M 2 b), Z. 40 ff.)
- Welche Argumente/Begründungen/Beispiele werden hervorgebracht?

Beim Herausarbeiten der Argumente empfiehlt es sich, vorbereitend den Text in Sinnabschnitte zu gliedern und deren Argumentationsstruktur zu untersuchen. Auch auf die Art der Argumente sollte Bezug genommen werden:
- Verwendet der Redner Sachargumente oder trifft er Pauschalaussagen?
- Welche Belege verwendet er?
- Wie kommt er von seinen Argumenten und Belegen zu Folgerungen?

b) Sprache
- Welche sprachlichen Gestaltungsmittel, d. h. auffällige rhetorische Stilmittel (z. B. Metaphern, Anaphern, Ellipsen, Ironie) werden verwendet?
- Nutzt der Redner/die Rednerin wiederkehrende Schlüsselbegriffe?
- Ist seine/ihre Sprache eher nüchtern-sachlich, emotional oder appellativ?

Da die Absicht der Rede herausgearbeitet werden soll, ist es wichtig, nicht nur verwendete sprachliche Mittel und die Stilebene zu benennen, sondern deren Funktion zu deuten.

Bei der (schriftlichen oder mündlichen) Wiedergabe der Inhalte ist wichtig, zu verdeutlichen, dass die Position des Redners wiedergegeben wird. Dafür ist die Verwendung der indirekten Rede nötig (mit wenigen zentralen wörtlichen Zitaten). Paraphrasierung ist zu vermeiden, ebenso die bloße Aneinanderreihung von Zitaten.
Ein Beispiel:
Goebbels verwendet die Metapher vom „Ansturm der Steppe gegen unseren ehrwürdigen Kontinent". Damit will er die Kriegsgegner entmenschlichen: Es seien nicht Menschen, sondern die geografische Größe der „Steppe". Mit der Metapher sollen zugleich auch Bilder gewaltiger Heere früherer Zeiten (Hunnen, Vandalen) hervorgerufen werden, deren Brutalität und Grausamkeit sprichwörtlich waren („hausen wie die Hunnen", „Vandalismus"). Indem Goebbels Deutschland – mit dem gesamten Kontinent gleichsetzend – „ehrwürdig" nennt und den Begriff des „einzigen überhaupt in Frage kommenden Schutzwall[s]" einführt, will er sein Publikum überzeugen, es stünde in einer historisch einmaligen Situation. Damit bereitet er es auf die totale Kriegführung vor.

3. Erklären im historischen Kontext

Zunächst müssen der historische Hintergrund der Rede sowie die Funktion des Redners/der Rednerin geklärt werden. Danach gilt es, die im Einzelnen herausgearbeitete Wirkungsabsicht in diesen Kontext zu stellen. Dabei ist wichtig, nicht nur Was und Wie der Rede einzuordnen, sondern auch darzustellen, was der Redner verschweigt.

4. Formulieren eines Fazits

Die Hauptintention der Rede sowie die Art und Weise, wie diese erreicht werden soll, werden zusammengefasst. Außerdem wird abschließend die Bedeutung der Rede und – in diesem Fall – ihr Stellenwert für den weiteren Verlauf des Krieges in wenigen Sätzen zusammengefasst. Der Operator „analysieren" erfordert keine Beurteilung der Rednerposition, dennoch ist es möglich, in einer kurzen abschließenden Bemerkung ein Urteil zu formulieren.

M2 „Wollt ihr den totalen Krieg?“

Die Auszüge aus Goebbels' „Sportpalastrede“, gehalten am 18. Februar 1943 vor geladenen NSDAP-Mitgliedern, werden hier nach einer Publikation des deutschen Politikwissenschaftlers Iring Fetscher zitiert. Die Reaktionen des Publikums sind in Kursivschrift gesetzt, Fetschers Hervorhebungen im Redetext wurden nicht wiedergegeben.

a) Goebbels' Beschreibung der Ausgangssituation:

Ich habe die Aufgabe, Ihnen ein ungeschminktes Bild der Lage zu entwerfen und daraus die harten Konsequenzen für das Handeln der deutschen Führung, aber auch für das Handeln des deutschen Volkes zu ziehen.

Wir durchleben im Osten augenblicklich eine schwere militärische Belastung. [...] Über ihre Ursachen wird später einmal zu sprechen sein. Heute bleibt uns nichts anderes übrig, als ihr Vorhandensein festzustellen und die Mittel und Wege zu überprüfen und anzuwenden beziehungsweise einzuschlagen, die zu ihrer Behebung führen. Es hat deshalb auch gar keinen Zweck, diese Belastung selbst zu bestreiten. Ich bin mir zu gut dazu, Ihnen ein täuschendes Bild der Lage zu geben, das nur zu falschen Folgerungen führen würde und geeignet wäre, das deutsche Volk in eine Sicherheit seiner Lebensführung und seines Handelns einzuwiegen, die der gegenwärtigen Situation unangepasst wäre.

Der Ansturm der Steppe gegen unseren ehrwürdigen Kontinent ist in diesem Winter mit einer Wucht losgebrochen, die alle menschlichen und geschichtlichen Vorstellungen in den Schatten stellt. Die deutsche Wehrmacht bildet dagegen mit ihren Verbündeten den einzigen überhaupt in Frage kommenden Schutzwall. [...]

Man wird jetzt auch verstehen, warum wir unsere Nürnberger Parteitage so oft unter das Signum des Kampfes gegen den Bolschewismus gestellt haben. Wir erhoben damals unsere warnende Stimme vor dem deutschen Volk und vor der Weltöffentlichkeit, um die von einer Willens- und Geisteslähmung ohnegleichen befallene abendländische Menschheit zum Erwachen zu bringen und ihr die Augen zu öffnen für die grauenerregenden geschichtlichen Gefahren, die aus dem Vorhandensein des östlichen Bolschewismus erwachsen, der ein Volk von fast 200 Millionen dem jüdischen Terror dienstbar gemacht hatte und es zum Angriffskrieg gegen Europa vorbereitete. [...]

Ich wende mich in meinen Ausführungen zuerst an die Weltöffentlichkeit und proklamiere ihr gegenüber drei Thesen unseres Kampfes gegen die bolschewistische Gefahr im Osten. Die erste dieser Thesen lautet: Wäre die deutsche Wehrmacht nicht in der Lage, die Gefahr aus dem Osten zu brechen, so wäre damit das Reich und in kurzer Folge ganz Europa dem Bolschewismus verfallen. *[Zögernder Beifall]*. Die zweite dieser drei Thesen lautet: Die deutsche Wehrmacht und das deutsche Volk allein besitzen mit ihren Verbündeten die Kraft, eine grundlegende Rettung Europas aus dieser Bedrohung durchzuführen. *[kaum hörbarer Beifall]*.

Die dritte dieser Thesen lautet: Gefahr ist im Verzuge. Es muss schnell und gründlich gehandelt werden, sonst ist es zu spät. *[Bravo-Rufe, Beifall]*.

b) Die Darstellung der Konsequenzen:

Ihr also, meine Zuhörer, repräsentiert in diesem Augenblick für das Ausland die Nation! Und an euch möchte ich zehn Fragen richten, die Ihr mit dem deutschen Volke vor der ganzen Welt, insbesondere aber vor unseren Feinden, die uns auch in dieser Stunde an ihrem Rundfunk zuhören, beantworten müsst. Wollt ihr das? *[Stürmische Rufe: „Ja!“]*.

Die Engländer behaupten, das deutsche Volk habe den Glauben an den Sieg verloren *[wiederholte stürmische Rufe: „Nein!“, „Nie“, „Niemals!“]*. Ich frage euch: Glaubt ihr mit dem Führer und mit uns an den endgültigen, totalen Sieg der deutschen Waffen? *[Stürmische Rufe: „Ja!“, starker Beifall, Sprechchöre: fünf Mal: „Sieg Heil! Sieg Heil!“]* Ich frage euch: Seid ihr entschlossen, dem Führer in der Erkämpfung des Sieges durch dick und dünn und unter Aufnahme

M3 Blick ins Publikum im Berliner Sportpalast während der Goebbels-Rede

auch der schwersten persönlichen Belastungen zu folgen? *[Stürmische Rufe: „Ja!", starker Beifall, mehrfach wiederholte Sprechchöre: „Sieg Heil!", „Wir grüßen unsern Führer!"]*

[...]

Drittens: Die Engländer behaupten, das deutsche Volk hat keine Lust mehr, sich der überhand nehmenden Kriegsarbeit, die die Regierung von ihm fordert, zu unterziehen *[Pfui-Rufe]*. Ich frage euch: Soldaten, Arbeiter und Arbeiterinnen, seid ihr und ist das deutsche Volk entschlossen, wenn der Führer es einmal in der Notzeit befehlen sollte, zehn, zwölf, wenn nötig vierzehn und sechzehn Stunden täglich zu arbeiten und das Letzte für den Sieg herzugeben? *[Stürmische Rufe: „Ja!", starker Beifall]*.

Viertens: Die Engländer behaupten, das deutsche Volk wehrt sich gegen die totalen Kriegsmaßnahmen der Regierung. Es will nicht den totalen Krieg, sondern die Kapitulation! *[Stürmische Rufe, u. a.: „Nein!", „Pfui"]*. Ich frage euch: Wollt ihr den totalen Krieg? *[Stürmische Rufe: „Ja!", starker Beifall, Trampeln und Klatschen]*. Wollt ihr ihn *[Rufe: „Wir wollen ihn!"]*, wenn nötig, totaler und radikaler, als wir ihn uns heute überhaupt erst vorstellen können? *[Stürmische Rufe: „Ja!", Beifall]*.

Fünftens: Die Engländer behaupten, das deutsche Volk hat sein Vertrauen zum Führer verloren! *[Stürmische Empörung und Pfui-Rufe, lang anhaltender Lärm]*. Ich frage euch – [Sprechchöre, drei Mal: *„Führer befiehl, wir folgen!", Heilrufe]*, ich frage euch: Vertraut ihr dem Führer? *[Rufe, u. a.: „Ja!"]* Ist eure Bereitschaft, ihm auf allen seinen Wegen zu folgen und alles zu tun, was nötig ist, um den Krieg zum siegreichen Ende zu führen, eine absolute und uneingeschränkte? *[Lebhafte Rufe: „Ja!"]*

Ich frage euch als Sechstes: Seid ihr von nun ab bereit, eure ganze Kraft einzusetzen und der Ostfront, unsern kämpfenden Vätern und Brüdern, die Menschen und Waffen zur Verfügung zu stellen, die sie brauchen, um dem Bolschewismus zu besiegen? Seid ihr dazu bereit? *[Rufe: „Ja!", starker Beifall, Zurufe]*.

Ich frage euch als Siebentes: Gelobt ihr mit heiligem Eid der Front, dass die Heimat mit unerschütterlicher Moral hinter der Front steht und ihr alles geben wird, was sie zum Siege nötig hat? *[Rufe: „Ja!", starker Beifall]*.

Ich frage euch achtens: Wollt ihr, insbesondere ihr Frauen selbst, dass die Regierung dafür sorgt, dass auch die letzte Arbeitskraft auch der Frau der Kriegführung zur Verfügung gestellt wird *[Rufe weiblicher Stimmen: „Ja!"]* und dass die Frau überall da, wo es nur möglich ist, einspringt, um Männer für die Front frei zu machen? Wollt ihr das? *[Stürmische Rufe, insbesondere weiblicher Stimmen: „Ja!", starker Beifall]*.

[...]

Ich frage euch zehntens und zuletzt: Wollt ihr, dass, wie das nationalsozialistische Parteiprogramm es vorschreibt, gerade im Kriege gleiche Rechte und gleiche Pflichten vorherrschen *[Rufe: „Ja!"]*, dass die Heimat die schwersten Belastungen des Krieges solidarisch auf ihre Schultern nimmt und dass sie für hoch und niedrig und arm und reich in gleicher Weise verteilt werden? Wollt ihr das? *[Stürmische Rufe: „Ja!", stürmischer Beifall]*.

Zit. nach: Iring Fetscher: Joseph Goebbels im Berliner Sportpalast 1943. Hamburg 1998, S. 65–67, 94–96

M 4 Kommentar eines Soldaten

Ein deutscher Soldat an der Ostfront schrieb in einem Feldpostbrief vom 27. Februar 1943 über Goebbels' Rede im Sportpalast:

Was bei euch zuhaus los ist, kann ich mir gut vorstellen. Dass das ganze weibliche Personal des Großdeutschen Reiches in Unruhe ist, ist verständlich nach der Rede von Goebbels. Ich habe sie gehört und kann nicht verstehen, dass das Volk bei so einer Gelegenheit noch schreien kann. So z. B. „Wollt ihr, dass der totale Krieg mit aller Schärfe weitergeführt wird?" Alles ruft „Ja, ja, ja". Oh, ich habe bloß gedacht, Ihr solltet mal so einen Rückmarsch sehen, wie er heuer der Fall ist. Ihr könntet euch keine Vorstellung machen.

Zit. nach: Ortwin Buchbender/Reinhold Sterz (Hgg.): Das andere Gesicht des Krieges, München [3]1983, S. 114

2. Analysieren Sie M 2 a) oder b) mithilfe der methodischen Hinweise auf S. 365.

3. Bilden Sie Hypothesen zur Wirkung der Rede auf verschiedene Bevölkerungskreise (auch: Gegner der Nationalsozialisten) u. a. anhand von M 3 und M 4.

4. Erörtern Sie die These: „Der Zweite Weltkrieg war von Beginn an ein ‚totaler' Krieg."

Der Weg in den Völkermord

Judenverfolgung, Deportation und Holocaust

M 1 Was soll mit den Juden geschehen?

Adolf Hitler äußerte sich in einem Text aus dem Jahr 1919 darüber, wie mit den Juden zukünftig umzugehen sei:

Der Antisemitismus aus rein gefühlsmäßigen Gründen wird seinen letzten Ausdruck finden in der Form von Pogromen. Der Antisemitismus der Vernunft jedoch muss führen zur planmäßigen gesetzlichen Bekämpfung und Beseitigung der Vorrechte des Juden, die er zum Unterschied der anderen zwischen uns lebenden Fremden besitzt. [...] Sein letztes Ziel aber muss unverrückbar die Entfernung der Juden überhaupt sein.

Zit. nach: Wolfgang Benz (Hg.): Handbuch des Antisemitismus. Judenfeindschaft in Geschichte und Gegenwart, Bd. 2: Personen, Berlin 2009, S. 370

1. Diskutieren Sie: Welche Ziele konnte der Leser im Jahr 1919 Hitlers Aussage entnehmen?

Die Suche nach „Lösung der Judenfrage"

Zwanzig Jahre nach Veröffentlichung des Textes M 1 gerieten mit dem deutschen Angriff auf Polen und der anschließenden Besatzung mehr als zwei Millionen Juden unter deutsche Herrschaft. Wie die jüdischen Deutschen seit 1933 wurden nun auch die jüdischen Polen entrechtet, verfolgt und willkürlicher Gewalt ausgesetzt. Was mit ihnen weiter geschehen sollte, war in Kreisen des NS-Regimes aber bisher nicht geklärt.

M 2 Durch Straßenverkauf versuchten viele Bewohner des Warschauer Ghettos etwas Geld zu verdienen, um sich und ihre Angehörigen ernähren zu können. Foto, 1942

Zwar gab es Überlegungen, alle Juden zur Auswanderung zu zwingen und sich ihres Vermögens zu bemächtigen, doch erst nach dem Überfall auf Polen begann die konkrete Suche nach einer – wie es in der NS-Sprache ausgedrückt wurde – „Lösung der Judenfrage" in den besetzten Gebieten.

Ab Januar 1940 siedelten die deutschen Besatzer Teile der polnischen Bevölkerung zwangsweise in das Generalgouvernement um (→ M 4, S. 354) und sperrten die Juden dort unter unmenschlichen Bedingungen in eigens eingerichtete Stadtviertel, sogenannte Ghettos. Wer zwischen 14 und 60 Jahren alt war, wurde zu schwerer Arbeit in der Landwirtschaft, im Straßenbau oder in Produktionsstätten deutscher Unternehmen gezwungen. Nachdem seit Sommer 1940 vermehrt Juden aus dem Deutschen Reich und Westeuropa ins Generalgouvernement abgeschoben worden waren, verschlechterten sich dort die ohnehin prekären Lebensbedingungen zunehmend: Die Ghettos waren völlig überfüllt, es mangelte an Lebensmitteln und Heizmaterial. Krankheiten wie Tuberkulose breiteten sich rasch aus. Ein Massensterben setzte ein.

Für die NS-Führung war inzwischen – statt erzwungener Ausreise – die neue Strategie einer „territorialen Endlösung" in den Mittelpunkt gerückt. Der zunächst entworfene Plan zur Umsiedlung in die französische Kolonie Madagaskar, eine Insel vor der Ostküste Afrikas, macht deutlich, in welchen Größenordnungen dabei gedacht wurde. Während der Vorbereitungen des Angriffs auf die Sowjetunion 1941 änderten sich die Pläne aber erneut: Die 5,8 Millionen Juden, die sich nach Schätzungen der deutschen Führung mit dem Angriff auf die Sowjetunion unter deutscher Herrschaft befinden würden, sollten nach dem erhofften raschen Sieg über die Rote Armee entweder in die Pripjetsümpfe östlich des Generalgouvernements oder in die sowjetischen Zwangslager in der Eismeerregion vertrieben und dort ihrem sicheren Tod überlassen werden. In den polnischen Ghettos starben schon im Juli 1941 monatlich Tausende an Hunger und

Krankheiten. Deshalb und weil die nationalsozialistische Führung die **„Endlösung“** nach einem Sieg über die UdSSR in greifbarer Nähe sah, wurden ab Mai 1941 alle **Deportationen** aus Westeuropa vorerst ausgesetzt.

Massenmorde an und hinter den Fronten

Nach dem Überfall auf die UdSSR verübten – wie zuvor in Polen – die Sonderkommandos der Einsatzgruppen Massaker an und hinter den Fronten. Sie waren vor allem gegen die jüdische Bevölkerung gerichtet, da nach NS-Ideologie der Bolschewismus vom Judentum nicht getrennt wurde. So ermordeten Sonderkommandos der Einsatzgruppe B und weitere Polizeibatallione bereits am 27. Juni 1941 – nur fünf Tage nach dem Überfall auf die Sowjetunion – in der Stadt Białystok über 2000 jüdische Bürgerinnen und Bürger. Vor allem in der Ukraine und den baltischen Staaten gab es radikal antisemitische Gruppen, die die deutschen Truppen bei ihren Mordaktionen unterstützten. Auf der anderen Seite bildeten sich aber schnell Widerstandsgruppen gegen die Besatzer. Auf ihre Angriffe sowie auf militärische Rückschläge mit hohen Verlustzahlen in den eigenen Reihen reagierten die deutschen Truppen mit weiter steigender Gewalt gegen Zivilisten, vor allem gegen Juden. Bis zum Jahresende 1941 wurden in den besetzten polnischen und russischen Gebieten mehr als 1,5 Millionen Juden in Massenexekutionen ermordet oder sie verstarben an Krankheit oder Hunger.

Vernichtungslager entstehen

Als spätestens seit Mitte Oktober 1941 deutlich war, dass mit dem erhofften raschen Sieg über die Rote Armee nicht mehr gerechnet werden konnte, erfolgten auch in den überfüllten polnischen Ghettos Massenexekutionen, um die Anzahl der Bewohner zu dezimieren. Zudem begannen die deutschen Besatzer, in der Nähe der jüdischen Ghettos spezielle Lager zu errichten. In diesen ersten Vernichtungslagern – Belzec bei Lublin und Chelmno bei Łodź – kamen Experten und Tötungsarten mit Gas zum Einsatz, die bereits bei den Behindertenmorden im Deutschen Reich eine Rolle gespielt hatten (→ S. 330 f.).

Nachdem das Deutsche Reich den USA im Dezember 1941 den Krieg erklärt hatte und an den Fronten die Zahl der deutschen Gefallenen rapide angestiegen war, mehrten sich in Hitlers Reden Drohungen, die Juden würden nun endgültig vernichtet werden. Da der **Holocaust**, der Völkermord an den Juden, aber bereits in vollem Gange war, ist unter Historikerinnen und Historikern umstritten, ob erst zu diesem Zeitpunkt eine grundsätzliche Entscheidung Hitlers dazu gefallen ist. Gesichert ist jedoch, dass jetzt, am 20. Januar 1942, hochrangige Vertreter der deutschen Regierung in Berlin zur später so genannten „Wannseekonferenz“ zusammentrafen, um den Mord an den europäischen Juden effizienter zu organisieren und die Zuständigkeiten der beteiligten Stellen abzustimmen.

Ab März 1942 wurden alle Juden aus den polnischen Ghettos, die als „arbeitsunfähig“ galten, in den Vernichtungslagern ermordet. Diejenigen, die als „arbeitsfähig“ eingestuft wurden, mussten Zwangsarbeit leisten – bis sie „abgearbeitet“ waren. Im Sommer 1942 setzten dann die systematischen Deportationen der Juden aus Westeuropa ein. Bis Ende 1943 haben die deutschen Behörden nahezu alle Juden aus den besetzten Gebieten in den Osten deportiert und in den Vernichtungslagern ermordet. Von den mehr als 5,7 Millionen jüdischen Opfern wurden allerdings die meisten von Angesicht zu Angesicht getötet oder sie verstarben an Krankheit oder Hunger. Doch noch weitere acht Millionen Menschen fielen der deutschen Vernichtungspolitik zum Opfer: Sinti und Roma, Zivilisten besetzter Länder sowie Kriegsgefangene.

M 3 Ein Angehöriger einer Miliz schneidet einem Juden im Beisein von Wehrmachtssoldaten den Bart ab, Foto, 1940.
In den besetzten Gebieten wurden judenfeindlich eingestellte Personen oft instrumentalisiert und zu Kollaborateuren gemacht.

Der Begriff Holocaust für den Mord an den europäischen Juden ist heute verbreitet. Er stammt vom griechischen „holocauston“, „vollständig verbrannt“, als antike Bezeichnung von Brandopfern. Wegen diesem Bezug zur Tötung von Tieren als religiöser Opfer wird die Begriffsverwendung jedoch kritisch gesehen. In Israel wird in Anlehnung an eine Formulierung in der Unabhängigkeitserklärung 1948 das hebräische Wort **Shoah** verwendet. Es bedeutet „Katastrophe“, „großes Unheil“, „Verderben“ und geht auf das Buch des Propheten Jesaja zurück, eines der großen Propheten des Volkes Israel.

M 4 Der Plan des Generalgouverneurs

Der deutsche „Generalgouverneur" Hans Frank äußerte sich im Rahmen einer Regierungssitzung am 16. Dezember 1941:

Mit den Juden – das will ich Ihnen [...] ganz offen sagen – muss so oder so Schluss gemacht werden. [...] Sie müssen weg. Ich habe Verhandlungen zu dem Zwecke angeknüpft, sie nach dem Osten abzuschieben. [...] Aber was soll mit den Juden geschehen? Glauben Sie, man wird sie im Ostland in Siedlungsdörfern unterbringen? Man hat uns in Berlin gesagt: Weshalb macht man diese Scherereien; wir können im Ostland oder im Reichskommissariat auch nichts mit ihnen anfangen, liquidiert sie selber! Meine Herren, ich muss Sie bitten, sich gegen alle Mitleidserwägungen zu wappnen. Wir müssen die Juden vernichten, wo immer wir sie treffen und wo es irgend möglich ist, um das Gesamtgefüge des Reiches hier aufrechtzuerhalten. [...] Die Richter der Sondergerichte können nicht dafür verantwortlich gemacht werden, denn das liegt eben nicht im Rahmen des Rechtsverfahrens. Man kann bisherige Anschauungen nicht auf solche gigantischen einmaligen Ereignisse übertragen. Jedenfalls müssen wir aber einen Weg finden, der zum Ziele führt [...].

Wir haben im Generalgouvernement schätzungsweise [...] jetzt 3,5 Millionen Juden. Diese 3,5 Millionen Juden können wir nicht erschießen, wir können sie nicht vergiften, werden aber doch Eingriffe vornehmen können, die irgendwie zu einem Vernichtungserfolg führen [...]. Das Generalgouvernement muss genauso judenfrei werden, wie es das Reich ist. [...]

Zitiert nach www.ns-archiv.de/personen/frank/16-12-1941.php (06.05.2020)

Ostland: Gemeint ist hier das „Reichskommissariat Ostland", eine Verwaltungseinheit, die die heutigen Länder Estland, Lettland, Litauen und Teile Weißrusslands umfasste.

Reichskommissariat: Gemeint ist hier das „Reichskommissariat Ukraine". Es umfasste das heutige Gebiet der Ukraine bis zur Krim.

M 5 „Gleitende Eskalation"

Der Historiker Dan Diner schrieb 2001:

An einer regelrechten Entscheidung oder einer Handlungsanweisung, welche die Schwelle zum Holocaust klar markiert, [ist] zu zweifeln. Die totale Vernichtung von Juden durch Einsatzgruppen und andere Verbände auf vormaligem Sowjetgebiet war noch weit vor dem Kriegseintritt Amerikas eingeleitet worden. Es handelte sich um eine gleitende Eskalation, um die entgrenzte Entfaltung einer Vernichtungspraxis, die im Prinzip schon etabliert war.

Dan Diner: Das Jahrhundert verstehen. Eine universalhistorische Deutung, Frankfurt/M. [2]2001, S. 223

M 6 Ein Gefangener berichtet

Man kann sich unmöglich die Panik vorstellen, die im jüdischen Viertel ausgebrochen ist. Plötzlich sehen wir uns von allen Seiten her eingeschlossen. Wir sind von der Welt und ihrer Vielfalt abgesondert und abgeschnitten, wir sind aus der Gesellschaft des Menschengeschlechts ausgestoßen worden ...

Wenn man sagte, dass sich für uns die Sonne zu Mittag verfinstert habe, so wäre das nicht nur eine Metapher. Ein geschlossenes Ghetto ist nichts anderes als ein Gefängnis ... [...] Was hat uns Gott da angetan.

– Chaim Aharon Kaplan

Chaim Ahron Kaplan: Buch der Agonie. Das Warschauer Tagebuch (hgg. v. Abraham I. Katsh, übers. v. Harry Maòr), Frankfurt/M. 1967

2. a) Beschreiben Sie die Fotos M 2 und M 3.
   b) Stellen Sie Überlegungen an, warum sie aufgenommen worden sein könnten.

3. Analysieren Sie M 4 unter folgenden Gesichtspunkten:
   - Zielsetzungen des Redners,
   - Überlegungen des Redners zur Umsetzung der Zielsetzungen und
   - sprachliche Darstellung seiner Ausführungen.

4. a) Erstellen Sie einen Zeitstrahl zur Verfolgung und Ermordung der europäischen Juden seit Kriegsbeginn.
   b) Markieren Sie Zeitpunkte, an denen sich Verschärfungen der Maßnahmen gegen die Juden abzeichneten.
   c) Begründen Sie Ihre Ergebnisse. Ziehen Sie dazu auch den Darstellungstext heran.

5. Erläutern Sie, was der Historiker Diner (M 5) mit „entgrenzte[r] Entfaltung einer Vernichtungspraxis, die im Prinzip schon etabliert war", meint. Ziehen Sie hierzu auch den Darstellungstext und Ihre Überlegungen aus Aufgabe 1 (S. 368) heran.

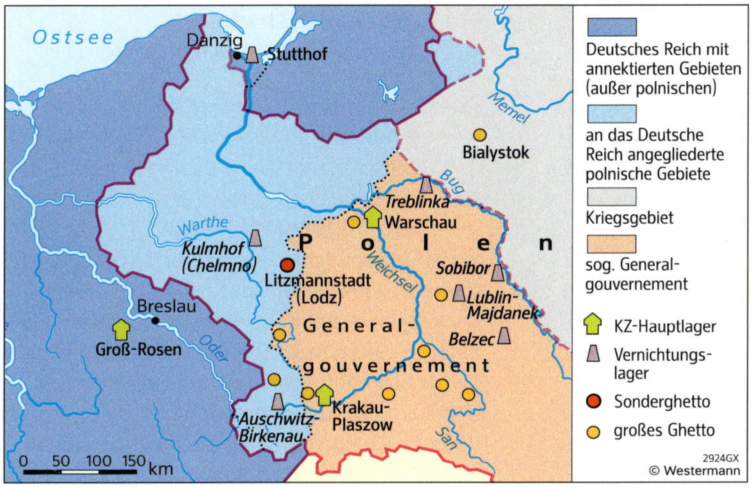

M7 Das besetzte Polen im Jahr 1942

Ein System von Internierungslagern, das bis zu tausend sogenannter Konzentrations- und Nebenlager umfasste, war unter der Herrschaft der Nationalsozialisten seit 1933 entstanden. Politische Häftlinge, Systemkritiker, Juden, Sinti und Roma, Homosexuelle, Zeugen Jehova und weitere angebliche „Feinde des deutschen Volkes" wurden inhaftiert, zur Arbeit gezwungen und getötet. Ab 1941 ließ die deutsche Führung auf besetztem polnischen Territorium Vernichtungslager errichten. Dort wurden Juden und andere Bevölkerungsgruppen aus ganz Europa zusammengeführt und in Gaskammern systematisch ermordet. Die Konzentrations- und Vernichtungslager sind zum Inbegriff des NS-Unrechtsstaates geworden.

M8 Zurückbleiben oder überleben?

Der israelische Historiker Otto Dov Kulka (*1933) berichtet von einer Selektion im Vernichtungslager Auschwitz, die er im Herbst 1944 überlebte. Weil die Rote Armee näherrückte, wurde das Lager evakuiert. Zuvor wurden diejenigen bestimmt, die als Zwangsarbeiter nach Deutschland geschickt werden sollten. Allen war klar, dass die Zurückbleibenden getötet werden würden.

Ich war einige Jahre jünger als die anderen, und es war offensichtlich, dass ich keinerlei Chance hatte, das Tor zu passieren. Das Tor wurde von einem furchteinflößenden SS-Mann namens Buntrock bewacht, den wir Kinder und die anderen Häftlinge Bulldogge nannten. Jeder musste unter seinen wachsamen Augen durch dieses Tor, einer nach dem anderen, und ich auch. Als ich bei ihm ankam, fragte er: „Wie alt bist du?" „Fünfzehn", antwortete ich. Er sagte: „Warum lügst du?" Ich war gerade mal elfeinhalb. Ich wusste nicht, was ich sagen sollte. Ich wusste, was ich wusste, bevor ich dorthin kam. Ich kam zu diesem Ausgang, als es an der Zeit war für dieses große unabänderliche Gesetz – dem niemand zu entgehen vermag und das auch auf mich Anwendung findet –, ausgeführt zu werden, und ich würde mich, indem man mich zurückschickte, all jenen anschließen, die dazu verurteilt waren, Teil des unabänderlichen Gesetzes des Todes zu sein, des unabänderlichen Gesetzes, das in dieser Metropole des Todes regiert und schließlich zu diesem Zeitpunkt vollstreckt wird. Denn hiernach gibt es keinen Tod mehr.

Dieser Buntrock, bekannt für seine Grausamkeit, zögert einen Moment, schwingt dann seine große Hand in meine Richtung und in die Gruppe von Jugendlichen und sagt: „Hau ab!" Er schickt mich zum Rest der Jugendlichen, und von dort beginnt der entsetzliche Weg der Angst [...] auf die Krematorien zu: links ins Krematorium oder geradeaus zur nächsten Etappe? Vielleicht in ein anderes Lager innerhalb von Auschwitz, neuen Proben entgegen, die die Erfüllung des unabänderlichen Gesetzes für eine kurze Zeit verzögern werden. Ich habe keine Ahnung, was seine Beweggründe oder Erwägungen waren – vielleicht hat sich etwas in ihm gerührt, vielleicht wollte er die Schererei einer erneuten Zählung vermeiden – für meine innere Erfahrung ist das sicher nicht von Belang. Mir war klar, dass die Vollstreckung des unabänderlichen Gesetzes, das auch mich in dieser sich entfaltenden Ordnung des Großen Todes einschloss, aufgeschoben war.

Otto Dov Kulka: Landschaften der Metropole des Todes (übers. v. Inka Arroyo Antezana, Anne Birkenhauer u. Noa Mkayton), München 2013, S. 60 ff.

M9 Eine Selektion in Auschwitz, 27. Mai 1944. Das Foto wurde vom Wachpersonal der SS aufgenommen.

M 10 Aussagen Überlebender

Die Haare wurden uns geschoren, wir mussten unsere Kleidung abgeben, bekamen stattdessen diesen gestreiften Kittel und Holzschuhe, keine Unterwäsche. Wir hatten kein Handtuch, keine Seife, kein Toilettenpapier – nichts! Zu zehnt mussten wir uns eine Pritsche mit zwei schmutzigen Decken teilen. Zu zehnt haben wir einen Teller Suppe bekommen, Löffel gab es nicht dazu.

– Lisa Miková

Zit. nach: www.sueddeutsche.de/politik/kz-auschwitz-zeitzeugin-mikova-frauen-mit-brille-ins-gas-1.948570 (07.06.2021)

Zeit ist dort nicht, was sie hier auf der Erde ist. Die Bewohner dieses [anderen] Planeten hatten keine Namen, sie hatten keine Eltern oder Kinder ... Sie atmeten nach anderen Naturgesetzen, weder lebten noch starben sie gemäß der Gesetze dieser Welt. Ihr Name war die Nummer.

– Jechiel Dinur

Zit. nach: www.yadvashem.org/de/holocaust/about.html (06.06.2020)

Weil das Lager ein großer Mechanismus ist, der uns zu Tieren herabwürdigen soll, dürfen wir keine Tiere werden; auch an diesem Ort kann man am Leben bleiben und muss deshalb auch den Willen dazu haben, schon um später zu berichten, Zeugnis abzulegen; und für unser Leben ist es wichtig, alles zu tun, um wenigstens das Gerippe, den Rohbau, die Form der Zivilisation zu bewahren.
Wenn wir auch Sklaven sind, bar allen Rechts, jedweder Beleidigung ausgesetzt und dem sicheren Tod verschrieben, so ist uns doch noch eine Möglichkeit geblieben und die müssen wir, weil es die letzte ist, mit aller Energie verteidigen, die Möglichkeit nämlich, unser Einverständnis zu versagen. Im Lager wird der Kampf ums Überleben ohne Erbarmen geführt, denn jeder ist verzweifelt und grausam allein.

– Primo Levi

Primo Levi: Ist das ein Mensch? Ein autobiographischer Bericht (übers. v. Heinz Riedt), München 1992, S. 105, 206

M 11 Wie soll man über den Holocaust schreiben?

In einem Gespräch mit der Zeitung „taz. die tageszeitung" vom 15. Januar 2017 berichtete der Historiker und Holocaust-Überlebende Saul Friedländer darüber, wie und warum er zum Historiker des Judenmordes wurde:

Friedländer: Ich wollte eine integrierte Geschichte schreiben, in der sowohl die deutsche Maschinerie behandelt werden sollte, aber auch die Gesellschaften in den verschiedenen Ländern rundherum [...] und selbstverständlich auch die Juden in Europa. Es war schwer, diese Geschichte so zu schreiben. Wie soll man das erzählen? Es gab kein theoretisches Konzept, das diese Sache zusammenfassen konnte. Es gab verschiedene Geschichten, und daher musste es narrativ sein. Die einzige Möglichkeit war, kurze Zeitperioden zu behandeln und jeweils die verschiedenen Seiten in jeder Periode zu zeigen, sodass der Leser versteht, wie sich von Ort zu Ort, zeitsimultan die Ereignisse entwickeln. Ich wollte aber nicht nur die „offizielle" Geschichte der Opfer erzählen, also über die Judenräte oder die jüdischen Organisationen, die jüdischen Initiativen aus Amerika oder Palästina. Ich wollte den Lesern ein Moment geben, das die normalisierende Methode der Geschichtsschreibung von Zeit zu Zeit zerbrechen sollte. In der Geschichte wird erklärt, warum, wer, wann und was. Aber das ist viel zu einfach. Und es erzählt nichts von der absoluten Fassungslosigkeit der Millionen von Juden, die in Europa waren. Und deswegen lasse ich ihre Stimmen zu Wort kommen. Sie sind nicht dazu da, um irgendetwas zu illustrieren, sondern um zu schreien. [...]
taz: Sie sagen, dass man sich als Historiker beim Beschreiben der Realität der Vernichtungslager und Massenerschießungen in die Gefahr begibt, so distanziert wie die „Ausrottungsverwalter" zu sprechen.
Friedländer: [...] Diese Art von historischer Darstellung, also aufzuschreiben: Das war das „Sonderkommando Lange", sie haben soundso viele Leute getötet, dann fuhren sie an einen anderen Ort, das war ihre Arbeit – das wollte ich nicht. Deswegen entwickelte ich diese Art von Schreiben, die für einen Historiker ungewöhnlich war.

Saul Friedländer/Ulrich Gutmair: Ich war ein Luftmensch, in: taz, 15.01.2017; taz.de/Saul-Friedlaender-ueber-Erinnerungskultur/!5371505/ (11.01.2021)

Judenräte: NS-Bezeichnung von Gremien in den während des Krieges besetzten Gebieten, in die Juden zwangsverpflichtet wurden, um an der Durchsetzung der Besatzungspolitik mitzuwirken

M 12 Eine Logik der „Endlösung"?

Der deutsche Historiker Ulrich Herbert schrieb 2014 über den „Judenmord":

Der Judenmord war kein von anderen Entwicklungen in militärischer, politischer und wirtschaftlicher Hinsicht getrenntes Ereignis, sondern mit diesen unmittelbar verbunden. Er lässt sich nicht auf allein ideologische Elemente zurückführen, aber ohne solche nicht verstehen. Dabei ist es hilfreich, „Ideologie" nicht als eine geschlossene Lehre zu begreifen, die bestimmte Handlungen unmittelbar nahelegt, sondern als eine Weltsicht, welche die Ereignisse und Erfahrungen interpretieren und deuten hilft und Zielsetzungen hierarchisiert.
Der Gesamtprozess der „Endlösung" vollzog sich während des Krieges in mehreren Phasen und Einzelschritten, in eskalierenden Aktionen und partiellen Rücknahmen und zudem nicht in allen Regionen des deutsch besetzten Europas gleichzeitig und mit gleichen Auswirkungen. Gleichwohl ergibt sich ein klares Bild der einzelnen Schritte und der ausschlaggebenden Entscheidungen.

Ulrich Herbert: Geschichte Deutschlands im 20. Jahrhundert, München: C.H. Beck 2014, S. 468

M 13 Hitlers Rolle im Judenmord

Der britische Historiker Ian Kershaw schrieb 1995 über Hitlers Rolle im Judenmord:

Hitlers persönliche Rolle im Radikalisierungsprozess sollte nicht unterschätzt werden. [...] Er unterband jeden Versuch, in das System der Konzentrationslager einzugreifen, und gab damit der SS freie Hand. Er billigte ausdrücklich stets die radikalsten Maßnahmen im Anschluss an die Judenpogrome vom November 1938. Er unterzeichnete auf seinem persönlichen Briefpapier die Ermächtigung zur Ermordung von geschätzt 100 000 Opfern in den sogenannten Euthanasiemorden. Er legte den Rahmen fest für die brutale Unterdrückung der Polen und ab Frühjahr 1941 für die Barbarisierung im Vernichtungskrieg gegen die Sowjetunion. Und er war zu einer Zeit, als die Gaskammern in der Vernichtungslagern dabei waren, in den Vollbetrieb überzugehen, „der unentwegte Vorkämpfer und Wortführer einer radikalen Lösung" in der sogenannten „Judenfrage", wie Joseph Goebbels im März 1942 schrieb. In Hitler nicht mehr als einen Propagandisten oder „einen Opportunisten ohne Prinzipien" zu sehen, hieße, die Bedeutung seiner unbeugsamen ideologischen Grundsätze des rassischen Determinismus herunterspielen. Dass er die radikalen Maßnahmen nicht persönlich veranlassen musste, schmälert nicht die Unentbehrlichkeit Hitlers für den Prozess der „kumulativen Radikalisierung".

Ian Kershaw: „Cumulative Radicalisation" and the Uniqueness of National Socialism, in: Christian Jansen (Hg.): Von der Aufgabe der Freiheit. Politische Verantwortung und bürgerliche Gesellschaft im 19. und 20. Jahrhundert, Berlin Verlag 1995, S. 323–336, hier S. 331 f. (Übers.: Mario Seiler)

6. Vergleichen Sie die Karte M 7 auf S. 371 mit der Karte M 4 auf S. 354 und erläutern Sie die Veränderungen mithilfe des Darstellungstextes auf den Seiten 368 f.

7. a) Charakterisieren Sie anhand von M 8–M 10 die Lebenswirklichkeit der jüdischen Gefangenen in Auschwitz.
b) Erläutern Sie die Schwierigkeiten, die der Historiker Saul Friedländer (M 11) bei der historischen Darstellung der Lebenswirklichkeit der Juden in Dritten Reich sieht, sowie die Antworten, die er darauf gibt.

\+ Recherchieren Sie den Lebensweg eines der in M 6, M 8, M 10 oder M 11 zitierten jüdischen Autoren und präsentieren Sie Ihr Ergebnis.

8. a) Fassen Sie die Thesen der Historiker Herbert (M 12) und Kershaw (M 13) zusammen und vergleichen Sie sie.
b) Beurteilen Sie deren Bedeutung für das Verständnis der Genese des Judenmordes.

9. Der Historiker Peter Longerich resümierte in seinem Buch „Der ungeschriebene Befehl" (2001) mit Blick auf den Judenmord, dass die „Urheberschaft und Verantwortung Adolf Hitlers [...] in vollem Umfang nachweisbar" sei. Überprüfen Sie diese These.

10. Der israelische Historiker Otto Dov Kulka hat sich erst am Ende seiner Universitätslaufbahn als Historiker und Experte für jüdische Geschichte mit einem Buch (M 8) dazu bekannt, selbst Inhaftierter und Überlebender mehrerer nationalsozialistischer Lager gewesen zu sein. Diskutieren Sie seine möglichen Beweggründe, dies so lange zu verschweigen.

Erinnerung – von wem überliefert?

M 1 Warschau, 18. September 1946: Unter Trümmern suchen Menschen im zerstörten Warschau nach Dokumenten – mit Erfolg. Es handelt sich um ein „Untergrund-Archiv", das im Warschauer Ghetto angelegt worden war.

M 2 Emanuel Ringelblum mit seinem Sohn. 1943 konnte die Familie bei polnischen Helfern untertauchen. Ihr letztes Versteck wurde am 7. März 1944 entdeckt. Wenig später wurden sie und ihre Helfer hingerichtet.

1. Bilden Sie Hypothesen zu der Frage, was ein solches Archiv beinhalten und zu welchem Zweck man es angelegt haben könnte.

„Oneg Schabbat"

... bedeutet „Freude am Sabbat". Dies ist der Tarnname eines Projektes, das der im Jahr 1900 geborene Historiker, Publizist und Pädagoge Emanuel Ringelblum im Warschauer Ghetto ins Leben rief. Schon in seiner Studienzeit hatte er sich zum Ziel gesetzt, eine jüdische Sozialgeschichtsschreibung zu entwickeln, die Alltagskultur und wirtschaftliche Strukturen ebenso wie kulturelle Bräuche berücksichtigt. Als er im November 1940 mit seiner Frau und seinem Sohn im Ghetto interniert wurde, initiierte er dort sogleich „Oneg Schabbat" – ein konspiratives Archiv, das das dortige Leben widerspiegeln sollte. Es ist heute als „Ringelblum-Archiv" bekannt.

Mit etwa zwanzig Mitstreiterinnen und Mitstreitern versuchte Emanuel Ringelblum, eine umfassende Dokumentation des Lebens im Warschauer Ghetto anzulegen. „Sammelt so viel wie möglich – sortieren können sie es nach dem Krieg", soll er gefordert haben. Wichtig war ihm, Menschen aus dem Alltagsgeschehen heraus dazu zu bringen, ihre Erfahrungen und Gedanken festzuhalten, damit später eine Geschichte des Ghettos anhand authentischer individueller Quellen verfasst werden kann – ein Projekt des Widerstands gegen die deutschen Besatzer. Dabei war ihm Objektivität wichtig. Das bedeutete, dass unterschiedlichste Meinungen und Verhaltensweisen festgehalten werden sollten – individuelles Leid und gegenseitige Unterstützung ebenso wie Korruption oder Paktieren Einzelner mit den deutschen Besatzern. Archiviert wurde alles, was als Dokument des Ghetto-Lebens geeignet erschien: Tagebuchaufzeichnungen, Anordnungen der Besatzungsmacht, Passierscheine, Kochrezepte, Briefe, Fotos, Einladungen zu Konzerten, Interviews über Wohnbedingungen, Berichte über Hilfsdienste, Gedichte, Witze. Aber auch Straßenbahnfahrscheine und selbst Bonbonpapier wurden gesammelt.

„Wer wird unsere Geschichte erzählen?"

Als im Ghetto immer mehr Menschen an Hunger und Krankheiten starben und sich Gerüchte über Massentötungen bestätigten, veränderte sich das Ziel Ringelblums: Auf keinen Fall sollte es den Deutschen und der SS überlassen bleiben, die Geschichte des Judenmords zu erzählen und damit die Erinnerung daran zu kontrollieren! Der Gruppe des Oneg Schabbat gelang es, einzelne Berichte nach außen zu schmuggeln, etwa an die polnische Exilregierung in London. Dies geschah in der Hoffnung, dadurch die europäische Öffentlichkeit darüber aufklären zu können, was in Polen und Warschauer Ghetto passiert – und letztlich in der Hoffnung auf Rettung durch eine starke militärische Allianz gegen das NS-Regime.

Im Sommer 1942 begannen die Deportationen der Ghettobewohner in die Vernichtungslager. Den Mitgliedern des Oneg Schabbat wurde klar, dass sie das Archiv retten mussten, doch blieb ihnen keine Zeit, das Material zu sortieren. Sie versteckten es in Metallboxen und Milchkannen, die sie vergruben. Heute umfasst der wiederentdeckte Teil des Ringelblum-Archivs über ca. 25 000 Seiten. Er wurde 1999 ins UNESCO-Weltdokumentenerbe aufgenommen.

M3 Was das Archiv vermittelt

Im Interview mit der Bundeszentrale für politische Bildung (BpB) gibt der Historiker Samuel D. Kassow, der über das Archiv umfassend forschte, Auskunft über die Arbeit Ringelblums. Dabei spricht er von „Zeitkapseln", welche die Mitglieder des Oneg Schabbat mit dem Material über ihren Tod hinaus hinterlassen wollten:

BpB: Um diese Zeitkapseln zu erstellen, also die Geschichte der Juden festzuhalten, wollte Ringelblum ein präzises Abbild des Lebens im Ghetto schaffen. Er bat seine Mitstreiterinnen und Mitstreiter, Menschen aus ganz unterschiedlichen sozialen Schichten, ihre Erlebnisse und Gedanken unmittelbar aufzuschreiben. Herr Kassow, Sie haben all diese einzigartigen Dokumente durchgearbeitet: Wie würden Sie den alltäglichen Kampf der Menschen im Ghetto beschreiben?

Kassow: Im Ghetto lebten zeitweise etwa 460 000 Menschen. Um zu überleben, brauchte man auch eine Portion Glück: Jene, die ihr persönliches Eigentum hatten verstecken können, konnten sich glücklich schätzen. Jene, deren Häuser zufälligerweise im Ghettobereich lagen, mussten nicht zwangsweise umziehen. Jene, die in der Provinz lebten, wurden binnen Minuten aus ihren Häusern hinausgeworfen; sie wurden als Flüchtlinge im Ghetto quasi abgeladen. Glück bedeutete auch, die richtigen Kontakte zu haben. Jene, die ein Geschäft hatten und irgendetwas herstellten, das sie aus dem Ghetto herausschmuggeln konnten, wie Schuhe oder Bürsten, und die Kontakte zu Polen hatten, konnten etwas Geld verdienen. Im Ghetto gab es eine große soziale Bandbreite.

Als im Juli 1942 die großen Deportationen und die Ermordung der Juden des Warschauer Ghettos begannen, waren 80 Prozent der ursprünglichen Ghettobevölkerung noch am Leben. Die Menschen kämpften hart für ihr Überleben, sie wollten nicht verhungern. Emanuel Ringelblum verfolgte mit dem Archiv nachdrücklich ein Ziel: Er wollte, was er als das stille Heldentum der jüdischen Massen bezeichnete, herausstellen. Er ahnte, dass die Geschichte eines gewöhnlichen Menschen im Warschauer Ghetto, der versuchte, seiner Familie und seinen Nachbarn zu helfen, der trotz der Verfolgung versuchte, seine Würde zu bewahren und sich nicht verformen zu lassen, dass dieser gewöhnliche Bürger keine Spuren hinterlassen würde. Diese Menschen würden alle ermordet werden. Sie würden in den Gaskammern verschwinden ohne jegliche Hoffnung, ein Echo zu hinterlassen.

www.bpb.de/geschichte/nationalsozialismus/geheimsache-ghettofilm/153354/die-wahrheit-soll-leben-interview-mit-samuel-d-kassow?p=all (15.07.2020)

M4 Aus dem Archiv

Die folgenden Texte hinterließen zwei Mitarbeiter Ringelblums, Israel Lichtenstein und David Graber (er starb im Alter von 19 Jahren), als sie Archivalien versteckten:

„Ich möchte, dass man sich an meine Frau erinnert, [die Künstlerin] Gele Sekstein. Sie hat in den Kriegsjahren als Erzieherin und Lehrerin mit Kindern gearbeitet, hat für das Kindertheater Bühnenbilder, Kostüme gemacht ... Beide bereiten wir uns darauf vor, zusammenzukommen und den Tod zu empfangen. Ich möchte, dass man sich an meine kleine Tochter erinnert. Margalit ist heute 20 Monate alt. [...] Auch sie verdient es, in Erinnerung behalten zu werden."

– Israel Lichtenstein, 1943

„Nur zu gerne würde ich den Augenblick erleben, in dem der große Schatz ausgegraben wird und der Welt die Wahrheit ins Gesicht schreit. Möge dieser Schatz in gute Hände fallen, möge er bis in bessere Zeiten überdauern, möge er die Welt alarmieren und auf das aufmerksam machen, was geschehen ist im 20. Jahrhundert."

– David Graber, 1942

Zit. nach: Samuel D. Kassow: Ringelblums Vermächtnis. Das geheime Archiv des Warschauer Ghettos (übers. v. Karl Heinz Silber), Reinbek bei Hamburg 2010, S. 17 f.

M5 Eine der Milchkannen, in der Dokumente versteckt waren. Als Teil des Archivs wird sie heute im Jüdischen Historischen Institut in Warschau aufbewahrt.

2. Überprüfen Sie Ihre Hypothesen aus Aufgabe 1, indem Sie aus dem Darstellungstext und M 4 Ziele und Methoden des Archivs herausarbeiten.

3. Für Ringelblum spielte die Deutungshoheit über die Geschichte eine besondere Rolle. Erläutern Sie dies auf der Basis von M 3.

4. Der Historiker Kassow stellt dar, dass Ringelblum der Auffassung war, ein Völkermord sei nur wirklich zu begreifen, wenn man erfahre und sich bewusst mache, was und wer vernichtet wurde. Diskutieren Sie die Bedeutung individueller Schicksale in der Erinnerungskultur.

Ganz normale Männer?

Täter in Wehrmacht und SS

„Dieser Kampf muss die Zertrümmerung des heutigen Russland zum Ziele haben und deshalb mit unerhörter Härte geführt werden. Jede Kampfhandlung muss in Anlage und Durchführung von dem eisernen Willen zur erbarmungslosen, völligen Vernichtung des Feindes geleitet sein."* – Mit diesen Worten schwor Generaloberst Erich Hoepner seine Soldaten im Sommer 1941 auf den bevorstehenden Angriff auf die Sowjetunion ein. Doch schon im Januar 1942 wurde Hoepner unehrenhaft aus der Wehrmacht entlassen, nachdem er einen Durchhaltebefehl Hitlers beim Vormarsch auf Moskau aus Verantwortung gegenüber seinen Soldaten ignoriert hatte.

1. Formulieren Sie Fragen zu Hoepners Denken und Handeln.

Zwei Menschen – ein Krieg?

Zur gleichen Zeit, als Erich Hoepners 4. Panzerarmee im Sommer 1941 in den Norden der Sowjetunion einfiel, führte SS-Brigadeführer Walter Stahlecker eine ungefähr tausend Mann starke Truppe der SS, die „Einsatzgruppe A", in die besetzten Gebiete im Baltikum und in Nordrussland. Die **Wehrmacht** als kämpfende Einheit verantwortete in erster Linie die Eroberung der Kriegsregionen. Im Bereich der Sicherung und Verwaltung der eroberten Gebiete überschnitten sich ihre Zuständigkeiten mit denen verschiedener Einheiten der **SS**. Letztere sollten unmittelbar hinter den Kriegsfronten den nationalsozialistischen Vernichtungskrieg in die Tat umsetzen.

Die Sonderkommandos der „Einsatzgruppe A" begannen sogleich, ihren – vage formulierten – Auftrag der Erfassung und Ermordung von sogenannten „deutschfeindlichen Elementen" zu erfüllen. Zu diesen zählten SS-Verantwortliche unterschiedslos Militärs und Zivilisten, Juden und Nichtjuden, Kinder, Frauen und Männer. Bis März 1942, als Stahlecker infolge einer Verwundung starb, hatte die „Einsatzgruppe A" unter seiner Führung eigenen Angaben Stahleckers zufolge bis zu 240 000 Menschen im rückwärtigen Frontgebiet ermordet.

In derselben Kriegsregion wie Stahlecker hatte sich auch Hoepner verbrecherischer Befehle schuldig gemacht. Am Ende handelten beide aber unterschiedlich: Während Stahlecker als erster SS-Einsatzgruppenkommandant nach Berlin meldete, dass sein Einsatzgebiet „judenfrei" sei, nahm der inzwischen aus dem Militär entlassene Hoepner Kontakt zum militärischen Widerstand auf. – Aus welchen Motiven handelten sie?

Taten im Fokus der Forschung

In der historischen Forschung wurden vor allem seit den 1990er-Jahren die am Holocaust beteiligten Täter – und Täterinnen – stärker in den Blick genommen. Auseinandersetzungen – etwa mit der gesellschaftlichen Herkunft von Angehörigen der SS und der Gestapo – begannen: Entstammten sie mehrheitlich Randgruppen, der gesellschaftlichen Mitte oder gar oberen Schichten? So wurden einzelne Befehlshaber zum Gegenstand der Forschung (z. B. bei Ulrich Herbert → M 6). Es wurde aber auch untersucht, wie so viele „ganz normale Männer" in Exekutionskommandos zu Tätern werden konnten (z. B. 1993 von Christopher R. Browning). Und wie verhielt sich die nichtjüdische Bevölkerung den verfolgten Juden gegenüber? Das fragte beispielsweise der israelische Historiker Omer Bartov, der 2018 seine Forschungen zum Fallbeispiel einer ukrainischen Kleinstadt veröffentlichte.

Mit diesen Fragestellungen wurden und werden für die nachfolgenden Generationen auch Fragen nach dem Verhalten der eigenen Vorfahren drängender, nicht nur in Bezug auf Kriegshandlungen, sondern etwa auch auf Deportationen in der Nachbarschaft oder auf die Behandlung von Zwangsarbeiterinnen und -arbeitern. Nicht zuletzt stellt sich die Frage nach einem möglichen eigenen Verhalten: „Wie hätte ich wohl selbst gehandelt, wenn ich in der Situation meiner Vorfahren gewesen wäre?"

* Zit. nach: Gerd Steffens/Thomas Lange (Hgg.): Der Nationalsozialismus, Bd. 2, Holocaust und Vernichtungskrieg 1939–1945, Schwalbach/Taunus 2011, S. 96

M1 Erich Hoepner (1886–1944)

Erich Hoepner (rechts) beim Handschlag mit Hitler, 1939

Erich Hoepner wurde in Frankfurt/Oder als Sohn eines Arztes geboren. Nach dem Abitur 1905 in Berlin trat er ins preußische Militär ein; 1910 heiratete er die Tochter eines Berliner Fabrikanten. Im Ersten Weltkrieg wurde Hoepner mehrfach ausgezeichnet und in der Zwischenkriegszeit in den Generalstab befördert. Auch unter nationalsozialistischer Herrschaft verfolgte er seine militärische Karriere weiter. Wenn Hoepner auch kein Mitglied der NSDAP war, so gab es doch deutliche Überschneidungen seines Denkens mit der NS-Ideologie.
1942 aber wurde Hoepner unehrenhaft aus der Wehrmacht entlassen – er verlor alle Orden und Ehrenabzeichen –, nachdem er einen Durchhaltebefehl Hitlers im Kampf um Moskau nicht befolgt und seinen Truppen den Rückzug befohlen hatte. Motiviert war seine Befehlsverweigerung nicht von einer etwaigen Ablehnung der Kriegsführung im Osten, sondern von der Überzeugung, die Durchhaltebefehle Hitlers seien militärisch sinnlos. Kurze Zeit nach seiner Entlassung aus der Wehrmacht nahm Erich Hoepner Kontakt zum militärischen Widerstand auf. Spätestens im Herbst 1943 wurde er in die Widerstandspläne der Militärs eingeweiht. Für seine Beteiligung am militärischen Widerstand wurde Hoepner nach dem Attentat vom 20. Juli 1944 auf Hitler vor dem Volksgerichtshof zum Tode verurteilt und im August 1944 hingerichtet.

M2 Walter Stahlecker (1900–1942)

Walter Stahlecker, Passbild 1930

Der im Nordschwarzwald geborene Pfarrerssohn erlebte als junger Soldat nur noch die drei letzten Monate des Ersten Weltkriegs, ohne Fronteinsatz. Nach der deutschen Niederlage wandte er sich radikalen rechten Gruppen zu und trat als Jurastudent in ein Tübinger Studentenbataillon ein. Diese und weitere bündische Organisationen, denen Stahlecker fortan angehörte, bekämpften in erster Linie die politische Linke und waren nationalistisch, antibolschewistisch und antisemitisch ausgerichtet. Aus diesen Kreisen gingen auch die Ortsgruppen der NSDAP hervor, deren Mitglied Stahlecker bereits 1921 wurde. Nachdem er nach Abschluss seines Studiums eine Laufbahn im württembergischen Staatsdienst begonnen, 1930 als Regierungsrat die Leitung des Arbeitsamtes in Nagold übernommen und eine Frau aus dem württembergischen Adel geheiratet hatte, sah es jedoch zunächst so aus, als habe er die Voraussetzungen für eine bürgerliche Existenz gelegt.
Nach der Machtübertragung auf Hitler protegierten befreundete württembergische Parteigrößen Stahlecker, der daraufhin zum Leiter der Württembergischen Politischen Landespolizei aufstieg. 1936 wurde diese Landesbehörde in die Geheime Staatspolizei (Gestapo) integriert und Heinrich Himmler sowie Reinhard Heydrich unterstellt. In deren Umfeld ergaben sich für Stahlecker von nun an mehrere Karriereschübe, die ihn nach Österreich, in die besetzten Teile der Tschechoslowakei und schließlich als Ministerialrat ins Auswärtige Amt nach Berlin führten. An seinen Dienststellen wurde er als nüchterner, sachlich denkender, lösungsorientierter und tüchtiger Beamter beschrieben. Ab April 1941 wurde er zum SS-Brigadeführer befördert und als Leiter der Einsatzgruppe A ins Baltikum geschickt. In zwei Einsatzgruppenmeldungen legte er Zeugnis ab von der Ermordung von bis zu 240 000 Menschen.

Die Opposition im Militär (→ S. 337) nahm nach dem Überfall auf die Sowjetunion zu. Geplant wurde ein Staatsstreich, dem ein Bombenattentat auf Hitler vorausgehen sollte. Doch nicht alle Entwicklungen, die sich unter der NS-Diktatur vollzogen hatten, wollte die Gruppe der Oppositionellen danach zurücknehmen. So sollte z. B. an der Annexion Österreichs festgehalten werden, obwohl die Alliierten die bedingungslose Kapitulation Deutschlands forderten. Fraglich ist, ob die Verschwörer ein demokratisches Gesellschaftssystem unterstützt hätten. Nachdem am 20. Juli 1944 ein von Oberst Graf von Stauffenberg verübtes Bombenattentat auf Hitler fehlgeschlagen war, wurden viele der Verschwörer festgenommen und hingerichtet.

M3 Ein sachlicher Bericht?

Am 15. Oktober 1941 legte Walter Stahlecker einen mehr als hundert Seiten umfassenden Tätigkeitsbericht der Einsatzgruppe A aus dem Baltikum und Nordrussland vor. Darin hieß es:

Von vornherein kann betont werden, dass die Zusammenarbeit mit der Wehrmacht im allgemeinen gut, in Einzelfällen, wie z. B. mit der Panzergruppe 4 unter Generaloberst Hoepner, sehr eng, ja fast herzlich war. [...]
Schon in den ersten Stunden nach dem Einmarsch [wurden], wenn auch unter erheblichen Schwierigkeiten, einheimische antisemitische Kräfte zu Pogromen gegen Juden veranlasst. Befehlsgemäß war die Sicherheitspolizei entschlossen, die Judenfrage mit allen Mitteln und aller Entschiedenheit zu lösen. Es war aber nicht unerwünscht, wenn sie zumindest nicht sofort bei den doch ungewöhnlich harten Maßnahmen, die auch in deutschen Kreisen Aufsehen erregen mussten, in Erscheinung trat. Es musste nach außen gezeigt werden, dass die einheimische Bevölkerung selbst als natürliche Reaktion gegen jahrzehntelange Unterdrückung durch die Juden und gegen den Terror durch die Kommunisten in der vorangegangenen Zeit die ersten Maßnahmen von sich aus getroffen hat. [...]
Aufgabe der Sicherheitspolizei musste es sein, die Selbstreinigungsbestrebungen in Gang zu setzen und in die richtigen Bahnen zu lenken, um das gesteckte Säuberungsziel so schnell wie möglich zu erreichen. [...] In Litauen gelang dies zum ersten Mal in Kauen [...]. Im Verlauf des ersten Pogroms in der Nacht vom 25. zum 26.6. wurden über 1500 Juden von den litauischen Partisanen beseitigt, mehrere Synagogen angezündet oder anderweitig zerstört und ein jüdisches Stadtviertel mit rund 60 Häusern niedergebrannt. [...] Soweit möglich, wurde sowohl in Kauen als auch in Riga durch Film und Foto festgehalten, dass die ersten spontanen Exekutionen der Juden und Kommunisten von Litauern und Letten durchgeführt wurden. [...] Die Gesamtzahl der in Litauen liquidierten Juden beläuft sich auf 71105.

Zit. nach: Trial of the Major War Criminals before The International Military Tribunal, Nuremberg, 14 November–1 October 1946, 1949, S. 671, 672, 682, 683. Online: www.loc.gov/rr/frd/Military_Law/pdf/NT_Vol-XXXVII.pdf#page=677 (05.06.2020)

M4 Mord auf offener Straße: In der Stadt Kaunas (dt.: „Kauen") töteten litauische Nationalisten unter deutscher Aufsicht Juden. Bei der Fotografie, das bereits im Juni 1941 aufgenommen wurde, handelt sich es um eines der Bilder, von denen in Stahleckers Bericht die Rede ist.

M5 Gründe für Gewalteskalation

Der Historiker Jörg Baberowski befasst sich mit Gewaltforschung. Er schrieb 2016:

Manche Menschen handeln aus Lust oder weil Gewalt, die nur zerstören will, ihnen für einen Augenblick das Gefühl absoluter Macht verschafft. Andere töten in Gruppen. Sie lassen sich von der Meute mitreißen, werden eins mit ihr und ihrer Wut und beruhigen sich erst wieder, wenn der Kampf vorbei ist und die Meute zerfällt. Gewalt in Gruppen eskaliert, wenn es keine Regeln gibt und die Gegner sich nicht wehren können. Der Täter wird unsichtbar, er wird Teil einer Masse und tötet, weil es auch die anderen tun. Gemeinsames Töten verbindet und enthemmt. [...]
Was immer Menschen auch tun werden: Stets handeln sie in Situationen, in Räumen der Gewalt, die ihnen zwar nicht vorschreiben, was zu tun ist, die aber ihre Möglichkeiten einschränken, das Geschehen nach Belieben zu kontrollieren. Wenn wir verstehen wollen, wie Gewalt entsteht und was sie anrichtet, müssen wir die Situationen genau beschreiben und die Räume, in denen sie zur Entfaltung kommt: nicht nur geografische Räume, umgrenzte Landschaften, Lager, Gefängnisse und Anstalten, sondern auch jene unsichtbaren Räume, die durch die Vorstellung einer gemeinsam geteilten Welt entstehen. Sie steuern das Verhalten von Gruppen [...]. Nicht Ideen und Gründe, sondern Räume, ihre Situationen und Handlungszwänge entscheiden darüber, was mit uns geschieht, wenn die Gewalt ausgebrochen ist. Über sie haben Täter und Opfer keine freie Verfügung. [...] Was auch immer der Anfang gewesen sein mag, der die Gewalt ausgelöst hat – man wird über die Dynamik und die Möglichkeiten der Gewalt wenig in Erfahrung bringen, wenn man sich nur über die Gründe des Anfangs verständigt. Zwar haben Gewaltverhältnisse Ursachen, aber sie werden von der Dynamik der Gewalt selbst erzeugt. [...]
So gesehen muss eine Gewaltforschung [...] von den Räumen sprechen, die gewalttätiges Handeln ermöglichen und begrenzen. Von der Beschaffenheit des Raumes und den Möglichkeiten, die sich aus Situationen ergeben, hängt es ab, welche Dynamik ein Geschehen entwickelt. Es kommt also nicht darauf an, was einer denkt oder meint, sondern wo und wie jemand handelt.

Jörg Baberowski: Räume der Gewalt. Bonn 2016, S. 31 ff.

M 6 Blickrichtung: die Gesellschaft

Der Historiker Ulrich Herbert untersuchte 1996 eine Täterbiografie. In der Einleitung setzte er sich auch mit früher in der deutschen Gesellschaft vertretenen Auffassungen auseinander, die NS-Täter seien psychopathische Außenseiter oder geistig minderbemittelte Befehlsempfänger gewesen:

Wenn es sich [...] weder um sozial entwurzelte Desperados handelte, die ihre Defizite an sozialen Bindungen und persönlicher Integrität durch Blutrausch und Mord kompensierten [...] noch um dumpf-überzeugungslose Befehlsempfänger, die sich ihrer Verantwortung und der Tragweite ihres Handelns nicht bewusst gewesen wären, dann sind die Fragen nach der Persönlichkeit und Überzeugungswelt, nach der politischen Sozialisation und ideologischen Aufladungen, nach der weltanschaulichen Motivation und Perspektive der Angehörigen dieser für die nationalsozialistische Terror- und Vernichtungspolitik so zentralen Gruppe einigermaßen zwingend. [...] Wenn es weiter zutrifft, dass die Führer des nationalsozialistischen Polizeiapparats weder technokratische Mordmaschinen noch sozial marginalisierte Befehlsempfänger waren, sondern im Gegenteil eher überdurchschnittlich intelligente, selbstbewusste, tatkräftige [Männer], die zudem eher aus der Mitte und den oberen Rängen der deutschen Gesellschaft entstammten, dann wird der Blick zugleich viel stärker auf diese deutsche Gesellschaft selbst gerichtet, aus der heraus eine solche Elite erwuchs, als dies bislang geschah.

Ulrich Herbert: Best. Biographische Studien über Radikalismus, Weltanschauung und Vernunft, Bonn 1996, S. 14 f.

M 7 Der „Referenzrahmen“

Der Sozialpsychologe Harald Welzer analysierte das Verhalten von deutschen Soldaten während des Krieges. Er verwendete dabei den Begriff des Referenzrahmens, der darauf abzielt, vergangenes Verhalten aus seiner Zeit heraus zu verstehen:

[Was] Menschen tun, können sie immer auch anders tun. [...] Auch wenn Menschen in ihrem Wahrnehmen und Handeln an gesellschaftliche, kulturelle, hierarchische und biologische bzw. anthropologische Bedingungen gebunden sind, finden sie doch jeweils Deutungs- und Handlungsspielräume vor. Deuten und entscheiden zu können, setzt freilich Orientierung voraus und Wissen darüber, womit man es gerade zu tun und welche Konsequenzen welche Entscheidung hat. Und diese Orientierung liefert eine Matrix von ordnenden und organisierenden Deutungsvorgaben: der Referenzrahmen. Referenzrahmen sind historisch und kulturell höchst variabel. [... Sie] gewährleisten Handlungsökonomie: Das allermeiste, was geschieht, lässt sich in eine bekannte Matrix einordnen. Das wirkt entlastend. Kein Handelnder muss stets aufs Neue die Frage beantworten: Was geht hier eigentlich vor? [...]

Die Frage bleibt ja immer, wie sich „Weltanschauungen“ und „Ideologien“ in individuelle Wahrnehmungen und Deutungen übersetzen, wie sie im Handeln der Einzelnen wirksam werden. [...] Ohne die Berücksichtigung des Referenzrahmens müssen wissenschaftliche Analysen vergangener Handlungen zwangsläufig normativ ausfallen, weil als Grundlage des Verstehensprozesses die normativen Maßstäbe der jeweiligen Gegenwart herangezogen werden.

Sönke Neitzel/Harald Welzer: Soldaten. Protokolle vom Kämpfen, Töten und Sterben, Frankfurt/M. 2011, S. 16 ff.

---

2. Analysieren Sie M 3. Gehen Sie dabei besonders auf die Argumentation des Autors und auf seine Sprache ein.

3. a) Charakterisieren Sie die Tätergruppe, die der Historiker Herbert in M 6 darstellt.
   b) Überprüfen Sie mithilfe von M 2, ob die Schlussfolgerungen des Historikers Urich Herbert auch auf Walter Stahlecker zutreffen.

4. Erklären Sie, wie der Historiker Baberowski (M 5) die Eskalation von Gewalt erklärt und welche Rolle dabei Gruppendynamik wie in M 4 spielt.

5. Beurteilen Sie, ob die Thesen Welzers (M 7) als Entschuldigung für das Verhalten von Tätern im Zweiten Weltkrieg (M 3, M 4) dienen können.

6. 2006 stellte die Bundestagsfraktion „Die Linke“ an die Bundesregierung die „kleine Anfrage“, ob „der an der Verschwörung beteiligte Generaloberst Erich Hoepner vorbildstiftend“ sein könne. Erörtern Sie diese Frage unter Einbezug von M 1.

„Es ist an der Zeit ...“?

Widerstand im Zweiten Weltkrieg

Die letzten Schritte zum Widerstand?

Der Vernichtungskrieg und der Holocaust erschreckten viele Menschen, die bis dahin grundsätzlich mit der Wiedergewinnung der Großmachtstellung Deutschlands einverstanden gewesen waren, gar Sympathie für das NS-Regime empfunden hatten. Aus dieser Haltung heraus entwickelten neben Georg Elser (→ S. 337), der schon im Vorfeld des Krieges ein Attentat auf Hitler versucht hatte, weitere Gruppen und Einzelpersonen aus dem deutschen Südwesten ihren **Widerstand.** So waren die Geschwister Scholl aus Forchtenberg Mitglieder der „Weißen Rose“. Diese rief zur Beendigung des Krieges auf. Dazu verteilte sie u. a. in München, ihrem Studienort, Flugblätter. 1943 wurden sie verhaftet.

Die Stauffenberg-Brüder, die ihre Jugend in Stuttgart verlebten, gehörten zum militärischen Widerstand gegen Hitler. Am 20. Juli 1944 gelang es Claus, eine Bombe im Besprechungszentrum Hitlers zu zünden. Dies sollte der Beginn eines Staatsstreichs sein, der die NS-Führung ausschalten und den Krieg beenden sollte. Hitler entging dem Anschlag. In Schauprozessen, häufig unter dem Vorsitz Roland Freislers, des Präsidenten des „Volksgerichtshofs“, wurden viele Widerständler angeklagt und zum Tod verurteilt.

Hochverräter oder Vorbilder?

Nach dem Attentat vom 20. Juli 1944 lautete die Schlagzeile der Berliner Zeitung: „Leben und Werk unseres Führers unter dem Schutz der Vorsehung – Fanatischer denn je folgen wir Adolf HItler“. Noch nach Ende der NS-Herrschaft galten in breiten gesellschaftlichen Kreisen die Teilnehmer des Staatsstreichs als Vaterlandsverräter. Erst in den 1950er-Jahren begann, vor allem in der Bundesrepublik, ein Umdenken. In der Bundeswehr wurde der Widerstand des 20. Juli 1944 allmählich als Leitbild anerkannt. Doch erst Jahrzehnte später – um die Jahrtausendwende – bewertete ihn eine Mehrheit der deutschen Bevölkerung positiv.

Die Mitglieder der „Weißen Rose“ dagegen galten schon früh als Vorbilder, vor allem für Jugendliche. Viele Schulen wurden nach ihnen benannt. Mit ihrem christlich-humanistischen Weltbild kamen sie in BRD wie DDR den Bedürfnissen nach Orientierung in der Tradition eines „anderen Deutschland“ entgegen. Heute werden beide Gruppen differenziert betrachtet: Anerkannt werden ihr Mut und ihr Einsatz im Widerstand. Hinterfragt werden ihr in Teilen undemokratisches Weltbild und ihre anfängliche Sympathie für das NS-Regime.

Die Abbildungen unten zeigen (links) Sophie Scholl (geboren am 9. Mai 1921, hingerichtet am 22. Februar 1943), hier im Alter von 17 Jahren, und (rechts) Claus Schenk Graf von Stauffenberg (geboren am 15. November 1907, hingerichtet am 20. Juli 1944), hier im Alter von 27 Jahren.

M1 In den Verhörprotokollen Sophie Scholls findet sich ein „Geständnis“ vom 18. Februar 1943. Darin heißt es:

Es war unsere Überzeugung, dass der Krieg für Deutschland verloren ist und dass jedes Menschenleben, das für diesen verlorenen Krieg geopfert wird, umsonst ist. Besonders die Opfer, die Stalingrad forderte, bewogen uns, etwas gegen dieses unserer Ansicht nach sinnlose Blutvergießen zu unternehmen.

Bundesarchiv Berlin, ZC 13267, Bd. 3

M2 Nach der Landung alliierter Truppen in der Normandie 1944 äußerte Claus Schenk Graf von Stauffenberg:

Es ist Zeit, dass jetzt etwas getan wird. Derjenige allerdings, der etwas zu tun wagt, muss sich bewusst sein, dass er wohl als Verräter in die deutsche Geschichte eingehen wird. Unterlässt er jedoch die Tat, dann wäre er ein Verräter vor seinem eigenen Gewissen. [...] Ich könnte den Frauen und Kindern der Gefallenen nicht in die Augen sehen, wenn ich nicht alles täte, dieses sinnlose Menschenopfer zu verhindern.

Zit. nach: Joachim Kramarz: Claus Graf von Stauffenberg, Frankfurt/M. 1965, S. 201 und S. 132

M3 Dummheit oder ...?

a) Am 22. November 2020 meldete die Süddeutsche Zeitung auf ihrer Webseite einen Vorfall bei einer Demonstration von Corona-Skeptikern:

„Ja, hallo, ich bin Jana aus Kassel, und ich fühle mich wie Sophie Scholl“, sprach die junge Frau im Wintermantel auf der Bühne, die Stimme brüchig bewegt. Da sie „seit Monaten hier im Widerstand“ tätig sei, auf Demos gehe, Flyer verteile und „seit gestern“ auch Versammlungen anmelde. „Ich bin 22 Jahre alt, genau wie Sophie Scholl, bevor sie den Nationalsozialisten zum Opfer fiel.“

www.sueddeutsche.de/politik/hannover-sophie-scholl-querdenken-coronavirus-1.5123595 (10.01.2021)

b) Aus einem Interview mit dem Historiker Christopher Clark vom Dezember 2020:

Frage: Was dachten Sie, als Sie von „Jana aus Kassel“ gehört haben [...]? So etwas muss Historiker doch verzweifeln lassen ...

Christopher Clark: Das müssen sich nicht die Historiker anlasten lassen. Das war natürlich eine dumme Äußerung, die eine bedenkliche moralische Kurzsichtigkeit zeigt. Da benutzen manche Menschen Geschichte wie Möbelstücke, die sie nach eigenem Gusto umstellen. Aber es gibt viel zu viel Gerede über diese Aussage. Dass sie dumm ist, das weiß die deutsche Nation nun, dafür muss man nicht immer wieder bestraft werden. Man sollte der jungen Frau die Chance geben, sich in die Problematik zu vertiefen, wenn sie dazu fähig ist. Oder sie sonst in Ruhe lassen.

Zit. nach: www.nordbayern.de/region/verschwörungstheorien-und-ns-zeit-historiker-clark-im-interview-1.10662546 (09.01.2021)

c) Der Soziologe Andreas Reckwitz sagte im März 2018 in einem Gespräch mit Moderator Thorsten Jantschek im Deutschlandfunk Kultur:

[Man kann] sagen, dass die Digitalisierung auch dazu führt, dass in jeder Hinsicht so was wie eine allgemeine Öffentlichkeit erodiert und es viele Partikularöffentlichkeiten gibt. Also, einfach gesagt: Auch die alte Industriegesellschaft war ja eine, in der es eine gemeinsame Öffentlichkeit in mancher Hinsicht gab, über – zum Beispiel – die großen überregionalen Zeitungen oder über das staatliche Fernsehen. Das waren ja [...] Medien, die sich an alle gewandt haben, die auch sehr hohe Einschaltquoten hatten, wo man sagen kann, die verschiedensten Milieus der Gesellschaft haben das rezipiert und hatten [...] eine gemeinsame Debattengrundlage. [...] Das hatte ja auch durchaus seine Schattenseiten. Es war ja auch ein gewisser Konformismus [...] in den alten Medien.
Und jetzt haben wir aber durch die Digitalisierung die bekannte Entstehung von Partikularöffentlichkeiten, über soziale Medien, über verschiedene Blogs, über verschiedene Gruppen, die sich im Internet versammeln. Das ist ja auch die Chance des Internets, dass sich kleine Gruppen mobilisieren lassen, dass sie einen Kommunikationsraum erhalten. Aber das bedeutet natürlich auch andererseits, dass diese gemeinsame Klammer durch die alten Medien, an denen alle teilgenommen haben, erodiert. [...] Und so kann sich dann jeder sein individuelles Weltbild zusammenbauen.

Zit. nach: www.deutschlandfunkkultur.de/andreas-reckwitz-die-gesellschaft-der-singularitaeten.990.de.html?dram:article_id=412701 (10.01.2021)

1. Charakterisieren Sie den Umgang mit dem Widerstand gegen das NS-Regime bis heute anhand des Darstellungstextes.

2. Informieren Sie sich über weitere Mitglieder der Familien Scholl und von Stauffenberg und ordnen Sie deren Haltung zum NS-Regime in das Schema „Stufen des Widerstands“ ein (M6, S. 339).

+ a) Informieren Sie sich bei der Landeszentrale für politische Bildung Baden-Württemberg über weitere Widerständler des Südwestens (www.landeskunde-baden-wuerttemberg.de/widerstand-gegen-ns).
b) Ordnen Sie sie in das o.g. Schema ein.

3. Analysieren Sie den Umgang mit der NS-Vergangenheit (M3 a). Beziehen Sie die Äußerungen von Clark und Reckwitz (M3 b und c) mit ein.

+ Analysieren Sie aktuelle Beispiele von Vergleichen heutiger Verhältnisse mit der NS-Zeit.

4. Verfassen Sie einen Kommentar zum Thema „Widerstand im Zweiten Weltkrieg“.
Beachten Sie, dass Ihr Kommentar eine Beschreibung des Sachverhalts, eine argumentative Auseinandersetzung mit diesem sowie eine klare Positionierung enthält. Orientieren Sie sich, auch sprachlich, an Kommentaren in TV und Presse.

Auschwitz erinnern – gestern und heute

„Wer so denkt und spricht, ist ein konstitutioneller Nazi [...]. Jeden Lehrer, der seinen Schülern derlei vermittelt, müsste man des Schuldienstes verweisen." – Wer hat diesen Tweet abgesetzt? Und um was geht es eigentlich? Nur ein weiteres Beispiel für Hatespeech? Diese Fragen kommen heutigen Lesenden schnell in den Sinn. Aber die Zeilen wurden nicht auf Twitter veröffentlicht, sondern stammen aus dem Jahr 1986. Ihr Verfasser Rudolf Augstein (1923–2002), damals Herausgeber der Zeitschrift „Der Spiegel", formulierte sie in seinem Artikel „Die neue Auschwitz-Lüge", mit dem er sich gegen einige Historiker seiner Zeit wandte, die über den Nationalsozialismus forschten.

„Auschwitz erinnern" im Jahr 1986

Was war geschehen? Im Sommer 1986 war es in der Bundesrepublik Deutschland zu einer monatelang andauernden Diskussion zwischen Historikern und weiteren Akademikern über die Frage gekommen, welche Stellung der Nationalsozialismus und vor allem die Ermordung der europäischen Juden in der Erinnerung der Deutschen künftig haben soll. Neu an dieser Diskussion war, dass sie nicht in Seminaren an den Universitäten, sondern in den bundesdeutschen Zeitungen und Journalen und damit in der Öffentlichkeit ausgetragen wurde. Ebenfalls neu war die Heftigkeit, mit der die Diskutanten gegeneinander vorgingen.

M1 „Vergangenheitsbewältigung" nannte der Zeichner Walter Hanel diese Karikatur, die er erstmals in den 1980er-Jahren veröffentlichte.

Entzündet hatte sich der Streit an der Frage, ob die Verbrechen des Nationalsozialismus einzigartig seien oder mit anderen Verbrechen, etwa dem stalinistischen Terror, verglichen werden können. Einige Historiker hielten diesen Vergleich für nötig und wollten Ähnlichkeiten und Unterschiede der Verbrechen herausarbeiten. Andere Historiker und Intellektuelle vermuteten hinter solchen Vergleichen den Versuch, die nationalsozialistischen Verbrechen mit anderen historischen Verbrechen gleichzusetzen und damit zu verharmlosen. Vor allem linksliberale Intellektuelle um den Philosophen Jürgen Habermas befürchteten, dass konservative Historiker eine „zustimmungsfähige" deutsche Geschichte konstruieren wollten, die letztlich zu einer Ablehnung der historischen Verantwortung für die Verbrechen der Deutschen während des Nationalsozialismus führen würde. Stattdessen sei die **Singularität der NS-Verbrechen** zu betonen.

Der öffentlich ausgetragene „Historikerstreit", wie man ihn bald nannte, flaute 1986 ohne wesentliche Ergebnisse gegen Jahresende ab. Aus dem Jahr 2003 auf den Konflikt zurückblickend, betonte der Historiker Ulrich Herbert jedoch, letztlich habe der Konflikt dazu geführt, dass seit dem Ende der 1980er-Jahre der Judenmord in breitem Umfang auch empirisch erforscht werde und inzwischen als zentral für die gesamte Zeit der NS-Diktatur und des Zweiten Weltkriegs betrachtet werde. So habe der Historikerstreit auch die Sicht der bundesdeutschen Öffentlichkeit verändert. Zu den Fragen, die sich eine Mehrzahl der Deutschen bis dahin kaum gestellt hatte und die öffentlich kaum diskutiert worden waren, gehören:

- Was wissen wir über den Holocaust?
- Wie, warum und mit welcher Absicht erinnern wir uns an die NS-Vergangenheit?
- Was sagt dieses Erinnern über das öffentliche Geschichtsbewusstsein in Deutschland aus?

Auch mehr als dreißig Jahre nach dem Ende des „Historikerstreits" sind diese Fragen so aktuell wie damals. Wie antworten wir heute darauf?

M 2 (rechts) Plakatentwurf nach einem Wettbewerbsbeitrag einer Gruppe von Schülerinnen und Schülern des Windeck-Gymnasiums Bühl, 2017

M 3 Aktiv gegen das Vergessen

Im Rahmen de Projekts „Schule ohne Rassismus – Schule mit Courage" beteiligte sich eine Schülergruppe des Windeck-Gymnasiums Bühl anlässlich des Gedenktags an die Opfer des Nationalsozialismus im Jahr 2017 an der Organisation eines öffentlichen Historikervortrags zum Thema „Antisemitismus und die NS-Judenpolitik". Mit folgenden Worten begrüßte die Gruppe das Publikum:

Im Jahr 1996 hat der damalige Bundespräsident Roman Herzog den 27. Januar zum „Tag des Gedenkens an die Opfer des Nationalsozialismus" erklärt. In seiner Proklamation sprach Herzog davon, dass die Erinnerung an die vom nationalsozialistischen Deutschland begangenen Verbrechen nicht enden dürfe.

Dem Windeck-Gymnasium und der Gruppe „Schule ohne Rassismus – Schule mit Courage" ist es daher seit Jahren ein Anliegen, diesen Gedenktag in Form einer fortwährenden Auseinandersetzung mit der deutschen Geschichte zu begehen und der Opfer zu gedenken.

Der Vortrag des heutigen Abends versteht sich als Beitrag zu jener Auseinandersetzung mit der deutschen Geschichte, einer Geschichte, die eben auch eine Geschichte der Entrechtung, Verfolgung und Ermordung der europäischen Juden und anderer Minderheiten im Namen Deutschlands ist. Er spiegelt zugleich aber auch unsere Überzeugung als Schule und Schulgemeinschaft wider, dass Gedenken ohne Nachdenken, Erinnern ohne Wissen, moralisches Werten ohne zu verstehen einseitig und unvollständig bleiben muss.

Eine erkenntnisbasierte historische Auseinandersetzung mit dieser Vergangenheit kann gegenüber erneuten Forderungen, es müsse endlich einmal ein Schlussstrich unter diese Vergangenheit gezogen werden, stärker immunisieren als bloße moralische Entrüstung. Und so soll der heutige Abend deutlich machen: Einen souveränen Umgang mit unserer Geschichte gewinnen wir nicht durch die Entsorgung von, sondern in der kritischen Konfrontation mit der Vergangenheit. Dann wird deutlich, dass die NS-Judenpolitik eine Schande war, und sie wird es auch bleiben.

Windeck-Gymnasium Bühl, 02.02.2017 (bearb.)

M 4 (unten) „Stolpersteine" verlegt der Künstler Gunter Demnig seit den 1990er-Jahren vor ehemaligen Wohnhäusern von Opfern des Nationalsozialismus. Die Webseite www.stolpersteine.eu informiert darüber.

1. Arbeiten Sie aus M 1 die Kritik an der Aufarbeitung der nationalsozialistischen Vergangenheit in Deutschland heraus.

2. a) Erklären Sie mithilfe des Darstellungstextes den zentralen Konflikt des „Historikerstreits".
b) Überprüfen Sie, ob und inwiefern M 3 einen gewandelten Umgang mit den NS-Verbrechen in der Erinnerungskultur darstellt.

3. Analysieren Sie M 2 und M 4 unter der Fragestellung, wie und mit welcher Absicht heute an die NS-Verbrechen erinnert wird.

4. „Der ‚Historikerstreit' der späten 1980er-Jahre gilt gemeinhin als eine wissenschaftlich weitgehend unergiebige Auseinandersetzung", urteilte der Historiker Philipp Stelzel 2009*. Erörtern Sie diese These.

* Zit. nach: www.hsozkult.de/publicationreview/id/reb-12260, 29.11.2020

Ein Vernichtungskrieg?

Die Expansion des faschistischen Italien in Afrika

M 1 „Äthiopien ist italienisch! Italienisch der Sache nach, weil von unseren siegreichen Armeen besetzt; italienisch dem Recht nach, weil durch den Schild Roms die Zivilisation über die Barbarei, die Gerechtigkeit über grausame Willkür und die Befreiung der Elenden über tausendjährige Sklaverei triumphiert."

– Benito Mussolini am 5. Mai 1936

Übers. zit. nach: Aram Mattioli: Experimentierfeld der Gewalt. Der Abessinienkrieg und seine internationale Bedeutung, Zürich 2005, S. 131

1. Erläutern Sie, wie der italienische Diktator Mussolini die Eroberung Äthiopiens – damals Abessinien – darstellt.

Imperiale Ambitionen

Das Königreich Italien strebte bereits Ende des 19. Jahrhunderts nach Kolonialbesitz. Ähnlich wie im deutschen Kaiserreich herrschte auch hier das Gefühl, aufgrund der späten Nationalstaatsgründung bei der Verteilung der Welt zu kurz gekommen zu sein. Nach dem Ersten Weltkrieg setzte die faschistische Regierung die imperialistische Politik ihrer Vorgänger fort: Der Besitz von **Kolonien** in Afrika galt ihr als notwendig, da das ihrer Ansicht nach überbevölkerte Italien Kompensation in Übersee finden sollte. Nach dem Vorbild des Imperium Romanum sollte dort ein blühendes **Imperium**, ein Großreich unter italienischer Herrschaft, entstehen. Dabei zielte die faschistische Eroberungspolitik auf eine Neuverteilung des bebaubaren Bodens und die Vertreibung indigener Bevölkerung aus fruchtbaren Gebieten und damit auf einen rassistisch geprägten Siedlerkolonialismus.

faschistische Regierung: von Benito Mussolini seit 1922 geführt, folgte sie einem autoritären, antiindividualistischen und antiparlamentarischen Herrschaftskonzept (→ S. 198 f.) Sie endete mit dem Sturz Mussolinis im Jahr 1943.

M 2 Das faschistische Imperium

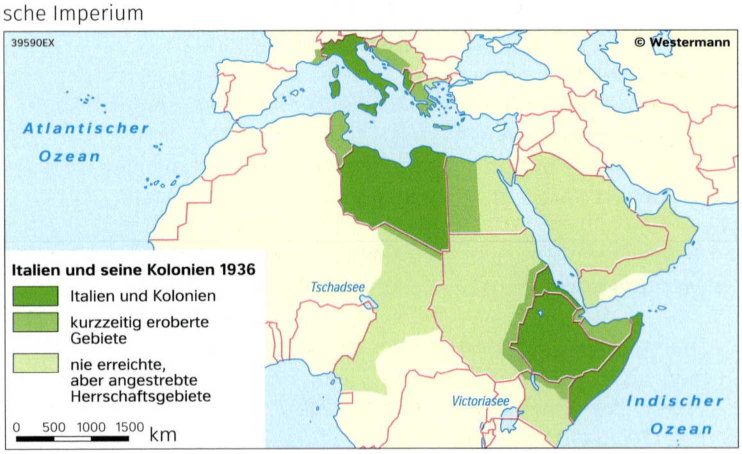

Kriege in Libyen …

Der Blick Mussolinis und der italienischen Faschisten richtete sich auf den angrenzenden Mittelmeerraum und von dort nach Afrika. Bereits 1923 begannen sie ihre Expansionspolitik mit der Besetzung Korfus und – anschließend – libyscher Gebiete. Im Verlauf des Ersten Weltkriegs hatte Italien seine dortigen Einflussgebiete und Kolonien bis auf wenige Küstenstädte verloren. Nun wurden ehemalige nordafrikanische Kolonialgebiete bis Ende der 1920er-Jahre zurückerobert und zur Kolonie Italienisch-Libyen zusammengefasst. Gegen die einheimische Bevölkerung ging das italienische Militär dabei mit großer Brutalität vor. Allein von 1930 bis 1933 fanden mehrere Zehntausend nicht an den Kampfhandlungen beteiligte Nordafrikaner einen gewaltsamen Tod, insgesamt kostete die faschistische Gewaltherrschaft in Libyen rund 100 000 Menschen ihr Leben.

… und Abessinien

Das Kaiserreich Abessinien auf dem Gebiet des heutigen Äthiopien und Eritrea, das seit 980 v. Chr. bestand, hatte in der Zeit des Imperialismus seine Unabhängigkeit bewahren können. Dabei hatten das Rote Meer und der Golf von Aden nach der Eröffnung des Suezkanals 1869 stark an Bedeutung gewonnen. Das Horn von Afrika war Ende des 19. Jahrhunderts zum Brennpunkt kolonialer Politik geworden, und Briten und Franzosen hatten sich in der Region etabliert. Aber auch Italien machte Interessen geltend: Nicht nur in direkt an das Mittelmeer angrenzenden Gebieten Nordafrikas sollten italienische Kolonien errichtet werden, sondern auch am Zugang zum Roten Meer, das als „der Schlüssel zum Mittelmeer" begriffen wurde.

Seit 1885 eroberten italienische Truppen Teile Abessiniens, mussten aber 1896 in der

Schlacht von Adua eine vollständige Niederlage hinnehmen, was in Italien lange als nationale Katastrophe erinnert wurde. Die kolonialen Ambitionen des jungen italienischen Nationalstaates blieben so zunächst auf wenige kleine Gebiete – vor allem in Eritrea und Somalia – beschränkt.

Als die Faschisten 1935 einen zweiten Versuch unternahmen, Ostafrika zu erobern, führten sie ihren brutalen Angriffs- und Eroberungskrieg unter dem Schlagwort „Revanche für Adua". Mit modern ausgerüsteten Truppen – einer stark motorisierten Armee und einer großen Luftstreitmacht – waren sie der kaiserlichen Armee Abessiniens weit überlegen. Die schwierigen topografischen und extremen klimatischen Verhältnisse sowie der unerwartet hohe Widerstand der äthiopischen Streitkräfte erschwerten den Vormarsch der italienischen Truppen jedoch, der geplante Blitzkrieg entwickelte sich zum Stellungskrieg. Städte und Dörfer, selbst internationale Feldlazarette des Roten Kreuzes wurden bombardiert.

Aber auch die bereits eroberten Territorien ließen sich kaum kontrollieren. Ab Dezember 1935 setzte das italienische Militär Giftgas ein, um den Krieg zu entscheiden und den Widerstand der einheimischen Bevölkerung zu brechen. Diese Angriffe richteten sich auch gegen die Zivilbevölkerung und ihre Lebensgrundlagen – Flüsse, Wasserstellen, Viehherden wurden verseucht. Auch sollten feindliche Heeresgruppen nach Anweisung des italienischen Oberkommandos möglichst vollständig vernichtet werden: Oft wurden äthiopische Kriegsgefangene gleich auf der Stelle erschossen. Die am 1. Juni 1936 verkündete „Legge organica" vereinigte die eroberten Gebiete des Kaiserreichs Abessinien mit den Kolonien Eritrea und Somalia zur Africa Italiana Orientale, zu **Italienisch-Ostafrika**.

Nach dem italienischen Einmarsch in der äthiopischen Hauptstadt Addis Abeba im Mai 1936 begann unter dem Regime des italienischen Vizekönigs Rodolfo Graziani eine von fürchterlichen Gewaltexzessen begleitete Zeit der Massenrepressionen, der weitere Zehntausende von Afrikanern zum Opfer fielen. Wie hoch die Zahl der Kriegsopfer des Abessinienfeldzuges und der faschistischen Herrschaft tatsächlich war, ist bis heute unklar. 1941 wurde das äthiopische Kaiserreich von Partisanen und der britischen Armee befreit, und Kaiser Haile Selassie kehrte zurück.

M3 Die Zeitschrift „La difesa della razza" („Die Verteidigung der Rasse") sollte das „Rassenbewusstsein" der Italiener schärfen. Titelblatt der Ausgabe vom 5. September 1938.

Apartheid

Die einheimische Bevölkerung Libyens genoss zunächst eine im Vergleich zur Bevölkerung der ostafrikanischen Provinzen privilegierte Stellung. Das faschistische Regime begründete sie mit den angeblich unterschiedlichen Zivilisationsniveaus der Nord- und Ostafrikaner. So galt das erste italienische Rassegesetz von 1937 nur für die Provinzen Ostafrikas. Es belegte eheähnliche Beziehungen von Italienern mit einheimischen Frauen mit bis zu fünf Jahren Gefängnis, da diese die physische und moralische Überlegenheit der „Herrenrasse" gefährden würden. Als 1938 in Italien die sogenannte „Gemischtehe" als „Schädigung der italienischen Rasse" verboten wurde, betraf dies auch die Rechte der Libyer. Das zweite koloniale Rassegesetz von 1939 hatte dann Gültigkeit im gesamten italienischen „Impero" und führte zu einer Politik der Rassentrennung, die die afrikanische Bevölkerung auch im Alltag schwer diskriminierte. Es war der einheimischen Bevölkerung beispielsweise verboten, italienische Cafés zu betreten. Jede Form von interkulturellen Beziehungen wurde unter Strafe gestellt.

Ypterit (auch: Senfgas): Der im 19. Jahrhundert entwickelte chemische Kampfstoff wurde in Kriegshandlungen erstmals im Juli 1917 von deutschen Truppen im Ersten Weltkrieg bei Ypern (Belgien) eingesetzt.

M4 Ein Krieg mit allen Mitteln

a) Marcel Junod, Delegierter des Internationalen Roten Kreuzes in Abessinien, beschrieb die Folgen eines italienischen Giftgasangriffes:

Überall, unter allen Bäumen, liegen Menschen. Zu Tausenden liegen sie da. Ich trete näher, erschüttert. An ihren Füßen, an ihren abgezehrten Gliedern sehe ich grauenhafte, blutende Brandwunden. Das Leben entflieht schon aus ihren von Yperit verseuchten Leibern. [...] Woher aber soll Hilfe kommen? Ärzte sind keine mehr da. Die Ambulanzen sind zerstört. Ich habe keine materiellen Mittel mehr, um ihnen zu helfen. Die, die ihren Blick nach mir richten, sehen mich schon nicht mehr. Ich habe nicht einmal die Möglichkeit, ihre Schmerzen zu lindern.

Übers. zit. nach: Aram Mattioli: Experimentierfeld der Gewalt, ebd., S. 105

b) Der äthiopische Militärführer Ras Immirù schilderte in einem Interview, das er 1965 dem Historiker Angelo del Boca gab:

Es war ein fürchterliches Schauspiel [...]. Es war der Morgen des 23. Dezember, und ich hatte eben den Takazze überquert, als am Himmel einige Flugzeuge auftauchten. Das Faktum selber alarmierte mich nicht allzu sehr, weil wir uns mittlerweile an die Bombardierungen gewöhnt hatten. Diesen Morgen jedoch warfen sie keine Bomben ab, sondern merkwürdige Fässer, die, sobald sie auf den Erdboden aufschlugen oder die Wasseroberfläche des Flusses touchierten, zerborsten und eine farblose Flüssigkeit in der Umgebung freisetzten. Bevor ich mir bewusst machen konnte, was da geschah, waren einige Hundert meiner Männer durch die mysteriöse Flüssigkeit kontaminiert und schrien vor Schmerzen, während sich ihre bloßen Füße, Hände und Gesichter mit Blasen bedeckten. Andere, die ihren Durst am Fluss gestillt hatten, wanden sich im Todeskampf, der Stunden dauerte, am Boden. Unter den Opfern befanden sich auch Bauern, die ihre Herden am Fluss getränkt hatten, und Leute aus benachbarten Dörfern.

Übers. zit. nach: ebd., S. 106

M5 Bombardierung des äthiopischen Dorfes Dessye durch italienische Flugzeuge, Dezember 1935

M6 „Fascist Warfare"

Der Historiker Sven Reichardt forscht globalgeschichtlich zum Faschismus und erkennt vergleichbare Entwicklungen in verschiedenen faschistischen Regimen:

Seit einigen Jahren gibt es eine Richtung in der Faschismusforschung, die [...] die imperiale Gestalt der Faschismen in Deutschland, Italien und Japan erforscht. Diese forderten als *latecomer* auf der politischen Bühne – im Vergleich etwa zu Großbritannien und Frankreich – nicht nur die liberale Weltordnung und den kommunistischen Internationalismus geopolitisch heraus, sondern radikalisierten auch die Logik des Imperialismus und Formen kolonialer Kriegsführung. [...]

Mit ihren ersten Kriegen in den frühen 1930er-Jahren radikalisierten sich die faschistischen Regime nach innen und außen. Es kam im Zuge dieses [...] Stadiums nicht nur zu einer tendenziellen Entmachtung konservativer Bündnispartner und einer entsprechenden Verselbstständigung faschistischer Apparate im Inneren, sondern auch zu radikalkolonialen Vernichtungskriegen nach außen. Umfassende gesellschaftliche Mobilisierung, der Ausbau und die Radikalisierung der engen Verbindung von völkischer Wohlfahrt mit Repression und rassistischer „Ausmerze" [...] wurden verstärkt: Populismus und Gewalt waren zwei Seiten derselben Medaille. [...] Im letzten Stadium der Entwicklung lässt sich schließlich eine totale Entgrenzung genozidaler Politik beobachten, die im Grunde nur den nationalsozialistischen Radikalfaschismus kennzeichnete.

[... Entscheidend war] die Entwicklung eines neuen Typus völkischer Vernichtungskriege, die sich, so der spanische Historiker Javier Rodrigo, als *„fascist warfare"* zusammenfassen lassen. Gemeint sind ultranationalistische Kriege mit eliminatorischer und genozidaler Tendenz, die sich durch eine schnelle und besonders brutale Form der Kriegsführung auszeichnen. Sie richten sich umfassend auch gegen die Zivilbevölkerung und stilisieren den Luftkrieg zu einer notwendigen und sauberen militärischen Taktik.

Den Beginn und Durchbruch dieses Typus markiert der Abessinienfeldzug von 1935/36, bei dem die italienische Armee im heutigen Äthiopien ganze Dörfer und Städte niederbrannte und mit dem umfassenden Einsatz von verbotenen Giftgasen massenhaft Zivilisten und Vieh tötete. Mussolini hatte zu dieser „Ausrottung" ausdrücklich aufgerufen. Am Ende kam ein Achtel der Bevölkerung Abessiniens ums Leben. Daran anschließend kennzeichneten radikalkoloniale Plünderungen der landwirtschaftlichen Produkte, Rohstoffe und Arbeitskräfte, „Säuberungen" und Massentötungen sowie Zwangsdeportationen und Konzentrationslagersysteme den Spanischen Bürgerkrieg von 1936 bis 1939, den japanischen Krieg gegen China seit 1937 und den Ostfeldzug des NS-Regimes seit 1939 beziehungsweise Juni 1941. [...]

Vernichtung menschlichen Lebens korrespondierte im *fascist warfare* mit Neuordnungsprogrammen und Umsiedlungsplänen. Schnelle Überraschungsangriffe mit großen Geländegewinnen und Kesselschlachten, systematische und umfassende Hungerpolitik, wirtschaftliche Ausplünderung und rassistischer Vernichtungsfeldzug waren die wichtigsten Merkmale dieser Kriege.

Sven Reichardt: Globalgeschichte des Faschismus. Neue Forschungen und Perspektiven, nach: www.bpb.de/apuz/257662/globalgeschichte-des-faschismus?p=all (13.01.2021/bearb., Hervorhebungen i. Original)

M7 Apartheidsrassismus

→ **Vertiefungsmaterial für das Leistungsfach**

Der Schweizer Historiker Aram Mattioli urteilt:

In der italienischen Öffentlichkeit hält sich bis heute die Legende, dass der italienische Kolonialismus ein weit humaneres Antlitz besessen habe als das der Briten, Franzosen oder Niederländer. Diese Lebenslüge ist dringend korrekturbedürftig. Denn für das von den Faschisten in Ostafrika errichtete Apartheidsystem finden sich nicht viele historische Vorbilder. Einzig die südlichen Bundesstaaten der USA, die Südafrikanische Union und das nationalsozialistische Deutschland kannten bereits vor 1939 institutionalisierte Formen der Rassentrennung. [...] Getrennte Stadtviertel, Lokale und Verkehrsmittel gab es zwar auch in den britischen oder französischen Überseebesitzungen, [...] doch wegen der Übertretung rassistischer Normen musste hier niemand mit juristischen Konsequenzen rechnen, anders als in Italienisch-Ostafrika. Ohne Parallele in der kolonialen Gesetzgebung anderer Staaten war insbesondere der Versuch, das weiße „Rassenansehen" mittels strafrechtlicher Sanktionen zu schützen. Damit wies der faschistische „Apartheidsrassismus" (Wolfgang Schieder) über den traditionellen Kolonialismus hinaus. Er verurteilte Äthiopier und Libyer zu einer menschenverachtenden Sonderexistenz, die in vielem der Diskriminierungs der farbigen Bevölkerungsmehrheit im Südafrika in den vier Jahrzehnten nach 1948 glich. Seit der Ausrufung des „Impero" entsprach das faschistische Italien ganz dem, was dem Historiker George M. Fredrickson zufolge ein „offen rassistisches Regime" konstituiert.

Aram Mattioli: Experimentierfeld der Gewalt, ebd., S. 161 f.

2. Stellen Sie das Vorgehen der italienischen Faschisten in Afrika auf der Basis des Darstellungstextes sowie von M2 und M3 dar. Erläutern Sie dabei Motive und Ziele.

3. Überprüfen Sie die Aussage Mussolinis in M1.

4. a) Charakterisieren Sie die italienische Kriegsführung in Abessinien mithilfe des Darstellungstextes sowie M4–M6.
b) Beurteilen Sie, inwieweit der Abessinienkrieg als „Vernichtungskrieg" bezeichnet werden kann.

5. a) Arbeiten Sie aus der Darstellung des Historikers Mattioli Merkmale des „Apartheidsrassismus" heraus (M7). Beziehen Sie M3 mit ein.
b) Diskutieren Sie die Zusammenhänge zwischen faschistischer Ideologie, Kriegsführung und Kolonialpolitik.

6. Die Singularität der NS-Verbrechen wird häufig relativiert – in der BRD z. B. von der „Neuen Rechten". Erörtern Sie, ob der globalgeschichtliche Vergleich der faschistischen Kriegsführung eine solche Relativierung eher befördert oder verhindert.

Der Zweite Weltkrieg

→ S. 352–355

Nur ein weiterer Krieg?

Nach der Eroberung Frankreichs im Sommer 1940 stand Hitler auf dem Höhepunkt seiner Macht. Viele Deutsche bewunderten die „Blitzkriegerfolge" der Wehrmacht seit dem deutschen Angriff auf Polen am 1. September 1939, der den Beginn des **Zweiten Weltkrieges** in Europa markiert. In den besetzten Ländern erlebten die Menschen verschiedene Kriegswirklichkeiten: Im westlichen Europa hatten sie vor allem politische Unterdrückung und wirtschaftliche Ausbeutung zu erleiden, wohingegen jüdische Staatsangehörige dort nun Opfer von Entrechtung und Verfolgung wurden. In Osteuropa, zunächst vor allem in Polen, war der Zweite Weltkrieg von Beginn an ein **Vernichtungskrieg**. Mit dem Ziel, den deutschen „Lebensraum" nach Osten zu erweitern, richteten Wehrmacht und SS-Einheiten eskalierende Gewalt gegen die gesamte Zivilbevölkerung.

→ S. 356–359

Krieg um „Lebensraum"?

Mit dem Überfall auf die Sowjetunion radikalisierte sich der Vernichtungskrieg gegen die Menschen in Osteuropa. Der Krieg, den die **Wehrmacht** und **SS-Einheiten** in Osteuropa führten, war ein **Weltanschauungskrieg**. Er zielte darauf ab, „Lebensraum" für das deutsche Volk zu erobern, Rohstoffe und Lebensmittel zu erbeuten und die Juden sowie den Bolschewismus, als angebliches Werk der Juden, zu vernichten. Die ideologischen Ziele dienten als Rechtfertigung für die Vertreibung und die zwangsweise Umsiedlung von Menschen, für Plünderungen, Gefangennahmen, Zwangsarbeit, Massenerschießungen sowie für die gezielte Vernichtung der jüdischen Bevölkerungsgruppe. Die Brutalisierung der deutschen Kriegsführung erklärt sich aber auch aus dem Kriegsgeschehen selbst, das zunehmend von militärischen Rückschlägen mit hohen Verlusten und schweren Versorgungsengpässen geprägt war. Dies führte 1943 zur Kriegswende sowie schließlich zur Niederlage der Wehrmacht im Jahr 1945.

→ S. 364–367

1943 begegnete die NS-Führung der zunehmenden Kriegsmüdigkeit innerhalb der deutschen Bevölkerung mit der Ausrufung des **„totalen Krieges"**. Dies bedeutete zum einen die totale Mobilmachung der Wirtschaft durch weitere Einschränkung der Konsumgüterindustrie zugunsten einer vermehrten Kriegsproduktion, zum anderen hieß dies aber auch die verstärkte Kontrolle der deutschen Bevölkerung durch Überwachung und Terror bei gleichzeitiger ideologischer Einschwörung auf den Krieg gegen „den Bolschewismus".

→ S. 360–363

Den Deutschen helfen, den Krieg zu gewinnen?

Um die Wirtschaftsproduktion für den Krieg aufrechterhalten zu können, verpflichtete die deutsche Führung von Kriegsbeginn an Kriegsgefangene und Zivilisten zu **Zwangsarbeit**. Einheiten der Wehrmacht und der SS machten hinter den Fronten bald Jagd auf Zivilisten, die zur Zwangsarbeit ins Deutsche Reich verschleppt wurden. Insbesondere die **Deportationen** von Menschen aus Osteuropa führten zu einem Konflikt zwischen wirtschaftlichen Interessen und ideologischen Positionen. Um die „fremdvölkischen" Arbeitskräfte zu isolieren, wurden diese weitgehend entrechtet und in gesonderten Zwangsarbeiterlager eingesperrt. In den Konzentrationslagern wurden Juden und andere Häftlinge ebenfalls zu Zwangsarbeit verpflichtet. Galten diese Menschen als „abgearbeitet", wurden sie meist kurz darauf getötet.

Der Weg in den Völkermord

→ S. 368–373

Der Völkermord an den europäischen Juden ist vom Kriegsgeschehen und dem Vernichtungskrieg in Osteuropa nicht zu trennen. Was mit den Juden unter deutscher Herrschaft geschehen würde, war jedoch noch bei Kriegsbeginn keineswegs klar. Ab 1940 wurden zunächst die jüdischen Polen, dann vermehrt auch die Westeuropäer und Deutschen **deportiert** und in Ghettos in Ostpolen interniert und ihrem Schicksal überlassen. Der Angriff auf die Sowjetunion radikalisierte auch die Pläne hinsichtlich der „Judenfrage“: Nach dem Sieg über die Sowjetunion sollten die Juden dort in lebensfeindliche Gebiete verbannt werden. Als dies jedoch aufgrund des Kriegsverlaufs nicht mehr möglich war, begann die sogenannte **„Endlösung der Judenfrage“**, die systematische Tötung der Juden in Vernichtungslagern. Es gab aber schon vorher Vernichtungshandlungen: In Massenerschießungen durch SS-Einheiten, auch unter Aufsicht der Wehrmacht, durch Zwangsarbeit, Deportation und andere Formen der Gewalt waren Juden und andere Minderheiten bereits systematisch getötet worden. Seit den 1970er-Jahren nennt man den Mord an den europäischen Juden **Holocaust** oder **Shoa**.

Ganz normale Männer?

→ S. 376–379

Wer sind diese Männer, die all diese schrecklichen Taten begangen haben? Die Vorstellung, dass es Verbrechernaturen oder schlicht kranke Individuen waren, gibt eine vorschnelle und trügerische Antwort. Die Verbrechen im Vernichtungskrieg im Osten, aber auch an den anderen Fronten des Zweiten Weltkriegs, die Soldaten der **SS-Einheiten** und der **Wehrmacht** begangen haben, lassen sich auch mit der vorherigen Ideologisierung dieser Männer nicht hinreichend erklären. Auch die Vorstellung, bürgerliche Normen, Werte und Kultur immunisierten gegen Gewalt, führt in die Irre. Die Frage nach der Täterschaft und nach den Ursprüngen von Gewalt muss daher immer auch die Analyse der Situation, in der Gewalt entsteht und Verbrechen begangen werden, d.h. die Dynamik und die Umstände der Gewalt (Referenzrahmen) mit einschließen.

Auschwitz erinnern – gestern und heute

→ S. 382–383

Die Erinnerung an die Verbrechen des Nationalsozialismus hat selbst eine Geschichte. Lange Zeit nach dem Jahr 1945 umgab die NS-Verbrechen ein Schweigen. 1986 kam es in der Bundesrepublik zu einem öffentlich ausgetragenen Konflikt zwischen Historikern und weiteren Intellektuellen über die Vergleichbarkeit der nationalsozialistischen Verbrechen mit anderen Verbrechen, etwa denen des stalinistischen Terrors. Hinter derartigen Vergleichen vermutete ein Teil der Intellektuellen den Versuch, die NS-Verbrechen zu relativieren und ihre **Singularität** infrage zu stellen. Der „Historikerstreit“ endete ohne Ergebnis, führte langfristig aber zu einer intensiven empirischen Erforschung des Judenmords. Die dabei gewonnenen historischen Kenntnisse stellen der deutschen Öffentlichkeit heute und auch zukünftig die Frage, wie, warum und mit welcher Absicht wir im öffentlichen Geschichtsbewusstsein der NS-Verbrechen und ihrer Opfer gedenken.

Das „Zeitalter der Extreme“

Forschungsansätze

M 1 (links) Adolf Hitler bei einem Besuch eines Sängerbundfestes in Breslau, 1937
(rechts) Kinder in Auschwitz am Tag der Befreiung durch sowjetische Truppen (27. Januar 1945)

„Das Zeitalter der Extreme“

Den Auf- und Abstieg der politischen Systeme, die sein Leben im modernen 20. Jahrhundert bestimmt hatten, analysierte der Historiker Eric Hobsbawm: 1917 in Ägypten im britischen Empire geboren, wuchs er als verwaister Sohn englisch-österreichischer Eltern im Berlin der wenig stabilen Weimarer Republik bei einem Onkel auf. Nach dem Machtantritt der Nationalsozialisten 1933 zog er mit ihm 1934 als jüdischer Schüler mit englischer Staatsbürgerschaft nach London. Dort wurde er Mitglied der Kommunistischen Partei, entwickelte sich aber später zu einem Kritiker der Herrschaftsformen Stalins. Nach dem Zerfall der Sowjetunion veröffentlichte er 1994 seine historische Untersuchung unter dem Titel „Das Zeitalter der Extreme“.

Über Diktaturen, die den Anspruch erhoben, moderne Herrschaftsweisen darzustellen, und die als „Extreme“ die Entwicklungen des 20. Jahrhunderts prägten, forschten neben Hobsbawm zahlreiche weitere Wissenschaftlerinnen und Wissenschaftler. Sie fragten nach ihren Ursachen, Formen und Folgen und entwickelten verschiedene Ansätze, um die diktatorischen Herrschaftsmodelle des 20. Jahrhunderts zu erklären und ähnlichen Entwicklungen im 21. Jahrhundert vorzubeugen.

1. Überprüfen Sie – ggf. arbeitsteilig – auf der Basis der vorausgehenden Kapitel, inwieweit die Totalitarismustheorie zutrifft auf
   - den Nationalsozialismus,
   - den Stalinismus und
   - den Faschismus (im Leistungsfach).

   Erstellen Sie zunächst eine Tabelle an, um die Kriterien anschaulich zu belegen.

Kriterien des Totalitarismus	*NS*	...
Aufhebung der Gewaltenteilung	...	
...		

2. Erläutern Sie Gemeinsamkeiten und Unterschiede der antiliberalen Modernisierungskonzepte. Nutzen Sie die Begriffe „Erziehungsdiktatur“, „Modernisierungsdiktatur“ und „Gefälligkeitsdiktatur“ (rechts).

3. Erörtern Sie die These von der Singularität der NS-Verbrechen.

4. Diskutieren Sie: Warum ist gerade heute die Beschäftigung mit dem „Zeitalter der Extreme“ wichtig? Was folgt für Sie daraus?

Totalitarismus

Ein Modell zur Beschreibung totaler, diktatorischer Herrschaftsformen, die alle Bereiche von Gesellschaft, Politik, Kultur und Wirtschaft durchdringen, entwickelte maßgeblich die Philosophin und politische Theoretikerin Hannah Arendt (Hannover 1906–New York 1975). Nach ihrer Flucht aus dem nationalsozialistischen Deutschland analysierte sie sowohl die nationalsozialistische Herrschaft als auch den Stalinismus. Arendt arbeitete folgende Kriterien totalitärer Herrschaftsformen heraus:

- Aufhebung der Gewaltenteilung,
- Ideologie der Einparteienherrschaft,
- Unterordnung des Einzelnen,
- Propaganda und Zensur,
- Geheimpolizei und politische Haftlager.

Die Totalitarismustheorie Arendts findet bis heute vielfache Anwendung auf Diktaturen. Kritiker wenden allerdings ein, dass die Beschreibung notwendig ungenau bleibe und der Vergleich der Vernichtungspolitik der Nationalsozialisten mit den Gleichheitszielen der Bolschewisten den Holocaust verharmlose.

„Erziehungsdiktatur“

Im russischen Zarenreich führte die Armut der Bauern und der Industriearbeiter zu isolierten, spontanen Aufständen, die erfolglos blieben. Lenin glaubte, dass den Massen zwei Dinge fehlten: eine Leitung und die Kenntnis der Ursachen ihrer Ausbeutung. Beides sollte eine Partei neuen Typs leisten: die Bolschewisten. Sie sollten eine Diktatur errichten, um die Ausbeutung zu beenden und den Massen der Arbeiter und Bauern das notwendige Bewusstsein zu vermitteln, um Einsicht in die Ursachen der gesellschaftlichen Ungleichheit zu gewinnen. Verteidiger Lenins sehen eine Rechtfertigung in den damaligen Gegenkräften: der Bürgerkrieg, die wirtschaftliche Not, die Rückständigkeit Russlands hätten ihm keine Alternative zur Erziehungsdiktatur gelassen. Erst unter Stalin sei diese zu einer willkürlichen Gewaltherrschaft geworden. Kritiker verurteilen die Erziehungsdiktatur unter anderem, weil sie bürgerliche Freiheiten und Rechte missachtet.

„Modernisierungsdiktatur“

Eine andere Denkschule nahm die beschleunigte Industrialisierung der Sowjetunion unter Stalin zum Ausgangspunkt ihrer Untersuchung: Nur durch die diktatorischen Maßnahmen einer starken Lenkung von Politik und Wirtschaft sei die Modernisierung Russlands vom rückständigen Zarenreich zu einem entwickelten Industriestaat möglich gewesen. Der marxistische Intellektuelle Isaak Deutscher (1907–1969) vertrat diese Deutung in seiner Stalin-Biografie von 1949. Deutscher sah die gewaltsamen Herrschaftsmittel der bolschewistischen Diktatur zwar kritisch, hielt sie aber für unvermeidlich zur Modernisierung des Landes. Die Frage nach Planungsfehlern in der Entwicklung unter Zwang stellte Deutscher nicht.

Kritischer ordnete der Historiker Hans-Ulrich Wehler (1931–2014) die nationalsozialistische Diktatur einer „schwarzen Modernisierung“ zu: Zwar habe die NS-Herrschaft eine moderne Großindustrie gefördert, die sie für ihre Kriegspolitik benötigte, aber Wehler hob Zweifel und negative Wertungen hervor: darunter die Zivilisationsbrüche der Vernichtungs- und Rassenpolitik, das Verbot der Parteien und Gewerkschaften, die traditionelle Frauenrolle. Wehler betonte, dass andere moderne Entwicklungen wie der Autobahnbau auf Plänen aus der Weimarer Republik beruhten, sie wurden nur propagandistisch ausgenutzt. Die ureigenen Modernisierungsimpulse der „Führerdiktatur“ beurteilte Wehler als gering.

„Gefälligkeitsdiktatur“

Der Historiker Götz Aly (*1947) versuchte in seinem Buch „Hitlers Volksstaat“ im Jahr 2005, die Frage, wie die nationalsozialistische Diktatur entstehen und über 12 Jahre Bestand haben konnte, mit der These der „Gefälligkeitsdiktatur“ zu beantworten. Die nationalsozialistische Führung habe sehr genau darauf geachtet, Interessen der Mehrheit der Deutschen zu berücksichtigen und Zustimmung oder zumindest Gleichgültigkeit durch „Gefälligkeiten“ zu gewinnen: Die Rassenlehre wertete die Mehrheit scheinbar auf, von der Ausgrenzung der „Juden“ profitierten „deutsche“ Konkurrenten um Arbeitsplätze, Wohnungen und „arisierte“ Unternehmen. Die Kriegskosten seien komplett auf die besetzten Länder abgewälzt worden. Die Lebensmittelversorgung im Reich wurde durch den Plan zum Verhungern der slawischen Völker abgesichert. Kritiker wenden unter anderem ein, Aly vernachlässige den umfangreichen Unterdrückungsapparat zur Einschüchterung der Opposition im Reich.

Diktaturvergleich und Singularität der NS-Verbrechen

Der Historiker Ernst Nolte löste 1986 eine Historikerkontroverse aus, als er behauptete, der Holocaust sei als eine Reaktion auf das Gulag-System in der Sowjetunion zu erklären. Seine These war spekulativ, ohne belastbare Belege. Die meisten Historiker lehnten diese Deutung als „entmoralisierte Vergangenheit“ ab, so formulierte es der Philosoph und Soziologe Jürgen Habermas. Nach einem Jahr öffentlicher Debatte wurde klar, dass eine Relativierung der NS-Massenverbrechen auf breite Ablehnung in Fachwissenschaft und Öffentlichkeit stieß. Dagegen solle das Andenken der Opfer respektiert werden, und die Auseinandersetzung mit den Ursachen der nationalsozialistischen Diktatur sollten weiterhin in der deutschen Geschichte untersucht werden, um daraus Lehren zu ziehen.

Musterlösungen zum Klausurentraining

Statistiken analysieren (S. 26 f.)

Die beiden Indexstatistiken befassen sich mit der industriellen Produktion ausgewählter europäischer Länder. Bezugspunkt der aufgeführten Daten ist die Industrieproduktion im Vereinigten Königreich im Jahr 1900. Dabei liefert M 1 Angaben für die gesamte Volkswirtschaft und M 2 Daten der Entwicklung pro Kopf. Dieses Niveau wird mit 100 Prozent gleichgesetzt. Die Daten wurden 1985 im Handbuch der europäischen Wirtschafts- und Sozialgeschichte veröffentlicht.

Die dargestellten Zahlen bilden die wirtschaftliche Entwicklung bedeutender europäischer Staaten im Verlauf ab und nutzen dazu als Indikator die industrielle Produktion. Die Daten sind nicht zeitoriginär, sondern eine spätere Zusammenstellung. Sie geben Aufschluss über die Jahre 1860, 1880 und 1913. Die Entwicklung in den Jahren dazwischen wird nicht abgebildet.

Das Datenmaterial zeigt, dass im Jahr 1860 die absolute Industrieproduktion im Vereinigten Königreich (45 %) mit Abstand die größte in Europa ist. Der zweitplatzierte Staat, Frankreich, bringt es lediglich auf 18 %. Auch 1880 nimmt das Vereinigte Königreich mit 73,3 % noch die Spitzenposition ein. Allerdings hat sich in zwanzig Jahren die Industrieproduktion lediglich um rund 66 % erhöht. Im gleichen Zeitraum hat sich die Industrieproduktion in Deutschland, das nun die zweithöchste Industrieproduktion hat, mehr als verdoppelt. Bis zum Jahr 1913 beschleunigt sich diese Entwicklung weiter. Deutschland (1913: 138 %) weist vor dem Vereinigten Königreich (1913: 127 %) nun die höchste industrielle Produktion auf. Die anderen europäischen Staaten haben bei moderatem Wachstum einen deutlichen Abstand zu diesen beiden Staaten. Die Zahlen zeigen, dass die Industrialisierung im Vereinigten Königreich schon vor 1860 begann und dem Land einen entsprechenden Vorsprung bei der Industrieproduktion brachte. Ab 1880 jedoch nimmt der Industrialisierungsprozess in Deutschland an Dynamik zu und verfünffacht die Industrieproduktion bis 1913. Man spricht nun vom Zeitalter der Hochindustrialisierung.

Die Analyse der Industrieproduktion pro Kopf macht zudem deutlich, dass das Vereinigte Königreich zu allen drei betrachteten Zeitpunkten mit Abstand die höchste Industrieproduktion pro Kopf aufweist. Deutschland kann den Abstand bis 1913 zwar reduzieren, bleibt aber auch dann noch knapp 30 Prozentpunkte hinter dem Vereinigten Königreich. Die anderen europäischen Länder weisen größere Abstände zur Spitzengruppe auf (1913: Frankreich 59 %, Russland: 20 %, Österreich-Ungarn: 32 %).

Der abgebildete Zeitraum umfasst die Jahre der Einigungskriege und der Gründung des Deutschen Reiches sowie den politischen und wirtschaftlichen Aufstieg Deutschlands bis zum Vorabend des Ersten Weltkrieges. Im Rahmen der wirtschaftlichen Entwicklung spielt dabei eine Rolle, dass Mitte des 19. Jahrhunderts die Schwerindustrie einen Bedeutungsgewinn erfuhr und vor allem nach der Gründung des Deutschen Reiches die chemische und Elektroindustrie erstarkten, auch aufgrund der verbesserten Ausbildungsgänge an Technischen Hochschulen (Hochindustrialisierung).

Beide Statistiken zeigen, dass die Industrialisierung im Vereinigten Königreich schon vor 1860 einsetzte. Nach 1880 holte Deutschland bei der industriellen Produktion deutlich auf. Bis 1913 gelingt es Deutschland das absolute Niveau der industriellen Produktion des Vereinigten Königreichs zu übertreffen. Allerdings gilt dies nicht für die Industrieproduktion pro Kopf, hier bleibt das Vereinigte Königreich führend. Dies spricht für eine deutlich effizientere industrielle Produktionsweise im Vereinigten Königreich. Die anderen europäischen Großmächte können dieses Tempo der Industrialisierung nicht mitgehen und erleiden einen deutlichen wirtschaftlichen Bedeutungsverlust.

Eine Karikatur analysieren (S. 70 f.)

Die Karikatur „Das Frankfurter Kartenhaus" erschien am 21. April 1849 in der „Leipziger Illustrirten". Der Name des Karikaturisten ist nicht genannt. Es handelt sich um eine zeitgenössische Quelle, die sich an die Leser der Zeitschrift, also an die Öffentlichkeit richtete. Thema der Karikatur ist das Scheitern der Frankfurter Nationalversammlung.

In der Mitte der Karikatur ist ein zusammenfallendes Kartenhaus zu sehen. Zwei Jungen knien neben einem Regal, auf dem das Kartenhaus gerade noch stand, und pusten die Karten um. Der eine trägt eine Kopfbedeckung, die halb Krone, halb Kindermütze ist, der andere eine Pickelhaube. Die beiden stehen also symbolisch für die Fürsten und speziell für Preußen und das Militär. Hierauf weist auch der Säbel des Jungen rechts hin. Im Hintergrund sieht man mehrere Kinder, die angesichts des einstürzenden Kartenhauses entsetzt, wütend, aber auch hilflos schauen. Zwei von ihnen tragen ebenfalls Kopfbedeckungen: einen Hut, der das Kind als einfachen Bürger kennzeichnet, und eine Jakobinermütze. Dieses Kind schaut besonders wütend und ballt die Fäuste, symbolisiert also einen radikalen Revolutionär. Das Kartenhaus stellt die Frankfurter Nationalversammlung in der Paulskirche und konkret deren Verfassung dar. Es ist eine Metapher für die Schwäche des Parlaments. Aus dem Regal hängen zwei Zettel mit der Aufschrift „3. April". An diesem Tag (1849) lehnte der preußische König die ihm von der Paulskirche angebotene deutsche Kaiserkrone ab.

Diese Zettel und der Titel weisen auf den historischen Kontext hin. Die Märzrevolution 1848 hatte zu Erfolgen der Revolutionäre geführt, Die Fürsten gaben unter diesem Druck „Märzerrungenschaften" (z.B. Pressefreiheit) und versprachen einen deutschen Nationalstaat. Ab dem Mai erarbeitete in Frankfurt die Nationalversammlung, das erste frei gewählte deutsche Parlament, eine Verfassung für den deutschen Nationalstaat. Im März 1849 verabschiedete die Nationalversammlung die Verfassung. Sie sah eine konstitutionelle Monarchie mit einem Erbkaiser an der Spitze vor, zudem ein Parlament, das in allgemeinem und gleichem Wahlrecht gewählt werden sollte. Aber der preußische König Friedrich Wilhelm IV. lehnte die Kaiserkrone ab, weil er am Gottesgnadentum festhalten und sich nicht durch eine Revolution legitimieren lassen wollte. Mit dieser Ablehnung war das Verfassungswerk gescheitert, wie in der Karikatur dargestellt. Die Nationalversammlung wurde aufgelöst, nur wenige Abgeordnete tagten im „Stuttgarter Rumpfparlament" weiter, bis auch dieses militärisch zerschlagen wurde. Erneute Aufstände, die „Reichsverfassungskampagne", die die Verfassung doch noch durchsetzen wollten (z. B. in Baden), wurden ebenfalls von Militär niedergeschlagen. Im Sommer 1849 war die Revolution gescheitert.

Die Karikatur nimmt das Scheitern der Nationalversammlung aufs Korn. Sie wird als schwach und machtlos karikiert, ihre Abgeordneten, symbolisiert durch kleine Jungen, werden ebenfalls nicht ernst genommen. Sie können nur wütend und hilflos zusehen, wie ihr Werk, die Verfassung, durch Fürsten, den preußischen König und sein Militär sehr einfach zerstört wird. Es ist nicht eindeutig zu erkennen, ob und an wem der Karikaturist Kritik übt und welchen politischen Standort er einnimmt. Am plausibelsten ist die Deutung, dass er die aktuelle politische Situation unparteiisch und ironisch darstellt, ohne zu werten und ohne sich mit einer Seite zu solidarisieren.

Ein Werbeplakat analysieren (S. 152 f.)

Das aus Italien stammende Werbeplakat entstand im Jahr 1908 und wurde von dem italienischen Künstler Leopoldo Metlicovitz im Auftrag des Warenhauses E. & A. Mele & Ci. Napoli gestaltet.

Auf dem Plakat sind zwei sehr modisch gekleidete, lebensfroh wirkende Damen mit toupierter Frisur, die direkten Blickkontakt mit dem Betrachter des Plakats haben, abgebildet. Sie gehen zusammen an einem Strand am Meer spazieren; im Hintergrund ist als Silhouette der Vesuv zu sehen. Analog hierzu wird auf dem Plakat ganz oben auf ein Kaufhaus in Neapel („grandi magazzini italiani Napoli") verwiesen. Die Kleidung der beiden Damen ist sehr kunstvoll präsentiert: Sie tragen jeweils eine taillierte Jacke aus edlen Stoffen – unter anderem mit Pelzbesatz, farbenfrohe Hüte mit Federn und Schleifen, Ketten, Ohrringe und Broschen sowie ausladende Röcke. Die Landschaft im Hintergrund ist in zarten Pastelltönen gehalten, während im Gegensatz dazu die Kleidungsstücke und Accessoires der beiden Damen überwiegend in satten Rot-, Weiß- und Blautönen gehalten sind und dadurch dem Betrachter besonders stark ins Auge fallen.

Das Werbeplakat, das sich um die Jahrhundertwende zu einem Massenmedium entwickelte, ist Ausdruck dafür, dass die Werbewirtschaft um die Jahrhundertwende einen rasanten Aufstieg erlebte. Luxusgüter wurden insbesondere im Bürgertum zunehmend als Statussymbole und Genussobjekte wahrgenommen und öffneten sich allmählich breiteren Gesellschaftsschichten. Dieser Trend ist um die Jahrhundertwende in vielen europäischen Ländern – so auch in Italien – zu beobachten. Ende des 19. Jahrhunderts waren verstärkt Warenhäuser entstanden, Symbole des Massenkonsums, der durch die Massenproduktion in den Fabriken ermöglicht worden war. In diesen Kaufhäusern konnte eine breite Produktpalette zu relativ erschwinglichen Preisen erworben werden, worauf das Werbeplakat mit dem Slogan „massimo buon mercato“, der als Fazit am unteren Ende des Plakats angebracht ist, ganz explizit verweist. Das Werbeplakat soll dem Betrachter die Botschaft vermitteln, dass das Warenhaus „E. & A. MELE & Ci. NAPOLI“ eine exquisite Auswahl an Damenbekleidung führt. Darüber hinaus ist das Werbeplakat auch Ausdruck dafür, dass die Gestaltung von Freizeit eine zunehmend wichtigere Rolle einnahm, die man gerne an Urlaubs- und Erholungsorten in der Nähe des Meeres verbrachte.

Durch das Werbeplakat sollen potenzielle Käuferinnen angesprochen werden; diesen soll suggeriert werden, dass der Einkauf im Warenhaus E. & A. Mele & Ci. Napoli ein besonders exklusives Lebensgefühl hervorbringt.

Urteile vergleichen (S. 250 f.)

Der Text M 2 setzt sich wie auch M 1 mit dem Scheitern der Weimarer Republik auseinander. Beide Texte sind im 21. Jahrhundert erschienen, M 1 2017 in einer fachwissenschaftlichen Publikation, M 2 2008 als literarische Biografie. Da sowohl Eva-Maria Schnurr als auch Hans Magnus Enzensberger Publizisten sind und einen literarischen Stil pflegen, richten sich die Texte sowohl an ein Fachpublikum wie auch an ein breiteres Publikum interessierter Laien.

Während sich die Texte bezüglich ihres Erscheinungsjahres und -ortes sowie ihres Adressatenkreises stark ähneln, unterscheiden sich die vertretenen Urteile zum Scheitern der Weimarer Republik völlig: Eva-Maria Schnurr geht davon aus, dass der Weg in die NS-Diktatur noch bis 1933 nicht „alternativlos“ gewesen sei (Z. 28) und die Geschichte bis zum Schluss eine andere Wendung hätte nehmen können (Z. 33). Im Unterschied dazu vertritt Hans Magnus Enzensberger die These, die erste deutsche Demokratie sei „von Anfang an eine Fehlgeburt“ (Z. 1) und damit nicht überlebensfähig gewesen. Zur Unterstützung ihrer Thesen führen beide weitgehend dieselben Ereignisse und Entwicklungen an, beurteilen diese aber unterschiedlich in Hinblick auf ihre Wirkung.

Für Eva-Maria Schnurr sind die politischen und wirtschaftlichen Krisen der Weimarer Republik lediglich „eine Seite der komplexen Wirklichkeit“ (Z. 17). Genau diesen Krisen werde jedoch bis heute ein zu großes Gewicht beigemessen (Z. 19). Um die Weimarer Republik gerechter beurteilen zu können, müsse man also ihr Ende ausblenden. Hauptverantwortlich für das Scheitern sind in ihrer Argumentation „die Menschen“, die sich in einer grundsätzlich offenen Situation gegen eine demokratische Zukunft entschieden hätten (Z. 42).
Hans Magnus Enzensberger lenkt zur Unterstützung seiner These den Blick der Lesenden ebenfalls auf diese Krisen. Bereits Zeitgenossen hätten die geringen Überlebenschancen der Weimarer Republik erkannt: Die Gegnerschaft breiter Eliten in Militär, Justiz, Polizei und Bildung (Z. 8–17), die Wirtschaftskrisen mit den Folgen des finanziellen Ruins und der Verbitterung breiter Bevölkerungsschichten (Z. 20–31) und schließlich die außenpolitischen Belastungen, also der Versailler Vertrag (Z. 34–38, hätten dazu geführt, dass sich das Land in einem „latenten Bürgerkrieg“ (Z. 40) befunden habe. Die Politiker der Zeit, deren Wirkung er als „blass“ und „hilflos“ beschreibt, hätten diesen Entwicklungen und Ereignissen nichts entgegensetzen können. Die Fähigkeit, die Massen zu mobilisieren, habe ihnen – im Gegensatz zu Adolf Hitler, den sie zudem „ausnahmslos“ unterschätzt hätten – gefehlt (Z. 44–48). Einen Hauptverantwortlichen für das Ende der Weimarer Republik gibt es bei Enzensberger also nicht. Vielmehr ist es die überwältigende Zahl der Krisen und ihre Wirkung auf Politik, Wirtschaft und Gesellschaft, die die Demokratie von Beginn an in die Knie zwingen. Trotzdem bleibt auch in seiner Argumentation der einzelne Mensch und seine Verantwortung in der Geschichte nicht unbeleuchtet. Alte Eliten und demokratisch legitimierte Politiker tragen auch in seinem Text eine hohe Mitverantwortung für die historische Entwicklung.

Beide Autoren schätzen also die Überlebenschancen der ersten deutschen Demokratie völlig unterschiedlich ein und kommen dadurch auch zu konträren Urteilen über die Ursachen ihres Unterganges. Wird – wie im ersten Text – von einer bis zum Schluss offenen Situation ausgegangen – rücken die Menschen und ihre prinzipiell freien Entscheidungen (hier für oder gegen die Demokratie) in den Mittelpunkt. Geht man dagegen – wie im zweiten Text – davon aus, dass die Republik von Anfang an keine Chance hatte, richtet sich der Blick auf das unheilvolle Zusammenwirken ihrer einzelnen Fehlentwicklungen und Krisen.

Einen Sachverhalt beurteilen (S. 294 f.)

Die Herrschaftsweise Stalins wird in der älteren Geschichtsschreibung nur auf Zwangsmaßnahmen zurückgeführt. Eine neuere Richtung der Forschung fragt nach Loyalität, also der freiwilligen Bereitschaft, einer Person oder einem Ideal Treue entgegenzubringen. Der zugrundeliegende Sachverhalt ist sachlich zu beurteilen.

Für Maßnahmen des Zwangs, des Terrors und der erzwungenen Anpassung lassen sich zahlreiche Belege finden: So geschah die Kollektivierung der Landwirtschaft mit scharfen Zwangsmitteln. Aus selbstständigen Bauern wurden abhängige Beschäftigte in staatlich gelenkten Betrieben der Landwirtschaft (1928–1940). Zudem ist der Unterdrückungsapparat der politischen Haftlager des Gulags und der Schauprozesse 1936/37 als Terror einzuordnen, wie z. B. der Befehl Nr. 00447 zur Verfolgung eines festgelegten Prozentsatzes der Bevölkerung es zeigt. Diese Maßnahmen hatten bei der Mehrheit der Bevölkerung erzwungene Anpassung zur Folge. Eine Minderheit machte dabei nicht mit und verhielt sich oppositionell. Ein Beispiel dafür ist die Dokumentation von Verfolgungen in der Untergrundliteratur.

Aber es gibt auch Belege für Loyalität in der Sowjetbevölkerung. Sie wurde geweckt durch die Bildungsreform und Alphabetisierung, die vielen Menschen neue Chancen eröffneten. Auch industrielle Großprojekte begeisterten viele, sie boten Arbeitsplätze und das Gefühl, an etwas Großem mitzuwirken. Neue Lebensstile in der sowjetischen Gesellschaft führten zu Befreiung aus alten Zwängen und weckten Enthusiasmus. Agitation und Propaganda lenkten diese Gefühle auf die Person Stalins. Der Personenkult rief ein geradezu persönliches Verhältnis hervor; als Stalin starb, trauerten Millionen Sowjetbürger. Die Zwangsmaßnahmen konnten zudem nur stattfinden, weil viele der Ideologie Stalins freiwillig folgten und z. B. als Helfer bei der Zwangskollektivierung, als Wachpersonal und bei den Schauprozessen mitwirkten.

Abschließend komme ich zu folgendem Urteil:
Die Belege für Zwangsmaßnahmen und für die Erzeugung von Loyalität in der Sowjetunion unter der Herrschaft Stalins zeigen, dass beide Herrschaftstechniken vorkamen. Sie wirkten zusammen. Aus erzwungenem Gehorsam bzw. Anpassung konnte echte Loyalität werden, oder die Loyalität konnte sich auf die Versprechungen der Ideologie und auf individuelle Gefühle stützen. Wenn man die Herrschaftsweise Stalins verstehen will, muss man beides berücksichtigen.

Eine These überprüfen (S. 320 f.)

Der Historiker Hans Mommsen stellte 1971 die These auf, Hitler sei ein „in mancher Hinsicht schwacher Diktator“ gewesen. Er sei leicht beeinflussbar gewesen. Vor allem sei es ihm um die Wahrung seiner persönlichen Autorität gegangen. Hans Mommsen setzte sich mit dieser These in einen Gegensatz zu vielen Historikern seiner Zeit (und der damals gängigen öffentlichen Meinung), im „Dritten Reich“ habe Hitler alles selbst bestimmt und sei ein allmächtiger Diktator gewesen.

Der hierarchische Aufbau des „Führerstaates“ war auf den Diktator konzentriert: Hitler stand als „Führer“ an der Spitze der Hierarchie. Der Jurist Ernst Fraenkel beschrieb in den 1970er-Jahren den NS-Staat als „Doppelstaat“: Der an Gesetze und Verordnungen gebundene „Normenstaat“ werde von politischen Entscheidungen („Maßnahmenstaat“) dominiert. Die Doppelstruktur des NS-Regimes, bei dem häufig staatliche Institutionen und Parteiorganisationen dieselben Themen bearbeiteten, erzeugten ein Chaos, das als „Polykratie“ betrachtet werden kann. In diesem Doppelstaat konkurrierten Mitglieder des Staatsapparats und des Parteiapparats miteinander. Beispiele sind etwa Reichswehr und SA/SS oder das Nebeneinander von staatlicher Polizei und politischer Polizei. Für Exekutive und Partei war bei diesem Konkurrenzkampf entscheidend, wer bei Hitler Gehör fand. Deshalb arbeiteten – so ein zeitgenössisches Zitat – die Funktionsträger „dem Führer entgegen“.

Neueren Forschungen zufolge überführte Hitler seine Ideologie nicht systematisch in Politik. Vielmehr reagierte er auf gegebene Situationen. Die Doppelstruktur des NS-Staats zeigt aber, dass in ihm der Diktator die letztlich entscheidende Instanz war. Er konnte es häufig den unteren Instanzen überlassen, in seinem Sinn zu agieren.

Hans Mommsen hat Recht, wenn er Hitler nicht als allwissenden und alles entscheidenden Diktator bezeichnet, ihn sogar „schwach“ nennt. Wenn allerdings die Herrschaftsstruktur des NS-Regimes betrachtet wird, war Hitler wohl doch die letztlich entscheidende Instanz und insofern ein starker Diktator.

Operatorenglossar

Die Aufgaben im Unterricht und vor allem in den Abiturprüfungen steigern sich in ihrer Schwierigkeit. Man unterscheidet drei Stufen bzw. Anforderungsbereiche (AFBs):

AFB 1: Reproduktion Dieser Anforderungsbereich umfasst das Wiedergeben und Beschreiben von bekannten Sachverhalten oder von Aussagen eines Materials.

AFB 2: Reorganisation und Transfer Dieser Anforderungsbereich umfasst das selbstständige Erklären und Bearbeiten von bekannten Sachverhalten und das Übertragen gelernter Methoden auf unbekannte Materialien.

AFB 3: Reflexion und Problemlösung Dieser Bereich umfasst das Reflektieren der aus AFB 1 und 2 neu gewonnenen Ergebnisse und daraus resultierender neuer Problemstellungen, um zu eigenen, begründeten Urteilen zu gelangen.

beschreiben, bezeichnen, nennen (AFB I)
beschreiben: Sachverhalte schlüssig wiedergeben
bezeichnen: Sachverhalte (insbesondere bei nichtlinearen Texten wie zum Beispiel Tabellen, Schaubildern, Diagrammen oder Karten) begrifflich präzise formulieren
nennen: Sachverhalte in knapper Form anführen

Was bedeutet das?	Was ist zu tun?	Formulierungshilfen/-beispiele
Die Operatoren bezeichnen den ersten Arbeitsschritt, der die Grundlage für weitergehende Erklärungen und Analysen schafft. Hier geht es darum, einen Sachverhalt oder den Inhalt eines Materials sachlich, knapp und in eigenen Worten wiederzugeben. Dabei sollte man auf bloßes Nacherzählen verzichten. Es gilt, den Sinnzusammenhang darzustellen, ohne sich in Einzelheiten zu verlieren. „Beschreiben" bezieht sich häufig auf Situationen, oft aber auch auf Bildmaterialien, wie Gemälde, Fotos, Karikaturen oder Plakate. „Bezeichnen" nimmt meist Tabellen, Schaubilder oder Karten in den Blick. Mit Fachbegriffen sollen Kernaussagen des Materials auf den Punkt gebracht werden. „Nennen" verlangt eine knappe Zusammenfassung oder Aufzählung von Sachverhalten.	Wenn Sie einen Sachverhalt beschreiben sollen, stellen Sie Ihre Kenntnisse darüber zunächst stichwortartig zusammen. Wenn Sie ein Material beschreiben sollen, verschaffen Sie sich zuerst einen Eindruck: Was ist das Thema? Was springt sofort ins Auge? Was könnte Absicht des Autors/Zeichners sein? Markieren Sie in Texten Begriffe oder notieren Sie eigene, um Inhalte zu sammeln, die in der Beschreibung erscheinen sollen. Teilen Sie dann die Textvorlage in Sinnabschnitte ein, die Sie für eine Zusammenfassung thesenhaft formulieren. Bei Bildquellen identifizieren Sie zunächst wesentliche Bildelemente und machen sich Notizen zur Darstellung, z. B. zu Farbgebung, Position etc. Bei Statistiken, Diagrammen und Ähnlichem gilt es, die Darstellungsform mit Fachbegriffen zu erschließen, z. B. Säulen- oder Kreisdiagramm, absolute oder relative Zahlen. Strukturieren Sie Ihre Textlösung vor: Achten Sie darauf, Ereignisse, Gedanken oder Sachverhalte in ihrem ursächlichen Zusammenhang darzustellen: Grund – Folge. Dafür müssen Sie Gedankengänge ggf. neu anordnen (z. B. vom Ergebnis her). Beginnen Sie beim Schreiben mit einer Einleitung, in der Sie angeben, ob Sie es mit einer Quelle oder einer Darstellung zu tun haben. Machen Angaben zum Autor (wer?), zu den Adressaten (an wen?), zum Thema (was?), zur Textform und zum Stil (wie?), zum Entstehungszeitpunkt und -ort (wann? wo?) sowie zur Intention des Autors (mit welcher Absicht?). Verwenden Sie als Tempus das Präsens. Wenn Sie die Auffassung der Autorin oder des Autors einer Quelle wiedergeben, verwenden Sie den Konjunktiv 1 der indirekten Rede.	· *Beim ersten Blick fällt auf ...* · *Im Zentrum, Vordergrund, Hintergrund sind ... erkennbar ...* · *In der vorliegenden Quelle, verfasst von ... aus dem Jahr ..., geht es um ...* · *Bei dem vorliegenden Material handelt es sich um eine Karikatur/Fotografie/Statistik von ...* · *In seinem Artikel/Brief/Aufsatz/Aufruf aus dem Jahr ... kritisiert/thematisiert/erklärt der Autor ...* · *Der Autor äußert sich hier appellativ/aggressiv/mitreißend/verhalten optimistisch ...* · *Die Autorin richtet sich an ... mit der Absicht/dem Ziel ...* · *Das Bild trägt den Titel ...* · *Die Karikatur/das Gemälde/der Text ist im Jahr ... entstanden.* · *Da die Quelle ein Tagebucheintrag/ein Brief/ein Kommentar ist, handelt es sich um eine subjektive Äußerung ...*

analysieren (AFB II)

Materialien oder Sachverhalte systematisch untersuchen und auswerten

Was bedeutet das?	Was ist zu tun?	Formulierungshilfen/-beispiele
Das Analysieren verlangt zusätzlich zum Beschreiben eine vertiefte Auseinandersetzung mit dem Material sowie seine Einordnung in den historischen Kontext. Falls keine Kriterien für die Aufgabe vorgegeben sind, wählen Sie bestimmte Aspekte aus, die Sie genauer untersuchen und auswerten möchten.	Stellen Sie das zu analysierende Material einleitend vor. Gehen Sie dabei – soweit bekannt – auf Autor, Adressaten, Thema, Textform, Entstehungszeit und -ort ein (→ beschreiben, bezeichnen, nennen). Benennen Sie die Aspekte, die Sie im Folgenden untersuchen werden. Markieren Sie im Material entsprechend der genannten Aspekte (Analysekriterien) Schlüsselbegriffe, entscheidende Textpassagen, Bildelemente oder auffällige Werte in Statistiken etc. Falls ein Text vorliegt: Gliedern Sie ihn nach Sinnzusammenhängen und geben Sie diesen jeweils eine Überschrift. Arbeiten Sie bei Statistiken auffällige Werte/Daten heraus und vergleichen Sie sie mit anderen. Bei Texten und Bildern müssen Sie Stilmittel erkennen (bei Texten z. B. Alliterationen, Steigerungen etc., bei Bildern z. B. Größenverhältnisse etc.) und ihre Wirkungen benennen. Erklären Sie das Material vor dem Hintergrund der historischen Situation, auf die es sich bezieht bzw. in der es entstand. Formulieren Sie strukturiert Ihre Aufgabenlösung. Belegen Sie Ihre Aussagen dabei am Material (z. B. durch Zeilenangaben, Nennung von Bildelementen oder statistischen Werten). Fassen Sie Ihre Erkenntnisse in einem Fazit zusammen.	Zur Beschreibung des Materials und der Analysekriterien • *Der Autor stellt die These auf, dass ...* • *In der Karikatur wird das Thema ... auf den Punkt gebracht.* • *Die Materialien stammen aus der Zeit des ... Sie stehen im Zusammenhang mit ...* Zu Inhalt und Stil • *In den Zeilen ... wird deutlich, dass ...* • *Die zentralen Bildelemente wie ... und ... verweisen auf ...* • *Als stilistische Mittel fallen vor allem ... auf.* Zur Einordnung • *Die Rede von ... ist im Zusammenhang mit ... (Ereignis/Sachverhalt) zu sehen.* • *Indem der Autor von ... schreibt, wird deutlich, dass ...* • *In Hinblick auf ... kann man in M 2 einen positiven/negativen/überraschenden Trend erkennen. Das zeigt sich in/an ...* • *Die Autorin beabsichtigte mit ihrem Kommentar ...* • *Abschließend lässt sich festhalten, dass ...* • *Zusammenfassend kann man sagen, dass ...*

begründen (AFB II)

Aussagen (z. B. eine Behauptung, eine Position) durch Argumente stützen, die durch Beispiele oder andere Belege untermauert werden

Was bedeutet das?	Was ist zu tun?	Formulierungshilfen/-beispiele
Beim Begründen formulieren Sie eine klare Aussage, die Sie mithilfe von Argumenten und Beispielen stützen. Dabei geht es noch nicht um eine Urteilsbildung, sondern darum, einen Gedankengang wertfrei zu verdeutlichen.	Formulieren Sie eine präzise These/Aussage, sofern sie noch nicht durch die Aufgabenstellung vorgegeben ist. Sammeln Sie anschließend stichhaltige Argumente und anschauliche Beispiele, die die These/Aussage stützen.	• *XY ist ein typisches Beispiel für ...* • *Dafür spricht, dass ... ...* • *Erkennbar wird dies durch ...* • *Weitere Beispiele dafür wären ....*

charakterisieren (AFB II)

Sachverhalte mit ihren typischen Merkmalen und in ihren Grundzügen bestimmen

Was bedeutet das?	Was ist zu tun?	Formulierungshilfen/-beispiele
Beim Charakterisieren stellen Sie typische Merkmale von Sachverhalten oder Gegenständen heraus. Ziel ist es, eine möglichst hohe Genauigkeit beim Erfassen des Gegenstands oder Sachverhalts zu erreichen. Denn um seine Besonderheit zu verstehen, gilt es, das für ihn Typische zu erkennen: Was unterscheidet ihn von ähnlichen Sachverhalten? Welche sind seine Wesenszüge? Beim Charakterisieren müssen Sie diese Merkmale einzeln erfassen und unter angemessenen Gesichtspunkten im Zusammenhang darstellen.	Beschreiben Sie die Eigenschaften des Sachverhalts mithilfe von Adjektiven und fachspezifischen Begriffen. Wählen Sie genaue Bezeichnungen. Weisen Sie auch auf Widersprüche hin. Vermeiden Sie dabei Verallgemeinerungen oder vorschnelle Zuschreibungen. Achten Sie darauf, der historischen Zeit angemessene Begriffe zu benutzen. (So sind etwa mittelalterliche Stände nicht als „Klassen" zu bezeichnen.) Fassen Sie Ihre einzelnen Beobachtungen zu einem Gesamtbild zusammen und formulieren einen Gesamteindruck, ohne Ihre eigene Meinung einfließen zu lassen.	Mit Bezug auf Politik: • *konservativ, national, populistisch, liberal, fortschrittlich, links* Mit Bezug auf Wirtschaft: *zunehmend/expandierend, stagnierend, schrumpfend, Wachstum, Stagnation, Krise* mit Bezug auf Gesellschaft: *arm, reich, privilegiert, Stand, Klasse, Schicht* allgemein *Bezeichnend ist sowohl ... als auch ...* *Einschränkend muss festgehalten werden, dass ...* *Verstärkend kommt hinzu, dass ...* *Insgesamt erweist sich der Gegenstand als ...* *Einschränkend ist festzuhalten, dass ...* *Das Gesamtbild ist widersprüchlich.* *Zwar ..., trotzdem ...*

darstellen, ein- und zuordnen (AFB II)

darstellen: Sachverhalte strukturiert und zusammenhängend verdeutlichen
ein-/zuordnen: Sachverhalte schlüssig in einen vorgegebenen Zusammenhang stellen

Was bedeutet das?	Was ist zu tun?	Formulierungshilfen/-beispiele
Beim Darstellen fassen Sie alle wesentlichen Elemente eines Sachverhalts strukturiert zusammen und bringen sie in eine sinnvolle Reihenfolge. Beim Ein- oder Zuordnen tuen Sie dies im Rahmen bestimmter Vorgaben, z.B. des zeitlichen Umfelds, zeittypischer Ideologien und/oder Entwicklungen.	Klären Sie zunächst alle für den Sachverhalt/das Material relevanten Merkmale, Akteure etc. Bei der Ein-/Zuordnung wählen und benennen Sie den Kontext (z.B. historisch, ideologisch ...), unter dem Sie den Sachverhalt einordnen wollen, falls dieser nicht schon durch die Aufgabenstellung vorgegeben ist. Notieren Sie sich Aspekte bzw. Ereignisse, um den Zusammenhang möglichst überzeugend zu konstruieren. Klären Sie dabei die Bedeutung des zugrunde liegenden Materials bzw. Sachverhalts für seine Zeit. Begründen Sie in einem Fazit die von Ihnen vorgenommene Platzierung des Materials oder Sachverhaltes.	• *In der Rede/dem Artikel/dem Brief aus dem Jahr ... wird deutlich, dass die Autorin sich der Partei .../der Ideologie .../der Bewegung ... verbunden fühlt. Das zeigt sich etwa in Zeile ..., wo sie ...* • *Indem Klischees aufgegriffen und zu Tatsachen erhoben werden, wurden Ängste geschürt. Das zeigt sich etwa in Zeile ...* • *Die Karikatur aus dem Jahr ... thematisiert ... und ist damit in die Phase der zunehmenden Auseinandersetzung zwischen X und Y einzuordnen.* • *Bereits zuvor zeigten sich erste Anzeichen dafür, als ... Darauf wird in der Karikatur Bezug genommen, indem ...*

erklären/erläutern (AFB II)
erklären: Sachverhalte schlüssig aus Kenntnissen in einen Zusammenhang stellen (z. B. Theorie, Modell, Gesetz, Regel, Funktions-, Entwicklungs- und/oder Kausalzusammenhang)
erläutern: Sachverhalte mit Beispielen oder Belegen veranschaulichen

Was bedeutet das?	Was ist zu tun?	Formulierungshilfen/-beispiele
Beim Erklären ebenso wie beim Erläutern geht es darum, einen Sachverhalt oder einen Aspekt näher auszuführen. Es soll nachvollziehbar werden, warum oder in welchem Zusammenhang eine Handlung, eine Entscheidung oder eine Entwicklung stattgefunden hat. Dazu müssen Sie auf Ihr Hintergrundwissen – z. B. über Theorien oder über den historischen Zusammenhang – zurückgreifen. Beim Erläutern werden über die Erklärung hinaus Sachverhalte oder Zusammenhänge mithilfe eigener Beispiele anschaulich gemacht.	Notieren Sie zunächst Ursachen, Akteure, Zusammenhänge und Folgen der zu erklärenden Sachverhalte und Prozesse. Falls die Aufgabe sich auf bestimmte Materialien bezieht, schreiben Sie die in Bezug auf die Aufgabenstellung relevant erscheinenden Aussagen/Hinweise/Merkmale, die einer näheren Erklärung bedürfen, heraus. Notieren Sie daneben Bezüge zu Theorien, Modellen oder historischen Zusammenhängen, die Ihnen sinnvoll erscheinen, sofern das nicht durch die Fragestellung vorgegeben ist. → Beachten Sie: Es geht nicht darum, möglichst viele Einzelheiten aufzuzählen, sondern sich auf wesentliche Aspekte zu konzentrieren und anhand dieser die Zusammenhänge zu verdeutlichen. Auch beim Erläutern geht es nicht um die Zahl der Beispiele, sondern um ihre Eignung, den jeweiligen Prozess oder Sachverhalt verständlich zu machen. Bündeln Sie die einzelnen Aspekte Ihrer Erklärung oder Erläuterung in einem zusammenfassenden Ergebnis. Wenn ein Material erklärt oder erläutert werden soll, stellen Sie einen konkreten Bezug her.	· *Der zu erklärende Gegenstand/Prozess/Sachverhalt zeichnet sich vor allem durch ... aus.* · *Im Hinblick auf den Gegenstand/Prozess/Sachverhalt erscheint als besonders wichtig/zentral ...* · *Anhand des Modells, der Theorie von ... lässt sich zeigen, dass ...* · *Laut der Theorie von ... Hierauf lässt sich ... beziehen ...* · *Der zu untersuchende Gegenstand/Sachverhalt bildet den Ausgangspunkt von ... ist einzuordnen in ... lässt sich als Begründung für ... anführen ...* · *Damit wird deutlich, dass ...* · *Der Gegenstand/Prozess/Sachverhalt zeigt somit ...* · *Vor dem Hintergrund der (bestimmten) Entwicklung ist der Prozess/Sachverhalt/Gegenstand zu erkennen als ...*

erstellen (AFB II)
Sachverhalte (insbesondere in grafischer Form) unter Verwendung fachsprachlicher Begriffe strukturiert aufzeigen

Was bedeutet das?	Was ist zu tun?	Beispiele
Beim Erstellen geht es darum, Sachverhalte in eine neue Form zu bringen, z. B. in ein Schaubild oder Flussdiagramm. Wichtig ist dabei, Zusammenhänge (z. B. kausale oder zeitliche) oder Beziehungen deutlich werden zu lassen.	Klären Sie, welche Elemente durch die in der Aufgabe genannte grafische Form vorgegeben sind (z. B. Verfassungsschaubild → Institutionen und ihre Beziehungen). Gibt es keine Vorgaben, überlegen Sie sich, in welcher Form sich das Material am besten veranschaulichen lässt (z. B. Kreisdiagramm für Zahlenverhältnisse, Flussdiagramm für Entwicklungen). Verwenden Sie zur Beschriftung Fachbegriffe (z. B. absolute/relative Zahlen; Balkendiagramm etc.).	· *einen Verfassungstext in ein Verfassungsschaubild umgestalten* · *Wahlergebnisse/Sitzverteilungen in einem Balken- oder Kreisdiagramm wiedergeben* · *Veränderungen von Wahlergebnissen/Mitgliederzahlen in einem Kurvendiagramm verdeutlichen* · *Ursache-Wirkung-Zusammenhänge in einem Flussdiagramm aufzeigen* · *detaillierte Zusammenhänge in einer Mind-Map übersichtlich darstellen*

herausarbeiten (AFB II)

Sachverhalte unter bestimmten Gesichtspunkten aus vorgegebenem Material entnehmen, wiedergeben und/oder ggf. berechnen

Was bedeutet das?	Was ist zu tun?	Formulierungshilfen/-beispiele
Beim Herausarbeiten werten Sie ein vorgegebenes Material unter bestimmten Gesichtspunkten aus, z. B.: Welche These vertritt der Autor und wie begründet er sie? Dabei geht es um ein wertfreies Erarbeiten zentraler Merkmale und Aussagen des zugrunde liegenden Materials. Konzentrieren Sie sich dabei auf die Gesichtspunkte, die die Aufgabenstellung fordert oder die Sie im Vorfeld klar benannt haben. Eine bloße Nacherzählung des Materials wird dem Operator nicht gerecht.	Klären Sie die Gesichtspunkte, unter denen Sie das Material untersuchen. Notieren Sie Merkmale, Aussagen etc., die diese Gesichtspunkte betreffen. Belegen Sie Ihre Ergebnisse ggf. durch Zitate und Zeilenangaben. Achten Sie beim Heranziehen konkreter Textpassagen auf die Verwendung der indirekten Rede (→ beschreiben/bezeichnen/nennen). Vermeiden Sie eine bloße Wiedergabe von Textpassagen.	· *In der Karikatur wird das Thema ... auf den Punkt gebracht.* · *Bei der Frage nach der politischen Einstellung des Autors wird deutlich, dass ...* · *Der Leitartikel/ Kommentar ... nimmt als Kernthema .... in den Blick.* · *Der Autor untermauert seine Position mithilfe ...* · *Das Plakat thematisiert ...*

vergleichen (AFB II)

Vergleichskriterien festlegen, Gemeinsamkeiten und Unterschiede gewichtend einander gegenüberstellen sowie ein Ergebnis formulieren

Was bedeutet das?	Was ist zu tun?	Formulierungshilfen/-beispiele
Der Vergleich ist eine der wichtigsten Vorgehensweisen des historischen Arbeitens. Mindestens zwei Sachverhalte werden dabei auf Gemeinsamkeiten und Unterschiede hin untersucht. Die größte Herausforderung stellt das Finden und Formulieren vergleichbarer Kategorien dar. Diese Kategorien können aus ganz unterschiedlichen Bereichen stammen, z. B. Politik, Gesellschaft, Kultur, Wirtschaft. Die Untersuchung auf Gemeinsamkeiten und Unterschiede hin erfolgt in Bezug auf die gewählten Kategorien. In einer abschließenden Gegenüberstellung sollten Sie darauf achten, vorschnelle Urteile und Klischees zu vermeiden.	Legen Sie, sofern in der Aufgabenstellung nicht bereits vorgegeben, Kategorien für den Vergleich fest, z. B.: Wie ist die politische Herrschaft organisiert (Herrschaftsorganisation)? Wie sieht der Aufbau der Gesellschaft aus (Gesellschaftsstruktur)? Was kennzeichnet den Alltag der Menschen (Alltagsleben)? Beschreiben Sie mit Blick auf die zugrunde liegenden Kategorien Merkmale und Aspekte der zu vergleichenden Materialien/Sachverhalte. In vielen Fällen bietet es sich an, dies stichwortartig in einer tabellarischen Gegenüberstellung zu tun. Erarbeiten Sie in einer abschließenden Gegenüberstellung ausgehend von Ihren Ergebnissen zentrale Gemeinsamkeiten und Unterschiede und gewichten Sie diese.	· *Auf den ersten Blick scheinen sich A und B nicht zu widersprechen/unterscheiden sich A und B deutlich ...* · *Sowohl (hier) ... als auch (da)* · *Ähnlich wie in A wird auch in B ...* · *Die größten Übereinstimmungen/ Unterschiede erkennt man in ...* · *Weitgehend übereinstimmend sind die Ergebnisse/Werte ...* · *Hier sind die Materialien sehr ähnlich, insofern als ...* · *Differenzen finden sich ...* · *Im Gegensatz zu diesem Aspekt/im Unterschied zu X findet sich hier ...* · *Dieser Punkt wird grundsätzlich anders verstanden/bewertet ...* · *A und B formulieren begrifflich anders, meinen aber etwa dasselbe.*

beurteilen/bewerten (AFB III)

beurteilen: Sachverhalte, Aussagen, Vorschläge oder Maßnahmen untersuchen, die dabei zugrunde gelegten Kriterien benennen und ein begründetes Sachurteil formulieren

bewerten: Sachverhalte, Aussagen, Vorschläge oder Maßnahmen beurteilen, ein begründetes Werturteil formulieren und die dabei zugrunde gelegten Wertmaßstäbe offenlegen

Was bedeutet das?	Was ist zu tun?	Formulierungshilfen/-beispiele
Zu einem historischen Ereignis, einem Geschehen, einer Aussage, einer Meinung oder einer Entwicklung soll eine begründete Haltung entwickelt werden. Das bedeutet, dass man z. B. die Aussage einer historischen Person oder eines Historikers auf ihre Stichhaltigkeit überprüft und anschließend bewertet. Zu unterscheiden ist dabei zwischen einem Sachurteil („beurteilen") und einem Werturteil („bewerten"): Bei einem **Sachurteil** wird überprüft, ob eine Handlung angemessen, eine Behauptung zutreffend war, welche historischen Folgen ein bestimmtes Geschehen hatte. Dabei müssen die Perspektiven der beteiligten Personen(gruppen) berücksichtigt werden. Das Sachurteil bezieht sich demzufolge auf die Umstände der zu untersuchenden Zeit. Bei einem **Werturteil** geht man noch einen Schritt weiter: Hier entwickeln Sie zu dem Geschehen, der Aussage, der Handlung etc. über das Sachurteil hinaus ein eigenes Urteil. Dazu müssen die eigenen Werte (z. B. Gerechtigkeit, Frieden, Demokratie, Sicherheit, Wohlstand, Freiheit etc.) klar benannt werden. Sie sind die Grundlage für die Argumente, mit denen Sie Ihr Werturteil untermauern. Das Werturteil wird damit stets aus einem heutigen Blickwinkel und Ihrer persönlichen Position formuliert.	**Sachurteil** Benennen Sie zuerst klar und deutlich den Sachverhalt, der beurteilt werden soll. Sammeln Sie nun Kriterien für das Sachurteil, z. B. Legitimität (War das Vorgehen legitim?), Effizienz (Welche Ergebnisse hat es gebracht?), ggf. auch damals geltende Wertmaßstäbe. Achten Sie aber darauf, nicht heutige Maßstäbe auf damalige Verhältnisse oder Denkweisen anzuwenden, um sogenannte Anachronismen (unzulässige Übertragungen heutiger Sichtweisen auf vergangene Zeiten) zu vermeiden. Prüfen Sie nun, inwiefern diese Kriterien zum Beurteilungsgegenstand passen, und erläutern Sie sie. **Werturteil** Für das Werturteil bewerten Sie aus Ihrer persönlichen Sicht den Sachverhalt, das historische Problem oder den Prozess. Machen Sie dabei deutlich, welche Wertmaßstäbe Sie heranziehen. Sie können sich z. B. auf die Menschenrechte oder das Grundgesetz beziehen, auf den christlichen Wertekanon oder auch den Umweltschutz. Hier sind also heutige Maßstäbe und Ihre persönliche Position zum Sachverhalt von Bedeutung.	Zur Benennung des Sachverhalts: • *Die Haltung der Autorin lässt sich wie folgt noch einmal zusammenfassen ...* • *Die Entscheidung von ... zog schwerwiegende Konsequenzen nach sich, wie ...* Zur Benennung der Kriterien für das Sachurteil: • *Die Entscheidung des Autors kann unter dem Gesichtspunkt der Legitimität/Effizienz ... beurteilt werden.* • *Der vorliegende Gesetzesentwurf und die damit verbundene Absicht lässt sich sinnvoll unter der Frage der Effizienz/Legitimität ... beurteilen.* • *Aus Sicht der Bürger/der Opposition/der Nachbarstaaten bedeutete dieses Gesetz/diese Entscheidung jedoch ...* • *In Anbetracht der damals herrschenden Vorstellung/zu diesem Zeitpunkt gültigen gesellschaftlichen Ordnung ... kann diese Entscheidung als ... betrachtet werden.* • *Auch damals galten bereits die Menschenrechte! Vor diesem Hintergrund muss ... als ... beurteilt werden.* • *Für die herrschende Partei/Regierung/Staatsführung war dieses Gesetz/diese Entscheidung für den Machterhalt/aus wirtschaftlichen Gründen/für die Kriegsvorbereitung/für die Friedenswahrung ... notwendig.* Zur Formulierung der eigenen Bewertung: • *Entgegen den Aussagen des Autors komme ich zu dem Schluss ...* • *Aus heutiger Sicht, unter Berücksichtigung der Menschenrechte, ist das Geschehen/die Entscheidung/das Gesetz zu verurteilen.* • *Zwar war diese Entscheidung in der damaligen Gesellschaftsordnung akzeptiert/im Rahmen der damaligen Machtverhältnisse tolerabel ..., heute aber, in Anbetracht von ... ist sie abzulehnen.* • *Besonders positiv ist zu bewerten, dass sich die Autorin über die ... Zwänge ihrer Zeit hinwegsetzte und damit einen Beitrag zu unserem heutigen ... leistete.*

erörtern (AFB III)
zu einer vorgegebenen These oder Problemstellung durch Abwägen von Pro- und Kontra-Argumenten ein begründetes Ergebnis formulieren

Was bedeutet das?	Was ist zu tun?	Formulierungshilfen/-beispiele
Ein historischer Sachverhalt, ein Konzept oder eine Problemstellung lässt mehrere Lösungen, Beurteilungen oder Bewertungen zu. Das Gleiche gilt für eine These (z. B. einer Historikerin oder eines Zeitgenossen) zu einem Thema: Mit ihr wurde eine Beurteilung oder Bewertung eines Sachverhalts vorgenommen, der auch widersprochen werden kann (→ beurteilen/ bewerten). Bei einer Erörterung müssen Sie Argumente erarbeiten, auf die Sie eine eigene Bewertung aufbauen können. Dabei müssen Sie darauf achten, Pro- und Kontra-Argumente einander so gegenüberzustellen, dass ein echtes Abwägen möglich wird und nicht zu schnell voreilige oder einseitige Beurteilungen/Bewertungen erfolgen.	Benennen Sie zunächst die wesentlichen Aspekte des historischen Problems und ordnen Sie es in seinen historischen Kontext ein. Bei einer These erklären Sie zunächst deren Kernaussage(n). Suchen Sie nun bisher nicht berücksichtigte Faktoren der Problemstellung sowie Gegenargumente gegen die in der These vorgenommene Bewertung. Gewichten Sie dann die vorhandenen oder von Ihnen entwickelten Argumente nach ihrer Bedeutung für die historische Situation und nach ihrer Überzeugungskraft. Stellen Sie die Argumente für die Erörterung in Form einer Pro-Kontra-Liste zusammen. Formulieren Sie einen zusammenhängenden Text, der mit der Klärung der historischen Frage oder der These beginnt. Entwickeln Sie anschließend Ihre Erörterung über Erläuterung und Gegenüberstellung der Pro- und Kontra-Argumente. Dabei müssen Sie die Pro- und Kontra-Argumente als solche deutlich kennzeichnen. → *Tipp:* Sie können jedem Pro-Argument ein Kontra-Argument gegenüberstellen (oder umgekehrt). Möglich ist aber auch, erst alle Argumente der einen Seite anzuführen und dann die Gegenargumente zusammenhängend zu formulieren. Am Schluss sollten Sie Ihr stärkstes Argument anführen, auf das Sie Ihr Urteil stützen..	Zur Vorstellung des Sachverhalts/der These: • *In dem vorliegenden Material/der vorliegenden These wird die Frage aufgeworfen, ob ...* • *Die Autorin beschreibt/beurteilt/bewertet die Situation/das Thema, indem sie ...* Zur Analyse und Erläuterung des Sachverhalts/der These: • *Dabei werden Faktoren benannt wie ...* • *Dabei bezieht sich der Autor auf historische Bedingungen/Einschätzungen wie ...* Zur Diskussion des Sachverhalts/der These: • *Es bleibt allerdings unerwähnt, dass ...* • *Zwar nennt die Autorin ..., sie berücksichtigt jedoch nicht, dass ...* Zur Argumentation: • *Auf den ersten Blick lässt sich sagen ..., bei näherer Betrachtung jedoch ...* • *Dagegen lässt sich jedoch einwenden, dass ...* Zur Formulierung des eigenen Werturteils: • *Insgesamt bleibt festzuhalten, dass ...* • *Den Aussagen des Autors kann man entgegnen, dass ...* • *In Übereinstimmung mit dem Material kann man zusammenfassen, dass ...* • *Daher komme ich zu dem Schluss, dass ...*

entwickeln (AFB III)

zu einer vorgegebenen oder selbst entworfenen Problemstellung einen begründeten Lösungsvorschlag entwerfen

Was bedeutet das?	Was ist zu tun?	Formulierungshilfen/-beispiele
Eine historische oder gegenwärtige Problemstellung oder Entscheidungssituation lässt mehrere Lösungen oder Handlungsalternativen zu – z.B. von früheren Politikern in bestimmten Krisensituationen. Ihre Aufgabe ist es, zu einer eigenen Deutung zu gelangen und so eine mögliche Position/eine Lösung vorzuschlagen und argumentativ zu stützen. Dabei sollten wie beim historischen Sachurteil Anachronismen vermieden werden (→ beurteilen). Deshalb ist es wichtig, dass Sie Ihre Lösung vor dem Hintergrund der historischen Bedingungen entwickeln und begründen.	Benennen Sie die wesentlichen Aspekte des Problems. Berücksichtigen Sie dabei dessen (historischen) Kontext. Fassen Sie den Kern Ihres Lösungsvorschlags in einer These zusammen und sammeln Sie Argumente, die Ihre These stützen. Wählen Sie einen oder mehrere Aspekte der gegebenen Situation als Ausgangspunkt für Ihr Lösungskonzept aus. Skizzieren Sie ein Lösungsmodell. Formulieren Sie einen Text, der mit der Benennung des Problems oder der Position beginnt. Stellen Sie davon ausgehend Ihre Einschätzung oder Lösung dar. Beziehen Sie sich immer wieder auf die vorgelegte Problemstellung oder These.	Zum Vorstellen der Problemstellung: • *In dem vorliegenden Material/der vorliegenden These wird die Frage aufgeworfen, ob ...* • *Die Autorin beschreibt/beurteilt/bewertet die Situation/das Thema, indem sie ...* Zur Analyse und Erläuterung der Problemstellung: • *Dabei werden Faktoren benannt wie ...* • *Dabei bezieht sich der Autor auf historische Bedingungen/Einschätzungen wie ...* Zur Formulierung eines Lösungskonzeptes: • *Entgegen den Aussagen des Autors kann man sagen, dass ...* • *In Übereinstimmung mit dem Material lässt sich zusammenfassen, dass ... In Anbetracht dessen schlage ich folgende Lösung vor ...* • *Ausgehend von dem Aspekt ... erscheint folgende Handlungsalternative plausibel ...*

gestalten (AFB III)

zu einer vorgegebenen oder selbst entworfenen Problemstellung ein Produkt rollen- bzw. adressatenorientiert herstellen

Was bedeutet das?	Was ist zu tun?	Tipps für die Gestaltung
Hier ist eine Auseinandersetzung mit einem Problem verlangt – dieses kann vorgegeben oder selbst gestellt sein. Das Ergebnis soll aber nicht in einem Sachtext formuliert werden, sondern im Rahmen einer kreativen Gestaltung, z.B. als Brief, Rede oder Streitgespräch, als Modell oder Skizze, als Szenario oder Strategie. Dabei ist die besondere Leistung, dass Sie zusätzlich zur historisch-kritischen Auseinandersetzung mit der Problemstellung die gestalterischen Regeln des jeweiligen Formates beachten und dabei möglichst in der Perspektive der jeweiligen Zeit formulieren und handeln müssen.	Analysieren Sie zunächst den historischen Sachverhalt und den zeitlichen Kontext mit Blick auf die Problemstellung. Machen Sie sich die typischen und notwendigen Elemente der Darstellungsform klar, z.B. Simulationsspiel oder Zeitungsbericht. Greifen Sie dabei auf Ihr methodisches Wissen und Können aus anderen Fächern zurück. Wenn die Aufgabe eine Perspektivübernahme verlangt, überprüfen Sie, was eine handelnde Person/Gruppe zu diesem Zeitpunkt wissen kann. Arbeiten Sie anschließend das Ergebnis gestalterisch aus.	... eines Zeitungsartikels: • *Was hat die Zeitgenossen beschäftigt?* • *Welcher politischen Richtung gehörte die Zeitung an?* • *Wer ist der Adressatenkreis?* • *Was verlangt ein Zeitungsartikel?* • *Welches Ziel verfolgt er?* • *Was konnte der Autor (nicht) wissen?* ... eines Simulations- oder Rollenspiels: • *Auf welche konkreten historische Situation bezieht sich das Spiel?* • *Habe ich genug Informationen über die Rolle?* • *Wie hat die jeweilige Person/Persönlichkeit gedacht, gefühlt, gehandelt?* → *Tipp:* Versuchen Sie, heutige Denkmuster zu vermeiden, und bemühen Sie sich, in die entsprechende Zeit hineinzudenken.

überprüfen (AFB III)

Aussagen, Vorschläge oder Maßnahmen an Sachverhalten auf ihre sachliche Richtigkeit hin untersuchen und ein begründetes Ergebnis formulieren

Was bedeutet das?	Was ist zu tun?	Formulierungshilfen/-beispiele
Aussagen, Vorschläge oder Maßnahmen entstehen in einem historischen Kontext und sind von gesellschaftlichen Entwicklungen oder Ideologien und Wertungen geprägt, ohne dass auf diese explizit Bezug genommen wird. Beim Überprüfen ist zu untersuchen, ob diese Aussagen, Vorschläge oder Maßnahmen – angesichts des historischen Kontexts – überhaupt stimmig sind. So ist z. B. zu fragen, ob sie von falschen Tatsachen ausgehen. Daher muss beim Überprüfen auf Hintergrundwissen – also Sachverhalte, die aus Quellen und Darstellungen rekonstruiert wurden – zurückgegriffen und die Aussagen, Vorschläge oder Maßnahmen müssen auf ihre Angemessenheit hin untersucht werden.	Wenn eine Überprüfung anhand eines Materials (z. B. einer Quelle) erfolgen soll, arbeiten Sie die zu überprüfende Information aus dem Material heraus und geben diese knapp wieder. Unterziehen Sie die gegebene Aussage/den Vorschlag/die Maßnahme einer genauen Prüfung: Verfügt der Inhalt über eine innere Logik oder weist er Widersprüche und Brüche auf? Ist er sachlich richtig oder möglicherweise subjektiv gefärbt oder gar verfälscht? Achten Sie auf Details. Falls Sie ohne Materialbezug arbeiten, notieren Sie auf der Grundlage Ihres Vorwissens Argumente, die für bzw. gegen die Aussage/den Vorschlag/die Maßnahme sprechen. Falls Sie an einem Material arbeiten, versehen Sie die kritisch gelesenen Inhalte mit eigenen Bestätigungen, Ergänzungen oder Korrekturen. Formulieren Sie nun auf der Basis Ihrer Kommentare eine zusammenhängende Einschätzung zu den überprüften Aussagen, Vorschlägen oder Maßnahmen. Sie können Ihnen zustimmen oder sie ablehnen. Wichtig ist, • dass Sie Ihr Ergebnis auf historisches Wissen stützen. Dazu sollten Sie sich auf andere Quellen, Darstellungen oder Ihr Hintergrundwissen berufen. • dass Sie Ihr Urteil möglichst objektiv und sachlich (Sachurteil → beurteilen) formulieren.	Zur Wiedergabe: • *Nach Auffassung der Autorin/Bei der Anordnung des Regierenden handelt es sich ...* • *Die Autorin ist der Meinung, dass .../stellt die These auf, XYZ habe ...* Zur kritischen Überprüfung: • *Im Gegensatz zu dieser Behauptung lässt sich festhalten, ...* • *Zwar erläutert der Historiker, dass ..., tatsächlich aber handelte es sich keineswegs um ...* • *Die Quellen aus Sicht von ... legen einen ganz anderen Schluss nahe ...* • *Ich kann/Man muss der Quelle in ihrer Grundaussage zustimmen, da ...* • *Völlig zu Recht weist die Autorin des vorliegenden Materials auch auf ... hin, denn ...*

Arbeitstechniken

Im Internet recherchieren

Wenn Sie eine Internetseite zur Recherche aufgerufen haben, sollten Sie prüfen, ob der Anbieter seriös und die Informationen wissenschaftlich gesichert sind. Achten Sie auf folgende Aspekte:

1. Die Internetseite einordnen
- Wer ist der Anbieter (z. B. eine offizielle Institution wie Universitäten oder Museen, eine Firma oder eine Privatperson)? Darüber informiert z. B. das Impressum der Seite.
- An wen richtet sich die Seite (z. B. an Jugendliche oder Historiker)?
- Mit welcher Absicht wurde die Seite erstellt (z. B. Informationsvermittlung, Werbung, Stimmungsmache)?

2. Die Art des Internetauftritts untersuchen
- Mit welchen Medien wird gearbeitet (z. B. Texte, Filme)?
- Wird deutlich gemacht, woher die Materialien/Informationen stammen (Quellenangaben)?
- Gibt es Links (z. B. zu Institutionen, Fachleuten oder weiterführender Literatur)?
- Gibt es die Möglichkeit zur Interaktion (z. B. Blog oder Diskussionsforum)?

3. Die Informationen beurteilen
- Entscheiden Sie, ob die Materialien brauchbar sind.
- Sind die Informationen verständlich aufbereitet?
- Passen sie zu Ihnen bereits vorliegenden Informationen?

Zur Auswertung der gefundenen Informationen nutzen Sie die Ihnen bekannten Fachmethoden.

Exzerpieren

Ein **Exzerpt** gibt die wichtigsten Gedanken eines Textes – ggf. zu einer bestimmten Fragestellung – wieder. Liest man z. B. einen längeren Text über Industrialisierung in England auf die Frage hin, inwieweit geltende Gesetze unternehmerische Freiheiten erlaubten, so schreibt (oder kopiert) man Aussagen zum Thema heraus (und macht sie dabei durch Anführungszeichen als Zitate kenntlich) oder man paraphrasiert sie. Exzerpieren bedeutet also, die wichtigsten Aussagen eines Sachtextes komprimiert festzuhalten und dabei seinen Argumentationsgang herauszuarbeiten. Ziel ist es, die Aussagen eines Textes so zusammenzufassen, dass sie für spätere Arbeitsschritte verfügbar sind. Dabei muss kein vollständig ausformulierter Text entstehen.

Exzerpieren erfolgt in vier Schritten:
- Frage(n) formulieren
- Text überfliegen (Überblick verschaffen)
- Text gliedern
- Inhalt schriftlich aufbereiten

Als Hilfsmittel können zunächst das Unterstreichen und das Formulieren von Randbemerkungen dienen. Meist lassen sich daraus schon Gliederung und Hauptthesen des Textes ableiten. Achten Sie darauf, nicht nur Zitate aneinanderzureihen, sondern Zitate mit eigenen Formulierungen zu verbinden. So können Sie auch überprüfen, ob Sie den Text verstanden haben.

Verlässliche Webseiten zur Geschichte – eine Auswahl
- **www.bpb.de** Bundeszentrale für politische Bildung: zahlreiche aktuelle Artikel und Dossiers zur Geschichte des 19. und 20. Jahrhunderts
- **www.dhm.de/lemo** Lebendiges Museum Online: informative, bilderreiche Darstellung der deutschen Geschichte
- **germanhistorydocs.ghi-dc.org/Index.cfm?** Deutsche Geschichte in Dokumenten und Bildern: Bild- und Textquellen von 1500 bis zur Gegenwart
- **ieg-ego.eu/?set_language=de** Europäische Geschichte online, ein Projekt des Leibniz-Instituts für Europäische Geschichte (IEG) der Universität Mainz mit vielfältigen Angeboten zu Kategorien wie „Europa unterwegs", „Europäische Medien", „Bündnisse und Kriege" oder „Transnationale Bewegungen"
- **www.dw.com/de/themen/geschichte/s-12313** Beiträge zur Geschichte auf den Webseiten der Deutschen Welle
- **www.leo-bw.de** Portal zur Landeskunde Baden-Württembergs

Ein Pfeil- oder Flussdiagramm entwickeln

Ein Instrument, mit dem sich Abläufe übersichtlich herausarbeiten und darstellen lassen, ist das **Pfeil- oder Flussdiagramm**. Liegt Ihnen beispielsweise eine Darstellung einer historischen Entwicklung oder eine Darlegung eines Argumentationsgangs vor, lesen Sie den Text zunächst aufmerksam durch und notieren Sie wichtige Aspekte (Ereignisse/Handlungen bzw. Argumente).

Bringen Sie Ihre Stichpunkte in eine Abfolge. Notieren Sie zu Ereignissen – falls es Ihnen wichtig erscheint – bspw. das Jahr, den Ort oder einen Akteur. Stellen Sie Abfolgen mit Pfeilen dar. Ein Beispiel:

1815 Deutscher Bund

↓

1832 Hambacher Fest

↓

März 1848: Barrikadenkämpfe

↓

1848/49: Deutsche Nationalversammlung
in Frankfurt am Main

Kommentieren Sie die Pfeile anschließend, indem Sie stichwortartig aus dem Text herausschreiben, wie es von einem Ereignis zum nächsten kam bzw. welche Hintergründe die Argumente haben. Notieren Sie dies als Beschriftung an dem passenden Pfeil.

März 1848: Barrikadenkämpfe

↓ preußischer König gibt Forderungen nach,
verspricht eine Verfassung und Wahlen;
„Märzminister“ werden eingesetzt

1848/49: Deutsche Nationalversammlung
in Frankfurt am Main

Cluster – Mind-Map – Concept-Map

„Cluster“ bedeutet Anhäufung oder Bündel. Ein Cluster ist geeignet, um eine Begriffssammlung zu erstellen, und kann helfen, Ordnung in Gedanken zu bringen. Um ein Cluster anzulegen, geht man von einem zentralen Begriff oder Satz aus, dem passende Begriffe oder Aussagen zugeordnet werden. Auch zu diesen werden wiederum Begriffe assoziiert. Bei einem Cluster wird darauf verzichtet, Beziehungen zwischen den Begriffen näher zu bestimmen; es hat Ähnlichkeit mit einem Brainstorming-Verfahren.

Soziale Frage
Arbeiter Proletarisierung
Verstädterung elende Wohnverhältnisse
Moderne Fabrik
Beschleunigung Verkehr Unternehmer
Telegrafie Umweltbelastung

Anders als beim Cluster geht es bei einer **Mind-Map** („Gedankenlandkarte“) darum, von einem zentralen Begriff ausgehend geordnet Unterkategorien zu bilden. Die Mind-Map ist stets hierarchisch angelegt und wird so vom Zentrum ausgehend entwickelt, dass eine verzweigte Struktur entsteht, die Aspekte eines Themas übersichtlich darstellt. Ihre Struktur unterscheidet die Mind-Map auch vom linear angelegten Pfeildiagramm (links).

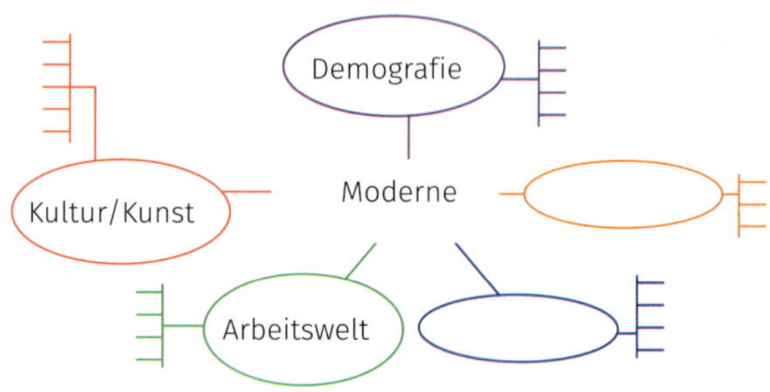

Während die Mind-Map in erster Linie ein Instrument zur Strukturierung von Inhalten bzw. von Wissen ist, dient die **Concept-Map** – zu übersetzen mit „Begriffslandschaft“ – eher dazu, einen Denkprozess zu visualisieren. In ihr werden Begriffe verknüpft; ihre Beziehungen zueinander durch beschriftete Pfeile dargestellt. Ein Zentrum gibt es nicht; verschiedene Begriffe können nebengeordnet sein und zu Ausgangspunkten weiterer Verzweigungen werden. Dadurch entsteht eine netzartige grafische Struktur.
Eine Concept-Map dient in der Regel dazu, eine Fragestellung zu klären oder einen Textinhalt zu erfassen. Ziel ist es, durch den Prozess der Anordnung und des In-Beziehung-Setzens von ausgewählten zentralen Begriffen, ein Thema zu durchdenken: Indem verschiedene Möglichkeiten erprobt werden, die Begriffe sinnvoll miteinander zu verknüpfen, werden ihre Bedeutungsebenen klarer. (Abb. → S. 253)

Erkenntnisse zusammenführen

Darstellungen und Materialien lassen sich unter verschiedenen Fragestellungen bearbeiten. Wird z. B. in einem Text eine komplizierte oder langwierige Entwicklung dargestellt, kann man sich beim Lesen auf die Rolle einzelner Beteiligter konzentrieren. Wenn der Text in einer Gruppe arbeitsteilig bearbeitet wird, müssen am Ende die Einzelergebnisse zu einem Gesamtbild zusammengeführt werden, z. B. mit dem **„Placemat“** („Platzdeckchen“).

Das Placemat besteht aus einem größeren Blatt, das in mehrere Felder aufgeteilt ist – ein Feld für jedes Gruppenmitglied. In der Mitte liegt ein weiteres Blatt; es wird am Ende benötigt.

1. Fragestellung auswählen und bearbeiten
Wählen Sie eine der Fragestellungen aus, unter der Sie das vorliegende Material bearbeiten wollen. Schreiben Sie während der Arbeitsphase Stichworte dazu heraus.

2. Aussagen formulieren
Auf der Grundlage dieser Stichworte formuliert jedes Gruppenmitglied Aussagen zu seiner Fragestellung und notiert sie auf seinem Feld des Placemats. Anschließend liest jeder, was die anderen Mitglieder geschrieben haben. Das ist die Voraussetzung für die nächste Arbeitsphase.

3. Das Ergebnis festhalten
Zum Schluss diskutieren die Gruppenmitglieder über das gemeinsame Ergebnis ihrer Arbeit. Auf dem Zusatzblatt in der Mitte des Placemat wird es formuliert.

Fishbowl – ein Diskussionsforum

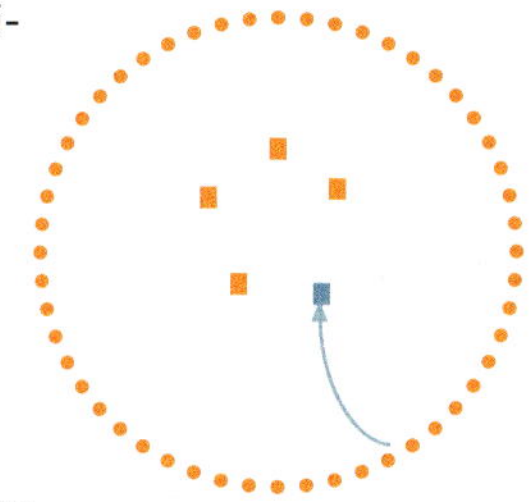

Wenn Ergebnisse von Gruppenarbeiten zusammengeführt, diskutiert und bewertet werden sollen, kann dies in Form eines „Fishbowl“ (oder „Aquariums“) durchgeführt werden. Dafür wählt am Ende der Gruppenarbeitsphase jede Gruppe eine Sprecherin oder einen Sprecher. Sie oder er muss die Ergebnisse der Gruppenarbeit nach außen vertreten.

Um ein **„Fishbowl“** zu bilden, bildet innerhalb eines großen Stuhlkreises eine Kleingruppe von vier bis sechs Schülerinnen und Schülern, die zuvor von ihren Arbeitsgruppen als Sprecher gewählt wurden, einen Innenkreis. Sie führen stellvertretend für die ganze Gruppe die Diskussion.
Im Innenkreis steht ein freier Stuhl. Er kann kurzfristig von einem Gast aus dem Außenkreis besetzt werden. Wer sich setzt, erhält sofort Rederecht, muss aber, nachdem er gesprochen hat, wieder auf seinen Platz im Außenkreis zurückkehren.
Am Schluss der Diskussion bewerten alle gemeinsam:
- Welche Argumente haben überzeugt?
- Waren sie in Bezug auf den historischen Kontext angemessen?

Tipps zur Gestaltung einer digitalen Präsentation

Eine Präsentation bietet Zuhörenden die Möglichkeit, einem Vortrag besser zu folgen, weil seine zentralen Stichworte mitgelesen werden können. Wichtig ist, bei der Vorbereitung daran zu denken, dass es vor allem darum geht, den Zuhörenden Inhalte verständlich zu vermitteln.

- Beschränken Sie die Texte auf zentrale Begriffe – die Präsentation ist nur eine Stütze Ihres Vortrags!
- Arbeiten Sie anschaulich! Wählen Sie Materialien aus, an denen sich Sachverhalte gut erklären lassen. Stellen Sie diese Materialien zunächst unkommentiert zur Verfügung. Heben Sie dann Details, die für Ihren Vortrag wichtig sind, hervor.
- Achten Sie darauf, dass die Schrift groß genug ist (etwa 20 pt) und wählen Sie einen eher schlichten Hintergrund.
- Setzen Sie Effekte, die das Computerprogramm bietet, eher sparsam ein. Fragen Sie immer danach, ob ein Effekt die gewünschte Wirkung auf die Zuhörer unterstützt.

Ein Handout erstellen

Ein Handout fasst die wichtigsten Inhalte eines Referats für die Zuhörer knapp und übersichtlich zusammen. Es orientiert sich an der Gliederung des Referats und sollte die wesentlichen Punkte so wiedergeben, dass sie auch später noch verstanden werden können.

1. Angaben zum formalen Rahmen

- Nennen Sie Ort (z. B. Schule), Lerngruppe, Fach, Namen der Vortragenden, Thema.

2. Wiedergabe der Gliederung

- Formulieren Sie für die Abschnitte Ihres Referates passende Überschriften oder Fragestellungen.
- Notieren Sie darunter alle wichtigen Stichwörter. Dazu gehören Begriffe und ihre Erklärungen, Daten, Zitate und Meinungen.
- Ordnen Sie den Abschnitten je ein aussagekräftiges Bild (Grafik, Zeitleiste, Foto) zu. So helfen Sie den Zuhörenden, die Inhalte des Vortrags besser zu verstehen.

Listen Sie am Ende die verwendete Literatur auf.

Literaturangaben machen

Am Ende einer schriftlichen Hausarbeit oder eines Handouts zu einem Referat muss die Literatur, auf die man sich gestützt hat, aufgelistet werden. (Nicht zu nennen sind weitere, für das Thema interessante Veröffentlichungen, die aber nicht verwendet wurden.) Die Angaben werden nach bestimmten Regeln und in bestimmter Reihenfolge gemacht:

Bei Buchpublikationen:
Autor/Autorinnen bzw. Herausgeber/Herausgeberinnen (Hg.): Titel des Buches. Ggf. Untertitel, ggf. Bandangabe (Bd. 1), Erscheinungsort und -jahr (Auflage), Seite(n)

Bei Aufsätzen aus Zeitschriften oder Zeitungsartikeln:
Autor/innen: Titel des Aufsatzes. In: Titel der Zeitschrift, laufende Nummer/Jahr, Seite(n).
Angaben zu Erscheinungsort und Verlag sind hier nicht erforderlich. Falls aber der Artikel im Internet gefunden wurde, wird zusätzlich die URL hinzugefügt sowie das Datum des letzten Aufrufs.

Eine Reportage gestalten

Journalisten gestalten auf der Grundlage gesammelter Informationen Darstellungen von Ereignissen, in die sie – je nach Präsentationsmedium – Auszüge aus Interviews, Fotos und Ausschnitte aus Filmen einbeziehen. Dabei versuchen sie, sich auf das anschauliche Erzählen zu beschränken und möglichst nicht zu werten. Bei einer Reportage wird meistens im Präsens geschrieben oder gesprochen, um zu erreichen, dass sich die Rezipienten (Zuschauer oder Leser) gut in die geschilderte Situation hineinversetzen können.
Auch die quellengestützte Auseinandersetzung mit historischen Themen lässt sich als Reportage präsentieren. So könnten z. B. Motive und Erlebnisse eines Entdeckungsreisenden, Reaktionen auf Zensurmaßnahmen einer Regierung oder der Verlauf eines Strafprozesses in Form von Film- oder Radiobeiträgen von ca. 2 Minuten Länge verarbeitet werden. Gehen Sie dabei in folgenden Schritten vor:

1. Vorbereitung

- Thema und Form festlegen: Einigen Sie sich zunächst auf das Thema und die Form der Reportage. Eine Radioreportage können Sie live vortragen oder mit dem Smartphone als mp3-Datei aufnehmen und z.B. mit einer Bluetooth-Box abspielen. Für eine Fernsehreportage können Sie mit dem Smartphone z.B. Bilder aus dem Schulbuch abfilmen, Texte dazu sprechen oder Interviews aufnehmen.
- Material sichten und Gliederung erarbeiten: Sammeln und sichten Sie Material zu Ihrem Thema. Nutzen Sie Ihr Schulbuch und recherchieren Sie ggf. weitere Quellen und Materialien im Internet. Legen Sie fest, welche Aspekte zu Themenschwerpunkten werden sollen.
- Rollen festlegen und Kurzbeiträge verfassen: Entscheiden Sie, wer in Ihrer Reportage auftreten soll, und einigen Sie sich darauf, wer welche Rolle übernehmen soll. Verfassen Sie anschließend quellengestützt gemeinsam Sprechertexte und Dialoge für Interviewer und interviewte Personen.
- Den Aufbau der Reportage erarbeiten: Versuchen Sie, eine kurze Einführung zu entwickeln, die Neugier weckt. Es sollte ein Informationsteil folgen, der knapp über den Hintergrund informiert. Im Mittelpunkt stehen dann Redebeiträge zu verschiedenen Aspekten oder aus verschiedenen Perspektiven. Abschließend können Fragen aufgeworfen werden.

2. Durchführung

- Proben Sie den Ablauf: Sind die Übergänge von einem Sprecher zum folgenden stimmig?
- Einzelne Sprechertexte sollten nicht zu lang sein, sonst wirkt es langweilig.
- Prüfen Sie, ob Ihre Informationen ausgewogen sind und ob das Publikum sich ein eigenes Urteil bilden kann.
- Üben Sie den Vortrag für die Aufnahme oder die Live-Präsentation.

Register

Im Register ist eine Auswahl wichtiger Begriffe zusammengestellt. Verwiesen wird nur auf Seiten, auf denen Informationen zu den Stichworten zu finden sind – nicht alle Seiten, auf denen sie vorkommen, sind aufgeführt.
Zudem sind (in Kursivschrift) wenige Personen aufgeführt, da diese in verschiedenen Kapiteln bzw. thematischen Zusammenhängen erwähnt werden.

Quellenverzeichnisse

Textquellen

S. 8, M3 Dipesh Chakrabarty: Europa als Provinz. Perspektiven postkolonialer Geschichtsschreibung (übers. v. Robin Crackett), Frankfurt/M.: Campus Verlag, 2010, S. IXff. – **M4 a)** Edmund Burke übers. zit. nach: Sebastian Conrad/Jürgen Osterhammel: Einleitung, in: Akira Iriye/Jürgen Osterhammel (Hgg.): Geschichte der Welt: 1750–1870. Wege zur modernen Welt, München: C. H. Beck 2016, S. 62, **M4 b)** W. E. B. Du Bois übers. zit. nach: ebd., S. 69

S. 14, M4 Sven Beckert: King Cotton. Eine Geschichte des globalen Kapitalismus, München: C.H. Beck 2014, S. 78f. – **S. 19, M6** Willibald Steinmetz: Europa im 19. Jahrhundert (Neue Fischer Weltgeschichte Bd. 6), Frankfurt/M.: S. Fischer Verlag 2019, S. 150 – **S. 20, M1** Von Tim Sonnenwald zusammengefasst nach: Ralf Berhorst, Frank Otto: „Spione für den Fortschritt"; in: GEO Epoche 79: Deutschland um 1800, Hamburg: Gruner + Jahr GmbH 2016, S. 33–35 – **S. 21, M2** Rainer Liedtke: Die Industrielle Revolution, Köln: Böhlau (UTB) 2012, S. 62f. – **S. 30, M3** Adam Smith: Der Wohlstand der Nationen (übers. v. Horst Claus Recktenwald), © dtv Verlagsgesellschaft, München 1978, S. 367ff. – **S. 31, M5 a)** Claudia Bruch: Zink, Blei, Schwefel, in: Daniel Stemmrich (Hg.): Schwerindustrie (Ausstellungskatalog), Essen: Klartext 1997, S. 35 – **M5 b)** Lea Jahneke: CO2-Bepreisung: Wenn Ökosysteme Rechnungen stellen, Social Publish Verlag 2010 GmbH, Hamburg, 24.08.2020 – **S. 32f., M2 a)** Flurin Condrau, Die Industrialisierung in Deutschland, Darmstadt: Wissenschaftliche Buchgesellschaft 2005, S. 6f. – **S. 33, M2 b)** Jürgen Osterhammel: Die Verwandlung der Welt. Eine Geschichte des 19. Jahrhunderts, München: C. H. Beck 2009, S. 909f. – **S. 35, M2** Christopher A. Bayly: Die Geburt der modernen Welt. Eine Globalgeschichte 1780–1914 (übers. v. Thomas Bertram u. Martin Klaus), Frankfurt/M.: Campus Verlag 2006, S. 35f. – **S. 39, M2** Tom Standage: The Victorian Internet, New York: Walker 1998, S. 145–163 (Übers.: Tim Sonnenwald)

S. 57, M7 a) Aktion 18. März, Berlin, 2013: Vorschlag für einen interfraktionellen Antrag im Deutschen Bundestag, www.maerzrevolution.de/unterstuetzung/antragsvorschlaege.html (21.12.2020) – **M7 b)** Sven Felix Kellerhoff: Plädoyer für den 18. März 1848/1990, in: Die Welt, 18.03.2010 – **S. 61, M5 c)** Roman Herzog: Rede anläßlich der Veranstaltung „150 Jahre Revolution von 1848/49" in der Paulskirche zu Frankfurt am Main, Bundespräsidialamt, Berlin, 18.05.1998 – **S. 68, M7** Heinrich August Winkler: Der lange Weg nach Westen. Deutsche Geschichte 1806–1933, Bonn: bpb 2000 (Sonderausgabe), S. 129f. – **S. 69, M8** Dieter Hein: Die Revolution von 1848/49, München: C. H. Beck 2019 (6. Aufl.), S. 135f. – **S. 75, M5 a)** Dieter Langewiesche: Wirkungen des „Scheiterns"; in: Ders. (Hg.): Die Revolutionen von 1848 in der europäischen Geschichte. Ergebnisse und Nachwirkungen, München: Oldenbourg 2000, S. 20f. – **M5 b)** Hartmut Kaelble: Wege zur Demokratie. Von der Französischen Revolution zur Europäischen Union, Stuttgart/München: DVA 2001, S. 47 – **S. 79, M7** Heinrich August Winkler: Der lange Weg nach Westen. Deutsche Geschichte 1806–1933, Bonn: bpb 2002 (Sonderausgabe), S. 185 – **S. 81, M4** Christoph Nonn: Das Deutsche Kaiserreich. Von der Gründung bis zum Untergang, München: C. H. Beck 2017, S. 36f. – **S. 85, M6** Giuseppe Mazzini: Politische Schriften (übers. v. Siegfried Flesch), Leipzig: Reichenbach'sche Verlagsbuchhandlung 1911, S. 109ff. – **M7** Jörn Leonhard: Initial oder Modell? Die Perzeption des italienischen Risorgimento in Deutschland seit 1850, in: Friedrich-Naumann-Stiftung (Hg.): Jahrbuch zur Liberalismus-Forschung 17, Baden-Baden: Nomos 2005, S. 213f. – **S. 94, M1** Hubert Weckbach: Heilbronner Köpfe, Online-Publikationen des Stadtarchivs Heilbronn 1998, S. 103ff.– **S. 103, M5** Die „Work-Life-Balance" bürgerlicher Männer im 19. Jahrhundert, Informationsdienst Wissenschaft e.V. (idw), Bayreuth, 22.06.2020 – **S. 111, M5** Willibald Steinmetz: Europa im 19. Jahrhundert (Neue Fischer Weltgeschichte Bd. 6), Frankfurt/M.: S. Fischer Verlag 2019, S. 466f. **M6** Catrin Gesellensetter: Krankenversicherung – Brauchen wir die Privaten? in: Focus, 19.10.2015

S. 117, M2 U.S. Diplomatic Mission to Germany, Übersetzer unbekannt – **S. 119, M2** Josiah Strong übers. zit. nach: Günter Moltmann: Die Vereinigten Staaten von Amerika von der Kolonialzeit bis 1917, Paderborn: Schöningh 1980, S. 78 – **S. 121, M4** U.S. Diplomatic Mission to Germany, Übersetzer unbekannt – **S. 129, M2 a)** Frederick W. Taylor: Die Grundsätze wissenschaftlicher Betriebsführung (übers. v. Rudolf Roesler), München/Berlin: Oldenbourg 1913, S. 36f. – **M2 b)** Matt Vidal: Fordism and the Golden Age of Atlantic Capitalism, in: Stephen Edgell et al. (eds.): The SAGE Handbook of Sociology of Work and Employment, London: SAGE 2016, S. 286 (Übers.: Daniel Schumacher)

S. 137, M4 Helmut König: Zivilisation und Leidenschaften. Die Masse im bürgerlichen Zeitalter, Reinbek bei Hamburg: Rowohlt 1992, S. 70ff. – **S. 138, M8** Jürgen Kocka, Insa Holst, Ernst Artur Albaum, Olaf Mischer: Ein Volk in Bewegung, in: GEO Epoche 12: Deutschland um 1900, Hamburg: Gruner + Jahr GmbH 2004, S. 44f. – **S. 142, M7** Andreas Schulz: Lebenswelt und Kultur des Bürgertums im 19. und 20. Jahrhundert, München: Oldenbourg 2005, S. 2f. – **S. 150, M6** Willibald Steinmetz: Europa im 19. Jahrhundert (Neue Fischer Weltgeschichte 6), Frankfurt/M.: S. Fischer Verlag 2019, S. 638ff. – **S. 151, M7** Thorsten Carstensen/Marcel Schmid (Hgg.): Die Literatur der Lebensreform. Kulturkritik und Aufbruchstimmung um 1900, Bielefeld: transcript 2016, S. 13f. – **S. 156, M3** Dieter Langewiesche: Nation, Nationalismus, Nationalstaat in Deutschland und Europa, München: C. H. Beck 2000, S. 209ff. – **M4** Christoph Nonn: Das 19. und 20. Jahrhundert. Orientierung Geschichte, Paderborn u.a.: Schöningh (UTB) 2007, S. 200f. – **S. 158, M6** Maurice Barres übers. zit. nach: Otto Heinrich von der Gablentz: Die politischen Theorien seit der amerikanischen Unabhängigkeitserklärung, Köln/Opladen: Westdeutscher Verlag 1967 (3. Aufl.), S. 217f. – **M7** Wolfgang Benz: Antisemitismus. Präsenz und Tradition eines Ressentiments, Schwalbach/Taunus: Wochenschau-Verlag 2015, S. 57 – **M8** Götz Aly: Europa gegen die Juden. 1880–1945, Frankfurt/M.: S. Fischer 2017 (2. Aufl.), S. 20f., 349 – **S. 159, M9** Horst Seidler, Ulrich Kattmann, UNESCO-Workshop Stellungnahme zur Rassenfrage (1995) – **S. 160, M1** Hans Gresmann: Die Affäre Dreyfus, in: Die Zeit Nr. 52/1962, 28.12.1962 – **S. 161, M3** Emile Zola: „Ich klage an", Boer Verlag, Tegernsee (Übersetzer unbekannt) – **S. 163, M3** Michael Stürmer, Uwe Klußmann, Joachim Mohr: Eine Revolution von oben, in: Spiegel Geschichte 3/2013, 28.05.2013 – **S. 163, M4** Christopher Clark: Preußen. Aufstieg und Niedergang 1600–1947 (übers. v. Richard Barth), München: DVA 2007, S. 684ff. – **S. 169,**

M 1 Filippo Tommaso Marinetti: Manifeste des Futurismus (übers. v. Stefanie Golisch), Berlin: Matthes & Seitz 2018, S. 9 ff. – **S. 172, M 5** Christoph Kleßmann: Die polnische Parallelgesellschaft, in: Die Zeit Nr. 50/2010, 09.12.2010 – **S. 175, M 3** Dieter Hein: Deutsche Geschichte im 19. Jahrhundert, München: C. H. Beck 2016, S. 124 – **M 4** Daniel Bell: Die nachindustrielle Gesellschaft (übers. v. Sieglinde Summerer u. Gerda Kurz), Frankfurt: Campus Verlag 1975, S. 112 f., S. 353 – **M 5** Jørgen Randers: 2052. Der neue Bericht an den Club of Rome. Eine globale Prognose für die nächsten 40 Jahre (übers. v. Annette Bus, Ulla Held, Anna Leipprand, Friedrich Pflüger, Sigrid Schmid, Heinz Tophinke u. Eva Leipprand), München: Oekom Verlag 2012 – **S. 179, M 7** Übers. zit. nach: Klaus Antoni: Shintō und die Konzeption des japanischen Staatswesens (kokutai), Leiden: Brill 1998, S. 216

S. 186, M 3 Übers. zit. nach: Wolfgang J. Mommsen: Imperialismus, seine geistigen, politischen und wirtschaftlichen Grundlagen, Hamburg: Hoffmann & Campe 1977, S. 262 ff. – **S. 187, M 6** Übers. zit. nach: austria-forum.org/af/Wissenssammlungen/Symbole/Giovinezza (05.01. 2021) – **S. 188, M 1** U.S. Diplomatic Mission to Germany, Übersetzer unbekannt – **S. 190, M 4** Platon: Der Staat (übers. v. Karl Vretska), Stuttgart: Reclam 2004, S. 381 ff. (8. Buch, 557a–558c) – **M 5** Übers. zit. nach: Gerhard Commichau (Hg.): Die Entwicklung der Menschen- und Bürgerrechte von 1776 bis zur Gegenwart, Göttingen/Zürich: Muster-Schmidt 1998 (6. Aufl.), S. 75 ff. – **S. 191, M 6** Andreas Kley: Verfassungsgegschichte der Neuzeit online, Universität Zürich, 06.05.2015 – **S. 192, M 1** Alexis de Tocqueville: Über die Demokratie in Amerika (hg. v. Jacob P. Mayer, übers. v. Hans Zbinden), © dtv Verlagsgesellschaft, München 1976, S. 216 f. – **S. 193, M 2** Thomas Ribi: „Das Paradox der Toleranz"; in: Neue Zürcher Zeitung, 26.12.2016 – **S. 197, M 5** Leo Trotzki: Literatur und Revolution (übers. v. Eugen Schäfer u. Hans von Riesen), Essen: Arbeiterpresse-Verlag 1994 – **M 6** Dietmar Neutatz: Träume und Alpträume. Eine Geschichte Russlands im 20. Jahrhundert, München: C. H. Beck 2013, S. 168 f. – **S. 200, M 3** Benito Mussolini: Die politische und soziale Doktrin des Faschismus (übers. v. L. Sels-Geviba), Leipzig: Verlag R. Kittler 1933 – **S. 201, M 4** Wolfgang Schieder: Der italienische Faschismus. München: C. H. Beck 2010, S. 9

S. 211, M 8 Ulrich Herbert: Geschichte Deutschlands im 20. Jahrhundert, München: C. H. Beck 2017, S. 182 f. – **S. 214, M 4** Wolfram Pyta, Uwe Klußmann, Joachim Mohr: Mord war ein Mittel der Politik, in: Spiegel Geschichte 5/2014 – **S. 215, M 5** Heinrich August Winkler: Der lange Weg nach Westen. Deutsche Geschichte 1. Vom Ende des Alten Reiches bis zum Untergang der Weimarer Republik, München: C. H. Beck 2014, S. 407 – **S. 219, M 7 d)** Übers. zit. nach: Wolfgang Zank: Versailles. Die Stunde der Abrechnung; in: Die Zeit. Welt- und Kulturgeschichte, Bd. 13: Erster Weltkrieg und Zwischenkriegszeit, Hamburg: Zeitverlag Bucerius 2006, S. 545 – **S. 220, M 8 a)** Hans-Ulrich Thamer (Hg.): WBG Weltgeschichte Bd. VI: Globalisierung – 1880 bis heute, Darmstadt: Wissenschaftliche Buchgesellschaft 2015 (2. Aufl.), S. 18 – **M 8 b)** Sönke Neitzel: Weltkrieg und Revolution 1914–1918/19, Bonn: bpb 2008, S. 171 f. – **S. 224, M 4 a)** Zit. nach: Johannes Hohlfeld (Hg.): Dokumente der deutschen Politik und Geschichte von 1848 bis zur Gegenwart Bd. 2: Das Zeitalter Wilhelms II. 1890–1918, Berlin: Dokumenten-Verlag 1951, S. 376 ff. – **M 4 b)** Albrecht von Thaer: Generalstabsdienst an der Front und in der OHL. Aus Briefen und Tagebuchaufzeichnungen 1915–1919, Göttingen: Vandenhoeck & Ruprecht 1958, S. 233 ff. – **S. 229, M 6** Horst Möller: Die Weimarer Republik. Demokratie in der Krise, München: Piper 2018, S. 160 – **S. 232, M 6 a)** Hagen Schulze: Weimar. Deutschland 1917–1933. Berlin: Siedler 1983, S. 272 f. – **S. 233, M 6 b)** Heinrich August Winkler: Geschichte des Westens. Die Zeit der Weltkriege 1914–1945, München: C. H. Beck 2011, S. 495 f., 504 – **S. 234 M 3** Arnulf Scriba: Die Weimarer Republik, Stiftung Deutsches Historisches Museum, Berlin, 06.09.2014 – **S. 235, M 1** Bettina Musall, in: Uwe Klußmann/Joachim Mohr (Hgg.): Die Weimarer Republik. Deutschlands erste Demokratie, Bonn: bpb 2017, S. 163 ff. – **S. 236, M 1** Johannes Strempel: Morgen früh ist Weltuntergang, in: GEO Epoche 12: Die Weimarer Republik, Hamburg: Gruner + Jahr GmbH 2007, S. 48 f. – **M 3** Ulrich Herbert: Geschichte Deutschlands im 20. Jahrhundert, München: C. H. Beck 2017, S. 247 – **S. 237, M 1** Ute Frevert: Urbane Gefühle, Stiftung Deutsches Historisches Museum, Berlin, 19.06.2019 – **M 3** Alfred Döblin: Berlin Alexanderplatz, © dtv Verlagsgesellschaft, München 2000 (47. Aufl.), S. 15 ff. – **S. 238, M 4** Die Musik der Goldenen Zwanziger, Mitteldeutscher Rundfunk, Leipzig, 08.10.2020 – **S. 239, M 2** Siegfried Kracauer: Das Ornament der Masse, Frankfurt/M.: Suhrkamp 1977, S. 279 ff. – **S. 240, M 1** Christoph Scheuermann: Mit 24 Raketen in die Zukunft, in: GEO Epoche 27: Die Weimarer Republik, Hamburg Gruner + Jahr GmbH 2007, S. 126 f. – **M 2** Kristina Maroldt: Ein Volk im Temporausch, in: Uwe Klußmann/Joachim Mohr (Hgg.): Die Weimarer Republik. Deutschlands erste Demokratie. Bonn: bpb 2017, S. 86 – **S. 241, M 2** Henry Bernhard (Hg.): Gustav Stresemann. Vermächtnis, Bd. 3, Berlin: Ullstein 1933, S. 263, 385 – **M 3** Hans Magnus Enzensberger: Hammerstein oder Der Eigensinn, Frankfurt/M.: Suhrkamp 2008, S. 34 f. – **S. 244, M 4** Hans Zeisel/Marie Jahoda/Paul F. Lazarsfeld: Die Arbeitslosen von Marienthal. Ein soziographischer Versuch über die Wirkungen langandauernder Arbeitslosigkeit, Frankfurt/M.: Suhrkamp 1975, S. 69 – **M 5 a)** Zit. nach: Walter Tormin: Die Weimarer Republik, Hannover: Fackelträger Verlag 1970, S. 206 f. – **S. 245, M 6** Ulrich Herbert: Geschichte Deutschlands im 20. Jahrhundert, München: C. H. Beck 2017, S. 266 f. – **S. 248, M 3** Hans Boldt: Der Artikel 48 in der Weimarer Reichsverfassung, in: Michael Stürmer (Hg.): Die Weimarer Republik. Belagerte Civitas, Königstein/Taunus: Athenäum 1980, S. 288–307 – **M 4 b)** Otto Braun zit. nach: Heinrich August Winkler: Geschichte des Westens. Die Zeit der Weltkriege 1914–1945, München: C. H. Beck 2011, S. 561 ff. – **S. 249, M 5 a)** Ian Kershaw: Höllensturz. Europa 1914–1949 (übers. v. Klaus Binder, Bernd Leineweber, Britta Schröder), München: DVA 2016 (3. Aufl.), S. 277 – **M 5 b)** Heinrich August Winkler: Geschichte des Westens, ebd., S. 575 ff. – **S. 251, M 1** Eva-Maria Schnurr: Vision einer besseren Zukunft, in: Uwe Klußmann/Joachim Mohr (Hgg.): Die Weimarer Republik. ebd., S. 18, 25 – **M 2** Hans Magnus Enzensberger: Hammerstein, ebd., S. 31 ff. – **S. 252, M 1** (2) Richard von Weizsäcker © Bundespräsidialamt, Berlin, 24. Mai 1989; (3) Frank-Walter Steinmeier © Bundespräsidialamt, Berlin, 25. Dezember 2019 – **S. 253, M 4** Sebastian Wellendorf/Giovanni di Lorenzo: „Der Leser braucht nicht die ideologische Keule", Deutschlandradio, Köln, 05.09.2019 – **S. 255, M 2 a)** Wilfried Loth: Geschichte Frankreichs im 20. Jahrhundert, Frankfurt/M.: Fischer Taschenbuch Verlag 1995 (aktualis. Ausg.), S. 15 f. – **M 2 b)** Boris Barth: Europa nach dem Großen Krieg. Die Krise der Demokratie in der Zwischenkriegszeit 1918–1938, Frankfurt/M.: Campus 2016, S.156 f. – **S. 257, M 2** Léon Blum übers. zit. nach: Georg Kreis (Hg.): Geschichte Frankreichs in Quellen und Darstellungen. Bd. 2: Von Napoleon bis zur Gegenwart, Stuttgart: Reclam 2015, S. 51 ff. – **M 4** Ulrich Pfeil: Die Republik widersteht, in: Zeit Geschichte 3/2013: Europas Weg in den Faschismus, S.64, 66 – **M 5** Boris Barth, ebd., S. 220 – S. 259, M 2 a) Philipp Gassert: Geschichte, in: Peter Lösche: (Hg.), Länderbericht USA. Bonn: bpb 2008, 5. aktual. Aufl., S. 62 – **M 2 b)** Theodore Roosevelt übers. zit. nach: Peter Schäfer: Die Präsidenten der USA im 20. Jahrhundert,

Berlin: Dt. Verlag der Wissenschaften 1990, S. 40f. – **M 3** Philipp Gassert, ebd., S. 68 – **S. 261, M 1** Franklin D. Roosevelt übers. zit. nach: Erich Angermann: Die Vereinigten Staaten von Amerika seit 1917, München: dtv 1978 (6. erw. Aufl.), S. 24 f. – **M 2** Jürgen Heideking/Christoph Mauch: Die Geschichte der USA, Tübingen/Basel: Francke, 6. erw. Aufl. 2008, S. 262

S. 267, M 2 Leo Trotzki: Die permanente Revolution (übers. v. Alexandra Ramm-Pfemfert), Berlin: Verlag der Zeitschrift „Die Aktion" 1930, S. 160f. – **S. 270, M 4** Übers. nach: Sheila Fitzpatrick/ Yuri Slezkine (eds.): In the Shadow of Revolution. Life Stories of Russian Women from 1917 to the Second World War, Princeton: Princeton University Press 2000, S. 324ff. (Übers.: Friedrich Huneke) – **S. 271, M 5** Matthias Neumann: The Communist Youth League and the transformation of the Soviet Union 1917–1932, London: Routledge 2011, S. 76f. (Übers.: Friedrich Huneke) – **S. 274, M 3 a)** Alan Bullock: Hitler und Stalin. Parallele Leben (übers. v. Helmut Ettinger u. Karl Heinz Silber), Berlin: Siedler 1991, 359f. – **M 3 b)** Übers. zit. nach: Josef Stalin: Werke, Bd. 12, Hamburg: Verlag Roter Morgen 1971, S. 102ff. – **S. 275, M 5** Übers. nach: Sheila Fitzpatrick/Yuri Slezkine (eds.): In the Shadow of Revolution, ebd., S. 235ff. (Übers.: Friedrich Huneke) – **S. 276, M 1** Karl Schlögel: Das sowjetische Jahrhundert, München: C. H. Beck 2017, 126f. – **S. 279, M 10** Übers. zit. nach: Josef Stalin: Werke, Bd. 12, Hamburg: Verlag Roter Morgen, 1971, S. 102–105 – **M 11** Alan Bullock: Hitler und Stalin. Parallele Leben (übers. v. Helmut Ettinger), Berlin: Siedler-Verlag 1991, S. 393f. – **S. 284, M 5** Volker Zimmermann/ Peter Haslinger/ Tomás Nigrin (Hgg.): Loyalitäten im Staatssozialismus. DDR, Tschechoslowakei, Polen, Marburg: Herder-Institut 2010, S. 7f. – **M 6** Alexander Solschenizyn: Ein Tag im Leben des Iwan Denissowitsch (übers. v. Christoph Meng), in: Ders.: Im Interesse der Sache. Erzählungen, Neuwied/Berlin: Luchterhand 1970, S. 6 – **M 7** Roj Alexandrovic Medwedew: Das Urteil der Geschichte Bd. 3 (übers. v. Helmut Ettinger), Berlin: Dietz 1992, S. 102f. – **S. 285, M 8** Jelena Bonner: Auf den Ruinen des Totalitarismus (übers. v. Matthias Neumann), in: Festschrift zur Verleihung des Hannah-Arendt-Preises für politisches Denken, Bremen: Heinrich-Böll-Stiftung 2000 – **S. 287, M 3 a)** Theo Pirker (Hg.): Die Moskauer Schauprozesse 1936–38, © dtv Verlagsgesellschaft, München 1963, S. 71 – **M 3 b)** Manfred Hildermeier: Geschichte der Sowjetunion 1917–1991, München: C. H. Beck 2017 (2. Aufl.), S. 478f. – **S. 288, M 6 a)** Übers. zit. nach: Theo Pirker: ebd., © dtv Verlagsgesellschaft, München 1963, S. 207 – **M 6 b)** Nikolai Bucharin übers. zit. nach: ebd., S. 228f. – **S. 289, M 8** Zit. nach: Anna Larina-Bucharina: Nun bin ich schon weit über zwanzig (übers. v. Eva Rönnau), Göttingen: Steidl Verlag 1989, S. 428 – **S. 291, M 5** Übers. zit. n.: Ana Nikolic: Propagandasprache im sowjetischen Plakat zur Zeit des ersten Fünfjahrplans, Universität Wien, Diplomarbeit 2012, S. 46 – **S. 292, M 6** Übers. zit. nach: Hans-Peter Gente (Hg.): Stalin. Zu den Fragen des Leninismus, eine Auswahl, Frankfurt/M.: Fischer-Bücherei 1970, S. 135 – **M 7** Sandra Dahlke: Individuum und Herrschaft im Stalinismus. Emel'jan Jaroslavskij (1878–1943), München: Oldenbourg 2010, S. 286 – **M 8** „Masse", Konradin Medien GmbH, Leinfelden-Echterdingen, www.wissen.de/lexikon/masse-soziologie (07.01.2021) – **S. 293, M 9** Milton R. Konvitz: Loyalty, in: Philip P. Wiener (ed.): Dictionary of the History of Ideas Bd. 3, New York: Scribner 1974, S. 108 (Übers.: Friedrich Huneke) – **S. 296, M 2** Nikita Chruschtschow zit. nach: www.1000dokumente.de/index.html?c=dokument_ru&dokument=0014_ent&object=pdf&st=&l=de (07.01.2021), Übers.: Lilia Antipow – **S. 298 M 3** Entschließungsantrag © Europäsche Union, 17.09.2019 – **M 4** Wladimir Putin: 75. Jahrestag des Großen Sieges: Gemeinsame Verantwortung vor Geschichte und Zukunft, 19.06.2020, Botschaft der Russischen Föderation, Berlin (Übers. unbekannt) – **S. 299, M 5** Ekaterina Makhotina: Noch ist Stalin heiße Geschichte (Gastkommentar), in: Neue Zürcher Zeitung, 17.11.2018

S. 305, M 4 Wolfram Pyta, Sven Felix Kellerhoff: Der Reichspräsident war nie eine Marionette, in: Die Welt, 09.01.2008 – **M 5** Norbert Frei: „Machtergreifung". Anmerkungen zu einem historischen Begriff", in: Vierteljahrshefte für Zeitgeschichte 1/1983 (ISSN 0042-5702), S. 142, De Gruyter Oldenbourg – **S. 311, M 11 a)** Eberhard Jäckel: Hitlers Herrschaft – Vollzug einer Weltanschauung, Stuttgart: DVA 1986 (3. Aufl.), S. 7 – **M 11 b)** Hans Mommsen, Michael Klonovsky: Ständige Radikalisierung, in: Focus 38/1996 (online: 29.08.2013) – **S. 315, M 6 a)** Martin Sabrow: Der „Tag von Potsdam" – Zur Geschichte einer fortwährenden Mythenbildung, Fördergesellschaft für den Wiederaufbau der Garnisonkirche Potsdam e. V. (FWG), Potsdam 2003; **M 6 b)** Martin Sabrow: Als sich Hitler und Hindenburg die Hand reichten, Deutschlandradio, Kön, 21.03.2013 – **S. 317, M 2** Ernst Fraenkel: Der Doppelstaat (übers. v. Manuela Schöps), Frankfurt/M. u. a.: Europäische Verlagsanstalt 1974, S. 21, 26, 72 – **S. 318, M 5** Hans Mommsen: Nationalsozialismus, in: Claus D. Kernig (Hg.): Sowjetsystem und demokratische Gesellschaft Bd. 5: Personenkult bis Sozialpsychologie, Freiburg/Br. u. a.: Herder 1972, S. 702 – **M 6** Ian Kershaw: Hitler 1889–1936 (übers. v. Jürgen Peter Krause u. Jörg Rademacher), Stuttgart: DVA 1998, S. 23, 27 – **M 8** Hans-Ulrich Wehler: Deutsche Gesellschaftsgeschichte Bd. 4: Vom Beginn des Ersten Weltkriegs bis zur Gründung der beiden deutschen Staaten 1914–1949, München: C. H. Beck 2003, S. 623f. – **S. 319, M 9** Peter Longerich: Hitler. Biographie, München: Siedler 2015, S. 7f., 11f. – **S. 323, M 5** Leni Riefenstahl: Ich bereue doch, in: Frankfurter Rundschau, 27.04.2002 – **S. 328, M 9** Winfried Süß: Ein Jahrhundert der Sicherheit?, in: Martin Sabrow/Peter Ulrich Weis (Hg.): Das 20. Jahrhundert vermessen. Signaturen eines vergangenen Zeitalters, Göttingen: Wallstein Verlag 2017, S. 251f. – **M 10** Götz Aly: Hitlers Volksstaat. Raub, Rassenkrieg und nationaler Sozialismus, Frankfurt/M.: S. Fischer Verlag 2005, S. 11, 35ff. – **S. 333, M 6** Sven Felix Kellerhoff: Sie spuckten die Juden an und riefen „Aufhängen", in: Die Welt, 10.11.2018 – **S. 334, M 7** Eberhard Georg Wilhelm von Goerne, Gedenkstätte Grafeneck e.V., Gomadingen © 2016 – **S. 335, M 9** Harald Welzer: Die Deutschen und ihr „Drittes Reich"; in: Bundeszentrale für politische Bildung (Hg.): ApuZ – Aus Politik und Zeitgeschichte 14-15/2007 – **S. 338, M 4 a)** Hans-Ulrich Wehler: Nationalismus. Geschichte, Formen, Folgen, München C. H. Beck 2001, S. 76f. – **M 4 b)** Michel Wildt: „Volksgemeinschaft", 24.05.2012, Bundeszentrale für politische Bildung, Bonn – **M 4 c)** Konrad Jarausch: Zerrissene Leben. Das Jahrhundert unserer Mütter und Väter (übers. v. Thomas Bertram), Darmstadt: WBG Theiss 2018, S. 87 – **S. 339, M 5** August H. Hofer, Edmund Dienhart, Georg Köhrbrück, Lissy Schneider zit. nach: Wieland Giebel (Hg.): „Warum ich Nazi wurde". Biogramme früherer Nationalsozialisten. Die einzigartige Sammlung des Theodore Abel, Berlin: Berlin Story Verlag 2018, S. 787, 607f., 626, 338f. – **S. 340, M 8 a)** Martin Broszat/Elke Fröhlich: Alltag und Widerstand. Bayern im Nationalsozialismus, München: Piper 1987, S. 49f. – **S. 341, M 8** Gerhard Botz: „Resistenz" als Widerstand gegen Diktatur?, Referat auf dem Symposium der Landesverteidigungsakademie Wien, 30.11. 2004, Ludwig Boltzmann-Gesellschaft, Wien – **M 9 a)** Elisabeth Schmitz zit. nach: Forschungsstelle für Kirchliche Zeitgeschichte, München – **M 9 b)** Zit. nach: Barbara Schieb/Jutta Hercher (Hgg.): 1938. Warum wir heute genau hinschauen müssen, München: Elisabeth Sandmann Verlag 2018, S. 165 – **S. 345, M 6** Zit. nach: Winston Churchill: Reden in Zeiten des Krieges (übers. v.

Walther Weibel), Zürich: Europa-Verlag 2014, S. 33 ff. – **S. 346, M 7** Franz-Josef Brüggemeier: Geschichte Großbritanniens im 20. Jahrhundert, München: C. H. Beck 2010, S. 183 f. – **M 8** Tim Bouverie: Mit Hitler reden. Der Weg vom Appeasement zum Zweiten Weltkrieg (übers. v. Karin Hielscher), Hamburg: Rowohlt 2021, S. 601 ff. – **S. 347, M 10** Das Münchner Abkommen, Bayerischer Rundfunk, München, 23.09.2013

S. 351 Ian Kershaw: Höllensturz. Europa 1914 bis 1949 (übers. v. Klaus Binder, Bernd Leineweber und Britta Schröder), München: DVA 2016, S. 473 f. – **S. 352, M 1** Victor Klemperer: Ich will Zeugnis ablegen bis zum letzten. Tagebücher 1940–1941, Berlin: Aufbau Taschenbuch Verlag GmbH, 1999, S. 21 – **S. 355, M 7** Zygmunt Klukowski: Tagebuch aus den Jahren der Okkupation 1939–1944 (übers. v. Karsten Wanke), Berlin: Metropol 2017, S. 223 f. – **S. 358, M 4 a) und b)** anonym zit. nach: Ortwin Buchbender/Reinhold Sterz (Hgg.): Das andere Gesicht des Krieges. Deutsche Feldpostbriefe 1939–1945, München: C. H. Beck 1983 (3. Aufl.), S. 85, 170 – **S. 359, M 6** Jürgen Osterhammel: Die Verwandlung der Welt. Eine Geschichte des 19. Jahrhunderts, München: C. H. Beck 2009, S. 531 f. – **S. 362 f., M 5 a) und b)** Zit. nach: Memorial Moskau/Heinrich-Böll-Stiftung (Hgg.): Für immer gezeichnet. Die Geschichte der „Ostarbeiter" in Briefen, Erinnerungen und Interviews (übers. v. Christina Links u. Ganna-Maria Braungardt), Berlin: Christoph Links Verlag 2019, S. 202 f., 207 f. – **S. 363, M 6** Ulrich Herbert: Geschichte der Ausländerpolitik in Deutschland. Saisonarbeiter, Zwangsarbeiter, Gastarbeiter, Flüchtlinge; Bonn: bpb 2003, S. 147 – **M 7** Ulrich Herbert: Ein Element der Verunsicherung, der Irritation, des Erschreckens, in: Blätter für deutsche und internationale Politik 5/2000 (ISSN 0006-4416), Berlin: Blätter Verlagsgesellschaft mbH 2000 – **S. 366 f., M 3** Zit. nach: Iring Fetcher: Joseph Goebbels im Berliner Sportpalast 1943: „Wollt ihr den totalen Krieg?"; Hamburg: Europäische Verlagsanstalt 1998, S. 65–67, 94–96 – **S. 367, M 5** Zit. nach: Ortwin Buchbender/Reinhold Sterz (Hgg.): ebd., S. 114 – **S. 370, M 5** Dan Diner: Das Jahrhundert verstehen. Eine universalhistorische Deutung, Frankfurt a. M.: Fischer Taschenbuch Verlag 2001 (2. Aufl.), S. 223 – **M 6** Chaim Ahron Kaplan: Buch der Agonie. Das Warschauer Tagebuch (hgg. v. Abraham I. Katsh, übers. v. Harry Maòr, Frankfurt/M.: Insel Verlag 1967 – **S. 371, M 8** Otto Dov Kulka: Landschaften der Metropole des Todes. Auschwitz und die Grenzen der Erinnerung und der Vorstellungskraft (übers. v. Inka Arroyo Antezana, Anne Birkenhauer u. Noa Mkayton), München: Deutsche Verlags Anstalt 2013, S. 60 ff. – **S. 372, M 10 (1)** Lisa Miková: „Frau mit Brille? Ins Gas!", Süddeutsche Zeitung, 27.01.2010; **(2)** Jechiel Dinur (alias K. Zetnik): Die Welt der Lager, Yad Vashem, Israel – **M 10 (3)** Primo Levi: Ist das ein Mensch? Ein autobiographischer Bericht (übers. v. Heinz Riedt), © dtv Verlagsgesellschaft, München 1992, S. 105, 206 – M 11 Saul Friedländer/Ulrich Gutmair: Ich war ein Luftmensch, in: taz, 15.01.2017– **S. 373, M 12** Ulrich Herbert: Geschichte Deutschlands im 20. Jahrhundert, München: C. H. Beck 2014, S. 468 – **M 13** Ian Kershaw: „Cumulative Radicalisation" and the Uniqueness of National Socialism, in: Christian Jansen (Hg.): Von der Aufgabe der Freiheit. Politische Verantwortung und bürgerliche Gesellschaft im 19. und 20. Jahrhundert, Berlin: Akademie Verlag 1995, S. 331 f. (Übers.: Mario Seiler) – **S. 375, M 3** Samuel D. Kassow/Sonja Ernst: Die Wahrheit soll leben – das Untergrundarchiv im Warschauer Ghetto, Bundeszentrale für politische Bildung, Bonn, 08.05.2013 – **M 4** David Graber zit. nach: Samuel D. Kassow: Ringelblums Vermächtnis. Das geheime Archiv des Warschauer Ghettos (übers. v. Karl Heinz Silber), Reinbek: Rowohlt 2010, S. 17 f. – **S. 378 M 5** Jörg Baberowski: Räume der Gewalt, Bonn: bpb 2016, S. 31 ff. – **S. 379, M 6** Ulrich Herbert: Best. Biographische Studien über Radikalismus, Weltanschauung und Vernunft, Bonn: Dietz 1996, S. 14 f. – **M 7** Sönke Neitzel/Harald Welzer: Soldaten. Protokolle vom Kämpfen, Töten und Sterben, Frankfurt/M.: S. Fischer Verlag 2011, S. 16 ff. – S. 381, M3 a) Peter Burghardt: „Ja, hallo, ich bin Jana aus Kassel", Süddeutsche Zeitung, 22.11.2020 – **M 3 b)** Christopher Clark: Verschwörungstheorien und NS-Zeit: Historiker Clark im Interview, 10.12.2020, Verlag Nürnberger Presse Druckhaus Nürnberg GmbH & Co. KG, 10.12.2020 – **M 3 c)** Andreas Reckwitz, Thorsten Jantschek: Die Gesellschaft der Singularitäten: Digitalisierung führt dazu, dass die allgemeine Öffentlichkeit erodiert, Deutschlandfunk Kultur, Berlin, 10.03.2018 – **S. 384, M 1** Benito Mussolini übers. zit. nach: Aram Mattioli: Experimentierfeld der Gewalt. Der Abessinienkrieg und seine internationale Bedeutung 1935–1941, Zürich: Orell Füssli 2005, S. 131 (Übers. unbekannt) – **S. 386, M 4** Marcel Junod (a) und Ras Immiru (b) übers. zit. nach: ebd., S. 105, 106 – **M 6** Sven Reichardt: Globalgeschichte des Faschismus. Neue Forschungen und Perspektiven, in: Bundeszentrale für politische Bildung (Hg.): ApuZ – Aus Politik und Zeitgeschichte 67/2017, Frankfurt a. M.: Societäts-Verlag 02.04.2017, S. 10–16; Bundeszentrale für politische Bildung, Bonn, 13.10.2017 – **S. 387, M 7** Aram Mattioli: Experimentierfeld der Gewalt, ebd., S. 161 f.

Bildquellen

akg-images GmbH, Berlin: 21 M 3, 38 M 1, 43 M 2.2, 43 M 2.3, 45, 46 Hintergrund, 46 u. li., 47 o. re., 49 M 3, 58 M 1, 64 M 1, 65 M 2, 74 M 4, 79 M 8, 80 M 1, 86, 87, 87, 89 u. re., 104 M 1, 106 M 4, 115 o. re., 129 M 3, 131, 132 Hintergrund, 135 M 2, 137 M 6, 142 M 4, 143 M 8, 145 M 2, 146 M 3, 149 M 3, 150 M 4, 152 M 1, 160 M 2, 166 M 1, 168 M 1, 180, 180, 181, 189 M 2, 193 M 3, 194 M 1, 198 M 1, 202, 202, 203, 203, 204 Hintergrund, 205 u. re., 209 M 5, 219 M 6, 223 M 2, 223 M 3, 225 M 6, 226 M 1.1, 226 M 1.3, 234 M 2, 235 M 2, 236 M 3, 238 M 3, 239 M 1.1, 245 M 7, 261 M 3, 287 M 2, 291 M 3, 308 M 5, 314 M 3, 315 M 7, 323 M 4, 324 M 1, 330 M 1, 336 M 1, 349, 351 u. re., 358 M 5.2, 380 M 2, 388 li. (3), 389, 390 M 1, 390 M 2; Archive Photos 272 M 1, 277 M 2, 300; Becker, Elizaveta 271 M 6, 273 M 2, 291 M 4, 292 o. li., 301; Bildarchiv Pisarek 303 u. re.; Deutsches Historisches Museum 151 M 8; Ehrt 163 re.; Electa 169 M 2; euroluftbild.de/ Riehm, Werner 11 u. re.; Fototeca Gilardi 161 M 4; Heritage Images 42 M 1; Heritage Images/Fine Art Images 164 M 1.1; historic-maps 133 u. re., 148 M 1, 180; Imagno 369 M 3; Interfoto 222 M 1; Kölnisches Stadtmuseum 156 M 2, 181; Lessing, Erich 169 re.; Lessing, Erich / © VG Bild-Kunst, Bonn 2020 204 o. li.; Mondadori Portfolio 288 M 4; North Wind Picture Archives 155 M 1; picture-alliance/ Spor, Schirner 302 li.; Pictures From History 186 M 5; Privatsammlung 141 M 3; Sammlung Archiv für Kunst und Geschichte, Berlin 56 M 3, 166 M 2; Sammlung Berliner Verlag/Archiv 311 M 12, 329 M 11.2; Science Source / LOC 114 Hintergrund; Science Source/ LOC 121 M 2; Sputnik 277 M 3; TT News Agency / SVT 182 o. li., 235 M 3; TT News Agency/SVT Titel, 236 M 2, 304 M 1, 348; Voller Ernst/ Chaldej 356 M 2; Weiss, Peter 43 M 2.4, 43 M 2.5; World History Archive 252 M 2; © The Heartfield Community of Heirs / VG Bild-Kunst, Bonn 2020 246 M 1.

Alamy Stock Photo, Abingdon/Oxfordshire: Alpha Stock 32 M 1.1, 32 M 1.2, 32 M 1.3, 32 M 1.4, 33 M 1.5, 33 M 1.6, 33 M 1.7, 33 M 1.8; Annan, Jules 334 M 8.2; Art Collection 3 258 M 1; bilwissedition Ltd. & Co. KG 132 o. li.; Breitz, Eden 334 M 8.1, 349; Chin-Storefronts, Robert K. 141 M 2; Chronicle of World History 178 M 4.2; Classic Image 12 M 1, 44; Delimont, Danita 274 M 4; edpics 337 M 3; Fine Art Images 182 Hintergrund; Glasshouse Images 123 M 2; Granger Historical Picture Archive 138 M 7, 352 M 2; Hansell, Haydn 255

M 4; Heritage Image Partnership Ltd 90 M 1, 112, 207 M 2, 264 Hintergrund; Historic Images 358 M 5.1; Historical image collection by Bildagentur-online 43 M 2.1; Image Source 174 M 2; Kessler, Oliver 47 u. re.; marco varrone 199 M 2; mccool 368 M 2; North Wind Picture Archives 120 M 1, 130; Omied, Matteo 96 M 1, 112; Photo 12 254 M 1, 353 M 3, 380 M 1, 388; Pictorial Press Ltd 122 M 1, 124 M 3, 131; public domain sourced / access rights from Yogi Black 255 M 3; Reinstein, Mark 116 M 1, 130; Scholz, Matthias 84 M 3.4; Shawshots 286 M 1; Smith Archive 386 M 5; The Picture Art Collection 61 M 6, 83 M 2, 87; World History Archive 14 M 5.
Alamy Stock Photo (RMB), Abingdon/Oxfordshire: Granger Historical Picture Archive 119 M 3; Heritage Image Partnership Ltd 364 M 1; Lebrecht Music & Arts 98; The Advertising Archives 239 M 1.2.
Archiv der deutschen Jugendbewegung, Witzenhausen: 149 M 2.
Archiv der sozialen Demokratie, Bonn: Friedrich-Ebert-Stiftung/ © VG Bild-Kunst, Bonn 2020 226 M 1.4.
Artothek, Spardorf: Christie's Images Ltd 100 M 1, 112; Städtische Galerie im Lenbachhaus, München 164 M 1.2.
Baaske Cartoons, Müllheim: Mester, Gerhard 30 M 4, 45.
Bayerische Staatsbibliothek, München: 48 M 1.
bpk-Bildagentur, Berlin: 10 Hintergrund, 62 M 9, 66 M 4, 76 M 1, 86, 91 M 2, 101 M 2, 110 M 3, 113, 134 M 1, 139 M 10, 145 re., 206 M 1, 231 M 4, 234 M 1, 317 M 3; A. Dagli Orti 190 M 4; Bayerische Staatsbibliothek/Hoffmann, Heinrich 320 M 1; Deutsches Historisches Museum 217 M 2, 356 M 1, 361 re.; Deutsches Historisches Museum/Arne Psille 105 M 2, 113; Deutsches Historisches Museum/Desnica, Indra 70 M 1; Deutsches Historisches Museum/Presse-Foto Röhnert 305 M 3; Deutsches Historisches Museum/Psille, Arne 226 M 1.2; Garvens, Oskar:"Frédéric le Gros" 215 M 6; Kunstbibliothek, SMB/Katz, Dietmar 218 M 4, 262; Ludwig Meidner-Archiv, Jüdisches Museum der Stadt Frankfurt am Main 136 M 3, 180; Musée Carnavalet, Paris 72 M 1, 87; SMB/Kunstbibliothek 77 M 2, 308 M 3; SMB/Kunstbibliothek/K. Petersen 55 M 2, 86; SMB/Kunstbibliothek/Katz, Dietmar 308 M 4; Sprengel Museum Hannover/ Herling, Michael/Gwose, Aline 140 M 1, 165 M 2; Sprengel Museum Hannover/Herling/Gwose/Werner 208 M 4, 262; Staatsbibliothek zu Berlin 78 M 6, 308 M 2; Weinrother, Carl 318 M 7.
Bridgeman Images, Berlin: 6 M 1, 16 M 1, 29 M 2, 36 M 1, 124 M 5, 178 M 4.1, 357 M 3; Alinari Archives, Florence 84 M 3.1, 316 M 1; Archives Charmet/Privatsammlung 40 M 1, 45; Deutsches Historisches Museum 361 o. re.; DHM 88 Hintergrund, 89; Everett Collection 128 M 1; Fototeca Gilardi 307 M 1, 348; Germanisches Nationalmuseum, Nürnberg, Germany 59 M 2; Granger 9 M 5, 126 M 1, 131; Granger/Fitzpatrick, Daniel Robert (1891–1969) 346 M 6; Look and Learn 34 M 1; Mencarini, Marcello 289 M 7; Newark, Peter/American Pictures 114 li.; Pictures from History 177 M 2, 179 M 8.1, 179 M 8.2, 343 M 2, 349; Privatsammlung/Vintage, T. J. 176 M 1; Sovfoto/UIG 288 M 5, 290 M 2, 301; SZ Photo 84 M 3.2; Universal History Archive/UIG 84 M 3.3, 85 M 5, 200 M 4; © VG Bild-Kunst, Bonn 2020 238 M 2.
Canadian Centre for Architecture, Montreal: Architekt: Balichin, Wiktor Stepanowitsch 277 M 6.
Das Bundesarchiv, Koblenz: 216 M 1, 240 M 3, 242 M 1, 263, 263, 329 M 11.4, 360 M 1, 378 M 4.
Der Spiegel, Hamburg: © DER SPIEGEL 7/1998 69 M 9.
Deutsche Post AG, Bonn: Entwurf: Johannes Graf, Dortmund 51 M 5.
Deutsches Zeitungsmuseum, Wadgassen: 52 M 7.
Engl, Josef Benedikt: 162 M 1, 181.
Getty Images, München: 285 M 9; Clarke, H. H. 8 M 2; Clary, Timothy A. 127 M 3; DeA/Biblioteca Ambrosiana/De Agostini Editorial 182 u. li.; Gamma-Keystone 256 li.; Hulton Archive 350 o. li.; Levick, Edwin 41 M 4; Ngan, Mandel 118 M 1, 130; Sovfoto 350 Hintergrund, 388; Trutschel, Thomas 11 o. re.
Grauert, Christiane, Milwaukee, WI: 129 M 4.1, 129 M 4.2, 129 M 4.3, 129 M 4.4, 383 M 2.
Hanel, Walter, Bergisch Gladbach: 382 M 1.
Hauptstaatsarchiv Stuttgart, Stuttgart: 332 M 4.
Hoth, Katharina, Erfurt: 93 M 6.1, 93 M 6.2, 93 M 6.3, 117 M 4, 213 M 2.
Huneke, Friedrich, Hannover: 296 M 1.1, 296 M 1.2, 301.
Imago, Berlin: United Archives International 342 M 1.
iStockphoto.com, Calgary: frantic00 383 M 4, 389.
Karto-Grafik Heidolph, Dachau: 37 M 3.
Katholische Kirchengemeinde Hl. Teresia vom Kinde Jesu, Bad Dürkheim: 340 M 7, 349.
Klassik Stiftung Weimar, Weimar: 66 M 5.
Landesarchiv Baden-Württemberg, Stuttgart: 207 M 3; Staatsarchiv Ludwigsburg/Sig. EL48/2IBÜ 3119 377 M 2.
Landesarchiv Speyer, Speyer: 331 M 2.
Picture-Alliance GmbH, Frankfurt/M.: 231 M 2, 237 M 2, 262; akg-images 305 M 2, 313 M 2; dieKLEINERT.de/Wössne, Freimut 25 M 3; dpa/Ducke, Emile Alain 299 M 6; dpa/Sauer, Stefan 329 M 11.3; imageBROKER/Allgöwer, Walter G. 54 M 1; pap/Forbert, Wladyslaw 374 M 1.1, 374 M 1.2; Punch Cartoon Library/TopFoto 345 M 4; TASS/Shamukov Ruslan 265 u. re.; united archives 260 M 1; United Archives/TopFoto 265 o. re., 282, 301; ZB/Nestor Bachmann 239 M 1.3.
Ruhr Museum, Essen: Rothenberg, Rainer 173 M 6.
Russische Staatsbibliothek, Moskau: 280 M 14.
Scala Archives, Bagno a Ripoli/Firenze: 187 M 6.
Shutterstock.com, New York: Everett Historical 124 M 4; GoBe, Lois 375 M 5.
Stadt Ludwigshafen am Rhein – Stadtarchiv, Ludwigshafen: 10 u. li.
Stadtarchiv Heilbronn, Heilbronn: Fotosammlung Stadtarchiv Heilbronn/Fotograf nicht bekannt 95 M 2, 95 M 3.
Stadtarchiv Karlsruhe, Karlsruhe: 142 M 6.
Süddeutsche Zeitung–Photo, München: Rue des Archives/Tallandier 257 M 3, 263; Süddeutsche Zeitung Photo 329 M 11.1.
Tate Gallery London, London: David King Collection 266 M 1, 267 M 3, 300.
ullstein bild, Berlin: 302 Hintergrund, 312 M 1, 322 M 1, 327 M 7, 348, 348, 366 M 3, 377 M 1, 389; adoc-photos 290 M 1; Archiv Gerstenberg 66 M 3, 86 o. li., 108 M 1, 277 M 5, 300; Becker, Elizaveta 269 M 2, 300; Granger Collection 17 M 2, 44, 191 M 7, 323 M 3; Granger, NYC 345 M 5; histopics 184 M 2, 202; Photo12 255 M 5; Roger-Viollet 39 M 3, 230 M 1; Sputnik 277 M 4; Sputnik/STF 183 u. re.; Süddeutsche Zeitung 259 M 4; Süddeutsche Zeitung Photo/ Scherl 362 M 4, 388; United Archives/PictureLux/T 201 M 6; United Archives/Simon, Carl 107 M 6.
Wehrgeschichtliches Museum, Rastatt: 56 M 4.
wikimedia.commons: Governo Mussolini 385 M 3.
Wladimir S. Wolotarew, Mokau: 270 M 3.
Yad Vashem Photo Archive, Jerusalem: 371 M 9, 374 M 2.